青海海西棺板画研究文集

中国社会科学院考古研究所
青海省文物考古研究所 编

文物出版社

图书在版编目（CIP）数据

青海海西棺板画研究文集 / 中国社会科学院考古研究所，青海省文物考古研究所编. -- 北京：文物出版社，2023.10

ISBN 978-7-5010-8054-0

Ⅰ.①青… Ⅱ.①中… ②青… Ⅲ.①墓葬(考古)—彩绘—研究—青海 Ⅳ.①K879.494

中国国家版本馆CIP数据核字(2023)第088221号

青海海西棺板画研究文集

编　　者：中国社会科学院考古研究所
　　　　　青海省文物考古研究所

责任编辑：张晓曦
责任印制：王　芳

出版发行：文物出版社
社　　址：北京市东城区东直门内北小街2号楼
邮　　编：100007
网　　址：http://www.wenwu.com
经　　销：新华书店
印　　刷：北京荣宝艺品印刷有限公司
开　　本：889mm×1194mm　1/16
印　　张：26
版　　次：2023年10月第1版
印　　次：2023年10月第1次印刷
书　　号：ISBN 978-7-5010-8054-0
定　　价：280.00元

编委会

序

许新国

位于柴达木盆地东南缘、青海湖西南部的青海省海西蒙古族藏族自治州都兰县，汉代以前一直属于羌人的活动区域，其创造的诺木洪文化从青铜时代晚期一直延续到了汉代。从南北朝时期到唐代初期（5世纪至7世纪上半叶），这里成为西迁的慕容鲜卑建立吐谷浑王国的统治范围，作为一个政权存在了350余年，为青藏高原北部丝绸之路的开拓和经营以及古代中西方的文化交流做出过突出的贡献。7世纪下半叶，吐谷浑被新兴的吐蕃政权所吞并，此后作为吐蕃王朝统治下的属地和邦国，一直存续到9世纪中叶吐蕃衰亡。以663年吐蕃灭吐谷浑为界，该地区的历史可分为吐谷浑王国和吐蕃王朝两个阶段，这两个时期都在以柴达木盆地为中心的区域留下了较为丰富的考古遗存。

热水墓地是吐蕃统治时期青海最重要的文化遗存，也是青藏高原北部吐蕃墓葬最为集中的地区。它位于都兰县约10公里的热水乡，分布于察汗乌苏河两岸，南北两岸共有数百座，大部分被盗掘。以扎马日村的血渭草场一号大墓（又名热水一号大墓）为中心沿山麓向两翼呈长条状分布，自西到东延伸约4公里。露斯沟以东的南岸墓地与热水一号大墓隔察汗乌苏河相对，分布有墓葬百余座。1999年发掘了其中的4座。

热水一号大墓是该墓地乃至整个青海地区规模最大的吐蕃王朝时期墓葬，也是整个墓地的制高点和中心。1982～1985年，青海省文物考古研究所对该墓的封土遗址进行了部分发掘。根据对墓葬封土遗迹和出土遗物的分析，发掘者初步认定它是一座8世纪中期左右的大型吐蕃墓葬，并将其比定为吐蕃王朝统治下的吐谷浑邦国的遗存，属于吐蕃文化的一个区域类型。1996年，热水墓群被国务院公布为全国重点文物保护单位。

2018年发生的“3·15热水墓群被盗案”震动全国，破获后收缴的涉案文物达646件。经国家文物局批准，2018～2021年，由中国社会科学院考古研究所会同青海省文物考古研究所组成联合考古队对被盗墓葬进行了考古发掘，编号为2018血渭一号墓（2018DRXM1）。

2018血渭一号墓位于察汗乌苏河北岸，墓葬背山面河，地势北高南低，西距“血渭一号大墓”400余米。与大墓规模相比，此墓属于热水墓群中的中型墓，由于其与其他中小型墓葬埋于血渭一号大墓的东面，应与大墓的主人有一定的隶属和亲缘关系。该墓金银器出土数量较多，共1207件（组）。种类有印章、容器、饰品、马具、覆面、带饰和棺饰等。简报中公布的就有银金合金印章、錾指金杯、金胡瓶、镶绿松石金链、镶绿松石金凤钗、立凤银饰片、双狮日月金饰牌、金杏叶、镂空方形大角鹿金牌饰、贴金骑射人物银饰片、鎏金兽面银饰牌、马鞍前桥金饰、镶绿松石金覆面残件、鎏金银盘（残）等。3·15 被盗案中收缴的涉案金银器中，种类繁多，与发掘出土的金银器系同一座墓所出，应该综合在一起加以研究。为了方便学术研究，我们将 3·15 被盗案中收缴的金银器与考古工作中发掘出土的金银器合在一起，加以综合的初步研究，以照片的形式公布出来，以方便学者的研究工作。

古藏族自称为“蕃”，汉文史书中记载为“吐蕃”，在中亚和西方史料中记载为“Tibet”。与中原唐帝国（618 ～ 907 年）的兴起几乎同时，吐蕃在其与周边各部族的兼并斗争中逐渐强大起来，形成雄踞于青藏高原的悉补野家族统治下的地方政权，并于 7 世纪定都逻些（今拉萨市），历史上称其为吐蕃王国。吐蕃王国时期，随着与中原地区不同方式的密切交流，深受汉文化的影响，同时与周边各国的文化交流也不断地增进和加强，其经济文化的发展逐步达到了相当高的水平，在贵族和官员中使用金银器已经成为普遍的现象，在墓葬中随葬金银器的现象也较为常见。吐蕃在与唐朝交往中，多以金银器为礼物。贞观十四年（640 年）“吐蕃遣使献黄金千斤以求婚”，开元十七年（729 年）吐蕃的赞普曾向李唐集团赠送金胡瓶、金盘、金碗、玛瑙杯各一，金城公主又“别进金鸭盘盏，杂器物等”礼品。到开元二十四年（736 年）“吐蕃遣使贡方物金银器玩数百事，皆形制奇异”。

吐蕃绘画的庐山真面目，在尘封了千年之后于 20 世纪逐渐有所发现，最先进入学界视野的是敦煌莫高窟的部分壁画和绢纸画，一些作品即画于吐蕃占领敦煌时期。20 世纪 80 年代以来，青海省文物考古部门在青海省都兰县热水乡血渭草场又发现了吐蕃墓葬群，出土了一批吐蕃时期的重要文物，其中的丝织品图案、金银器图案、木构件和木版画残片等为观察吐蕃绘画增加了新内容。发掘的主要地点有：

1982 ～ 1985 年，我们在都兰县热水乡扎马日村血渭草场连续 4 年对一号大墓封土陪葬墓进行了发掘，出土有彩绘木片、木狮、木鸟等。

1993 年，对都兰县夏日哈乡大什角沟墓地进行了发掘。出土有彩绘木构件等。

1994 年对都兰县热水乡智尕日二村的墓葬进行发掘，同时对香加乡科孝图墓地进行发掘，出土彩绘木构件等。

1995 年对都兰县香加乡科孝图进行发掘。

1998 年对都兰县香加乡莫克力沟进行发掘，出土彩绘木构件、佛像等，还有大量丝织品。

1999 年，同北京大学文博学院一道对都兰县察苏乡察苏河南岸吐蕃墓葬群中的 4 座墓葬进行发掘。出土有彩绘木片、木构件、木箱、彩绘木鸟兽及俑等。此次出土的彩绘木件较多，大部分木件上绘有水墨画、彩绘画，彩绘画有人物、禽兽、花卉、狩猎场景、娱乐场面，富有浓厚的生活气息，是确定考古年代，了解当时吐蕃人的社会、生活、艺术等的重要资料，具有很多的历史、考古、艺术价值。

2002 年，青海省海西州德令哈市郭里木乡夏塔图草场再次发现吐蕃时期的墓葬，从中出土了彩绘棺板。部分彩绘画面保存较好，内容有画在棺挡头上的朱雀、玄武和花鸟，画在棺侧板上的会盟图和葬礼图。特别是侧板上的多情节画面、人物形象、题材内容和风格技法，均具有鲜明的民族特色，一些情节可以与历史文献相互印证，具有生活实录的特点，反映了民族的社会生活和宗教特点。

2008年3月，海西州乌兰县公安局向青海省文物局反映，位于希里沟镇河东村泉沟的一座古墓被盗掘，根据青海省文物局的指示，青海省文物考古研究所派人去当地进行了查看。墓葬为土坑竖穴形制，为长方形前后室带耳室。前室东壁和北壁以青砖垒砌，其余墙壁均以长方形木板砌壁。在墓室的四壁均有壁画，大部分已脱落，墓内文物均被盗空，残留有碎陶片，残丝织品等物。壁画内容主要为人物，动物有牛、羊等。人物有执弓箭、执笙、执琵琶等乐器的。大部分人物“赭面”，反映了吐蕃特有的习俗。

目前关于吐蕃王朝时期吐蕃人的绘画资料存在较少，除敦煌石窟中吐蕃王朝时期的少数绘画资料外，尚有断代在9世纪前后的吐蕃风格的绢画。有鉴于此，都兰以及德令哈墓葬中的棺板绘画、泉沟壁画墓中的绘画，均是吐蕃王朝时期珍贵的绘画资料。从这些绘画的内容和技法上看，这一时期吐蕃的绘画风格深受中原地区以及中亚、西亚等西域地区的影响，并在此基础上创立了自己独特的民族风格，在藏族绘画史上占有重要的历史地位。这些丰富的形象遗存充实了吐蕃王朝时期的绘画内容，为早期藏传绘画艺术史的研究提供了重要资料。

数十年来，大量考古文化遗存的发现及其研究的开展，充分证明吐蕃考古工作取得了重大成果。这与国家对青海文物考古工作的极大关怀和巨大资金的投入，以及吐蕃文物考古工作者在高原特殊环境下协同并进、患难与共、付出艰辛劳动是分不开的。我们相信，随着国家的强盛、经济的腾飞，青海文物考古事业在新的历史时期必将创造出更多的令人瞩目的奇迹。

目录

图版编

前言

韩建华

彩绘装饰葬具的传统源远流长，最早的彩绘葬具是河南汝州洪山庙遗址考古发现的彩绘瓮棺[①]，这些仰韶文化时期的彩绘瓮棺是盛殓死者的葬具，展示出原始社会万物有灵思想和灵魂不死观念，是丧葬信仰的重要表现。湖北随县曾侯乙墓的漆棺是现存最早的彩绘漆木棺，其外表髹漆，上绘龙凤、神兽、怪鸟以及几何图案[②]。文献把棺上的彩绘装饰称"翰桧"[③]，现代学界简洁而形象地称之为棺板画。棺椁是为墓主人营造地下另一个世界的重要内容，在事死如生的观念下，棺椁上的绘画是时人丧葬观念的直接反映。棺板画是墓葬中重要的考古图像资料，为研究古代的宇宙观念、社会生活、丧葬习俗、服饰文化、物质文化等提供重要资料，是历史学、考古学、美术学及各交叉学科的重要研究对象。

青海省海西蒙古族藏族自治州地处柴达木盆地东南沿，5～8世纪这里是丝绸之路青海道的交通要冲，在茶卡、都兰、乌兰、巴隆、德令哈等地陆续发现6～8世纪的墓葬群，尤其以都兰的热水墓群为代表。海西地区发现的墓葬均被盗，出土了大量文物，包括丝绸、金银器，最为引人注目的还有棺板画。

一、棺板画的考古发现

1999年，北京大学与青海省文物考古研究所联合在热水墓群的河南岸发掘了4座被盗墓葬，其中99DRXM3中出土一个"彩绘木箱"，木箱呈方形，采用柏木制作，由4面侧板与1个底板组成。每面的侧板由4块木板组成，木板间由外向内层层叠压，形成叠涩状侧面，木板之间残存有铁钉痕迹。4侧板朝外一面均有彩绘图案。先用白颜料作底，然后再用蓝、红、绿、黄等色彩描画出团花、云朵、花卉枝叶、人物、动物等。这个重要发现未引起重视。

2002年8月，青海省文物考古研究所与海西州民族博物馆联合对青海省海西州德令哈市郭里木乡的两座古墓进行了抢救性的清理和发掘工作。这次考古的重大收获是共出土了4块彩绘棺板侧板

① 河南省文物考古研究所：《河南汝州洪山庙遗址发掘》，《文物》1995年第4期。

② 随县擂鼓墩一号墓考古发掘队：《湖北随县曾侯乙墓发掘简报》，《文物》1979年第7期。

③ 《左传·成公二年》："宋文公卒。始厚葬……椁有四阿，棺有翰桧。"杜预注："翰，旁饰；桧，上饰。皆王礼。"

及若干棺端板。同月，青海省文物考古研究所许新国在北京召开的“西藏考古与艺术国际学术讨论会”上首次公布了这批棺板的部分资料，引起了很多专家学者的强烈关注。这是海西棺板画首次走进学者的视野，也揭开了海西棺板画研究的序幕。根据许新国在《郭里木吐蕃墓葬棺板画研究》[①]一文中的描述：

> 墓葬位于东距德令哈市30公里处的巴音河南岸，属郭里木乡夏塔图草场山根。墓葬上方存有高约1.5米的封土，两座墓葬均为竖穴土坑形制，墓室均为长方形单室，长4米、宽2.5米左右，均有长方形斜坡式墓道。其中一座为木椁墓，另一座系竖穴土坑墓，但用柏木封顶。两座墓葬木棺的木板均较完整。木椁墓为男女合葬，土坑墓为迁葬墓。迁葬墓形制较为特别，是先将零散的骨架装于一小棺内，然后将小棺整个放置在大棺中……两座墓葬中均见有殉牲习俗。合葬墓在木椁的两侧殉有完整的马和骆驼各1匹；迁葬墓在封顶的柏木上放有零散羊骨……尤为引人注目的是，两座墓3具木棺的四面均有彩绘。其中棺挡头绘有四神、花鸟、棺侧板绘有狩猎图、商旅图，以及赞普、赞蒙（王、王后）为中心的帐居迎宾图和职贡图。

可知这批棺板分属两座不同的墓葬，共有3具木棺，但只有2具木棺的两面侧板保存较为完好（编号为1、2号木棺），所以共有4块侧板，另有零乱的棺端板，即棺的前后挡。首次对这些棺板画作过临摹的青海省文物考古研究所柳春诚曾描述：“郭里木两座古墓出土的3具棺木有前后挡板6块，挡板上绘有青龙、白虎、朱雀、玄武、金乌玉兔、花鸟，侧板多块，所绘内容多样”[②]。主要的棺板画集中在4块侧板和前后挡上。许新国公开披露的是编号为1号木棺的两个侧板上的绘画，木棺侧板绘有狩猎图、商旅图，以及赞普、赞蒙（王、王后）为中心的帐居迎宾图和职贡图。木棺挡头绘有四神、花鸟。后来的研究均是依据此次公布的1号棺板的材料而展开。像《中国国家地理》2006年第3期公布了由青海省文物考古研究所柳春诚对1号木棺侧板画的临摹图和部分照片资料，同时发表了程起骏、罗世平、林梅村的一组文章，对1号木棺的族属提出了不同看法，使这批棺板画的影响面从学术层面扩大到社会各界[③]。1号木棺的两侧板线图成为当时研究郭里木棺板画最全面、最清晰、最充分的资料。

2号木棺的两个侧板的公布则迟至2006年10月，在北京召开的第二届“西藏考古与艺术国际学术讨论会”上，许新国的报告中展示了两幅侧板的彩画图案与临摹线图。据说这个临摹线图是由时就读于德国蒂宾根大学史前及中世纪考古研究所的博士生仝涛绘制。后来许新国在《夏塔图吐蕃棺板画的源流》一文中对该木棺的情况进行披露[④]。随后四川大学的霍巍实地调查过2号木棺，他

① 许新国：《郭里木吐蕃墓葬棺板画研究》，《中国藏学》2005年第1期。
② 霍巍：《青海出土吐蕃木棺板画的初步观察与研究》，《西藏研究》2007年第2期。
③ 霍巍：《青海出土吐蕃木棺板画的初步观察与研究》，《西藏研究》2007年第2期。
④ 许新国：《试论夏塔图吐蕃棺板画的源流》，《青海民族学院学报（社会科学版）》2007年第1期。

将现场观察记录的 2 号棺的情况作过描述（为描述便利，也将 2 号棺 2 个侧面分为 A、B 两面）[①]：

2 号棺 A 面：画面大体上可分为 3 组。

第 1 组：低帮（左起）绘两骑者正在追射 3 只长角鹿，鹿已中箭，另有 1 骑者头戴“山”形高冠（类似高冠也见于流散于民间的那具棺板画人物形象中），反向冲向牦牛群，另有 1 骑者正扭转身躯射鹿，在其前方还有 1 名骑者正在射杀 3 头大耳野驴，整个画面表现射猎和驱赶牲畜的场面。

第 2 组：整个画面围绕毡帐展开，画面上方绘有 3 匹马，马均已解下马鞍，有 1 人头枕马鞍正在睡觉，画面下方帐外有 8 人饮酒，其中 1 人扶抱醉者，醉者长袖迤地，不能自持。2 名妇人正在敬酒，1 人手持杯，1 人手持胡瓶。帐下有 3 人，2 人相对而立，1 人正从大酒瓮中汲酒。帐内 1 男 1 女 2 人对坐，2 名侍从侍于门外，下方另站有 2 人，整个画面反映酒宴的场景。

第 3 组：帐后上方绘有 9 人，最右端 2 人相拥亲吻，1 人从帐后探身向前，6 妇人呈半弧状站立，发式、衣着均异，1 男子手中持物，面向妇人。其下方又有 3 人，其中 1 人背对而立；1 人身披长袍，手执胡瓶；另 1 人似为小孩，发式为顶部无发，而在项后留发，与文献记载的“髡发”式样十分相似。画面最上端为一周山峦起伏，山上生长有大树。

2 号棺 B 面：因画面下半部漫漶严重，仅可观察到 2 组画面。

第 1 组：低帮（从左至右），可分为上、下两部分：上部首起绘出射猎场面，4 名猎手从 2 个方向上围猎，均头上绕头巾，最左面 1 人身着白色长袍，左袖上佩有蓝底红条黄点的连珠纹样臂章。下部画面起首处似绘有大口酒瓮，可能也有饮酒宴享之场景，但已模糊漫漶不清。

第 2 组：围绕帐篷展开画面，帐外共有 8 位妇人坐地，均着长袍，在衣袖、领口等部位镶有各色织物，上皆有连珠纹样图案，计有：蓝底黄点连珠纹、青底红条黄点连珠纹、红底黄点连珠纹样等。8 位妇人均未赭面。1 名男子面向妇人站立，手中执杯，绕红色头巾，留有胡须。帐上方有 4 人，其中 1 对男女正相拥亲吻，均赭面，服饰有华丽的连珠纹样。其身后有 2 名男子作偷袭状，1 人手中执有长刀，1 人手中执一曲形长棍，衣饰为单色长袍。帐内共 3 人，1 人背向而立，着蓝色长袍；另 2 人侧身而立，衣饰华丽，手中执杯饮酒。帐外门两侧各有 1 男侍站立，绕短头巾，领上有连珠纹样织物镶嵌。帐外侧最右侧为 2 人野合，取男子上位，女子身下有红色似血样条状流出，男子身着白色长袍，头绕红色头巾。下方似还另绘有 2 人，但已不清。

郭里木两座墓葬的年代大体在 756 ～ 757 年间，这一时期，海西地区正处于吐蕃王朝的统治之

---

① 霍巍：《青海出土吐蕃木棺板画的初步观察与研究》，《西藏研究》2007年第2期。

下。彩绘棺板的出土对于了解吐蕃统治时期海西地区各民族的历史情况、生活习俗、丧葬艺术等提供了宝贵的实物资料，是不可多得的艺术珍品，具有重要的研究价值和历史艺术价值。

另外一批流落民间的棺板残片（采 M1），该木棺侧板由三块木板拼合而成，左侧板绘狩猎、乐舞、帐居、宴饮等场景，有男女人物、毡帐，及马、牦牛、野驴等动物；右侧板绘哭丧、出行、帐居、宴饮、野合等场景，有男女人物、毡帐，及马、牦牛、狗等动物，前后挡板情况不明。其绘画风格、构图和题材均与郭里木所出棺板画一致，基本上可以确定系从郭里木一带古墓中盗掘所获。目前总的看来，郭里木乡发现的彩绘棺板至少包括 6 块棺侧板（两座墓葬各 2 块、流散民间 2 块），还有若干的棺端板。郭里木棺板画呈现的是吐蕃统治时期海西地区民族融合、民族交流，以及多民族的社会生活和丧葬习俗的生活画卷，故郭里木棺板画成为学界关注的焦点，一度成为研究的热点。

自 2002 年郭里木彩绘木棺板画发现以来，相同风格的彩绘棺板画在以德令哈、都兰为中心的丝绸之路“青海道”沿线不断被发现。2008 年 3 月，乌兰县茶卡镇茶卡乡冬季牧场一座被盗墓葬旁边采集到 4 件彩绘棺板，其中相对完整的棺盖板 1 块、侧板残件 1 块，其他彩棺残件 2 件（其中 1 件可能为后挡板残部）。盖板前宽后窄，顶端有一凸起的直棱，断面呈三角形，前端完整，后端残断，上有彩绘图案，以白色打底，黑线勾勒，用绿、灰、红色彩绘。盖板彩绘画面内容，许新国先生在《茶卡出土的彩绘木棺盖板》一文中详细描述[①]。

流散民间被不同机构和个人收藏的海西棺板画资料不断被披露。青海省藏医药文化博物馆收藏的棺板画材料披露的有两批资料，这两批彩绘棺板都无确切的出土位置，据说都来自青海省海西州。其中第一批棺板包括 2 个完整的盖板、4 个完整的挡板、1 个完整的侧板和 4 个残缺程度不同的侧板共 11 组，从保留有 2 个完整的盖板和 4 个挡板观察，这 11 组棺板至少来自两具头大尾小的梯形棺。从棺板画的内容题材以及构图方式看，这批棺板画无疑与 2002 年郭里木出土吐蕃时期棺板画属同一时期[②]。第二批彩绘棺板共计 10 件，计有盖板 2 件、右侧板上半部 2 件、左侧板 2 件、前挡板 2 件、后挡板 2 件。根据不同棺板的结构、尺寸以及彩绘图案布局分析，可能属于 2 组木棺。据碳 14 测年为 390 ～ 430 年，彩绘题材可能与祆教有关[③]。

海西州民族博物馆收藏有 2 块木棺的侧板，据称这 2 块彩绘侧棺板采集自海西州都兰县[④]。侧板均是由 2 块木板拼合而成，一端窄，一端宽，呈梯形。侧板一画面以左侧矮帮为起首，最上层用一窄行画面绘制出连绵起伏的山丘，画面之间点缀花草，作为整个画面的装饰背景。棺板左侧三骑缓缓走来，因画面漫漶，仅中间一骑清晰可辨，马上男子头戴黄色绳圈冠，身穿白色小袖圆领袍衫。棺板右侧绘制穹庐毡帐，顶部开喇叭形口，门前坐二人。左侧一人绘制者明显将其比例放大，

---

① 许新国：《茶卡出土的彩绘木棺盖板》，《青海民族大学学报（社会科学版）》2011年第1期。

② 孙杰、索南吉、高斐：《青海海西新发现彩绘木棺板画初步观察与研究》，《丝绸之路研究集刊》第二辑，商务印书馆，2018年。

③ 张建林、才洛太：《青海藏医药文化博物馆藏彩绘棺板》，Shing Müller, Thomas O. Höllmann, and Sonja Filip, Early Medieval North China: Archaeological and Textual Evidence, Otto Harrassowitz GmbH & Co. KG, Wiesbaden 2019, pp.261–282。

④ 石晶：《关于海西州民族博物馆收藏彩绘木棺板画的几点认识》，《文物鉴定与鉴赏》2019年第2期。

似是在有意突出其地位。该男子头戴黄色高冠，身穿黑色长袍，脚穿黑色皮靴。右侧一人头戴红色绳圈冠，身穿黄色长袍，袍服显得十分宽大。二人右前方不远处站立一人，服饰与二人相同，唯不戴冠，发式较为特殊，前发十分齐整，遮住前额，后发自然垂于脑后及两耳耳侧，长仅及脖颈。

侧板二最上层用一窄行画面绘制出连绵起伏的山丘，画面之间点缀花草，作为整个画面的装饰背景。棺板右侧隐约可见4名男子，均头戴绳圈冠，辫发于后，身穿圆领长袍。上方画三骑组成的马队成"一"字形排列，前导一骑手擎红色"信幡"催马奔驰，长幡飘卷，紧随其后二人骑马飞奔。中间一人冠式较为特殊，短发不结辫，自然垂于脑后及两耳耳侧，身穿黄色长袍，胯下所乘之马辔头、攀胸、鞦带皆清晰可见，且这些马具上均绘有金黄色的圆点表示金属类饰物。紧随其后一人头戴黄色高冠，身穿白色翻领袍服。马队下方两骑一前一后。前一人在马上张弓搭箭，上身尽量扭向后方；后一人在马上俯身张弓搭箭。二人共同射向中间绑缚在木架上的男子，该男子赤身裸体，生殖器外露，双脚脚踝处还隐约可以看见绑缚的绳索。棺板左侧绘制穹庐毡帐，顶部开喇叭形口。毡帐不远处，一男一女正在做爱，男子头戴红色绳圈冠，辫发于后。两人身后脱下来摆放整齐的黑色靴子，应属二人中的某一人。这种表现男女合欢的场景在海西出土彩绘木棺板画上经常可以见到，且多位于整个画面的最上层，贴近穹庐毡帐的位置。

德令哈市水泥厂北墓葬出土彩绘梯形木棺，棺板上残留有模糊有墨迹和图案，可辨图案有马、鹿、牦牛、羊等个体动物形象和马上射鹿的场面，该墓树木年轮的年代下限是592年[①]。

湟源县古道博物馆收藏7件侧板和部分挡板，青海省博物馆编著的《尘封千年的岁月记忆——丝绸之路"青海道"沿线古代彩绘木棺板画》里披露了收藏在湟源县博物馆的7件侧板绘画内容[②]，据称这些棺板都来自海西地区。程起骏在《中国土族》对棺板画的内容进行解读[③]。这批棺板属于吐谷浑时期，彩绘内容以农业劳作、盛装出行、帐居、炊煮、贡赋等为主，人物皆为典型的鲜卑装束。

美国大都会博物馆收藏有1具挡板和1件木构件。

美国普利兹克家族收藏有1具完整的棺板，整个木棺由16块宽窄不一的木板拼成，为前宽后窄的梯形棺，包括左右侧板、前后挡板、盖板。侧板所绘内容与郭里木棺板画内容高度相似。盖板上绘有壶门图案，其内绘十二生肖动物[④]。

目前已披露的收藏彩绘棺板的机构主要有：青海省文物考古研究所收藏2具棺板；都兰县博物馆收藏1件侧板；海西州民族博物馆收藏1具完整的棺板和部分木构件；青海省藏文化博物馆收藏2具完整的棺板和5件侧板及部分挡板；湟源县古道博物馆收藏7件侧板和部分挡板；美国大都会博物馆收藏有1具挡板和1件木构件；美国私人收藏有1具完整的棺板；另流散有1件侧板等[⑤]。目前海西棺板的出土数量要远远大于公布的数量。

---

① 肖永明：《树木年轮在青海西部地区吐谷浑与吐蕃墓葬研究中的应用》，《青海民族研究》2008年第3期。

② 青海省博物馆编著：《尘封千年的岁月记忆——丝绸之路"青海道"沿线古代彩绘木棺板画》，文物出版社，2019年。

③ 程起骏：《青海古道博物馆收藏棺板画赏析》，《中国土族》2019年春季号；《唐蕃古道博物馆收藏棺板画赏析》，《中国土族》2019年夏季号。

④ 仝涛：《青藏高原丝绸之路的考古学研究》上，文物出版社，2021年，第274～276页。

⑤ 夏吾卡先：《吐蕃系统彩绘棺板画研究三题》，《国学学刊》2022年第2期。

二、棺板画研究现状

自2002年郭里木乡夏塔图彩绘木棺板画发现以来，引起学术界的广泛关注，《中国国家地理》2006年第3期公布了由青海省文物考古研究所柳春诚临摹的郭里木夏塔图1号棺部分彩绘棺板的临摹图，同时刊登了对棺板画解读的三种不同观点的文章，即程起骏的“吐谷浑说”、罗世平的“吐蕃说”、林梅村的“苏毗说”，拉开了海西棺板画研究的序幕。接着罗世平根据《中国国家地理》2006年第3期《青海专辑》所发表的图片勾描出参考线图，这是关于郭里木1号棺板的最初线图，为图像的考释与解读作了一项艰苦而又重要的基础性工作，并对1号棺的两幅侧板的画像内容与布局进行了释读，认为1号棺的两侧板分别表现的是吐蕃民族的会盟和丧葬场景且传达出一种天国观念。罗世平临摹的线图成为当时研究郭里木棺板画最全面、最清晰、最充分的资料，依据此临摹线图展开了大量研究。同时随着出自海西地区棺板画材料的陆续披露，这些棺板画中包含的丰富信息，从而引发了学术界的关注和讨论，也逐渐形成学术研究的一股热潮，许新国①、罗世平②、林梅村③、霍巍④、仝涛⑤、周伟洲⑥、吕红亮⑦、程起骏⑧、宋耀春⑨、李永宪⑩、孙杰⑪、张建林⑫、夏吾卡先⑬、辛峰⑭等从各角度已有深入研究。梳理海西棺板画研究，主要集中在以下几个方面：

（一）棺板画的内容与布局的研究

由于对画像情节释读的不同、选择的角度不同，对棺板画的内容与布局的认识仁者见仁、智者

① 许新国：《郭里木吐蕃墓葬棺板画研究》，《中国藏学》2005年第1期；《试论夏塔图吐蕃棺板画的源流》，《青海民族学院学报（社会科学版）》2007年第1期；《德令哈吐蕃墓出土丝绸与棺板画研究》，《青海藏族》2015年第2期。

② 罗世平：《天堂喜宴——青海海西州郭里木吐蕃棺板画笺证》，《文物》2006年第7期；《棺板彩画：吐蕃人的生活画卷》，《中国国家地理》2006年第3期。

③ 林梅村：《棺板彩画：苏毗人的风俗图卷》，《中国国家地理》2006年第3期。又见《青藏高原考古新发现与吐蕃权臣噶尔家族》，《丝绸之路考古十五讲》，北京大学出版社，2006年，第268～275页。

④ 霍巍：《青海出土吐蕃木棺板画的初步观察与研究》，《西藏研究》2007年第2期；《青海出土吐蕃木棺板画人物服饰的初步研究》，《艺术史研究》第9辑，中山大学出版社，2007年，第257～276页；《西域风格与唐风染化——中古时期吐蕃与粟特人的棺板装饰传统试析》，《敦煌学辑刊》2007年第1期。

⑤ 仝涛：《青海郭里木吐蕃棺板画所见丧礼图考释》，《考古》2012年第11期。《木棺装饰传统——中世纪早期鲜卑文化的一个要素》，《藏学学刊》第3辑，四川大学出版社，2007年。

⑥ 周伟洲：《青海都兰暨柴达木盆地东南沿墓葬主民族系属研究》，《史学集刊》2013年第6期。

⑦ 吕红亮：《“穹庐”与“拂庐”——青海郭里木吐蕃墓棺板画毡帐图像试析》，《敦煌学辑刊》2011年第3期。

⑧ 程起骏：《棺板彩画：吐谷浑人的社会图景》，《中国国家地理》2006年第3期。

⑨ 宋耀春：《青海郭里木出土棺板画数据统计与分析》，《藏学学刊》第9辑，四川大学出版社，2014年。

⑩ 李永宪：《略论吐蕃的“赭面”习俗》，《藏学学刊》第3辑，四川大学出版社，2007年；《吐蕃“赭面”习俗再观察》，《考古学研究》（十），科学出版社，2012年。

⑪ 孙杰、索南吉、高斐：《青海海西新发现彩绘木棺板画初步观察与研究》，《丝绸之路研究集刊》第二辑，商务印书馆，2018年。

⑫ 张建林、才洛太：《青海藏医药文化博物馆藏彩绘棺板》，Shing Müller, Thomas O. Höllmann, and Sonja Filip, Early Medieval North China: Archaeological and Textual Evidence, Otto Harrassowitz GmbH & Co. KG, Wiesbaden 2019, pp.261–282。

⑬ 夏吾卡先：《吐蕃系统彩绘棺板画研究三题》，《国学学刊》2020年第2期。

⑭ 辛峰、马冬：《青海乌兰茶卡棺板画研究》，《青海民族大学学报（社会科学版）》2017年第3期。

见智。“引起不同看法的主要原因是因这两块棺板画有多处漫漶不清，需得仔细加以辨认，因此，弄清楚画面的图像和画的主题，是首要的任务”[①]。作为墓葬中葬具上的画像，除了是生前现实生活的反映，也应当还有一定的象征意义。关于棺板画的内容与布局研究，目前有两种意见，一种以罗世平为代表，他首先认为郭里木 1 号棺的两个侧板上的画像内容和主题分别是会盟图和葬礼图。画面以棺板的矮帮为起首，渐向棺板的高帮推进的布局。两个侧板的叙事结构相同，均是由多个叙事情节组成。A 板是会盟主题，由四个叙事情节组成，以拂庐宴饮为中心。B 板是葬礼图的主题，由五个叙事情节组成，到拂庐宴饮形成高潮。一种以霍巍为代表，认为郭里木出土的这批木棺板画在布局上具有某些共同的特点，大体上形成这样一些基本格局：整个画面一般可分为上、中、下三层。上层通常用一窄行画面绘出起伏的山丘，有的在山丘上还生长着高大的树木，用以表现事件发生地点的自然景观。中层与下层则交错绘制不同的情节和场景，这些情节和场景的基本题材似乎也有一定规律性可寻；最后的场景，通常是围绕毡帐展开的宴饮图，这往往是整个情节中的高潮。

（二）棺板画人物的族属及木棺装饰传统源流问题

根据郭里木彩绘木棺的墓葬形制，以及伴出的其他文物，棺板画时代大约在 8 世纪末的中唐时期。树轮研究结果表明夏塔图 1 号墓为 757 年，2 号墓为 756 年，3 号墓为 790 年，4 号墓为 785 年或晚于 785 年[②]。这一时期，海西地区正处于吐蕃王朝的统治之下。学者们普遍认为郭里木棺板画所呈现的应是青藏高原北部吐蕃统治时期的生活画卷。但就墓葬主人族属问题，还有棺板画上人物的族属争议较大。其实学者们忽略了一个问题，墓主人族属与棺板画人物族属的对应关系。大部分学者只关注棺板画人物的族属问题。像程起骏从棺板彩绘中的人物服饰及狩猎、行商、野合、祭祀等推断，棺板上画的是吐谷浑人的生活场景。罗世平将棺板彩绘的拂庐宴饮、客射牦牛、灵帐举哀、牛马献祭等生活场面，与吐蕃本教礼仪相关文献对比后，认为棺板彩绘描绘的是吐蕃人的社会生活。李永宪针对棺板画中的赭面现象，结合文献认为“赭面”是吐蕃文化的标志，认为墓主人为吐蕃人。郭里木棺板画发现者许新国支持吐蕃说且认为这一时期的吐蕃绘画融合了中原、中亚和西亚的风格。仝涛结合海西地区本身就是吐谷浑的领地的历史背景，推断墓主人应该是吐蕃统治下的吐谷浑人，棺板画总体上反映的是吐蕃文化的特征。霍巍根据墓葬年代已经进入吐蕃时期，则棺板画反映了吐蕃文化的多元因素；棺板上的人物的族源则可能属于鲜卑系统的吐谷浑人，并进一步比定为“吐蕃占领或统治下的吐谷浑人”。林梅村通过对棺板彩绘中的神树纹及男女交合图的解读，认为棺板画所绘的是苏毗人的风俗，而棺板彩绘的墓主人则是吐蕃大论禄东赞之子噶尔钦陵。这是目前唯一将郭里木棺板画人物族属与墓主人族属区别开来的观点，值得关注。

海西郭里木彩绘棺板的形制为前高后低、前宽后窄的梯形棺，由棺盖、棺侧板、前后挡等组成。棺侧板为长板，一般由两块或三块木板拼合而成，呈前高后低状，即分为“高帮”与“低

① 罗世平：《天堂喜宴——青海海西州郭里木吐蕃棺板画笺证》，《文物》2006年第7期。

② 王树芝、邵雪梅、许新国、肖永明：《跨度为2332年的考古树轮年表的建立与夏塔图墓葬定年》，《考古》2008年第2期。

帮”。侧板的两端均有凹形小槽，以固定前后挡板。前后挡板一般为整块木板做成，也有两至三块木板拼合组成的。前挡多呈圆形拱顶，后挡多为方形。棺盖有平顶与三角起脊两种形制。海西彩绘棺板的形制、彩绘风格、内容题材等与鲜卑系统的木棺板画显得更为接近一些，但却已经更多受到吐蕃文化的影响，尤其是受到由吐蕃本土传来的本教丧葬习俗与仪轨的强烈影响。同时，青海海西的棺板画也有来自中原和西域的文化因素，像绘画中来自中原的四神、花鸟等题材，图案装饰中来自西域的连珠纹边框等。就此，仝涛认为海西棺板画的源头很有可能是来自中世纪北魏鲜卑系统的彩绘木棺传统[①]。霍巍也持这种观点，但更强调吐蕃统治时期文化的多元特征。在都兰、德令哈为中心的丝绸之路青海道沿线这种彩绘木棺装饰的传统既有来自于西迁后长期驻牧于这一地区的鲜卑系统的吐谷浑部落，也有河西因素的影响，同时也有沿丝绸之路青海道，通过贸易而来的中亚粟特、波斯的特征，强调海西地区被吐蕃统治后，在吐蕃化过程中的复杂性和多元性。

（三）棺板画反映的社会生活研究

图像资料越来越受到历史研究的重视，是深化社会生活史细节的证据，成为继文献、实物资料的二重证据之外新的证据资料，基于文献、实物、图像三重证据的综合分析，可以重构古代社会生活的现场图景。同时，图像能够提供更加生动、具体的视觉性史料，可以丰富我们关于历史集体记忆的细节纹理。

英国历史学家彼得·伯克（P.Burke）在《图像证史》一书中认为，历史学家可以通过注意图像中微小的细节去发现某些重大的历史线索，而这些线索可能图像制作者本人并没有刻意地注意到。其中可能有制作者所持有，但却没有意识到的那个时代的集体观念或者司空见惯的风俗场景。援图入史、以图证史，图像资料成为建构史实的重要工具[②]。

海西棺板画的绘画内容以具有相互内在联系的多个情节构成，画面有骑射狩猎、商队出行、拂庐宴饮等生活图景，还有再现吐蕃贵族丧葬仪式的灵帐举哀、牛马献祭、葬吉宴饮等情节，是古代青藏高原游牧民族日常生活与丧葬过程的真实写照。罗世平、仝涛、霍巍等均对棺板画图像所反映的社会生活与吐蕃本教仪轨进行过专门研究，像霍巍认为虽然其画面是取材于日常生活的若干场景，但其中心意义同样是反映出吐蕃具有浓厚本教色彩的丧葬礼仪[③]。

海西棺板画中出现的人物妆面、服饰、器皿、拂庐、牲畜种类等不可多得的细节，都引起学者的关注，像李永宪关注“赭面”现象[④]；吕红亮、刘铁程关注“拂庐”的形制[⑤]；宋耀春关注棺板画

---

① 仝涛：《木棺装饰传统——中世纪早期鲜卑文化的一个要素》，《藏学学刊》第3辑，四川大学出版社，2007年。

② [英]彼得伯克著，杨豫译：《图像证史》，北京大学出版社，2018年。

③ 霍巍：《西域风格与唐风染化——中古时期吐蕃与粟特人的棺板装饰传统试析》，《敦煌学辑刊》2007年第1期；

④ 李永宪：《略论吐蕃的“赭面”习俗》，《藏学学刊》第3辑，四川大学出版社，2007年；《吐蕃“赭面”习俗再观察》，《考古学研究》（十），科学出版社，2012年。

⑤ 吕红亮：《“穹庐”与“拂庐”——青海郭里木吐蕃墓棺板画毡帐图像试析》，《敦煌学辑刊》2011年第3期。刘铁程：《“拂庐”考辨》，《西藏研究》2011年第1期。

中人物服饰的类型以及赭面形式的统计[①]；霍巍关注棺板画中人物服饰等[②]，这些研究都取得可喜的收获，对于族属、葬俗认识提供可靠的证据支撑。比如棺板画中的帐篷，到底“拂庐”还是“穹庐”，经过辨析，吕红亮认为不应该是“拂庐”，引用吐蕃史料去解释棺板画并不恰当，这更多反映出研究者先入为主的“族属预设”和史料采择的“倾向性”。从帐篷图像可见，虽然政治上受到吐蕃管辖，丧葬文化中也大受本教仪轨的影响，但本地民族长久以来的居住传统并没有改变，而是与鲜卑一样使用的是在中国北方乃至欧亚草原已有很长历史传统的圆形蒙古包，而并非吐蕃本土流行的黑帐篷[③]。

（四）棺板画与中西文化交流研究

以德令哈、都兰为中心的丝绸之路青海道沿线，是6～8世纪多民族交错融合、文化多元汇聚的地方，正是由于所处的特殊地理环境和历史地位，海西地区不仅受到吐蕃文化、鲜卑文化及其他民族文化的影响，还受到来自中原和西方文化的影响，棺板画题材内容和艺术风格显示出多元的特点。棺板画所绘人物的服饰特征、器物造型及生活方式诸方面，深受丝绸之路沿线包括中亚地区、北方游牧民族和中原汉地文化的影响，通过棺板画的图像方式，表现了吐蕃统治时期青海道上多民族交流与文化多元的历史现象，物质文化的交流是具象的，通过视角即可判断，而精神文化交流是图像在无意识透露出来的，需要读图去揭示。

对于海西棺板画与中西文化交流的研究，以许新国和霍巍为代表。许新国在《试论夏塔图吐蕃棺板画的源流》[④]中，认为棺板所绘四神应直接取法于中原，但又接受了西方文化的影响以及其民族构成中不同民族成分的传统文化而形成自己的风格；棺板中的狩猎图像有可能受中原和西方的影响，甚至有可能充当了西方文化对唐朝施加影响的媒介。通过与入华粟特人墓葬图像对比认为棺板画的题材直接来源于粟特，这种将帝王生活的图景绘在棺板上的做法，其图像的意义，一般认为象征着帝王的神格化、王权神授、避邪或帝王君临人间的现实感，或者说帝王死后作为神再生的观念。霍巍的《西域风格与唐风染化——中古时期吐蕃与粟特人的棺板装饰传统试析》一文，通过入华粟特人的棺板装饰与海西棺板画，从彩绘内容、题材、风格等方面进行对比，认为二者有诸多共性，不排除其间有过相互影响、彼此借鉴的可能性，但这种共性的产生主要还是从广阔的西域与中亚历史文化背景中获取而来，不一定意味着两者之间存在着一种直线或单线的传承关系[⑤]。

---

① 宋耀春：《青海郭里木出土棺板画数据统计与分析》，《藏学学刊》第9辑，四川大学出版社，2014年。
② 霍巍：《青海出土吐蕃木棺板画人物服饰的初步研究》，《艺术史研究》第9辑，中山大学出版社，2007年，第257～276页。
③ 吕红亮：《“穹庐”与“拂庐”——青海郭里木吐蕃墓棺板画毡帐图像试析》，《敦煌学辑刊》2011年第3期。
④ 许新国：《试论夏塔图吐蕃棺板画的源流》，《青海民族学院学报（社会科学版）》2007年第1期。
⑤ 霍巍：《西域风格与唐风染化——中古时期吐蕃与粟特人的棺板装饰传统试析》，《敦煌学辑刊》2007年第1期。

三、问题与思考

考古学的魅力在于不断丰富和深化我们对历史的认知，同时也不断地提出新的问题和疑问，促使人类对自身历史的认识和记忆更趋科学和真实。新的考古发现不仅获取一定数量的遗迹和遗物，而且也在还原和复原人类社会的细节和缺环。海西地处丝绸之路青海道上，在德令哈、都兰、乌兰等地的考古新发现，不仅提供了大量全新的材料，而且对于认识魏晋南北朝、隋唐时期该地区考古文化面貌、民族交流与融合、中西文化交流状况，均具有重要的学术意义。以郭里木乡夏塔图墓葬出土棺板画为代表的海西棺板画考古研究成果丰硕。尽管学者们对这批棺板画的内容、年代、文化特征等均提出过重要的观点和意见，分歧不断，特别像棺板画人物的族属问题，争议较大，但学术研究的氛围和热情不减。海西棺板画作为重要的考古图像，生动再现了民族融合与文化传播的历史图景，成为历史学、美术史、服饰史等不同学科关注的对象，发挥了图像证史的作用，为丝绸之路青海道研究奠定了良好的学术基础。

目前海西棺板画研究仍存在着较多不足之处，主要表现在：

（一）海西棺板画缺乏相关的考古信息

目前海西棺板画的最主要问题，是这批棺板画相关的考古信息的缺失。棺板画是墓葬木棺上的装饰，木棺在墓葬中的位置、木棺的形制与结构以及墓葬结构等都是棺板画考古学研究的基础。而海西棺板画多为采集，基本脱离墓葬结构，同时木棺出土时多已经散乱，木棺的棺盖、棺侧板、前后挡的结构和配置也已经被打乱。另外，目前棺板画被多家单位收藏，海西共出土多少具木棺板画，这些棺板的出土地点等考古信息都是缺失的。这些考古信息的缺失，必然会影响到学术研究，特别是图像解读的科学性与客观性。受考古发掘资料的限制，棺板画综合考察和分析的研究工作还不够全面、具体、深入和充分。

（二）棺板画相关考古资料公布严重滞后

2002 年郭里木棺板画发现，引起学界的高度关注，形成研究的热潮，这是棺板画的幸运。但截至目前 20 年过去了，郭里木棺板画的考古简报、考古报告仍未见诸报道，目前仅见青海省文物考古研究所柳春诚对 1 号棺板的两个侧板的临摹画。郭里木棺板的研究都是根据这个临摹画展开的。罗世平根据《中国国家地理》2006 年第 3 期《青海专辑》所发表的图片“逐一辨识棺板的图像，勾描出参考线图”[①]，这是郭里木 1 号棺板的最初线图，霍巍评价“为图像的考释与解读作了一项

① 罗世平：《天堂喜宴——青海海西州郭里木吐蕃棺板画笺证》，《文物》2006年第7期。

艰苦而又重要的基础性工作”[①]。同样经过考古发掘的德令哈水泥厂北墓葬出土彩绘梯形木棺，且该墓葬的树木测年为592年，是吐谷浑被吐蕃灭国前的墓葬，其发现意义重大，对于木棺装饰传统的来源，以及棺板画内容题材的族属界定至关重要，但可惜至今也未有简报发表。

罗世平曾呼吁“弄清楚画面的图像和画的主题，是首要的任务”。由于考古资料未公布，不同研究者对棺板画理解不同，在细节处理时就产生不同，导致郭里木一号棺板画目前存在多种版本，这样图像解读不同也就自然形成。

（三）图像研究缺少相关理论体系支撑

海西棺板画之所以观点争论大，是因为研究者在观察棺板画时，就已经先入为主的进行了族属预设，尽管观察出每个民族的风俗特点各有不同，但在图像选择时的倾向性决定了势必会得出不同的结论。

图像是对社会生活的具象表现，包括饮食生活、服饰风俗、建筑与居住生活、行旅交通生活、婚姻生活、生老礼俗、丧葬习俗、生产与行业生活、社交与节庆风尚、娱乐生活与风尚、信仰习俗等方面。图像证史成为重要的研究方法，将图像作为重要的史料，解读图像中的细节。对图像的认识与分析，需要借鉴图像学的理论与方法。潘诺夫斯基的《图像学研究》[②]开创了对艺术主题和意义进行分析的有组织、渐进且逻辑性强的系统——图像学。他将图像学分为“三个解释层面”：第一个层面是“前图像志描述”，也称“自然”层面。在这个层面上，人们识别绘画最基本的主题，即展示的内容。理解这个层面的意义，人们只需将日常生活的经验带入其中。第二个层面是“图像志分析”，也称“传统”层面，这是图像学开始发挥作用的地方。潘诺夫斯基提出，为了理解第二个层面的意义，我们必须将现有的文学、艺术和文化知识引入。第三个层面是“图像学解释”，也称“本质”层面。画家“对国家、时代、阶级、宗教或者哲学信仰的基本态度被无意识透露出来并压缩在作品里”，这就要求我们对潜在的意义进行揭示。

（四）期待加强棺板画保护

海西棺板画的木棺采用当地的祁连圆柏，经过加工而成，形制一般是梯形，由棺盖、两侧板、前后挡组成。棺盖板有两种形式：一种呈弧拱形，状若板瓦；另一种底面平整，上面中间起脊较高。侧板一般由两至三块长木板拼合，侧板呈梯形，有“高帮”和“低帮”之分，侧板内侧分无凹槽和有凹槽两种。前后挡板有两种形式，一种上部呈圆拱形，一种为长方形。彩绘一般在盖板、侧板和前后挡均有。目前有学者从棺板的形制可以区分出吐谷浑木棺和吐蕃木棺[③]。

① 霍巍：《青海出土吐蕃木棺板画的初步观察与研究》，《西藏研究》2007年第2期。

② 欧文·潘诺夫斯基著，戚印平、范景中译：《图像学研究——文艺复兴时期艺术的人文主题》，上海三联书店，2011年。

③ 张建林、才洛太：《青海藏医药文化博物馆藏彩绘棺板》，Shing Müller, Thomas O. Höllmann, and Sonja Filip, Early Medieval North China: Archaeological and Textual Evidence, Otto Harrassowitz GmbH & Co. KG, Wiesbaden 2019, pp.261-282。

木棺的彩绘一般先用白色起底，然后再用不同颜色来绘画，有些甚至直接在木板上彩绘。这些彩绘图像相对比较脆弱，历经千年风雨，多数彩绘脱落、漫漶不清，影响对绘画内容的识读。目前海西出土的棺板画保藏在不同的机构，受保存条件的限制，彩绘棺板的保护受到很大威胁。建议采用红外扫描，或者三维建模技术，对棺板画进行图像的采集与处理。同时要加大对棺板本身的保护，优化棺板的保存环境。

四、结语

棺板画是丝绸之路青海道沿线重要的物质遗存，是东西方文化接触、碰撞与交流的重要证据，对认识青海道在丝绸之路上的历史地位、海西地区多民族文化的交流等有深刻的现实意义。

海西棺板画的内容和艺术风格是解读丝绸之路青海道多民族交流融合的珍贵图像资料，棺板画资料的考古发现，是海西地区吐谷浑、吐蕃时期的历史和社会生活的生动图卷，加强资料的系统整理和综合研究，对中华民族多元一体的形成研究具有重要的现实意义。

海西棺板画，是以丝绸之路为媒介东西方文明交流的产物，对于保持人类文化多样性，促进世界各国、各民族之间的相互尊重和理解，具有重要社会价值；同时对于认识中华民族多源共识，增强民族团结具有很重要的现实意义，对于传承中华民族的优秀文化，弘扬和培育民族精神，增强民族自豪感和凝聚力，具有无可替代的意义和作用。因此，我们必须要研究好、保护好海西棺板画的文化遗产，并在研究保护的基础上做好传承，为维护中国文化的多样性和创造性提供考古学支撑。

考古编

茶卡出土的彩绘木棺盖板

许新国

2008年3月，青海省海西州民族博物馆研究人员，在该州乌兰县茶卡镇茶卡乡冬季牧场的一座被盗挖的墓葬旁边，采集到一块木棺盖板，盖板前宽后窄，上有彩绘，盖板顶端凸起一直棱，高起，断面呈三角形，前部完整，宽45.3厘米、厚12厘米。后部窄而残断，棺盖尖顶的两侧，均绘有彩绘图案。其中一面较为完整，部分脱落；另一面仅少数图像完整，余尽脱落。板之上画以白色打底，黑线勾勒，用绿、灰、红、赭等色彩绘。

较为完整的一斜坡面所绘内容为：从左至右的图像，一所三间的房子中，站立着3人，第一人面向右，头戴红色圆帽，足穿红靴，身着绿色窄袖衣；第二人形体较大，戴红帽，着红衣，身后拖有一条发辫；第三人上部脱落，不详，似穿窄袖高领长袍，脚穿黑靴。

第二组图像位于第一组图像的右侧下方。似为两妇女形象，其身穿灰色的高领窄袖长袍，头戴一横冠，四周下垂珠状物，坐姿。其右两人亦为妇女，发式与形象均脱落不清。

第三组图像位于第二组图像的右边，是两位呈坐姿的妇女形象，发型较为特别，其中一位穿红衣，一位穿青衣，均为高领袍服。

第四组图像位于第三组图像的右侧，为5位男士形象，均头戴圆帽，色泽有别，第一人为红帽，第二至五人为黑、红、赭、赭色帽子，身穿交领或翻领袍服，靴形不详。

第五组图像脱落不清，服饰不详，隐约可见为两男士图像，一人戴冠，冠形特别；另一人呈侧面形象，头戴尖顶帽。

盖板高起的中心线部位饰以红色的双连桃形或方胜图案，涂以红色。其另一面只能见到一骑马射猎的纹样。骑马人以红色白花缠头，身穿赭色窄袖交领上装，下身着裤，骑在黑色马背上，弯弓搭箭，向前方奔驰骑射，形象十分生动。

根据实物和文献记载，我们初步断定棺盖板上所绘人物的族属应为吐谷浑人。

吐谷浑是我国西北古代民族之一。4世纪初，该部从辽东慕容鲜卑分离出来，在首领吐谷浑的率领下西迁至今阴山一带。西晋永嘉末（312年左右），又从阴山南下，经陇山，到今甘肃临夏西北，不久又向西发展，进入今甘南、川西北和青海等地的氐、羌等族居住区。到其孙叶延时（329～351年），始建立政权，以祖父吐谷浑之名作为国号和部族名。其最盛时的疆域，东起今甘肃南部、四川西北，南抵今青海南部，西到今新疆若羌、且末，北隔祁连山与河西走廊相接。后期的政治中心在青海湖附近的伏俟城。唐龙朔三年（663 年）为吐蕃所灭，吐谷浑政权前后共存在 300 多年。此后，吐谷浑人大部归附吐蕃，其余散居在新疆东部以及宁夏、内蒙古、陕西北部、山西、河北北部等地。在长达近 300 多年的发展中，留居在今青海、甘肃一带的吐谷浑人，逐渐与藏族、蒙古族等族融合，为开发和建设西北地区做出了巨大的贡献。同时，由于其居地处于中西陆路交通要道和国内北方与西南各民族交往的通道上，因而在 5 世纪中期到 7 世纪初，在北方和西南民族相互交往中亦起了中介作用。

据考证，木棺以漆画或彩绘装饰其表，最早出现在汉文化地区，而至魏晋南北朝起，受汉文化的影响，北方鲜卑族统治阶层开始采用，并吸收成为其丧葬习俗之一，在鲜卑丧葬文化中占有相当的比重。鲜卑族的木棺葬具，较早的例子是在辽宁北票发现的慕容鲜卑贵族冯素弗墓[①]。该墓的柏木画棺为前高宽、后窄低形制，绘羽人、云气及墓主人生活图像。虽然壁画、棺画图像受汉文化影响，但木棺形制则具有鲜卑葬具的典型特征。这种前宽后窄的桦木棺，在扎赉诺尔墓群中亦有出现[②]。

随着北魏政权的建立和鲜卑族进入中原，带有浓厚的鲜卑文化色彩并融入了汉文化影响的丧葬习俗开始流行。宁夏固原是北魏时期的北方重镇，也是鲜卑族的重要聚居地，20 世纪 70 年代在此地发现了一具彩绘漆棺[③]，其为前高宽、后窄低形状，棺盖顶端为三角形，上绘有鲜卑装的东王公和西王母。有墓主、孝子、男女胸像、连珠龟背纹、裸体舞人、狩猎图像等。人物穿夹领小袖，戴垂裙毡帽，为鲜卑人形象。狩猎图像尤其引人注目，山野间有野猪和鹿在狂奔，骑马勇士张弓射箭，真实地反映了鲜卑人的游猎生活。

与此漆棺形制和装饰手法接近的还有山西大同湖东北魏一号彩绘漆棺[④]。此墓为一棺一椁，棺下设棺床，松木质。棺椁前宽后窄，头高尾低。棺椁及棺床外髹黑漆，彩绘缠枝忍冬纹、连珠圈纹，屋宇与人物、伎乐童子等。

上举墓棺多为前宽后窄、前高后低形状，由棺盖、棺底、左右两帮、前后挡等装配而成。一些棺盖的三角状顶端与茶卡出土的棺盖板完全相同，显然是鲜卑的木棺形制，打上了鲜卑葬俗的烙印。男女人物骑马射猎等图像在鲜卑墓棺绘画中也是较为常见的形式。吐谷浑原为鲜卑之一支，保留鲜卑人的生活习惯也是很自然的。

再来看看发式。第二组、第三组为 4 个妇女形象，其发型较为特别，与甘肃酒泉果园乡丁家闸 5 号墓壁画中妇女的发式相同。该墓是一座具有前、后两室的砖室墓，绘有莲花、龙首、东王公、西王母、女侍、羽人和动物等以及墓主人家居宴乐、车马出行、厨房炊事、坞堡耕作畜牧等内容。

该墓绘画的突出现象是人物均为少数民族模样，孙机先生认为，人物具有典型的鲜卑文化传统[⑤]。该墓的年代发掘定在后凉至北凉之间，即 4 世纪末到 5 世纪中（386 ～ 441 年魏破酒泉）。

---

① 黎瑶渤：《辽宁北票县西官营子北燕冯素弗墓》，《文物》1979年第7期。

② 内蒙古文物工作队：《内蒙古扎赉诺尔古墓群发掘简报》，《考古》1961年第12期。

③ 韩孔乐、罗半：《固原北魏漆棺墓的发现》，《美术研究》1984年第2期；王泷：《固原漆棺彩绘》，《美术研究》1984年第2期。

④ 山西省大同市考古研究所：《大同湖东北魏一号墓》，《文物》2004年第12期。

⑤ 甘肃省博物馆：《酒泉·嘉峪关晋墓的发掘》，《文物》1979年第6期。

茶卡棺盖板上男性第一组的3人，第四组的5人，均戴有圆形小帽。与嘉峪关市魏晋1号墓出土画像砖上的人物相同。该砖长35厘米、宽17厘米、厚5厘米。画面分上下两层，上层左起绘二牛驾犁，一男子扶犁，中间一女子撒播种子。后有2人拉耱，男子踩耱，右手拉缰绳。下层画面同上。右上角榜题朱书“耕种”。该画砖上4名男子中的3位戴有圆形小帽，与茶卡棺盖板画男人戴的帽子相同[①]，具有浓厚的鲜卑色彩。

吕一飞根据文献记载，对鲜卑服饰进行了考证，认为《魏书·辛绍先传》中“垂裙皂帽”即《太平御览》卷九七五引《北齐书》所记为鲜卑帽[②]。关于吐谷浑人的帽子，诸书记载有两种：“其王公贵人多戴羃䍦”[③]，也有以缯为帽（帷帽）。羃䍦，即《魏书》所说的“罗幂”，是加在帽上下垂遮住脸面的羃面。《旧唐书·舆服志》云：“武德、贞观之时，宫人骑马者，依齐、隋旧制，多著羃䍦。虽发自戎夷，而全身障蔽，不欲途路窥之，王公之家，亦同此制。永徽之后，皆用帷帽，拖裙到颈，渐为浅露……则天之后，帷帽大行，羃䍦渐息。”可见，羃䍦原为西北少数民族所用，以骑马避风沙。到北齐，隋代和唐初已盛行于中原汉族，后渐为帷帽所替代。《魏书·吐谷浑传》还特别记载了吐谷浑可汗的服饰，云：“夸吕椎髻毦珠，以皂为帽，坐金师子床。”椎髻，即将头发全挽于顶上成椎形，戴黑色帽，大致与其下王公贵人服饰相似。从上述记载可知，茶卡棺盖板画人物中的圆帽未被记载。因此，吐谷浑人所戴小圆帽的图形，应可以弥补文献之不足。

吐谷浑的妇女一般着“裙襦”，与内地妇女相似。但其发式为“束发”，也就是“辫发”，或云“披发为辫”[④]，上以金花为饰，缀以珠贝[⑤]。可汗妻恪尊则“衣织成裙，披锦大袍，辫发于后，首戴金花冠”[⑥]。同样是辫发，按女子辫发为北方民族（如匈奴、鲜卑）的旧俗，在漠北匈奴及东北扎赉诺尔鲜卑人墓葬中，均出土有辫发[⑦]。宿白先生认为南朝人称北魏统治阶级（拓跋鲜单）为“索头”或“索虏”，即应是辫发的特征[⑧]。茶卡棺盖板画中，第一组人物中的第二人头后拖有发辫一条，或可作为此说的例证。

吐谷浑妇女的辫发上，不仅戴有金花，还缀以珠贝，而且以多为贵，可以说辫发不只一束。今天在甘肃、青海藏族妇女中流行的多辫披发的形式，可能即是羌和鲜卑发式的一种综合。据茶卡棺盖板画中妇女形象的发式，当时的束发则是另外一种形式，如同酒泉丁家闸5号墓的西王母和歌舞人物一样，不仅存在三起大髻，而且也有多起高髻的形式。

无独有偶，鲜卑人的形象在晚些时候的郭里木吐蕃棺板画中也有发现。德令哈市郭里木M2合葬墓右侧板上部的一位骑马者，头戴黑色垂裙皂帽，垂裙向后飘扬。右下方迎宾图中二位跪拜者也

---

① 甘肃省博物馆：《甘肃省博物馆文物精品图集》，三秦出版社，1995年，第174～175页。
② 吕一飞：《胡族习俗与隋唐风韵——魏晋北朝北方少数民族社会习俗及其对隋唐的影响》，书目文献出版社，1994年。
③ 《隋书·西域传》，中华书局，第1842页。
④ 《梁书·诸夷传》，中华书局，第810页。
⑤ 《旧唐书·吐谷浑传》，中华书局，第5297页。
⑥ 《魏书·吐谷浑传》，中华书局，第2240页。
⑦ C.N.鲁金科：《匈奴的文化和诺颜马拉墓葬》，列宁格勒出版社，1962年，第111页。
⑧ 宿白：《东北、内蒙古地区的鲜卑遗迹——鲜卑遗迹辑录之一》，《文物》1977年第5期。

戴同样的帽子。迁葬墓的右侧板右下方迎宾图中，残存的一位跪拜者形象也如此。这些装束与吐蕃的缠头形象大不相同，而与北魏孝文帝改革前的鲜卑族装束相一致。可以看出，鲜卑文化对吐蕃文化的影响相当深。这些不得不让我们重新审视吐蕃文化形成过程中的复杂性以及鲜卑吐谷浑文化在吐蕃文化中所占的重要地位。

关于茶卡吐谷浑棺盖板画的年代，我们注意到其妇女发型与酒泉十六国墓葬妇女发型的一致性，男性所戴小圆帽与嘉峪关市魏晋 1 号墓男性小圆帽形制相同。但茶卡棺盖板上所绘的络合成菱形的忍冬图案与太和八年（484 年）司马金龙墓所出漆屏的边饰接近。加之茶卡棺盖板画上的骑马人物头缠巾的形象也稍偏晚，故我们将茶卡的棺盖板绘画的时间定在 6 世纪初或 6 世纪下半叶，可能比较适宜。

综上所述，自魏晋十六国以来，从辽东、漠北等地迁入西北的鲜卑族人数很多。在历史发展过程中，这些迁移而来的民族既保留了自己原来的一些习俗，又吸收了当地民族的一些习俗，从而使直接或间接的文化传播得以进行，而当这些古代民族因自然和人为的原因需要迁徙时，往往也是选择与自己习惯相似的环境、经济活动相同的地区，从而更加强了彼此之间的民族融合。

[原刊于《青海民族大学学报（社会科学版）》2011 年第 1 期]

青海吐蕃墓葬发现木板彩绘

许新国　刘小何

2002年8月，青海省文物考古研究所接到海西州民族博物馆的报告，称在德令哈市郭里木乡的古墓遭到盗掘。我们随即派人与海西州民族博物馆人员一道，对两座吐蕃古墓进行了清理和发掘，获得重大成果。

墓葬位于距德令哈市30公里的巴音河南岸夏塔图草场山根（图一），上方有高约1.5米的封土，均为竖穴土坑形制，墓室为长方形单室，长4米、宽2.5米，虽为土葬墓，但用柏木封顶，均有长方形斜坡墓道。两座墓，一座为男女合葬的木椁墓（图二），另一座为迁葬墓：迁葬墓是先将骨架装于小棺内，然后将小棺直接放置于大棺内。两座墓中均见殉牲，合葬墓木椁两侧各殉完整的马和骆驼各一匹。迁葬墓在柏木上放置羊骨。在合葬墓中出土有大量丝织品，种类有锦、绫、罗、印花绢等。另有木碗、木鞍、木鸟等随葬品。迁葬墓中出土有木鞍、木鸟、箭囊等文物（图三）。

这两座古墓的最重要发现是，两座墓三具木棺的四面均有彩绘。彩绘的主要内容是以赞普、赞蒙（王、王后）为中心的迎宾图和职贡图（图四）。具体形象有帐居、射猎、宴饮、迎客、击鼓、起舞、骑士、商旅、四神、对鸟、野猪、牦牛、马、骆驼等。其中的人物缠有各种不同形式的缠头，大部分人物赭面，反映出吐蕃人特有的风俗和装饰风格。但也有身穿圆领窄袖长袍、翻领长袖长袍、戴圆帽的中亚人和波斯人的形象以及着鲜卑装的骑士等（图五）。

图一　发掘区远眺

图二　合葬墓木椁全貌

图三　木棺、陶罐、弓袋与箭囊出土的情况

图四　木棺上的彩绘：赞普、赞蒙帐居图

图五　木棺上的彩绘：骑马武士

板画线条流畅，色彩富丽，场面壮观，内容丰富。为人们了解唐代居住在柴达木盆地的吐蕃人、吐谷浑人的生活习俗、宗教信仰、艺术风格等提供了宝贵的实物资料，是不可多得的艺术珍品，具有重要的研究价值和鉴赏价值。

根据出土遗物分析，丝织品中有盛唐时代所流行的卷草宝花、印花、双连珠对龙等纹样，我们将这两座墓葬的年代大体确定在盛唐时期，约为 700 ～ 750 年。此外，出土木结构上书写有墨书古藏文，这也证明此类墓葬属于吐蕃统治下的吐谷浑邦国贵族的墓葬。

（原刊于《中国西藏》2002 年第 6 期）

青海古道博物馆收藏棺板画赏析

程起骏

青海省博物馆将海西州都兰、乌兰出土的棺板画汇集成册，书名为《丧葬美术与生活画卷》（以下简称《画卷》）。省馆约我看一看此书的清样，由此，使我对青海棺板画有了零距离接触的机会。我认为《画卷》的出版是一件有重要意义的文化创意举措，是将“文物活起来”的最好途径之一。《画卷》中又以青海古道博物馆收藏的棺板画数量较多，保存基本完好，均出自都兰古墓群，十分珍贵，堪称绝品。这批棺板画以十分鲜活的画面，再现了南北朝至唐代青海西部人文历史的某些重要方面和丝绸之路南道尘封了千年的绚丽辉煌。《画卷》问世之后，将为海内外研究丝路南道的学者提供最直观的第一手资料，并会有效提升青海在“一带一路”伟大工程中应有的地位。

现从《画卷》中选出几幅，做一普及性的介绍，以期让更多人了解千百年前青海柴达木地区的社会风情，看看老祖先在如何过日子。

一、《春耕图》

图画描绘的是春天到了，春气氤氲，草木葱茏，一家人在春光明媚的原野上为春耕播种而忙活着。画面中心为一中年壮汉，上身赤裸，只穿短裤，赤脚。左手扬鞭赶牛，右手扶犁；一黑一白的两头健硕耕牛，架着二牛抬杠的犁铧，奋力前行；牛队前是一个身穿长袍的中年人，左臂挟种子袋，右手撒扬种子；牛队后面是一个身穿长袍的年轻人牵着一头骡子在耱地；画面的左下角，有一人在搬运籽种，即在每块将要播种的耕地内，根据这块地的大小，预置所需种子，这样做可省劳力，提高效率，实在是古人种田的逻辑学应用；前左上角是一名身材窈窕、长发齐肩的年轻女子，正在为全家人做午饭，身后立一高口双耳罐，用以盛水，旁边是已漫漶不清的地头灶；画右上角是个身穿红袍、脚蹬短靴的人，正在睡觉。身旁放一柄铁锨。此人面目不清，可能是一个上了岁数的人，他的任务可能是为已播田块做整修，此时有些累了，抓紧时间打个盹，也可能是一位督察种田的官员（图一）。

整个画面都被茂盛的野草所覆盖，其意可能是在开荒种地，喻示种地不易、土地广阔肥沃等多种含意。都兰出土棺板画都是写实的，画面反映墓主人生前可以拿到桌面上的荣耀事，由此，我猜想，墓主人可能是一个种粮大户，或者是一个负责开荒种田的官员。由此，也可知在那个时代，开

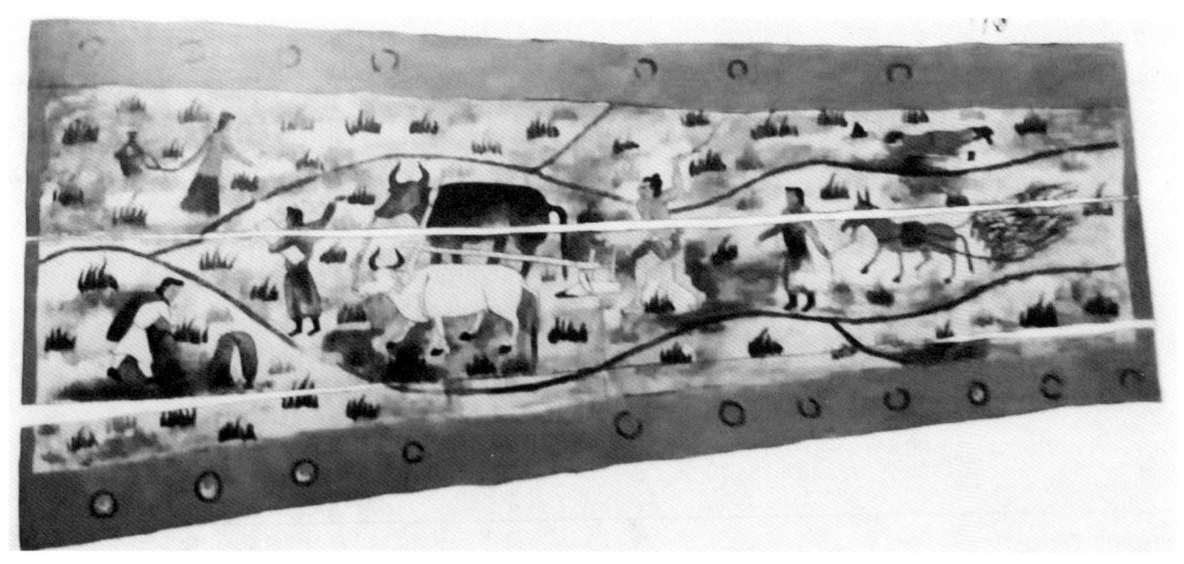

图一 春耕图

荒种地是受到社会尊重的事。

这幅画成于何时？愚见以为可能出于南北朝时期。在柴达木盆地，早在西周时期，就有羌人种大麦，这可由诺木洪文化出土文物作证，但所用的工具是骨粗。其后，羌人在东部河湟谷地发展农业。而在南北朝的史籍《魏书》中记：“吐谷浑亦知种田，有大麦、粟、豆。”再从服装看与古籍所载相吻合：“吐谷浑人著小袖袍，小口袴、大头长裙帽，女子披发为辫。”又记“丈夫衣服略同华夏”。

笔者在都兰基层搞农业廿余年，深感这幅画表达的史学信息甚多，如画中的二牛抬杠始见于汉代画像，一直沿用到解放初期。这种农具何时传入柴达木？那个耱耙结合的农具，可算是一件先进的复合农具，但不见于有关的学术论文和图谱，而且这幅画使我想起了土族有关先祖们开始农耕的一首古歌：先祖们在天上缚住了野牛，给它戴上了黄金的鼻桊儿。从此，大地上有了五谷，柏木碗中斟满了美酒。

二、《塞上琵琶行》

画面上显示的是鲜花盛开、牛羊成群的广阔原野上，扎着两顶华丽的毡帐。正中毡帐的门敞开，帐中有一个体态丰盈、头绾西域发髻、身着白丝绸袍服、美貌端庄的少妇，坐在一块猩红的地毯上，怀抱琵琶，正在调弦音欲弹奏。帐门边是一个穿着华丽奇服、风姿绰约的妇女，她左手撩起帐帘，右手招呼一个端着盛满食品的大盆，疾走而来的男仆，快送食品进帐；左面大帐的门帘被一个女仆人小心撩起，从帐中踱出一个红袍大袖、腰系宝带、神态安闲的贵人，欲前往中间大帐听琵琶演奏。琵琶女、异服女士及红袍贵人是这幅画的中心人物和故事的中轴，其余人员是为这三人服务的各类仆人。画面的左面，是一只热气升腾的大釜，釜的直径在 1 米以上，喻示着客人众多。釜前一人正伏地察看柴火情况，旁有一水瓶和一只用以鼓风的火皮袋。这种火皮袋乃是今日蒙古族、藏族野外做饭煮肉的必备灶具，是用山羊皮缝制，十分好用且携带方便；中间大帐右边，站着一个恭候使唤的仆人；其左是一个身负柴火的男子，其下方是一个背水的少女。其右是驮着丝绸、食品等礼物的两头牛，后面跟着的人是驮夫，最右面是象征着羊群的几只绵羊，最后一人可能是牧羊人，但手执一铲形器物，尚不知作何用。牛队前一株茂盛的大树，喻示着时在盛夏，也点缀着风光的美好（图二）。

图二　塞上琵琶行

看到这幅《塞上琵琶行》，不由得叫人想起了那首传诵千年的名诗《琵琶行》。唐元和十年（815年）诗人白居易贬官九江，送客湓水岸上，忽闻“舟中夜弹琵琶声”，经“千呼万唤始出来”，原是一名流落风尘、身怀绝技的琵琶女。白居易对她的演技给予了极高的评价，成为古今论赞弦乐的绝响；更令人感动的是，白居易对这个女琵琶师的坎坷遭遇给予了深切的同情，其发自内心深处的“同是天涯沦落人，相逢何必曾相识”的人文情怀，拨动了一代又一代人的心弦。由白居易《琵琶行》演绎出的忧伤缠绵的故事传唱千年。

话题回到棺板上的这幅《塞上琵琶行》。在约1500年前的柴达木河畔，在芳草碧连天的牧场上，这个可能来自西域的女琵琶师与那个华服女子和红袍贵人是何关系？可能有多种回答的版本，但都属推测的范畴，不足道也。我想补充一点的是，琵琶来之西域。随着丝绸之路的开通传至中原，大兴于南北朝。唐代杜佑著《通典》记：“弹琵琶、五弦及歌舞之伎，自文襄以来皆所爱好，至河清以后传习尤盛。”文中提到的文襄指东魏孝静帝元善见，河清指北齐武成帝高湛。琵琶的传入同时传来了风情独具的琵琶乐曲，即兹乐、西凉曲。琵琶及乐曲大受中原汉地文人墨客的青睐，并将琵琶师称为“善才”，足见对这种乐器乐曲及琵琶师的尊重。

吐谷浑人早在东北老家时，就十分喜欢吹拉弹唱。很有可能在他们开拓丝绸之路南道时就将琵琶引入中原。这幅《塞上琵琶行》或可作实证之一。《旧唐书·音乐志》记：“北狄乐，其可知者鲜卑、吐谷浑、部落稽三国，皆马上乐也……今存者五十三章。其名目可解者六章：慕容可汗、吐谷浑、部落稽、钜鹿公主、白净王太子、企喻也。”从中可知吐谷浑人的音乐和歌曲是很丰富的。吐谷浑在开拓丝绸之路南道时，自然就将西域的乐器、乐舞传至中原后，发现琵琶乐器禀赋更能反映汉文化的深层意蕴，遂产生了不少著名的琵琶演奏者和琵琶乐曲。如《十面埋伏》《秦王破阵乐》等。同时，有一大批西域的琵琶演奏家前来中原汉地献艺。如来自两河流域（今叙利亚、伊拉克地区）昭武九国的演奏家，有康国的康昆仑及曹国的曹保、曹善才、曹纲祖孙三代，均名满京都，乐史有载。白居易《琵琶行》序中写道："问其人，本长安倡女，曾学琵琶于穆、曹二善才。"这曹善才即来自西域曹国的琵琶大师曹保，名载史册，名师出高徒，难怪她弹得出神入化、地动山摇，弹得江州司马泪如泉涌，湿了青衫。总之，琵琶女是这幅画的中心人物，这一点是观画者需详加思考的题。

三、《持节使出行图》

画面由上下两部组成。在四围青山隐隐、绿水迢迢的柴达木原野上，有上下两队鞍鞯华丽奇特、衣着各异、年龄不同、民族有别的骑士策马而行。马蹄轻快，骑者庄重，可谓人有精神马如龙，塞上行盛典，花月正春风（图三）。

图三 持节使出行图

上部从左展开。一只头有彩色饰条的猛犬和一只戏耍的小犬为骑士队伍开道；其后第一骑为一甲骑具装的骑士手执长矛，顶盔贯甲，策马奔驰；第二个骑士高执随风飘拂的"节幡"；第三、四个骑士，衣着华贵，帽子不同，均骑白色骏马，马面、马胸、马衣均为十分华贵的丝织品，马衣边上镶着黄金连珠饰片，这二人很可能就是迎接持节使的吐谷浑王者；第五骑是一个身着汉服的长者，黑须铺胸，神态安闲、庄重，胯下的马也特别高大雄骏，画家以这种手法凸显他的尊贵，他可能就是中原王朝派来的持节使；其后二骑可能是随从人员。

下部画面前半部已漫漶无存，只留一骑、一马头和一疾步前行的人，这可能是警卫人员，最后一人可能是赶着驮队的驮夫。

这幅棺板画的内容很可能是一位吐谷浑王在迎接中原王朝派来的持节使。

吐谷浑在青海建国之后，数百年内，一直受到南北朝皇帝的关注。历代吐谷浑王中如有老王下世、新王登位、立了战功、与邻国发生矛盾、与中原皇室联姻、向中原皇帝请战等等重大政治、军事问题时，南北朝的皇帝都要派出重臣任持节使团头领，前往吐谷浑完成不同的使命。这"节"就是代表皇帝权力的信物，从汉代始，一直沿用到南北朝终结。这"节"是一个用丝绸做的长幡，上面自然写着大皇帝的名号及类似顺天承命的大话，还有持节使的官衔等。在吐谷浑 22 代君王为政的 300 多年内，南北朝皇帝派出的持节使有史记载的多达 26 次，现只举 4 例：

其一，吐谷浑第 11 世王慕利延被北魏遣持节使封为镇西大将军，仪同三司，西平王；被南朝宋文帝封为都督西秦、河、沙三州诸军事、镇西大将军，陇西王。

其二，第 12 世王拾寅，被北魏封为镇西大将军、沙州刺史，西平王；被宋文帝封为安西将军，西秦、河、沙三州刺史，河南王。

其三，《魏书》记：北魏孝文帝遣持节使拜吐谷浑王伏连筹为"使持节，都督西垂诸军事、征西将军、领护西戎中郎将、西海郡开国公、吐谷浑王，麾旗章绶之饰，皆备给之。"南朝梁武帝遣持节使拜伏连筹为镇西将军，西秦、河二州刺史，河南王。

其四，北魏孝庄帝遣安定王元休为持节使兼武卫将军，关右尉劳十二州大使，遂没于吐谷浑。

遣使和迎接使团都是重大的政治举措，历代吐谷浑国王都把中原王朝的赐封视为殊荣，是中原王朝承认其藩国地位的标志。因此，迎接中原王朝的使团都有一套严格的仪程。而派出王族成员或王驾亲自到国界线迎接使团是仪程之一。这幅棺板画说的是哪一位国王在迎接中原使团，已无从考证。但从画中前导为一甲骑具装的骑士来看，很可能是发生在北魏朝的事情。

甲骑具装在中国骑兵发展史上是一大亮点，也是十分重要的一个板块。简单点说，甲骑具装就是给战马披上严实的铠甲。始于三国末，而大兴于南北朝时期，其中又以北魏时的甲骑具装最为严整气派。这可从南北朝时的史书和出土墓室画及有关文物中得到印证。

南北朝时期标准的马铠，由六部分组成：面帘、鸡颈、当胸、马身甲、搭后、寄生。当然还配备有马鞍和马镫、缰绳之类。"面帘"是一块狭长的金属制的护面，上面开有眼孔，主要保护马匹面部；"鸡颈"其实是一副马颈部的护甲，由甲片缀成，前面有搭扣可以扣上；当胸、马身甲、搭后，就是马匹前中后的大片护甲；而寄生比较有特点，是一个放在马尾部的向上翘的扫帚一样的东西。这样装备的战马，冲锋陷阵所向无敌。缺点是不利于快速作战或转移，且十分昂贵。到隋末群雄并起时，各家起义队伍都以轻骑兵战术制胜，甲骑具装就淡出了历史舞台。而这幅棺板画中的甲骑具装十分完整地再现了北魏时期的马铠风貌，弥足珍贵。

四、《王者巡行图》

这幅画是《持节使出行图》的延续。画意是吐谷浑某国王受到中原王朝的赐封后，感到无上荣耀，身价倍增，故驾车巡视各处，昭告四方。吐谷浑国的民族构成很有特色。其国主体民族为吐谷浑人、羌人、汉人、匈奴人、突厥人，还有不少杂夷、杂胡，这部分人是从古湟中河西走廊、今新疆南部等地，因多种原因投奔吐谷浑的。吐谷浑允许这些民族的首领保有自己的部众、军队、宗教和风俗习惯，并封他们各种名王，所以吐谷浑国王爷甚多。这正是棺板画上人物服饰差异很大的主要原因（图四）。

吐谷浑王要使自己治下的诸名王、渠师（军事首领）、部落首领及各族百姓都要知晓：本王受

图四　王者巡行图

到了朝廷的赐封，爵位甚高，“节幡”高入云天，那就是本王持皇帝的信物在治理尔等和国家，尔等要心服口服。

画面左前是一匹驾车奔驰的辕马，车中可能坐的就是国王，可惜已缺失。第二骑为骑马持皇帝所赐“节幡”的大臣。其后六骑和下面两骑均为骑着骏马，身着华丽的袍服，头戴不同帽子，可能是不同部族的名王，随王出行。值得一提的是其中五骑的马，胸前都有兜铃装饰。从都兰出土的马饰看，这种兜铃均为黄金铸成，饰有虎纹，其马鞍镶有黄金叶形饰片。可能是王者的座驾。

最后说一下，在中原王朝的封号中除“持节使”外，连带的还有一大串官位号，如将军、刺史之类；排在最前面的是“开府仪同三司”。这是一种位甚高的虚衔，但很荣耀。意思是朕给你与三司一样的礼仪排场。三司即三公，汉制称太尉、司徒、司空，为朝廷中权势最重大的三个官职。南北朝皇帝给吐谷浑王这种政治待遇，一方面是表示看重，另一方面也是一种政治手段。棺板画者无法用画笔表现出来，就尽量在服饰、马具上加以体现。

（原刊于《中国土族》2019 年春季号）

郭里木棺板彩画临摹手记

柳春诚

2002年8月，郭里木出土了三具彩绘木棺，棺板上所绘的宏大的场面和非凡的气势让人惊艳。一个沉睡地下的千古之谜摆在文物工作者的眼前。由于棺板彩画出土后接触紫外线和空气，画面颜色会在很短时间内发生改变，必须尽快临摹。我于2002年9月至2003年1月，在青海文物考古所德令哈工作站进行临摹工作。临摹下来以避免出自青海的“清明上河图”向世人神秘一笑之后又悄然蒸发。

复原临摹要求我极为谨慎，反复观察与研读模糊不清极难辨认的彩画内容，对画面每组人物的穿插衔接、服饰动态及面目表情都烂熟于心时，才敢用铅笔在透明的硫酸纸上轻轻勾勒出彩画轮廓，再把硫酸纸铺在已裱好的绘画纸上，用轻铅重描，然后在绘画纸上勾描填色。在复原临摹过程中，反复调整绘面色调，因为棺板画上的颜色在不断地发生变化，要临摹好一幅棺板彩画，至少需要调整3～5遍色调，只有这样，才能更加接近它的原始色调。其间，棺板画始终是用一块黑色的布盖着，尽量减少光线对它的照射，尽量延缓颜色的消褪。

4个月后，一幅幅吐谷浑民族的生活图像呈现出来了，让我们浮想联翩。由于经费等问题的困扰，还有四分之三的棺板彩画未被复原临摹，它们正在神秘微笑中渐渐地消失。

（原刊于《中国国家地理》2006年第3期《青海专辑》下辑）

棺板彩画：吐谷浑人的社会图景

程起骏

青海德令哈市郭里木乡出土的棺板彩画是草原王国吐谷浑的遗物。棺木的侧板（见棺板彩画临摹图）绘有大场面多人物的狩猎、行商、宴乐、迎宾、祭祀、野合等。六组画面各自独立，又相互紧密相连，内容涵盖了吐谷浑人生活的各个方面。

由于受汉文化影响，吐谷浑很早即行棺葬。第二代国王吐延遇刺身亡，交代后事时说："吾气绝，棺敛讫，速保白兰。"在郭里木棺木侧板中的狩猎图与敦煌莫高窟第249窟的西藐狩猎图的布局、场面、风格极为相似，受魏晋南北朝画风的影响甚深。画面上是几位身跨"青海骢"的吐谷浑人骑射猎物的场面。吐谷浑人原本就是一个善于骑射的民族，立国之后所属疆域内野生动物资源极为丰富，成为吐谷浑人生活和支持战争的重要资源。骑射狩猎也就成了吐谷浑人的必修课。

图中还画有一队骆驼，驼鞍上摞放着高高的货物，从外形看极可能是丝绸锦缎。此组画以象征的手法，反映了吐谷浑人商队的庞大，行旅的艰难，财富的丰盈。《宋书》上写道：吐谷浑人"事惟商道""徒以商译往来"。商贸收入成为吐谷浑三大经济支柱之一。吐谷浑人开拓的丝绸之路之"青海道"，成为那个时期最繁荣的国际贸易通道之一，为吐谷浑人积累了巨大的财富。这幅行商图十分形象而集中地反映了吐谷浑人跋涉万里，开拓丝绸青海道以及富裕多彩的上层社会生活。

在画面右上方有一对青年男女的野合图，紧挨二人跪坐着一位面含神秘微笑、身着长袍锦裤、裤已褪至胯下的老人是一位萨满巫师。吐谷浑人一直崇信萨满教，无论狩猎、治病、征伐、婚嫁，生殖，萨满法师都要预做法事，以专用的法器作法祈祷，诸事才能胜意。画面上的萨满巫师手执自己的男根颂咒作法，以祈求此对夫妻早生贵子，儿女成群。这也是此画为吐谷浑所有的有力证明。因为吐蕃攻取吐谷浑之后，佛教教义、戒律已渗透到吐蕃社会生活的各个方面。而郭里木棺板画中所反映的种种生活场景，不见佛教文化的任何痕迹，将两性关系堂而皇之地描写，这恐怕离吐蕃的文化和人文环境相去甚远。吐谷浑人的生殖崇拜习俗，至今在青海黄南藏族自治州隆务地区的土族村中尚有遗踪可寻。在每年举行的庙会傩戏中，就有一位腰悬木雕男根的特殊角色，以夸张的表演动作形象地表达了古老的生殖崇拜。

画面右下方表现的是吐谷浑人祭天、祭祖的盛大礼仪。其中一女端着盘子，上置三只酒杯。另一女正在斟酒。吐谷浑人用三只酒杯敬祭天地，和今日土族的酒俗有某种相似之处。吐谷浑人杀牛祭天祭地祭祖的习俗在都兰祭祀台及一号大墓中均有遗迹可寻。祭祀坑中有牛头牛蹄，一号大墓的左墓室有整齐码放的整块牛前胛、牛肋，高达 1.4 米。祭祀坑中还有 87 匹殉葬的骏马。这幅画使我们了解了吐谷浑人祭天地祖宗仪式的更多情况。如所用牺牲，由身份高贵的人射杀而非宰杀等。而且这组画面与都兰古墓宏大的殉生祭祀场面可互为佐证。

另外，史书上多处对吐谷浑人服饰的记载有："丈夫衣服略同于华夏，多以罗幂（披中或头巾）为冠，亦以缯为帽"，"吐谷浑男子通服长裙、帽或羃䍦"，"着小袖袍，小口袴，大头长裙帽"。妇女为"衣织成裙，披锦大袍，辫发于后，首戴金花冠，……贯珠贝，束发，以多为贵"。住的是"乙百子帐"。这些与棺板画中人物服饰和住所非常吻合，而且更为丰富，男人的帽或幂有六种，女的有三种，腰带有四种……

我们认为郭里木棺板画描绘的是吐谷浑一位王者绚丽多彩的生活画卷，也是那个民族那个时代的社会图景。

（原刊于《中国国家地理》2006 年第 3 期《青海专辑》下辑）

棺板彩画：吐蕃人的生活画卷

罗世平

青海德令哈市郭里木乡出土的三具彩绘木棺是重要的考古收获。棺木侧板（见棺板彩画临摹图）绘有驰猎射牛、拜谒宴饮等。画面构图饱满，画法以墨线勾勒颜色平涂为基本手段，情节具有叙事性，是中国绘画史上独具民族特色的新样式。

侧板画面的内容生动反映了古代吐蕃人社会生活习俗。按新、旧唐书《吐蕃传》的记载，吐蕃人宴请贵客，要用牦牛。按吐蕃的礼节，先要驱赶捕捉牦牛，然后让客人亲手射杀。赶杀牦牛的过程是如何进行的，棺板画表现得很生动。在画面的左上部画武士张弓骑马追射两头牦牛，其中一头中箭流血负痛狂奔。棺板画的右面另画了一段射牦牛的情节，一头牦牛被拴卧在树桩前，旁边是张弓射牛的男子，周围画有捧杯敬酒的男女数人。这个杀牦牛的情节包括了从驱赶牦牛到射杀牦牛的全过程，在情节安排上由左往右通贯一气，画面的气氛也由动归于静。

古代吐蕃人的拜见礼也很特别，《吐蕃传》说："（吐蕃）拜必两手据地，作狗吠之声，以身再揖而止。"两手据地是怎样的拜谒姿势，文献中并没有描述，这个拜见的细节在棺板画上形象地画了出来。画面安排在棺板左起毡帐宴饮图的上方，一位蓝衣人物席地而坐，他的前面画一拜谒者。拜者伏地的姿势，即是双手撑地，嘴是半张的。这个情节完全与《吐蕃传》中所述相吻合。

棺板画的中心是多人物的宴饮场面。宴饮宾客的酒席设在毡帐外的空地上，人物或站或立，宴会正酣。帐内夫妇对坐举杯。这样的生活环境和宴饮场面也如《吐蕃传》的描述：吐蕃"贵人处于大毡帐，名为拂庐……接手饮酒，以毡为盘……实以羹酪，并而食之"。画中宴饮者盘盏酒肉等细节已不容易看清了，不过吐蕃人的生活方式于此可见一斑。

明显可指为吐蕃民族习俗的是赭面。"赭面"就是用赭红的颜色涂在脸上，有的涂成满面，有的画成对称的条纹，应是由吐蕃民族自远古传下来的习俗，带有原始禁忌的遗痕。郭里木棺板画上的人物，不论男女，面部都用赭色涂画，男子涂画较满，女子多是对称画出的条纹，带有某种化妆的特点。很显然，这些用赭红色涂画的人物面部就是"赭面"，它是古代吐蕃民族长期形成的特有风俗。

《吐蕃传》记载吐蕃赭面的习俗曾因文成公主进藏之初，"公主恶其人赭面，弄赞令国中权且罢之"。这个习俗并没有自此消除，大概在文成公主安居其地后，赭面的禁令就被解除。到松赞干布的孙子赤松德赞主政时，吐蕃旧有的本教习俗禁咒，包括赭面在内，仍是朝廷推行佛教的障碍。

如赤松德赞发布的兴佛盟书（第二盟书）中批评的那样："夫吐蕃之旧有宗教实为不善，敬奉神灵之方法与仪轨不符，故众人沉溺于不善，有人身涂红颜，有人存心有碍国政，有人癖好使人畜生病，有人醉心于招致灾荒饥馑。"可见吐蕃人赭面习俗之顽强。这种赭面的习俗，在后来藏族的历史上还保存了很长一段时间。

郭里木棺板画上的赭面人物活动场景，除了上述可与文献对读的内容外，还有不见于文献记载的情节，如驼运送别等等。民间的画师用写实的笔法，生动地绘出了古代吐蕃民族的一幅幅社会生活画卷。

（原刊于《中国国家地理》2006 年第 3 期《青海专辑》下辑）

棺板彩画：苏毗人的风俗图卷

林梅村

2001年下半年，郭里木古墓墓地就被盗墓贼发现。2002年8月，青海考古工作者对其中两座墓进行抢救性发掘，结果发现了彩绘棺板画。发掘者认为两墓为700～750年之间的吐蕃赞普墓。我们认为两墓既不是“吐蕃赞普墓”，亦非某些学者认为的“吐谷浑王墓”，它极可能是苏毗贵族墓。

发掘者注意到棺板面上一个细节，“吐蕃墓棺板面中有两处出现树纹，这在中国传统狩猎图中是没有的，因此，很容易令人想起西亚、中亚艺术中的‘生命树’”。其实，这两处表现“生命树”的画面应该是苏毗人崇祀神树的场景。据《隋书·女国传》记载，苏毗人“俗事阿修罗，又有树神。岁初以人祭，或用猕猴”。郭里木棺板画所绘神树上有绳索，也许是苏毗人举行人牲祭祀时使用的绳索。

另外，苏毗人保留了许多母系氏族社会的残余，重女轻男。《新唐书·东女国传》说：“俗轻男子，女贵者咸有侍男”，故称“女国”。更为不可思议的是，苏毗国实行一妻多夫制。《唐会要》记载：“其女子贵者，则多有侍男。男子贵不得有侍女。虽贱庶之女，尽为家长，尤有数夫焉，生子皆从母姓。”郭里木出土的棺板（见棺板彩画临摹图）上有一幅男女合欢图，对苏毗人“一妻多夫”的习俗作了生动描述，并非时下所言藏传佛教密宗的修行或吐谷浑巫师作法。《旧唐书·东女国传》记载：苏毗女王夏季“服青毛绫裙，下领衫，上披青袍，其袖委地。冬则羔裘，饰以纹锦。为小鬟髻，饰之以金……”。棺板画中正在合欢的女子身穿青色长袍，正是史书描述的苏毗女王的形象。《旧唐书·东女国传》称，苏毗人“俗重妇人而轻丈夫”。《唐会要》《通典》进一步描述说：苏毗“妇人为吏职，男子为军士。女子贵者则有多侍男。男子不得有侍女。虽贱庶之女，尽为家长，有数夫焉。生子皆从母姓”。《隋书·女国传》又载：苏毗“女国，在葱岭之南，其国代以女为王。王姓苏毗，字末羯，在位二十年。女王之夫，号曰金聚，不知政事。国内丈夫，唯以征伐为务”。据英国藏学家托马斯（F.W.Thomas）考证，汉语“金聚”一词，来自藏语khyim-tsun，意为“家人”。我们以为，金聚当即《唐会要》所谓苏毗女王的“侍男”。郭里木棺板画上与青衣女子合欢的男子以及正准备与青衣女子合欢的男子，表现的正是苏毗女王的“侍男”或“金聚”。

既然出土棺板画的郭里木古墓是苏毗贵族墓，那么墓主人又是什么人呢？我们认为极可能是吐蕃历史上的风云人物禄东赞家族中的某位权贵。

吐蕃权臣禄东赞就是苏毗人，藏名“噶尔东赞”。苏毗人起源于青藏高原西北部，原始故乡在西藏日喀则地区南木林的襄曲河流城。7 世纪，雅鲁藏布江中游雅隆河谷的吐蕃人迅速崛起，兼并了苏毗。而后，吐蕃军队主要由苏毗人组成。随着吐蕃王国的扩张，苏毗人也随之不断向东迁徙。据两唐书《东女国传》记载，一部分苏毗人从西藏昌都迁入四川西北，建立了“东女国”。另一部分苏毗人则在青海东部定居，与吐谷浑为邻。这些东迁青海的苏毗人主要由禄东赞所出噶尔家族统领，而新发现的棺板画正是在噶尔家族所统苏毗人活动区城内。据《隋书·女国传》记载，苏毗“贵人死，剥取皮，以金屑和骨肉置于瓶内而埋之。经一年，又以其皮内（纳）于铁器埋之”。郭里木古墓中有一座属于迁葬墓。此墓先将人骨架装在小棺内，再将小棺置于大棺内。大棺用柏木封顶，柏木上放置殉牲羊骨架。墓内有木鞍、木鸟、箭囊等随葬品。由于受到盗墓贼的破坏，无法了解这座迁葬墓的具体细节，但是二次迁葬则与苏毗人的丧葬习俗完全吻合。

吐蕃大论禄东赞死后，其子钦陵、赞婆、悉多于、勃论兄弟四人继续执掌吐蕃军政大权。然而，就在棺板画墓主人下葬前夕，吐蕃统治阶层爆发了一场血雨腥风的权力之争，不可一世的噶尔家族以失败告终，惨遭灭族之灾。据《新唐书·吐蕃上》记载，禄东赞死后，其子噶尔钦陵因反叛吐蕃赞普而在吐蕃东境（今青海）自杀身亡。史书还提到吐蕃本土的噶尔家族被杀者达两千余人，钦陵自然无法归葬故土，只能在青海就地掩埋。

郭里木吐蕃大墓的规格相当高，两墓之中必有一座是噶尔钦陵之墓。钦陵自杀时，左右殉死者百余人，因此，郭里木古墓中的合葬墓更可能是噶尔钦陵之墓，与他合葬的女性也许是为他殉死的一位苏毗王妃。

（原刊于《中国国家地理》2006 年第 3 期《青海专辑》下辑）

研究编

德令哈吐蕃墓出土丝绸与棺板画研究

许新国

2008 年 7 月，海西州德令哈市检察院，因一件盗掘古墓的案件，通过省文物局送我所鉴定文物。其中有一部分丝绸文物和一具柏木棺的两面侧板，现将这部分材料予以公布以利研究，文物据说出自海西州德令哈市某地，具体地点不详，但文物较为重要，以下分别叙述。

一、丝绸

1. 红地团窠含绶鸟锦

由三条连缀缝合而成。该织物基本组织为 1∶3 斜纹纬二重，双夹经，经线加 Z 拈。用红色丝线作地，绿色、青色丝线起花，背面有抛梭。团窠图案连珠作环、窠内略见底坐花盘、翅膀、鸟尾等，窠外有宾花。因织物残缺，无法测得窠径大小并描述整个图案。

2. 红地中窠连珠含绶鸟锦

该织物基本组织为 1∶2 斜纹纬二重，双夹经，经线 Z 拈，底部颜色为红色，花部为绿色和青色，图案为团窠，连珠作环，直径约 10 厘米，窠内为单独的含绶鸟形，鸟头部一圈头光，脑后有节状带，上各有 3 颗连珠纹，因为下部残缺，仅存头部与鸟身，故下部花盘形状不详。

3. 黄地中窠宝花对狮纹锦

织锦为 1∶3 斜纹纬重组织，经丝本色，S 拈，单根，密度 36 根 / 厘米，纬丝有红、白、黄、绿四色，密度 30×40 根 / 厘米，图案经向循环约 14 厘米，纬向循环大于 13 厘米，团窠直径约为 10.5 厘米。图案以宝花作环，对狮作主题，对狮口中含有带状物，宾花为小宝花图形。

4. 黄地中窠连珠对鸭纹饰

该织物基本组织为 1∶2 斜纹纬二重，双夹经，经线 Z 向强拈，由黄色丝线作底，蓝色和本色纬线显花。以圆环形组成团窠，蓝色和本色的连珠为环。然后一圈桃形忍冬纹，共 12 个。圈内为对鸭纹，脚底无花盘，脑后无飘带，装饰味道较浓厚。

5. 黄地团窠连珠骑士纹锦

织锦为 1∶3 斜纹纬重组织，经丝本色，S 拈，单根，密度 36 根 / 厘米，纬丝有红、白、黄、绿四色，密度 30×40 根 / 厘米，图案以连珠为环，内相对有二位骑士、马带翼，骑士为深目高鼻的西域人。二骑士之间，为一棵高大的生命树，二马前蹄腾空，作奔跑状。宾花为十样花形式。

这批织锦中，红地团窠连珠含绶鸟锦配色较为强烈，夹经加强拈，为 Z 拈。应属中亚一带的西方织锦。黄地中窠连珠对鸭纹锦，团窠之间的间隔极小，几乎靠在了一起，亦应归入中亚系统。而黄地中窠宝花对狮纹锦，采用中国传统式纹样做成宝花团窠，夹经加 S 拈，亦是中国的传统，应归属中国丝绸系统。黄地小窠宝花狮鹿纹锦，黄地中窠连珠骑士纹锦也具有以上特点，因此我们将其归入中国系统。

唐代的著名锦样，多出于益州行台窦师纶所创的“陵阳公样”。唐人张彦远于《历代名画记》卷十中写道：“窦师纶，字希言，纳言陈国公窦抗之子。初为太宗秦王府谘议，相国录事参军，封陵阳公，性巧绝。草创之际，乘舆皆阙，敕兼益州大行台、检校修造，凡创瑞锦宫绫、章彩奇丽，蜀人至今谓之‘陵阳公样’。官至太府卿，银、坊、邛三州刺史，高祖、太宗时，内库瑞锦，对雉、斗羊、翔凤、游麟之状，创自师纶，至今传之。”所谓瑞锦，从所举名目上看，是以祥禽瑞兽为主题的织锦。龙凤自不必说，雉（俗称野鸡）、羊谐喻吉祥，也是明显的。我们所举标本，也都可以“瑞锦”概括，这种两两相对或交错相间的动物、人物纹样，所谓横立于轴线两侧的均齐纹样，可以说是例正相对，均属蜀锦。

二、棺板画

棺板画系一副棺材的两件侧板，未见棺盖板。每面侧板由两块窄木板组成，均为柏木质，从侧板上观察，木板为前高宽、后窄低形制，木板上方可见凿有槽，用于固定盖板。前后挡、盖板均缺失。侧板表面均施彩绘。以下分别叙述：

A 面

1. 牧马图

在板的左面绘有一骑马者，头发侧梳下垂头侧，头缠橙色巾，身穿窄袖、交领、左衽，绿、白相间，不过膝盖的短上衣，下身穿裤，腰系带，骑青色马。下身为土黄色，灰色裤，足穿黑色鞋。腰间挂有胡禄。鞍鞯下垂马背一侧，呈红色，人物按辔徐行，悠闲自得。其身后有一马，鞍鞯为绿色，亦抬起前左腿作缓缓行走状。前方有一马，作站立静止状。其上绘出远方的山林，一只野鹿在狂奔。

2. 帐居图

与牧马图相接，最里绘一顶帐篷，顶部开有喇叭形圆孔。帐门口一侧坐有 2 人，一男一女。男人头戴缠巾高帽，黑色交领长袍，足穿黑靴，发披于头后，帽为橙色，腰系带，双手拢于胸前，腰间下垂一橙色丝带。女人坐姿低于男人。亦发披于头后侧，头上扎有红色丝巾，中间扎紧，像两个花瓣似的分于头顶两方，巾摆长长地垂于脑后，这种扎巾装饰的形式前所未见，较为奇特。身穿橙色窄袖交领长袍，足穿黑鞋。腰系白色丝带，自腰垂于脚踝。双手拢于胸前。这对坐于帐前的男女像是夫妇，地位显贵，应是帐篷的主人。

面向主人的是一女一男两人物。后面女人取站立姿。头扎橙色丝巾，扎巾样式与女主人完全相同。亦有一带垂于脑后。身穿红色交领窄袖长袍，脚穿黑靴。腰系绿色绸带，并下垂于身体两侧，双手亦拢于胸前。女人侧下方为一男童形象，头上缠圆盘形橙色巾，身穿绿色窄袖短上衣，下身似穿裤，亦双手拢于胸前，面向帐前夫妇。中间放置一件直口鼓腹的壶类器物。

图案表现的似乎是主人迎客的情形。画上的帐篷很有特点，吐蕃称之为“拂庐”，又称为“毳帐”。大凡会盟料集，婚丧节庆奖励功臣等宴饮活动，吐蕃常以拂庐为中心。这种帐篷不仅能遮风挡雨，而且形制大小还有贵贱等级的差别。该帐篷画的夫妇不是墓主人的形象，似乎是身份显贵的赞普和赞蒙的形象。因其与《新唐书·吐蕃传》中收录有唐穆宗长庆二年唐蕃会盟使者刘元鼎所见吐蕃赞普大帐的情形大致相吻合。在此图绘赞普和赞蒙的图形可能具有祈求祖灵保佑的意味，反映了一种祖灵崇拜的宗教现象。所谓祖灵，相当于琐罗亚斯德教的“守护力”（fravashi）。据文献记载，波斯人有每年“各祭其先死者”的风俗①。在这种活动中，祖先的灵魂得到奥马兹德的许可而降临人间，以保佑当年的丰收。图像象征父母的灵魂，这类图像不仅象征着帝王的伟大、光荣、幸运和胜利，对于一般庶民来讲，自然也具有吉祥、幸运、繁荣昌盛等极为广泛的寓意。

一般认为将帝王的图像描绘在棺板上，其意义象征着帝王的神格化、王权神授避邪或帝国君临人间的现实感。总之，反映了萨珊朝帝王的观念形态，尤其是帝王系神的子孙，或者说帝王死后作为神再生的观念②。

以上我们将A面图像分为牧马和帐居两部分，但亦可用迎客图来进行叙述。我们注意到图像上的两匹未有人骑乘的马，其马背上均有鞍鞯，有可能系面向赞普与赞蒙的女人和儿童的乘骑。

3. 爱欲图

从左向右叙述。起始处，先绘一顶帐篷，顶部亦开有喇叭形圆孔，似为通气通烟的气孔和烟道。在帐房的一侧上方，一对男女正在做爱，男在上，女在下。男性头缠圆形红色平顶绸巾，一件橙色长袍置于身旁，另有一双高腰皮靴，放置于脚后，全身赤裸。女性亦全身赤裸，一件绿色的长袍铺在身下，唯足上穿有高腰黑色皮靴。值得注意的是，女性脸部赭面，眉心和下巴各一点，脸颊两面各涂一点红彩。

据《唐书》等史籍记载，吐蕃王朝时期，藏族曾流行一种称为“赭面”的习俗，但其具体样式

① 《魏书·西域列传》波斯国条：“又每年正月二十日，各祭其先死者”；又《周书·西域列传》波斯国条：“以六月为岁首，尤重七月七日，十二月一日。其日，民庶以上，各相命召，设会作乐，以极欢娱。又以每年正月二十日，各祭其先死者。”

② 田边胜美：《安国的金驼座与有翼双峰骆驼》，《オリエント》第25卷，1982年，第50～70页。

却未见记载。近年来，青海都兰、德令哈、乌兰县泉沟等地，吐蕃墓葬中的棺板画、墓室壁画，都出现了赭面人物。再现了吐蕃时期赭面习俗的具体样式，而德令哈的棺板画人物中，使我们通过资料对赭面习俗有了进一步直观的认识和了解。

所谓赭面，是指用赭色涂面。即指在人面部涂抹赭红彩色块的化妆形式。《旧唐书·吐蕃传》云："贞观十五年，帝以文成公主妻之……公主恶其人赭面，弄赞令国中权且罢之。"由于赭面是当时吐蕃普遍流行的习俗，故而才有"令国中权且罢之"之说。历来学者称吐蕃人有赭面习俗，大都引此为据。

近年来，有关吐蕃赭面的实物例证，见于1999年发掘的都兰热水乡血渭草场察汗乌苏河南岸的吐蕃3号墓[①]，2002年发掘的德令哈市郭里木乡夏塔图草场的两座吐蕃墓[②]及乌兰县泉沟吐蕃壁画墓[③]。墓葬中皆发现有赭面人物的棺板画、木板彩画和壁画。

《旧唐书》所载"公主恶其人赭面，弄赞令国中权且罢之"。说的是贞观十五年（641年）的事，可见至少在7世纪中叶，赭面风俗在吐蕃本土十分流行，才会使初到拉萨的公主第一次目睹这种奇异之俗感到难以接受。所以吐蕃本土流行赭面，显然要比我们所列举的墓葬年代要早，可以认为它是古代吐蕃长期形成的特有的风俗。可以推测的是，《旧唐书》所说的7世纪中期松赞干布对流行赭面之俗的禁令，并未得到执行，甚至在某些地区可能从未被禁止过。因此，作为吐蕃传统文化的一个标志，在吐蕃攻灭了吐谷浑，占领西域、河陇广大地区之后，将其特有的赭面习俗，进行了有效的传播。

如果说青海墓葬中赭面的实证，可以视为吐蕃本土习俗在"大蕃"邦国的传播和延伸，那么"安史之乱"后吐蕃对河陇地区所推行的"风俗同化"，则是一种带有强制性质的统治手段。吐蕃占领敦煌时期，尚乞心儿让沙州人民改易穿着，学说藏语，赭面纹身。说明赭面之俗在河陇地区的出现，是伴随着吐蕃对这一地区推行"蕃化"统治的一种族别文化标志。

吐蕃的赭面作为一种习俗在河陇地区的出现，无论是一种主动的模仿或是被动地接受，对于吐蕃文化而言，都是一种异种文化的移植。而且这种习俗的影响之远，甚至已达数千里之外的唐长安城。在白居易诗《时世妆》中，诗人对此有十分形象的描写："圆鬟无鬓堆（椎）髻样，斜红不晕赭面状。……元和妆梳君记取，髻堆（椎）面赭非华风。"[④]诗人不仅指出流行于长安城内外的这种"椎髻赭面"妆式非汉地之俗而是一种异域文化的传播，而且还在诗中详细地描绘了"斜红不晕"的样式，这恰与吐蕃赭面中面颊两侧涂抹对称的红色色块几乎完全相同。吐蕃的赭面习俗此时也已传入汉地，作为异域文化的一个重要标志被中原人民所接受。

关于吐蕃"赭面"习俗的起源，李永宪先生认为与文献记载中的女国有关[⑤]。《隋书·西域

① 北京大学考古文博学院、青海省文物考古研究所编著：《都兰吐蕃墓》，科学出版社，2005年。

② 许新国：《唐代吐蕃绘画新标本——吐蕃棺板画》，《文物天地》2004年第3期。许新国：《郭里木吐蕃墓葬棺板画研究》，《西陲之地与东西方文明》，北京燕山出版社，2006年。

③ 许新国：《乌兰县泉沟吐蕃时期的壁画墓》，《青海藏族》2012年第1期。

④ 范学宗等编：《全唐文全唐诗吐蕃史料》，西藏人民出版社，1988年，第454～455页。

⑤ 李永宪：《略论吐蕃的"赭面"习俗》，《藏学学刊》第3辑，四川大学出版社，第157页。

传》"女国"条下记载："女国，在葱岭之南……王姓苏毗，字末羯，在位二十年……男女皆以彩色涂面，一日之中，或数度变改之……气候多寒，以射猎为业。出鍮石、朱砂、麝香、牦牛、骏马、蜀马。尤多盐，恒将盐向天竺兴贩……开皇六年，遣使朝贡，其后遂绝"[①]。上述记载表明，至唐文成公主进藏时的641年前后所见吐蕃国中流行的赭面，并非最早，而应是百年前就已在"女国"流行的彩面习俗在吐蕃地区的延续和发展。

另一种意见认为，这种赭面习俗可能来自于鲜卑族。仝涛举例[②]：山西大同智家堡北魏墓棺板山，在其中一些人物的面部涂有红色色块。如左侧板出行图中，黑牛侧有二驭手的额、两颊和下巴都涂朱色，其他较明显的还有牛车右后方的数名女随从，右侧板的奉食图中酒樽旁的一侍者等[③]。

由于智家堡板画北魏鲜卑人脸上出现赭面，所以使我们不得不考虑吐蕃赭面习俗中的鲜卑影响问题。因为青海板画和壁画墓中发现赭面人物的地点均为吐谷浑国的原居地。吐谷浑原属辽东慕容鲜卑，慕容部又可追溯到东汉漠北的檀石槐，属东胡中的一支。后迁至今辽宁，被称为辽东鲜卑，晋太康四年（283年），从辽东迁出，西附阴山，大概在4世纪的初期，西渡洮水，建国于群羌故地。于663年被强大的吐蕃所攻灭，王庭迁走，余部归属吐蕃。吐谷浑既为鲜卑一支，自然保留了鲜卑的生活习俗。因此，在拓跋鲜卑的居地和青海吐谷浑的原领地内发现绘有赭面人物的壁画和棺板画，而前者时代又远早于后者可能说明，这一习俗有可能来源于鲜卑族。

从316年西晋灭亡至439年北魏统一北方的百余年间，五凉政权先后在河西走廊称雄割据，在中原战乱的情况下，河西地区相对安定，大量鲜卑族和中原地区移民进入这一地区，促进了当地经济文化的发展。20世纪60年代以来，在甘肃省河西走廊发掘了一批十六国时期的墓葬。这些墓葬中有的木板画和砖画、壁画上的人物与鲜卑人相似。例如酒泉丁家闸砖画，有学者已进行了对比研究[④]。在高台县地埂坡第四号墓葬的前室西晋"击鼓"壁画中，其中穿红衣手握鼓槌的人，嘴唇涂朱色[⑤]。

1998年7月，高台县骆驼城南西干渠汉晋墓群出土的彩绘木俑：其中彩绘女俑，高22厘米，头上结山字形发髻，细眉细眼，鼻梁中部、口唇和脸颊涂红；彩绘男俑，高21.5厘米，大头胖体，头发、眉眼、胡须绘黑彩，口唇部位涂红彩；彩绘女佣，高22.5厘米，圆雕立恣，大头、短颈、体胖，通体施一层白底色，白色上绘黑红彩，脸部赭面，口唇部涂朱[⑥]。

曹魏甘露二年（257年）"进食图"壁画砖，长34.5厘米、宽17厘米、厚5厘米，嘉峪关新城1号墓山土，绘4侍女各托餐具，前3女奉食夌，后1人托盘，盘上置箸，应是为宾客奉送食物和用具的场面，四位侍女的脸上均有赭面。涂红的部位是在额头、脸颊和嘴唇，明丽而又醒目[⑦]。

河西地区早期人物赭面的发现，对探索吐蕃赭面习俗的来源有着重要的意义和价值。郭里木、泉沟、德令哈的壁画和棺板画中的人物均着吐蕃服饰，证明其应归属于吐蕃墓葬，吐蕃文化因素是

① 《隋书》卷八十三《列传第四十八·女国》，中华书局，1973年，第1850～1851页。
② 仝涛：《木棺装饰传统——中世纪早期鲜卑文化的一个要素》，《藏学学刊》第3辑，四川大学出版社，第165页。
③ 刘俊喜、高峰：《大同智家堡北魏墓棺板画》，《文物》2004年第12期。
④ 孙机：《固原北魏漆棺画》，《中国圣火》，辽宁教育出版社，1996年，第122页。
⑤ 国家文物局主编：《中国考古60年》，文物出版社，2009年，第551页。
⑥ 甘肃文物局：《甘肃文物精华》，文物出版社，2006年，第181页。
⑦ 甘肃文物局：《甘肃文物精华》，文物出版社，2006年，第197页。

占主流的。这就决定了其文化性质应同属一个文化系统，即吐蕃文化系统。而不是吐谷浑和鲜卑文化系统。某些吐谷浑和鲜卑民族的文化因素如赭面等被吐蕃吸收，成为吐蕃文化的重要组成部分。除赭面外，吐蕃服饰中的翻领左衽、腰带、黑皮靴等，可能也有鲜卑服饰的影响。吐谷浑、吐蕃对丝绸之路河南道的保障和控制，及其在东西方贸易上的重要地位，也为带有中亚特征的服饰（如连珠纹、对鸟、对兽），在青藏高原的盛行提供了合理的解释。这些不得不让我们重新审视吐蕃文明形成过程中的复杂性，以及河陇地区鲜卑文化在吐蕃文化中的影响以及所占的重要地位。

关于男女性交的图像，并不是只在德令哈这幅棺板画中出现，实际上在2002年的德令哈市郭里木乡夏塔图草场的吐蕃墓棺板画中就有发现。在一幅私人收藏的棺板上也绘有同类的图像。郭里木的图像位于帐房的左上方，由两男和一女构成，其中一男一女正在做爱，而旁跪一男子正手持生殖器在焦急地等待。这种赤裸裸的交配图像前所未见。另一幅私人收藏的出土于花土沟的交配图为2人，与德令哈检察院的这幅性质相同，姿势有别。

男女交配的图像，在柴达木盆地的卢山岩画中就有发现。这一类关于生殖和交配的图案是自旧石器时代晚期以来一直到铁器时代，乃至今天，在整个世界范围内都经久不息的艺术主题。人类之所以对此津津乐道的原因并不是像孟子所云：食色，性也。而是源于与人类自身以及世界万物的繁衍密切相关的生殖巫术。20世纪初，西方人类学家弗雷泽、布日耶等认为，在原始人的眼中，巫术仪式对于客观世界具有刺激和诱发的作用。换言之，在田野里进行交配，将促进庄稼生长，在牧场进行交配，将促使牧草和牛羊繁殖与生长。

久远的卢山岩画交媾图中的男女形象已经风蚀不清了，但男女形象下面交融在一起的代表男性的曲线和代表女性的圆点，则依然清楚地表明古代人的生殖思想，而由于吐蕃人棺板画所处时代，将这种交媾图像与赞普、赞蒙的迎宾和帐居的场面绘于一处，显然不能简单地以这种交感巫术进行解释，极大的可能是一种宗教现象。

以性标志为象征的神灵崇拜传统在印度源远流长，在雅利安人进入印度之前就已经存在，印度最早的土著居民和其他的初民部落一样，其原始信仰中就有对大地母亲及其生殖能力的崇拜，并以此构成了早期印度教湿婆信仰的核心。其后，这种信仰逐渐发展出完备的神灵体系和图像系统。自婆罗门教和印度教一脉相承，大乘佛教的瑜伽行派其中就已经接受了这方面的内容，金刚乘的教义就是从大乘的瑜伽行派发展而来的，属于大乘佛教的一支。金刚乘又称为密乘或怛特罗乘，其修法特征是以怛特罗——一种集各种仪式和瑜伽修习方法而且仪轨化的经典为基准进行的。

古代佛教曾经极力排斥性行为，甚至在某种程度上是坚持如同驱魔一样地摒弃性行为，完全将此从其僧侣们的生活中排除出去。僧侣们习惯于将身体视为由鲜血、各种体液、粪便和骷髅的一整套令人厌恶的整体，将来必定会解体；或者最多也是将此视为一种令人失望的色戒虚妄。至于怛特罗，它们却非常注重身体，最大可能地利用它从事救度。他们将性行为置于首要地位，性行为的特征被认为具有神圣的意义。

金刚乘的这种革新，与性力派于公元最初几个世纪在印度宗教和文化生活中的发展，有着直接的关系。女性本源的重要地位以及男女之合的神性，最终在佛教中占有了稳定的地位。印度边境地区的外来影响，吐蕃传统的信仰、西域的萨满教等，也可能在这方面起过重要作用。3 世纪的一种经文《论世》，讲到了两种男人和女人性交的愿望。因为他们感到了男女之间相互的爱情。至少是在 8 世纪，一种色情化奥义的重要地位，已经得到了确立。在有关色情奥义的问题上，佛教密宗认为男性本原扮演一种积极（善）的角色，女性本原扮演一种消极（恶）的角色，而它们在印度教中的角色恰恰相反。

印度左道密教的“大乐”思想，来自《金刚顶经》，例如《金刚顶一切如来真实摄大乘现证大教王经》卷上说：“奇哉自性净，随染欲自然，离欲清静故，以染而调伏。”又说：“此是一切佛，能转善哉相，作诸喜金刚，妙喜令增长。”

金刚是天神的通名，均为侍卫本善佛的眷属，而以金刚萨埵为其上首。在密教中说，金刚即是佛的显现，所以也就是本尊。在经卷中叙述毗卢遮那人各种供养三昧时说道：“其中一切如来适悦供养三昧，宝鬘灌顶三昧，歌咏供养三昧，舞供养三昧等等，各个三昧，均有大天女从自心出。”并说：“由贪染供养，能转诸供养。”这是欲界天人生活的秘密化。既有天女作诸供养，淫乐的行为已经跃然欲出了。

大乐思想的根源来自印度教的性力派，音译为铄乞底派，系印度教湿婆派的分支。它由对于湿婆神威力的崇拜而引申出生殖力崇拜和女神崇拜。湿婆的威力中，有男女的生殖之力，生殖则由其妻担任，故而生起崇拜湿婆之妻的一派，这便是女神的性力崇拜。对于湿婆崇拜的一派称右道派，面对于女神性力崇拜的一派则称为左道派。此女神有善恶两方面的性格，她的威力破坏之时，即是死亡女神，称为迦利，她的容貌是散发、张口、执剑、杀人，以血润其喉，用骨环其颈。她的另一名字叫杜尔加，原系频陀耶山的处女神，从史诗时代之后，始成为湿婆之妻，她的形貌是全身金色，骑虎、十手执兵器、杀恶魔。此女神性格难捉摸，她约有一千个名字，例如：爱欲女神加弥息美丽，清静女神维摩拉、大智女神摩诃般若、生育女神与大母神摩诃摩底、恋爱肉欲女神那逸迦、行法修验女神瑜伽。总之，宇宙的任何一部分，不论破坏与温和，均为此一女神的属性。万物均由女神的性力而生，故此引起肉欲的放逸，实际上，中晚唐壁画中已经有了双身图像的内容，如金维诺教授公布的《金统二年（881 年）壁画表录》其明妃称为“是（侍）奉”[①]。唐代密教文献中也已经有了双修内容。如善无畏就翻译了一部讲授象鼻天双修内容的经典而受到当局的警告，不能把双修像放在佛堂；宋代也禁止象鼻天的崇拜，所以汉地没有发现象鼻天图像。唐代流行的志怪故事也已经含有密教色情的意味。故事见于唐李复言《续玄怪记》《太平广记》有收录。文曰：“昔延州有妇女，白皙颇有姿貌，年可二十四五。孤行城市，年少之子，悉与之游。狎昵荐枕，一无所却。数年而殁，州人莫不悲惜，共醵丧具为之葬焉。以其无家，瘗于道左。大历中，忽有胡僧自西域来，见墓，遂趺坐具，敬礼焚香，围绕赞叹。数日，人见谓曰：此一淫纵女子，人尽夫也，以其无属，故瘗于此，和尚何敬焉？僧曰：非檀越所知，斯乃大圣，慈悲喜舍，世俗之欲，无不徇焉，此即锁骨菩萨，顺缘已尽，圣者云耳。不信即启以验之。

① 金维诺：《吐蕃佛教图像与敦煌藏传绘画遗存》，《艺术史研究》第2辑，中山大学出版社，第1～26页。

众人即开墓，视遍身之骨，钩结皆如锁状，果如僧言，州人异之，为设大斋，起塔焉。”于 1269 年成书的《佛祖统记》对此作了新的解释。

汉地最早的带有双身图像性质的作品，绘于吐蕃统治敦煌时期。现藏大英博物馆的绢画《千手千眼观音图》，其间出现了日光菩萨和月光菩萨、如意轮菩萨、帝释天、白梵天、金翅鸟王、功德天火头金刚、大黑天神摩诃迦罗、摩醯首罗天身侧左腿上坐着明妃，与印度早期的双身像类似，这种女尊坐在男尊左腿之上的构图是波罗时期的典型样式，而尼泊尔画派一般是将女尊置于男尊的一侧而不是坐在腿上。说明吐蕃统治敦煌时期佛教密教无上瑜伽密在当地开始流传。在藏传佛教前弘期出现双身图像是可能的。吐蕃时期建造的许多卫藏寺院中都遗有十一面观音像，如大昭寺、查拉鲁普石窟松赞干布观音修行窟、帕邦喀宫十一面观音自生像和昌珠寺等等。吐蕃也将以观音为代表的吐蕃密教传入南诏，如《南诏图卷》文字卷第七段记载：“保和二年乙巳岁（825 年）有西域和尚菩立拖诃来我京师云：吾西域莲花生部尊阿嵯耶观音，从蕃国中行化至汝大封民国。”可见，南诏之观音信仰出自吐蕃。南诏至大理时期的密教艺术中就有吐蕃密教图像的影响。

从以上史实分析，吐蕃松赞干布尊奉十一面观音与敦煌出现十一面观音图像几乎是在同一时期。吐蕃占领敦煌后，将吐蕃流行的十一面观音信仰引入敦煌壁画，从而丰富了十一面观音像的表现形式。一些吐蕃密教的第一部汉译《佛说十一面观音神咒经》译于北周保定四年（564 年），但十一面观音像出现在入唐以后。观察敦煌石窟所出十一面观音图像，初唐的作品或没有眷属，或有眷属者多为菩萨。只是到了盛唐、中唐以后，观音眷属逐渐增多，这种现象与吐蕃统治敦煌有直接关系。以往是将只要是描绘观音的作品更多地看作是汉地作品，这无疑受到观音信仰在后代中原盛行的影响，然而忽略了观音信仰尤其是十一面观音信仰在吐蕃的兴盛。当十一面观音图像在汉地出现以后，吐蕃的这种信仰已经进入了政治社会生活。藏族史书几乎都记载法王松赞干布是十一面观音的化身，松赞干布修建于红山之上的宫殿稍后即被称作“布达拉”宫，为观音居地。这与 8 世纪前后包括敦煌于阗在内的地区流行金刚乘的史实是完全符合的，证明吐蕃时期金刚乘就已经在吐蕃本土及其势力范围大为流行。榆林窟第 25 窟波罗样式的大日如来与八大菩萨和壁画中吐蕃藏文榜题明白地诏示着吐蕃佛教的印记。然而众多学者往往将它们认为是汉地唐代的作品。其次，敦煌壁画中出现大量的十一面观音图和千手千眼观音图，对这一现象，以前学者总是从汉地密教发展的线索对汉文经咒的翻译和观音图的演变进行分析，没有考虑吐蕃金刚乘佛教的决定性影响。

文献的证明，表明包括上乐金刚法在内的金刚乘无上瑜伽密智慧母续部教法与仪轨在吐蕃前弘期就已存在，并在一定范围内传播。然而，有关无上瑜伽密仪轨的图像，是否在前弘期即已存在？虽然密教仪轨与密教图像的关系决定了前弘期此类图像存在的可能性，但以前我们一直没有找到前弘期存在无上瑜伽密仪轨像的例证。出现这种局面的原因是我们以前囿于这样一种思维定式，认为双身图像不可能出现在前弘期。这种先入为主的认识阻止了我们进一步的探索。我们甚至忽视了这样一个重要事实：敦煌出土的古藏文写卷中已经出现了有关金刚密乘法修习的记载，这与密乘教法实际上都是自 7 世纪以来传入的旧密，旧密经典的翻译跨越了前弘期与后弘期的界限。由此看来，金刚乘在波罗王朝成立以前实际上就已经传入吐蕃，只不过是在较小的范围内流传。当时人们就有这样的疑问，流行的教法，特别是无上瑜伽密，是否可以将其纳入典籍而奉行。最后决定，此类教法只有通过王室的允许之后，才能将它们译成藏文。可见吐蕃时期翻译的一些旧密经典的本身就包括了无上瑜伽密智慧母续部的内容，说明这些大论师在译经的同时，传播着他们新译的教法，双修内容的上乐金刚法是其中重要的方面[①]。

释迦牟尼涅槃以后，印度原处于衰微状态的婆罗门教陡然兴起，传统的佛教因辩论和法力的比试未能折服外道，以致经常发生道场被毁、信徒改宗的情况。佛教需要一种新的重新修习实践的教法以适应这种变化，才能和印度教瑜伽行者一论短长，因而金刚乘佛教兴盛，成为印度佛教最后一个辉煌的时期，从 8 ～ 13 世纪持续了几百年，直至伊斯兰势力控制印度后才完全消亡。因为佛教形成在古代印度这样一个民族、宗教和语言杂糅纠葛的复杂的“金刚”意味着如同金刚那样永不变化的法的本性，因而金刚乘也被认为是大乘佛教的空性，故而又称空性乘，在修习中将瑜伽与性联系在一起。金刚乘真言乘主旨的智慧和方便与瑜伽性力观结合，将智慧比作女性，因为智慧具有静的特征；把方便比作男性，因为方便具有动的特征。金刚乘把智慧和方便所达到的终极境地看成是涅槃，在此境地已经没有智慧和方便的区别，而这融合在一起，故此称为“般若方便”或“大乐”。无论印度教怛特罗还是佛教金刚乘，其中心要旨就是证悟书面经典的理论并不是使人产生信仰的理想路径，最好的方式是由能够施行神秘法术的上师导引获取亲身体验，直接与自己皈依的信仰相碰触，通过自己的身体力行来把握真实。这就是这种性交图或双身图出现的缘由。

德令哈棺板画中男女性交图像的发现，使我们联想到，这一时期的吐蕃人对于现在世和未来世具体的物质享受和幸福，保持着强烈的吸引和关心。在来世再生于极乐净土是他们强烈的愿望。可以认为这一类美术，是以通向释迦牟尼佛国净土再生为主题的象征性美术。值得重视的是，德令哈吐蕃墓棺板画中的双身图并不是以本尊和明妃的形象出现，而均为世俗的男女形象，这种世俗化的表现形式，具有浓厚的中亚特点，或许是双身图像世俗的表现形式，以及双身图像的早期特点。

早在 1 世纪以后，在帕提亚统治下的犍陀罗佛教美术，就是以通向释迦牟尼佛国净土再生为主题的象征性美术。这种佛教美术，在以后的贵霜王朝时期得到了全面发展。尤为多见的是，以贵霜王朝为中心的伊朗佛教徒，制作了大量的极其世俗化的饮酒图、奏乐舞蹈图、狩猎图和爱欲图……这些图像据日本学者田边胜美研究认为，依然是佛教极乐往生的象征。这些传统图像以后为萨珊人、突厥人、粟特人所继承。吐蕃墓葬棺板画图像中的爱欲图，显然继承了以往中亚地区的佛教传统。

4. 祈福图

在棺板的上方，紧接爱欲图的是一支由 3 骑组成的马队，领头者为男性，头戴橘红色圆形平顶缠巾，身穿窄袖交领白色短袍，下身着裤穿靴，马为青色，鞍鞯为橘红色。骑者左手握缰绳，右手举竿，竿头为一长条形丝幡，幡头黄色，幡身为红色。其身后为一高台形三阶形建筑物，在建筑物的一侧有红色立柱四根，立柱紧接第二位骑者。

---

① 转引自谢继盛：《西夏藏传绘画》，河北教育出版社，2002年，第167、314页。

第二位骑者，头缠双高髻黑色头巾，身穿橘黄色交领长翻长袍，足穿靴，可见右袖较长，垂于身侧。马为赭色，鞍鞯为绿色。第三位骑者紧接其后，头部模糊不清。身穿绿色翻领长袖长袍靴，袍袖较长，垂于身侧。黄马红鞍鞯。

这举幡飞驰的马队，是专为送鬼祈福而派出的，属于葬仪的一段内容。吐蕃苯教旧俗既信天神，又信鬼怪精灵，人死即送鬼魂离家。这一禁忌在古藏文简牍上有记载。米兰 iv, 35 木简记的是卜问家中有无鬼魂事："右肩胛骨，可卜问死者鬼魂是否强留家中？是否离去？有无鬼魂留下之迹象？"[①] 因此有此禁忌，所以打彩幡送鬼神离家并祈福也是吐蕃葬俗中必不可少的环节。M.1.00[②] 藏文简牍："派出为祭降生时命宫守护神和祈求保佑的男女值日福德正神之本教巫觋师徒，助手悉若登、苯波雅堆，引神人期同温巴、小苯波赞粗慕阻、厨子梅贡、供养人卓赞，并带上祭降生男女命宫守护神，祈求福佑之各色经幡，大虫皮勇士桑矫让，大虫皮勇士乞力，以及筑腊钵热"。

简牍中详细记录了派出祭神祈福的苯教师徒、助手、虎皮勇士的名字和求神保佑的各色经幡，人数比棺上画出的还要多，图中所绘打幡的马队与简牍所说派出祈福祭神的人众性质相符合。

5. 射人图

祈福图的下方即为射人图。在帐房一侧的山前草原上，有两个骑射的人物。前面一人骑马转身向后射箭，后面一人骑马向前射箭，两骑者之间是两根柱子，两柱之间缚有一裸体男性，裸体人物头部模糊不清，这位被捆缚的裸体男是二骑者的射击对象。在艺术表现方面，画面都抓住了射箭时最为精彩的瞬间。射猎者都是两臂极度张开，弓弦拉满，箭即将射出。而被射者的两腿分开，躯下蹲，似作挣扎状态。画面着重强调了人的运动，而人剧烈的动作和静止的山和花草作对比，出现了有张有弛的效果。前面的骑者头戴橙红色平顶圆形头巾，身穿灰白色长袍，枣红马，鞍鞯亦为火白色，骑者所拉之弓为黄色。后面一位骑者头戴浅红色平顶圆形头巾，黄色上衣，黄色裤，脚穿靴，弓与鞍鞯呈灰色，马为浅红色。引人注目的是，骑者的白色长袍褪于腰际，如同现代藏族一样，热了先将一只胳膊的袍服脱掉露出胳膊，再热一些就将整个上衣脱掉缠于腰际，露出整个上身。腰上挎有胡禄（箭囊）。

柱子涂浅红色，两柱之间的裸体人物，体呈灰色。

在古代，射猎历来被看成是重大事件。狩猎题材也曾在我国战国时的青铜器、汉代壁画和画像石、魏晋时期的砖画中出现。古代狩猎图的意义不仅是单纯表现猎获动物，而主要用于反映帝王贵族生活，带有练兵习武、举事检阅的性质。各代常常围出专供帝王皇室游猎的场所，猎场被视为军事禁区。皇室贵族的狩猎活动不为一般人所熟悉，故唐以前艺术题材中狩猎图像出现的并不多。唐代贵族的墓葬壁画，热衷于出行仪仗的描绘，反映了等级制度社会对人物身份的高度重视，狩猎图见于章怀太子李贤等少数墓葬壁画中。尽管唐代以前也出现过狩猎图像，但场面小，内容简单，构图和人物处理也不同。而西方古代世界的狩猎图像比中国更为流行，与中国相比，他们不注重场面

---

① 王尧、陈践：《吐蕃简牍综录》，第440条，文物出版社，1986年，第73页。
② 王尧、陈践：《吐蕃简牍综录》，第442条，文物出版社，1986年，第74页。

的渲染，而强调人物的烘托。波斯萨珊银器较早地传入中国，已在考古中得到证实。山西大同小站村、花圪塔台北魏封和突墓出土萨珊银盘，其上即为狩猎图像。狩猎图像在萨珊银器乃至萨珊艺术中是压倒多数的题材，中亚粟特人继承了这一传统。

汉唐之间中西文化交流的一项重要内容，就是粟特人的东迁问题。粟特人从本土迁徙到中亚（西域）和中国，一方面带来了伊朗系统的宗教文化，另一方面又反过来受中亚、中国佛教文化和汉文化的影响。因此，东迁粟特人的文化，表现得比粟特本地的粟特文化更加丰富多彩。而且，东迁粟特人分布广泛，他们和多种民族交往而产生的不同文明间的交融现象，其宗教文化在传播中的转化情形，为我们研究多种宗教文化、艺术形式的演变提供了丰富的认识空间。粟特人是一个商业民族，他们以商队的形式，由商队首领率领，一批又一批地向东方移动，他们在所经行的主要城镇，往往建立自己的殖民聚落。在从索格底亚那到中国的这条粟特人所走过的丝绸之路上，我们可以找到许多粟特人或粟特聚落遗迹。这条道路从西域北道的据史德，龟兹、焉耆、高昌、伊州，或是从南道的于阗、且末、石城镇，进入河西走廊，经敦煌、酒泉、张掖、武威，再东南经原州，入长安、洛阳，或东北向灵州、并州、云州乃至幽州、营州，或者从洛阳，经卫，相、魏、邢、恒、定等州，而达幽州、营州。

粟特人的人种和文化是属于伊朗系统的，虽然以波斯为基地的摩尼教、基督教聂斯托利派（中国称祆教），此即慧超《往五天竺国传》所说的“安国、曹国、史国，石国，米国，康国……总事火祆，不识佛法。”粟特人的祆教信仰，源远流长，影响所及，包括历法、礼仪、建筑，习俗乃至日常生活的许多方面。

1999 年 7 月，在山西太原市晋源区王郭村，发现隋虞弘墓。虞弘在北周时任职“检校萨保府”，曾出使波斯，游历安西和月氏故地，逝世于并州晋阳府第，安葬于隋开皇十二年（592 年）。在该墓出土的石椁上，就雕刻有骑驼射猎的图像[①]。在中西文化交流空前繁荣的唐代，狩猎图像的突然增多，似乎不是偶然的，鉴于吐蕃与西域以及唐朝的关系，吐蕃棺板画中的骑马狩猎图像，不能排除受到西方影响的可能，这种西方的因素，极大可能是通过粟特人传播的。

当然，不能简单地把狩猎图像的传播完全追溯为西方艺术，这里仅仅是指出其外来影响，或许把唐代金银器上的狩猎图像看作是中国传统题材的延继和外来因素的影响两者结合更为恰当，根据图形观察，吐蕃的狩猎图像，受中原和西方的影响均有可能，吐蕃墓的狩猎图，甚至有可能充当了西方文化的文化媒介对唐朝施加了影响。

但以往的狩猎图均是射杀动物，而吐蕃的这幅图像却是猎杀裸体的人，这样的图像目前还是第一次发现。它究竟象征何意义，还有待考证。有关资料提供了这方面的蛛丝马迹。

吐蕃王族的葬礼采用苯教旧仪，丧事由苯教师主持。藏文抄本《巴协》曾经详细记载了赤松德赞的葬礼：

---

① 张庆捷：《太原隋代虞弘墓石椁浮雕的初步考察》，巫鸿主编：《汉唐之间文化艺术的互动与交融》，文物出版社，2001年。

> 马年孟春月（藏历正月），赤松德赞王薨逝，琛·赞协勒索等崇信苯教的大臣……在札玛措姆古支起牛毛大帐，从马群中选出多匹体格强壮，善跑的马匹，修建了马场，缝制宽敞的帐篷，并召来彭城地区的阿辛、齐布、蔡波、雅额等一百二十七位本教师，决定由他们为赞普赤松德赞超度[①]。

这是自悉补野聂赤赞普立国以来一直沿用的国王丧葬超度仪式，规模盛大。《新唐书·吐蕃传》引刘元鼎说："巫祝鸟冠虎带击鼓，凡入者搜索乃进。"他们在假超度法事时，分别要承办制作亡灵替身的假人、假物和祭神用的供品等事宜，这些供品称作"多玛供"。如米兰 vi, za 藏文木简："……按习俗做一对替身物——多玛供，然后，献降神酒。午饭，连续献上迎宾青稞酒三瓢，置一盛酒大碗，顺序饮酒……"[②]

英国藏学家托马斯转写翻译这处文字时，将"替身物"译成假人假物，并识有苯教师念诵咒语的内容。他的译文为："……黄昏时上供，所备一份饮料，放入供神灵的假人假物，予以浸泡，接着就安排（或给与）使用有灵气渗入的勺子……行进到有灌木丛的庭院处，在繁密的灌木丛中把它吊起，很快地发出咒骂的语言。"[③]

无论多玛供如何摆设，其中有两个关键的内容，其一是制作假人假物作为替身，其二是仪式过程中有苯教师念诵咒语。德令哈吐蕃棺板画中被二骑士所射的裸体人物是真人还是假人替身，我们现在尚无法判定，但这种行为是为了超度亡灵倒可以理解。

6. 哀悼图

棺板的最后，画的是一组哀悼的人物。左面两人，采用下跪的姿势，第一人为男子，头戴圆形平顶橙红色缠巾。身穿绿色袍服。其下另一下跪男子，头戴圆形平顶橙红色缠巾，身穿黄色袍服，其左手似捧一盆，盆中有熊熊火焰在燃烧。其下方有一侈口鼓腹小罐。

后方站立两人，为女子，前一人个子稍矮，头带分为两瓣花形，并有后披的红色缠巾，身穿白色长袍，两手拢于胸前，后一人个子稍高，头戴黄色缠巾，身穿红色长袍，两手亦拢于胸前，似作哀悼沉思状。这两男两女，可能是死者的亲属，他们为亡者守灵和哀悼，接待前来的吊唁者。紧靠这组人物，有羊或狗类动物各一只。

关于德令哈棺板画的年代，由于棺板所出的吐蕃墓葬已经遭到盗掘和破坏，丧失了大部分可资断年的文物，给我们判断年代造成一定的困难。但在郭里木乡夏塔图二号墓，亦出有完整的棺板画，其绘画风格与这幅残墓的棺板画完全相同，可以作为德令哈检察院对这幅残墓棺板画年代断定参考[④]。

---

① 恰白·次旦平措、诺章·吴坚、平措次仁著，陈庆英等译：《西藏通史·松石宝串》（上），西藏古籍出版社，2004年，第163页。

② 王尧、陈践：《吐蕃简牍综录》，第421条，文物出版社，1986年，第72页。

③ [英] F.W.托玛斯编著，刘忠、杨铭译注：《敦煌西域古藏文社会历史文献》，民族出版社，2003年，第338页。

④ 许新国：《郭里木吐蕃墓葬棺板画研究》，许新国：《西陲之地与东西方文明》，北京燕山出版社，2006年。

夏塔图 M2 是 2002 年 8 月发掘的，为洞室墓形制，长方形斜坡式墓道，然后向一侧开长方形墓室，墓室与墓道之间，以砾石块封门。墓室为单室，长 4 米、宽 2.5 米，底部距封堆下深 3.5 米左右，墓内有一棺。这座墓葬的主人为迁葬，较为特别，是将零散的骨架盛装于一小棺内，然后将这种长木箱式的小棺放置于大棺中。根据墓内出土的箭囊判断，墓主人应是一成年男性武士。墓葬中出土有大量的丝绸残片、木马鞍等物。其中木马鞍鞯桥上装饰有银质镀金饰片，有兽面、鹿等形象。与中唐时期丝织品的同类形象相似，因此，我们将这座墓葬的年代确定在中唐时期，即 8 世纪末期，大体上相当于吐蕃占领敦煌以后的数十年。德令哈检察院的这幅棺板画的年代，应比照夏塔图 M2 的年代来确定，大体上相当于 8 世纪末期至 9 世纪初期。这样的断年可能较为适宜。

（原刊于《青海藏族》2015 年第 2 期）

郭里木吐蕃墓葬棺板画研究

许新国

2002年8月，青海省文物考古研究所与海西州民族博物馆工作人员，对德令哈市郭里木乡的两座古墓进行了清理和发掘。从古墓的形制到土层和墓葬中出土的器物，以及对墓葬棺板画的分析与研究，断定这两座墓属于吐蕃时期墓葬。

墓葬位于东距德令哈市30公里处的巴音河南岸，属郭里木乡夏塔图草场山根。墓葬上方存有高约1.5米的封土，两座墓葬均为竖穴土坑形制，墓室均为长方形单室，长4米、宽2.5米左右，均有长方形斜坡式墓道。其中一座为木椁墓，另一座系竖穴土坑墓，但用柏木封顶。两座墓葬的木板均较完整。木椁墓为男女合葬，土坑墓为迁葬墓。迁葬墓形制较为特别，是先将零散的骨架装于一小棺内，然后将小棺整个放置在大棺中。根据出土的漆矢箙（箭囊）判断，该墓主人应系成年男性武士。两座墓葬中均见有殉牲习俗。合葬墓在木椁的两侧殉有完整的马和骆驼各1匹；迁葬墓在封顶的柏木上放有零散羊骨。关于吐蕃的丧葬殉牲习俗，在汉藏史料中均有明确记载。如“人死杀牛马以殉，取牛马头积累于墓上”“其葬必集亲宾，杀马动至数十匹”“吾为尔行葬，杀马百匹以行粮……”等等。这种丧葬殉牲习俗反映了古代藏族苯教的仪轨和信仰。动物殉葬在苯教信仰中具有特殊意义，按照苯教的世界观，人死后只有通过这种献祭动物的仪式，才能帮助和佑护逝者通过阴间世界的艰难险阻，到达九重天国中去享乐。在敦煌古藏文写卷涉及苯教丧葬仪轨的卷子中，这种观念有明确记载。关于随葬品，在合葬墓中出土有大量的丝织品，种类有锦、绫、罗、印花绢等，另有木碗、木鸟、木马鞍等。迁葬墓中出土有丝绸残片、木鸟、木马鞍和漆矢箙等，其中木马鞍上装饰有银质镀金饰片以及兽面、鹿等动物形象，较为少见。

尤为引人注目的是，两座墓三具木棺的四面均有彩绘。其中棺挡头绘有四神、花鸟，棺侧板绘有狩猎图、商旅图，以及赞普、赞蒙（王、王后）为中心的帐居迎宾图和职贡图。以下分别叙述之。

一、四神图

四神是指青龙、白虎、朱雀、玄武。四神用于表现方位和避邪免灾，作为图像，早在战国时期的器物上已经出现，如曾侯乙墓出土的漆木衣箱，上面绘有青龙、白虎。壁画上表现四神最早见于山西平陆枣园东汉初的墓葬中。此外，云南昭通东晋霍承嗣墓，河南洛阳北魏元乂墓、山东嘉祥英山隋墓也有表现，是中国传统的墓葬装饰内容。

唐代四神更加流行，唐朝初年的李寿墓，将四神刻在石椁上。稍晚一些的阿史那忠、苏定方、李重润、李贤、李仙蕙、薛莫墓，将青龙、白虎绘在墓道两壁上。应该指出的是，四神图虽流行，但有的墓常常省略朱雀和玄武。

吐蕃墓棺板画中的四神一般绘于棺两头的挡板上，青龙图像与唐代墓葬壁画中的形式较为接近；白虎采用虎头正视的形式，与唐画差别较大；朱雀的形式具有浓厚的中亚、西亚的特征，与中亚、西亚的凤鸟纹图形较为接近（图一、图二）；玄武的蛇与龟，头尾相勾或不相勾或相缠，构成了复杂的图像变化，这从南北朝时期就已经基本定型。郭里木吐蕃墓棺板画中的玄武形象，蛇身缠龟身，头与尾不相勾，与太原金村6号墓中的玄武图形较为接近（图三）。吐蕃墓棺板画中的四神，是唐墓壁画中最具代表性的题材。四神图像出现后，得以广泛的传播，吐蕃绘画受到影响，也不足为怪。但吐蕃四神图像中白虎和朱雀体态的曲折多变，玄武被蛇反复缠绕，整体复杂的装饰和纤细的线条等，均表现出吐蕃绘画本身的风格和地域特色。四神陪衬的云气、莲花和繁杂的忍冬纹等更未见于中原唐墓壁画。但唐代的四神，与北魏和南朝的风格一脉相承，总体上和吐蕃的内容一致。因此，笔者认为，郭里木吐蕃棺板画所绘四神，应直接取法自中原，即唐代墓葬壁画的作法，同时又接受了西方文化的影响，从而形成自己的风格。

图一　朱雀凤鸟图

图二　朱雀图

图三　玄武图

二、狩猎图

古代，狩猎历来被看成是重大事件。狩猎题材也曾在战国铜器、汉代壁画和画像石、魏晋砖画中出现。古代狩猎图的意义不仅是单纯表现猎获动物，而是主要用于反映帝王贵族生活，带有练兵习武、军事检阅的性质。各代常常围出专供帝王皇室游猎的场所，猎场被视为军事禁区。皇室贵族的狩猎活动不为一般人所熟习，故唐以前艺术题材中狩猎图出现的并不多。唐代贵族的墓葬壁画，热衷于出行仪仗的描绘，反映了等级制度社会对人物身份的高度重视，狩猎图仅见于章怀太子李贤等少数墓葬壁画中。

吐蕃墓中的狩猎图见于棺侧板左侧，由 5 个骑马射箭者、动物及陪衬的植物组成。狩猎图中的人物分两组，上面一组前面 1 人骑马转身向后射箭，后面 2 人骑马向前射箭。两者之间是一对奔跑的野牛，其中 1 头野牛的背部已经中箭流血。下面一组为 1 人骑马射箭，其前方为 3 头奔跑的鹿，其中 2 头已中箭淌血（图四）。在艺术表现方面，两个画面均抓住了狩猎时最为精彩的瞬间。前者突出了狩猎时扣人心弦的紧张气氛，猎者都是两臂极度张开，弓弦拉满，箭即将射出，野牦牛正拼命逃窜，猎者的坐骑和野牦牛的四肢几乎呈 180 度张开，是动物奔驰时的最大极限，尽量表现出人和动物的运动。而人物和动物的剧烈动作又与花草的静止相对应，出现了有张有弛的艺术效果。

尽管唐代以前也曾出现过狩猎图像，但场面小，内容简单，构图和人物形象处理也不同。吐蕃墓棺板画中有两处出现树纹，这在传统狩猎图中是没有的，因此，很容易令人想起西亚、中亚艺术中的“生命树”。“生命树”在西方古代艺术中非常重要，它和当地的宗教信仰有关，因此也屡屡出现在金银器雕刻等各种艺术形式中。而西方古代世界的狩猎图比中国更为流行，与中国相比，他

图四　狩猎及商旅图

们不注重场面的渲染，而强调人物的烘托。波斯萨珊银器较早地传入中国，已在考古发掘中得到证实。山西大同小站村花圪塔台北魏封和突墓出土的萨珊银盘，其上即为狩猎图像。狩猎图像在萨珊银器乃至萨珊艺术中是主要的题材。中亚粟特壁画也是如此，其中表现最多的是帝王骑马射猎的情景，而骑马射猎在中亚、西亚乃至罗马也很常见。在中西文化交流空前繁荣的唐代，狩猎图像的突然增多，似乎不是偶然的。吐蕃墓棺板画中的狩猎图像里的树纹以及骑马狩猎的姿势，不能排除受到西方风格影响的可能。当然，不能简单地把狩猎图像的渊源追溯为西方艺术，这里仅仅是指出其外来影响，但不是唯一来源。或许把唐代银器上的狩猎图像，看作是中国传统题材的延续与外来风格的影响相结合更为恰当。根据图形观察，吐蕃的狩猎图像受中原和西方的影响均有可能，甚至有可能充当了西方文化的媒介，对唐朝产生了影响。

三、商旅图

这是吐蕃所独有的绘画内容，而在唐代的墓室壁画中未见到同类题材的作品。商旅图位于墓棺板画的左侧中部。其中，行进在前面的是4个头戴帽、身穿圆领或翻领窄袖长袍骑在马上的武士，4人均带胡禄（箭囊）；走在后面的2人除1人不清楚外，另1人头缠巾，身穿圆领窄袖长袍，腰系带，腿侧亦带胡禄，为武士形象；行走在中间的是一满载货物的骆驼，从显露处可见有平放着的一层层成匹的丝绸。看来丝绸之路上商贾们贩运货物都是以武力来护送的。《周书·吐谷浑传》记载："魏废帝二年（553年）……是岁，夸吕又通使于齐氏。凉州刺史史宁觇知其还，率轻骑袭之于州西赤泉，获其仆射乞伏触扳、将军翟潘密、商胡240人、驼骡600头，杂彩丝绢以万计"（此事又见《魏书·吐谷浑传》《北史·史宁传》等）。

这段资料表明：1. 吐谷浑与东魏、北齐通使贸易是横切河西走廊；2. 吐谷浑使者一行由其国重臣仆射、将军率领，带有商胡240人，驼骡600头，杂彩丝绢以万计。可见，吐谷浑与南北朝各政权的通使实质上是一种贸易关系，而吐谷浑作为中西贸易的中介者和向导的作用是名副其实的；3. 从商胡由北齐带回的货物为丝绸来看，当时中西贸易中丝绸是主要商品，青海路成为著名丝绸之路的一段，也是确实的。

正是由于联系中西交通的青海路的兴盛，使占有此路的吐谷浑的地位日趋重要，并逐渐担负了中西方政治、经济和文化交流的重任。唐贞观十四年，唐朝夺取高昌后，河西路开始畅通，青海路又处于衰落地段。但是从青海南经柏海，入西藏高原的南路却兴旺起来。这与崛起于西藏高原的吐蕃同吐谷浑、唐朝关系日益密切有关。从青海入吐蕃南路的具体路线，《新唐书》卷四十《地理志》鄯城条注里有详细记述。日本学者佐藤长曾撰《唐代青海拉萨间的道程》一文，对这条道路作了详细考证。从青海南下到拉萨，再从拉萨向南翻过喜马拉雅山，可到尼泊尔、印度等地。吐蕃灭掉吐谷浑后，吐谷浑道改由吐蕃控制，交通路线一仍其旧。吐蕃墓棺板画中的商旅图为青海丝绸之路提供了直接证据，充分说明了这条路线的重要性，德令哈正是这条要道上的一个重要的中间站，商旅图生动地反映了这个中间站的繁盛情形。

前述押运货物的武士，均佩挂有一种独特的箭囊，呈口窄底宽的筒形，唐人称之为“胡禄”。胡禄在中国的出现，可以追溯到 5 世纪，最初见于新疆地区的石窟寺壁画，如，克孜尔石窟第 114 窟壁画《智马本生》（4 世纪中～ 5 世纪末作品）中的骑士像，克孜尔石窟第 14 窟壁画《八王争舍利》（5 ～ 6 世纪作品）中的骑士像。1906 年发现于新疆库车、现藏艾尔米塔什博物馆的 1 件 5 ～ 6 世纪的武士像，身上也带有胡禄。6 世纪时，敦煌壁画中已有胡禄形象，例如敦煌第 285 窟西魏壁画《五百强盗成佛图》中的铠马骑士。

至唐代（7 世纪后）胡禄广为盛行，从新疆地区的石窟寺壁画、敦煌壁画和内地唐墓壁画以及各地出土的唐代俑塑和石刻像，均能看到大量的胡禄图形，典型者如克孜尔第 14 窟壁画《菱格本生故事》，昭陵六骏《飒露紫》之邱行恭雕像，章怀太子和懿德太子墓壁画，敦煌第 156 窟壁画《张议潮统军出行图》，以及新疆吐鲁番阿斯塔那出土的彩绘执旗骑兵俑，新疆唐墓中还曾出土胡禄的木质模型。《新唐书 · 兵志》则记载，弓箭和胡禄是唐军每个士兵必备的武器。

约在同一时期，胡禄的形象也出现于中亚和南西伯利亚。艾尔米塔什博物馆所藏中亚花剌子模出土的 1 件银杯，外缘刻有铭文，为 6 ～ 7 世纪的花剌子模文字，杯底雕刻有身穿翻领长袍，头现光轮的骑士像，骑士右侧腰间佩挂胡禄。

中亚片治肯特（今塔吉克斯坦片治肯特城东南）遗址大壁画区 VI 区 41 室壁画是 7 世纪的作品，其中描绘的英雄鲁斯达姆的形象既有右视图，又有左视图，其右侧腰间挂胡禄。片治肯特遗址 VI 区 1 室有一些战争场面的壁画，也是 7 世纪中～ 8 世纪初的作品，其上的铠甲武士右腰带胡禄。

南西伯利亚叶尼塞河上游米努辛斯克附近有一幅岩画，其上有一位手持长矛的骑士，腰间除胡禄外，另有一物，形状与前述克孜尔石窟第 14 窟壁画《八王争舍利》中的弓韬近似。一般认为这是约 5 ～ 7 世纪时突厥人的作品，表现的是突厥骑士的形象。在阿尔泰山以北的修利克发现的 6 ～ 7 世纪突厥岩画中有追赶猎物引弓欲射的猎人形象，其右腰挂胡禄，岩画上部有突厥文字。

综上可见，在 6 ～ 7 世纪，胡禄在东亚有着广泛的分布和使用。根据中原和吐蕃的资料可以肯定，中原地区和柴达木盆地的吐蕃地区流行的胡禄乃是受到西域的影响，其传播的途径主要是从新疆经河西或柴达木盆地而达中原。从这些地区有关的年代序列能够说明这一点。而且从唐的情况来看，凡是冠以“胡”字的名物，几乎都是传自西域，胡禄也如此。但就中亚（包括中国新疆）和南西伯利亚这一广大范围而言，胡禄究竟源于何处，抑或是否还有更为遥远的始源，限于所见，还难以遽下判断。在中古时代，中原和吐蕃所流行的胡禄，与中古社会生活有密切的联系，是一个时代时尚风貌的标志物之一。6 ～ 8 世纪这种胡禄的流行，正是当时社会生活中追求外来物品和异域风情的“胡风”渐盛的表现。

四、宴饮图、帐居图

宴饮图位于墓棺侧板的中部，由 13 个男人组成，其中 7 人盘腿坐于左侧的地毯上；4 人或立或跪于大帐房前。其中右侧第一人手举酒杯，向帐房内的男女二显贵人物敬酒，而帐房内的男女二人亦手举酒杯答礼。左侧1人手举角形杯，正抬头饮酒；另 1 人跪于地毯上呕吐，其醉酒的形态描绘得异常生动；帐房前门两旁各有 1 人，帐房后还有帐房，其门前亦站立有 2 人，手笼于袖中，向武士们弯腰施礼，似乎是在招呼客人（图五）。对照青海玉树州勒巴沟石刻《赞普礼佛图》中的吐蕃赞普形象，与郭里木墓棺板画中帐房内男人的帽子相同，故判断该显贵人物的身份应为“赞普”，坐其旁的女人即为“赞蒙”。

图五　狩猎、商旅、宴饮图

关于大毡帐内赞普和赞蒙身份的确定，主要是根据青海玉树州勒巴沟石刻图像人物的对比而作出判断的。勒巴沟石刻位于贝纳沟石刻约 8 公里处的勒巴沟沟口。勒巴沟坐落在通天河畔，沟深约 10 公里。勒巴沟两边山坡的崖壁上凿有许多唐代以来的佛教造像。镌刻在勒巴沟沟口的《文成公主礼佛图》其时代为唐，是一幅吐蕃早期石刻。画面的左边是释迦牟尼立像。释迦牟尼上身立于仰莲座上，双脚外撇呈一字形，左手置胸前持莲花，右手施与愿印。项饰蚕节纹，大耳垂肩，广额丰颐，头束高发髻，身后有圆形火焰项光和拱形火焰纹龛门，其上镌以华盖。释迦的右侧刻有 4 个朝佛的人物形象：第一个是侍童，头顶梳螺髻，做跪状，双手捧香炉；第二个人物头戴吐蕃时期的塔式缠头，身穿双襟小翻领胡服，双手捧大钵，身体前倾做献礼状；第三个人物为一女性，头梳顶髻前倾的双抱面髻，身披交领大氅，双手合十持莲花；第四个人物亦为侍童形象，身披对襟翻领胡服，手持莲花[①]。

很显然，这是一幅礼佛图。释迦右侧第一和第四个人物为侍女或侍童，这两个人物无需多加讨论。第二个人物，应是吐蕃王松赞干布。他头上的塔式缠头和对襟翻领胡服是吐蕃早期的典型服

① 汤惠生：《青海玉树地区唐代佛像摩崖考述》，《青藏高原古代文明》，三秦出版社，2003 年，第 261 页。

饰。松赞干布的形象和造型与其在布达拉宫法王洞中的造像在风格上几乎相同。既然明确了第二个形象，那么第三个人物当为文成公主无疑。释迦牟尼和松赞干布的造像均为藏式风格，而其他形象则为汉式造像风格。这种区别的本身不仅说明该石刻所表现的是唐蕃联姻，而且还说明其时代较后来那些将文成公主“藏化”的造像要早。此外，还能证明这幅作品时代较早的两点是：第一，传统藏传佛教艺术中松赞干布的塔式缠头上都有一个佛头，而此处没有；其次，松赞干布作为法王，在后来的造像艺术中均作为佛和菩萨一样处于主供位置，而此处却在朝佛位置。而且这种朝佛构图和安排的本身，便是汉式佛教造像的传统。

郭里木墓棺板画中，帐房中的两人物，其男性人物身穿翻领胡服，腰系带，头上戴有高高立起的塔式缠头与勒巴沟石刻人物中松赞干布的较为一致，因而判定其身份为赞普。旁坐的女性人物亦身穿对襟翻领胡服，头梳双抱面髻，与文成公主形象不同的是，头顶上盖有一奇特的缠头布，故而判断其身份为赞蒙。

帐房系用牛、羊毛混合或者专用羊毛织出，这种料子又叫氆氇，一匹氆氇大约宽 30 ～ 40 厘米，这种纺织品代表了当时吐蕃人的纺织技术水平。将整匹的氆氇连接起来，做成毡帐，唐人称之为“拂庐”，实际上还是氆氇的音译。这种高质量的帐房有的做得很大，甚至可以容纳几百人。654 年吐蕃赞普向唐高宗皇帝献礼，其中礼品中有一顶“大拂庐”，高 5 尺宽 37 步，堪称庞然大物。

关于吐蕃的酒宴生活，唐人多有描述。杜甫《送杨六判官使西蕃》一诗中写道：“绝域遥怀怒，和亲愿结欢。敕书怜赞普，兵甲望长安……边酒排金碗，夷歌捧玉盘。草肥蕃马健，雪重拂庐干。”此诗作于 757 年，杨六判官是杨济。他作为诗人，想必对于吐蕃的酒、拂庐也是有所了解的。唐代的边塞诗人岑参（716 ～ 770 年）把蕃中酒宴生活如此动人地描写道：“琵琶长笛曲相和，羌儿胡雏齐唱歌。深炙犁牛烹野驼，交河美酒金叵罗。三更醉后军中寝，无奈秦山归梦何。”

酒，在吐蕃文献中早有记载。松赞干布的老臣韦·邦多日义策因为年事已高，每天只能曝日闲住。他担心自己死后王室不再照顾他的后代，于是邀请松赞干布“往其家中，再申前盟”，以半克青稞煮酒，敬献饮宴。早期，酒称为 stsang 或 rtsang，后来又称之为 chang，敬语里称为 skyems。这种酒是吐蕃人经常饮用的带有甜味而酒精含度不高（大致在 10 度左右）的酒浆。这种饮料构成吐蕃人饮食中的重要组成部分（应该说明，这不是双蒸法，即二次蒸馏获得的酒精纯度很高的白酒。那种酒，藏族称为 arag，是后起的。从名称上看也可知道是由阿拉伯传入酿造法而得的，可能到 12、13 世纪才见于藏文文献记载）。这里我们读到的：rtsang 或 chang，散见于早期的吐蕃文献，如《敦煌本吐蕃历史文书》“大事记年”记载：“及至马年（唐高宗永淳元年，壬午，682 年），赞普驻于辗噶尔，大论赞聂于局然集会议盟。冬，芒辗细赞与芒相达乍布二人于道孚城堡集会议盟。仲巴、洛·没陵波、野松色至辗噶尔贡奉酒浆。是为一年。”

文中所说的赞普是赤都松（唐代史书记为弃弩悉弄），大论赞聂即禄东赞的长子赞悉若。芒辗细赞是后来与赞普赤都松密谋剿灭噶尔家族，酿成一场血腥政变的那一位“论岩”。看来，当时以上好的佳酿供奉王室是一种恭敬的行为，而且为史官记录在案并使用敬语来称呼。上面提到的邦多日义策邀请松赞干布至其家中再申前盟时，“以半克青稞煮酒，敬献饮宴”。看来，举行会盟这类重大的仪式时必须要以酒献神，同时参与会盟者也要喝酒相庆。822年大理寺卿刘元鼎作为唐廷代表团的首席代表，前往逻些参加历史上著名的唐蕃会盟典礼时，就提到在会盟仪式的“翼日，于衙帐西南具馔，馔味酒器，略与汉同”。

接着再谈吐蕃人的酒 rtsang 或 chang 的来源。汉地远在商代就出现了一种高级饮料叫作“鬯”，或称鬯酒，见于甲骨文。到了周代，文献中称为“秬鬯”。《礼记·表记》说：“粢盛秬鬯，以事上帝”，说的就是这种美酒，用于祭礼的目的。大概周王也曾把这种酒赏赐臣下去饮用。西周大盂鼎的铭文中有“赐汝鬯一卣”的句子，“鬯”的读音 zang 与藏语 rtsang 或 chang 非常相似，这不由得让我们联想到其中的渊源。做酒时，用“曲子”是酿酒技术上的一大发明。因为用了曲子，可以使淀粉的糖化和酒化两个步骤得以结合进行，后世称为“复式发酵法”。藏酒酿造时投放的曲子称为“phab”，这与汉语的“粕”似有关系。粕是“糟粕”，是酒的原料加工后废弃部分，又被拿来培育作为发酵的酵母使用，从这个意义上看，可能是藏语里把曲子称为 phab 的原因[①]。

吐蕃时期文献中还出现了葡萄酒。葡萄这种果品来自西域，汉代传入中原，很快就有了用葡萄做酒的记载。魏文帝曹丕（187～226年）在给臣下的一份诏书中有这样的话：“中国珍果甚多，且复为说葡萄……酿以为酒，甘于曲蘖，善醉而易醒。”到了唐代，“葡萄美酒夜光杯”已是诗人流连、觥筹交错的常用品了。但制作葡萄酒技术的提高，还是得力于西域人民。《南部新书》丙卷云：“太宗破高昌（事在贞观十四年八月，640年）收马乳蒲桃，种于苑，并得酒法，仍自损益之，造酒成绿色，芳香酷烈，味兼醍醐，长安始识其味也。”这是说，用高昌国马奶子葡萄品种和他们的制酒法，改进了原来果子酒的品味。吐蕃人与西域的接触较唐人更方便些。吐蕃人在唐初较长一段时期中驰骋西域，争夺安西四镇，奴役勃律、羊同诸小邦，占领龟兹、于阗、高昌达百余年之久。因而，我们见到藏文文献所载，可黎可足赞普（即热巴巾，唐史作彝泰赞普）正是因为饮用了过量的葡萄美酒，酣卧于香玛行宫时，被其臣下韦·达那金扭断颈项而弑杀。可见，当时葡萄酒已从西域传到吐蕃，而且饮宴于宫廷之中。

新疆若羌米兰故城（即“楼兰地区”）出土的吐蕃时期的木简中，有几段专门记载关于酒的事情：

Ⅱ·423：“苯教师七人，苯教主二人，共九人，分坐两排，食物供奉相同。晚餐毕，每人每日供头遍酒十瓢，合计三吐（吐，为半克青稞所酿酒浆的总量）。”

Ⅱ·292：“按照习俗做替身俑一对，做多玛供品。后，献降神酒。午列，边续献迎宾青稞酒三瓢，置一盛酒大碗之中，顺序饮之。苯教教主讲述往昔古史。”[②]

在《贤者喜宴》ja 卷中记录了一则禄东赞智取安邦之策的故事，其中就提到“酒是话的开头”和酒醉失言的情节。另外，在《新唐书·吐蕃传》里看到“君死之日，共命人皆日夜纵酒”的记载。大概是因为与赞普共命之人，必须随同死者入葬墓穴，这是古代杀殉制度的转移。

① 王尧：《吐蕃饮馔服饰考》，《西藏文明考信集》，中国藏学出版社，1994年，第281页。
② 王尧、陈践：《吐蕃简牍综录》，文物出版社，1986年，第72页。

五、男女双身图

在郭里木墓棺板画中令人尤为注目的是男女双身图像。该组图像位于帐房图的左上方，由两男和一女组成。其中一男一女正在交配，而旁跪一男正手持生殖器似乎在等待，这种赤裸裸的男女交配的图像前所未见。

关于生殖和交配图案，此前在卢山岩画中有所发现。这类图案是自旧石器时代晚期以来一直到铁器时代，乃至今天，在整个世界范围内经久不衰的艺术主题。人类之所以对此津津乐道的原因并不是像孟子所云：食色，性也，而是缘于与人类自身以及世界万物的繁衍密切相关的生殖巫术。20世纪初，西方人类学家费雷泽、布日耶等认为，在原始人的眼中，巫术仪式对于客观世界具有刺激和诱发作用。换言之，在田地里进行交配，将促使庄稼生长，在牧场进行交配，将促使牧草与牛羊繁殖与生长。

卢山岩画交媾图中的男女形象已经风蚀不清了，但男女形象下面交融在一起的代表男性的曲线和代表女性的圆点，则依然清楚地表明古代人的生殖观念。由于吐蕃棺板画所处的时代，将这种交媾图像与赞普迎宾或会盟的庞大场面绘于一处，显然不能简单地以生殖巫术来进行解释，因此，这可能是一种宗教现象。

以性标志为象征的神灵崇拜传统在印度源远流长，在雅利安人进入印度之前就已经存在。印度最早的土著居民和其他的初民部落一样，其原始信仰中就有对大地母亲及其生殖能力的崇拜，并以此构成了早期印度教湿婆信仰的核心。其后，这种信仰逐渐发展出完备的神灵体系和图像系统，自婆罗门教至印度教一脉相承，大乘佛教的瑜伽行派就已经接受了这方面的内容，金刚乘的教义就是从大乘的瑜伽行派发展而来的，属于大乘佛教的一支。金刚乘又称为密乘或怛特罗乘，其修法特征是以怛特罗——一种集各种仪式和瑜伽修习方法而且仪轨化的经典为基准进行的。

古代佛教曾经极力排斥性行为，甚至在某种程度上如同驱魔般地摈弃性行为，完全将此从僧侣们的生活中排除出去。僧侣们习惯于将身体视为由鲜血、体液、粪便和骷髅组成的令人厌恶的整体，将来必定会解体；或者最多也是将此视为一种令人失望的色界虚妄。至于怛特罗，他们却非常注重身体，最大可能地利用它以从事救度。他们将性行为置于首要地位，性行为的特征被认为具有神圣的意义。金刚乘的这种革新，与性力派于公元最初几个世纪在印度宗教和文化生活中的发展，有着直接的关系。女性本原的重要地位以及男女之合的神性，最终在佛教中占有了稳定的地位。印度边境地区的外来影响，吐蕃传统的信仰，西域的萨满教等，也可能在这方面起过重要作用。

3世纪的一种经文《论世》，讲到了两种男人和女人性交的愿望，因为他们感到了相互之间的爱情。至少是在8世纪，一种色情化奥义的重要地位，已经得到了确立。在有关色情奥义问题上，佛教密宗认为男性本原扮演一种积极（善）的角色，女性本原扮演一种消极（恶）的角色，而它们在印度教中的角色却恰恰相反。印度左道密教的“大乐”思想，来自《金刚顶经》，例如，《金刚顶一切如来真实摄大乘现证大教王经》卷上说："奇哉自性净，随染欲自然，离欲清净故，以染而调伏。"又说："此是一切佛，能转善哉相，作诸喜金刚，妙喜令增长。"

金刚是天神的通名，均为侍卫本尊佛的眷属，而以金刚萨埵为其上首。在密教中说，金刚即是佛的显现，所以也就是本尊。在同经卷中，叙述毗卢遮那人各种供养三昧时说道："其有一切如来适悦供养三昧、宝鬘灌顶三昧、歌咏供养三昧、舞供养三昧等等，各个三昧，均有大天女从自心出。"并说："由贪染供养，能转诸供养。"这是欲界天人生活的秘密化。即有天女作诸供养，淫乐的行为已经跃然欲出了。

大乐思想的根源来自印度教的性力派，或者音译为铄乞底派，系印度教湿婆派的分支，它是由对湿婆神威力的崇拜而引申出生殖力崇拜及女神崇拜。湿婆的威力中，有男女的生殖之力，生殖则由其妻担任，故而生起崇拜湿婆之妻的一派，这便是女神的性力崇拜。对于湿婆崇拜的一派称右道派，而对于女神性力崇拜的一派则称为左道派。

此女神有善恶两方面的性格，她的威力用于破坏之时，即是死亡女神，称为迦利，她的容貌是散发、张口、执剑、杀人，以血润其喉，用骨环其颈；她的另一名字叫杜尔加，原系频陀耶山的处女神，从史诗时代之后，始成为湿婆之妻，她的形貌是全身金色、骑虎、十手执兵器，杀恶魔。此女神性格难捉摸，她约有1000个名字，例如，爱欲女神加弥息美丽、清净女神维摩拉、大智女神摩诃般若、生育女神与大母神摩诃摩底、恋爱肉欲女神那逸迦、行法修炼女神瑜伽。总之，宇宙的任何一部分，不论破坏与温和，均为此女神的属性。万物均由女神的性力而生，故此引起肉欲的放逸。实际上，中晚唐壁画中已经有了双身图像的内容，如，金维诺教授近期公布的《金统二年（881年）壁画表录》，其明妃称为"是（侍）奉"[①]。唐代密教文献中也已经有了双修内容，如，善无畏就翻译了一部讲授象鼻天双修内容的经典而受到当局的警告，不许把双修像放在佛堂里；宋代也禁止象鼻天的崇拜，所以汉地没有发现象鼻天图像。唐代流行的志怪故事也已经含有密教色情的意味。故事见于唐李复言《续玄怪记》，《太平广记》中有收录，文曰："昔延州有妇女，白皙颇有姿貌，年可二十四五。孤行城市，年少之子，悉与之游。狎昵荐枕，一无所却。数年而殁，州人莫不悲惜，共醵丧具为之葬焉。以其无家，瘗于道左。大历中，忽有胡僧自西域来，见墓，遂趺坐具，敬礼焚香，围绕赞叹数日。人见谓曰：此一淫纵女子，人尽夫也，以其无属，故瘗于此，和尚何敬耶？僧曰：非檀越所知，斯乃大圣，慈悲喜舍，世俗之欲，无不徇焉，此即锁骨菩萨，顺缘已尽，圣者云耳。不信即启以验之。众人即开墓，视遍身之骨，钩结皆如锁状，果如僧言，州人异之，为设大斋，起塔焉。"至1269年成书的《佛祖统记》对此作了新的解释。

汉地最早的带有双身图像性质的作品，绘于吐蕃统治敦煌时期、现藏大英博物馆的绢画《千手千眼观音图》，其间出现了日光菩萨和月光菩萨、如意轮菩萨、帝释天、白梵天、金翅鸟王、功德天火头金刚、大黑天神摩诃迦罗，摩醯首罗天等神灵图像，绢画中的大黑天像是现今见到的最早的大黑天像，而最引人注目的是此图中出现的摩醯首罗天身侧左腿之上坐有明妃，与印度早期的双

① 金维诺：《吐蕃佛教图像与敦煌藏传绘画遗存》，《艺术史研究》第2辑，中山大学出版社，第1~26页。

身像风格类似。这种女尊坐在男尊左腿之上的构图是波罗时代的典型样式，而尼泊尔画派一般是将女尊置于男尊的身体一侧而不是坐于腿上。说明吐蕃统治敦煌时期吐蕃密教无上瑜伽密在当地开始流传，在藏传佛教前弘期出现双身图像是可能的。吐蕃时期建造的许多卫藏寺院都遗有十一面观音像，如大昭寺、查拉鲁普石窟松赞干布观音修行窟、帕邦喀宫十一面观音自生像和昌珠寺等等。最能说明问题的是吐蕃也将以观音为代表的吐蕃密教传入南诏，如《南诏图卷》文字卷第七段记载：“保和二年乙巳岁（825 年）有西域和尚菩立陁诃来至我京都云：吾西域莲花部尊阿嵯耶观音从蕃国中行化至汝大封民国。”可见南诏之观音信仰出自吐蕃。南诏至大理同时期的密教艺术中就有吐蕃密教图像的影响。

从以上史实分析，吐蕃松赞干布尊奉十一面观音与敦煌出现十一面观音图像几乎是在同一个时期。吐蕃占领敦煌以后，将吐蕃流行的十一面观音信仰引入敦煌壁画，从而丰富了十一面观音像的表现形式，一些吐蕃密教的《佛说十一面观世音神咒经》汉译于北周保定四年（564 年），但十一面观音图像出现在入唐以后。观察敦煌石窟所出十一面观音图像，初唐的作品或没有眷属，或有眷属者皆为菩萨。只是到了盛唐、中唐以后，观音眷属逐渐增多，这种现象与吐蕃统治敦煌有直接关系。定式思维之二是将只要是描绘观音的作品更多地看作是汉地作品，这无疑受到观音信仰在后代中原盛行的影响，然而忽略了观音信仰尤其是十一面观音的信仰在吐蕃的兴盛。当十一面观音图像在汉地敦煌出现以后，吐蕃的这种信仰已经进入了政治社会生活。藏文史书几乎都记载法王松赞干布是十一面观音的化身，松赞干布时修建于红山之上的宫殿稍后即被称作“布达拉”，为观音居地。8 世纪前后包括敦煌、于阗在内的地区流行金刚乘的史实是完全符合的，证明吐蕃后期金刚乘就已经在吐蕃本土及其势力范围大为流行。榆林窟第 25 窟波罗样式的大日如来与八大菩萨和壁画中吐蕃藏文榜题明明白白地昭示着吐蕃佛教的印记。然而从作品风格中往往将它们认为是汉地唐时的作品。其次，敦煌壁画中出现大量的十一面观音图或千手千眼观音图，对于这一现象，以前学者总是从汉地密教发展的线索对汉文观音经咒的翻译和观音图像的演变进行分析，没有考虑吐蕃金刚乘佛教的决定性影响。

文献表明，包括上乐金刚法在内的金刚乘无上瑜伽密智慧母续部教法与仪轨，在吐蕃地方佛教前弘期就已存在，并在一定范围内流传，这一点毋庸置疑。然而，有关无上瑜伽密仪轨的图像，是否在前弘期也已经见诸作品？虽然密教仪轨与密教图像的关系决定了前弘期此类图像存在的可能性，但以前我们一直没有找到前弘期存在无上瑜伽密仪轨图像的例证。出现这种局面的原因是，我们以前囿于这样一种定式思维，认为双身图像不可能出现在前弘期，这种认识阻止我们进一步的探索。我们甚至忽视了这样一个重要事实：敦煌出土的古藏文写卷中已经出现了有关金刚乘密法修习的记载，这些密乘教法实际上是自 7 世纪以来传入的旧密，旧密经典的翻译跨越了前弘期与后弘期的界限。由此看来，金刚乘在波罗王朝建立以前实际上就已经传入吐蕃，只不过是在较小的范围内流传。当时人们就有这样的疑问，流行的密乘教法，特别是无上瑜伽密，是否可以将其纳入典籍而奉行。最后决定，此类教法只有通过王室的允许之后才能将它们译成藏文。可见吐蕃时期翻译的一些旧密经典的本身就包括了无上瑜伽密智慧母续部的内容，说明这些大译师在译经的同时传授着他们所译的教法，双修内容是其中重要的方面[①]。

释迦牟尼涅槃以后，印度原处于衰微状态的婆罗门教陡然兴起，传统的佛教因辩论和法力的比试不能折服外教，以致经常发生道场被毁，信徒改宗的情景，佛教需要一种新的重新修习实践的教法以适应这种变化，这样才能和印度教瑜伽行者一论短长，因而金刚乘佛教兴盛，成为印度佛教最后一个辉煌的时期，从 8 ～ 13 世纪持续了几百年，直至伊斯兰势力控制印度后才完全消亡。因为佛教的“金刚”在古代的印度意味着如同金刚那样永不变化的法的本性，因而金刚乘也被认为是大乘佛教的空性，故而又称空性乘，在修习中将瑜伽与性联系在一起。金刚乘将真言乘主旨的智慧和方便与瑜伽性力观相结合，将智慧比作女性，因为智慧具有静的特征；把方便比作男性，因为方便具有动的特征。金刚乘把智慧和方便所达到的终极的境地看作是涅槃，在此境地已经没有智慧和方便的区别，二者融合在一起，故此称为“般若方便”或“大乐”。无论印度教怛特罗还是佛教金刚乘，其中心要旨就是：证悟书面经典的理论并不是使人产生信仰的理想路径，最好的方式是由能够施行神秘法术的上师导引，获取亲身体验，直接与自己皈依的信仰相碰触，通过自己的身体力行来把握真实。这就是这种双身图或性交图像出现的缘由。

郭里木墓棺板画中男女性交图像的发现，使我们联想到，这一时期的吐蕃人对于现在世和未来世具体的物质享受和幸福保持着强烈的吸引和关心，在来世再生于极乐净土是他们强烈的愿望。可以认为这一类美术，是以通向释迦牟尼佛国净土再生为主题的象征性美术。值得重视的是，郭里木吐蕃墓棺板画中的双身图并不是以本尊或明妃的形象出现，而均为世俗的男女形象，这种世俗化的表现方法，或许保留了双身图早期的特点。

六、射牛图

射牛图位于帐房图像的左侧方。图中一头黑色的牦牛跪卧于木桩旁，木桩上有绳索，显然是将牦牛拴于木桩，牦牛已失去自由。牦牛左侧方，一位头戴高高立起的塔式缠头的人，身穿交领长袍，腰系带，长袍为两件，其中外面一件上身部分脱去，吊于腰际，与现代藏族的服饰习惯相同。该人脚底下铺有一块方形地毯，显得地位显尊，与众不同。他上身微倾，双手张弓搭箭，射向跪卧的牦牛。其右侧方站有 1 人，左手持弓，右手拿箭，侍立于旁侧。其身后的牦牛前方还站有 4 人，1 人执壶，1 人手捧盘子，盘中置有银杯 3 只；只有 1 人袖手旁观，1 人站立垂手，面向执壶端盘者。此 5 人的身份应为侍者（图六）。其中执壶者手拿之壶的器身平面呈扁圆形，口部有流，束颈、鼓腹、圈足呈喇叭形，带把。同类器物在中亚、西亚经常可以见到，罗马到伊斯兰时代都有发现，传至东方以后，被称为“胡瓶”。20 世纪初，中国和日本的学者一般把胡瓶的渊源追溯到波斯萨珊朝（200 ～ 640 年），但没有可靠的出土资料为证据。后来人们发现有出土地点的胡瓶器物在南俄罗斯的草原地带发现较多。流传到日本的 1 件带把银壶据说确实出土于伊朗高原吉兰州，日本

① 谢继胜：《西夏藏传绘画》，河北教育出版社，2000年，第167页，图版72。

图六　帐居、宴饮、射牛、侍女及双身图

学者深井晋司对其进行了研究，发现伊朗的胡瓶在萨珊时代，注口后半部加盖，颈部增长，把的上端提高到颈部；而萨珊时代末期，壶把上端安在口部。目前所知的萨珊胡瓶，绝大多数带有较细高的圈足。

萨珊器物中的这种金银胡瓶，其实包括了一些中亚粟特的制品。20 世纪 70 年代，苏联学者马尔萨克把过去归为萨珊银品中的一部分区分出来，考定为粟特地区的产品，其中就包括了这种胡瓶，时代均在 7 世纪以后。这些器物多为粗矮圈足，甚至无圈足，显然细高圈足和粗矮圈足的金银胡瓶应当是两个不同的系统。

在仔细观察对比了深井晋司和马尔萨克所列举的萨珊壶和粟特壶之后，考察郭里木吐蕃墓棺板画中侍者所执之壶，不难看出，该壶的特征是，把的上端直接交在口上，颈部短粗，圈足粗矮，而且没有节状装饰，形制更接近粟特的产品，时代也相吻合，因此应是粟特银器。

图中端盘者双手捧 1 盘，盘中放置有 3 只高足小杯，也非常值得探究。隋和唐代前期，金银高足杯数量较多。山西大同北魏平城遗址中曾出土了 3 件鎏金铜高足杯，形制各不相同。大同北魏封和突墓出土 1 件银高足杯，虽已残，但可以看出杯体较斜，喇叭形高足的中间无节。呼和浩特毕克齐镇出土的 2 件银高足杯，杯体为直口，腹部有一周突棱，圆底，下接喇叭形高足。隋代“李静训”金高足杯和“李静训”银高足杯与呼和浩特出土的银高足杯很相似。

高足杯不见于中国传统器物的造型之中。夏鼐先生认为，大同出土的鎏金铜高足杯是输入的西亚或中亚的产品，带有强烈的希腊风格；李静训墓出土的金银高足杯，是萨珊帝国的输入品。何家村出土的银高足杯，器形是萨珊式的，纹样为唐代中国式的，可能是中国匠人的仿制品。孙培良先生认为，大同的高足杯很可能来自伊朗东北部。上述意见表明，人们倾向将高足杯的来源定在萨珊伊朗。萨珊伊朗确有这种高足杯的传世品，但这是否为当地的传统风格，需要进行探讨。

日本学者桑山正进曾将唐代的金银杯分为四类，其中第二、第四类即高足杯。他认为，第二类杯形的高足杯在粟特和萨珊伊朗都不存在，而在中国的陶瓷器中可上溯到东晋。高足器是4～5世纪罗马流行的器物，后传入中亚。中国的这种高足器的祖型可能源于吐火罗地区（中亚）。桑山正进所说的粟特及萨珊伊朗不存在高足杯，可能是指这些地区的早期。然而，他提出与罗马有关的论点却很有见地。

与李静训金银高足杯和毕克齐镇高足杯形制相似的器物曾在黑海沿岸的彼尔塔瓦市郊出土。马尔萨克认为它们应为黑海北岸游牧民族制作的遗物，而且类似的器物在6～7世纪从匈牙利到乌克兰的所有草原地带都有发现，但其渊源应为古代罗马造型艺术的影响。

李静训墓出土的金银高足杯，杯体较浅，为圆底碗形；高足为喇叭形，从足的顶部开始逐渐向外撇；高足中间仅有一细小的突棱。这种杯与毕克齐镇高足杯，乃至黑海地区和古罗马—拜占庭的作品相似。总之，高足杯最初应是罗马风格的器物，拜占庭时期仍然沿用。唐代的高足杯类，可能源于拜占庭的影响。当然，由于萨珊帝国控制着中国通往拜占庭的要道，不能排除这种影响是间接的。

中国发现的一些仿金银器皿的铜、锡、陶瓷高足杯，大都出于南方的湖南、湖北、江西地区，时代最早的为东晋、隋。这一特别现象似乎与拜占庭和中国的关系相吻合。《三国志》引鱼豢《魏略·西戎传》的记载：大秦“常欲通使于中国，而安息图其利，不能得过”。萨珊朝时这种情况更为严重，拜占庭则采取了相应的措施，查士丁二世于568年曾遣使到西突厥的可汗庭，想绕道与中国交往。裴矩的《西域图记》序也记载了通往拜占庭的三条商路，“北道从伊吾，经蒲类海铁勒部、突厥可汗庭，度北流河水，至拂林国，达于西海”。此路须绕道黑海，大致经过黑海北岸出土高足杯的地区。而最重要的还是通过海路，如，531年拜占庭曾鼓动其盟国埃塞俄比亚国王与印度发展贸易，将中国丝绸输往其国，虽未成功，亦可见其对通过海路与中国交往的兴趣。海上交通，对拜占庭并不陌生。《后汉书·西域传》载，东汉初，大秦“与安息、天竺交市于海中，利有十倍”；《梁书·诸夷传》载，“大秦王安敦遣使自日南徼外来献，汉世唯一通焉。其国人行贾，往往至扶南、日南、交趾”，足见中国通过南海与罗马—拜占庭交往的历史悠久。因此，隋唐时期中国南方出土较多的铜、锡、陶瓷高足杯系仿罗马—拜占庭器物的可能性更大。

几十年来，中国出土了较多的拜占庭遗物，如新疆、甘肃、陕西、内蒙古、河北等省区的许多地点发现有拜占庭金币。金币多为6世纪后期到7世纪中期所铸，此外，还有一些玻璃制品的传入。因此唐代金银器皿中的高足杯类很可能是受拜占庭器物的形制影响而制作的。近年，在青海海西州乌兰县铜普乡与都兰县香日德的吐谷浑吐蕃墓葬中各出土有1枚罗马金币和1枚拜占庭金币，其中1枚的年代为5世纪中叶，比中原地区的年代稍早。郭里木墓棺板画中的高足杯图像，也应视为是受拜占庭影响而制作，当然亦不能排除吐蕃与唐朝互为影响的可能性。

在研究了吐蕃使用的胡瓶和高足杯后，我们再回过头来探讨射牛图。人类早期思维建立在二元逻辑之上，吐蕃人亦然。苯教是一种原始萨满教，这种二元对立的思维形式在苯教中便表现为把所有的崇拜对象，都用“好”的神灵和“坏”的鬼怪这种两分法给区别开来。牛作为苯教中最重要的崇拜对象之一，亦用这种两分法给区分开来。出现在青海岩画中的牛可分为野牛、牦牛和黄牛三类，这三类牛均作为崇拜对象而加以表现。汤惠生曾罗列了作为神灵和鬼怪的牛的文献材料。

作为神祇的牛：

1.《旧唐书·吐蕃传》记载，吐蕃最初起源于牦牛羌；敦煌石室藏文资料也称吐蕃聂墀赞普从天降至地上，做了“六牦牛部”的首领。

2. 止贡赞普之妃曾为马牧，一日，妃于牧马处假寐，得梦，见雅拉香波山神化一白人与之缱绻。即醒，则枕籍处有一白牦牛，倏起而逝。迨满8月，产一血团，有如拳大，微能动摇，……遂以衣缠裹之，置于热牦牛角中。数月往视，出一幼婴，遂名为“降格布·茹列吉”，藏文茹列吉意即“从角中出生的人”。在藏史文献中，茹列吉是耕稼和冶炼的发明者。

3. 雅拉香波山神是西藏众土著神灵之一，后来被收为佛教的护法神，他常常以一个大白牦牛的身形现身为莲花生。

4. 亚东河谷地区的达唐聂日山有一地方保护神，名牛头罗刹，“有紫红色的罗刹身，长一个黑牦牛头”。

5.《斯巴宰牛歌》：斯巴宰杀小牛时，砍下牛头放高处，所以山峰高高耸；斯巴宰杀小牛时，割下牛尾置山阴，所以森林浓郁郁；斯巴宰杀小牛时，剁下蹄子撒天上，所以星星亮晶晶；斯巴宰杀小牛时，剥下牛皮铺地上，所以大地平坦坦……藏文斯巴，意即“宇宙”和“世界”。

6. 英人托马斯辑录的古藏文卜辞，其中有一段卦相云：在冰雪山峰上，野牦牛站立着，永远是雪山之王。卜辞为：此卦为福泽少女之卦。若卜家室和寿考，尊崇此神和母系神灵，将受到保佑；若有可供养者，当供养；遇见佳人，可成婚，当益子嗣。

作为鬼怪恶魔的牛：

7. 藏王达玛即位后灭佛，佛教徒说他是牛魔王下界，所以在他的名字前加了一个牛字，以为谥号，故史称朗达玛。

8. 敦煌古藏文写卷记载一则神话云：3匹马在外碰到了野牦牛，马敌不过野牦牛，马大哥被牦牛用角挑死。马弟弟后来找野马帮忙，但野马不肯，马弟弟只好找人帮忙，并答应永远供人骑乘，最后人用弓箭射死了牛，替马报了仇。

9.《大臣遗教》载，聂墀赞普对于当时的6个问题忧虑不已：偷盗、怒气、敌人、牦牛、毒和诅咒。

10. “……一头4岁的黄牛冲进了大海。这头黄牛东碰西闯，所到之处立即瘟病流行，没有谁能治得了……这正是莲花生大师为了得到龙女，所以把瘟病毒菌塞进了黄牛的角里，又对黄牛施以咒语，才使得整个龙界陷入混乱”。

从上面的材料中我们可以发现，一般说来，牦牛（尤其是白色的）象征着“好”的神灵；野牛（大抵是黑色的）象征着“坏”的鬼怪和恶魔。在早期藏传佛教仪轨书中所记载的关于不停地处于斗争状态的天神和恶魔，便是分别以黑白两种不同颜色的牦牛或鹰的形象出现。事实上，在藏族古代传说中，最原始的神都与牛有关。白牦牛一般代表着山神和大地之神。作为驯养动物，牦牛所代表的山神或大地之神实际是一种与文明社会息息相关之物；而野牛作为对立物，代表着与文明相对立的自然界。黑白牦牛在这里作为隐喻来指自然与文明、原始与进化。从《斯巴宰牛歌》中可以看出，牦牛是神话创世纪中的主要角色。这里的世纪应该是指那种更多与文明相关的东西，即文明与秩序，这在材料 2、3 中表现得尤为明确，即牦牛从天上降到人间，给人类带来了耕作、冶炼和宗教。材料 6 告诉我们牛（这里虽然说的是野牛，但作为观念上的牛，种类上的区分已经没有什么意义了）还可以宜人家室，牛与文明社会的联系更为密切和具体。作为观念上对立的牛，材料 7 所反映的是佛教与苯教之间的斗争，是一个进化与原始之间斗争的隐喻。佛教进入藏区后，显然以一种更加文明的面貌而出现，从而去改造和替代原来的苯教。牦牛作为苯教神祇臣服于莲花生后，成为佛教的护法神，其中最重要的形象便是大威德布畏金刚，造型为 9 头，正面为牛头，34 臂，16 足，怀拥一女性，身着蓝色，足下踩一鹿或牛。密宗教法说他是大自在天之子，经常犯恶，故观音菩萨化为一女性去感化他；同时他又有护法之善，善恶集于一身。由原来对立思维的两极分别由不同形象来表现，到后来由一个形象来兼替，可以看到佛教对早期藏族思维形式的影响，以及佛教兼并融合苯教的过程和痕迹①。

无论是作为神灵的牛，抑或作为恶魔的牛，都是观念化了的牛，即牛不再是实际生活中普通的牛，而是被神化了的，特别是被人格化了的牛。换句话说，是二元对立思维中肯定因素与否定因素中的形象象征。既然是神，无论其好坏，都必须供奉和祭献。吐蕃的神灵鬼怪大多有嫉妒和怨恨的本性，这只能通过被膜拜和祭祀的仪轨加以缓解，或用法术的力量加以归顺和控制。

在宗教中，用牛的宗教仪轨也是多种多样的。在日常的宗教仪式中虽然要用牛，如丧葬招魂仪式、治病仪式、占卜等，但由于牛较之其他动物更为神圣，故一般多用于诸如狩猎、祭山或祭奠吐蕃赞普、会盟等重大的宗教仪式。唐朝与吐蕃的两次会盟，都用大量的牛来进行歃血仪式。现在西藏的某些地区，仍然保存了对山神的血祭仪式。他们每年举行的山神供养仪式上，都要杀一些牛羊向山神献祭，而且每年都要放生上百头的牦牛给山神作为供献。不过用于仪轨的牛和作为崇拜对象的牛，二者同为牛，但它们之间却有着天壤之别：被崇拜的牛不再是普通的牲畜，而是被神化了的，高于人的神牛；而用于仪轨的牛则是作为普通牲畜用来给人们去通达神灵，正如在物质生活中扮演主要角色的其他牛一样。

在吐蕃早期，举行仪式时刑牲血祭的记载很多。青海境内出土的考古材料亦证明了这一点：青海卡约文化墓葬中往往殉以大量的牛头和牛蹄。青海都兰热水血渭一号吐蕃大墓前方的祭祀坑中，就有大量的牛殉葬。但是到后来由于佛教的反对，到了赤松德赞时期，这种杀牲的血祭形式被明文

① 汤惠生：《青海岩画原形分析》，《青藏高原古代文明》，三秦出版社，2003年，第156页。

禁止。随着佛教的广为传播，尽管有些地方仍然保存着这一形式，但基本上逐渐弃之不用了。后来改由纸糊的、木制的或糌粑塑制的牛羊在仪式中代替活牛羊进行血祭。

我们姑且不论用象征物替代血祭这种仪式变化的宗教和经济等方面的意义，就人类认识论的角度来看，这无疑是一个进步，因为这反映出人们使用符号系统去考虑和认识世界了。特别是在仪式中有意识地使用符号或象征物去替代原来的真实物品，这只有在文明宗教中才存在。从认识论的角度来看，符号的世界就是真实的世界，象征物就是被象征物。然而从本体论的角度来看，情况亦然，墓棺板画中的牛也就是真实的牛，符号和真实均为“存在”。这也是原始思维和文明思维的分野之一。吐蕃墓棺板画中的牛只有无论从哪个角度来看，都被视为与真实中的牛毫无二致时，才能产生仪轨的功能和意义，否则板画中牛的仪轨在以具体真实物来表达抽象概念的原始思维中，便失去了所有的意义，甚至可能被认为是对神灵的欺骗和亵渎。

七、妇女图

妇女图位于射牛图的下方，共有 5 位女性，均为站立姿势。身穿灰、绿、红、黄色的袍服，对襟或翻领，左衽，除外面的袍服外，可见里面的衬衣。衣襟和长袖口以及翻领的领口，均饰以文锦。发式均束发披肩，看不出是否辫发。头部正中戴有金花，两鬓均缀以珠贝饰。左起第一和第四位妇女头顶盖有丝巾。其中第四位妇女的袖手与头上盖丝巾装束的式样和大帐房内赞蒙的相同，据此判定此 5 位妇女的身份不会是侍女，而是具有显贵身份的王室妇女。

人物画起源甚早，如果不算新石器时代陶器上的图案和战国时代青铜器上的线刻，稍具规模、表现较为复杂的人物，在战国时期著名的夔凤人物帛画上已经出现，而两汉时期的墓葬壁画、画像石、画像砖上的人物表现较为成熟。唐代墓壁画，人物图像是必备的内容。其中绘有妇女形象的主要见于：隋至唐初（581 ～ 649 年）李寿墓，绘有内侍和女伎；唐高宗至武则天时期（650 ～ 704 年）阿史那忠墓和李凤墓、房陵大长公主墓均绘有侍女；唐中宗至玄宗天宝时期（705 ～ 742 年）李重润墓和李贤墓等也有此类绘画。与唐墓壁画中的妇女形象相比，吐蕃妇女的发型独具特色，服饰也大不相同。唐代妇女多穿褶裙，以红、绿、白、蓝彩条相间。妇女手中所执物品如团扇、拂尘、如意等在唐墓壁画中大量出现。而上述这些特点在吐蕃墓棺板画中均未见。

吐蕃的画家，运用多种富于变化的线描，刻画妇女的面部和服饰。用笔稳重准确，圆润匀称，画衣纹用长线描，一贯到底，随势落笔，既有轻重之分，又有顿挫之别，如果没有精湛的技艺和概括的能力，是不能达到如此绝妙的艺术效果的。

八、人物服饰与赭面

唐人在《册府元龟》中对吐蕃各方国部落服饰的描写（东女、附国、白兰、悉立等均系吐蕃抚服的部落）较为简略：

东女：其王服青毛绫裙，下领衫，上披青袍，其袖委地。冬则羊裘，饰以纹锦。为小鬟髻，饰之以金。耳垂珰，足履糅鞣。

附国：其俗以皮为帽，形圆如钵。或戴幂䍦。衣多毾皮裘，全剥牛脚皮为靴。

白兰：其男子通服长裙、帽或戴幂䍦，妇人以金花为首饰，辫发萦后，缀以珠贝。

悉立：男人以缯彩缠头，衣毡褐。妇人以辫发，着短褐。……丧制：以黑为衣。

而吐蕃本身的情况如何呢？641年，松赞干布迎娶文成公主，赞普亲自来到河源主持盛大仪式欢迎。当时，唐人送亲队伍的服饰仪仗，对这位高原君主震动极大。他“叹大国服饰礼仪之美，俯仰有愧沮之色。”然而，却非常自豪地对左右亲属们说：“我祖、父未有通婚上国者，今我得尚大唐公主，为幸实多。为公主筑一城以夸示后代。”并且带头倡导向唐人学习。“自褫毡罽，袭纨绡，为华风”。就是说，由他本人倡导实行了服装改革，从唐朝引进了丝绸服装，大大丰富了吐蕃服装的花色品种，引起了“唐风”流行。这时，唐人的丝织品大量向吐蕃涌进。诗人张藉的一首《凉州词》对河西走廊上这条通往吐蕃的古道运载丝绸的骆驼队作过生动的描写：“边城暮雨雁飞低，芦笋初生渐欲齐。无数铃声遥过碛，应驮白练到安西。”说明此时吐蕃人的衣着服饰物料已经丰富了许多，包括了裘皮、氇氇和丝绸三大门类。

吐蕃人占领敦煌后，把当地汉户集中起来，编成一个专门从事丝棉生产的部落，叫作“丝棉部落”。从历史上看，吐蕃人始终没有学会种桑、养蚕和缫丝织绸技术，一直依靠唐朝馈赠、边境贸易或通过战争手段去掠夺丝织品。在《敦煌本吐蕃历史文书》中有这样的记载：“墀德祖赞赞普之时……攻陷唐之瓜州等城堡。彼时，唐朝国威远振，北境突厥等亦归聚于唐。（西）直至大食国以下，均为廷辖土。唐地财富丰饶，于西部（上）各地聚集之财宝贮之瓜州者，均在吐蕃攻陷之后截获。是故，赞普得以获大量财物，民庶黔首普遍均能穿着唐人上好绢帛矣！”（传记篇第六节）“及至虎年（代宗宝应元年，壬寅，762年）……以唐人岁输之绢缯分赐各地千户长以上官员……”（大事纪年）。

总之，当时，尽管有了大量丝织品运来，也有人穿着丝绸引为阔绰，但适应当地气候和生活条件的还是以裘皮和氇氇作为主要的制衣原料。上衣外加大衣即外衣是那时最流行的服装款式，靴子也已普遍使用，赤足倒是特殊现象了。至于什么时候开始穿裤子，可能时间较晚，开始可能是护膝的腿套一类的套裤，两足未连在一起，可以保护腿部皮肉在骑马时不被磨伤。而长袍、长裙本身可以荫蔽下体不致外露，一时看不出裤子的需要。所以“内不着裤”的习惯一直遗留到晚近，妇女和出家人还是不喜欢穿着内裤。

吐蕃人服装材料的改变，亦引起了服装款式的改变，诗人陈陶在《陇西行》一诗中指出：“自从贵主和亲后，一半胡风似汉家。”可见吐蕃人的服饰在和亲后改变不小，这两句诗基本上是符合事实的。

以往所知吐蕃时期的人物服饰资料有：敦煌第159窟《赞普礼佛图》；敦煌第240窟男女吐蕃舞会；敦煌第220窟吐蕃男女供养人；敦煌第238窟供养人。青海玉树勒巴沟石刻《赞普礼佛图》

等，均被公认是吐蕃时期。敦煌壁画中的《赞普礼佛图》是在第159窟东南面墙上的《维摩辩》部分中发现的，在作品边缘的涡卷纹上写有“吐蕃赞普”的古藏文题记。吐蕃赞普身着长袖宽领的白色大袍，这种衣着在吐蕃时期广为流行。他的头发用丝绸扎成辫子，是一种在西藏中部地区至今流行的发式。同时，在耳朵附近，把辫子扎成花结。赞普头披1条白布，王冠上缠绕着l条管褶形笔直的红色头巾，腰间挂佩着1把短剑。拉萨发现的吐蕃赞普肖像绘画作品中，也缠戴着这种式样的头巾。赞普服饰的特点是长袖、宽腰与阔摆，款式是交领左衽，看来西戎与东夷都一致采用左衽款式。

敦煌莫高窟第158、220、238、240、359诸窟中都画有吐蕃男装供养人的形象。尤其在第359窟中有13人之多，其服装与君长官服又有不同。均为明显的交领左衽、长袖，但腰与下摆都略紧窄，也一律是长袍。另有女装供养人出现在第61、144和146诸窟中，都是歌舞乐会形象。最为著名的是唐代阎立本所绘《步辇图》，传世的是吴道子摹本。作为吐蕃求婚使者禄东赞的形象在画上居于重要地位，格外引人注目。他的装束打扮，穿的是紧身窄袖，直领，紫红底连珠鸟纹团花长袍，袍长在小腿之上。脚蹬鞋尖反翘的黑色皮靴。腰间束一窄腰带，上缀以两件瓶带之类的装饰品。头上免冠，束以布襆。这些与郭里木墓棺板画中的人物形象较一致。

现代藏族杰出的学者根敦群培（1904～1951年），在其著作《白史》一书中，探讨了早期吐蕃赞普的装束。他认为，吐蕃赞普及其朝臣的装束受大食（即阿拉伯）的影响，这些服饰都源于大食国服饰。当时，吐蕃同大食有着较为密切的交往。但笔者以为吐蕃的服饰在中亚见的更多，例如，见于片治肯特人物绘画中，亦见于新疆地区出土舍利盒中的人物绘画中，所以其服饰的直接渊源，似应在中亚地区，但其人物佩带的各式各样的缠头，却可见到西亚阿拉伯的影响。

历史文献中记载，吐蕃的装饰打扮中存在着一种“赭面”的风俗。文献中虽有此记述，但真正的赭面人物形象我们却从未见过，从字面上理解，似乎是将脸涂成赭色。此次在郭里木墓棺板画里的数十个人物中，我们却见到了“赭面”的真面目，原来是用赭色颜料，在人物脸上涂成各式的圆团，且有各种不同的形式，有3点、4点、5点等不同的式样，这样的装饰的确有些特别，是吐蕃特有的一种化妆形式。这种特有的化妆形式，对后来的西夏也产生了一定影响。一幅创作于10～11世纪，与武元直《朝元仙仗图》相近的《星宿神》卷轴画中出现的女神，双颊即涂有与吐蕃墓棺板画中人物一样的红色圆点。该画出土于黑水城，现藏艾尔米塔什博物馆[①]。

总之，根据对墓葬中出土的丝织品和金银器（例如马鞍上的金属饰片）等文物的分析，发现这个文物图形与我们在都兰发掘的吐蕃墓葬中的文物较为接近，属于中唐时期大体上相当于吐蕃占领敦煌时期。因此我们将这两座墓葬的年代断定在8世纪末叶，可能不致有大误。

目前，关于吐蕃时期吐蕃人的绘画资料，存世较少，除了敦煌石窟中吐蕃人的绘画资料外，尚有断代在9世纪前后的吐蕃风格的绢画，以及遗留在中亚、青海、西藏的部分岩刻画。有鉴于此，都兰以及海西地区吐蕃墓葬中的棺板上的绘画即是吐蕃时期珍贵的绘画资料。从德令哈市郭里木墓

① 谢继胜：《西夏藏传绘画》，河北教育出版社，2002年，第167页。

棺板画的内容及技法上看，这一时期吐蕃绘画风格深受中原地区与中亚、西亚的影响，并在此基础上形成了自己独特的民族风格。在整个藏传绘画史上占有重要的地位。郭里木吐蕃墓棺板画以其丰富的形象遗存充实了吐蕃时期绘画的例证，为早期藏传绘画的研究提供了重要资料，在我国古代绘画史上占有重要的地位。

（原刊于《中国藏学》2005 年第 1 期）

青海出土吐蕃木棺板画的初步观察与研究

霍　巍

引言

青海近年来吐蕃考古的一个重要收获，是发现了一批从墓葬中出土的木棺板画。这批木棺板画上面彩绘有宏大的场景，出现了众多人物形象和不同的情景片断，是学术史上吐蕃时期美术考古遗存一次最为集中、最为丰富的发现。在此之前，人们对于吐蕃时期绘画艺术遗存的认识是极为有限的，只能通过敦煌莫高窟发现的部分绢、纸画和一些可能属于吐蕃时期的石窟壁画来加以探索。而此次发现的这批木棺板画无论从题材还是从内容而言，都可以说是全新的资料，令人感到耳目一新。但是，随着这些新资料的出土，也提出了若干有待深入研究的问题。

笔者最初了解到这批木棺板画，是 2002 年 8 月在北京召开的“西藏考古与艺术国际学术讨论会”上，青海省文物考古研究所许新国向与会者首次公布了这批资料当中的部分画面[①]，引起大家的强烈关注。其后，许新国先生发表了《郭里木乡吐蕃墓葬棺板画研究》一文，对其中部分资料作了披露和初步研究[②]。《中国国家地理》杂志于 2006 年第 3 期公布了由青海省文物考古研究所柳春诚对棺板画的临摹图和部分照片资料，同时发表了程起骏、罗世平、林梅村的一组文章，对这批木棺板画的族属提出了不同看法，使这批棺板画的影响面从学术层面扩大到社会各界[③]。尔后，林梅村又在香港召开的亚洲新人文联网“中外文化与历史记忆学术研讨会”上发表了《青藏高原考古新发现与吐蕃权臣噶尔家族》一文[④]，其中对郭里木出土棺板画作了论述，主要观点与他在《中国国家地理》杂志青海专辑上所发表的文章相同，与此文观点相同的段落后来也收入其新近出版的著作当中[⑤]。罗世平则发表了《天堂喜宴——青海海西州郭里木吐蕃棺板画笺证》一文[⑥]，对棺板画的画像与主题等问题做了进一步的阐述。上述这些论著，反映了学术界对这批棺板画的研究现状。

---

① 有关此次学术会议情况可参见张长虹：《西藏考古与艺术国际学术讨论会述评》，《中国藏学》2002年第4期。

② 许新国：《郭里木乡吐蕃墓葬棺板画研究》，《中国藏学》2005年第1期。

③ 《中国国家地理》2006年第3期《青海专辑》下辑收录的一组文章介绍了青海吐蕃棺板画，即程起骏：《棺板彩画：吐谷浑人的社会图景》、罗世平：《棺板彩画：吐蕃人的生活画卷》、林梅村：《棺板彩画：苏毗人的风俗图卷》。

④ 林梅村：《青藏高原考古新发现与吐蕃权臣噶尔家族》，亚洲新人文联网“中外文化与历史记忆学术研讨会”论文提要集，2006年。

⑤ 林梅村：《丝绸之路考古十五讲》，北京大学出版社，2006年，第274页。

⑥ 罗世平：《天堂喜宴——青海海西州郭里木吐蕃棺板画笺证》，《文物》2006年第7期。

为了更为深入、直接地了解这批棺板画的考古学背景，承青海省文物考古研究所许新国所长美意，笔者于 2006 年 10 月赴青海西宁、都兰、德令哈市等地实地考察，对近年来青海出土吐蕃墓葬的情况，尤其是这批棺板画的情况作了更为详尽深入的观察，获益良多，加深了对其出土背景、画面内容题材与特征、棺板画的性质等各个方面的认识。

一、青海木棺板画的考古学背景

由于过去发表的资料较为零散，所以笔者在赴青海实地考察之前脑海里存在着一系列悬而未解的问题：究竟在青海出土了多少具木棺板画，它们的组合关系如何，墓葬结构与这些木棺之间的相互关系如何？这些问题可以说是考古学研究当中一些最为基本的问题，在考古报告正式公布之前，如果无法了解这些基本信息，我们的研究就很难保证其科学性与客观性，所以笔者此行希望对这些情况有实际的了解和接触。

许新国此前曾在他的文章中介绍了一些这批木棺板画墓葬出土时的情况，作为考古现场的亲临者，他的记录对于我们认识这批棺板画的出土背景有所帮助，兹节录如下：

> 墓葬位于东距德令哈市 30 公里处的巴音河南岸，属郭里木乡夏塔图草场山根。墓葬上方存有高约 1.5 米的封土，2 座墓葬均为竖穴土坑形制，墓室均为长方形单室，长 4 米、宽 2.5 米左右，均有长方形斜坡式墓道。其中一座为木椁墓，另一座系竖穴土坑墓，但用柏木封顶。2 座墓葬木棺均较完整。木椁墓为男女合葬，土坑墓为迁葬墓。迁葬墓形制较为特别，是先将零散的骨架装于一小棺内，然后将小棺整个放在大棺中……2 座墓葬中均见有殉牲习俗。合葬墓在木椁的两侧殉有完整的马和骆驼各 1 匹；迁葬墓在封顶的柏木上放有零散羊骨……尤为引人注目的是，2 座墓 3 具木棺的四面均有彩绘。其中棺挡头绘有四神、花鸟、棺侧板绘有狩猎图、商旅图，以及赞普、赞蒙（王、王后）为中心的帐居迎宾图和职贡图[①]。

通过此次实地考察笔者进一步了解到，上述棺板画都是从被盗墓者严重破坏的墓葬中采集而来，出土时的环境已经遭到严重破坏。所谓“2 座墓 3 具木棺的四面均有彩绘”，实际上是 3 具木棺当中只有 2 具木棺保存着较为完好的两面棺侧板（分别编号为第 1 号墓棺板画和第 2 号墓棺板画，以下简称 1 号棺板画和 2 号棺板画）以及一些零乱的棺端板（即上文所说的棺挡头）。棺板的组合方式都是 2 个侧板为长板、两端的端板为短板，其中 2 个侧板的形制均为左高右低，侧板的两端均有下凹的小槽可嵌入端板，在侧板的端头还可观察到残余的粗大的铁钉痕迹，表明棺板在组合时为了进一步加固还在榫卯结构之外辅之以铁钉。主要的棺板画集中在第 1、2 号墓所出棺板的 4 个侧

① 许新国：《郭里木乡吐蕃墓葬棺板画研究》，《中国藏学》2005年第1期。

板上，此前许新国所公布披露的，林梅村、罗世平等人所撰文讨论的均为其中 1 号棺板 2 个侧板上所绘的彩画。2006 年 10 月，在北京召开的第二届“西藏考古与艺术国际学术讨论会”上，许新国仅报告了其中 2 号棺板画两个侧板上的彩画图案与临摹线图[①]，所以目前学术界对 2 号棺板画的情况还了解不多。

除上述 2 座墓葬出土的 4 块木棺侧板上绘有彩画之外，青海省文物考古研究所从盗墓破坏的墓葬中还采集到若干块木棺彩画残段，其中有的可以根据采集地点确定为上述 2 具木棺的端板，上面绘有四神、花鸟等图案，但其与棺侧板之间的组合关系尚不明确。此外，青海省文物考古研究所还从当地群众当中发现过另外一具木棺板画的线索，许新国曾对这具流散民间的木棺板画作过观察记录[②]，从他所批露的部分照片上看，这也是一块木棺的侧板，系由三块木板上下拼合而成，绘画的风格、构图、内容题材与郭里木所出木棺板画一致，可以基本上确定系从郭里木一带的古墓中盗掘所获。

由此看来，迄今为止所知青海所出的吐蕃木棺板画若加上这具流散民间的在内，应当至少有 5 块木棺侧板（其中 1、2 号棺各 2 块、流散民间 1 块）和若干块木棺端板。主要的场景绘制在木棺的 2 个侧板上，而在棺的端板上则多绘制具有装饰性的图案与纹饰，如四神、花鸟、动物、连珠纹饰等。首次对这些木棺板画作过临摹的青海省文物考古研究所柳春诚对此有过描述：“郭里木两座古墓出土的 3 具棺木有前后挡板 6 块，挡板上绘有青龙、白虎、朱雀、玄武、金乌玉兔、花鸟，侧板多块，所绘内容多样”[③]。这段文字似乎表明木棺的前后端板（挡板）共计有 6 块，罗世平在《天堂喜宴》一文插图中使用的前后端板彩图的数量也正好是 6 幅，与柳说相符。但是，如果算上现已流失于民间的其他棺板画在内，可能数量还远不止这些。

出土彩绘木棺板画的郭里木乡的 2 座墓葬形制特点都是长方形单室竖穴土坑墓，共同特点是都采用柏木封顶，据笔者现场观察，这些用来封顶的柏木均为直径约 10 ～ 20 厘米的圆木，上面遗留有用金属工具砍剁加工的痕迹，柏木两端有的砍剁出粗糙的卯榫凹槽，用以搭建木椁时便于加强柏木之间的拉力。类似的墓葬结构也见于青海都兰吐蕃墓地，如青海都兰考古发掘出土的热水河南岸 4 座等级较高的吐蕃墓地，在墓室的上方均叠压有柏木达 1 ～ 3 层，柏木有的长达 6 米，直径最大者达 60 厘米，在墓室结构上还采用了柏木、砖石混建的方式[④]。两者之间除了墓葬规模的不同之外，在文化传统上应当是相似的。

值得一提的是，青海都兰吐蕃墓葬中也发现过在木质器物表面彩绘图案的做法，只是过去对此没有给予足够的重视。如都兰热水河南岸第 3 号墓中出的 1 具“彩绘木箱”，原料采用柏木制作，由 1 个底面和 4 个侧面组成，5 个面朝外的部分皆有彩绘，除底面外，4 个侧面皆由 4 块木板组成，木板之间互相楔合，木板之间残存有铁钉痕迹。4 个侧板上均采用白颜料作底，然后再在上面用蓝、红、绿、黄等色彩勾画团花、云朵、花卉枝叶、人物、动物等。其中出现的人物形象及其“赭面”

① 许新国：《都兰吐蕃郭里木墓棺板画报告》，《汉藏佛教美术国际学术讨论会论文提要》，2006年。
② 这具流散于民间的棺板画资料许新国曾在2002年北京召开的“西藏考古与艺术国际学术讨论会”上做过报告。
③ 《扑朔迷离的棺板彩画》，《中国国家地理》2006年第3期《青海专辑》下辑，第85页，图五注文。
④ 北京大学考古文博学院、青海省文物考古研究所编著：《都兰吐蕃墓》，科学出版社，2005年，第125页。

的画法与郭里木所出棺板画十分相似，兹列举如下：

东侧面由上至下的第1块木板上在右侧壶门内绘有1人，用墨线勾勒其形体，人物身穿紧身窄袖服，短发，身体前倾呈蹲状，左手前伸持弓，右手往后拉弦扣箭，欲射左侧之鹿，面部涂抹有数道红彩，发掘者认为这很可能即为文献中记载的“赭面”，“人物形象很可能就是吐蕃人”[①]。

北侧面的第1块木板上左侧的壶门内绘有1人坐于地上，双腿内盘，身体侧向右，双手持笙作吹奏状。此人的衣饰特点与东侧板上所绘人物相同，也是上穿紧身窄袖的服装，下穿长裤，脚穿长靴，腰上系有腰带，短发，面部涂抹有3道红彩，鼻梁与下巴处也涂有红彩，人物采用墨线勾勒，上衣涂以绿彩，裤腿用红彩涂抹，靴子、腰带、头发用黑彩表现。与之相对的右侧壶门内绘有1人盘坐于地，脸朝前，双手持琵琶，左手按弦，右手持拨子弹拨琵琶。此人身饰与前者相同，面堂处涂以黑彩，双脸颊、鼻梁、下巴处涂有红彩，短发，发掘者认为这两人皆有“赭面”特征，“可推测为吐蕃人形象”[②]。

西侧面上起第1块木板上左侧壶门内绘有1人蹲坐，侧身，脸朝右，左手持弓，右手拉弦扣箭，做欲射状，此人上身穿窄袖紧身服，双襟下垂，右襟压左襟，为“左衽”。腰上系有腰带，下穿长裤，脚上套有靴。此人短发，面部在眉间、双脸颊、下颌处也绘涂有红彩，发掘者认为“此人物也可视为吐蕃人”[③]。

都兰与出土木棺板画的郭里木均属青海省海西州，两地一南一北，其间相距约200公里，但通过对两地墓葬形制与结构、出土木质葬具（都兰吐蕃墓中出土的“彩绘木箱”虽无法确定其用途是否为装殓尸骨，但属于随葬用具则是无疑的）上所绘彩画等方面的比较，笔者认为两者之间在丧葬习俗、文化传统上均是一致的，极有可能属于同一民族的考古文化遗存（图一）。因此，可以认为现在发掘出土的都兰吐蕃墓和郭里木吐蕃墓只有品级和规格上的差别，而不存在着民族成分上的不同，应当将两者纳入到同一文化传统体系当中去加以考察和研究，这对于我们在后文中进一步探讨青海木棺画主人的族属问题会有所帮助。

二、郭里木木棺板画的布局与题材

如上所述，迄今为止在郭里木出土的木棺板画至少可能有3具棺木当中的5块侧板可供研究。

① 北京大学考古文博学院、青海省文物考古研究所编著：《都兰吐蕃墓》，科学出版社，2005年，第103页，图六四：2、图版三三：2。

② 北京大学考古文博学院、青海省文物考古研究所编著：《都兰吐蕃墓》，科学出版社，2005年，第104页，图六六：1、图版三四：1。

③ 北京大学考古文博学院、青海省文物考古研究所编著：《都兰吐蕃墓》，科学出版社，2005年，第104页，图六七：1、图版三四：2。

图一　青海都兰热水 M3 彩绘木箱图案

1. 南侧面和东侧面　2. 北侧面和西侧面

（采自北京大学考古文博学院、青海省文物考古研究所编著：《都兰吐蕃墓》，科学出版社，2005 年）

其中，1 号棺的 2 个侧板在罗世平发表的《天堂喜宴》一文中已作了详细的介绍与分析[①]。对于许多已经漫漶不清的画面，罗世平根据《中国国家地理》青海专辑所发表的图片"逐一辨识棺板的图像，勾描出参考线图"，为图像的考释与解读作了一项艰苦而又重要的基础性工作，从而使 1 号棺的这两幅侧板棺画线图成为今天我们研究郭里木棺板画最为全面、清晰的参考资料（图二）。

① 罗世平：《天堂喜宴——青海海西州郭里木吐蕃棺板画笺证》，《文物》2006年第7期，第69页，图一、二及彩图九至十八。

1

2

图二 青海郭里木吐蕃墓葬1号棺板画

1.A板 2.B板

（采自罗世平：《天堂喜宴——青海海西州郭里木吐蕃棺板画笺证》，《文物》2006年第7期）

2号棺2个侧板的两幅棺板近年来也由德国蒂宾根大学史前及中世纪考古研究所博士生仝涛作过临摹线图，许新国曾在北京召开的第二届“西藏考古与艺术国际学术讨论会”上的报告中展示过这些线图。蒙许新国先生美意，笔者曾经仔细观察过2号棺的线图，此次赴德令哈市又得以实地观察了2号棺2个侧板上的彩绘画像，加以对流散于民间的另一具棺板画照片资料的观察，从而对这5块棺侧板彩画的内容有了较为全面的了解。由于2号棺的画像资料尚未公开发表不便利用，笔者拟以罗世平先生绘制的1号棺两侧板画像临摹线图为主，结合对其他几块棺板画的现场观察与记录，对郭里木棺板画的布局与题材等问题再作一些分析。

郭里木发现的棺板画主要以其侧板上所绘的图像场面宏大、内容丰富、情节生动、人物众多。如同罗世平所观察分析的那样，出土的侧板可分为“矮帮”与“高帮”，画面是以矮帮作为整个画面的起首，逐次向高帮展开推进。这种情况在其他几块棺板画中同样如此，说明当时的画匠在棺板画的创作布局上可能已经形成某种固定的格套或意匠。据笔者的综合观察，郭里木出土的这批木棺板画在布局上具有某些共同的特点，大体上形成这样一些基本格局：整个画面一般可分为上、中、下3层。上层通常用一窄行画面绘出起伏的山丘，有的在山丘上还生长着高大的树木，用以表现事件发生地点的自然景观。中层与下层则交错绘制不同的情节和场景，这些情节和场景的基本题材似乎也有一定规律性可寻：一般首先开始的，往往是狩猎与驱赶牲畜的场面。如 1 号棺 A 板第 1 组画面首先由“猎鹿驱牛”作为起首，武士形象的骑手们手执弓箭射杀猎物，驱赶着成群的牛、马等动物等朝着目的地进行。其次，有表现驮载商队的场面杂于其中的画面，如 1 号棺 A 板第 2 组画面（罗世平称其为“驼运赴盟”）上绘有满载货物的骆驼，随狩猎队伍一同行进。流散于民间的那块棺板画上也绘有驼运商队的情景。再次，绘有不同的情节穿插其间，在几块棺板上分别绘出有“客射牦牛”“男女野合”“演武习射”“灵帐举哀”，等等。最后的场景，通常是围绕毡帐展开的宴饮图，这往往是整个情节中的高潮，出现的人物分别布置在帐篷的内外，帐篷内一般为一男一女坐于毡毯之上，正在相对而饮，这两个人物的品级最为尊显，其衣饰特点也最具民族风格，帐外还通常有侍从站立于两侧守候。在帐篷之外，或站或坐，分散着各种形象的人物，他们身穿各色衣服，围绕着帐篷或开怀痛饮，或举杯敬酒，整个气氛最为热烈，人物最为众多，画面所占的面积也往往最大。

因为 1 号棺的 2 个侧板画像罗世平先生已有详尽的描述，这里将笔者现场观察记录的 2 号棺的情况作一补充。为描述便利，也将 2 号棺 2 个侧面分为 A、B 两面。

2 号棺 A 面：画面大体上可分为 3 组。

第 1 组：低帮（左起）绘两骑者正在追射 3 只长角鹿，鹿已中箭，另有 1 骑者头戴“山”形高冠（类似高冠也见于流散于民间的那具棺板画人物形象中），反向冲向牦牛群，另有 1 骑者正扭转身躯射鹿，在其前方还有 1 名骑者正在射杀 3 头大耳野驴，整个画面表现射猎和驱赶牲畜的场面。

第 2 组：整个画面围绕毡帐展开，画面上方绘有 3 匹马，马均已解下马鞍，有 1 人头枕马鞍正在睡觉，画面下方帐外有 8 人饮酒，其中 1 人扶抱醉者，醉者长袖迤地，不能自持。2 名妇人正在敬酒，1 人手持杯，1 人手持胡瓶。帐下有 3 人，2 人相对而立，1 人正从大酒瓮中汲酒。帐内 1 男 1 女 2 人对坐，2 名侍从侍于门外，下方另站有 2 人，整个画面反映酒宴的场景。

第 3 组：帐后上方绘有 9 人，最右端 2 人相拥亲吻，1 人从帐后探身向前，6 妇人呈半弧状站立，发式、衣着均异，1 男子手中持物，面向妇人。其下方又有 3 人，其中 1 人背对而立；1 人身披长袍，手执胡瓶；另 1 人似为小孩，发式为顶部无发，而在项后留发，与文献记载的“髡发”式样十分相似。

画面最上端为一周山峦起伏，山上生长有大树。

2 号棺 B 面：因画面下半部漫漶严重，仅可观察到 2 组画面。

第 1 组：低帮（从左至右），可分为上、下两部分：上部首起绘出射猎场面，4 名猎手从 2 个方向上围猎，均头上绕头巾，最左面 1 人身着白色长袍，左袖上佩有蓝底红条黄点的连珠纹样臂章。下部画面起首处似绘有大口酒瓮，可能也有饮酒宴享之场景，但已模糊漫漶不清。

第 2 组：围绕帐篷展开画面，帐外共有 8 位妇人坐地，均着长袍，在衣袖、领口等部位镶有各色织物，上皆有连珠纹样图案，计有：蓝底黄点连珠纹、青底红条黄点连珠纹、红底黄点连珠纹样等。8 位妇人均未赭面。1 名男子面向妇人站立，手中执杯，绕红色头巾，留有胡须。帐上方有 4 人，其中 1 对男女正相拥亲吻，均赭面，服饰有华丽的连珠纹样。其身后有 2 名男子作偷袭状，1 人手中执有长刀，1 人手中执一曲形长棍，衣饰为单色长袍。帐内共 3 人，1 人背向而立，着蓝色长袍；

另2人侧身而立，衣饰华丽，手中执杯饮酒。帐外门两侧各有1男侍站立，绕短头巾，领上有连珠纹样织物镶嵌。帐外侧最右侧为2人野合，取男子上位，女子身下有红色似血样条状流出，男子身着白色长袍，头绕红色头巾。下方似还另绘有2人，但已不清。

笔者还观察注意到，2号棺板画中的B板与A板最大不同之点在于画面中的人物除第2组2名相拥的男女之外，均未见有人物“赭面”的习俗，由此可见“赭面”可能与一定的场景和人物对象有关。

对于上述棺板画所描绘的场面与情节，许新国、林梅村、罗世平等均从不同的角度提出了许多颇具启发性的看法，对这些画面内容总体上的认识，可谓“仁者见仁、智者见智”。如许新国认为，“棺侧板绘有狩猎图、商旅图，以及赞普、赞蒙（王、王后）为中心的帐居迎宾图和职贡图”①。罗世平认为：“侧板画面的内容生动反映了古代吐蕃人社会生活习俗……生动地绘出了古代吐蕃民族的一幅幅社会生活画卷。”②同时他又主张：“显然，它（指棺板画，笔者按）是这个民族社会生活和表达天国观念的特有方式”，并且认为1号墓2个棺侧板的画像内容当中，A板的主题为“《会盟图》”，而B板各画面描绘的“是1次葬礼的几个典型情节，吐蕃画家用纪实的手法，再现了1位吐蕃贵族的葬礼”③。笔者认为，这些意见都有其合理性，因为无论是社会现实生活的直接反映，还是表达死后世界的“天国观念”，当时的画匠显然都必须以其耳闻目睹的社会生活场景与情节作为蓝本来加以绘制，很难凭空臆想。相对而言，笔者较为倾向于罗世平的意见，作为出现在墓葬当中直接容纳死者遗骸的棺具，上面所绘的图画应当还有其特殊的含义，结合汉藏文献分析，很可能与当时吐蕃社会所流行的、具有强烈苯教色彩的丧葬仪式有着密切的关系。如果联系有关吐蕃苯教丧葬仪轨文书加以考察，可以发现当中存在着若干暗合之处。下面，我们试以罗世平所绘出的1号棺A、B两面棺板画为例，再作进一步的分析。

按照罗世平清绘的线图，A板的第1组画面为“猎鹿驱牛”，认为这是生活在青藏高原吐谷浑人或吐蕃人骑猎游牧生活习俗的反映。这个解释固然从宏观上讲有其道理，但如果联系到棺板画所处的具体背景而言，笔者认为这个场面所反映的很可能是死者丧葬仪式中向死者“动物献祭”的某个情节。出土于敦煌古藏文写卷的P.T.1042号写卷（以下简称写卷），是有关苯教丧葬仪轨最为重要的一份写卷，从这份写卷中所记载的苯教丧葬仪式中，我们可以看到两者之间的联系。在吐蕃苯教丧葬仪轨当中，以大量动物向死者供祭，是其中一个重要的程式，而且举行这类仪式的场地通常是“王府内的丧宴之地”。写卷第22～38行记载：

此后便是哭丧仪式，此后到王府内的丧宴之地。仪轨和次序和上午一样。供上青稞酒三瓢。供第二瓢酒时献上牛羊和乘骑飞快跑（马的名字？）、大宝马、供食等……此后是灵魂归附尸体的仪式。归附的仪轨和次序是：灵魂（象征物）左右放上兵器，灵魂（象征

① 许新国：《郭里木乡吐蕃墓葬棺板画研究》，《中国藏学》2005年第1期。
② 罗世平：《棺板彩画：吐蕃人的生活画卷》，《中国国家地理》2006年第3期。
③ 罗世平：《天堂喜宴——青海海西州郭里木吐蕃棺板画笺证》，《文物》2006年第7期。

> 物）顶端站有殡葬苯波和供献苯波。其后是乳品桶，其后是彩线结，其后是食物，其后是（死者）像……两排顶端都有一个飞跑马（？），其后是大宝马，其后是小香马，其后是一般的骑士，其后是亲人所供之养料，其后是诸侯列邦所供财物，其后是妙佳乐器、佩饰马，其后一个窦辛牵来能驮的犏牛、母犏牛。两排末尾的中间，两个御用辛牵来绵羊，其后两个大解剖者把宝马和能犁地的牦牛和香牦牛等牵到贵人衣冠代用品前……①

由此可见，在举行丧礼时要将各种动物驱赶到举行丧仪的地点。棺板画的起首往往都是以骑手一边狩猎、一边驱赶着牲畜朝着毡帐方向行进，这可能便是丧仪中这一情节的具体反映。写卷中提到的献祭动物即有用以乘骑的马，也有被称为"大宝马""小香马""佩饰马""香牦牛"的具有某种特殊含义的供祭动物，以及犏牛、母犏牛、绵羊等常见的牲畜。

B板的第1组画面是A、B两板中最能说明棺板画中心含义的一组画面，也是我们将其他画面与丧葬礼仪联系起来考虑的关键性情节。罗世平对此作出的释读十分妥当贴切，他将其定名为"灵帐举哀"。在这组画面上，设有1座灵帐，灵帐的式样与宴饮场面中的大帐篷别无二致，上面覆盖有连珠纹样的织物，顶部也留有气孔。帐前设门，门前有跪地奠拜的3人，与之相对位置上1人正屈身面向灵帐，双手似捧有供品向死者献祭（惜手部画面已残损而无法看清）。背对灵帐站立着头上缠有头巾的3人，正垂首默哀；而灵帐上方并列站有1排4位女子，领前1位脸上挂着下垂的巨大泪痕，表情极其悲伤，与之并列的其他3位女子也都面呈哀痛神情。罗世平认为"这两组夹侍灵帐的男女人物，是死者的亲属，他们为死者守灵，接受前来的吊唁者"②。从画面上还可以观察到，灵帐的下摆随风飘动，露出帐内陈有长方形的物体，是否为盛敛死者遗体的棺具不得而知。罗世平也描述说："门帘开处，依稀可见类似棺木的彩画线条（因画面过于模糊，不能确认其形）。"③如果这一观察无误，灵帐内陈有死者棺具的可能性很大。灵帐的后方，绘出有卸下货物的骆驼，还有正从盛酒的大瓮中向外取酒的女侍，1人双手呈捧持状似正在向吊唁者敬酒。

由此可见，在B板的起首部位（棺板的矮帮）所绘制的，正是在丧仪中所设的祭奠死者的场所——"灵帐"。我们可以注意到，在紧靠棺板的右边，画有3人4马，这4匹马站成一排，头、身皆披有红黑图案的彩饰，经过装饰的马面对着为死者而设的灵帐和表情悲切的女子，它们的身份，或许便是写卷中所称的专为死者献祭准备下的"佩饰马""宝马""香马"之类。

在敦煌古藏文写卷P.T.1042的整个卷子当中，献祭动物的段落很多，如其中第116～121行描写当丧葬仪式进行到第3天时达到高潮，这时要射杀乘骑并且剖解动物列于坟场：

> 吹奏第一遍螺号天快亮时，拿来遮庇物和白陶土、寒冰石后，射杀乘骑。周围场地准备好，大力巫师（？）妥善地剖刺放血。四方墓室的西边入口打开，墓室顶上铺上花色毡，

---

① 褚俊杰：《吐蕃本教丧葬仪轨研究——敦煌古藏文写卷P.T.1042解读》，《中国藏学》1989年第3期。

② 罗世平：《天堂喜宴——青海海西州郭里木吐蕃棺板画笺证》，《文物》2006年第7期。

③ 罗世平：《天堂喜宴——青海海西州郭里木吐蕃棺板画笺证》，《文物》2006年第7期。

牵来遮庇羊，又拿来供食、牵来乘骑。又辟出一条路，走在前面的是献供食的，其次是飞跑马（?），其后是宝马和香马，贵人衣冠代用品打头的那一排，后面有能驮的犏牛、母犏牛，最后是宝牦牛跟着。此后天蒙蒙亮时，将羊剖解开，将马宰杀后陈列于坟场上[①]。

汉文史书中对于吐蕃流行杀牲以祭葬的习俗也多有记载。如《隋书》卷八三“附国”条下载：“其葬必集亲宾，杀马动至数十匹”，可以与之互为佐证。

在A板的第4组画面上，有1组射杀牦牛的场面，画面的中心有1位张弓搭箭的男子，头戴虚帽，足下踏有1方小垫毯，正在射杀1匹被绳子系在1株树桩上的牦牛，树桩呈Y字形。周围站立有5人，呈半圆形围绕着射牛者，1人手中持弓，2人手执胡瓶、酒杯侍饮，另外2人袖手观望。其中射牛者的身份显然尊贵。对于这组画面，学者之间也有不同的看法，林梅村认为这是苏毗人祭祀树神时的杀牲场面，而罗世平引《新唐书·吐蕃传》的记载“其宴大宾客，必驱牦牛，使客自射，乃敢馈”，认为其可以和前面骑射驱赶牦牛的情节相互联系，表现的是吐蕃接待宾客的一种特殊礼仪，故将其命名为“客射牦牛”。笔者认为罗世平的解释较为合理，这一情节的确可能与吐蕃的这种特殊迎宾礼节有关。只不过还需要加以补充说明的是，处于这个画面中的宾客，不应是一般的宾客，而有可能是前来参加葬礼的重要宾客。

A板的第2组画面绘有1队驼队，中间为1匹骆驼驮载着货物，骆驼后面1骑，前面3骑，前后相继朝着帐篷方向前行。这一画面所反映的内容有可能与各方“诸侯列邦”前来参加葬仪并向死者亲属呈献供物有关，也不是一般的会盟活动。写卷第17～22行专门记载有前来参加丧葬仪式的人们向死者献祭的情节：“……此后在宝马的后排列上香马。其后是亲人所供之养料，再后面是诸侯列邦所供之财物。”[②]在与A板大体相同的位置上，紧接在狩猎骑手之后（右面）的1个画面局部十分值得注意，这组图像绘有3人，前后1人头缠巾，脚穿靴，衣饰特点与前面的骑手相似，二者当系同一民族，他手上高举1块五边形的牌子，似为开道引路之人；其身后紧跟着2骑者，2人的衣饰服装均明显不同于前者，前面1人头戴方形高帽，身披长披风，后面1人头戴“垂裙皂帽”，正飞马赶往帐篷方向。这个场面中出现的人物，联系到整个画面来考虑，应为前来奔丧的外邦宾客。

A板和B板最后的一个画面都是围绕着大帐篷展开的宴饮活动。对于2块板中内容大体相同的这一情景，罗世平将A板解释为为会盟而设的“拂庐宴饮”，而将B板解释为葬仪当中的“葬吉宴饮”，其实从画面所反映的内容来看两者并无不同，笔者推测都应为与葬仪有关的宴饮场面。

吐蕃丧葬礼仪中设祭供酒的习俗在文献上有若干记载，在前引敦煌古藏文写卷P.T.1042中便多处涉及在丧葬仪式中设祭供酒的情景。

如第6～17行：

哭丧仪式，大王致礼……尚论内侍官、死者亲友……厨师，其后是杂勤……持武器

① 褚俊杰：《吐蕃本教丧葬仪轨研究——敦煌古藏文写卷P.T.1042解读》，《中国藏学》1989年第3期。
② 褚俊杰：《吐蕃本教丧葬仪轨研究——敦煌古藏文写卷P.T.1042解读》，《中国藏学》1989年第3期。

者，大力巫师们致（礼）……金、玉、白陶土、海螺、冰珠石、朱砂、麝香等以及药……投入酒浆后，述说方剂药物的仪轨故事供上一瓢（酒？），此后献上粮食，再供上一瓢酒。此后将（死者）眷属领到大王跟前，献上盔甲，其后大王分定领辖权势，此后母舅向大王献上“温洛”和香马，此后舅甥见面。此后将魂像、“温洛”、宝马、宝牦牛、牦牛等一一剥皮，然后献上。母舅在盛酒的盆罐里供上一瓢和有生熟掺拌炒麦的供神饮料，又行一次礼。此后侍者依次向母舅致礼[①]。

第 20 ～ 23 行：

……供上一瓢酒；第二个御用辛献上母羊，供上一瓢酒。低等的鞠苯波取了财物，走到贵人衣冠代用品前面，又献上贵人衣冠代用品，此后又献上灯盏和熏烟，供上一瓢酒[②]。

第 67 ～ 69 行：

……此后供上粮食，献上一瓢酒；供上绵羊，献上一瓢酒；供上冰珠石、朱砂，献上一瓢酒；供上小点心，献上一瓢酒；供上小麦酒，献上一瓢酒[③]。

第 71 ～ 78 行：

亲近者将第一瓢青稞酒按照供神规矩供上，供第三瓢青稞酒时供上牛羊（？）、飞跑马（？）和供食，供最后一瓢青稞酒时又供上各类供食，又供上一瓢蜜酒、一瓢小米酒。这些供完后，又秘密地用钉耙埋藏粮食。此后献上葡萄酒和酒碗，不能搞乱。向棺材致礼。此后到晚上的丧宴之地，其仪轨和上午的一样。秘密地用钉耙埋葬粮食，以后供上一瓢小麦酒、两瓢米酒，再向棺材致礼。此后医药苯波供上药草。供献苯波献上胎血（？），献上粮食，献上三瓢酒[④]。

除了在“丧宴之地”设祭供酒之外，死者亲朋好友与主持或参加丧礼的苯波（苯教师）、外邦宾客等在举行葬礼期间也有大量的宴饮活动，这在文献中也多见诸记载。

如新疆米兰出土的古藏文木简ⅶ, 3 号简记载：

哀悼开始，直到被埋葬男方的所有妻子们情绪悲痛到了极点（为患疾而死？），由水

① 褚俊杰：《吐蕃本教丧葬仪轨研究——敦煌古藏文写卷P.T.1042解读》，《中国藏学》1989年第3期。
② 褚俊杰：《吐蕃本教丧葬仪轨研究——敦煌古藏文写卷P.T.1042解读》，《中国藏学》1989年第3期。
③ 褚俊杰：《吐蕃本教丧葬仪轨研究——敦煌古藏文写卷P.T.1042解读》，《中国藏学》1989年第3期。
④ 褚俊杰：《吐蕃本教丧葬仪轨研究——敦煌古藏文写卷P.T.1042解读》，《中国藏学》1989年第3期。

酒供者(?)带来，主人和仆人们开怀畅饮[①]。

米兰，ⅶ,55号简：

再次关照之事：苯教徒七人，苯教教长二人，共计九人，伙食相同，一旦开始为夫人祭奠时，每天(晚上)每人要喝饮料十勺子，上等酒的六个皮囊中，喝完三个皮囊[②]。

米兰，ⅶ,2号简：

……二十七位，款待相同，给每位酒五勺，头遍酒计六个酒皮囊。仆人一百零二……每人(饭食外加)酒三勺，所喝为三遍酒，共喝十一个半皮囊[③]。

米兰，ⅵ,2a号简：

……黄昏时上供，所备一份饮料，放入供神灵的假人假物，予以浸泡。接着就安排(或给予?)使用有灵气渗入的勺子，于当日的下午用勺饮用混合了青稞酒的饮料(粥)。要小心翼翼地使用有灵气的勺子。行进到有灌木丛的庭院处，在繁密的灌木丛中把它吊起，很快地发出咒骂的语言(勺?)[④]。

上述古藏文文献说明，敦煌西域一带由吐蕃本土传入的丧葬仪轨仍然由苯教师扮演着导演者和主持者的角色，并且使用各种酒类作为丧仪中的供祭品和饮料。当人们的情绪悲痛到极点时，往往以“开怀畅饮”来加以表达。这种情景在青海吐蕃棺板画中得到了具体的表现：1号棺A板宴饮图中在大帐中可见1对正在举杯对饮的男女，帐外是众人开怀痛饮的场面，人们或坐或立，1人已经喝得大醉开始转身吐酒。类似的情形也见于2号棺，在2号棺A板上第2组画面下方帐外有8人饮酒，其中1人扶抱着已经烂醉如泥者，醉者长袖迤地，倾倒朝地，看来已不省人事。即便如此，还有2名妇人1人手持酒杯，1人手持胡瓶仍在不停敬酒。帐下另有3人，2人相对而立，1人正从大酒瓮中朝外汲酒。1号棺B板的最后一幕也是宴饮的场面，帐外众人席地而坐，帐门外1名跪坐男子正在与人对酒，门帘处有1名女子手捧酒杯正向人敬酒，背对大帐1人扶持着几乎与人等高的大酒瓮，其他站立者手中似乎都持着酒杯，整个场面显得十分热烈壮观。

在这个场景中，有2个细节很可能与吐蕃的丧葬仪轨有关：其一，有当地较高品级的人物主持丧仪中的宴饮。如1号棺A板绘制的大帐内有1对男女对坐而饮，男子的装束为身穿带有大翻领的

① [英]F.W.托玛斯编著，刘忠、杨铭译注：《敦煌西域古藏文社会历史文献》，民族出版社，2003年，第336～337页。
② [英]F.W.托玛斯编著，刘忠、杨铭译注：《敦煌西域古藏文社会历史文献》，民族出版社，2003年，第337页。
③ [英]F.W.托玛斯编著，刘忠、杨铭译注：《敦煌西域古藏文社会历史文献》，民族出版社，2003年，第338页。
④ [英]F.W.托玛斯编著，刘忠、杨铭译注：《敦煌西域古藏文社会历史文献》，民族出版社，2003年，第338页。

胡服，腰系带，头上缠有高耸的塔式头巾，类似的头巾式样过去曾在表现藏王（赞普）的形象上有过出现[①]。与之对坐的妇女也是身穿带大翻领的胡服，头顶上也披有样式别致的头巾，其地位应与男子相等，故许新国将这两个人物的身份定为赞普（王）与赞蒙（王后）。1 号棺 B 板上虽然没有在帐中对坐而饮的 1 对男女出现，但大帐门前有 1 个正在与人对酒的跪地男子和另 1 名站在大帐门帘处向人敬酒的女子，其地位大约与 A 板上坐于帐内的 1 对男女相当。从许新国对出土棺板画的 2 座墓葬形制的介绍上看，墓室都为长方形的单室墓，长度仅 4 米、宽 2.5 米，显然不是赞普级别的吐蕃大墓，许新国从墓中出土的漆箭囊判断"该墓主人应系成年男性武士"，对此可备一说，但由此我们也可以排除棺板画上的这类人物为墓主人的可能性。那么，出现在 1 号棺 A、B 两块棺板画上的这两位居于宴饮中心地位的人物，只有可能是当地级别最高的地方贵族首领。在敦煌古藏文文书中，吐蕃赞普为其下属高级官吏或贵族主持举行隆重的葬仪是有例证的，如《敦煌本吐蕃历史文书·赞普传记》记载伦赞赞普与吐蕃贵族韦·义策盟誓，其誓词中明言若韦·义策对其忠心不二，便承诺在其死后为其主持操办葬礼：

> 义策忠贞不二，你死后，我为尔营葬，杀马百匹以行粮，子孙后代无论何人，均赐以金字告身，不会断绝[②]。

因此，棺板画墓主人如果为一成年武士的话，那么因其战功显赫，死后由当地最高级别的吐蕃首领（赞普及赞蒙）为其主持葬礼和丧葬宴饮，也是完全可能的。

其二，在举行丧葬仪式的过程中，妇女的形象被加以了强调。我们看到，无论是 1 号棺还是 2 号棺的棺板画上，常常在帐外绘出成排的妇女形象，她们衣饰华丽，衣襟、袖口部位都镶缀有连珠纹饰的织物，或围坐或站立，地位十分突出显赫。这使我们不禁联想到上引敦煌古藏文写卷 P.T.1042 记载的苯教丧仪中"母舅"一系在葬仪中扮演着十分突出的角色这一情形。出现于棺板画上的这些贵族妇女形象是否即为文献记载的死者亲属中与"母舅"一系有关的女性成员，值得考虑。

在整个棺板画中最令人费解的画面，是几乎在几块棺板画的大帐外面都绘有的"男女合欢图"。学者们对此的解释也最存分歧。有人认为这是吐蕃或苏毗人"一夫多妻"婚姻习俗的反映，也有人认为这是受到藏传佛教当中密教金刚乘性力派的影响。但是人们为何要将这样一些画面绘在以丧葬仪轨为主题的棺板画上？却难以找到合理的解释。笔者在此亦不敢强作他解，只是提出一种可能性供大家进一步讨论：将这类男女合欢的图像绘在举行丧葬宴饮大帐之外，是否可能也是苯教丧葬仪轨中某种具有神秘色彩的巫术，在葬礼过程中的某种特定场合施行这种巫术，是否含有祈愿死者在阴阳之间再生、轮回的寓意在内？由于在苯教丧葬文献中未见明确的记载，对此还需要作更为深入的探讨才能做出结论。

---

① 有关这类塔式高头巾的式样，学术界对此有较多讨论，可参见谢继胜：《西夏藏传绘画——黑水城出土西夏唐卡研究》，河北教育出版社，2002年，第249～250页。他称这类塔式高头巾式样为"吐蕃赞普式样的桶状高发髻"；杨清凡：《藏族服饰史》，青海人民出版社，2003年，第49～60页。

② 王尧、陈践：《敦煌本吐蕃历史文书》，民族出版社，1992年，第164页。

总之，笔者的基本观点是，青海新发现的这批木棺板画，所反映的不是一般所谓“社会生活场景”，而是流行于吐蕃本土的苯教丧葬仪轨影响到吐蕃所征服和占领地区的直观反映。

三、关于青海吐蕃棺板画的来源及其所反映的族属问题

在木棺板上绘漆或绘彩作为棺椁装饰的传统，在以汉文化为主体的中原地区起源和流行甚早。青海吐蕃棺板画的出现，与中原汉文化以及其他民族丧葬习俗有何联系？这是应当关注的一个问题。目前已有学者对此提出了一些不同的意见。

林梅村认为青海出土的这些彩绘棺板画是苏毗人的遗存，基于这一前提他提出：“在棺木外绘制彩色图案，是东汉以来河西走廊西部和罗布泊一带流行的葬俗。例如，甘肃酒泉、新疆尉犁县营盘墓地以及楼兰 LE 城魏晋壁画墓皆发现过东汉至魏晋时代的彩绘木棺。这个文化传统在塔里木盆地绿洲王国一直传承到晚唐五代。在新疆和田发现了晚唐五代时期的彩绘木棺，上面绘有四神图案，与郭里木的彩绘木棺如出一辙，早在 3 世纪，苏毗人就开始和于阗、鄯善两个沙漠绿洲王国频繁发生接触。6 ～ 8 世纪于阗文屡次提到苏毗人，那么苏毗人采用彩绘木棺的习俗很可能是来自塔里木盆地的绿洲文明”[①]。德国蒂宾根大学史前及中世纪考古研究所博士研究生仝涛对青海出土彩绘棺板画作了详细的观察临摹，并将其与中世纪早期鲜卑族的木棺装饰习俗作了比对，认为自魏晋南北朝以来，由于受到汉文化的影响，北方鲜卑贵族开始采用在木棺上加以彩绘的装饰传统，并将其吸收为本民族丧葬习俗之一部分。这种传统在中世纪早期鲜卑丧葬文化中占有一定比重，直到北魏迁洛之后，一方面受汉文化影响开始流行石棺葬具，但另一方面也还仍然保留着早期彩绘木棺的传统，如辽宁北票慕容鲜卑贵族冯素弗墓、山西大同智家堡鲜卑墓葬中所出土的棺板画便是其中的一些例子。因此，他认为青海郭里木出土的木棺板画的传统应当源自北魏鲜卑族，由于吐谷浑为鲜卑之一支，自然会保留鲜卑的生活习俗，因此才会在拓跋鲜卑的居地和吐谷浑在青海的领地内同时发现风格相似的棺板画。他的结论是，这种彩绘木棺板画在青海的出现“只能说明一个问题：这一习俗可能来自于鲜卑族”[②]。换言之，青海木棺板画墓主人的族属当为吐谷浑人。

笔者认为，类似这样细致的图像比对工作对于我们深化问题的讨论是具有积极意义的。若将青海出土的彩绘木棺板画与上述两地的彩绘棺板作一比较，不难发现，就形制、彩绘风格、内容题材等各方面而言，青海出土的木棺板画与鲜卑系统的木棺板画显得更为接近一些。以大同智家堡北魏墓棺板画为例，其棺侧板的形状也是分为“高帮”与“低帮”，由上、下两板合成，中间以铁钉相咬合，在棺板外侧绘彩画，彩画的内容包括两大部分，以山水为界，左边为盛大的车马出行队列，右边为激烈的狩猎场面，彩画布局大体上也分为上、中、下三层布局，绘有山林河流穿插其间（图三），发掘者推断此墓“应为 5 世纪北魏定都平城时期的文化遗存”[③]。据此文作者披露，与之类似的棺

① 林梅村：《丝绸之路考古十五讲》，北京大学出版社，2006年，第274页。

② 仝涛：《木棺装饰传统——中世纪早期鲜卑文化的一个要素》，即刊稿。

③ 刘俊喜、高峰：《大同智家堡北魏墓棺板画》，《文物》2004年第12期。

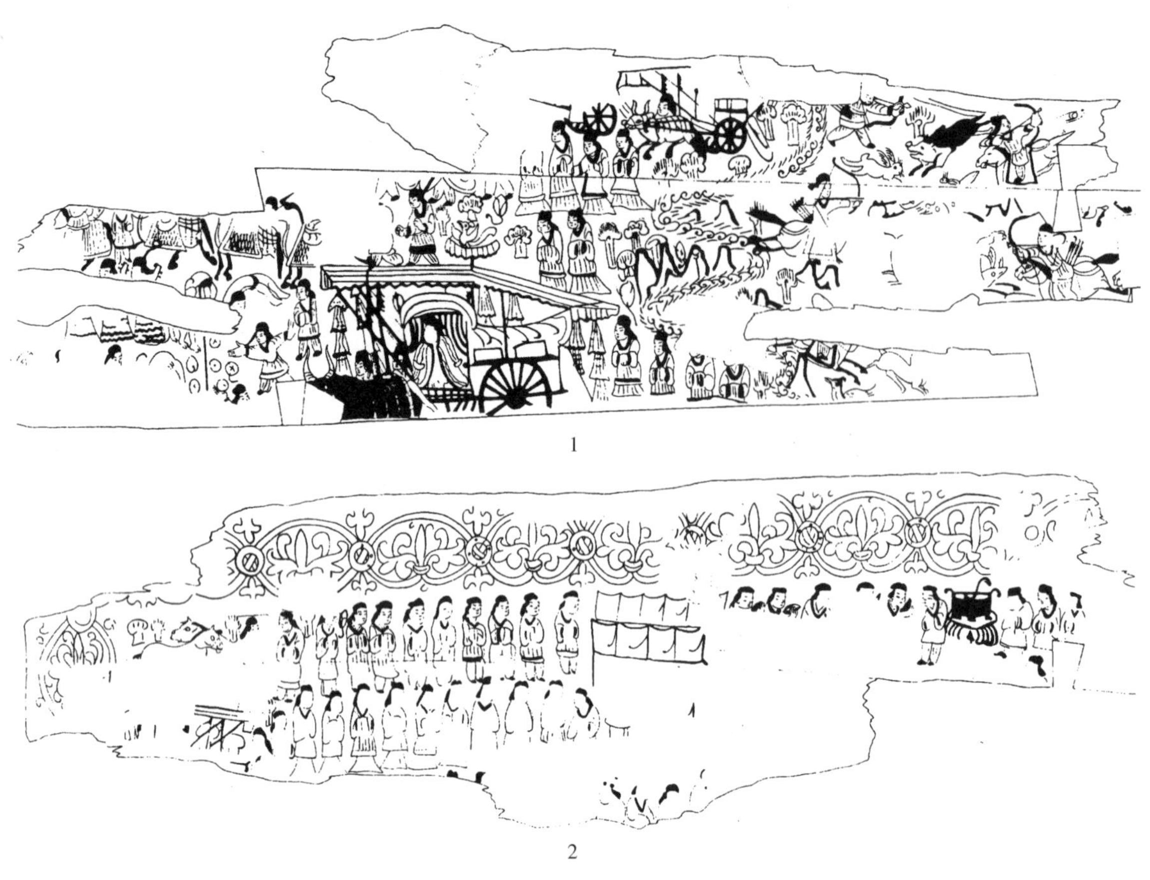

1

2

图三　山西大同智家堡北魏墓出土木棺板画

1. A 板　2. B 板

（采自刘俊喜、高峰：《大同智家堡北魏墓棺板画》，《文物》2004 年第 12 期）

板画在 1988 年发掘的大同市南郊区北魏墓葬中也有发现，在几块残板上彩绘有身着鲜卑服的勇士，他们在山林之间骑着矫健的骏马正围猎，1 只猛虎被长矛刺中头部，旁边的白羊也被流箭射中[①]。这些题材和表现手法和青海所出棺板画无疑都有诸多共同之处。

而在西域发现的彩绘木棺画却更多体现出了中原汉文化影响的因素。如 1998 年在新疆羌若楼兰古城以北墓葬出土的 1 具彩绘木棺，其形制与中原地区的木棺相似，为一长方形棺，上有盖，下有 4 足，木棺通体均彩绘，以白色为底色，上面用红色粗线在棺身四周及棺盖上绘出交叉的图案框架，在棺的前挡头绘出金乌，后挡头绘出蟾蜍，分别代表日、月，在棺身与棺盖的图案框架内用黄、绿、黑、褐色绘以流云纹[②]，整个彩棺体现出浓厚的中原文化影响的色彩，在风格、题材与绘制技法各方面与青海出土彩绘木棺板画相去甚远。

当然，青海出土的木棺板画虽然与大同鲜卑贵族的彩绘木棺较为接近，但却已经更多受到吐蕃文化的影响，尤其是受到由吐蕃本土传来的苯教丧葬习俗与仪轨的强烈影响，与 5 世纪鲜卑时期的棺板画相比已经发生了很大的变化，这一点也是不能忽略的。同时，从青海出土的棺板画上，我们

① 日本高崎市教育委员会编：《中国山西北朝文物展图录》，日本荒濑印刷株式会社，1990年，第32页。

② 新疆文物考古研究所编：《天山古道东西风：新疆丝绸之路文物特辑》，中国社会科学出版社，2002年，第336～337页。

也能够观察到来自中原文化和西域文化两方面的影响，如端板上所绘的四神、花鸟等题材无疑来自中原，而在图案的边框上使用大量连珠纹样作为装饰的做法，又显然来自西域。不过，就总体风格与题材而言，笔者认为仝涛的意见基本可取，青海棺板画的源头很有可能是来自中世纪北魏鲜卑系统的彩绘木棺传统。

过去围绕青海出土的这批木棺板画上人物的族属，已有“吐谷浑说”“吐蕃说”“苏毗说”“吐蕃占领下的吐谷浑说”等几种不同的意见。根据上述分析，笔者认为就现有资料及其所反映出的文化特征而言，显然应当将其归属于吐蕃文化；就其族源而言，则可能属于鲜卑系统的吐谷浑人。所以，将青海棺板上的人物比定为“吐蕃占领或统治下的吐谷浑人”或许是目前相对较有依据的一种看法。曾经有学者将随着吐蕃势力的扩张从而被纳入到吐蕃文化体系当中的诸如苏毗、羊同、白兰、吐谷浑、羌等诸部落文化统称之为“吐蕃属文化”[①]，这个概念的提出有其合理性。因为当吐谷浑被纳入到吐蕃王朝的版图之后，尽管其在一定程度还保留着自己的语言、居地，甚至部落与军事、行政建制[②]，但在文化上，却随着历史的进程逐渐接受吐蕃文化尤其是苯教的影响，最终被融入所谓“吐蕃属文化”当中。青海新发现的这批彩绘棺板画，或许正是这样一个宏大历史进程的小小缩影。

（原刊于《西藏研究》2007 年第 2 期）

① 侯石柱：《西藏考古大纲》，西藏人民出版社，1991年，第106～108、156～157页。
② 胡小鹏：《吐谷浑与唐、吐蕃的关系》，《西北民族文献与历史研究》，甘肃人民出版社，2004年，第42～58页。

青海郭里木出土棺板画数据统计与分析

宋耀春

一、棺板画发展的历史沿革

棺板画是棺材上的绘画，有浅刻的，也有彩绘的，这是一种很古老的工艺。《左传》载“椁有四阿，棺有翰桧”[①]，“四阿”即题凑，“翰桧”就是棺材上的绘画。另据杜预注，“翰”是棺四帮之画，“桧”是棺顶盖之画[②]。这说明，棺画的出现，最晚不下于春秋的诸侯之葬；1978年，湖北曾侯乙墓的发掘，发现曾侯乙墓的主棺棺画，“有持双戈同秘或双戈戟的神兽像，当时用来表示守卫的武士”[③]。棺画上所绘之神兽像，经汤炳正先生相互对照考证为《招魂》中的“土伯”[④]；《后汉书》也有“画日、月、升龙，书旐曰‘天子之柩’。”的记载[⑤]。这与地下出土的汉墓遗物，大体吻合；1981年宁夏固原发现北魏漆棺画墓为夫妻合葬墓，男棺绘制有精美的漆画，棺盖、前挡及左右侧板上绘有天河图、墓主人身前饮宴图、孝子故事画[⑥]；到了唐代多用石椁木棺，石椁雕刻绘画达到纯熟，如初唐李寿墓石椁内侧线刻[⑦]、8世纪初永泰公主墓[⑧]、章怀太子墓[⑨]、懿德太子墓石椁雕刻等[⑩]、宋代石棺雕刻绘画间或出现，如河南孟津县的北宋崇宁五年张君石棺，高浮雕刻画，动态简捷生动[⑪]；清光绪皇帝和隆裕皇后的棺椁四周镌刻有藏文和梵文经咒，隆裕皇后棺盖顶有一幅精美的石雕线刻画，整个画面布局紧凑，造型生动，刀法精细，线条镀金[⑫]。

---

① 杨伯峻：《春秋左传注》，中华书局，1981年，第802页。
② 杨伯峻：《春秋左传注》，中华书局，1981年，第802页。
③ 随县擂鼓墩一号墓考古发掘队：《湖北随县曾侯乙墓发掘简报》，《文物》1979年第7期。
④ 汤炳正：《曾侯乙墓的棺画与〈招魂〉中的“土伯”》，《社会科学战线》1982年第3期。
⑤ 《后汉书》，中华书局，1965年，第3145页。
⑥ 孙机：《固原北魏漆棺画研究》，《文物》1989年第9期。
⑦ 陕西省文物馆、文管会：《唐李寿墓发掘简报》，《文物》1974年第9期。
⑧ 陕西省文物管理委员会：《唐永泰公主墓发掘简报》，《文物》1964年第1期。
⑨ 陕西省博物馆、乾县文教局唐墓发掘组：《唐张怀太子墓发掘简报》，《文物》1972年第7期。
⑩ 陕西省博物馆、乾县文教局唐墓发掘组：《唐懿德太子墓发掘简报》，《文物》1972年第7期。
⑪ 张孜江：《走向没落的画像石棺艺术——宋辽金元时期的画像石棺》，《文物鉴定与鉴赏》2012年第3期。
⑫ 保定地区文物管理所、易县清西陵文物管理处：《清西陵崇陵地宫清理简报》，《文物春秋》1990年第2期。

二、青海夏塔图棺板画的发现

2002年8月，笔者原所在单位接到乡村义务文物保护员的报告，称在德令哈市郭里木乡的夏塔图地区有两座墓葬被盗掘。笔者随单位同事一起前往现场进行了初步调查，调查中发现该地区有两座墓葬被盗掘，两座墓葬均为木椁墓，盗洞直达墓室，其中在2号墓葬中发现有两块完整的彩绘图案棺板，经汇报省级文物保护管理部门后，笔者配合青海省文物考古研究所对该地的两处墓葬进行了抢救性发掘工作。发掘出土了一批珍贵的彩绘棺板画、丝织品、金属器等，由于出土棺板画病害非常严重，存在氧化褪色、画面消失的潜在危险，为了及时记录画面内容，笔者又参加了随后开展的棺板画临摹工作，工作过程中对画面记录的内容、棺板存在的病害等进行了必要的统计和分析，现将统计结果和分析结论进行归纳和整理，以飨读者。

三、棺板画面各项数据统计及分析

1. 统计说明

在进行统计前，需要说明的是，一、本文所涉及棺板画为2号墓葬出土的一具棺板中的A板，尚没有涉及其他画面；二、调查所取得数据，均为残存画面数据，残缺部分和模糊不清部分的数据考虑到可能会造成学术误导及数据真实性，故没有统计；三、对于材质、支撑体、颜料、调和剂、病害等亦做了部分调查，但是本文中没有写入；四、画面中箭囊、酒具、地毯等器具由于画面模糊不清，绘画手法过于概念化等原因，只是做了简单的统计。

2. 画面人物统计分析

A板残存画面中共出现42个个体形象，笔者采用从左至右的顺序将这42个人物形象进行了编号（图一）。在这42个个体形象中，女性形象有7位，分别是：27、28、34、37、39、41、42号，其余35位形象均为男性，男性形象中3、5、10、11、21号形象或面部残存不清，或背向画面，确

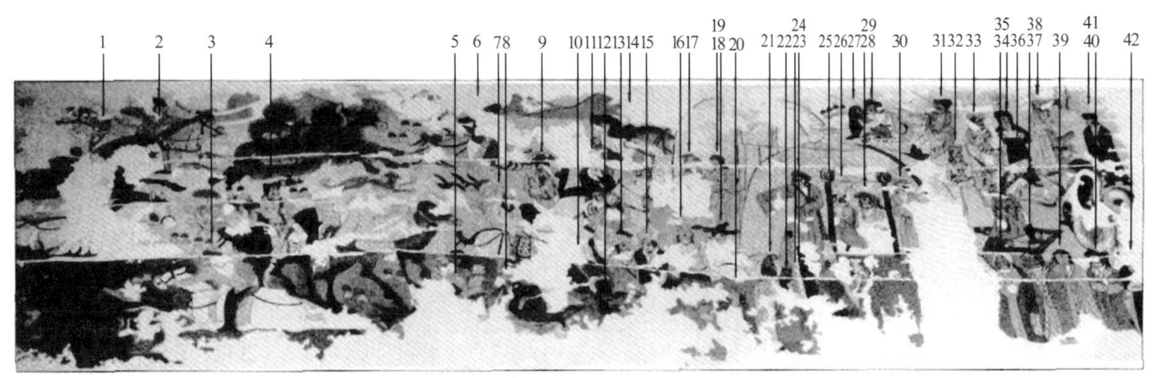

图一 郭里木乡夏塔图2号墓棺板画A板

定其为男性的依据是对比和参照画面其他形象的服饰、装束等进行的判断；画面人物均为青壮年，没有出现孩童和老人的形象（表一）。整个画面中 1、2、3、6 号为狩猎人物形象，4、7、9、11、14 号为商旅人物形象，8、10、12、13、15、16、17、18、19、20、21、22、23、24、25、26、28、30 号为宴饮人物形象（含侍者），27、29、31 号为交媾人物形象，32、33、34、35、36、37、38、39、40、41、42 号为祭祀人物形象（含侍者，表二）。

表一　A 板画面性别统计表

	女性	男性	合计
人物编号	27、28、34、37、39、41、42	编号从略	42 人
小计	7 人	35 人	42 人

表二　A 板画面人物行为活动统计表

	狩猎	商旅	宴饮	交媾	祭祀	合计
人物编号	1、2、3、6	4、7、9、11、14	8、10、12、13、15、16、17、18、19、20、21、22、23、24、25、26、28、30	27、29、31	32、33、34、35、36、37、38、39、40、41、42	
小计	4 人	5 人	18 人	3 人	11 人	42 人

从统计数据中可以看出（图二），A 板中，男性形象是女性的 5 倍，男性形象占据了整幅画面的主导地位。女性形象除 1 人端坐于大帐，显示身份的显赫外，其余均以侍者的形象出现，从侧面反映出墓主人或者是其所属民族、地域男尊女卑的社会现状；从人物行为活动数量对比可以看出（图三），饮宴场面在画面中占据了相当大的位置，共出现 18 人，其次是祭祀场面，共出现 11 人，是否可以推断祭祀活动并不在墓主人所生活的时代中占据首要地位，进而推断神权在当时并非部落或者国家至高无上的权力；从商旅活动画面可以看出当时商贸活动的繁盛，进一步证实丝绸之路“青海道”的存在。

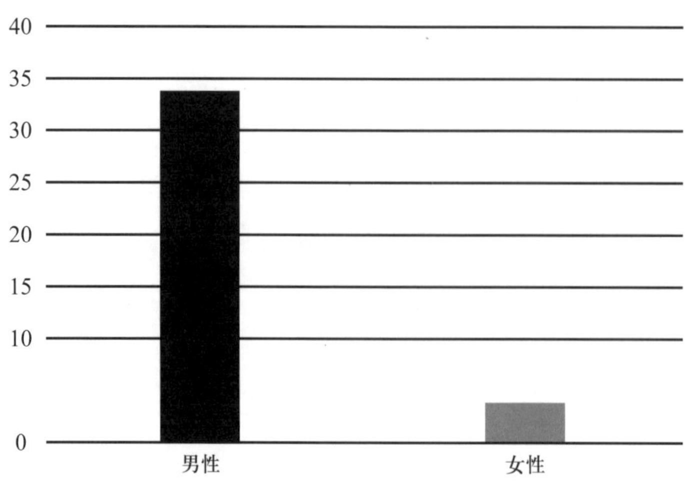

图二　A 板画面性别数量柱状图

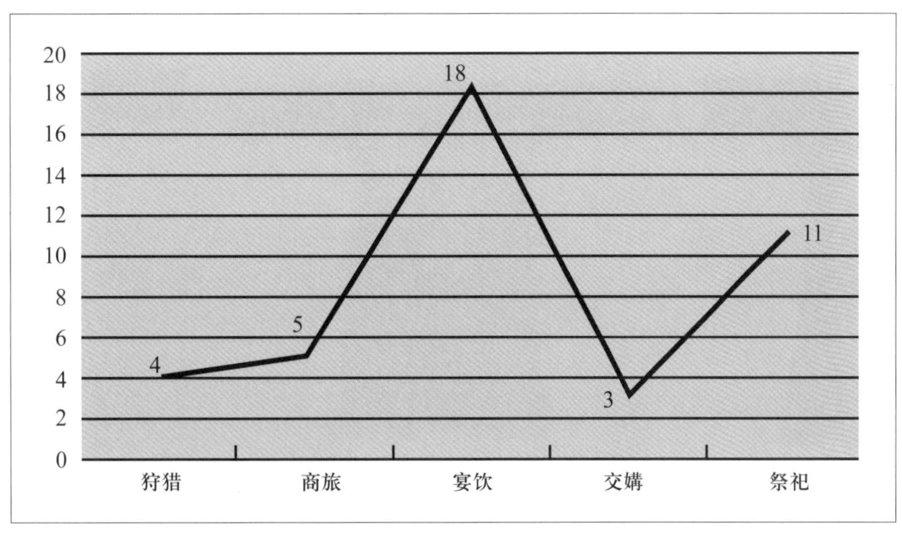

图三　A 板画面人物行为活动数量折线图

3. 服饰统计及分析

在对画面服饰进行调查时发现，共有 34 套完整服饰。服饰颜色有粉、绿、红、蓝、褐色 5 种，其中：红色 9 件、绿色 11 件、粉色 5 件、蓝色 7 件、褐色 2 件（表三），从 3、4、10、11、31 号人物形象分析下身着裤子，该墓葬出土文物中也发现有裤子，但裤子的具体形制如何仅从画面无法分析，从 36 号人物形象分析得出，着装方法由里向外分别为贴身内衣、外衣、大氅，一共 3 层，大氅分为 8 种，分别为图四所示造型。从领口看，翻领、圆领均有出现，从袖口看，服饰分为袖口有镶边服饰和袖口无镶边服饰两种，袖口无镶边服饰着装人物一般为侍者形象，说明了等级的低下，人物腰间一般系有腰带，带上镶有方形白色饰品，疑为玉带板；服饰镶边图案分为 5 种，分别是：一、连珠纹四方连续图案；二、菱形四方连续图案；三、半圆形二方连续图案；四、梅花形二方连续图案；五、内外连珠型适合纹样图案，镶边颜色为红、蓝二色构成（注：在色彩学中黑、白二色由于没有颜色倾向不按颜色种类计）。着装颜色随意性强，不似中原汉地那样较为严格的体现等级地位，从颜色上看不出等级的区分。

表三　A 板画面服饰颜色统计表

服装颜色	粉色	绿色	红色	蓝色	褐色	合计
件数	5	11	9	7	2	34

4. 赭面统计及分析

除去残损不清、背向站立（或坐）人物无法考证是否涂有赭面外，画面中只有 8 号人物没有赭面（经仔细观察后发现该人物系醉酒形象，可能是饮酒过程中赭面不慎被擦去）。其余男女人物形象均有赭面，其造型共分为 8 种，笔者对赭面进行归纳后总结出以下规律：一、赭面均为红色，颜

1　2　3

4　5　6

7　8

图四　A板画面中出现的各种服饰

色单一，造型丰富；二、赭面从头部纵向为中分线，左右两边对称施彩；三、额头部分赭面一般为菱形，鼻梁上均涂有赭面直至鼻头，下颌均涂有三角形赭面，眼角部分一般涂有圆形赭面，腮部为1～3道细长线性赭面，脸颊一般涂有圆形赭面。A 板中 26 号似为首领的人物与 17、18、24 号似为侍者的人物赭面造型完全一致，从这一点看，赭面的造型似乎与等级、尊卑没有直接关系；9 号商旅人物（客）和 38 号迎宾侍者（主）赭面完全一致，是否可以推断主客之间是不同族属关系否定性结论，那么进而推断这幅图为《经商归来图》，而不是《商旅图》或者是《迎客图》（图五）。

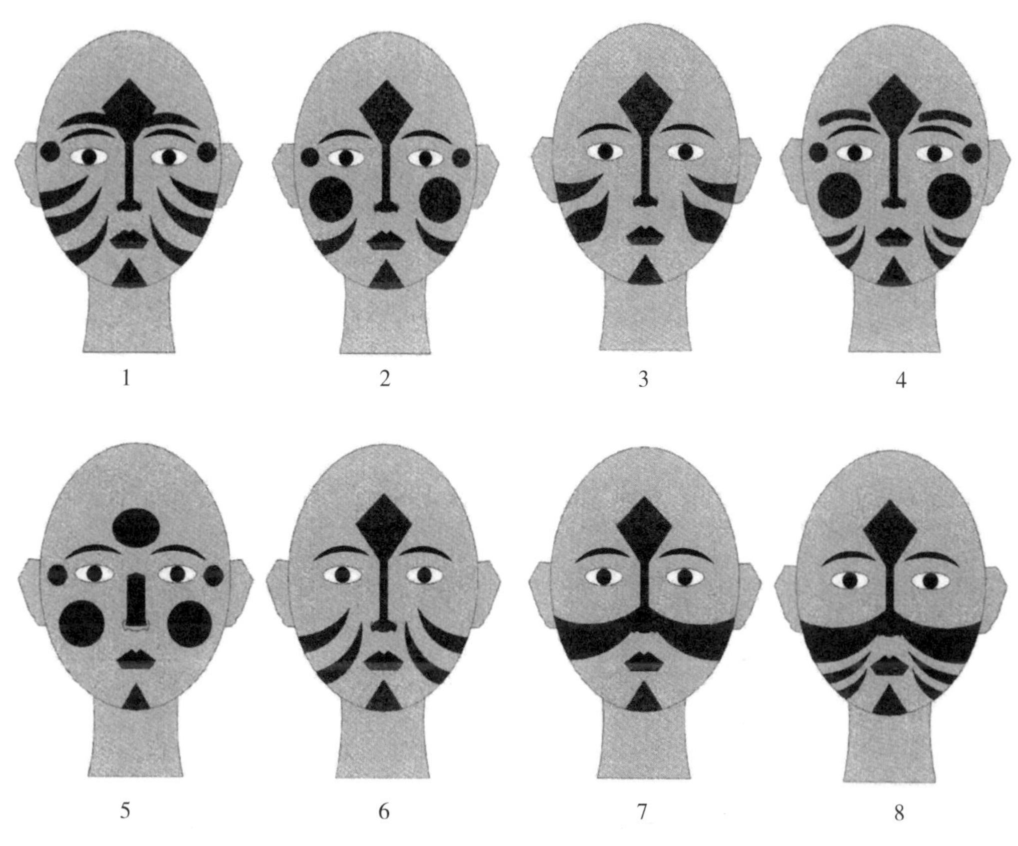

图五 A 板画面中的各种赭面

5. 缠头统计及分析

A 板中出现缠头共计 32 顶，这 32 顶缠头有一个共同的特点，即：均为用布缠出各种造型，没有帽檐。缠头颜色共有粉色、蓝色、褐色和红色四种，也有白色缠头但没有按照颜色统计。粉色缠头 9 顶、蓝色缠头 1 顶、褐色缠头 1 顶、红色缠头 14 顶、白色缠头 5 顶。有一种造型似塔的塔式缠头如图六，1，从画面分析这种缠头只有似为首领的人物和似为宾客的人物使用，侍者形象中没有一人使用这种缠头。这说明这样的塔式缠头方法只有贵族或者首领级别的人物才能够使用，等级较为低下的侍者是绝对不能使用这样的塔式缠头的。从 25、26、36 号人物看，这种缠头似乎是以白色为尊，其他颜色次之。画面中只有 27、29 人物为散发，除 37、39 号人物没有使用缠头外一律使用缠头，说明缠头是该民族或族群的一种习惯和传统习俗。

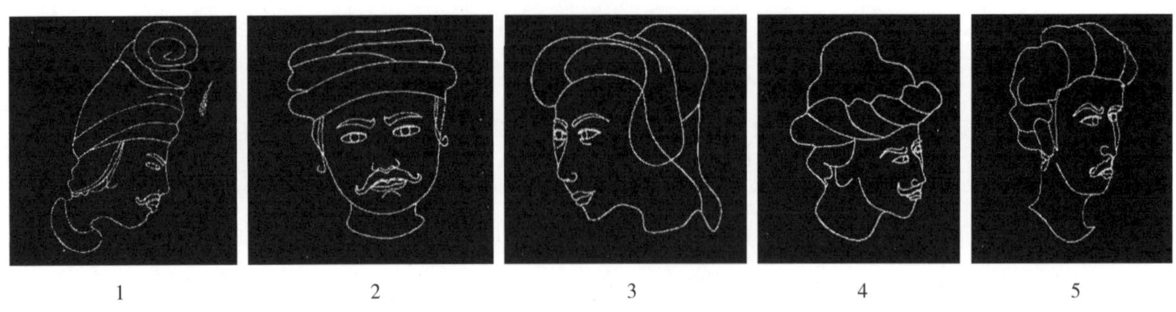

图六　A 板画面中的各种缠头造型

6. 植物统计及分析

A 板画面中共出现了 4 种植物，其中图七，1 植物出现有 5 株，图七，2 植物出现有 3 株，图七，3 植物出现有 9 株，图七，4 植物出现有 1 株。图七，1 和图七，2 为双子叶草本植物。图七，1 植物的茎细长，缠绕，有分枝，双叶，互生，呈红色，花瓣为 5 片，也呈红色，花蕾无法判断，经笔者查阅资料，该种植物极似一种叫作雁来红的植物。雁来红别名：老来少、三色苋、叶鸡冠、老来娇、老少年、向阳红、一品红、猩猩红、象牙红，原产地在亚洲热带地区，耐干旱，不耐寒，喜肥沃而排水良好土壤，喜湿润向阳及通风良好的环境，忌水涝和湿热。对土壤要求不严，适生于排水良好的肥沃土壤中，有一定的耐碱性，能自播繁衍。图七，3 为无根、茎、叶分化的孢子植物，似为地衣门中的蘑菇等菌类植物。图七，4 植物类似一种叫作石莲花的植物，石莲花别名：宝石花、石莲掌、莲花掌，原产墨西哥，喜温暖干燥和阳光充足环境，不耐寒、耐半阴，怕积水，忌烈日。以肥沃、排水良好的沙壤土为宜。图七，2 为双子叶草本植物，花蕾呈红色，叶绿色，类似芍药。

图七　A 板画面中的各种植物与现实植物对比图

芍药别名：将离、离草、没骨花、黑牵夷、红药等，原产中国以及亚洲北部，在中国栽培历史悠久，早在《诗经》郑风篇目中便有“伊其相谑，赠之以芍药”[①]。古代男女交往，以芍药相赠，表达结情之约或惜别之情，故又称“将离草”。这4种植物中只有蘑菇和芍药可以在当地生长，文中所称雁来红和石莲花均非当地品种，出现在棺板画中，让笔者不得其要义，或是由于画面植物描绘过于抽象和概念化，作者的认知又存在个人主观性，故在画面植物判断中存在偏颇，在此文中展现其目的是通过文章，得出正确的判断。

7. 建筑物统计及分析

A板画面中出现的建筑物有两座，如图八所示，这是一种进行游牧活动时便携式的毡房，呈半球形，以人体高度为依据对该建筑进行目测，其底部直径约为4～6米，高度约为2米，表面呈白色，中开一门，门帘卷起，门高约1.5米，宽约1米。该建筑与青海玉树州治多县治曲乡古代墓葬（图八，2）在立面上具有极大的相似性，两地是否在文化、种群、族属上具有联系，需要更多的考古发掘资料进一步佐证。

1

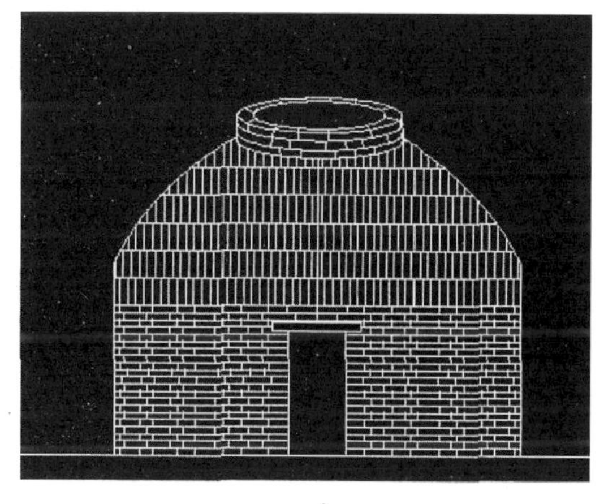

2

图八　A板画面中出现的建筑物

8、动物类、器具类统计及分析

画面中出现了鹿3头、骆驼1峰、牦牛3头、猎狗1只、马匹10匹。画面显示：鹿和牦牛是被猎杀的对象，骆驼是畜力运输的工具，马匹是骑乘的工具。野牦牛和鹿被驱赶猎杀时拼命奔跑，血脉贲张，惊恐万分的样子十分逼真（图九）。

笔者将画面中出现的所有器物也进行了归纳和统计，分别有：弓箭、地毯、箭囊、盘、号角、杯子、持壶等。由于这些器物过分概念化，做类比性分析较为困难，所以在本文中只做了简单的统计，没有进行深入分析（图一〇）。

---

① 李学勤主编：《十三经注疏·毛诗正义》，北京大学出版社，1992年，第322页。

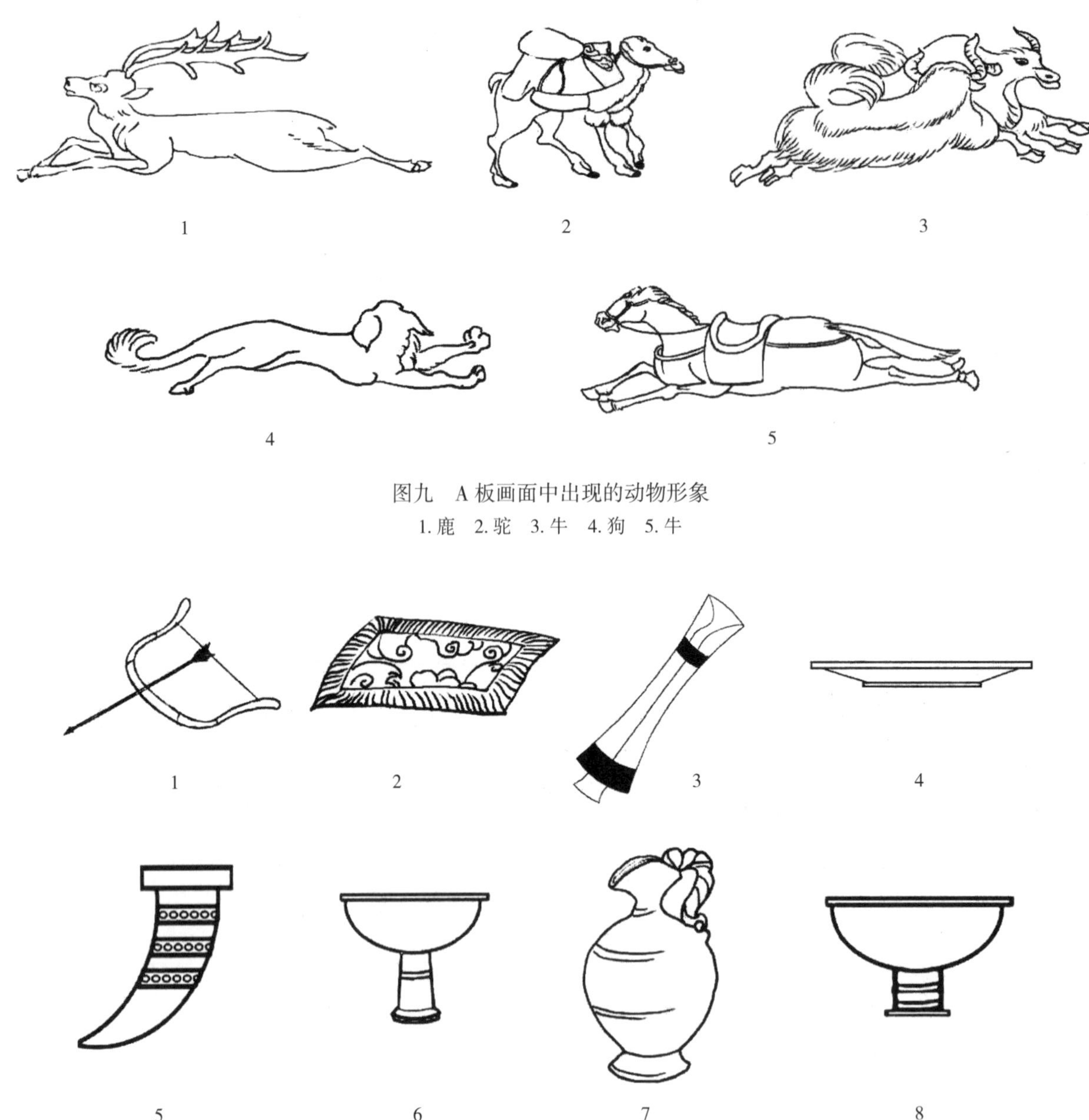

图九　A板画面中出现的动物形象
1. 鹿　2. 驼　3. 牛　4. 狗　5. 牛

图一〇　A板画面中的器物
1. 弓箭　2. 地毯　3. 箭囊　4. 盘　5. 号角　6. 高足杯　7. 持壶　8. 杯

四、棺板画的价值

从艺术表现手法来看，郭里木乡夏塔图墓葬彩绘棺板画作品具有极强的写实风格，采用工笔重彩的绘画手法，画面构图饱满，重点突出，造型严谨，线条稳健，在笔法运用上采用类似中国传统的“曹衣出水描”和“铁线描”所应用的粗细一致、细劲有力，中锋圆劲笔没有丝毫柔弱之迹，作者明显受到中原汉地画风的影响；在色彩运用上，设色大胆，华丽饱满，画面颜色艳丽夸张，装饰意味极其浓厚。

在构图形式上采用分段式构图，将涉猎、宴饮、祭祀、交媾、商旅等场面有机地绘制在一幅画面上，类似连环画性质，具有极强的叙事性。笔者认为，该画在吸收和移植中原汉地画风的同时，保留了西域民族豪放的色彩风格。

在意境抒发上，画面以真实记录当时、当地民风民俗为主，少有中原汉地以笔墨抒发意境为主的画风，为我们研究青海地区绘画的传承关系，以及文化间的包容和移植情况提供了宝贵的线索。

五、小结

青海郭里木出土的棺板画涵盖的内容极其丰富，对于画面的解读、画面人物族属、社会风俗等研究工作，已经有专家和学者进行了一定的研究，笔者仅从统计的角度对画面进行了简单的数字归纳，并按照统计数据机械性地进行了粗浅的分析，具有很大的片面性和局限性，只是希望通过归纳的方法给专家学者们提供一个尽可能真实、科学和翔实的画面数据，为他们的研究做好基础性工作。如果这样的统计能够为专家们的研究工作提供帮助便是最大的欣慰。对于棺板画制作技法、制作材料、病害成因分析、颜料成分、棺板画所在地气候环境、植被动物等，笔者也进行了统计分析工作，将另文叙述。

（原刊于《藏学学刊》第 9 辑，中国藏学出版社，2014 年）

青海郭里木吐蕃棺板画所见丧礼图考释

仝　涛

一、吐蕃棺板画的发现与研究

2002 年在青海省德令哈市的郭里木乡发现了两座吐蕃时期的墓葬，出土了三具有精美彩绘的棺椁[①]，所绘内容涉及吐蕃贵族日常生活的多个侧面，为了解吐蕃时期青藏高原北部居民的社会生活、宗教信仰和丧葬习俗，提供了难得一见的珍贵资料，大大弥补了这一领域的缺憾。这批材料一经发现便引起了学术界的广泛关注[②]，被认为是“吐蕃时期美术考古遗存一次最为集中、最为丰富的发现”[③]。

这两座并列安置的墓葬位于德令哈市东 30 公里的巴音河南岸，地面都残存 1.5 米高的封土，均为带斜坡墓道的竖穴土坑墓，墓室为长方形，长 4 米、宽 2.5 米。其中一座为合葬墓（郭 M1），另一座为迁葬墓（郭 M2）。郭 M1 的木棺和郭 M2 的棺椁共三具葬具形制相同，均有彩绘，形制复原后大致如图一所示。

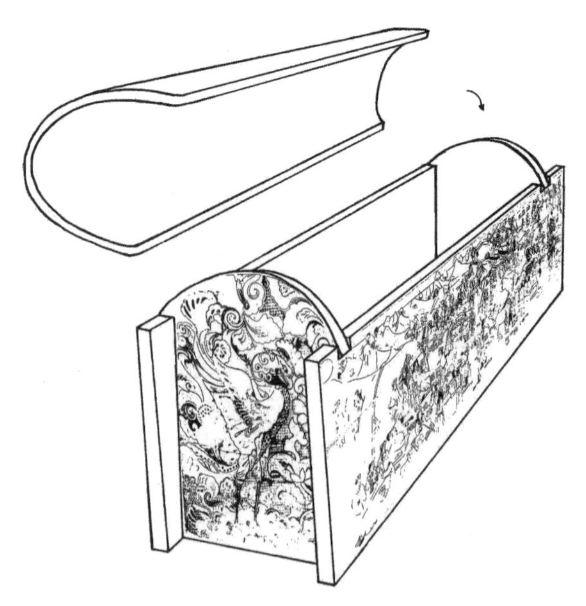

图一　郭里木 M1 木棺复原图

郭 M1 葬具残存两侧板及前后挡板，两侧板均以三块木板拼成，前高后低，长 2.2 米、宽 0.56 ～ 0.7 米、厚 0.04 米。左侧板绘狩猎、帐居、宴饮、野合、射牛等场景，共绘男女 40 余人，以及毡帐、马、鹿、牦牛、狗、骆驼等；右侧板绘

① 许新国：《郭里木吐蕃墓葬棺板画研究》，《中国藏学》2005年第1期。

② 介绍这一发现并进行讨论文章如下。程起骏：《棺板彩画：吐谷浑人的社会图景》；罗世平：《棺板彩画：吐蕃人的生活画卷》；林梅村：《棺板彩画：苏毗人的风俗图卷》，《中国国家地理》2006年第3期。罗世平：《天堂喜宴——青海海西州郭里木吐蕃棺板画笺证》，《文物》2006年第7期。霍巍：《西域风格与唐风染化——中古时期吐蕃与粟特人的棺板装饰传统试析》，《敦煌学辑刊》2007年第1辑；《青海出土吐蕃木棺板画的初步观察与研究》，《西藏研究》2007年第2期。Tong Tao and Patrick Wertmann. The Coffin Painting of the Tubo Period from the Northern Tibetan Plateau, Archaeologie in China, Band 1, Bridging Eurasia, Mainz: Verlag Philipp von Zabern, 2010, pp.187–213.

③ 霍巍：《青海出土吐蕃木棺板画的初步观察与研究》，《西藏研究》2007年第2期。

迎宾、哭丧、出行、帐居、宴饮、野合等场景，共绘男女60余人，以及毡帐、马、牦牛、骆驼等（图二）；前后挡板分别绘朱雀和玄武。

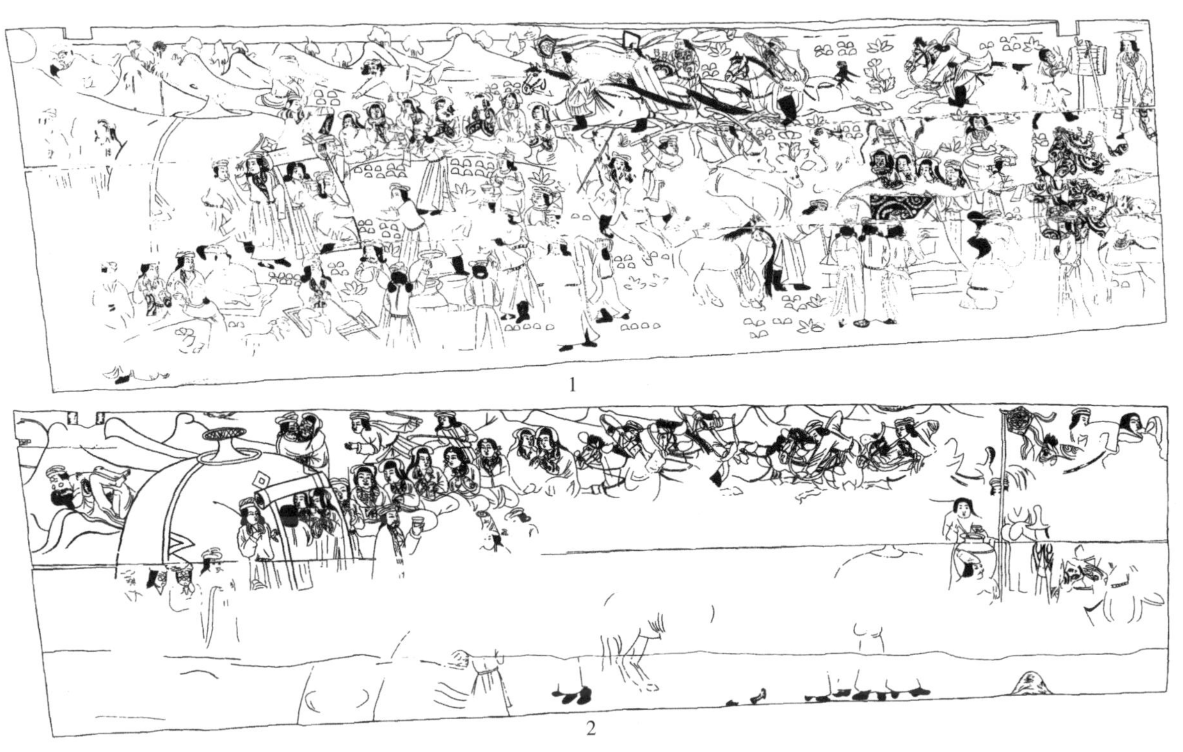

图二　郭里木木棺丧礼图
1.郭M1右侧板　2.郭M2右侧板

郭M2的木棺形制、图像布局及内容与郭M1大体相似，仅体形较小。残存两侧板及前后挡板，两侧板均以两块木板拼成，前高后低，长1.98米、宽0.47～0.57米、厚0.04米。左侧板绘狩猎、帐居、宴饮、野合等场景，其上共绘男女人物近40人，以及毡帐、马、鹿、牦牛、野驴、狗等；右侧板仅上半部保存完好，绘迎宾、哭丧、出行、帐居、宴饮、野合等内容，残存男女人物40余人，以及毡帐、马等，下半部分侵蚀严重；前后挡板分别绘朱雀和玄武。

除此之外，有学者还披露了另外一批流落民间的棺板残片（采M1）[①]，该木棺侧板由三块木板拼合而成，左侧板绘狩猎、乐舞、帐居、宴饮等场景，有男女人物、毡帐，及马、牦牛、野驴等动物；右侧板绘哭丧、出行、帐居、宴饮、野合等场景，有男女人物、毡帐，及马、牦牛、狗等动物；前后挡板情况不明（图三）。其绘画风格、构图和题材均与郭里木所出木棺板画一致，基本上可以确定系从郭里木一带古墓中盗掘所获。

这批棺板画上所绘人物多为典型的吐蕃装，墓葬出土的丝绸也具有唐代的典型特征。根据郭里木M1和M2发掘者的推测，两座墓葬的年代大致在8世纪末。学者们普遍认为棺板画反映的是青藏高原北部的吐蕃文化面貌，而对于其具体族属则意见不一，有苏毗说、吐蕃说和吐谷浑说几种意

① 霍巍：《西域风格与唐风染化——中古时期吐蕃与粟特人的棺板装饰传统试析》，《敦煌学辑刊》2007年第1辑。程起骏：《吐谷浑人血祭、鬼箭及马镫考》，《柴达木开发研究》2006年第1期。

图三　采 M1 木棺右侧板丧礼图（局部）

见[①]。2006 年 5 月，笔者应青海省文物考古研究所许新国先生之邀，赴德令哈对这一批棺板画进行了细致的观察与临摹，并对图像内容进行了系统分析和考证，初步形成了一些认识。根据棺板画的丧葬形式、所绘人物的服饰特征，以及当时的历史背景，笔者推断其墓主人应该是吐蕃统治下的吐谷浑人[②]，棺板画总体上反映的是吐蕃文化的特征。

对于棺板画的内容，罗世平先生曾根据已刊布的照片临摹出其中两块棺板画的线图，并引用汉藏文献进行了阐释，确有不少创见。但由于照片漫漶不清，所述内容有相当一部分与实物资料不符，造成对一些内容的误读[③]。霍巍先生将图像置于中西文化交流的广阔背景中进行了考察，对于棺板画所反映的文化面貌提出了独到的见解[④]。而从此前的研究来看，由于所公布资料的不完整性，几幅棺板的结构和配置不甚明了，这必然会影响到对图像内容的解读；在每具木棺的同一侧板上，都绘有一幅丧礼场面，生动再现了吐蕃贵族的丧葬过程，成为我们了解本教丧葬仪轨和吐蕃王室和贵族丧葬制度的一个重要参照，而这一内容并没有引起足够的关注。因此笔者不惴简陋，勉为其文，将诸学者遗漏部分略加补充，并附上亲手所绘棺板画图像资料，以期通过对这些图像的分析，结合敦煌出土的吐蕃丧葬仪轨文书以及相关汉藏资料，来探讨吐蕃时期的丧葬礼俗，希望能更好地理解这些图像的具体内容及其背后蕴含的丧葬观念。

---

① 程起骏：《棺板彩画：吐谷浑人的社会图景》；罗世平：《棺板彩画：吐蕃人的生活画卷》；林梅村：《棺板彩画：苏毗人的风俗图卷》，《中国国家地理》2006年第3期。

② 仝涛：《木棺装饰传统——中世纪早期鲜卑文化的一个要素》，《藏学学刊》第3辑，四川大学出版社，2007年。Tong Tao and Patrick Wertmann. The Coffin Painting of the Tubo Period from the Northern Tibetan Plateau, Archaeologie in China, Band 1, Bridging Eurasia, Mainz: Verlag Philipp von Zabern, 2010, pp.187- 213.

③ 罗世平：《天堂喜宴——青海海西州郭里木吐蕃棺板画笺证》，《文物》2006年第7期。根据笔者观察，罗先生文中的"踞地拜谒"实际上是宴饮场面中酒醉伏地的人物形象，所谓的"多玛超荐"实为击鼓及哀号的人物。

④ 霍巍：《西域风格与唐风染化——中古时期吐蕃与粟特人的棺板装饰传统试析》，《敦煌学辑刊》2007年第1辑。

二、丧礼图内容考释

关于吐蕃时期丧葬礼仪的研究，除了汉藏历史文献的零星记载以及吐蕃时期墓葬考古资料[①]可供参照外，主要是基于对敦煌古藏文写卷 P.T.1042 的解读。敦煌古藏文写卷 P.T.1042 和 P.T.239 详细描述了古老的本教丧葬仪轨，由于该写卷的重要性及其研究难度，自 20 世纪 50 年代以来国内外藏学界对其倾注了大量心血，形成了一批重要的研究成果[②]。根据该写卷的记载，吐蕃贵族的丧礼要持续三天的时间，其祭奠仪式比较复杂，但大致包括来宾致礼、献供、哭丧、列队致礼及丧讫宴饮几个重要环节，一般是白天重复向棺材致礼、献祭各种物品和动物，并进行哭丧和骑马列队致礼，晚上来到丧宴之地宴饮作乐。这与棺板画上的所描绘的内容大致吻合，三具葬具的右侧板上都描绘有丧礼画面，布局和内容都比较类同，包括灵帐哭丧、骑射祭祀、迎宾献马、动物献祭和丧讫宴饮等一系列场景，可能是以时间为顺序表现吐蕃贵族的丧礼过程。

1. 灵帐哭丧

灵帐哭丧画面占据了棺板的右半部分，是整个丧礼图的中心。郭 M1 上绘有男女人物共 7 人围绕帐篷哀悼痛哭，右上部分有击鼓和哀号的人物，可见此帐篷应该是放置死者尸体的灵帐。帐篷形制较小，顶部有喇叭状采光孔，并覆盖有连珠纹样的丝绸装饰，底部模糊不明，似有方形底座。郭 M2 上该部分腐蚀严重，仅余帐篷顶部，隐约可见帐篷和哭丧者轮廓。采 M1 上该部分灵帐较为清晰，有喇叭形采光孔，下半部分呈须弥座形状，座身上装饰有壶门，帐篷内可见 3 名哭丧者的头部。

根据文献记载，吐蕃王室和贵族的丧礼，常用帐篷来装殓尸体以供亲属和群臣前来吊唁，并建马场进行骑马表演或祭祀。藏文古手抄本《巴协》比较详细地记载了赞普墀松德赞的葬礼[③]。

> 马年，孟春（藏历正月），墀松德赞王薨逝，王子牟尼赞普尚幼，少喜法行，决定举行父王的超荐活动。琛氏赞协勒素与那囊氏嘉察拉囊、恩兰·达拉鲁贡等奉本大臣为了灭法（佛），信奉本僧，在扎玛错姆山腰架起牛毛大帐，从马群中挑选出多匹体格强壮、跑

① 通过考古资料来探讨吐蕃时期丧葬制度和丧葬习俗，在过去数十年间中外学者进行过较为深入的尝试。霍巍：《西藏古代墓葬制度史》，四川人民出版社，1995年；《西藏昂仁古墓葬的调查发掘与吐蕃时期丧葬习俗研究——兼论敦煌古藏文写卷PT1042考释的几个问题》，《南方民族考古》1991年第4辑。许新国：《吐蕃丧葬殉牲习俗研究》，《青海文物》1991年第6期。何强：《西藏吉堆吐蕃墓地的调查与分析》，《文物》1993年第2期。Heller Amy, Archeology of Funeral Rituals as Revealed by Tibetan Tombs of the 8th to 9th Century, Transoxiana Webfestschrift Series I: Webfestschrift Marshak, 2003.John Vincent Bellezza, Zhang Zhung: Foundations of Civilization in Tibet. A Historical and Ethnoarchaeological Study of the Monuments, Rock Art, Texts, and Oral Tradition of Ancient Tibetan Upland (Denkschriften der Philosophisch-Historischen Klasse), Wien: Verlag der sterreichischen Akademie der Wissenschaften, 2008.

② [法] 石泰安著，高昌文译：《有关吐蕃本教殡葬仪轨的一卷古文书》，《国外敦煌吐蕃文书研究选译》，甘肃人民出版社，1992年。[挪威] 帕·克瓦尔耐著，褚俊杰译：《西藏苯教徒的丧葬仪式》，《国外藏学研究译文集》第五辑，西藏人民出版社，1989年。褚俊杰：《论苯教丧葬仪轨的佛教化——敦煌古藏文写卷P.T.239解读》，《西藏研究》1990年第1期；《吐蕃本教丧葬仪轨研究——敦煌古藏文写卷P.T.1042解读》，《中国藏学》1989年第3、4期。

③ 恰白·次旦平措、诺章·吴坚、平措次仁著，陈庆英等译：《西藏通史·松石宝串》，西藏古籍出版社，1996年，第151页。

速快的马匹，修制了马场，缝制了宽敞帐篷，以这些为基础，又召集了澎域地区的阿辛、切布、蔡波、雅安等 127 人，决定为赞普墀松德赞举行超荐。

敦煌古藏文写卷 P.T.1042 第 40 ～ 47 行还详细描述了吐蕃王室贵族丧礼中骑马列队进行祭祀和哭丧的仪式①。

小供献本波将尸体、尸像（ring-gur）和供食搬到墓室门口，……此后尸主留于此地，魂主向左转着走来，一共转三圈，在这期间每转一圈都要致礼，并供上一瓢酒。备马官也从左右两边走过来，转三圈，转完后，从（死者）的脸部开始，向（死者）折倒三次长矛，对死者致礼。侍者和死者亲朋们哭丧。

译者将文中 ring-gur 译为“尸像”，较令人费解。哈尔先生译作“装殓尸体的灵台”（catafalque with the corpse）②。实际上藏文中 gur 即“帐篷”之意③，石泰安将两词直译为“身帐”（body-tent），但对于何谓“身帐”不甚明了，只推测它可能是一种天盖或一种灵台，又根据文书的具体解释，认为它是由丝绸（dar，该词也有“旗幡”的意义）织造，“完全如同在汉族房舍中使用的那种”，并作为“哭丧声之所缘”“悲歌之丝绸”④。克瓦尔耐认为尽管这“灵帐”到底是什么还把握不准，但大概与 ring-khang 即“灵堂”（body-house）意义相同，很可能是安置死者画像或象征物的遮蔽物或“帐篷”⑤。ring-gur 在文书中出现多次，从丧葬队伍构成来看，应该是尸体停厝期间专门用来装殓尸体的设施。如此看来，古藏文文献中记载的这种用丝绸制作或装饰的帐篷，很有可能就是丧礼图中所描绘的停尸帐。图中所绘帐篷上覆盖着一块轮廓清晰的类似彩旗的织物，而帐篷的顶部包括整个喇叭形采光口，都是用同样的织物制造。这些织物满饰连珠纹饰，色彩肃穆庄重，与棺板画上所绘人物的服饰相似，应该属于丝织物。

无独有偶，在 8 世纪的吐蕃墓中也发现了可能属于这种停尸帐的丝绸实物。瑞士阿拜格基金会于 1995 ～ 1997 年间收藏一批吐蕃时期丝织品，其上装饰有大量的连珠纹饰及对兽纹，很有可能来自于都兰地区⑥。其中两片对狮连珠纹丝绸残片（图四、图五）上有墨书藏文题记（图六、图七），分别为“spur khang zang zango”和“spur”，阿米·海勒女士将其分别释读为“停尸房之宝物”以及

① 褚俊杰：《吐蕃本教丧葬仪轨研究——敦煌古藏文写卷P.T.1042解读》，《中国藏学》1989年第3期。下文中所引该写卷资料如无特殊说明，皆源自此文。

② Erik Haarh, The Yar-lun Dynasty, A study with particular regard to the contribution by myths and legends to the history of ancient Tibet and the origin and nature of its kings, Koebenhavn: G.E.C. Gads forlag, 1969, p.375.

③ Sarat Chandra Das, Tibetan-English Dictionary, Reprint, Delhi: Motilal Banarsi-dass, 2004, p.222.

④ [法] 石泰安著，高昌文译：《有关吐蕃本教殡葬仪轨的一卷古文书》，《国外敦煌吐蕃文书研究选译》，甘肃人民出版社，1992年。

⑤ Per Kvaerne, Tibet Bon Religion: A DeathRitual of the Tibetan Bonpos, Leiden: E.J. Brill, 1985, p.17.

⑥ Otavsky, K., Stoffe von der Seidenstrasse: Eine neue Sammlungsgruppe in der Abegg-Stiftung, Entlang der Seidenstrasse. Frühmittelalterliche Kunst zwischen Per-sien und China in der Abegg-Stiftung（Riggisberger Berichte 6）, Riggisberg, 1998, pp.13-41.

图四 瑞士阿拜格基金会收藏吐蕃丝绸残片之一（复原）

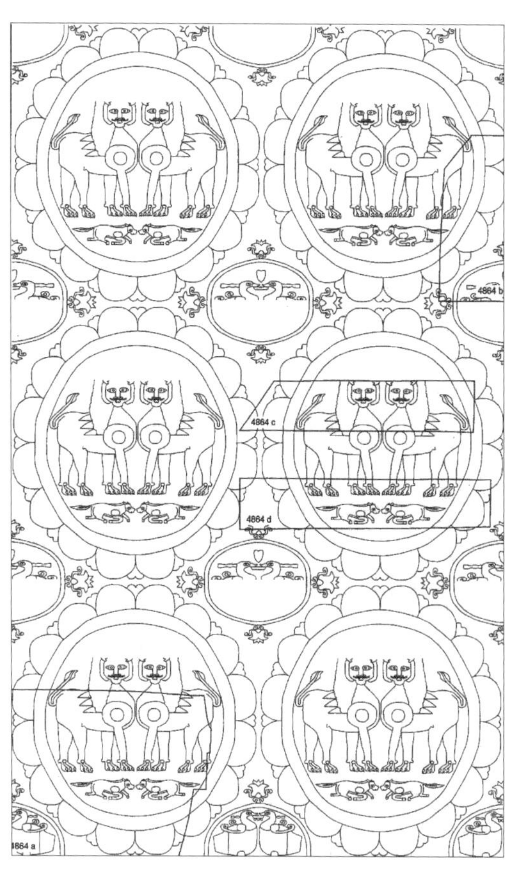

图五 瑞士阿拜格基金会收藏吐蕃丝绸残片之二（复原）

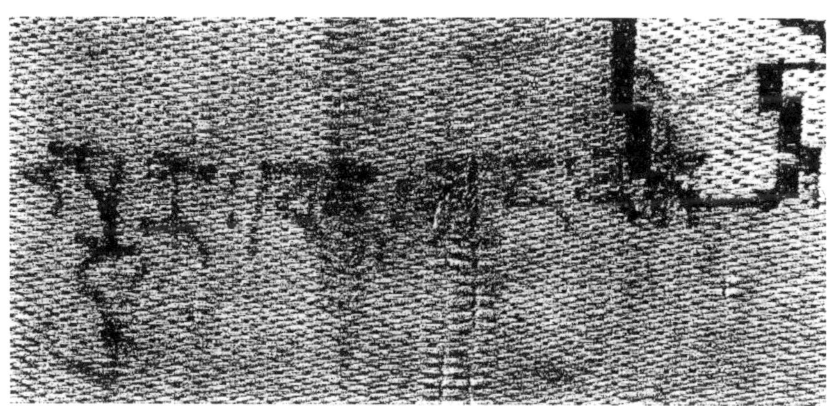

图六 瑞士阿拜格基金会收藏吐蕃丝绸残片上的古藏文题记之一

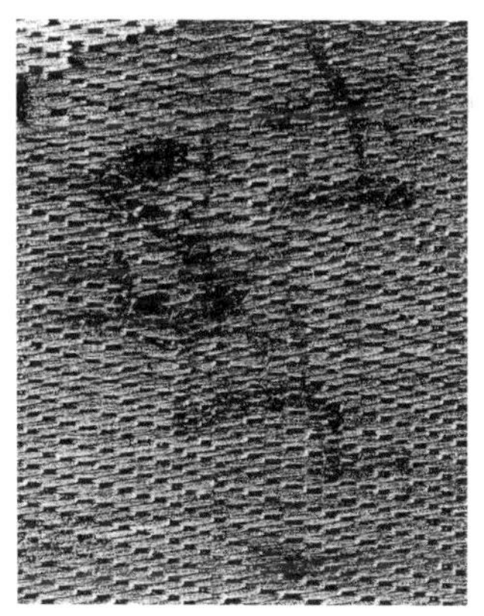

图七 瑞士阿拜格基金会收藏吐蕃丝绸残片上的古藏文题记之二

“尸体”[①]。“spur”与前文中“ring”是可以互换的同义词，均为“遗体”“尸体”之意[②]。“spur khang”即“停尸房”，用于在尸体处理期间装殓尸体。这两片丝绸图案接近，皆为连珠团窠纹饰及

① Heller, A., Two Inscribed Fabrics and Their Historical Context: Some Observations on Esthetics and Silk Trade in Tibet, 7th to 9th Century, Entlang der Seidenstrasse.Frühmittelalterliche Kunst zwischen Per-sien und China in der Abegg-Stiftung (Riggisberger Berichte 6) , Riggisberg, 1998, pp. 95-118.

② 陈践：《藏语ring lugs一词演变考——敦煌藏文古词研究之一》，《中国藏学》1991年第3期。

对狮纹，题记书于狮纹旁边。团窠及动物图案直径为 80 厘米左右，面积相当大。阿米·海勒女士因此认为它们可能不是衣物原料，而应该用于建筑装饰，很有可能是帐篷，而且“在悉补野王朝的军事征服中狮子和其他动物纹饰经常装饰在帐篷上”。她进而推测这些残片应该属于死者生前军旅生涯所用的帐篷，死后被剪为碎片随葬入墓穴。事实上，根据棺板画上的灵帐图像来看，这些丝绸残片很有可能是死者停尸帐的一部分，是在尸体最后埋葬时随葬入墓穴中的。据敦煌古藏文写卷 P.T.1042 记载，埋葬死者时需要“从魂像（thug-gur，即“魂帐”，与“身帐”同属一物[①]）上裁下盾牌大小的一块，放在陵墓的祠堂里”。

根据《敦煌本吐蕃历史文书》的记载来看，吐蕃赞普或者王室成员多在死后停厝一两年甚至多年才举行大葬，其间要在灵堂（ring-khang）内对尸体作“降魂”“献祭”“剖尸”等仪式[②]。古藏文写卷 P.T.1042 第 81、82 行记载，“大葬要在死后三年的时候举行”。这一系列祭祀和尸体处理仪式，很有可能就是在类似的帐篷中进行的。列队环绕是吐蕃丧礼中一项重要的祭祀仪式，《贤者喜宴》记载“一年之间王臣属民人等环绕（陵墓祭之），此后，届时年祭，并绕（陵）供奉”[③]。前引文献中可见吐蕃王室的丧礼需要牛毛大帐，修建马场并挑选多匹善跑的马匹，祭祀过程中由骑马者组成的丧葬队伍绕着墓穴转三圈，每转一圈都要致礼并供酒，并有侍者和死者亲朋们哭丧。这些环绕灵帐进行的祭祀仪式并非吐蕃或吐谷浑所独有，也流行于其他游牧民族及临近地区，如匈奴人、突厥和粟特等民族。其中最早的记录见于古罗马约达尼斯（Jordanes）的《哥特史》（Getica）中关于匈人首领阿提拉在 453 年的葬礼的记载：“他的尸体被安置在一块平地上，放在一个丝绸帐篷之中供人们瞻仰。在马技表演后，整个匈人部族中最优秀的骑手骑马环绕帐篷不停地转圈，向他们的领袖唱着丧歌……当他们哀悼时，以狂歌痛饮的形式（strava）在他的墓地来进行，……然后在神秘的夜色中他的尸体被埋葬”[④]。

《北史·突厥传》也记载：

> （突厥）死者，停尸于帐，子孙及诸亲属男女，各杀羊马，陈于帐前，祭之。绕帐走马七匝，一诣帐门，以刀嫠面，且哭，血泪俱流，如此者七度，乃止。……葬之日，亲属设祭及走马嫠面，如初死之仪。

《新唐书·黠戛斯传》则记载黠戛斯葬俗为“丧不嫠面，三环尸哭”。

此外，粟特人的葬礼中也用帐篷来装殓尸体，在中亚片治肯特的壁画中有所表现[⑤]。13 世纪蒙古大汗的葬礼中还用帐篷存放遗体并进行祭奠活动，“逻骑以为卫，设供帐以祭之”，“因以为死

① [法] 石泰安著，高昌文译：《有关吐蕃本教殡葬仪轨的一卷古文书》，《国外敦煌吐蕃文书研究选译》，甘肃人民出版社，1992年。

② 王尧、陈践译注：《敦煌本吐蕃历史文书》，民族出版社，1992年，第145～156页。

③ 巴卧·祖拉陈哇著，黄颢译注：《〈贤者喜宴〉摘译（三）》，《西藏民族学院学报》1981年第2期。

④ Jordanes, Charles Christophen Mierow, The Origin and Deeds of the Goths, Princeton University Press, 1908, p.80.

⑤ A. M. Belenizki, Mittelasien Kunst der Sogden, Leipzig: VEB E. A. Seemann, 1980, p.50.

者如生，故仍为之设帐，供食，献乳，置马，奉若生前”①。这大概是欧亚草原游牧民族共有的葬俗，彼此之间可能还存在一定的文化联系。

值得一提的是，在吐蕃墓葬制度中，似乎还曾经存在过帐篷形墓葬。如霍夫曼所说，松赞干布以前的赞普陵墓是外表像帐篷一样的圆形墓②。再如古藏文写卷 P.T.1287 第 49 行关于止贡赞普陵墓的记载，学术界分歧较大：巴考和杜散认为是“建造一座形状像支起的帐篷一样的土墙墓”。麦克唐娜夫人直接将其译为“魂帐”，褚俊杰参考霍夫曼的注释及哈尔的观点，认为应该译为“在姜多山建造形状如同支起的帐篷形的陵墓”，同时援引 P.T.1136 中“为安葬而建墓穴，形如牛毛帐篷”以及《汉藏史集》和《贤者喜宴》等书所说的“五赞”的墓、《王统世系明鉴》说拉脱脱日的墓都是“牛毛帐篷形的土堆”，推断当时确实有建造帐篷形坟墓的风俗③。这样的帐篷形墓葬与棺板画中的“身帐”有何关系？或者其本身就应该属于这种停尸帐而非“帐篷形墓穴”？无论如何，棺板画上的灵帐哭丧图像对于有关吐蕃丧礼文献的解读，能够提供新的启示和更加直接的形象资料。

2. 骑射祭祀

郭 M1 中该场景位于灵帐哭丧场面的正上方，可见两骑马者一前一后共射一怪物。怪物全身赤裸，作跪状，反剪双臂束缚在一立柱上，两眼惊恐，脑后两个发束也缚于立柱上，吻部突出，嘴巴宽大，肩部已中一箭，箭羽露出在外。周围更没有其他可射猎动物。郭 M2 表现为四个骑马人两前两后共同瞄准中间一物，可惜其形象已经严重腐蚀，不可细辨。采 M1 的骑射图位于灵帐图下方，可见两位骑马者一前一后骑马疾驰，拉弓射向中间一裸体怪物。怪物呈人形，须毛男根尽显，神态惊恐万状，双臂捆缚于两侧的立柱上，其腰间中一箭。

此骑射图与灵帐哭丧密切相关，在三幅棺板画上有着类似的表现形式，可能反映的是前引文献所述丧礼中马场上马技表演的具体内容之一。青海都兰地区发现的另一块棺板画（采 M2）也描绘有类似的图像④。在一块木棺头端挡板上，画着一骑马者向右飞奔，拉满弓射向左侧一个高大深色的裸体人物，该人双手朝下，双脚朝上倒立，腰部中一箭，穿透了他的身体，倒立的形象可能是其中箭仆地情形的表现（图八）。骑马者的骑射姿态及其红巾缠头装束，都与郭里木棺板画相仿。由于图片较为模糊，无法作更进一步的分析。此画绘在

图八 采 M2 木棺头挡彩绘

① 袁国藩：《元代蒙人之丧葬制度》，《元代蒙古文化论集》，（台湾）商务印书馆，2004年。

② Helmut Hoffmann, Die Gräber der tibetis-chen Könige im Distrikt' P 'yons-rgyas, Nachrichten der Akademie der Wis-senschaften in Gö ttingen. 1. philologisch-historische Klasse, Nr. 1. Göttingen: Van-denhoeck& Ruprecht, 1950, p.5.

③ 褚俊杰：《吐蕃本教丧葬仪轨研究（续）——敦煌古藏文写卷P.T.1042解读》，《中国藏学》1989年第4期。

④ 丁巍：《精品旅游线路及景点介绍·都兰热水吐蕃墓葬群》，《亚洲旅游》2004年第12期。

棺的头挡上，可能也与丧葬礼仪密切相关。

由于这些图像中所射杀的对象并非寻常动物形象，可以肯定应该是丧礼中一项重要的祭祀仪式。关于该场景可能存在两种解释。其一可能表现的是杀鬼超荐场面。《隋书·附国传》载："（附国）有死者，无服制，置尸高床之上，……子孙不哭，带甲舞剑而呼云：'我父为鬼所取，我欲报冤杀鬼！'自余亲戚哭三声而止。"附国与吐谷浑和吐蕃相接，后为吐蕃征服，成为吐蕃王国之一部分，在丧葬习俗方面如"死后十年而大葬，其葬必集亲宾，杀马动至数十匹"等与吐蕃有诸多类似之处，"杀鬼"的观念也盛行于吐蕃本教丧葬中。止贡赞普时从象雄请来的殡葬本波精通丧葬礼仪，尤其是为死者除煞的"调伏刀剑"和超荐亡灵之术[①]。《汉藏史集》中也记载有本波巴热之子对止贡赞普开棺视看前进行"调伏刀剑"的杀鬼仪式[②]。如果图像中所描绘的是杀鬼场景，那么在实际的仪式中鬼的形象以何物代替，尚无法确定。辽代契丹人流行以死囚"植柱缚其上"[③]，"射鬼箭"以祭诣先帝，祓除不祥[④]，大概可以提供一定的启示。

另外一种更为可能的解释是人祭或以猕猴来代替人祭。文献记载吐蕃及其所兼并的高原国度如东部的女国[⑤]和西部的太平国[⑥]等在丧葬中都流行人殉和人祭[⑦]，但迄今为止在吐蕃时期墓葬中尚缺乏有力的考古证据[⑧]。可能正如克瓦尔耐所言，"人祭可能是为了给死者'赎身'，或者给死者提供仆从或伴侣，尽管并非第一手材料的汉文史料可能是指公元7世纪以前的情况"[⑨]。藏文文献中还有"被献祭的奴隶被绑在木架上"，被本教师分割尸体献祭，作为替身为一个小邦王子治病的记载[⑩]，但类似的献祭仪式被认为是"罪恶而无益处"，也受到了报应论的谴责。可能是基于道义的考虑或佛教的影响，本教祭祀仪式中多使用人形的模拟像（klud）来献祭魔罗以避免受其伤害，"用替罪羊式的人物或稻草制的'假人'，其内实以草、食物及宝贵的物品等，抛向魔罗将要出现的方向"[⑪]。这些替代物可能还包括与人形似的猕猴，汉文文献记载女国"岁初以人祭，或用猕猴"[⑫]，吐蕃赞普的年度会盟上也要举行"刑猕猴"[⑬]的仪式。棺板画上的裸体怪物形象，与长毛发的灵长类动物是比较接近的，根据该图像的所在位置、功能及其与灵帐、动物献祭场景的相互关系来看，属于以猕猴作为人祭代用物的可能性是很大的。但无论是以人祭，或以假人或猕猴代祭，该

---

① R.A.Stein, Tibetan Civilization, Calif.: Stanford University Press, 1972, p.232.

② 达仓宗巴·班觉桑布著，陈庆英译：《汉藏史集》，西藏人民出版社，1986年，第84页。

③ 《辽史·礼志》，中华书局，1974年。

④ 《辽史·国语解》，中华书局，1974年。

⑤ 《隋书·女国传》，中华书局，1979年。

⑥ 《册府元龟》卷九六〇《外臣部·土风二》，中华书局，2003年。

⑦ 《旧唐书·吐蕃传》，中华书局，1975年。

⑧ 西藏昂仁吐蕃时期墓葬可能发现有人殉痕迹，参见霍巍：《西藏古代墓葬制度史》，四川人民出版社，1995年。但该材料较为孤立，人殉现象在其他典型吐蕃墓地包括青海都兰热水墓地和西藏朗县列山墓地在内均未发现。

⑨ [挪威]帕·克瓦尔耐著，褚俊杰译：《西藏苯教徒的丧葬仪式》，《国外藏学研究译文集》第五辑，西藏人民出版社，1989年。

⑩ [挪威]帕·克瓦尔耐著，褚俊杰译：《西藏苯教徒的丧葬仪式》，《国外藏学研究译文集》第五辑，西藏人民出版社，1989年。

⑪ [英]F.W.托玛斯编著，刘忠、杨铭译注：《敦煌西域古藏文社会历史文献》，民族出版社，2003年，第238页。

⑫ 《隋书·女国传》，中华书局，1979年。

⑬ 《旧唐书·吐蕃传》，中华书局，1975年。

类图像都可为研究吐蕃丧葬中人祭习俗的具体执行情况提供更直接的材料。

3. 迎宾献马

该画面位于棺板右下角。郭 M1 描绘 3 位衣着华丽的客人到达葬礼场所。客人身后牵有四匹装饰肃穆华丽的骏马，马面部及颈部有连珠纹样丝绸装饰，颈部并排插有三束彩色的多层三角状装饰物。3 位迎宾者或跪或鞠躬迎来客，二侍者立于二大酒缸侧，身旁有驮货物的骆驼。郭 M2 图像与之相同，但残损严重，仅存一来宾及数迎者和侍者，马匹装饰相同。采 M1 上该场景略去。

根据哈尔先生的研究，P.T.1042 的第 1 ～ 9 行描述参加葬礼的各类客人（包括大王和母舅）到达并致礼，第 10 ～ 13 行介绍了献祭的各类物品，第 13 ～ 22 行为各类客人到达丧礼场所，献祭的动物和物品组成丧葬行列[①]。在各种献祭动物中马匹种类繁多，说明其在丧葬仪式中具有重要的作用。如 P.T.1042 第 32 ～ 37 行："两个仪轨飘帘（gur，当指灵帐）的左右两边是内侍官和舅臣侍官，……由两个御用辛带来（两排供品），两排顶端都有一个飞跑马，其后是大宝马，其后是大小香马，其后是一般的骑士，其后是亲人所供之养料，其后是诸侯列邦所供财物，其后是佳妙乐器、佩饰马……"从热水血渭墓地的发掘也可以看出，吐蕃贵族的丧葬中使用大量马匹殉葬，可能很大一部分来自于亲属或臣属的馈赠或供奉。敦煌古藏文文书 P.T.1287《赞普传记》记载，松赞干布曾对韦氏一族发誓："义策忠贞不二，你死后，我为尔营葬，杀马百匹以行粮。"[②] 棺板画上所描绘的装饰华丽的马匹，很有可能就是文献中提到的佩饰马，它们大概是作为死者前往乐土的骑乘工具。关于马匹的装饰，在敦煌古藏文文献中也有所提及，根据 P.T.1136 第 20 ～ 29 行的记载，这一吐蕃葬仪源自于这样一个献祭良马的故事。

> 这亲密合意的牲口和玛米德尊布两个小人，穷人，情谊深厚，一个死了另一个要为之修墓。后来玛米尊德布死了。（亲密合意的牲口）非常伤心，亲自为之安葬，建帐篷形墓穴。（死者说）：没有宝马，没有亲密马，合我心愿的牲口你要有勇气过山口，能坦然过渡口！（死者）把马驹伯布领到"乐土"姜囊，起名为赛昂格，将它的马槽（用饲料）装的满满的，让它吃青绿稻谷，喝甘蔗糖水，马鬃上饰以锦缎，头上插鸟羽鹏羽，尾巴往下梳理，用秸秆盖一有窗户的马厩，马尾系上小套子。有勇气过山口，坦然过渡口，（因而）有益而有福。

文中提到的一些细节，如安葬主人的帐篷形墓穴，宝马马鬃上饰有锦缎，头上插鸟羽、鹏羽，都与棺板画所描绘的内容相吻合。画面中宝马马鬃和马头上都满饰连珠纹丝织物，马鬃部位插有彩色的多层饰物，可能便是鸟羽或鹏羽。这些宝马由参加吐蕃贵族丧礼的宾客或眷属进献给死者，并

---

① Erik Haarh, The Yar-lun Dynasty, A study with particular regard to the contribution by myths and legends to the history of ancient Tibet and the origin and nature of its kings, Koebenhavn: G.E.C. Gads forlag, 1969, p.375.

② 王尧、陈践译注：《敦煌本吐蕃历史文书》，民族出版社，1992年，第164页。

按照严格的顺序陪葬入墓地，其目的应该是用于死者到达“乐土”的坐骑或引导。

4. 动物献祭

郭 M1 上灵帐左侧有 3 人手执棒，骑马或步行驱赶一群牦牛、马匹等朝着灵帐方向前行，一人已经到达帐前，双手持长棒，鞠躬祭拜。郭 M2 上该部分场景腐蚀严重，但隐约可见马匹轮廓。采 M1 上的该场景位于灵帐左侧，可见一群牛、羊、狗等动物引导持幡出行的人物向左进发，可能为赴丧宴之地或“安乐地界”。

根据汉藏文献记载及吐蕃墓葬出土的大量殉葬动物来看，此类场景可能描绘的是为死者献祭动物。动物献祭或殉葬在整个欧亚草原的游牧民族中都广泛存在，尤其以马匹的殉葬最为流行。吐蕃本教对于动物殉葬的认识，也与其他游牧民族的观念有共同之处，其认为人死后通往乐土的路漫长而艰辛，因此要借助于动物献祭的仪式才能顺利通过。这些动物不但可以清除路上的障碍、引导死者走出迷途，而且还成为死者脱离死亡世界的坐骑。它们还可以充当替身，来避免恶鬼对死者可能的伤害。他们还相信，在到达乐土之后，仍然需要生前所拥有的一切，献祭成群的动物可以满足死者在乐土生活的需要，与献祭的其他物品如粮食、衣物和珍宝等具有同样的作用[①]。关于吐蕃墓葬中的动物殉葬，前人已有相关著述[②]，此不赘述。需要指出的是，根据 P.T.1042 的记载，献祭动物从丧礼开始的第一天就一直持续进行，并且根据不同阶段的需要，以不同的形式用于不同的场所。这在都兰吐蕃墓葬中发现的殉牲上也有所反映，从这些墓葬的封土堆周围，到封土内的不同层次乃至墓室内部，都有不同形式的殉葬坑和不同种类的动物骨骼[③]，反映了动物献祭的诸多不同功能。

5. 丧讫宴饮

三块棺板画上都描绘有列队赴宴的宾客，以长幡引导，衣着华丽，阵容强大。郭 M1 上位于动物献祭图的上方，有三人列队前行，向左半部分的宴饮场地进发，其中有一人所骑马匹与迎宾献马图中的“佩饰马”类似。郭 M2 中位于棺板的右上角，可见一对骑马男女转身向后挥手作别，该男性骑“佩饰马”。采 M1 上赴宴队伍人数犹多，前有成群动物引导，其中一贵宾所骑动物虽无佩饰，但形态神异，似非寻常马匹。三块棺板画的左半部分都描绘了大量男女人物帐居、宴饮、野合等纵情享乐的热闹场面，与右侧肃穆的哭丧场景形成巨大反差。

如同匈奴人以狂歌痛饮的丧宴“strava”哀悼死者一样，吐蕃人在哭丧之后也奔赴丧宴之地尽情饮酒作乐，在三天的丧礼活动中，这样的程序要反复举行。P.T.1042 记载，“（供上各类人献供品后）便是哭丧仪式。此后到王府内的丧宴之地”，“向棺材致礼。此后到晚上的丧宴之地”。汉文文献记载，“君死之日，共命人皆日夜纵酒”[④]。新疆所出的古藏文木简也有类似记载，“哀悼

① Per Kvaerne, Tibet Bon Religion: A Death Ritual of the Tibetan Bonpos, Leiden: E.J. Brill, 1985, p.7.

② 许新国：《吐蕃丧葬殉牲习俗研究》，《青海文物》1991年第6期。霍巍：《吐蕃时代墓葬的动物殉祭习俗》，《西藏研究》1994年第4期。

③ 许新国：《中国青海省都兰吐蕃墓群的发现、发掘与研究》，《西陲之地与东西方文明》，燕山出版社，2004年。

④ 《册府元龟》卷九六一《外臣部・土风三》，中华书局，2003年。

开始，直到被埋葬男方的所有妻子们情绪悲痛到了极点（为患疾而死），由水酒供者（？）带来，主人和仆人们开怀畅饮"[①]。类似的习俗在附国同样流行，"死家杀牛，亲属以猪酒相遗，共饮啖而瘗之"[②]。

麦克唐纳认为这种丧宴具有一定的宗教内涵，"在反复举行殡葬礼仪时要伴随以欢乐和盛宴，席间要邀请亲朋。这种盛宴可能与定期向死者提供生活必需品有关，这些生活必需品是为了提供他在距神仙吉祥时代还有数千年的漫长期间耗用的"[③]。

值得注意的是，丧宴图中有不少男女合欢场景，有的刻画还相当详细，迥异于中原汉人的传统观念。关于这类图像，笔者认为它主要是用以渲染丧讫宴饮、尽情享乐的气氛，反映的是游牧民族地区类似于突厥人"群则聚麀"[④]的真实生活方式。

三、结语

总体来看，这些棺板画上以叙事手法，自右向左大致完整地描绘了吐蕃时期本教丧葬仪式中的几个重要环节，各画面在空间上连续无间断，时间上先后有次，构图上错落有致。迎宾献供、灵帐哭丧、动物献祭和骑射祭祀，都是围绕停尸灵帐来进行，丧宴是丧礼的最后部分，占据了整个棺板的左半部分。

从整个棺板画的布置来看，三幅丧礼图都位于葬具的右侧板上，左侧板主要描绘狩猎、帐居、乐舞、宴饮、野合等场景，没有与丧葬相关的任何内容，应该是死者生前享乐生活的写照。因此左右两侧的内容应该是遵循了固定的模式：左侧再现死者生前的享乐生活，右侧描绘其死后的丧葬场景；前后挡板分别是朱雀和玄武图像，可见中原丧葬观念对青藏高原地区的强烈影响。但将丧礼场景作为墓室内装饰，则非中原地区所流行，足见吐蕃文化对于丧葬礼仪的重视程度。根据古藏文写卷的记载，吐蕃人的殡葬礼仪以及反复地举行具有相当重要的意义，他们相信通过这类礼仪可以确保死者不迷路而顺利到达"乐土"，并且"在神仙的吉祥时代之初便会复活"[⑤]。将丧礼场景图像化并形成固定的模式，也是这一信仰的具体体现。

在以往同时期的考古发现中，葬礼图像多见于粟特人的葬具或者壁画上，如中亚地区的纳骨瓮[⑥]，前所引片治肯特的壁画以及中原地区发现的粟特人石棺床[⑦]，说明两文化之间至少观念上可能存在相通之处。如果考虑到棺板画中具有中亚特征的人物服饰和日用器物，以及都兰地区大量发现的来自中亚的丝绸，这一共性似乎不是偶然的。但正如霍巍先生指出，这不一定意味着两地之间存在着一种直线或单线的传承关系，因为诸多文化因素可能不仅仅只限于吐蕃和粟特，在邻近的游

① ［英］F.W.托玛斯编著，刘忠、杨铭译注：《敦煌西域古藏文社会历史文献》，民族出版社，2003年，第336页。

② 《隋书·附国传》，中华书局，1979年。

③ ［法］麦克唐纳著，耿升译：《敦煌吐蕃历史文书考释》，青海人民出版社，1991年，第233页。

④ 《旧唐书·窦静传》，中华书局，1975年。

⑤ ［法］麦克唐纳著，耿升译：《敦煌吐蕃历史文书考释》，青海人民出版社，1991年，第233页。

⑥ A. M. Belenizki, Mittelasien Kunst der Sogden, Leipzig: VEB E. A. Seemann, 1980. p.193.

⑦ Takeshi Umehara, Miho Museum: South-wing, Miho Museum, 1997, p.249.

牧民族中同样也可见到[①]。事实上，从广阔的欧亚草原游牧文化背景来看，丧礼图所反映的一些丧葬习俗也流行于其他游牧民族地区，例如灵帐哭丧、骑射祭祀、动物献祭、丧讫宴饮等，这与吐谷浑地区所处的地理位置及其游牧民族生活方式是密切相关的。作为西迁鲜卑的一支，吐谷浑毗邻欧亚草原，并且在东西方丝绸之路上扮演着重要角色，其丧葬习俗自然会与其他游牧民族有更多的共性，并显示出多种文化交汇的特征。

以吐蕃本教丧葬仪轨来阐释这批棺板画内容，从文献记载和相关考古材料来看都是比较合理的。根据藏文文献记载，止贡赞普时期，曾从 Ta-zig（吐蕃西部某个地方）和 A-za（阿豺，即吐谷浑）请来本波主持丧葬仪式[②]，“向吐谷浑王设置本教超度，故摧毁吐谷浑政权，纳入悉补野治下”[③]。这说明吐谷浑地区可能早在吐蕃征服之前，已有本教流行，并且在王室贵族的丧葬中产生了一定的影响。吐蕃占领之后，本教更盛，并深刻影响了当地的丧葬习俗，这从都兰地区所发现的吐蕃时期墓葬就可以窥见。都兰吐蕃墓葬的封土、墓室结构和布局，都同西藏发现的吐蕃时期墓葬类似，墓葬中随葬大量的动物也是本教丧葬习俗的重要特点，在出土棺板画的墓葬中也有不少发现。此外，棺板画人物的服饰，尤其是赭面、朝霞缠头、翻领左衽连珠纹长袍等诸多因素，都是 8 世纪吐蕃人物形象的典型特征。这一方面是吐蕃通过吐谷浑地区进军中亚，并向本土以外大批移民所致，另一方面也是在被征服地区大力推行吐蕃化政策的结果。然而木棺和棺板画装饰的形式为藏南吐蕃墓所不见，显示了吐谷浑地区在吐蕃化的过程中仍然保持了某些本土的文化传统。

附记：本研究得到“人社部留学回国人员科技活动”项目资助。承蒙霍巍先生惠示采 M1 木棺图片资料，谨致谢忱。

（原刊于《考古》2012 年第 11 期）

① 霍巍：《西域风格与唐风染化——中古时期吐蕃与粟特人的棺板装饰传统试析》，《敦煌学辑刊》2007年第1辑。

② Helmut Hoffmann, Quellen zur Geschichte der Tibetischen Bon-Religion, Wiesbaden: Akademie der Wissenschaften und der Literatur in Mainz, Franz Steiner Verlag.1950. p.211, p.212, p.246.

③ 恰白·次旦平措、诺章·吴坚、平措次仁著，陈庆英等译：《西藏通史·松石宝串》，西藏古籍出版社，1996年，第153页。

青海海西新发现彩绘木棺板画初步观察与研究

孙　杰　索南吉　高　斐

一、研究现状及概况

2002年青海省文物考古研究所对德令哈市郭里木乡夏塔图草场山根被盗掘两座墓葬进行了清理发掘，两座墓葬均为竖穴土坑形制，长方形单室。其中一座为夫妇合葬的木椁墓（夏塔图1号墓），另一座系土坑墓（夏塔图2号墓），柏木棚顶。引人注目的是这两座墓葬中发现了一批木棺板画，这批木棺板画上面彩绘宏大的场景和众多人物形象，被认为是学术史上吐蕃时期美术考古遗存一次最为集中、最为丰富的发现。关于这批彩绘木棺板画，许新国①、罗世平②、仝涛③、霍巍④、周伟洲⑤等学者都做了很多有益的研究，主要观点如下：

第一，这批木棺板画属于吐蕃时期，就其所反映的文化特征而言，显然应将其归入吐蕃文化。

第二，彩绘木棺板画其源头很有可能来自中世纪北魏鲜卑系统的吐谷浑人，其族属当为吐谷浑人。

第三，从木棺板画的内容和题材看，深受中原地区和中亚、西亚地区的影响。

但关于这批木棺板画的学术争论远未结束，而且随着新材料的发现和研究的深入，争论仍会持续。日前笔者有幸在青海省藏医药文化博物馆见到一批新发现的彩绘木棺板画，据介绍这批木棺板画来自青海省海西州，因之前已流散于民间，其确切出土位置不得而知。从木棺板画的内容题材以及构图方式看，这批木棺板画无疑与2002年郭里木出土吐蕃时期木棺板画属同一时期，反映了共同的文化特征。这批木棺板画包括两个完整的盖板，四个完整的挡板，一个完整的侧板和四个残缺程度不同的侧板共11组，从保留有两个完整的盖板和四个挡板观察，这11组木棺板画至少来自两具头大尾小的梯形棺。

---

① 许新国：《郭里木吐蕃墓葬棺板画研究》，《中国藏学》2005年第1期。

② 罗世平：《天堂喜宴——青海海西州郭里木吐蕃木棺板画笺证》，《文物》2006年第7期。

③ 仝涛：《木棺装饰传统——中世纪早期鲜卑文化的一个要素》，《藏学学刊》第3辑，四川大学出版社，2007年，第165～170页。

④ 霍巍：《青海出土吐蕃木棺板画的初步观察与研究》，《西藏研究》2007年第2期；霍巍：《吐蕃时代考古新发现及其研究》，科学出版社，2012年，第107～161页。

⑤ 周伟洲：《青海都兰暨柴达木盆地东南沿墓葬主民族系属研究》，《史学集刊》2013年第6期。

二、初步观察研究

由于大部分画面已漫漶不清，所以下面仅就画面较为清晰的两个挡板和两个侧板做简单介绍和初步研究。具体如下：

1. 挡板

A 挡板　完整，由三块木板拼合而成，上端略呈半圆形。画面分上下两部分，上半部分依稀可以辨识为一“朱雀”形象，下半部分似可称其为“仪卫图”，红色粗线勾画出的长方形方框左右两边各画一名武士形象的男子侧向对立。郭里木出土彩绘棺板两个挡板中也见有玄武和朱雀形象，但不见下方“仪卫图”。

B 挡板　完整，由四块木板拼合而成，上端略呈半圆形。画面内容可分上下两部分，上半部分隐约可见“玄武”形象，左右两边辅以折技花草；下半部分同样为“仪卫图”，红色粗线勾画出的长方形方框左右两边各画一名武士形象的男子侧向对立（图一）。左边武士已漫漶不清，右边武士身穿铠甲，腰挎长刀，左手扶刀柄，赭色涂面，头戴兜鍪，脚蹬黑色长靴。铠甲为用圆角长方形编缀而成的“札甲”，值得注意的是这种铠甲与南北朝至隋唐时期所流行的两当铠和明光铠皆有所不同，更像是唐代的“步兵甲”[①]，身甲和垂至膝盖的膝裙连为一体，腰间束带。与唐昭陵长乐公主墓壁画“甲胄仪卫图”中仪卫武士所着铠甲十分相像[②]，只是少了保护两肩和上臂的披膊（图二）。

图一　“仪卫图”中的武士形象

图二　“仪卫图”中的武士形象线描图（高斐绘）

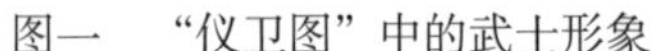

① 事实上这种长筒状的膝裙也确实不适宜骑兵使用，不方便骑马，似乎从另一方面也说明这种铠甲确实为步兵所用之“步兵甲”。

② 参见昭陵博物馆编：《昭陵唐墓壁画》，文物出版社，2006年，第38～39页。

实际上关于吐蕃武士所用甲胄，这一时期的木棺板画也为我们留下了珍贵的图画资料。2015 年笔者在海西州都兰县博物馆见到一张当地文物工作者在清理一座墓葬时拍摄的照片，从木棺板画中人物形象和服饰看，无疑具有浓厚的吐蕃文化特征。画面中至少可清晰地看到三名骑兵，皆赭色涂面，头戴兜鍪，兜鍪顶竖长缨、左右护耳下垂至肩，身穿铠甲，与唐昭陵长乐公主墓壁画“甲胄仪卫图”中仪卫武士所着甲胄几无差别[①]，唯膝裙不似圆筒状，而是分为左右两片罩于两腿之上，披膊亦清晰可见（图三、图四）。

图三　吐蕃武士甲胄

图四　吐蕃武士甲胄

止贡赞普时期吐蕃已出现了箭、刀、铠甲等兵器[②]，关于吐蕃兵器的来源，从新疆出土的木简中，我们似乎可以发现一些线索：

123 条：唐人矛十支。

124 条：唐人中等大小铠甲（有九眼的）三套[③]。

这里的“唐人矛”“唐人铠”或可作两种解释：第一，这两种武器出自唐朝工匠之手；第二，这两种武器直接来自于唐朝军队，是双方交战时的战利品。但无论作何种解释，这两种武器与唐朝有联系则是确定无疑的，上述吐蕃时期木棺板画上的仪卫武士和骑兵所着甲胄也充分说明这一点。看来吐蕃武器确有一部分出自唐朝工匠之手或直接来源于唐朝军队。

从绘画内容和尺寸大小看，A 挡板与 B 挡板应为同一木棺的前挡和后挡，相比于上方的朱雀玄武和两侧的武士，画面中的红色方框的绘制显得较为粗糙并无任何细部描绘，但从整个画面来看，两块挡板上的红色方框皆处于画面“视觉焦点”的位置，上方的朱雀玄武及两侧的武士都是围绕中间的红色方框分布的。那么在如此重要的位置绘制的红色方框有何寓意，要解释清楚这一点，就必须了解吐蕃时期的丧葬观念和由此而产生的丧葬仪轨。中国古人并不认为死亡是生命的完结，而相信死亡是由身体与灵魂分离引起的，灵魂不灭。这种对肉体与精神两重性的认识，使得人们相信人

① 参见昭陵博物馆编：《昭陵唐墓壁画》，文物出版社，2006年，第38～39页。

② 次旦扎西、杨永红：《吐蕃军队兵器简论》，《西藏大学学报》2010年第1期。

③ 王尧、陈践：《吐蕃简牍综录》，文物出版社，1986年，第47页。

之所以具有生命是因为肉体与精神的结合，而死亡也是由肉体与精神的分离引起的。这一观念也导致古人认为，如果让肉体和灵魂重新结合，一个“死人”便可以变成具有生命的个体而继续存在[①]，同样的“灵魂”观念也见于吐蕃苯教丧葬仪轨中。

伦敦印度事务部图书馆所藏编号为S.I.O.562的敦煌古藏文写卷涉及“降魂仪式”，其中第10页背面第4行译文如下：“所谓人死，就是灵魂与肉体二者相分离……”[②]明确说明死亡是由灵魂与肉体分离引起的，所以在另一份敦煌古藏文写卷P.T.1042第8节（第24～48行）中便为我们留下了所谓“尸魂相合”仪式的记录。其中第42～44行写道：“此后尸、魂相合：将给尸体的供食和给灵魂的供食、尸像与魂像互相碰三次（表示尸、魂相合），献上一瓢‘相合酒’。此后尸主留于此地，魂主向左转着走来，一共转三圈，在这期间每转一圈都要致礼（phyag-tab）并供上一瓢酒。”[③]

通过祭师象征主义的操作（即将尸体、灵魂的象征物相互碰撞三次）来祈求灵魂回归死者的尸体。显然这种“降魂仪式”最初的意义是要达到起死回生的目的，但无数的事实表明这只是人们一厢情愿的徒劳罢了，起死回生的事并未发生。于是死亡便不再被看作是生命的完结，而是充满希望的另一世界的开端，丧葬仪轨的核心目的随之也从使死者起死回生转移到如何能使死者安全顺利地从此世界到达彼世界。敦煌古藏文写卷P.T.1134中的一句话就充分反映了吐蕃人对于“死亡”观念的这种转变，译文如下：“殡葬祭司玛达那和辛饶米沃两人妥善地处理了四方墓室之事（即丧葬仪式），大王便权位更高（mto<mtho），气色也重新焕发出来，至今仍活在天神之地，这便是永生不死的方法（tabs<thabs）。”[④]

既然死亡被视为充满希望另一世界的开端，那么其丧葬仪轨的核心便是如何才能把死者的灵魂从死人的世界中赎出，帮助死者通过死人世界中的种种艰难险阻，从而最终到达九重天之上的“天神世界”享乐。所以笔者以为前后挡板上的红色方框应是死者灵魂通往“天神世界”的通道，两侧的武士则是用以“仪卫”墓主灵魂。经由此通道开始的旅程，其最终的目的地是九重之上的“天神世界”，但这个九重之上的“天神世界”似乎并不十分具体，只是对“现实家园”的模拟和美化而并未超越“现实家园”。P.T.1042第102～105行关于墓穴贡品的记载就充分地说明了这一点，译文如下：“102行 消除魔罗。供于墓穴的物品有：衣服、糕饼、各种武器、出行物品、卧具、炊具等；103行 由降魂师（thugs-rog-po）献上的物品有：棋子、乐器、各种须臾不可缺少的；104行 物品、饮食睡卧用品、神馐制作用具、食物饮料；105行等等各种用具全部（ril）置于墓穴中。大王分定权势，记有两册。”[⑤]

将现实生活中所有的日常生活用品几乎一件不落都置于墓穴中，足见在吐蕃人看来死后的“天神世界”不过是“现实家园”中现实生活的延续，现实生活中的一切用具，在“天神世界”中同样不

① 赵盼超：《从丧葬礼仪看汉代人对死亡的干预——兼论肉体与灵魂的两重性》，《文博》2007年第1期。
② 褚俊杰：《吐蕃本教丧葬仪轨研究（续）——敦煌古藏文写卷P.T.1042解读》，《中国藏学》1989年第4期。
③ 褚俊杰：《吐蕃本教丧葬仪轨研究——敦煌古藏文写卷P.T.1042解读》，《中国藏学》1989年第3期。
④ 褚俊杰：《吐蕃本教丧葬仪轨研究（续）——敦煌古藏文写卷P.T.1042解读》，《中国藏学》1989年第4期。
⑤ 褚俊杰：《吐蕃本教丧葬仪轨研究——敦煌古藏文写卷P.T.1042解读》，《中国藏学》1989年第3期。

可或缺。所以 P.T.1134 中写到经过殡葬祭司玛达那和辛饶米沃两人妥善地处理了四方墓室之事（即丧葬仪式）之后，到达“天神世界”的大王不过是权位更高（mto<mtho），气色重新焕发出来，做到了永生不死而已。这种生死观同样反映在了彩绘木棺葬具上，2002 年至今青海海西发现的彩绘木棺其左右侧板上丰富的画面内容无一不是表现现实生活的场景，或是对现实生活场景的模仿，并未出现超越现实生活的场景。

2. 侧板

A 侧板 由三块木板拼合而成，整个画面布局和题材内容同郭里木一号棺 A 板（以下简称郭 A 板）几无差别，分为上、中、下三层，上层用一窄行画面绘出起伏的山丘，山丘间生长着高大的树木。中层与下层交错绘制不同的情节和场景。画面以左边矮帮为起首，逐渐向右边高帮展开推进，大体可分为五组画面。

第一组：画面上半部分保存较好，下半部分已漫漶不清，上半部分画面同郭 A 板一样，表现的是四名武士策马引弓追赶牦牛的场景，人物头上皆缠有低平的头巾，身穿窄袖紧腰长袍，赭色涂面。

第二组：第二组和第三组画面所在的位置，郭 A 板分别表现的是“驼运赴盟”和“拂庐宴饮”的场景，但在 A 侧板中已漫漶不清，不能辨识。考虑到 A 侧板和郭 A 板在整体布局和题材上的相似性，A 侧板第二组、第三组画面所表现的应是类似场景。

第四组：四名男子一前三后，前面一人已模糊不清，后面三名男子中左右两边男子均头缠较为低平的头巾，身穿直领交叉长袍，赭色涂面。中间一人头巾较为细高，身穿圆领长袍，下颚处留有胡须，从其细高的头饰看身份似较左右两人尊贵。四人面前是一头已经中箭的牦牛，比对郭 A 板同一位置的画面，画面所表现的应是“客射牦牛”的场景（图五）。

图五 “客射牦牛”场景线描图（高斐绘）

第五组：与郭 A 板相同，表现的是男女合欢图。

同样的题材内容既出现在 A 侧板上，也出现在郭里木 1 号棺 A 侧板上，不仅如此，就连每一相同题材在整个画面中出现的位置都完全一样。这说明当时或已存在成套的“样本”或画稿，虽然每一墓主对具体题材的选择略有不同，但选择的范围总是围绕着某几类基本主题，所以任何特殊的选择仍然具有一般象征意义及礼仪功能。

B 侧板　这是一块失群的侧板，画面以右边为起首，从右至左先用白色颜料为底色漆出五个呈半圆形的壶门[①]，每个壶门内分别用不同的颜色画出五个首尾相连的大象。每头大象的造型和装饰都基本相同，作奔走状，象鼻前伸，象尾上扬[②]，脖颈处类似攀胸和尾部类似鞦带的绶带上皆缀以圆铃，攀胸与鞦带相交于象背鞍鞯之下，鞍鞯下垂至腹部用带扣固定。但最为引人注目的画面是每头象的象背上皆驮负一束腰覆仰莲座，座内托一圆球形宝珠（图六、图七）。

图六　木棺侧板上绘制的大象

图七　木棺侧板上绘制的大象线描示意图（高斐绘）

① 类似的壶门装饰纹样在1999年发掘的都兰吐蕃三号墓彩绘木箱状木器上也有出现，但更多的则是见于入华粟特人墓葬中的石棺床上，多在棺床底座上，几乎是一种必不可少的装饰纹样。

② 郭里木木棺板画中出现的动物形象，绝大多数也是这样的造型。参见宋耀春：《青海郭里木出土木棺板画数据统计与分析》，《藏学学刊》第9辑，中国藏学出版社，2014年，第67页。

象的形象早在殷商青铜器上即已出现，是这一时期以常见动物为饰的“时尚”反映①。由于生态、文化原因以象形象作为装饰纹样，在西周中期以后几乎不见②。两汉时期象形象再次出现，多见于画像石上，但仅作为一种方外贡物，汉文化本身并不把象作为传统看待，东汉晚期象的形象出现一些新的造型，表明象已不仅仅以方外贡物入画。敦煌佛爷庙湾西晋画像砖墓中的“白象”画像砖即属此类，戴春阳先生认为这座墓葬中出土的7块“白象”画像砖上的白象（图八），“透露了意识形态方面一些新的文化信息，是带有佛教色彩的瑞兽”③。至于B侧板象背上为何会出现束腰覆仰莲座及圆球形宝珠，笔者不敢强加解释，下面仅结合一些考古发现，谈谈自己的一些看法。

图八　敦煌佛爷湾西晋墓白象画像砖

（采自戴春阳：《敦煌西晋画像砖中白象内涵辨析》，《敦煌研究》2011年第2期）

保存至今的唐代帝陵仪卫石雕中的石柱，“总体看来，从永康陵石柱到乾陵石柱，除了献陵石柱外，石柱样式已然是八棱宝珠状，仅柱顶宝珠的莲座造型还不稳定。其中顺陵石柱顶部雕刻十分精美，其连珠束腰覆仰莲座类同于北朝以来石窟中佛陀和菩萨的莲座。桥陵（睿宗李旦）和泰陵（玄宗李隆基）石柱柱顶均与顺陵的形式相同，仅宝珠增大，后世关中唐陵石柱均遵循此式”④。北齐娄睿墓（图九）和唐安元寿墓石门门额上亦见有这种以莲花座承以球形宝珠的装饰纹样，尤其是安元寿墓石门门额正中的纹样与B侧板象背上的纹样十分相似，覆莲座内承以圆球形的宝珠。同样，这种覆莲纹柱础、八棱柱身、覆莲座和宝珠构成的宝珠柱，在石窟壁画中也时常见到。无论唐陵神道上的石柱抑或是石窟壁画中的宝珠柱，细察之其柱头造型虽略有不同，但莲座和球形宝珠却是其不可或缺的两个最为重要的构成要素，无疑也是这种石柱的核心所在，而这种装饰纹样的出现一般都被认为是受佛教影响而形成的。以此观之，笔者以为侧板画面中大象

① 戴春阳：《敦煌西晋画像砖中白象内涵辨析》，《敦煌研究》2011年第2期。
② 梁彦民：《商人服象与商周青铜器中的象装饰》，《文博》2001年第4期。
③ 戴春阳：《敦煌佛爷庙湾西晋画像砖墓》，文物出版社，1998年，第108页。
④ 李星明：《佛法与皇权的象征——论唐代帝陵神道石柱》，《复旦学报》2011年第1期。

图九　北齐娄睿墓以莲花座承以球形宝珠的装饰纹样
（采自山西省考古研究所、太原市考古研究所：《北齐东安王娄睿墓》，文物出版社，2006 年）

及其背上束腰覆仰莲座承以宝珠的装饰纹样，或许同样透露了意识形态方面一些新的变化信息，带有某些佛教文化色彩。

根据文献记载，结合近年来的考古发现，已经基本可以肯定地处柴达木盆地东沿的青海海西地区正是吐谷浑人活动的中心地带。考古发现中虽未见吐谷浑佛教信仰的直接证据，但《梁书》《南史》《高僧传》《宋高僧传》中皆有关于吐谷浑佛教信仰的明确记载，所以吐谷浑的佛教信仰当是可信的。继吐谷浑之后统治这一地区的吐蕃王朝，赞普赤松德赞（755 ~ 797 年）兴建了吐蕃史上第一座真正意义上的寺院桑耶寺，前后两次发布兴佛诏书，颁布“三户养僧制”，扶持佛教势力发展。赤德松赞（798 ~ 815 年）继位后更是在吐蕃大兴佛教，兴建噶迥多吉英寺，同时向全体臣工属民颁布不准毁坏佛教及坚守三宝之诏令，命令全体臣工发誓“世世代代永不毁灭佛法”[①]，佛教势力在吐蕃迅速发展和壮大，并因此在政治领域形成由“僧相”主导政局的局面[②]。随之吐蕃佛教徒将他们在政治领域的成功逐渐扩展至意识形态领域，开始改造苯教（种种非佛教信仰）占统治地位时期旧的社会意识形态，这其中就包括原有苯教丧葬仪轨的佛教化运动，这场运动开始于 8 世纪下半叶（赤松德赞时代），于 11 世纪大体上宣告完成，其结果则是吐蕃苯教丧葬仪轨大体上佛教化[③]。或许 B 侧板上带有某些佛教文化因素装饰纹样的出现正是这一时代背景的产物。因为虽然这批木棺板画制作的具体年代无法准确判定，但就其构图方式和画面内容与郭里木木棺板画的相似性而言，无疑郭里木墓葬年代对于判定青海藏医药文化博物馆这

① 巴卧·祖拉陈哇著，黄颢译注：《〈贤者喜宴〉摘译（十二）》，《西藏民族学院学报》1983年第4期。
② 林冠群：《唐代吐蕃僧相官衔考》，《中国藏学》2014年第3期。
③ 褚俊杰：《论苯教丧葬仪轨的佛教化——敦煌古藏文写卷P.T.239解读》，《西藏研究》1990年第1期。

批木棺板画的制作年代具有很强的参考性[①]，这一时期佛教势力在吐蕃迅速发展，吐蕃原有苯教丧葬仪轨也开始了其佛教化的过程。

三、彩绘木棺墓主族属推测

自2002年郭里木彩绘木棺出土，关于这些彩绘木棺墓主族属的争论一直以来就未曾停止过，墓主族属之争也成为当前亟待解决的核心问题。关于墓主族属，大致有苏毗说、吐蕃说、吐谷浑说几种，就目前发现的资料来看，吐谷浑说似乎更有说服力。笔者在硕士论文《青海海西地区5–8世纪墓葬文化因素研究》一文中，通过对海西地区这一时期墓葬文化因素的系统分析，同样认为某些具有典型吐蕃文化因素的墓葬应是吐蕃统治下的吐谷浑邦国的遗存，墓主族属当是吐谷浑人[②]。近日承蒙海西州民族博物馆辛峰先生美意，示以2008年3月当地文物工作者在该州乌兰县茶卡镇茶卡乡冬季牧场一座被盗墓葬旁边采集到的一块彩绘木棺盖板，通过对这块盖板画的观察研究，更使笔者坚定了之前关于墓主族属为吐谷浑说的观点。

盖板前宽后窄，顶端有一凸起的直楞，断面呈三角形，前端完整，后端残断，上有彩绘图案，以白色打底，黑线勾勒，用绿、灰、红色彩绘。关于盖板彩绘画面内容，许新国先生已在《茶卡出土的彩绘木棺盖板》一文中详细描述[③]，此不赘述。虽然棺盖早在2008年即已被发现，但就其价值似乎并未引起重视，图片资料也未公布过。盖板彩绘画面最大的特征在于画面中的主体人物一改以往多赭色涂面、朝霞缠头、身穿翻领左衽连珠纹长袍等典型的吐蕃文化特征，男性皆头戴红色圆形小帽，女性则头戴一横冠，四周有饰物垂下（图一〇）。许新国先生通过对比认为画面中妇女的发式与酒泉果园乡丁家闸5号墓壁画中妇女的发式相同，而红色圆形小帽则与嘉峪关新城1号墓出土的一块榜题为“耕种”的画像砖上三名男子所戴圆形小帽相同（图一一），从而判定画面中男女冠饰具有浓厚的鲜卑色彩，对此笔者以为有待进一步论证。

图一〇　茶卡出土彩绘木棺盖板上的人物形象

① 郭里木1号和2号两座墓葬年代分别为757、756年。参见王树芝、邵雪梅、许新国等：《跨度为2332年的考古树轮年表的建立与夏塔图墓葬定年》，《考古》2008年第2期。

② 孙杰：《青海海西地区5–8世纪墓葬文化因素研究》，西北师范大学硕士学位论文，2015年。

③ 许新国：《茶卡出土的彩绘木棺盖板》，《青海民族大学学报》2011年第1期。

图一一 嘉峪关新城1号墓出土耕作画像砖
（采自曹宇：《河西走廊魏晋十六国壁画墓题榜研究》，西北师范大学硕士学位论文，2015年）

以嘉峪关新城1号墓为例，“耕种”画像砖中三名男子所戴圆形小帽虽与盖板画面中男子的冠饰十分相似，但其所着服饰则显然与墓主段清更为接近，而段氏“世为西土著姓”[①]，其所穿服饰显然为汉服。类似的圆形小帽在河西地区魏晋时期画像砖墓中也并不鲜见，墓主段清身旁的侍者即是一例。另外该墓镇墓瓶上有“甘露二年”朱书镇墓文，这里的“甘露”应是曹魏时期曹髦的年号，即257年，此时鲜卑不过初入河西[②]，其服饰习俗能否对“世为西土著姓”的墓主段清产生如此深远的影响，以至其墓中壁画上出现如此之多头戴鲜卑圆形小帽的侍者，这是很令人怀疑的。所以仅从盖板画面中男性人物所戴圆形小帽与嘉峪关新城1号墓“耕种”画像砖中三名男子所戴圆形小帽虽有相似之处，就判定盖板画面中人物冠饰具有浓厚的鲜卑色彩，显然是缺乏说服力的。但笔者对许新国先生“初步断定棺盖板上所绘人物的族属应为吐谷浑人”的结论则是十分赞同的。

西迁后的吐谷浑虽也曾经历了慕璝主政时期“招集秦凉亡业之人，及羌戎杂夷众至五六百落，南通蜀汉、北交凉州、赫连，部众转盛”[③]的兴盛时期，但紧随而来的北魏西进，则迫使吐谷浑政治中心不得不西移至青海湖近南、近西南的地方，时间大约始自拾寅而终于吐谷浑政权为吐蕃所灭[④]，即大约始于452年，终于663年。“木棺以漆画或彩绘装饰其表，最早出现在汉文化地域，而自魏晋南北朝起，受汉文化影响，北方鲜卑高级统治者阶层开始采用，并吸收为其丧葬习俗之一部分”[⑤]，使用头大尾小的梯形木棺作为葬具则更是典型的鲜卑丧葬习俗。盖板画的绘制时间当是在6世纪或6世纪下半叶[⑥]，而这一时期活动于这一地区的鲜卑系统的民族则只能是吐谷浑人。

无疑茶卡吐谷浑梯形彩绘木棺与郭里木发现梯形彩绘木棺两种葬具之间是有前后继承关系的，

① 《晋书·段灼传》，中华书局，1974年，第1336页。
② 赵向群：《五凉史探》，甘肃人民出版社，2007年，第33页。
③ 《魏书·吐谷浑传》，中华书局，1974年，第2235页。
④ 李文学：《吐谷浑研究》，兰州大学博士学位论文，2007年。
⑤ 仝涛：《木棺装饰传统——中世纪早期鲜卑文化的一个要素》，《藏学学刊》第3辑，四川大学出版社，2007年，第165～170页。
⑥ 许新国：《茶卡出土的彩绘木棺盖板》，《青海民族大学学报》2011年第1期。

虽然彩绘画面前后所表现的文化特征差异较大，但这应被理解为文化因素的变迁而非族属的改变，尤其在吐蕃占领吐谷浑后对其实行所谓“吐蕃化”的政策，这种文化因素的变迁显得更为剧烈更为彻底。与郭里木出土吐蕃时期木棺板画相比，茶卡乡木棺板画所表现的文化因素则显得相对单一，不见典型吐蕃文化因素，纹饰也较为简单，即是很好的说明。但吐谷浑在文化因素变迁中并未完全丢掉其本民族的丧葬习俗，其核心即是以梯形彩绘木棺作为葬具①，以至于吐延为昂城羌酋姜聪所刺，剑尤在身的危急时刻仍不忘嘱托后人在其死后要将自己以“棺殓讫”。由此可见，使用木棺葬具殓尸在吐谷浑人丧葬习俗中的重要性是不可替代的。

因此，笔者以为包括郭里木墓葬在内的青海海西地区以彩绘木棺为葬具，具有典型吐蕃文化因素的墓葬，其墓主族属当是源于鲜卑系统的吐谷浑。这种彩绘木棺装饰传统正如仝涛所言属中世纪早期鲜卑文化的一个要素，这一传统随着吐谷浑的西迁被带到了海西地区，在这里延续了数百年，直到吐谷浑政权灭亡后仍在延续。

四、结语

青海藏医药文化博物馆收藏的这批木棺板画是继郭里木木棺板画之后吐蕃时期美术考古遗存的又一重要发现，无论是画面布局还是题材内容都与郭里木木棺板画有许多共同之处。就其时代而言应属吐蕃时期，就其所反映的文化特征而言显然应将其归属于吐蕃文化，而其族属则是源于鲜卑系统的吐谷浑。但A挡板、B挡板上的红色方框和两侧的武士以及B侧板上的装饰纹样则是之前不见的，尤其是B侧板上的装饰纹样似乎透露了意识形态方面一些新的变化，带有某些佛教文化因素，更是值得我们深入探讨的问题。

（原刊于《丝绸之路研究集刊》第二辑，商务印书馆，2018年）

① 德令哈闹哈图、巴格西热图、水泥厂北等处发现的墓葬无一例外都以梯形木棺作为葬具，其中水泥厂北墓内残留的棺板上仍见有彩绘的痕迹，可辨图案有马、鹿、牦牛、羊等动物，这些墓葬经树木年轮定年时间皆处于吐谷浑时期（663年以前）。参见肖永明：《树木年轮在青海西部地区吐谷浑与吐蕃墓葬研究中的应用》，《青海民族研究》2008年第3期。

试论夏塔图吐蕃棺板画的源流

许新国

2002 年 8 月，青海省考古研究会同海西州民族博物馆，在德令哈市郭里木乡夏塔图草场一座被盗的墓坑中，采集到一幅较为完整的吐蕃时期棺板画，其后又在该地发掘了两座墓葬。其中 M2 亦出有较为完整的棺板，其上的绘画除部分不清晰，保存大体上完整。被盗墓葬采集的一幅较为完整的棺板画笔者已经部分发表[①]。现将其完整发表，并探索其风格和源流。

一、内容与题材

A 面

1. 狩猎图

在棺板左下画一人骑马引弓，马前画有三头奔跑的鹿，其中一鹿中箭，另二鹿狂奔逃命。人马和奔鹿向左冲向板外。上方是骑士追射牦牛的画面，三位骑猎者正在追杀二头健壮的牦牛，其中一牛中箭仍负痛奔突。在牦牛的下方，一条猎犬追堵牦牛的逃路。牦牛头前另有两骑，近牛者的坐骑撒开四蹄，乃是追猎的姿势，最前的一骑贴近中心的大帐，画的是勒缰控马的姿势（图一）。

2. 商旅图

棺板左侧的中部画一支驼队，左起猎鹿的追骑，右止庐帐。中间一驼，满载货物，驼前三骑，驼后一骑，前后相继。人物缠头，身着圆领或翻领长袍，腰系带，并佩带胡禄（箭囊），面向驼队有两位袖手躬腰的人物，他们立于帐前迎候驼队的到来。

3. 宴饮图

这是 A 板的主题画面，中心绘两顶帐篷，一前一后相连。前面的大帐门口，左右各立一人迎客。门帘卷起，可见帐内举杯对饮的夫妇。男子头戴尖虚帽，着翻领长袍，女子戴巾佩珠锦，穿翻

---

① 许新国：《郭里木吐蕃墓葬棺板画研究》，《中国藏学》2005年第1期。

图一　青海海西州郭里木棺板画 A 板

领衣。帐外是摆开的酒席，饮酒者有坐有立，姿态各异。靠棺板的底边，见一醉酒者转身吐酒，一人仰面吹角。宴席中的男子着翻领长袍，头上的帽子有两种，一种包头缠巾，一种为高起的虚帽。宴席的右边站立一组身着长袍的女子。画面因漫漶残缺，但仍可看出是一次人物众多的大型集会。坐帐对饮的夫妇地位显贵，应是本次集会的主人。

画上的帐篷也很有特点，顶部开有喇叭形的圆孔，吐蕃称作“拂庐”。画上的两顶拂庐，前后相连，即可与《吐蕃传》中“联毳帐以居”的说法相对应。大凡会盟料集、婚丧节庆奖励功臣等宴饮活动，吐蕃常以拂庐为中心。这种帐篷不仅能遮风挡雨，而且形制大小还有贵贱等级的差别。该帐篷中的夫妇身份为赞普和赞蒙是可信的。因其与《新唐书·吐蕃传》中收录有唐穆宗长庆二年唐蕃会盟使者刘元鼎所见吐蕃赞普大帐及宴饮的情形大致相吻合。

4. 射牛图

在大帐的右边，棺板高帮的右上角绘有客射牦牛的情节。中心人物是一位张弓搭箭的男子，所射的牦牛被拴系于树干，伏卧于地。射牛者头戴尖虚帽，足踏一方小垫毯，显示出其与众不同的尊贵地位。其余五人半围着射牛者。他身后有人一手持弓，一手取箭待射。上方有二人袖手观看，一人手捧杯盘，一人持酒壶侍奉。

射牦牛是吐蕃接待宾客的一种特殊礼节。《新唐书·吐蕃传》载：“其宴大宾客，必驱牦牛，使客自射，乃敢馈。”狩猎图中骑射者驱赶牦牛的情节和射牦牛的画面可以前后相续。驱赶牦牛，使客自射在画面上明确地表现为一种仪式，射牛者足下的方毯表明了他显贵的身份。

5. 爱欲图

画面情节由三人组成，画在大帐的上方。一对男女正在做爱，其旁另画一缠头大须的男子双膝跪踞，正在手持阳物自慰。在男女的头边画出图案化的花草，表明是在野外。如此真实的描绘男女合欢的情节以往从未见到过。鉴于吐蕃板画所处的时代，将这种赤裸裸的男女交媾图与赞普迎宾或会盟的庞大场面绘于一处，最大的可能是一种宗教现象。

以性标志为象征的神灵崇拜传统在印度源远流长，在雅利安人进入印度之前就已经存在。印度最早的土著居民和其他的初民部落一样，其原始信仰中就有对大地母亲及其生殖能力的崇拜，并以此构成了早期印度教湿婆信仰的核心。其中大乘佛教的瑜伽行派就已经接受了这方面的内容。金刚乘的教义就是从大乘的瑜伽行派发展而来的，属于大乘佛教的一支。金刚乘又称为密乘或怛特罗乘，其修法特征是以怛特罗——一种集各种仪式和瑜伽修习方法而且仪轨化的经典为基准进行的。

古代佛教曾经极力排斥性行为，甚至在某种程度上是坚持如同驱魔一样地摒弃性行为，完全将此从其僧侣们的生活中排除出去。至于怛特罗，它们却非常注意身体，最大可能地利用它来从事救度。他们将性行为置于首要地位，男女之间的性行为被认为具有神圣的意义。金刚乘的革新，与性力派于公元最初几个世纪在印度宗教和文化生活中的发展，有着直接的关系。女性本原的重要地位以及男女之合的神性，最终在佛教中占有了稳定的地位。印度边地外来宗教的影响，吐蕃传统的苯教信仰，西域的萨满教等，也可能在这方面起过重要作用。

棺板画中爱欲图的发现，使我们联想到，这一时期的吐蕃人一方面对于现在世和未来世具体的物质享受和幸福保持着强烈的吸引和关心，另一方面在来世再生于极乐净土是他们强烈的愿望。可以认为这一类美术，是以通向释迦牟尼佛国净土再生为主题的象征性美术。

B 面

B 面的叙事结构与 A 面完全相同，画面以棺板的矮帮为起首，渐向棺板的高帮推进，到拂庐宴饮形成高潮。现按 B 板顺序，将情节分出 6 个序号，分别加以说明（图二）。

图二　青海海西州郭里木棺板画 B 板

1. 哀悼图

画在棺板的右下，人群分成两组。紧靠棺板的右边，画三人四马。马匹站成一排，头身皆披红黑图案的彩衣。马前并排站立的人物，有二人头戴黑底红纹的大沿礼帽，一人缠头，腰间佩刀，人物表情肃穆。与他们相对，画一躬身长袖的接待者。这组人物的前方，有三位免冠的人物，跪在小帐门前。小帐略与人高，用红黑色调的对圆连珠纹织物制成，与马衣的装饰相似。门帘开处，依稀可见类似棺木的彩画线条（因画面漫漶，不能确定其形），这应是专为死者而设的灵帐。灵帐的上方画四位女子，最前的一位脸上有用墨线画出的泪痕，其余的女子表情悲苦。灵帐下方画三位背向的人物，从缠头戴帽的装束来看，应为男子。这两组夹侍灵帐的男女人物，是死者的亲属，他们为死者守灵，接受前来的吊唁者。距灵帐稍远处，画有女侍、骆驼和盛酒的大罐。

关于吐蕃的丧葬习俗，新疆米兰藏简中明确记载吐蕃存在举哀哭灵的仪式。在棺板画上还有两点要注意。其一，停灵的小帐绘以特别的图案，与吐蕃墓上起屋彩画的做法相同。吐蕃彩绘的葬俗见《新唐书·吐蕃传》："其死，葬为冢，塈涂之。"所谓"塈涂之"，说的是彩画房屋。据文献记载，赞普的陵墓和常人的墓所都有建筑，且加以彩绘。《新唐书·吐蕃传》下就收有 822 年唐蕃会盟的使臣刘元鼎的亲历实录：

> 河之西南，地如砥，原野秀沃，夹河多柽柳。山多柏，坡皆丘墓，旁作屋，赪涂之，绘白虎，皆虏贵人有战功者，生衣其皮，死在旌勇，徇死者瘗其旁。

刘元鼎的实录不仅证实了吐蕃人的墓旁有房屋，有彩绘，而且还说出了所画为白虎的细节。这也正是在本幅图中需要留意的第二个细节，即彩马和灵帐的纹饰。这种半圆条纹显然是表示系用连珠团窠的织物来装饰，虽然不是写实的虎纹，但用来装饰马却有虎纹的效果。吐蕃习俗"重兵死，恶病终，累代战没，以为甲门"。《柱间遗训》曾记松赞干布死，大相噶尔·东赞域松负责办理丧事，以檀香水洗净遗体，穿上帛绢绫衣，扶坐在虎皮座上，安葬在有五佛殿的陵墓中[①]。据此似可推断，图中灵帐和彩马的装饰表明死者应是赞普，故而享受灵帐举哀的礼遇。

2. 超度图

图像画于棺板右上角，画三人，板边彩马的上方画一扬头举袖作呼号状的人物，着蓝色衣，人物仅画出半身，头上戴有小冠，身后画一位红袍红帽的人物，与这二人相对，也有一位头戴小冠的男子，作跨步伸手的姿势，手上持有类似画笔的物件，手的前方挂着一件红衣，长带垂下。这一段画面中，举袖呼号的蓝衣人和画衣人头上都戴有小冠，与棺板上其他人物缠头和虚帽均不相同，故推测画衣者和呼号者有可能是进行葬礼的一种仪式。

吐蕃王的葬礼采用苯教旧仪，丧事由苯教师主持。藏文抄本《巴协》曾详细记载了赤松德赞的葬礼：

> 马年孟春月（藏历正月），赤松德赞王薨逝，琛·赞协勒索等崇信本教的大臣……在札玛措姆古支起牛毛大帐，从马群中选出多匹体格强壮，善跑的马匹，修建了马场，缝制

① 恰白·次旦平措、诺章·吴坚、平措次仁著，陈庆英等译：《西藏通史·松石宝串》，西藏古籍出版社，1996年，第100页。

宽敞的帐篷，并召来彭城地区的阿辛、齐布、蔡波、雅额等一百二十七位本教师，决定由他们为赞普赤松德赞超度[①]。

这是自悉补野聂赤赞普立国以来一直沿用的国王超度仪式，规模盛大。苯教师的穿戴最明显的标志是头戴鸟冠，唐朝会盟使臣在吐蕃牙帐见到的苯教师也是“鸟冠虎带”的打扮。《新唐书·吐蕃传》引刘元鼎说：“巫祝鸟冠虎带击鼓，凡入者搜索乃进。”他们在做超度法事时，分别要承办制作死者亡灵替身的假人、假物和祭神的供品等事宜，这些供品称作“多玛供”。如米兰 vi, 2a 藏文木简：“……按习俗做一对替身物——多玛供品，然后，献降神酒。午饭，连续献上迎宾青稞酒三瓢，置一盛酒大碗，顺序饮酒，苯教主讲述往昔历史。”[②]

英国藏学家托马斯转写翻译这段文字时，将“替身物”译成假人假物，并识有苯教师念诵超度咒语的内容。他的译文为：“……黄昏时上供，所备一份饮料，放入供神灵的假人假物，予以浸泡，接着就安排（或给与?）使用有灵气渗入的勺子……行进到有灌木丛的庭院处，在繁密的灌木丛中把它吊起，很快地发出咒骂的语言。”[③]

米兰木简所记的超度仪式是为普通人所设，用作替身的多玛供可能还有别的做法，如米兰 xxiv.0017 藏文简牍：“三份（三堆）多玛供（中祭三宝，左祭神，右祭鬼），各堆前置圆饼，发面饼，煨桑树枝，旗杆，新麦……”[④]

无论多玛供如何摆设，其中有两个关键的内容，其一是制作假人假物作为替身，其二是仪式过程中有苯教师念诵咒语。这两个情节都画在了棺板上，执笔画衣的人物表示是在制作假人，举袖向天的蓝衣人应是念诵咒语的动作。他们头戴的小冠，表明了他们苯教巫师的身份。

3. 祈福图

在棺板的上方有五骑组成的马队，前导三骑，领头者手擎红色长幡催马奔驰，长幡飘卷，在他身后二骑紧随。其后二骑疾驰如飞，一人侧身拉弓，一人俯身下射，箭指方向有一双角小兽奔窜逃命。这行举幡飞驰的马队，是专为送鬼祈福而派出的，属于葬礼的另一段内容，由超度图接续而来。

吐蕃苯教旧俗既信天神，又信鬼怪精灵，人死即送鬼魂离家。这一禁忌在古藏文简牍上有记载。米兰 iv, 35 木简记的是卜问家中有无鬼魂事：“右肩胛骨，可卜问死者鬼魂是否仍强留家中？是否离去？有无鬼魂留下之迹象？”[⑤] 因为有此禁忌，所以打彩幡送鬼魂离家并祈福也是吐蕃葬俗中必不可少的环节。见 M.1.0018 藏文简牍：“派出为祭降生时命宫守护神和祈求保佑的男女值日福德正神之本教巫觋师徒，助手悉若登、苯波雅堆，引神人期同温巴，小苯波赞粗慕阻，厨子梅贡，供养人卓赞，并带上祭降生男女命宫守护神、祈求福佑之各色彩幡，大虫皮勇士桑矫让，大虫皮勇

① 恰白·次旦平措、诺章·吴坚、平措次仁著，陈庆英等译：《西藏通史·松石宝串》（上），西藏古籍出版社，2004年，第163页。

② 王尧、陈践：《吐蕃简牍综录》，第421条，文物出版社，1986年，第72页。

③ [英] F.W.托玛斯编著，刘忠、杨铭译注：《敦煌西域古藏文社会历史文献》，民族出版社，2003年，第338页。

④ 王尧、陈践：《吐蕃简牍综录》，第420条，文物出版社，1986年，第72页。

⑤ 王尧、陈践：《吐蕃简牍综录》，第440条，文物出版社，1986年，第73页。

士乞力，以及筑腊钵热。”[①]

简牍中详细记录了派出祭神祈福的苯教师徒、助手、虎皮勇士的名字和求神保佑的各色彩幡，人数比棺板上画出的还要多，图中所绘打幡的马队与简牍所说派出祈福祭神的人众性质相符合。

4. 殉牲图

画在擎幡骑队的下方，右接灵帐举哀图，画上四位持棍棒者驱赶牛马，其中三人骑马正将牛马拢集起来，另有一位红衣人站在灵帐后，持棍躬身合手，正向守灵者禀告事宜。

这群被拢集的牛马紧挨着灵帐，并画出拢集者禀告的情节，因此可以认为被驱赶拢集的牛马一定是应葬礼献祭之需，或作为殉葬的牺牲。

关于动物殉葬，汉藏文史料中均有不少的例证。

《通志》提到吐蕃葬俗时记：“人死杀牛马以殉，取牛马积累于墓上。”[②]《隋书》卷八三“附国”条曰：“其葬必集亲宾，杀马动至数十匹。”《敦煌传记》第五篇记载赞普赤松赞与韦·义策等七人盟誓，赞普的誓词为：“义策忠贞不二，你死后，我为尔营葬，杀马百匹以行粮……”[③] P.T.1040 第 24 ～ 27 行：“现在死了，要为穆汤没凌隆重举葬。在高处建（？），杀许多马驹和牛”。在 P.T.1042 整个卷子中献祭动物牛、马、羊的段落也很多。仪式达到高潮时，要刺杀乘骑并剖刺放血，还要剖解绵羊，列于坟场上[④]。

殉牲的实例以都兰热水乡血渭 1 号墓的情况最为典型。以其组合殉葬遗迹为例。陪葬遗迹位于大墓正南的平地上，由 27 个陪葬坑以及 5 条陪葬沟组成。距封堆顶部约 30 米，整个布列范围东西长 80 余米，南北宽 50 余米，遗迹地面列石排列于地表层中，部分显露地表。大部分遗址均在地表层以下，说明这些殉牲是与墓葬主人同时埋葬的。

在组合殉牲遗迹的沟东部共有陪葬坑 14 个，分二排南北向排列。沟西部有陪葬坑 13 个，亦分两排南北向排列。陪葬坑中除 4 座空无一物外，陪葬有牛头和牛蹄的 13 座，殉完整狗的 8 座。陪葬沟位于遗坑正中，呈长条形，东西向横列，共有 5 条沟，其中一号沟殉马 16 匹，二号沟殉马 17 匹，三号沟殉马 19 匹，其余 2 条沟殉马 35 匹，五条沟总共殉马 87 匹。规模巨大，实属罕见。据我们统计，一号大墓所殉动物达 200 多头。这些殉马遗骨均完整，其姿态各异，有侧卧、俯卧、仰卧等多种姿态，有的马骨上还压有巨石。由此推知，当时埋葬这些马时，是将活马推至沟中，然后用石块击打致死而活埋的[⑤]。

西藏文物管理委员会普查队在山南地区乃东县温区切龙则木山东侧山脚，清理了两座吐蕃时期墓葬的殉马坑。离殉马坑不远有一座墓葬，被认为是座中型墓葬。有两座长条形的殉马沟，一座殉

① 王尧、陈践：《吐蕃简牍综录》，第442条，文物出版社，1986年，第74页。
② 《通志》卷一九五《四夷二》，商务印书馆，1937年。
③ 王尧、陈践：《敦煌本吐蕃历史文书》，民族出版社，1992年，第164页。
④ 褚俊杰：《吐蕃本教丧葬仪轨研究——敦煌古藏文写卷P.T.1042解读》，《中国藏学》1989年第3、4期。
⑤ 许新国：《吐蕃丧葬殉牲习俗研究》，《青海文物》1991年第6期。

有马骨 5 具，另一座殉有马骨 4 具。但“清理中未见马挣扎的迹象，应是先处死后埋葬的”[①]。

殉牲不仅用于丧葬，还用于盟誓活动。《新唐书 · 吐蕃传》：“赞普与其臣岁一小盟，用羊、犬、猴为牲，三岁一大盟，夜肴诸坛，用人、马、牛、闾（驴）为牲，凡牲必折足裂肠陈于前，使巫告神曰：‘逾盟者有如牲’。”《旧唐书 · 吐蕃传》：“与其臣下一年一小盟，刑羊狗弥猴，先折其足而杀之，继裂其肠而屠之，令巫者告之于天地山川日月星辰之神云：‘若心迁变，怀奸反复，神明鉴之，同于羊狗。’三年一大盟，夜于坛禅上与众陈设肴馔，杀犬马牛驴以为牲，咒曰：‘尔等咸须同心戮力，共保我家，惟天神地祇，共知尔志。有负此盟，使尔身体屠裂，同于此牲’。”

以上文献所证，B 面板殉牲图所绘牛马群即是专为超度亡者而准备血祭的殉牲。

5. 拜谒图

画主客二人拜见，情节相对简单，主人着蓝衣坐地，伏身抬头面向蓝衣人，口半张。这样的方式为吐蕃人拜谒时的特有礼节。《旧唐书 · 吐蕃传》专记其事：“拜必两手据地，作狗吠之声，以身再揖而止。”对照画面上据地的人物，即应是伏地作狗叫姿态的真实写照。

6. 宴饮图

这是 B 板上人物最多的画面，位于棺板的左侧高帮，占了几近棺板的一半。画面上有一大帐，宴饮的酒席设在大帐之外，帐门外画一跪坐的男子与人对酒，卷帘处有一女子手捧碗盏，其身份可能是宴会的主人。画的前景处绘有坐地宴饮者，起立敬酒者以及侍宴者，宴饮场地的中央，画一躬身长袖面向帐门的人物，远处画席地围坐的女宾。大帐的左侧贴板边另画有人物，但因画面漫漶，无法清楚辨识。现能清楚指认的宴饮人物共有 28 位。宴饮的气氛较为轻松，这可能是葬礼结束后的答谢宴会。

吐蕃人的葬俗相对简省，正如《吐蕃传》所说的“既葬即吉”。但葬礼结束后，要为参加葬仪的苯教师、亲属与出力人举行答谢酒宴。这一习俗在古藏文简牍资料中也有反映。米兰 vii, 3 木简译文中清楚地记载葬礼结束后“主人和仆人们开怀畅饮”。以下再录二则以供参考：

> 再次关照之事：苯教徒七人，策教教长二人，共计九人，伙食相同，一旦开始为夫人祭奠时，每天（晚上）每人要求喝饮料十勺子，上等酒的六个皮囊中，喝完三个皮囊[②]。
>
> ……二十七位，款待相同，给每位酒五勺，头遍酒计六个酒皮囊，二遍酒四个半酒皮囊。仆人一百另二……每人（饭食外加）酒三勺，所喝为三遍酒，共喝十一个半皮囊[③]。

这两则木简的内容是讲招待苯教师和雇工的用酒数量，所记之事或是超荐法事和祭祀活动。

---

① 西藏文管会文物普查队：《乃东县切龙则木墓群G组M1殉马坑清理简报》，《文物》1985年第9期。

② [英] F.W.托玛斯编著，刘忠、杨铭译注：《敦煌西域古藏文社会历史文献》，民族出版社，2003年，第337页。

③ [英] F.W.托玛斯编著，刘忠、杨铭译注：《敦煌西域古藏文社会历史文献》，民族出版社，2003年，第337～338页。

由此可知，B板各画面描绘的是一位吐蕃赞普葬礼的几个典型情节，吐蕃的民间画家用纪实的手法，再现了吐蕃赞普的葬礼。由于部分绘画漫漶，加之文献记载的缺遗，我们对以上棺板内容和题材只能做一个大致上的勾勒，详细的研究，尚有待于更多绘画的出土，更多文献的发现。

关于棺板画的年代，该墓已经遭到盗掘和破坏，无法确定年代。但距该残墓不远处经过正式发掘的二号墓，亦出有完整的棺板画，其绘画风格与这幅残墓的棺板画完全相同，可以作为残墓棺板画断年的参考。M2为洞室墓形制，有长方形斜坡式墓道，然后开长方形洞室，墓室与墓道之间，以石块封门。墓室为单室，长4米、宽2.5米，距封土深3.5米左右。这座墓葬的主人为迁葬，较为特别。是将零散的骨架盛装于一小棺内，然后将这种木箱式的小棺放置于大棺中。根据出土的天箙判断，墓主人应系成年男性武士。墓葬中出土大量的丝绸残片、木马鞍等文物。其中木马鞍鞍桥上装饰有银质镀金饰片，有兽面、鹿等形象，与中唐时期丝织品的同类形象相似，故我们将这座墓葬的年代定在中唐时期，即8世纪末期，大体上相当于吐蕃占领敦煌以后。因此，通过以上对比研究可知，夏塔图的这幅被盗墓葬棺板画的年代也应与M2的年代相同。

二、与唐朝的关系

与棺板同时采集的棺材挡头均有彩绘，一般绘四神和花鸟。四神是指青龙、白虎、朱雀、玄武。四神的观念用于表现方位和避邪免灾。作为图像，早在战国时期的器物上就已经出现，如曾侯乙墓出土的漆木衣箱，上面绘青龙、白虎。在壁画上表现四神最早见于山西平陆枣园东汉初的墓葬中。云南昭通东晋霍承嗣墓、河南洛阳北魏墓、山东嘉祥英山隋墓中也有表现，是传统的墓葬装饰内容。

唐代四神更加流行，唐朝初年的李寿墓，将四神刻在石椁上。稍晚一点的阿史那忠、苏定方、李重润、李贤、李仙蕙、薛莫等墓将青龙白虎绘在墓道两壁上。应该指出的是四神图虽流行，但在有些墓中常常省略朱雀和玄武。

吐蕃棺板画中的四神一般绘于棺两头的挡板上，青龙图像与唐墓壁画中的绘画风格较为接近，而白虎采用虎头正视的形式，与唐代壁画差别较大。朱雀的形象具有浓厚的中亚、西亚的特征，且与中亚、西亚的凤鸟图形较为接近。玄武的蛇与龟头尾相勾、不相勾或相缠，构成了复杂的图像变化，从南北朝时期的出土物来看就已经基本定型。吐蕃棺板画中的玄武形象，蛇身缠龟，头与尾不相勾连，与太原金村六号墓中的玄武图形较为接近①。

吐蕃棺板画中的四神，是唐墓壁画中最具代表性的题材。唐代的四神与北魏和南朝在风格上一脉相承，总体上和吐蕃相一致。因此，我们认为，吐蕃棺板所绘四神，应直接取法于中原。但又接受了西方文化的影响以及其民族构成中不同民族成分的传统文化而形成自己的风格。

再谈狩猎图。狩猎在中国古代历来被看成是重大事件，狩猎题材也曾出现在我国铜器、汉代壁

① 许新国：《郭里木吐蕃墓葬棺板画研究》，《中国藏学》2005年第1期。

画和画像石及魏晋砖画中。古代狩猎图的意义不仅是单纯表现猎获动物的场面，更主要的用于反映帝王贵族生活，具有习兵练武、举事检阅的性质。各朝各代都有专供帝王皇室游猎的场所，猎场被视为军事禁区，皇室贵族的狩猎活动不为一般人所熟悉，故唐以前狩猎图出现的并不多，仅见于章怀太子李贤等少数墓葬壁画中。而且唐以前的狩猎图像场面小，内容简单，构图和人物形象处理也不同。根据图形观察，笔者认为吐蕃的狩猎图像，有可能受中原和西方的影响，甚至有可能充当了西方文化对唐朝施加影响的媒介。因此，把唐代金银器上的狩猎图像看作是中国传统题材的延续和外来风格的影响两者相结合的产物更为妥当。

三、与中亚、西亚的关系

1999 年 7 月山西太原发现的虞弘墓和 2000 年 5 月陕西西安发现的安伽墓，是迄今为止中国发现的有关中亚人和粟特人最重要的墓，也是我们探讨吐蕃棺板画源流的重要对比资料。

据墓志记载，虞弘是中亚鱼国人，在中原王朝担任太原等三个州的萨保府官员，管理胡人聚落，死于隋开皇二年（582 年）。安伽为中亚安国人，北周时任同州（陕西大荔）萨保，死于大象元年（579 年）。两座墓石棺上的雕像具有明显的祆教色彩，其宗教内涵引起学者们的高度重视[①]。此外，属于粟特人的石棺床，以前还发现的有 20 世纪初河南安阳石棺[②]，日本 Miho 博物馆藏传山西出土石棺，年代在北朝后期[③]，1971 年山东益都发现的北齐石棺[④]，1982 年甘肃天水发现的一套石棺，年代在北朝晚期或隋代[⑤]。这些出自不同地域的石棺床，所镌刻的图像却有着惊人的相似之处。这些石棺的主人，有的是粟特聚落首领，有的是管理粟特聚落的官员，在年代上均早于夏塔图吐蕃墓。过去，我们很难从文献中获得粟特聚落内部日常生活的情况，但安伽墓石棺床上的图像资料，大大丰富了我们在这方面的认识。这对于我们探索吐蕃棺板画的源流来说，有重要意义。我们在这里对其图像资料进行分析，从而反映出粟特人的聚落情况。

1. 宴饮

从已发现的石棺床雕刻图像来看，粟特聚落中的宴饮情况，可以分成居家、园林、会客、野地等几种。

居家宴饮的场景见安伽、天水、Miho、虞弘石棺床图像，而且大多数是位于石棺床后屏正中的位置上，表明粟特商人一旦在某一个地方形成聚落以后，必然会经营自己的新家室，享受丝路贸易带来的丰厚利润，过着愉快富足的日子。而天水、虞弘的同类图像中，主要表现夫妇在中国式建筑

---

① 陕西省考古研究所：《西安发现的北周安伽墓》，《文物》2001年第1期。山西省考古研究所：《太原隋代虞弘墓清理简报》，《文物》2001年第1期。

② 姜伯勤：《安阳北齐石棺床画像石的图像考察与入华粟特人的祆教美术》，《艺术史研究》第1辑，中山大学出版社，1999年，第151～186页。

③ A.L.居里阿诺：《棺床屏风》，Miho图录，2000年，第247～257页。

④ 夏名采：《益都北齐石室墓线剖图像》，《文物》1985年第10期。

⑤ 天水市博物馆：《天水市发现隋唐屏风石棺床墓》，《考古》1992年第1期。

或突厥式毡帐中，相对饮酒谈话，旁有仆人侍候的情景。

园林宴饮是粟特聚落中又一常见的现象，例如安伽石棺后屏左数第二幅上部的宴饮图，人物都是席地坐在方毯上，上绘有葡萄藤，表明宴饮和舞乐是在园林中的葡萄树下进行的。

安伽石棺床还有野外宴饮图三幅，在石棺床左屏第三幅，“右方置一顶圆形虎皮帐篷，帐篷内坐三人，身前置一贴金大盘。右前立一人，手持贴金长颈瓶。下半部为动物奔逃场景”。从图上看，这是在野外宴饮的情形。石棺床右屏第二幅和圆顶帐上亦有一幅。

2. 商旅图

安伽墓石棺床右屏第三幅图是商旅图，上半部分，中间是一辆行驶的牛车，车装栏杆，满载物品。牛侧一驭者，回首望车。车右一马背驮束紧的口袋，里面装的也是商品。益都石棺床上的“商旅驼运图”，是一幅明显的丝路商旅图。据《简报》：“画面上部有两只朱雀向左侧展翅飞翔，中央为一仆人牵引一匹骆驼和供主人骑坐的骏马，正在向右方行进。骆驼为单峰，背上有兽面纹的鞍具、驼峰两侧为成卷的织物，织物外挂着考究的水囊。”所谓“兽面纹的鞍具”，姜伯勤先生认为是“刻毡为形，盛于皮袋”的祆神图像[①]。粟特商人所牵骆驼的驮载物，往往是东西方商品的缩影，益都北齐石棺床是这些驮载物的早期描写，从北朝到隋唐，主要的驮载物有纹囊、丝捆、兔皮、长颈瓶、钱袋、织物、毛毯，有时还有死鸟和活的杂种狗、猴子。由于精心的准备和严密的组织，粟特商人得以在丝绸之路上，维持了数百年的贸易往来。

3. 狩猎图

狩猎是粟特人传统文化的一部分。由于粟特人曾受突厥等北方游牧民族的统治，所以粟特人对狩猎也十分爱好。在粟特的石棺床上，我们也可以看到狩猎的情景。

除了安伽石棺床后屏左数第二幅下部的狩猎图外，左屏第二幅也是一幅狩猎图。图分为上下两部分，上半部分刻绘两个卷发胡人骑马射猎羚羊群。下半部刻绘两骑，一人左手持缰，右手挥鞭，马四蹄腾空飞奔，马背上有兽皮鞍鞯。另一人缓行回望狩猎者。马旁有狗追逐野猪。画面点缀着花草山石[②]。另外，右屏第一幅也是狩猎图。“共刻绘五位骑马猎人，其中四人面左，一人面右。右上部两人长发后飘，一手紧握缰绳，给人一种风驰电掣的感觉。下面三人卷发，身着红、黑色袍，其中一人弯弓射兔，一人持绳索套鹿，一人回首观察扑来的雄狮。马前刻绘着奔跑的兔、虎、鹿、雄狮等动物，画面中衬以七叶树等花木及山石”[③]。其中，长发者为突厥人，卷发者为胡人。

4. 丧葬图

粟特人最早是按照祆教丧葬仪式来举行丧葬的，死后尸体让狗吃掉，然后把剩下的骨头放在骨

① 姜伯勤：《唐安菩墓所出三彩骆驼所见“盛于皮袋”的祆神——兼论六胡州突厥人与粟特人之祆神崇拜》，《唐研究》第七卷，北京大学出版社，2001年。

② 陕西省考古研究所：《西安发现的北周安伽墓》，《文物》2001年第1期，第8页，图一六。

③ 陕西省考古研究所：《西安发现的北周安伽墓》，《文物》2001年第1期，第18～19页，图三十。

瓮中埋起来。粟特人进入中原后，仿效中原人的习俗把尸体装入棺椁后土葬。此前发现的隋唐以来的粟特人墓葬，和汉人基本没有区别。然而，魏晋南北朝以来随着大量粟特人入居中国，在其聚居的村落中有相当一部分人虽然采用了粟特式的葬俗，但却发生了变异。

从北朝末年安伽墓的发现和其他粟特石棺的确定，我们可以了解到粟特人从骨瓮到石棺的过渡形态。这些墓没有棺椁，只有石棺床，大多数由床座、床板和屏风组成（有人称之为“围屏石榻”），它与同时期中原汉式墓葬不同，安伽的尸骨是放在墓门外面，且经过火烧，墓室内只有一座石棺床。这种葬式既不是中国传统的做法，也不是粟特本土的葬式，应当是入华粟特人糅合中国中原土洞墓结构、汉式石棺以及粟特浮雕骨瓮的结果。

除了考古发掘给我们提供的粟特人的墓室情况外，Miho美术馆所藏石棺床后壁第三块石板上，保存了一幅珍贵的粟特丧葬图。画面分上下两部分。上部的中央站立着一位身穿长袍的祭司，脸上戴着一种白色的口罩，前面有一火坛，站在火坛前的祭司正在护持圣火，应当是进行户外奉献仪式。在火坛旁边，有一个托盘，上面有面包或水果，火坛的另一边有一瓶子，盛着供仪式用的液体。祭司后面有四人，二跪二立，均手持小刀剺面。祭司等人的左边有七人，前面是两个女子，一人手持几个小包袱，后面五个男子叉手站立，悲伤地注视着前方。火坛和女子前面是一围栏，里面有三头骆驼，只显露出后腿。下部有二女三男。二男在前，一男二女在后，身后有三匹马，人和马向着树的方向前进。上下两部分中间，有一只小狗。在祆教葬仪中，狗凝视尸体，称“犬视”。

这显然是一幅祆教丧葬仪式的图像，表明一个祆教徒去世后，要由祭司在圣火前主持户外奉献仪式，他的周围有死者的女眷和其他送葬的人，后面则有以突厥式的剺面来悼亡者。姜伯勤先生《图像证史：入华粟特人祆教艺术与中华礼制艺术的互动》一文认为，这正好证明了《隋书·康国传》卷八三所说的“婚姻丧制，与突厥同”的记载。经过“犬视”后，死者在男女亲朋护送下由马车驮向树林中。

在粟特遗址片吉肯特发现的丧葬仪式壁画中，也有剺面的现象。说明这是表现粟特丧葬的组成部分。另外，在粟特地区卡希卡—达亚发现的晋瓮上，也有戴口罩的祭师站在火坛前的形象。这些资料放在一起，不仅使我们了解了粟特聚落中粟特人丧葬仪式的来历，也为这种仪式的进行提供了珍贵的图像资料，它所表现的庄重场面与其他宴饮、乐舞、狩猎不同，特别是祆教祭祀活动在丧葬中的核心地位，与粟特聚落的祆教信仰完全相同。

位于中原地区的两座墓所出土的粟特祆教图像材料，虽然还有许多画面没有得到圆满的解释，图像之间的程序也还未弄清楚，但对比文献和粟特地区残存的壁画、雕塑，除为我们深入研究中古时期入华粟特移民聚落形态提供了极为珍贵的资料外，更重要的是填补了粟特本土乃至整个中亚地区所没有的完整、系统的祆教图像。

从以上列举的中亚粟特人石棺上的宴饮、商旅、狩猎、丧葬等图像，其所具有的生活内容与吐蕃棺板画极为相似，其显贵人物帐居的情节，与吐蕃棺板画也基本相同，不由得使我们产生联想。即这批早于吐蕃棺板画的中亚粟特人的绘画，对吐蕃人产生了重要影响。

中亚地区的粟特人，在汉文史籍中称之为昭武九姓。在古代，粟特人以善于经商和富于进取心而著称。他们长时期操纵着丝绸之路上的国际转贩贸易，足迹遍及欧亚内陆。从文献记载和丝绸之路上的某些文化遗存来看，他们不仅在发展东西方贸易上起了关键作用，而且在传播文化，促进多国之间的政治往来等方面也扮演了重要角色。众所周知，中国的造纸术是通过粟特人西传的，而佛教、祆教、摩尼教、景教在很大程度上也是通过粟特人东渐而传播的。

在中亚，粟特人聚居在乌浒水（即阿姆河）与药杀水（即锡尔河）之间的忸密水（即泽拉夫珊河）流域和独莫水流域，在沿途或大或小的绿洲上分布着操粟特语——东支伊朗语之一的民族建立的为数众多的城邦国家。对此，自汉至唐的汉文史籍中有大量记载。

粟特人在中国的活动，一般认为始于两汉时期。《后汉书》中将粟特与中亚、西亚的其他商人统称为“贾胡”。约 4 世纪初，敦煌有来自康国的贵胄约百人，据推断，这些贵族加上他们的眷属和奴仆大概达到千人[①]。十六国时期的凉州，是丝绸之路上主要的商品集散地之一，有数量可观的粟特商贾居留。

唐代，葱岭以东的昭武九姓有了更大发展。在蒲昌海（罗布泊）、播仙镇（且末）、西州（吐鲁番）、伊州（哈密）、沙州（敦煌）、肃州（酒泉）、甘州（张掖）、凉州（武威）等地均有粟特人分布。

敦煌是昭武九姓聚居的重要地点，沙州陷蕃之前，他们大多住在城东一里的从化乡。据敦煌写卷 P3559 第三残断（约 750 年前后的敦煌县差科簿）载，从化乡有里正三人，可以推断这里聚集着昭武九姓的三百户，人口约一千四五百，其中大部分为康、安、何、曹、石、史、米及吐火罗人的罗姓，与汉人杂居。在吐蕃统治敦煌期间，这部分粟特人也被编入部落，例如康再荣即任沙州大蕃纥骨萨部落使[②]。

据文献记载，自龙朔二年（662 年）到长寿元年（692 年）的 30 年间，吐蕃第一次占领安西四镇；长寿二年（693 年）至咸通七年（866 年）的 170 年间，整个西域都在吐蕃占领之中，丝绸之路交通亦为吐蕃所控制。在《敦煌本吐蕃历史文书》中也有不少记载，可以和汉文资料互相印证。该书《大事年纪》中载：“鼠年（676 年）……论赞聂领兵赴突厥；董卜（即赞业）建立青海大行军衙”；“牛年（689 年）大论钦陵自突厥引兵还”；“猪年（699 年）东叶护可汗前来致礼”；“鼠年（700 年）遣送东叶护可汗往突厥”。几乎从同一时期（662 ～ 705 年）起，汉文史料也记载了吐蕃人与西突厥部的联盟和吐蕃人及其联盟者西突厥人在塔里木盆地和拔汗那的军事征服。

从以上列举反映吐蕃与粟特关系的史料里，无论是在吐蕃占领区内，还是在索格底亚那的“突厥之境”，吐蕃与粟特的关系都非常密切，可以想见，在长达 200 年之久的漫长岁月里，相互之间的文化影响是较为直接的。我们说吐蕃棺板画的题材直接来源于粟特，就是基于上述考虑。但文化的影响又是多元的，这种将帝王生活的图景绘在棺板上的做法，其图像的意义，一般认为象征着帝王的神格化、王权神授、避邪或帝王君临人间的现实感，或者说帝王死后作为神再生的观念。实际上这类图像是一种祖灵崇拜的反映。

① 亨宁：《古粟特语信札年代考》，第606页。

② 向达：《唐代长安与西域文明》，三联书店，1979年。

早在 1 世纪以后，在帕提亚统治下的犍陀罗佛教美术，就是以通向释迦牟尼佛国净土再生为主题的象征性美术。这种佛教美术，在以后的贵霜王朝时期得到了全面发展。尤为多见的是，以贵霜为中心的伊朗系佛教徒，制作了大量的极其世俗化的饮酒图、奏乐舞蹈图、狩猎图和男女爱欲图等等。这些图像据日本学者田边腾美研究认为，仍然是佛教极乐往生的象征。这些传统图像以后也为萨珊人、突厥人、粟特人所继承。

以往，人们侧重于探讨吐蕃与中原、印度的关系，而考古新发现提醒史学界还应重视吐蕃与中亚的粟特、突厥，西亚的波斯、阿拉伯以及中国的塔里木盆地、天山地区其他古代部族的关系。只有这样，才能全面、正确地认识吐蕃文化。从这个意义上说，海西吐蕃墓的发掘资料具有相当重要的价值，其中棺板画中表现出来的外来文化因素是值得我们探讨的。

[原刊于《青海民族学院学报（社会科学版）》2007 年第 1 期]

关于海西州民族博物馆收藏彩绘木棺板画的几点认识

石　晶

2002年，青海省文物考古研究所在海西州州府德令哈市以东30千米处的巴音河南岸郭里木乡夏塔图草场山根清理了两座被盗墓者严重破坏的墓葬。墓葬上方存有高约1.5米的封土，两座墓葬均为竖穴土坑形制，长方形单室墓，长4米，宽2.5米，均有长方形斜坡式墓道。其中一座为木椁墓，另一座是竖穴土坑墓，但用柏木棚顶。木椁墓为男女合葬墓，土坑墓为迁葬墓。迁葬墓形制较为特别，是先将零散的骨架装于一小棺内，然后将小棺整个放在大棺中。两座墓葬均见有殉牲习俗，合葬墓在木椁两侧殉有完整的马和骆驼各1匹，迁葬墓在封顶的柏木上放有零散羊骨。关于随葬品，在合葬墓中出土有大量的丝织品，种类有锦、绫、罗、印花绢等，另有木碗、木鸟、木马鞍等。迁葬墓中出土有丝绸残片、木鸟、木马鞍，其中木马鞍上装饰有银质镀金饰片以及兽面、鹿等动物形象。但最为引人注目的是在两座墓中发现的三具较为完整的头大尾小梯形木棺，其中的两具木棺侧板和挡头均有彩绘装饰图像。共采集到完整的侧板四块，挡板六块，但侧板与挡板之间的组合关系因墓葬被破坏已不得而知。关于这批彩绘木棺板画，许新国①、罗世平②、霍巍③、仝涛④等学者都做了很多有益的研究，主要观点如下：

第一，这批木棺板画属于吐蕃时期，就其所反映的文化特征而言显然应将其归入吐蕃文化。

第二，彩绘木棺板画其源头很有可能来自中世纪北魏鲜卑系统的吐谷浑人，其族属当为吐谷浑人。

第三，从木棺板画的内容和题材看，深受中原地区和中亚、西亚地区的影响。

近年来不断有新的彩绘木棺板画被发现，使我们对于海西地区使用彩绘木棺作为葬具这一特殊葬俗有了越来越清晰的认识。海西州民族博物馆展厅展出的两块彩绘木棺板画的内容题材和构图方式都与郭里木出土彩绘木棺板画有相似之处，据称这两块彩绘木棺板画采集自该州都兰县，现介绍

---

① 许新国：《郭里木吐蕃墓葬棺板画研究》，《中国藏学》2005年第1期。

② 罗世平：《天堂喜宴——青海海西州郭里木吐蕃棺板画笺证》，《文物》2006年第7期。

③ 霍巍：《青海出土吐蕃木棺板画的初步观察与研究》，《西藏研究》2007年第2期；霍巍：《吐蕃时代考古新发现及其研究》，科学出版社，2012年。

④ 仝涛：《木棺装饰传统——中世纪早期鲜卑文化的一个要素》，《藏学学刊》第3辑，四川大学出版社，2007年。

如下。

一、侧板 1

左端窄，右端宽，两块木板拼合而成（图一）。画面以左侧矮帮为起首，画面最上层用一窄行画面绘制出连绵起伏的山丘，画面之间点缀花草，作为整个画面的装饰背景。棺板左侧三骑缓缓走来，因画面漫漶，仅中间一骑清晰可辨，马上男子头戴黄色绳圈冠，身穿白色小袖圆领袍衫。这种所谓的绳圈冠是吐蕃男子最为常见的冠式，如莫高窟第 237 窟赞普身后的三个侍从，第 231 窟中端水果盘的侍从和披虎皮云肩的侍从，第 359 窟吐蕃男子与儿童，绢画劳度叉斗圣中的一侍从，都是典型的绳圈冠。郭里木棺板画中，绳圈冠的数量也不少。这种冠帽多用较为柔软的织物在额前脑后缠绕，缠绕数圈后在脑后系结。有的绳圈冠缠绕圈数较多，几乎将头顶完全封闭，郭里木棺板画中的绳圈冠多为此类。有的只是简单缠绕一两圈，将头顶完全露出。

棺板右侧绘制穹庐毡帐，顶部开喇叭形口，门前坐二人。左侧一人绘制者明显将其比例放大，似是在有意突出其地位。该男子头戴黄色高冠，身穿黑色长袍，脚穿黑色皮靴。右侧一人头戴红色绳圈冠，身穿黄色长袍，袍服显得十分宽大。二人右前方不远处站立一人，服饰与二人相同，唯不戴冠，发式较为特殊，前发十分齐整，遮住前额，后发自然垂于脑后及两耳耳侧，长仅及脖颈。《晋书·四夷·焉耆传》言焉耆之俗为“丈夫剪发，妇人衣襦，著大袴”。又同书《龟兹传》载：龟兹“以田种畜牧为业，男女皆剪发垂项”[①]。《旧唐书》则称其“俗断发齐项”，从今天龟兹石窟中的龟兹供养人图像中我们得知这种“剪发垂项”或“断发齐项”的发式其实就是将短发梳于额前和脑后，并在眼眉以上和脑后颈部剪齐，没有任何装饰，可见这种发式确实曾是西域焉耆、龟兹各国流行的发式，因此我们认为该人物所留发式或即所谓的“剪发垂项”。此外这种短发也广泛流行于中亚粟特地区，是粟特人主要形象特征之一。从隋太原虞弘墓石椁上浮雕的众多粟特人形象看，粟特人不仅喜留短发，且往往会在脑后梳一小髻，与木棺板画中“剪发垂项”的发式极为相像。三人中间地上放置一敞口、束颈容器。

图一　侧板 1

① 《晋书·龟兹传》，中华书局，1974年。

二、侧板2

两块木板拼合而成（图二）。画面最上层用一窄行画面绘制出连绵起伏的山丘，画面之间点缀花草，作为整个画面的装饰背景。棺板右侧隐约可见四名男子，均头戴绳圈冠，辫发于后，身穿圆领长袍。上方画三骑组成的马队成“一”字形排列，前导一骑手擎红色“信幡”催马奔驰，长幡飘卷，紧随其后二人骑马飞奔。中间一人冠式较为特殊，短发不结辫，自然垂于脑后及两耳耳侧，身穿黄色长袍，胯下所乘之马辔头、攀胸、鞦带皆清晰可见，且这些马具上均绘有金黄色的圆点表示金属类饰物。紧随其后一人头戴黄色高冠，身穿白色翻领袍服。“信幡”亦称“棨信”，汉代即已出现在官员仪仗中，是官员贵族等“题表官号，以为符信”之物。甘肃居延肩水金关曾出土西汉晚期的信幡，以绛红色丝织品制成，上有篆书“张掖都尉棨信”[①]。在嘉峪关新城5号墓中我们可以清晰地看到这种红色“信幡”出现在前室东壁的出行图中，同样这种红色“信幡”也为后来的北朝所继承。

马队下方两骑一前一后。前一人在马上张弓搭箭，上身尽量扭向后方；后一人在马上俯身张弓搭箭。二人共同射向中间绑缚在木架上的男子，该男子赤身裸体，生殖器外露，双脚脚踝处还隐约可以看见绑缚的绳索。同样的场景还见于都兰县出土彩绘木棺中，有学者认为该场景或可作两种解释。其一可能表现的是杀鬼超荐场面。《隋书·附国》载：“（附国）有死者，无服制，置尸高床之上，……子孙不哭，带甲舞剑而呼云：‘我父为鬼所取，我欲报冤杀鬼！’自余亲戚哭三声而止。”这种“杀鬼”的观念也盛行于吐蕃苯教丧葬中。另一种更为可能的解释是人祭或以猕猴来代替人祭[②]。马上骑射两名男子扭转身躯的幅度，显示出他们在控弦时极力将箭头接近目标，抓住了骑射时刻最为精彩的瞬间。

棺板左侧绘制穹庐毡帐，顶部开喇叭形口。毡帐不远处，一男一女正在做爱，男子头戴红色绳圈冠，辫发于后。两人身后脱下来摆放整齐的黑色靴子，应属二人中的某一人。这种表现男女合欢的场景在海西出土彩绘木棺板画上经常可以见到，且多位于整个画面的最上层，贴近穹庐毡帐的位置。

图二　侧板2

① 李学勤：《谈“张掖都尉棨信”》，《文物》1978年第1期。
② 仝涛：《青海郭里木吐蕃棺板画所见丧礼图考释》，《考古》2012年第11期。

三、几点认识

用彩绘图像装饰木棺在中原汉文化区域出现很早，公元前5世纪后期曾侯乙墓出土彩绘棺椁是迄今发现最早的实物，魏晋时期这一装饰传统随着中原士族避乱河西，而被带入河西地区的魏晋墓葬中。与此同时，随着鲜卑南下迁徙，这一装饰传统也为长期使用木棺作为葬具的鲜卑人吸收到本民族丧葬习俗中，并随着鲜卑汉化的不断加深，越来越多地出现在鲜卑贵族墓葬中。近年来以北魏平城地区为中心出土了大量这一时期彩绘木棺。继2002年郭里木乡夏塔图出土彩绘木棺板画，后陆续有类似彩绘木棺板画在以德令哈、都兰为中心的丝绸之路“青海道”沿线不断被发现，引起学界广泛关注，并就这一木棺装饰传统源流及墓主族属问题展开激烈讨论。诚然，时至今日我们仍无法十分确定丝绸之路“青海道”沿线这种彩绘木棺装饰的传统是来自于西迁后长期驻牧于这一地区的鲜卑系统的吐谷浑部落，还是与来自临近河西地区的影响有关。但随着近年来考古发掘的深入和众多学者的不断研究，至少表明这种源自于中原汉文化区域的木棺装饰传统在传入以德令哈、都兰为中心的丝绸之路“青海道”沿线后被当地民众广泛接受和使用，并不断受到来自周边文化的影响，从而形成的极具地域特色的丧葬文化现象。即使在彩绘木棺这一装饰传统已在中原汉文化区域逐步衰落并为墓葬壁画所取代的隋唐时期，彩绘木棺仍在这一地区被广泛使用。

［原刊于《文物鉴定与鉴赏》2019年第2期（上）］

青海藏医药文化博物馆藏彩绘棺板

张建林　才洛太

近 30 年来，青海柴达木盆地东南缘发现数量巨大的吐蕃、吐谷浑墓葬，主要分布在柴达木河（上游称托索河）、察汗乌苏河、沙柳河、巴音郭勒河流域和宗务隆山南麓。据肖永明统计，至少有墓地 22 处，墓葬 1000 余座。“近 20 年来，青海省文物考古研究所对都兰热水、直尕日、科肖图、夏日哈河北村、香日德、香加乡莫克里、德令哈市夏塔图地区的墓葬进行正式的发掘，共清理墓葬约 100 座，其中都兰热水血渭、卢斯沟、直嘎日地区发掘的墓葬约 60 座，这些正式清理发掘的墓葬大多数已被盗掘过，完整保存的墓葬极少”[①]。其中不少墓葬出土彩绘木棺，除了少数是经过考古发掘外，多数属于盗掘出土。明确为考古发掘的有 2002 年德令哈市郭里木乡两座吐蕃墓出土的 3 具彩绘木棺，绘制内容有狩猎、帐居、乐舞、宴饮、野合等[②]。资料一经公布，在学界引起轰动，有多篇研究论文发表，对于墓主人族属有吐谷浑、吐蕃、苏毗、吐蕃占领下的吐谷浑邦国等各说，对内容有生活场景、丧礼等解释[③]。盗掘彩绘棺板现多集中收藏在海西州博物馆、都兰县博物馆、青海藏医药文化博物馆，还有个别棺板流失海外。近年，青海藏医药文化博物馆（以下简称藏医药博物馆）入藏一批彩绘棺板，其形制及彩绘内容均与以往发现的“吐蕃棺板”有较大差别，碳 14 测年为 390 ～ 430 年。本文意欲对这批彩绘棺板做详细描述，并对彩绘木棺的复原、时代特征、彩绘题材特别是与袄教有关的内容进行初步的分析，希望对吐谷浑史以及青海道、袄教入华等方面的研究有所益助。

一、彩绘棺板基本情况

现收藏在藏医药博物馆（ZB）的这一组彩绘棺板共计 10 件，分别为棺盖、侧板、前挡、后挡；从形制、尺寸分析，可能属于 2 组。

① 肖永明：《树木年轮在青海西部地区吐谷浑与吐蕃墓葬研究中的应用》，《青海民族研究》2008年第3期。

② 许新国：《郭里木吐蕃墓葬棺板画研究》，《中国藏学》2005年第1期。

③ 吐谷浑说：程起骏：《棺板彩画：吐谷浑人的社会图景》，《中国国家地理》2006年第3期；吐蕃说：罗世平：《棺板彩画：吐蕃人的生活画卷》，《中国国家地理》2006年第3期；苏毗说：林梅村：《棺板彩画：苏毗人的风俗画卷》，《中国国家地理》2006年第3期；生活场景说：罗世平：《天堂喜宴——青海海西州郭里木吐蕃棺板画笺证》，《文物》2006年第7期；丧礼说：霍巍：《西域风格与唐风染化——中古时期吐蕃与粟特人的棺板装饰传统试析》，《敦煌学辑刊》2007年第1辑，霍巍：《青海出土吐蕃木棺板画的初步观察与研究》，《西藏研究》2007年第2期，Tong Tao and Patrick Wertmann, The Coffin Painting of the Tubo Period from the Northeast Tibetan Plateau, in Archaeologie in China, Band 1, Bridging Eurasia, eds. Mayke Wagner and Wang Wei,Mainz: Verlag Philipp von Zabern, 2010, pp.187-213. 仝涛：《青海郭里木吐蕃棺板画所见丧礼图考释》，《考古》2012年第11期。

ZB-M001 平面呈梯形，由 3 块长条状木板构成，窄端中间凹入。通长 228.5 ～ 230 厘米、宽端 61 厘米、窄端 45.5 厘米、厚 5 ～ 5.5 厘米。两侧残存 7 个铁钉（一侧 3、一侧 4），两端保留有锯痕，表面及背面为锈痕。中间板材有前后两个左右贯通的榫眼，两侧板材在相应位置各开有榫眼，用一块长方形榫板将 3 块木板用木钉相铆接。从该木板的形状、结构观察，应为木棺的盖板（图一）。盖板周边绘有红色边框，边框内间隔约 5 ～ 10 厘米绘两重同心圆的圆圈纹，外圈用黑色线绘，完全闭合；内圈用灰色线绘，多不闭合，右侧有缺口。框内可以中间划分为右侧的牛耕图和左侧的耙磨图。右侧牛耕图有 2 牛、2 人，两牛并排前行，有一横杠架在两牛颈后，共同牵引一直辕犁；两牛之后有一人，身穿小翻领窄袖衣，衣长过膝，翻领施黄色，腰系带，下身穿白裤黑靴，右手扶犁梢，左手执细棍。后面跟随一人，服饰同前，红衣，黄色翻领，右手抱一罐，左手左扬，像是在播撒种子。左侧耙磨图有 1 马（或骡）3 人，一匹黑灰色的马背搭镶有红边的鞍鞯，奋力拽一耙子，耙子后拖有树枝；马头前方一牵马人，身穿黄色直襟小翻领窄袖衣，翻领和袖口镶有红边，腰系带，足穿靴，右手牵缰，左手扬鞭；牵马人身后之人身材略小，服饰同前，黑衣、黄裤、黑靴，领口和黑靴靿上沿镶红边，手中持绳；后边一人身材高大，侧面，高鼻，颔下有胡茬子，服饰同前，红衣、黑靴，领口和黑靴靿镶黄边，双手持杯。两人之间绘一黄色圈足碗。最左端随意绘有树木（图二）。

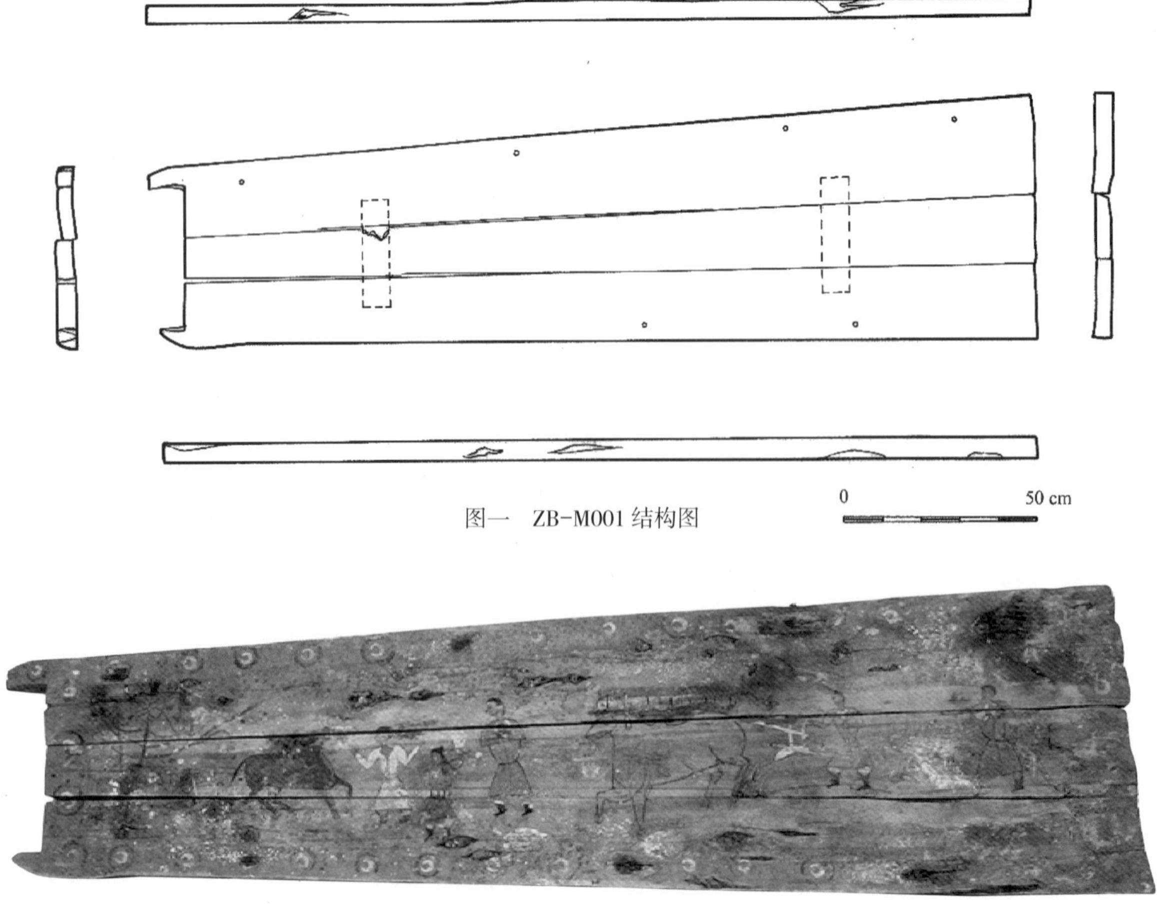

图一　ZB-M001 结构图

图二　ZB-M001 彩绘全图

ZB-M002平面略呈梯形，通长209～213厘米、宽端31厘米、窄端22厘米、厚4～6厘米。木板上沿残存4个铁钉痕迹，两端为锯痕、正反面为锛痕（所有木板均如此）。上沿在前后各开有宽5厘米、深2～2.5厘米的凹槽，下沿有前中后3个矩形榫眼，其前后榫眼中还保留有榫板。内侧近两端处各有一上下贯通的浅槽，前端的槽宽3厘米，后端的槽宽3.5～4厘米，应该是安装前后挡板所用。从该木板的形状、结构观察，应为木棺的右侧板（以棺的后端向前计）的上部（图三）。正面两端分别涂红色作底，中间以白色作底。两端红色部分前端较宽、后端较窄，前端分上下3排绘9个圆圈，其中有6个圆圈内绘小圈；后端分上下2排绘4个圆圈，下方还有一圆圈的上部。画面左侧为3组骑马者前后相随构成的出行图，3匹马的颜色和3个骑马者的服饰及颜色均不同，前者为红马，做行走状，鞍鞯、络头、缰、鞦均简单绘出；骑者穿红色小翻领窄袖衣，翻出的衣领为灰色，头戴黑帽，并有黑帛后垂，下身穿灰色窄腿裤，足穿黑靴，左手执缰，右手上举。中间为铁灰色马，马的姿态和佩戴马具同前；骑者身穿黄色窄袖衣，外披红底白花披风，头戴橘红色帽，有同色帛后垂，窄袖衣腰部以下可见灰、红褐两色的灯笼状短裙（？）其下露出白裤、白靴；右手执缰，左手抬至马鬃上，特别需要注意的是骑者的两颊、额头、嘴唇部有涂红。后者为浅黄色马，马的姿态和马具一如前二者；骑者未加施彩，身穿小翻领窄袖衣、窄腿裤，未戴帽，左手执缰，右手垂于身侧。中部下方是用5根棍子挑起呈锯齿状的白色帛带，每根棍子两侧各置一细颈罐、一直腹杯。帛带之上及右侧有4人、2穹庐，左侧2人面向穹庐作行走状，左侧人身穿灰蓝色小翻领窄袖衣，衣长过膝，领部及袖口为红色，衣襟稍偏右，旁侧开叉；下身穿红色裤，统于白鞫黑靴中；双手前伸，左手持一钵；头发后拢，脑后似有小髻。右侧人形象、服饰姿态与前者同，惟颜色不同，红衣、蓝翻领、白裤统于白鞫黑靴中；双手未见持物。两穹庐绘制非常简略，立面圆拱形，顶部有圆形天窗略伸出，前方正中设长方形门，右侧穹庐两侧黑色，中间黄色。穹庐右侧有一人站立，形象、服饰同前述2人，灰蓝色窄袖衣、红色小翻领。右侧穹庐以蓝底红花、黄色、红底蓝花、蓝底白花4色竖长

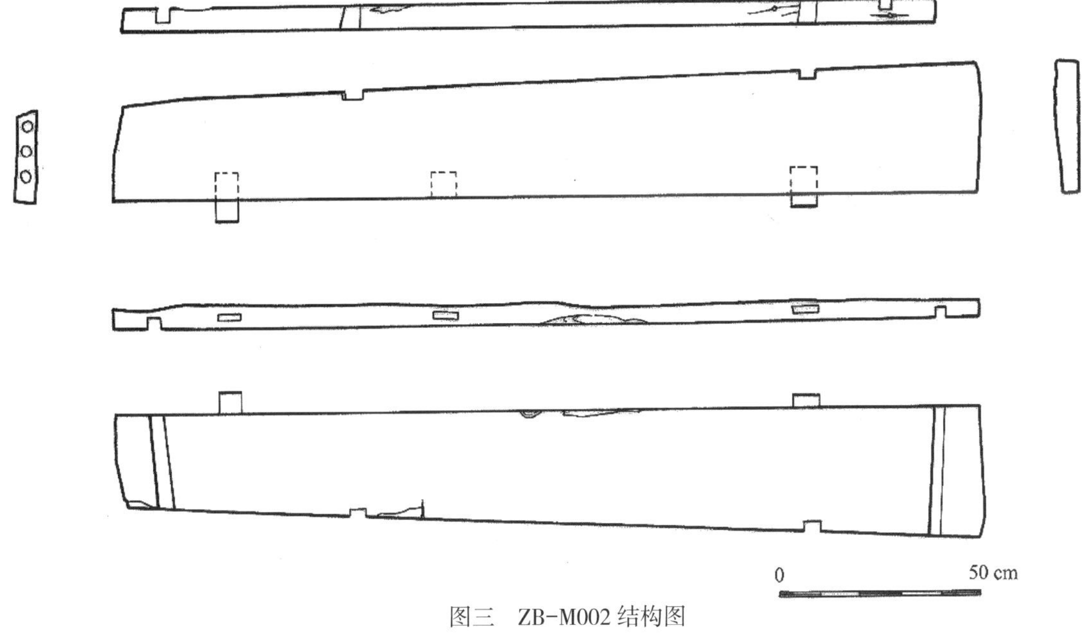

图三　ZB-M002结构图

图四　ZB-M002 彩绘全图

相拼合，门前（或门内）坐有一人，红衣，手中似有持物。最右侧大部黑污不清，可辨为一顶帐篷和一人，帐篷立面呈尖顶长方形，两侧各有一绳索斜拉于地，帐篷尖顶及两角分别绘有草叶状纹饰，正面设门，从画面分析，应该是两侧各有 4 条细绳向两侧斜上拉起，形成对称的四弧状；门前有长方形垫子（？），门内有横置的物体，涂有黄色，似乎是一个横躺人物的袍服。帐篷左侧有一人，侧向帐篷门口跪坐，头戴软帽，身穿小翻领窄袖衣，嘴鼻部戴有半月形物件，两手前伸，左手持短树枝，很可能是戴口罩的祭司（图四、图五）。

图五　ZB-M002 彩绘图局部：帐篷与祭司

ZB-M003 平面呈梯形，由 3 块长条板状木材构成。通长 209.5 ～ 210.5 厘米，宽端 58 厘米、窄端 43 厘米、厚 4.5 ～ 6 厘米，因木板干燥起翘，两端宽度并非原状。中间木板的正面（上面）有纵长的起脊，前后各有一个左右贯通的榫眼，两侧板材在相应位置各开有榫眼，用一块长方形榫板将 3 块木板相卯接，在两侧板的榫眼位置残存有木钉，用于固定榫眼、榫板和木板。两侧板靠近边缘部各残存 3 个铁钉。从该板的形状与结构观察，亦应为木棺的盖板（图六）。盖板正面周边绘有红色边框，边框内间隔约厘米绘两重同心圆的圆圈纹，外圈用黑色线绘，完全闭合；内圈用灰色线绘，多不闭合；中心加一黄色圆点或小圈；较为草率。边框内遍涂黑色为底，之上绘彩色图案，左侧多脱落，右侧可见有牛耕图像。图像中两牛一红一灰，并排拽直辕犁前行；后面有一人身穿黄色交领窄袖衣，右手扶犁梢，左手扬起赶牛；前有一人身穿红色小翻领窄袖衣牵牛。右半部多已脱落，仅可见有体量较小的人，身穿红色小翻领长衣，左手上扬。中部和右半部散布有小圆圈，内填红色，现可分辨出 9 个，其中右上角 3 个圆圈呈品字形分布，可能为星图。右端另有一组红色火焰纹。此图很有可能是“织女牵牛星汉图”（图七）。

ZB-M004 平面略呈梯形，通长 209 ～ 222 厘米、宽端 38 厘米（因木板开裂，并非原状）、窄端 25.5 厘米、厚 4 ～ 5.5 厘米。木板上沿残存 3 个铁钉痕迹。上沿在前后各开有宽 6.8 ～ 7 厘米、深 3 厘米的凹槽，下沿有前后 2 个矩形榫眼，榫眼中还保留有榫板。内侧近两端处各有一上下贯通的浅槽，前端的槽宽 5.5 厘米，后端的槽宽 5 ～ 5.8 厘米，应该是安装前后挡板所用。从该木

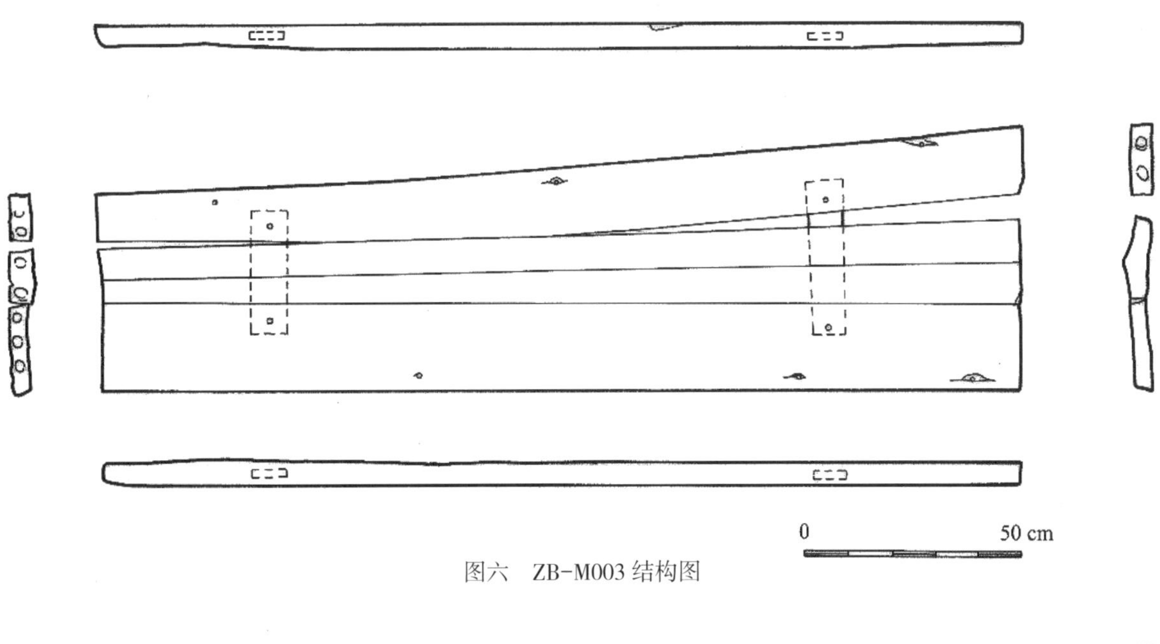

图六　ZB-M003 结构图

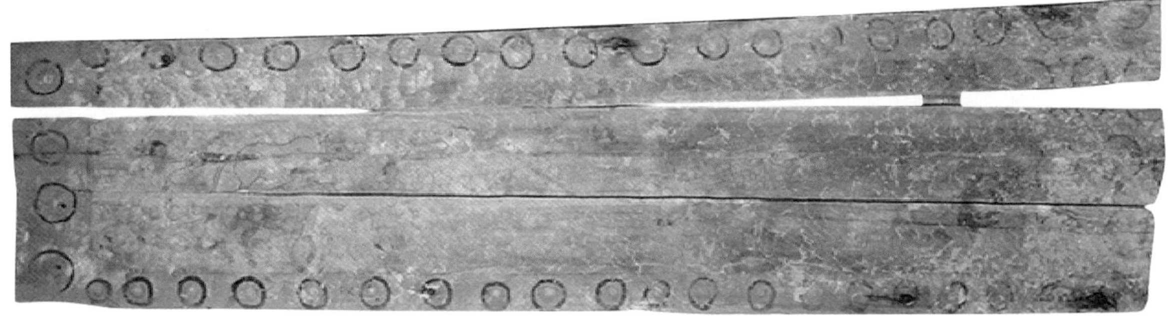

图七　ZB-M003 彩绘全图

板的形状、结构观察，应为木棺的右侧板（以棺的后端向前计）的上部（图八）。正面两端各有红色窄条，中间涂灰色底，因污损，部分发黑变色。前端红条带上下绘 4 个圆圈，外圈墨线闭合成环，内圈黄线上方不闭合；后端红条带分上下绘 3 个圆圈，形同前端，外圈墨线多脱落，隐约可见。画面分左右两部分，右侧绘 2 走兽、1 树、1 鸟、1 羊（或鹿），两走兽向右行走，以一树相间隔；前者细颈长吻，耳较大，细尾上翘，右侧两爪着地，左侧两爪抬起，作行走状，四肢关节处有向外伸出的毛，颈下、腹下及后臀施红色，耳部施黄点；后者头、颈较粗大，耳较小，颈胸之间绘有叶状鳞片，兽身和腿部绘有短双弧线的斑纹，细尾向后斜下方略翘，四肢关节处有向外伸出的毛，口、耳略施红彩。两兽之间的树木右侧绘一戴胜鸟，有较长尾羽；左侧绘一羊（或鹿），作回首状。整个画面左侧绘一持长枪（或棍）的骑马人及两个站立的人，红色的马作奔驰状，佩有络头、鞦、鞍鞯等马具，上身穿灰色交领窄袖衣，衣长过膝，头戴尖顶小帽，下身穿白裤黑靴，左手执缰，右手持长枪（或棍）直刺前方站立的人；被刺的人全身赤裸，两手分张，头发上竖，身体施有灰色，嘴唇和男性生殖器用红色绘出；身后站立一人，也是全身赤裸，涂红色，腰间似乎系绳，两手分张（图九）。

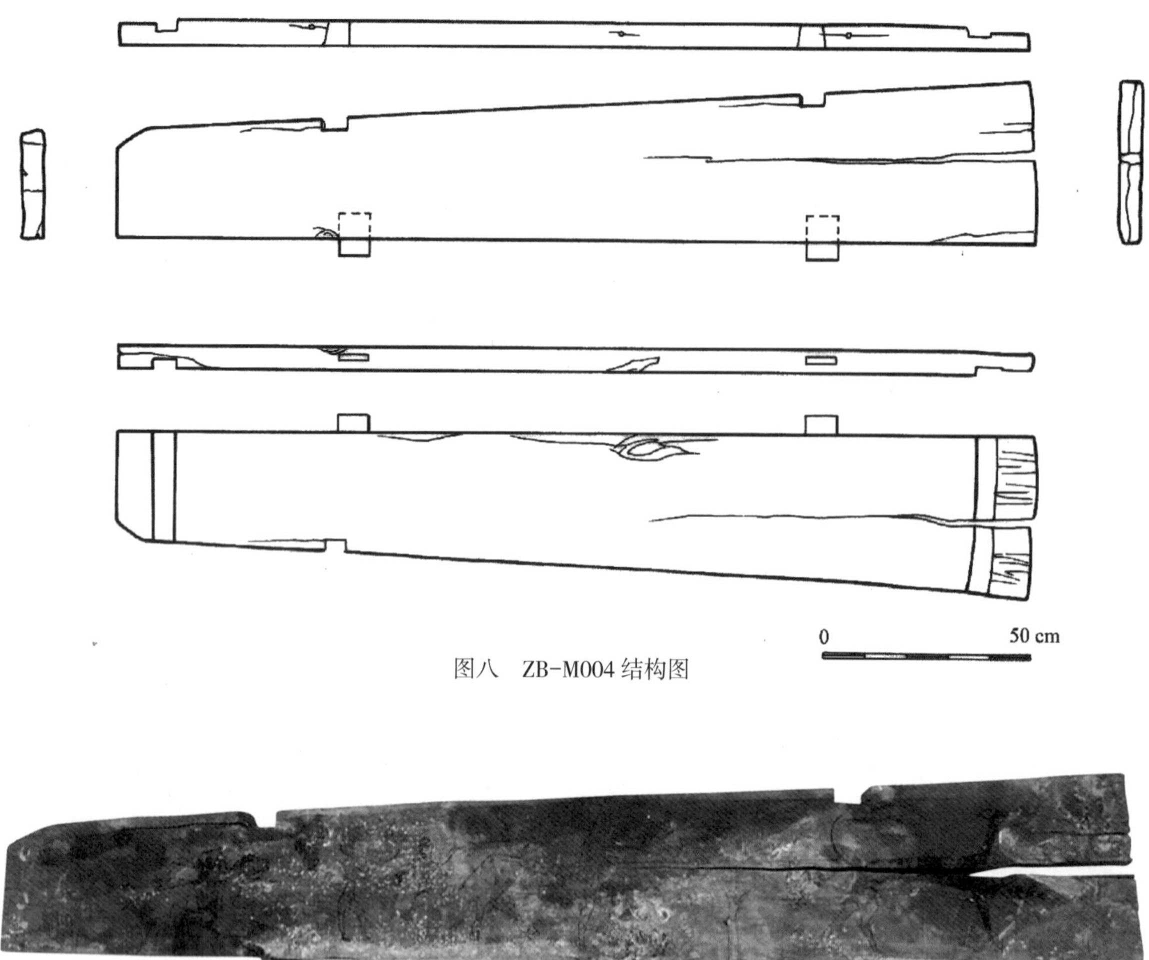

图八　ZB-M004 结构图

图九　ZB-M004 彩绘全图

ZB-M005 平面略呈梯形，通长 208 厘米、宽端 30 厘米、窄端 20 厘米、厚 5 ～ 5.5 厘米。木板上沿残存 3 个铁钉痕迹。上沿在前后各开有宽 4 ～ 4.2 和 4.5 ～ 5 厘米、深 2 ～ 2.5 厘米的凹槽，下沿有前后 2 个矩形榫眼，后端榫眼中还保留有榫板（稍残）。内侧近两端处各有一上下贯通的浅槽，前端的槽宽 3 厘米，后端的槽宽 3.5 厘米，应该是安装前后挡板所用。从该木板的形状、结构观察，应为木棺的左侧板（以棺的后端向前计）的上半部（图一〇）。正面两端为红色，前端宽、后端稍窄，前端红底中间绘 2 个完整的圆圈，两侧绘 4 个不完整的圆圈，圈周可见不甚明显的连珠纹；后端红底上绘 2 个完整、2 个不完整的圆圈，圈周也可见有连珠纹痕迹。主体部分涂有和浅灰色的底，绘一奔跑的虎，张口伸出红色长舌，虎的身体和颈部细长，全身绘有斑纹，颈部中段有黄色颈箍，颈箍后面和前肢与前胸交接处有向后飘起的白色火焰状纹。虎头前方有一骑马人，马为灰色，马具齐备，抬腿徐行；头戴矮平的红色帽，后有同色帛带下披，身穿黄色衣，外罩红色披风，披风的领部和两襟镶蓝边，两腿似乎盘坐在马鞍上（图一一）。

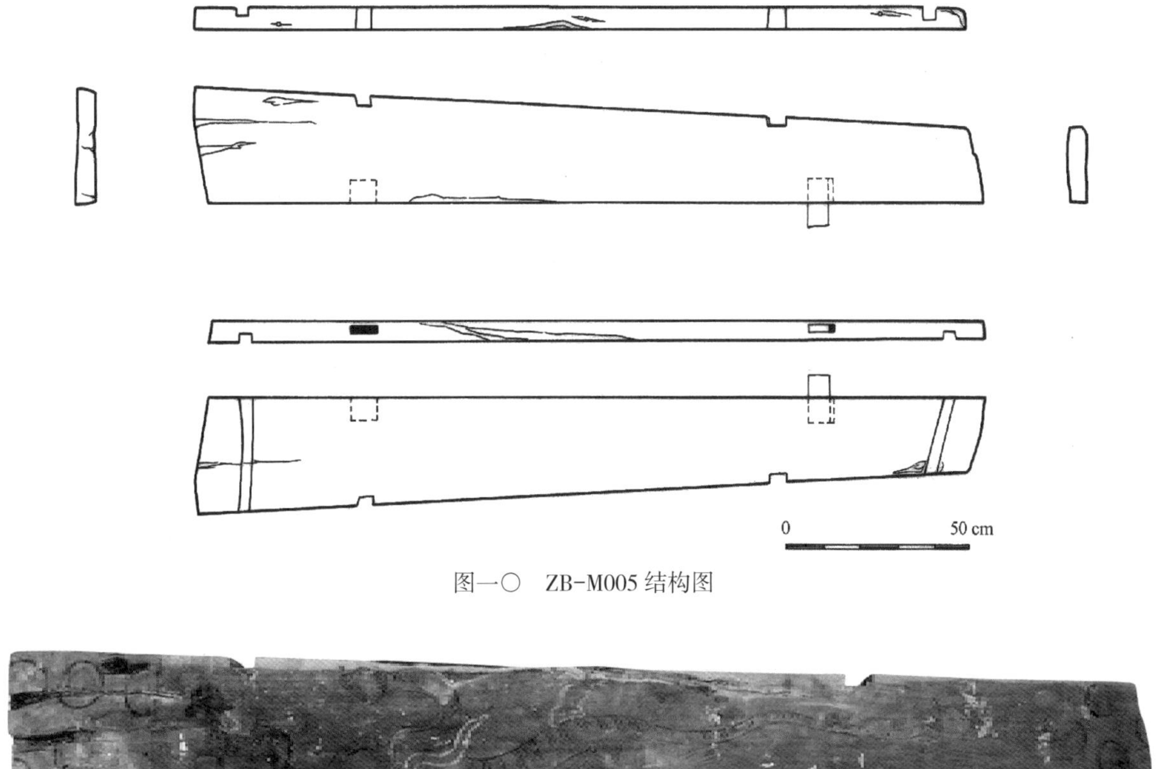

图一〇　ZB-M005 结构图

图一一　ZB-M005 彩绘全图

ZB-M006 平面形状略呈梯形，窄端上缘伸出，通长（包括伸出端头）235 厘米、宽端 35 厘米、窄端24.5厘米、厚4～5厘米。木板上沿残存有4个铁钉。上沿在前后各开有宽6～7厘米、深2～3厘米的凹槽，下沿有前后 2 个矩形榫眼，后端榫眼中还保留有榫板（稍残）。内侧近两端处各有一上下贯通的浅槽，前端的槽宽 5 厘米，后端的槽宽 5 ～ 5.5 厘米，应该是安装前后挡板所用。从该木板的形状、结构观察，应为木棺的左侧板（以棺的后端向前计）的上半部（图一二）。画面的两端为红色竖条带，前端红底上绘 4 个圆圈，后端侧绘 3 个圆圈，均为内外两重圈，外圈为墨线绘成封闭圆圈，内圈用黄色，不封闭，从保存较好的后端观察，缺口朝上。主体画面以浅灰为底色，为了叙述方便，从左至右依次分为 3 组：1. 一击鼓乐手，身穿红色小翻领窄袖衣，衣长过膝，足穿黑靴，短发，双手敲击腰间所挎的束腰鼓，身后有一大圆圈，圈内右侧有一方形物，表面装饰宽带状十字形纹，十字形的中间装饰白线描绘的×形纹。2. 从左至右 1 穹庐、2 大帐篷、1 马及牵马人、1 小帐篷、1 跪坐人物。墨线勾勒的穹庐呈馒头状，正面用红线画出长方形门；墨线勾勒的两座山字形顶帐篷，正面向上撩起形成大门，左侧帐篷门上有黑红两色绘出的四方连续菱格纹，右侧帐篷门上为墨线绘出的二方连续三重波纹；穹庐与左侧帐篷间绘有一个束腰台状物，其上有火焰纹，很可能是一圣火坛；两帐篷之间绘有一件高领圜底罐，罐腹部装饰有花朵纹，罐上伸出一组对称的花叶，罐体填灰褐色，花朵纹和花叶填白色；一匹灰色的马从右侧帐篷右后侧伸出前半身，马头前有一人身穿浅赭色翻领窄袖衣，衣长过膝，腰系带，足穿黑靴，右手执马缰；马与牵马人右侧上方是一小型尖顶帐篷，顶尖及两角各装饰一圆形物，正面设长方形门，帐篷右侧是一侧面朝向帐篷的跪坐人物，光头，鼻子前带有上卷的物件，身穿翻领窄袖衣，衣长及踝，足穿黑鞋，右手持一叉状细棍指向帐篷门；跪坐人物下方及两侧有间错开的 3 排锯齿状纹。3. 从左至右分别绘有 3 树木，体量依次变大；1 帐篷、1 架子。3 棵树木非常简略，依次为红色、褐色、黑色线条绘制，体量渐次变大，仅在枝头有一个树叶（或花）；帐篷略微倾斜，立面呈尖顶的圭形，上半部绘菱格纹，下半部正中有长方形门；架子由两根立杆、一个长方形的框和纵横交错的棍构成，其间有白色线条绘出的禾草 状纹，或为禾草架（图一三）。

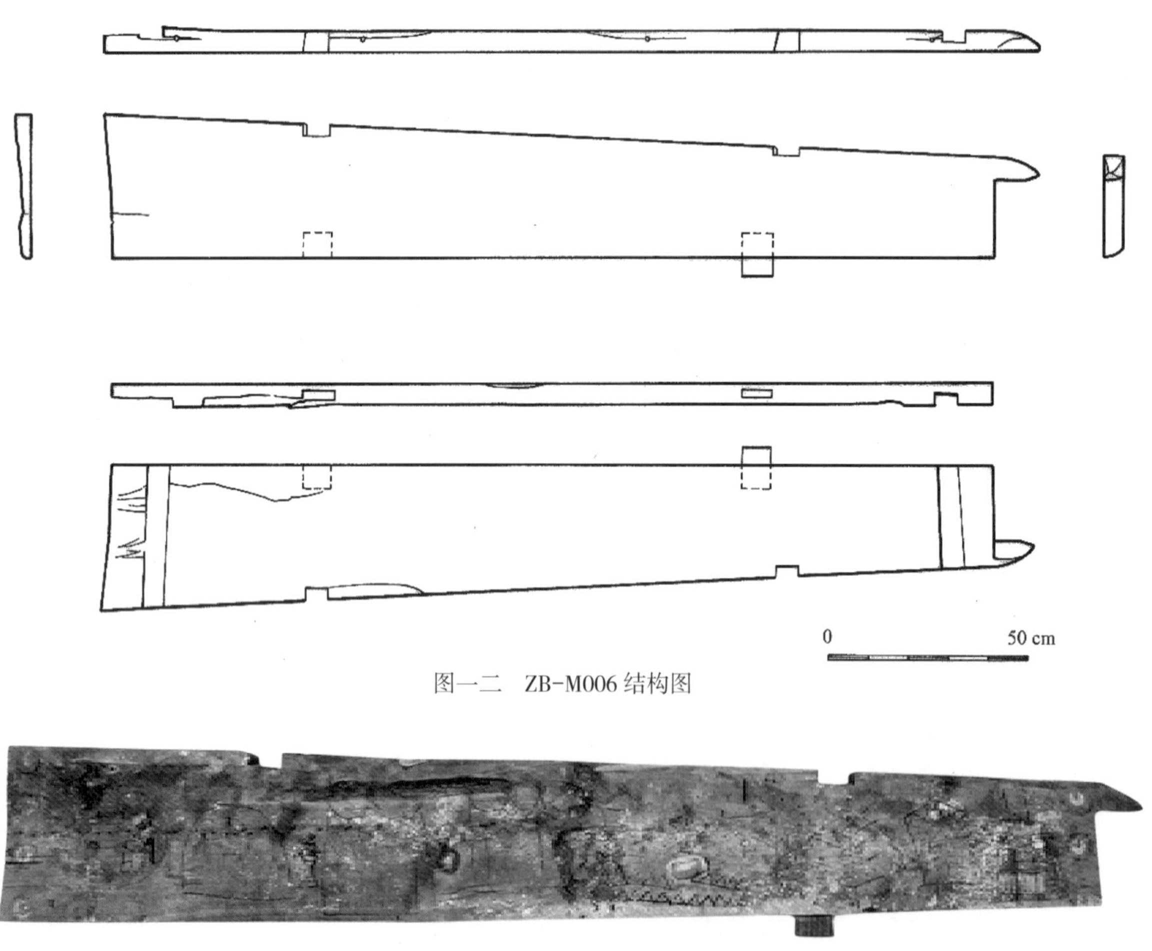

图一二　ZB-M006 结构图

图一三　ZB-M006 彩绘全图

ZB-M007 平面呈长方形，长 52.5 厘米、宽 17.6 ～ 18.6 厘米、厚 4.5 ～ 4.8 厘米。正面绘一交领人物胸像，墨线简拙，黄色交领内衬红色团领衫。此板与 ZB-M008 合为同一幅人物胸像，此板为下半部。

ZB-M008 平面呈长方形，长 52 厘米、宽 16 ～ 17 厘米、厚 4.5 ～ 5 厘米。正面绘一短发人物头部，脸颊部有涂红。与 ZB-M007 可拼合，应为上半部。两侧有浅钉眼 8 个，背面有纤维残痕。上部边缘有一条明显曾被遮盖的痕迹（图一四）。

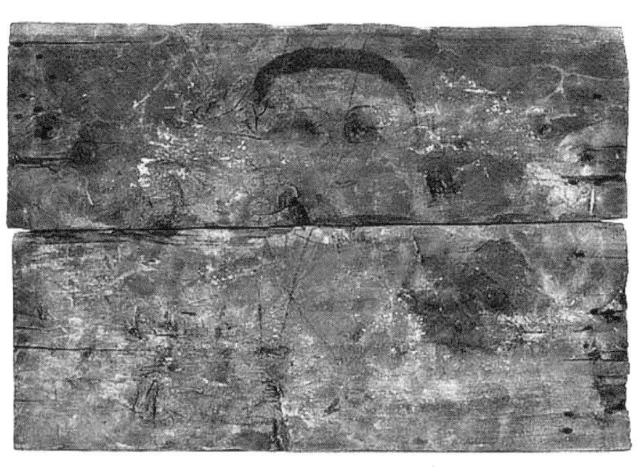

0　　100 cm

图一四　ZB-M007、ZB-M008 拼合图及彩绘全图

ZB-M009 平面略呈梯形，横剖面呈梭状，中间厚而两侧薄。横长 35 ～ 38 厘米、宽 20 ～ 22 厘米、厚 2.5 ～ 5 厘米。正面彩绘已不易辨识，仅可见周围涂绘有红色边框，两侧边框并绘有墨线圆圈纹，内套灰色不闭合的圆圈纹；框内可辨有两道黑色斜弧线，其下压有横椭圆形的红色，右侧上下隐约可看出有黄色粗线和细墨线，从残迹分析，有可能是红龟、黑蛇构成的玄武图像。推测此板为后挡板（图一五）。

ZB-M010 平面呈长方形，长 37 厘米、宽 16 ～ 16.7 厘米、厚 4.5 厘米。正面用墨线绘一对脚掌。上方边缘有明显的一条曾被遮盖的痕迹。此板可能为前（或后）挡板的上半部（图一六）。

图一五　ZB-M009 彩绘全图

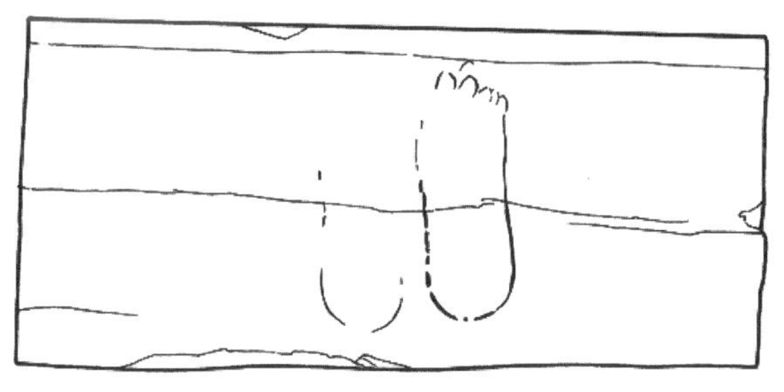

图一六　ZB-M010 彩绘线图

二、彩绘棺板的推测复原

这一批彩绘棺板较为零散，似乎还缺少一些部分，既没有见到一件底板，也缺少左右侧板的下半部。究其原因，有两种可能：1. 这种木棺原本就没有底板（如内蒙古札赉诺尔鲜卑人木棺就没有底板[①]）；2. 底板没有彩绘，侧板下半部分彩绘很少或因墓葬进水致使彩绘脱落，盗墓者认为没

① 郑隆：《内蒙古札赉诺尔古墓群调查记》，《文物》1961年第9期。

有价值而舍弃。但笔者还是试图对现有标本的原有形制做一个初步的复原。如前分析，这批彩绘棺板共计有盖板 2 件（ZB-M001、ZB-M003）、右侧板上半部 2 件（ZB-M002、ZB-M004）、左侧板 2 件（ZB-M005、ZB-M006）、前挡板 2 件（ZB-M007、ZB-M008 可拼合成 1 件）、后挡板 2 件（ZB-M009、ZB-M010）。根据不同棺板的结构、尺寸以及彩绘图案布局相比较，可以推测 ZB-M006 和 ZB-M004 为同一木棺的左右侧板，ZB-M001 为其盖板，ZB-M007、ZB-M008 可以相拼合为前挡板，ZB-M0010 为后挡板，这 6 件棺板可以组合成一副木棺，两侧板下半部和棺底板缺如（图一七，1）。ZB-M005、ZB-M002 两件尺寸相若，但结构稍有不同，勉强可以作为一副木棺的左右侧板的上半部，ZB-M003 为其盖板。ZB-M009 与这两件左右侧板尺寸相合，应为后挡板，暂可作为一副木棺对待，两侧板、前挡板、棺底板阙如（图一七，2）。两副木棺的两侧板上沿都有前后两个凹口，但两个棺盖板上却没有与之对应的凸出部分，很可能当时是用两根横置的方木条卡在两个凹口之间，用于固定木棺两侧板。这种做法曾见于新疆民丰尼雅汉晋墓地的 M3、M8 两墓的木棺[①]。这两副木棺有明显差别：1. 前者棺盖板上面平整，后端两侧伸出“捉手”，后者上面有纵向的脊，后端平齐；2. 前者左侧板后端上部伸出“捉手”，与棺盖板相对应，后者后端平齐；3. 前者两侧板两端红色边框较窄，后者则较宽。两个木棺分别做推测复原，可以看出它们的结构大致相同，总体呈前高后低、前宽后窄的形制；前后挡板都是嵌在两侧板的前后两端稍向内收的部位；两侧板上沿有前后两个凹口，用于嵌入横向木棍固定；棺盖板底面平整，用铁钉固定在两侧板上。

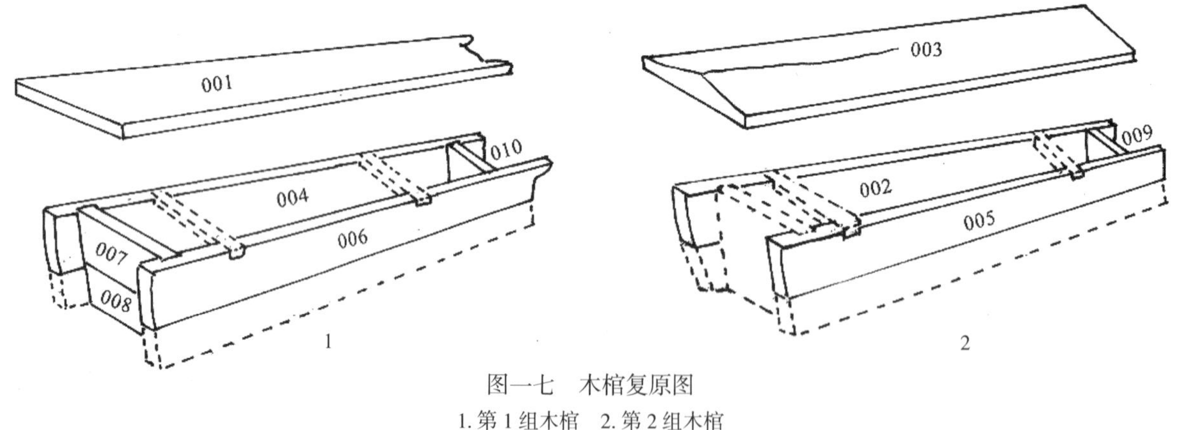

图一七　木棺复原图

1. 第 1 组木棺　2. 第 2 组木棺

三、彩绘棺板的年代

这批彩绘棺板如果从形制来观察，可看出其与此前在青海发现的吐蕃时期（7 ～ 8 世纪）的彩绘木棺有较大差异。考古发掘的德令哈夏塔图吐蕃墓树轮测定下限 784 年，出土木棺的棺盖板有两种形式：一种呈弧拱形，状若板瓦；另一种底面平整，上面中间起脊较高。而藏医药文化博物馆木棺的两件棺盖板，一件为上下平整的平板，另一件下面平整，上面中间有不太明显的起脊。吐蕃木

① 王炳华：《新疆古尸》，新疆人民出版社，1999年，第118页。

棺的前后挡板也有两种形式，一种上部呈圆拱形，一种为长方形。侧板一种为内侧无凹槽，一种内侧有凹槽。藏医药博物馆的木棺没有出现弧拱形棺盖板和圆拱形前后挡板，两套木棺的侧板内侧都有凹槽。

德令哈市巴音郭勒河下游发现一些吐谷浑时期墓葬，经测年“能够明确处于吐谷浑时期（663年之前）的墓葬有：德令哈布格图阿门、德令哈巴格希图热、德令哈闹哈图、德令哈市水泥厂北、德令哈怀头他拉镇阿齐特沟、德令哈畜集根艾日格、德令哈畜集爱里斯太”等7处[①]。这些墓葬集中在德令哈，均为竖穴土坑墓，都有木棺。其中闹哈图共有被盗掘墓葬4座，墓葬树轮测年下限为461年，出有木棺，“从侧板判断为梯形木棺，木棺侧板上下及两侧均有榫卯结构，有挡板，棺长240厘米、高38厘米”。巴格希图热墓地被盗墓葬3座，测年下限492年，“梯形木棺，有的木棺两端有榫卯结构，有的两端内侧刻槽，用来镶嵌挡板”。布格图阿门墓葬3座被盗墓葬，测年下限603年，出有木棺，但未作描述。水泥厂北墓葬的测年为592年，竖穴土坑墓中出有彩绘棺板，由于盗掘抛出时间较长，“棺板上的彩色画迹已基本消失殆尽，仅残留模糊墨迹，画风草率，可辨图案有马、奔鹿、牦牛、羊等个体动物形象和马上射鹿的射猎场面，墓葬附近有木质车轮残段和泥质灰陶片”[②]。肖永明调查的4处墓葬虽然没有对木棺做出详细描述，但从披露的“木棺为梯形”、侧板“内侧刻槽”、彩绘画面“画风草率”等特征看来，明显地与藏医药博物馆的木棺更为接近。

我们可以再参考一下甘肃省高台县骆驼城墓地十六国时期墓葬M4，“木棺前宽后窄，保存完好，由棺箱及盖板组成。棺长2.08、高0.6、底板外宽0.45米，棺盖长2.32、宽0.65米。棺盖上覆盖朱色帛绢及袋状物，棺内底部铺垫草木灰，上置草席，其上陈尸一具，仰身直肢，头向西北”。M5“木棺保存完好。死者仰身直肢，右手执衣物疏于胸前，棺内底铺草木灰，上置苇席，棺外见朽木及草绳”[③]。简报未对木棺做详细描述，也没有结构图，仅从简报描述还难以明了其完整形制和细部结构，但大的形制似乎与藏医药文化博物馆的木棺较为接近。有学者对于鲜卑人墓葬中木棺形制简单总结为：“棺木前高宽，后低窄，是鲜卑民族棺木的重要特点之一。1世纪左右的内蒙古札赉诺尔的桦木棺就是前宽后窄，内蒙古呼和浩特市东南美岱村的鲜卑墓葬棺木也具有同样的特点。固原出土之漆棺，从其部分复原情况来看，也是前宽后窄，结合漆画内容视其为鲜卑民族遗物则是无疑的。”[④]实际上从内蒙古、吉林、辽宁出土的1世纪之后，被认为是鲜卑人墓葬中的木棺已经表现出不同类型，到北魏时期的平城（今大同）、原州（今固原）木棺形制又有变化，似乎出现趋同现象。因为对鲜卑人木棺还没有做过较长时段、较广区域的系统梳理，其类型在不同时段、不同区域的演变还没有完全理清出。但无论如何，藏医药博物馆的木棺形制基本上还是符合鲜卑人木棺的特征。

2016年，藏医药博物馆对其中一件棺板（编号ZB-M00001）作了碳14测年，测定结果为390～430

---

① 肖永明：《树木年轮在青海西部地区吐谷浑与吐蕃墓葬研究中的应用》，《青海民族研究》2008年第3期。

② 肖永明：《树木年轮在青海西部地区吐谷浑与吐蕃墓葬研究中的应用》，《青海民族研究》2008年第3期。

③ 甘肃省文物考古研究所、高台县博物馆：《甘肃高台县骆驼城墓葬的发掘》，《考古》2003年第6期。

④ 宁夏固原博物馆：《固原北魏漆棺画》，宁夏人民出版社，1988年，第15页。

年。如果考虑到木材可能会有一定的存放期，墓葬年代最晚可到5世纪后半叶，也就是390 ~ 460年之间。这个测年结果与我们从木棺形制分析的结果较为吻合。

此一时间段，正是吐谷浑占据青海大部期间。根据周伟洲《吐谷浑史》所作的梳理，312 ~ 313年吐谷浑率部度陇山，至抱罕，又南迁至甘南、川西北、青海等地，统治当地羌、氐人。从此之后至490年，吐谷浑国有以下重要事件：

317年　吐谷浑卒，长子吐延立。

319年　吐延被刺，长子叶延立，改姓吐谷浑，亦为族姓、国号。

351年　叶延卒，长子碎奚立。

371年　碎奚遣使前秦，献马、金银，苻坚拜其为安远将军、漒川侯。

376年　碎奚死，子视连立。

390年　视连向西秦称臣，拜沙州牧、白兰王。视连卒，子视罴立。西秦破视罴于度周川，遁保白兰山。

400年　视罴卒，弟乌纥堤立。

405年　西秦败乌纥堤，逃南凉而卒。视罴子树洛干立，称吐谷浑，号戊寅可汗。

411年　树洛干击败南凉王子，取浇河地。

412年　西秦击吐谷浑别部于赤水。

413年　西秦破树洛干于浇河。

417年　西秦击树洛干于塞上，破其弟阿豺于尧杆川，树洛干退保白兰。卒。阿豺立。

419年　西秦击吐谷浑觅地于弱水。

421年　阿豺降西秦，封安州牧、白兰王。

423年　阿豺向刘宋称臣，封安西将军、沙州刺史。

426年　阿豺病死，从弟慕璝立。

428年　慕璝子元绪击西秦，夺回浇河，夏赫连定封其河南王。

429年　慕璝弟慕利延与北凉合击西秦，败。

430年　西秦降北魏，地归吐谷浑。

431年　赫连定灭西秦，旋为慕璝击溃。慕璝遣使北魏，受封大将军、西秦王。

432年　慕璝遣使刘宋。

436年　慕璝死，弟慕利延立。

437年　北魏拜慕利延为镇西大将军。吐谷浑遣使刘宋。

438年　刘宋封之为秦、河二州刺史、陇西王。

439年　刘宋改封河南王。

444年　慕利延杀兄子纬代，北魏败吐谷浑，退保白兰。

445年　北魏击慕利延，慕利延败走于阗。

448 年　慕利延自于阗返。

452 年　慕利延卒，兄子拾寅立。刘宋封河南王。

460 年　北魏击吐谷浑，拾寅退保南山。

467 年　刘宋进拾寅号征西大将军。

470 年　北魏击吐谷浑，大破拾寅。

474 年　拾寅遣子费斗斤入侍北魏。

475 年　吐谷浑遣使刘宋、北魏朝贡。释法献从金陵经吐谷浑至于阗求佛牙。

479 年　吐谷浑三次遣使北魏朝献。刘宋进拾寅为骠骑大将军。

481 年　拾寅卒，子度易侯立。南齐以度易侯为秦、河二州刺史、河南王。

490 年　度易侯卒，子伏连筹立。南齐封之为秦、河二州刺史[①]。

390～490年这一时期正是吐谷浑由初期开拓发展到壮大兴盛的重要阶段。吐谷浑最初占据了甘南、青海较为偏僻的地区，北部、东部先后有前凉、前秦、后凉、西秦、南凉、北凉等政权。这些政权都比吐谷浑势力强大，但由于这些政权相互之间征伐不断，先后更替，虽然无法集中力量灭亡吐谷浑，却又不愿坐视吐谷浑向北扩张，所以与吐谷浑之间多有战事发生。吐谷浑在与这些政权周旋拉锯的过程中逐渐向外扩张，实力也发展壮大。“到阿豺的后继者慕璝时，西秦衰亡，吐谷浑则日益强大，进入了它兴盛的时期”[②]。我们特别注意到，在4世纪末至5世纪末的百年间，每逢战事不利，吐谷浑往往退居白兰。如390年视罴“遁保白兰山”，417年树洛干“退保白兰”，444年慕利延“退保白兰”，可见白兰是吐谷浑这一时期的根据地。白兰地望，学者多有考证，基本认定为青海湖以西、柴达木盆地东南的都兰县一带[③]。所以，我们推测藏医药博物馆所藏彩绘棺板很可能出自这一时期的吐谷浑白兰地区。

四、祆教内容辨识

棺板ZB-M006左半部的穹庐与左侧帐篷间绘有一个束腰台状物，台状物上半部和下半部各有两道横纹，台面上绘出上升的火焰纹，我们推测是祆教的圣火坛（图一八）。帐篷右侧是一侧面朝向帐篷的跪坐人物，光头，鼻子前戴有上卷的物件，右手持一叉状细棍指向帐篷门（图一九）；棺板ZB-M002右半部的帐篷左侧有一人，侧向帐篷门口跪坐，头戴软帽，身穿小翻领窄袖衣，嘴鼻部戴有半月形的物件，两手前伸，左手持短树枝（图二〇）。我们推测这两位都是戴有口罩的祆教祭司。能否确定棺板图像与祆教有关，关键是圣火坛和祭司的确认。我们可以通过对现在已知的祆教圣火坛和祭司图像的观察，来分析棺板画的图像性质。

① 周伟洲：《吐谷浑史》，广西师范大学出版社，2006年，第213～220页。

② 周伟洲：《吐谷浑史》，广西师范大学出版社，2006年，第26页。

③ 周伟洲、黄颢：《白兰考》，《青海民族学院学报》1983年第2期。

图一八　ZB-M006 彩绘图局部：帐篷与圣火坛

图一九　ZB-M006 彩绘图局部：帐篷与祭司

图二〇　ZB-M002 彩绘图局部：帐篷与祭司

迄今为止，考古发现以及收藏于海内外博物馆的祆教图像已有相当数量，主要出现在石棺床、石椁、石门上，集中在北朝至隋代的北方地区。圣火坛和祭司口罩的形制各不相同，呈现出多样化的样态。西安北周安伽墓石门的门额中央，有一个放置在 3 匹骆驼背上的圣火坛，由束腰的仰覆莲座承托的圆盘，圆盘上堆置薪火；两侧的鸟身祭司前方脚下还各有一个较小的圣火坛，是一个高圈足盘，盘的下缘装饰一周垂下的莲瓣[①]。山西太原隋代虞弘墓棺床正面中央也有一个圣火坛，是一个高圈足的容器，圈足之上的钵状容器有装饰着上下三圈仰莲瓣，圈足下部凸出一圈[②]。史君墓石椁南侧板壁上出现的圣火坛是上下有层阶的方形台子，台面上是升腾的圣火[③]。安备墓棺床正面的圣火坛最为复杂，这是一件双龙缠绕造型的高足器，高足下部是覆莲座，上面的盆状器装饰着华丽的连珠纹[④]。德国科隆博物馆收藏的石棺床阙楼侧面各有一个圣火坛，上半部是一个束腰仰覆莲台，下半部是喇叭状的高足，高足下部装饰覆莲瓣[⑤]。日本 Miho 博物馆收藏的石棺床的一扇屏风中出现圣火坛，是一个结构简单的束腰台体，上中下各有一圈凸棱[⑥]。除了中国北方的祆教图案，中亚也发现一些圣火坛图像，吉尔吉斯斯坦 Nawekata 遗址出土的一件陶纳骨瓮正面中央有圣火坛，是上下有层阶的方形台体[⑦]。吉尔吉斯斯坦 Sivaz 遗址出土的陶纳骨瓮正面有圣火坛图像，造型奇特，像是

① 陕西省考古研究所：《西安北周安伽墓》，文物出版社，2003年，第16页插图。

② 张庆捷：《胡商 胡腾舞与入华中亚人——解读虞弘墓》，北岳文艺出版社，2010年，第103页。

③ 西安市文物保护考古研究所编著、杨军凯著：《北周史君墓》，文物出版社，2013年，第88～89、96～98页。

④ 葛承雍：《祆教圣火艺术的新发现——隋代安备墓文物初探》，《美术研究》2009年第3期。

⑤ 施安昌：《火坛与祭司神鸟》，紫禁城出版社，2004年，第92页。

⑥ 施安昌：《火坛与祭司神鸟》，紫禁城出版社，2004年，第68页。

⑦ 葛勒耐（Frantz Grenet）著，毛民译：《北朝粟特本土纳骨瓮上的祆教主题》，张庆捷、李书吉、李钢主编：《4～6世纪的北中国与欧亚大陆》，科学出版社，2006年，第193页。

一个高足、高领、小口罐，罐肩部装饰覆莲纹，罐腹部装饰二方连续三角纹[①]。塔吉克斯坦片治肯特（Panjikant）Ⅲ号遗址的壁画中出现两个并列的圣火坛，形制相同，柱状的下半部装饰有一圈连珠纹，柱顶有两层盘，上层是圜底盆的形状，下层是装饰二方连续三角纹的平盘[②]。早在古波斯帕亚王朝的波西斯银币背面开始出现圣火坛（公元前1～公元1年铸造）[③]，到了萨珊王朝（226～651年）的银币上更是广为流行[④]。银币上的圣火坛造型主要为两种形式，一种是较粗的柱状台，下有两层阶的台座，上有三层阶或两层阶的台面；另一种是细柱，下有两层阶座，上有两层阶的台面。这两种都有在柱子中间系飘带的现象。纵观中国北方、中亚、西亚的祆教圣火坛造型，波斯以柱状坛为多，中亚、北中国则形式多样，北中国特别流行装饰仰莲瓣或仰覆莲瓣的圣火坛[⑤]。与藏医药博物馆棺板画圣火坛最为接近的是Miho博物馆的束腰形圣火坛（图二一）。

图二一　不同类型的圣火坛

1. 安伽墓门楣中央圣火坛　2. 虞弘墓石椁底座圣火坛　3. 史君墓石椁南壁圣火坛　4. 吉尔吉斯斯坦Nawekata遗址纳骨瓮圣火坛　5. 安备墓石榻正面圣火坛　6.Miho博物馆藏石屏风圣火坛　7. 科隆博物馆藏石榻门阙两侧圣火坛　8. 萨珊阿达希尔一世（Ardashir I）银币圣火坛　9. 塔吉克斯坦片治肯特（Panjikant）Ⅲ号遗址壁画圣火坛　10. 乌兹别克斯坦Sivaz遗址纳骨瓮圣火坛　11. 安伽墓门楣两侧圣火坛

接下来我们从口罩形状入手讨论戴有口罩（padām[⑥]）的祭司图像。以上列举的北中国、中亚

① 葛勒耐（Frantz Grenet）著，毛民译：《北朝粟特本土纳骨瓮上的祆教主题》，张庆捷、李书吉、李钢主编：《4～6世纪的北中国与欧亚大陆》，科学出版社，2006年，第197页。

② 施安昌：《火坛与祭司神鸟》，紫禁城出版社，2004年，第166页。

③ 李铁生：《古波斯币（阿契美尼德 帕提亚 萨珊）》，北京出版社，2006年，第147页。

④ Andrea Gariboldi: Sasanian Coins And History: The Civic Numismatic Collection of Milan, Costa Mesa: Mazda Pub, 2010, pp.41, 96-109。

⑤ 另可参看伊朗学百科全书（Encyclopædia Iranica）圣火坛（Fire Altars）条。

⑥ 关于巴列维语 padām 或 padān 的语源研究，可参看Russell1987, pp.482, 486。

祆教图像中多有祭司与圣火坛共存于同一画面。祭司形象五花八门，不外乎半人半鸟形象和正常的人物形象。关于半人半鸟形象学界曾有较多讨论，张小贵系曾统梳理了各种不同观点，认为“这些图像显然表明，火坛两旁站立的人物是祭司无疑。这种反复出现的图像也使我们相信上述火坛两旁对称侍立的半人半鸟形象亦是祭司”①。正常人物形象的祭司在发型、头冠、服装上有多种形式，所戴口罩样式也多有不同。或因表现角度的不同（正侧面和四分之三侧面），口罩分别呈现为“钺形”和“半月形”两种。前者见于安伽墓石门楣、安备墓石榻、科隆博物馆石棺床阙楼侧面、吉尔吉斯斯坦 Sivaz 遗址出土陶纳骨瓮正面；后者见于虞弘墓石棺床正面、史君墓石椁南侧板壁和东侧板壁、Miho 博物馆石屏风、吉尔吉斯斯坦 Nawekata 遗址出土陶纳骨瓮（图二二）。藏医药博物馆的彩绘棺板上两个祭司所戴的口罩有两种形式，一种是 ZB-M006 棺板中部的跪坐人物，头部为正侧面，鼻子前戴有一个上卷的物件，似乎是“钺形”口罩的变形；另一种是 ZB-M002 棺板右侧的一个跪坐人物，头部接近正侧面，戴软帽，嘴鼻部戴有“半月形”口罩，两手前伸，左手持短树枝。

图二二　不同类型的祭司口罩

1、2. 安伽墓门楣祭司　3. 安备墓石榻正面祭司　4. 科隆博物馆藏石榻门阙祭司　5. 乌兹别克斯坦 Sivaz 遗址纳骨瓮祭司　6. 史君墓石椁南壁祭司　7. 史君墓石椁西壁祭司　8.Miho 博物馆藏石屏风祭司　9. 科隆博物馆藏石榻门阙祭司　10. 虞弘墓石椁底座祭司　11. 吉尔吉斯斯坦 Nawekata 遗址纳骨瓮祭司

除了圣火坛和祭司口罩的图形，我们还可以观察整个场景的情况。通常，祭司是站立或跪坐在圣火坛的两侧（虞弘墓、安伽墓、安备墓、吉尔吉斯斯坦 Nawekata）或一侧（史君墓、Miho 博物馆、科隆博物馆、吉尔吉斯斯坦 Sivaz），而藏医药博物馆彩绘棺板的两个祭司都没有与圣火坛在一起，而是分别在一顶帐篷的旁侧，手中所持的棍状物或夹子均指向帐篷门，与前举各例颇不相同。虽然我们对帐篷的性质不敢妄加推测，但我们也注意到，史君墓石椁南侧板壁的祭司分别刻在石椁正门的两侧，科隆博物馆的祭司刻在两侧门阙上，安伽墓的祭司刻在石门楣的两侧，似乎都与门有关。

基于以上的比较，我们可以基本确定，彩绘棺板中的两处图像应该是祆教内容。那么，这两个木棺的墓主人是否为信仰祆教的粟特人？还是信仰祆教的吐谷浑人？当时在吐谷浑境内祆教的传布

① 张小贵：《中古祆教半人半鸟形象考源》，《世界历史》2016年第1期。

和信仰是怎样一种状况？恐怕还要有更多的发现才有可能展开讨论。

五、余论

祆教是由粟特人带入中国的宗教信仰，在中国境内的信众主要也是粟特人，这是中外学术界的共识[①]。关于祆教入华时间，清末民初即已有学人关注，陈垣先生《火祆教入中国考》认为“火祆之名闻中国，自北魏南梁始，其始谓之天神，晋宋以前无闻也”[②]，学界多从之。唐长孺先生《魏晋杂胡考》认为后赵时所奉“胡天”即为祆神，将入华时间提至4世纪前半叶[③]。此后，饶宗颐、王素、陈国灿诸先生都论述过4～5世纪祆教入华问题[④]。苦于没有考古实证，此一问题难以形成定论。青海地区发现的4～5世纪具有祆教内容的彩绘棺板画，无疑为学界探讨祆教传入华时间提供了新的数据。

法国学者魏义天（Étienne de la Vaissière）《粟特商人史》一书对粟特人商路有系统论述，分南北两道对沿途路线、粟特人聚落形态与人员构成作了深入探讨[⑤]。他认为“在四川活动的粟特商人，可能是由其他路径而非河西走廊进入中国的。其中一条即绕开河西向南穿越吐蕃地界，自于阗经柴达木盆地、青海湖至兰州，尔后分道，或到京师，或去四川”[⑥]。但针对这条路线的讨论并没有就此展开。霍巍曾有专文讨论粟特人与青海道，所列举文献不外乎三国时期诸葛亮举兵北伐，有“凉州诸国王各遣月氏、康居胡侯支富、康植等二十余人诣受节度”；《续高僧传》有“释明达，姓康氏，其先康居人也……以梁天监初来自西戎，至于益部”；隋代蜀地巨贾何妥“通商入蜀”等[⑦]。这些文献并无一例明确指明粟特人经由青海到达蜀地，更没有提供粟特人曾经徙居青海的资讯。

至于粟特人的活动路线，荣新江曾有专论，从中亚至长安在西域一段有北、中、南三条路线，河西向东分为南北两线，南侧的一线为：安国—康国—疏勒—于阗—播仙镇—石城镇—沙州—瓜州—肃州—甘州—凉州—兰州—原州—长安，并附有简图示意。其中没有提到有青海一线[⑧]。近年，荣新江又对一些粟特人墓志如史君墓志、曹谅及妻安氏墓志、史索岩墓志、翟舍集及夫人安氏墓志作了分析，从中找出一些线索，认为“大概从东晋十六国时期开始，西平就是东来粟特人落脚的地方，那里或许曾经存在过粟特聚落”。这里所说的“西平”就是现在的西宁[⑨]。1956年，西宁城隍庙街挖出一批波斯萨珊朝银币，夏鼐曾作研究，“76枚全部是卑路斯的银币，可以推知银币埋藏

---

① 林悟殊：《中古三夷教辩证》，中华书局，2005年，第236页。

② 陈垣：《陈垣学术论文集》第1集，中华书局，1980年，第305～307页。

③ 唐长孺：《魏晋南北朝史论丛》，三联书店，1955年，第416～417页。

④ 参看荣新江：《中古中国与外来文明》，三联书店，2001年，第277～294页。

⑤ Étienne de la Vaissière (Author), James Ward (Transl.), Sogdian Traders: A History, Leiden and Boston: Brill Academic Pub, 2005, pp.35–41, 119–144.

⑥ Étienne de la Vaissière (Author), James Ward (Transl.), Sogdian Traders: A History, Leiden and Boston: Brill Academic Pub, 2005, pp.145–146.

⑦ 霍巍：《粟特人与青海道》，《四川大学学报（哲学社会科学版）》2005年第2期。

⑧ 荣新江：《中古中国与外来文明》，三联书店，2001年，第17～111页，图见第39页。

⑨ 荣新江：《中古中国与粟特文明》，三联书店，2014年，第28～30页。

的年代当便在卑路斯在位（457 ～ 483 年）的时期内”，由此认为：“由文献资料来看，今日青海西宁在第四世纪末至第六世纪初，在当时中西交通路线上是占有相当重要地位的。现在这一大批第五世纪的波斯银币在该地发现，更可替我们增添实物的证据了。”[①] 这样说来，藏医药博物馆的彩绘棺板画又为这一学术界关注的研究添加了重要的实物证据。

（原刊于 Shing Müller, Thomas O. Höllmann, and Sonja Filip, Early Medieval North China: Archaeological and Textual Evidence, Otto Harrassowitz GmbH & Co. KG, Wiesbaden 2019）

① 夏鼐：《青海西宁出土的波斯萨珊朝银币》，《考古学报》1958年第3期。

吐蕃系统彩绘棺板画研究三题

夏吾卡先

随着考古工作的深入开展，近年来青海境内发现的彩绘棺板数量逐年增多。目前已披露的收藏彩绘棺板的机构主要有：青海省文物考古研究所收藏 2 具棺板；都兰县博物馆收藏 1 件侧板；海西州民族博物馆收藏 1 具完整的棺板和部分木构件；青海省藏文化博物馆收藏 2 具完整的棺板和 5 件侧板及部分挡板；湟源县古道博物馆收藏 7 件侧板和部分挡板；美国大都会博物馆收藏有 1 具挡板和 1 件木构件；美国私人收藏有 1 具完整的棺板；另流散有 1 件侧板等[①]。

有学者从时空关系、文化源流等方面对青海境内发现的彩绘棺板进行了比较研究，认为其分属于吐谷浑和吐蕃两个不同的时期[②]。本文的研究对象为吐蕃时期的彩绘板画，主要聚焦于学界关注较少但却是板画的必出题材——拂庐、男女合欢图和涂面，分析其图像意义，考证其历史源流。不当之处，敬请方家指正。

一、彩绘棺板之拂庐或毡帐

《新唐书》对“拂庐”一词有专门的记载，指吐蕃人居住用的毡帐，有大小之别，即贵人处于大拂庐，而部人处小拂庐[③]。有学者对拂庐进行了专门的考证，但目前学界对其名称来源等尚存较大的争议[④]。笔者仔细梳理敦煌古藏文写卷后发现，与毡帐有关的词汇主要是“颇章”（phobrang）、“古儿”（gur）、“扎”（sbra）和“赤玛”（phru ma）等四种。其中“颇章”一词出现的频率最高，在敦煌写本 P.T.1287《吐蕃赞普传记》中专指吐蕃赞普居住的毡帐；“古儿”一词出现的频率仅次于“颇章”，指一般意义上的毡帐，在敦煌写本 P.T.1042 即《吐蕃王室的殡葬仪轨》中反复出

① 青海省博物馆编：《尘封千年的岁月记忆——丝绸之路“青海道”沿线古代彩绘木棺板画》，文物出版社，2019年，第10～12页。

② 参见许新国：《茶卡出土的彩绘木棺盖板》，《青海民族大学学报（哲学社会科学版）》2011年第1期。徐成炎、夏吾卡先：《青海吐蕃墓的考古发现与研究》，《西藏研究》2019年第1期。张建林、才洛太：《青海藏医药文化博物馆藏彩绘棺板》，Early Medieval North China: Archaeological and Textual Evidence（《从考古与文献看中古早期的中国北方》），Shing Müller, Thomas O. Höllmann, and Sonja Filip, Wiesbaden: Otto Harrassowitz GmbH & Co. KG, 2019, pp.261–282. 孙杰、索南吉、高斐：《青海海西新发现彩绘木棺板画初步观察与研究》，《丝绸之路研究集》第二辑，商务印书馆，2018年。

③ 《新唐书》卷二一六《吐蕃传》，中华书局，1975年，第6072页。

④ 刘铁程：《“拂庐”考辨》，《西藏研究》2011年第1期；吕红亮：《“穹庐”与“拂庐”——青海郭里木吐蕃墓棺板画毡帐图像试析》，《敦煌学辑刊》2011年第3期；尼玛才让：《“拂庐”辩难》，《西藏研究》2013年第6期。

现了十多次。值得注意的是，在敦煌写本 P.T.1283《北方若干君主之王统叙纪文书》中，“古儿”一词用来代指北方诸民族国家所用之“穹庐”。“扎”在敦煌写本 P.T.1134 中出现过一次，词意与上述“灵帐”一词互为通用。在敦煌写本 P.T.1289、P.T.1075 等占卜文书中时有出现。在现代藏语中，“扎”专指黑毡帐。“赤玛”一词仅在吐蕃律例文书中出现，专指军帐[①]。

据日本学者佐藤长考证，汉文史书中出现的“拂庐”是由藏文中“颇章”一词衍生而来[②]。笔者相对认同这一考证，原因有二。第一“颇章”“拂庐”这两个词在发音上具有相似性；第二，成书于 11 世纪的《柱间史》对“颇章”有专门的解释，它是指由鹿、野牦牛、虎豹皮等兽皮制成的毡帐，而非石土砌建的建筑[③]。

青海出土的吐蕃时期彩绘棺板，其叙事画面主要以拂庐为中心展开。拂庐在形制上具有一定的共性，基本呈圆形，白色，顶部开喇叭形气孔，外侧有几条红色带会贯穿左右上下。如青海郭里木乡夏塔图出土的棺板，1 号棺 A 侧板高帮右侧前后立有两顶拂庐，而 B 侧板左侧画面有一顶拂庐，右侧画面亦有一顶小拂庐；而流散美国、由私人收藏的彩绘棺板，一侧板左右两侧各有一顶拂庐，其中左侧画面的拂庐前还置有一具棺材；而另一侧板只有左侧画面有一顶拂庐（图一、图二）。

图一　流散美国的彩绘棺板侧板 A 面（私人收藏）

（采自 Amy Heller, Observations on Painted Coffin Panels of the Tibetan Empire, 2013, pp.117–168）

图二　流散美国的彩绘棺板侧板 B 面（私人收藏）

（采自 Amy Heller, Observations on Painted Coffin Panels of the Tibetan Empire, 2013, pp. 117–168）

① Ba sang dbang ‘dus, Gsarrnyedbyungba’ ispurgyal bod kyidmagkhrimsyige, Bod ljong mi dmangdbeskrunkhang, 2017: 17.

② [日]佐藤长著，邓锐龄译：《古代西藏史研究》总论，《西藏民族学院学报》2007年第2期。

③ Jo borje, Bka’ chemsbka’ khol ma, Kansua’ u mi rigs dbeskrunkhang, 1989: 84.

以青海郭里木彩绘棺板为例，学界对画面中毡帐的功能解读上基本形成一致意见，但如何解读以拂庐为中心的画面，却各有说辞。如罗世平将 A 板右侧画面的拂庐解释为会盟而设的“拂庐宴饮”，将左侧画面的拂庐解释为“葬吉宴饮”的毡帐。B 板右侧的毡帐解读为“灵帐”[①]；而霍巍对其上三顶毡帐的功能性质的阐释与罗氏类同，不同之处在于将两个侧板上的画面整体当作与葬仪相关的有序的宴饮场面[②]；仝涛却认为左侧板画面是再现死者生前的享乐生活，而右侧板画面描其死后的丧葬场景[③]。

作为目前发现时代最早、保存最为完整的吐蕃丧葬仪轨类文书——法藏敦煌文献 P.T.1042，国内外已有多位学者有过研究与译介[④]。但笔者在重译这份写本的过程中，对拂庐或毡帐一词的释义与诸位前贤略有不同，现将相关内容摘录如下：

写本第 13 ～ 15 行载：

……其后大王分定疆域、权势，此后母舅向国王邀请温洛和囊马一事进行传话，此后舅甥会面灵帐、温洛、朵马、朵牛、囊马和牦牛等结集捆绑……

写本第 28 ～ 32 行又载：

……此后要见灵尸，其仪轨和次序为：灵帐之右，请器具，灵帐正前方请杜尔苯波和旁苯波，其后是娑柔，其后是彩线结，其后为口置面具，其后是面具和替身，左右置食袋，其后是灵帐，其后是温洛，其后是侍从，两顶毡帐左右侧为内侍和尚论内侍官，……

写本第 39 ～ 43 行又载：

……其后两屠户把朵马和牦牛，囊牛牲畜牵来。小旁苯波将带尸体、灵帐，侍者引路至封土墓前，灵魂供品将烧毁，巫师高诵仪轨。此后灵尸、尸体互相会见。尸首和面具，尸帐与灵帐互碰三次，并饮一口相会酒。……

写本第 48 ～ 52 行又载：

……前往墓室的次序为：古辛、茹辛、旁苯波共三人领头，其后是彩线结，其后是娑

① 罗世平：《天堂喜宴——青海海西州郭里木吐蕃棺板画笺证》，《文物》2006年第7期。

② 霍巍：《青海出土吐蕃木棺板画的初步观察与研究》，《西藏研究》2007年第2期。

③ 仝涛：《青海郭里木吐蕃棺板画所见丧礼图考释》，《考古》2012年第11期。

④ 自1952年以来，已有多位国内外学者对法藏敦煌文献P.T.1042进行解读和译介工作。详见：Lalau, M., Rituel Bon-po des funéraillesroyales fonds Pelliot-tibetain 1042, Paris: Société Asiatique, 1953, pp.339-361.Haarh E., The Yar-lung Dynasty. Copenhague: G. E. C Gad' s Forlag, 1969, pp.364-379.褚俊杰：《吐蕃本教丧葬仪轨研究——敦煌古藏文写卷P.T.1042解读》，《中国藏学》1989年第3期；褚俊杰：《吐蕃本教丧葬仪轨研究（续）——敦煌古藏文写卷P.T.1042解读》，《中国藏学》1989年第4期。

柔，其后是口置面具，其下方左右侧为食袋，其后是面具，其后是替身，其后是灵帐，其后是尸帐，其后是温洛，到墓室后，由侍者依次致礼，然后供上酒碗，不得搞混。……

写本第 59 ～ 61 行又载：

……仪轨顺序为清晨吹第一遍螺号时，古辛，旁苯波，戴本波，处理尸体者及两厨师等人以艾薰熏净，向干尸行礼，此后处理尸体者揭去灵帐、尸帐和温洛上的覆盖物，扫帚拍打。……

写本第 112 ～ 113 行又载：

……傍晚余光时古辛祭神，旁苯波向温洛，食袋、毡帐，面糊糊等举行仪轨。……

写本第 123 ～ 127 行又载：

……回工次序是：最先是四个雅巴，其后是持长矛者，其后是战斧者，其后是辛，其后是娑柔，其后是彩线结，其后是口置面具，其后是面具和替身，食袋放置于灵魂前方左右两边，面具之下灵帐，其后是尸帐，其后是温洛，其后是内待，其后是侍从，其后是骑手，排列在灵魂（象征物）的右边，左右两排基本相同。……

写本第 133 ～ 137 行又载：

……另一名古辛牵牲畜，跟随绵羊，乘骑左右立有各鞭策者。其后到墓穴口，灵帐门口上方前往底斯雪山，第十一、十三，十七，十九个夜晚或吉祥之日灵帐上请灵魂之子，裁一小块，放在陵墓的祠堂里，……

在以上写本内容中，拂庐或毡帐统称的“古儿”一词共出现了 15 次之多。除单独出现外，还存在“尸帐”和“灵帐”之分。其中，“灵帐”一词虽然得到了准确的释读，但“尸帐”一词一直未能得到准确的释读。无论是哈尔还是褚俊杰都将其释读为疑似“所在地”或某画像之类的物件[①]。根据 P.T.1042 写本内容来看，以毡帐为中心开展的一切人为活动，不仅与丧葬仪轨有关，其中两顶毡帐分别代表死者的“灵帐”和“魂帐”的居所。而文本中死者的尸体和灵魂还有对应的供品和象征性的面具，西域出土的木简中也有灵魂供品的记载[②]，如此看，早期信仰之中灵魂互相分

① Haarh E., The Yar-lung Dynasty. Copenhague: G. E. C Gad' s Forlag, 1969, pp.364-379；褚俊杰：《吐蕃本教丧葬仪轨研究——敦煌古藏文写卷P.T.1042解读》，《中国藏学》1989年第3期。

② 王尧、陈践：《吐蕃简牍综录》，文物出版社，1986年，第72页，编号为421。

开。在另一份丧葬仪轨写本 P.T.1289 中也有丧葬仪轨现场支白色毡帐的记载。甚至 11 世纪《阿底峡传记》中载，自阿底峡去世，仲敦巴一度在其营地支两顶黑白帐篷，白色帐篷中安置尊者遗体，而黑色帐篷用来打理生活起居[①]。

值得注意的是，在青海湟源县古道博物馆和青海藏文化博物馆收藏的吐谷浑时期彩绘棺板上也出现有毡帐的图像。虽然毡帐在形制、所处位置和数量上与吐蕃时期的毡帐间有所差异，但也不能排除其中拥有的某种共同性。究其原因，这是吐蕃、吐谷浑早年拥有共同的丧葬习俗导致的，还是其仅在形状上具有同形异义等，尚有待于进一步研究。

二、彩绘棺板之男女“合欢图”

在吐蕃彩绘棺板图像中，“男女合欢”图也是必出的题材之一，是整个叙事场景中的重要组成部分。男女合欢图像在表现形式上“上男女下”，有时男女完全裸体，亦有半裸体状的。在表现组合上有两人合欢、三人合欢或旁人手欲，乃至多人围观场景等多种形式（图三，1、2）。有学者认为“男女合欢”图在彩绘棺板上出现的位置有一定的规律[②]，实乃不然，其数量位置皆有所差异：如收藏在海西州民族博物馆的棺板画中其一侧板左上角 1 处（图三，3）；而郭里木夏塔图 1 号棺板画两侧板左右上角各 1 处，流散美国的棺板两侧则出现过 4 处之多[③]。

早年拉露和哈尔将敦煌写本 P.T.1042 之第 145 行的内容释读为与丧葬仪轨中的男女合欢有关，现在看来略显牵强[④]；近期杨春将该写本第 79 行的内容与男女合欢图加以联系，也系某种推测[⑤]。男女“合欢”一词在古藏文中称之“交（rgyo）”，值得注意的是收藏在青海藏文化博物馆的一具彩绘棺板之“合欢图”上方又出现了一组古藏文（图三，4），内容疑似与合欢有关联，但以上文书残缺不全或只言片语，其实际意义无法给出合理的解释。

对于彩绘棺板上为何会出现“男女合欢图”这种场景，学界主要有以下几种观点：1. 这是受到藏传佛教密教金刚乘性力派的影响[⑥]；2. 与苏毗和吐蕃部落一妻多夫的婚姻习俗有关[⑦]；3. 表现萨满巫师正在作法的场景，以祈求早生贵子，儿女成群[⑧]；4. 苯教丧葬仪轨中的巫术，含有祈愿死者在

---

① 维塔利曾解读可能与吐蕃赞普密不发丧的传统有关，详见：Vitali, Roberto, Bka' gdams pa Religious Politics in Dbus: The One Hundred Years after A tisha' s Death, in O. Czaja & G. Hazod, The Illuminating Mirror: Tibetan Studies in Honour of Per K. Sørensenon the Occasion of his 65th Birthday. Wiesbaden: Dr. Ludwig Reichert Verlag, 2015, pp.511–525.

② 青海省博物馆编著：《尘封千年的岁月记忆——丝绸之路“青海道”沿线古代彩绘木棺板画》，文物出版社，2019年，第38页。

③ Amy Heller, Observations on Painted Coffin Panels of the Tibetan Empire, Christoph Cuppers, Robert mayer, Michael Waltereds., Tibet after Empire Culture, Society and Religion between 850–1000, Proceedings of the Seminar Held in Lumbini, Nepal, March 2011, Kathmandu: Dongol Printers, 2013, pp.117–168.

④ Lalau, M., Rituel Bon-po des funéraillesroyales fonds Pelliot-tibétain 1042, Paris: Société Asiatique, 1953, pp.339–361; Haarh E., The Yar-lung Dynasty. Copenhague: G. E. C. Gad' s Forlag, 1969, pp.364–379.

⑤ 杨春：《吐蕃王室苯教丧葬仪轨——敦煌藏文写卷P.T.1042研究》，兰州大学硕士学位论文，2019年。

⑥ 许新国：《郭里木吐蕃墓葬棺板画研究》，《中国藏学》2005年第1期。

⑦ 林梅村：《青藏高原考古新发现与吐蕃权臣噶尔家族》，林梅村：《丝绸之路考古十五讲》，北京大学出版社，2006年，第268～275页；罗世平：《天堂喜宴——青海海西州郭里木吐蕃棺板画笺证》，《文物》2006年第7期。

⑧ 柳春诚、程起骏：《郭里木棺板画初展吐谷浑生活》，《柴达木开发研究》2005年第2期。

图三　彩绘棺板合欢图

1. 青海省文物考古所藏郭里木彩绘棺板　2. 美国私人收藏彩绘棺板　3. 海西州民族博物馆藏彩绘棺板　4. 青海藏文化博物馆藏绘棺板

阴阳之间再生、轮回的寓意[①]；5.受到了东汉末四川"天师道"影响[②]等。各方推测皆具一定的合理性，但囿于材料的局限性，无法一一证实。随着近年来吐谷浑王国时期彩绘棺板的发现[③]，我们可确认"合欢图"这一题材是伴随着吐蕃势力控制这一地区后出现的，因为这一题材基本不见于早于吐蕃时期的彩绘棺板画。其中郭里木夏塔图棺板画的年代早于吐蕃王室力挺佛教的8世纪中叶，因此其受密教金刚乘性力派的影响可排除在外。从图像学角度看，其受四川道教影响说看似有联系，但时空缺环无法得到合理的解释。此外，根据敦煌吐蕃文书，当时吐蕃社会还流行着"男女授受不亲"的伦理思想，纵欢有违道德底线。如敦煌写本P.T.1283《礼仪问答写卷》载：

弟问：对何事应该勤奋？兄云：务必对一切好事，没有一样不勤奋。无羞之徒不能服役之王差，务必勤奋去做。去一切地方，勿去女人跟前。若不去不行，那就去吧！弟问：怎么去法？兄答：所有可去之女人跟前都去，将获有罪与败类之名。常去女人跟前，会得

① 霍巍：《青海出土吐蕃木棺板画的初步观察与研究》，《西藏研究》2007年第2期。

② 周伟洲：《青海都兰暨柴达木盆地东南沿墓葬主民族系属研究》，《史学集刊》2013年第6期。

③ 张建林、才洛太：《青海藏医药文化博物馆藏彩绘棺板》，Shing Müller, Thomas O. Hollmann, and Sönja Filipeds., Early Medieval North China: Archaeological and Textual Evidence（《从考古与文献看中古早期的中国北方》），Wiesbaden: Otto Harrassowitz GmbH&Co. KG, 2019, pp.261–282.

淫乱之名。若不与女人相好不行，可从远处捎信，然后接触几次。勿整夜眠宿，要知羞愧，这样接触走后，别人反映不错[①]。

另具有早期苯教色彩的英藏写本 IOL Tib J 734《美好时代的衰落》中言：

此类女性不知耻辱，性格粗暴，与生俱来行径恶劣。不用男方招呼，主动搭讪共枕。那夜被男方轮流行欲，亦不得满足，继续行乐[②]。

由此看来，苏毗和吐蕃部落一妻多夫的婚姻习俗反映说也略显牵强。需要指出的是，在敦煌吐蕃写卷 P.T.1149 上也发现一份极为重要的吐蕃男女合欢的图像，现略作介绍如下：

写本采用写经用纸书写，呈长条形，上面有人名，也有一行般若经的句子，而页面右端画了一幅吐蕃男女的合欢图（图四，1）。合欢图中女性头发额头中央分成两半，看似穿一件袍子，附身膝地，面向正前方；男性辫发于后，戴头巾，面向前方，从背后膝地抱住女性，双手抓其腋下，背后体位正在行乐。这一图像与相传出土于青海海西花土沟的彩绘棺板合欢图[③]（图四，2）如出一辙。敦煌写卷主体内容为《般若经》，由此推断其时代应该不早于建中二年（781 年）即吐蕃实际控制沙洲的时段，基本接近 9 世纪。此外，从“合欢图”构图熟练掌握程度看，抄经人对“合欢图”并不陌生。

1

2

图四 合欢图

1. 吐蕃写卷 P.T.1149 2. 海西花土沟的彩绘棺

笔者进一步发现在新疆和田博物馆收藏麻扎塔格采集的一片木简上书写有“命某男人与女性合欢”（图五），说明这一思想在西域一带有所流传，这也是彩绘男女“合欢”图像迄今找到的唯一文本线索。

① 王尧、陈践编著：《敦煌吐蕃文书论文集》，四川民族出版社，1988年，第143～144页。

② 类似的内容还会出现在敦煌写本P.T.740《占卜文书》第127～128行载：此占卜对象人，此人不正直，狡猾；若占卜为战事，打败仗，只向女人淫乱。占卜结果不佳。另第148～149行又言：占卜结果欠佳，心里纵欲等坏心眼，正直人极为厌恶等。

③ 许新国：《德令哈吐蕃墓出土丝绸与棺板画研究》，《青海藏族》2015年第2期。

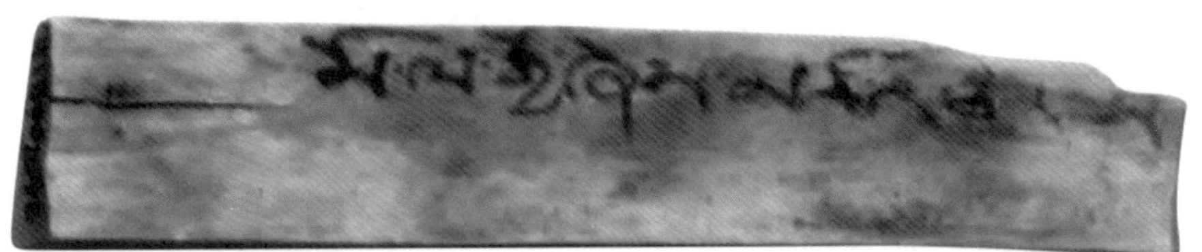

图五　和田博物馆藏麻扎塔格采集木简（祝铭摄）

而更有意思的是巴基斯坦北部奇拉斯（Chilas）往北约 20 公里的印度河沿岸的托尔（Thor）一带、断代为 6 世纪的岩画上亦发现“男女合欢”图（图六）。这一发现对我们探讨“男女合欢”图的历史源流具有重要意义。介绍如下：

图六　巴基斯坦北部奇拉斯托尔（Thor）岩画合欢图

（采自 Lore Sander, Remark on the Formal Brahmi of Gilgit Bamiyan and Khotan, 1989, pp.123–125. Plate 214.）

一岩石中央刻画了系列色情场景，前方一裸体女性前身附身，起臀部，双手抓住罐状器物口沿，背后男性略弯腰，右手抓住女性臀部，左手扶男根进行性背后体位做事。在其后方穿袍子的人跟前行走一动物。最后有一位还有手淫的一位男人像（最后一处场景照片中缺少）。

托尔岩画周围留有两组婆罗米文的题记，因此其年代可确定[①]。该岩画在图像的表现形式上与郭里木 1 号棺板、敦煌写本和海西花土沟棺板画之间拥有一定的共性。之前有学者指出，吐蕃棺板的装饰带不仅有浓厚的粟特与萨珊文化传统[②]，也有可能受东汉以来河西走廊西部和罗布泊一带流

① Lore Sander, Remark on the Formal Brahmi of Gilgit Bamiyan and Khotan, in K. Jettmar, ed., Antiquities of Northern Pakistan: Reportsand Studies, vol. 1, Mainz: Philipp von Zabern, 1989, pp.123–1 25. Plate 214.

② 许新国：《试论夏塔图吐蕃棺板画的源流》，《青海民族学院学报（社会科学版）》2007年第1期；霍巍《西域风格与唐风染化——中古时期吐蕃与粟特人的棺板装饰传统试析》，《敦煌学辑刊》2007年第1期；Amy Heller, Observations on Painted Coffin Panels of the Tibetan Empire, Christoph Cuppers, Robert Mayer, Michael Walteredss., Tibet after Empire Culture, Society and Religion between 850–1000, Proceedings of the Seminar Held in Lumbini, Nepal, March 2011, Kathmandu: Dongol Printers, 2013, pp.117–168.

行葬俗的影响[①]。托尔岩画地处今吉尔吉特辖境，该地在古代属勃律王朝统治范围。8世纪，吐蕃不仅实际控制了该地，更是将其作为对外继续扩张的交通枢纽。因此，该岩画上“男女合欢”图粉本与相关文化可能从西往东，通过丝路传到了吐蕃。

三、彩绘棺板之“涂面”

近年来，无论是吐蕃墓葬考古还是各大博物馆收藏的彩绘棺板与壁画、陶罐都发现了大量的“涂面”题材[②]。已有两位学者对郭里木夏塔图2号墓彩绘棺板之A板上的涂面造型进行仔细归纳。李永宪指出“赭面”形式都是在额、鼻、下巴、两颊等面部高凸部位，涂以点状、条状、块状的红彩，依其涂点的数量可分为“十三点”“九点”“七点”“五点”等多种情况[③]。宋耀春将涂面造型归纳为8种（图七），认为其具有菱形、三角形、圆形等多种造型，部分人物在涂面造型上表现的完全一致性[④]。但目前学界均将其简单地辨认为“赭面”，当作吐蕃社会各阶层男女老少广受欢迎的时妆现象，还借此来辨认其族属[⑤]。

如果将彩绘棺板中的涂面现象作为吐蕃社会各阶层男女老少广受欢迎的化妆现象，有两点因素需要格外注意：第一，在百姓的日常生活中，男女老少皆喜欢并已掌握了如此复杂且具有纹样造型的图像；第二，“安达”或“多甲”是吐蕃人人能够拥有，且即可涂抹的化妆品。无论是梅文·戈尔斯坦于1990年出版的《藏西游牧民》一书中关于“多甲”的介绍[⑥]，还是近期西藏电视台制作的“安达”习俗纪录片[⑦]，都表明这一用品是在炼完酥油和奶渣的奶水经长时间的熬煮等几道工序方可完成。这表明，其制作成本和技术角度看，并非是家家户户都能够拥有的物品。

尤其需要指出的是，在敦煌石窟保留的吐蕃赞普画像与流散海外的大多帛画像上很少出现“赭面”这一形象。而在出现“赭面”形象的法藏敦煌写本插图P.T.1122和大英博物馆藏9世纪观音菩萨（收藏编号1919, 0101, 0.21）之吐蕃系供养人像上，也只是对两腮施赭或点状涂红而已。由此看来，彩绘棺板画面中的赭面跟白居易等唐代诗人所论述的妆俗间是有一定的区别。

---

① 林梅村：《青藏高原考古新发现与吐蕃权臣噶尔家族》，林梅村：《丝绸之路考古十五讲》，北京大学出版社，2006年，第274页。

② 相关材料如下：北京大学文博学院、青海省文物考古研究所编著：《都兰吐蕃墓》，科学出版社，2005年；许新国：《青海吐蕃墓葬发现木板彩绘》，《中国西藏》2002年第6期；许新国：《乌兰县泉沟吐蕃时期的壁画墓》，《青海藏族》2012年第1期；仝涛《青海乌兰县泉沟一号墓发掘简报》，《考古》2020年第8期；2020年度西藏文物考古成果公众分享报告会，由扎西次仁做了相关专题报告，2021年4月17日。

③ 李永宪：《略论吐蕃的“赭面”习俗》，《藏学学刊》第3辑，四川大学出版社，2007年；李永宪：《吐蕃“赭面”习俗再观察》，《考古学研究》（十），科学出版社，2012年。

④ 宋耀春：《青海郭里木出土棺板画数据统计与分析》，《藏学学刊》第9辑，中国藏学出版社，2014年。

⑤ Amy Heller, Preliminary Remark on Painted Coffin Panels from Tibetan Tombs. In Dotson, Brandon, Iwao, Kazushi and Takeuchi, Tsuguhito eds., Scribes, Texts, and Rituals. in Early Tibet and Dunhuang, Proceedings of the 12th Seminar of the International Association, for Tibetan Studies. Wiesbaden : Reichert Verlag., 2013；罗世平：《天堂喜宴——青海海西州郭里木吐蕃棺板画笺证》，《文物》2006年第7期；李永宪：《略论吐蕃的“赭面”习俗》，《藏学学刊》第3辑，四川大学出版社，2007年；李永宪：《吐蕃“赭面”习俗再观察》，《考古学研究》（十），科学出版社，2012年。

⑥ Goldstein, Melvin and Cynthia Beall. Nomads of western Tibet: the Survival of a way of Life. Berkeley, 1990, pp.88-89.

⑦ 西藏电视台于《西藏诱惑》栏目之《穿越千年的安达》中首次播出，2021年4月29日。

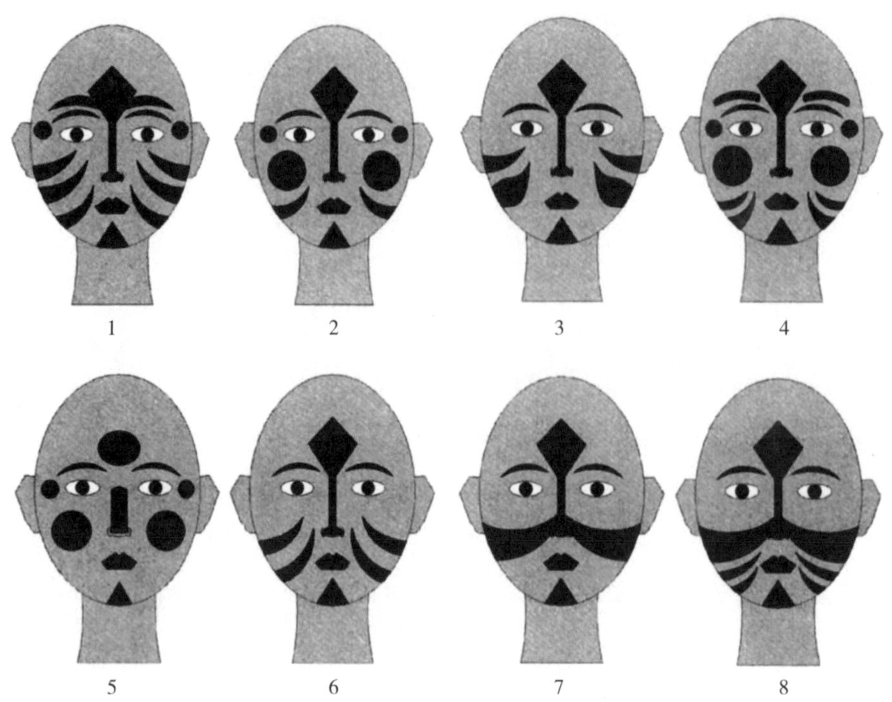

图七　吐蕃涂面还是赭面

（采自宋耀春：《青海郭里木出土棺板画数据统计与分析》，《藏学学刊》第 9 辑，中国藏学出版社，2014 年）

如果我们将它当作丧葬礼仪的一部分，那么有以下文本依据：

据 P.T.1287《吐蕃赞普传记》载：

> 无论何时，赞普王、王妃一经亡故，结发辫于顶髻，涂红于面庞，着重身穿（bzhags），礼聚赞普遗骸，不对人劫掠，分享吃喝否[①]？

这一文献充分地表明：在脸部涂面这一习俗是吐蕃子民守孝哀悼的表现形式之一。无独有偶，汉文史料也记录了这一内容。

《旧唐书・吐蕃传》言：

> 居父母丧，截发，青黛涂面，衣服皆黑，既葬即吉[②]。

《新唐书・吐蕃传》又言：

① 王尧、陈践译注《敦煌本吐蕃历史文书》（增订本），民族出版社，1992年，第158页。原文如下：btsan po rjedbyal zhig nongs na. thor to 'phern mo ni beings. ngo la mtshal gyis byugs. lus la nibzhang. Btsanpo 'i spur la nI` tshog. myI la 'phrog chom. zasla nIza 'thung. de lhar bya 'am mi bya zhes mchi nas.文本的录入到译文有所调整。

② 《旧唐书・吐蕃传》，中华书局，1975年，第5220页。

衣率毡韦，以赭涂面为好。……居父母丧，断发、黛面、墨衣，既葬而吉[①]。

以上文献清晰地表明：涂赭主要用途之一就是吐蕃时期守孝哀悼的礼俗之一。

对于《新唐书》中记载的“青黛涂面”“黛面”与藏文文献中的“涂红”之称谓差异在于汉文史料记述的是“涂面”原料颜色而藏文史料则已涂抹在脸庞后的颜色而命名。

而《旧唐书·吐蕃传》另有一条“贞观十五年，太宗以文成公主妻之……公主恶其人赭面，弄赞令国中权且罢之”。学界大多学者认为赞普虽下令禁止，似乎并未禁绝，还进一步将这一时妆推行到了吐蕃控制的西域敦煌一带，视作推行“蕃化”统治等一种族别文化标志[②]。经笔者追根溯源，这一观点可能源自邵文实于1993年发表的《尚乞心儿事迹考》，文中主要依据唐代《张淮深碑》和敦煌写本P.4638即《大蕃故敦煌郡莫高窟阴处士修功德记》中仅提及“体美织皮”或“熊罴爱子，拆襁褓以文身”外[③]，并未提及“涂面”。亦有学者引用赤松德赞发布的兴佛盟书（即第二盟书）译文之“吐蕃之旧有宗教实为不善，敬奉神灵之方法与仪轨不符，故众人沉溺于不善，有人身涂红颜，有人存心有碍国政，有人癖好使人畜生病，有人醉心于招致灾荒饥馑”为据，认为这是“赭面”习俗逐渐消亡的文献依据[④]。但兴佛盟书藏文原文为“la lanisku la dmar yangdogs”，其意指有人忌讳身上着红或涂红。这里的“着红或涂红”不一定就是指面部装饰习俗，同时并没有禁止或遗弃之意。

综上，或许自文成公主入吐蕃后“赭面”这一普通时妆很可能从普通民众的日常风俗逐渐演变为专为死者守孝哀悼的礼仪文化风俗。抑或是，伴随着吐蕃的崛起，“赭面”和“青黛涂面”文化亦随之发生了变化：一种为两腮施赭的简单化妆；另一种为特定场合表现特殊礼仪的装饰。前者甚至在10世纪前后的后藏恰姆石窟供养人面部也有表现[⑤]。

（原刊于《国学学刊》2022年第2期）

① 《新唐书·吐蕃传》，中华书局，1975年，第6072页。

② 罗世平：《天堂喜宴——青海海西州郭里木吐蕃棺板画笺证》，《文物》2006年第7期；李永宪：《略论吐蕃的“赭面”习俗》，《藏学学刊》第3辑，四川大学出版社，2007年；李吉和：《吐蕃统治时期敦煌吐蕃——汉族文化互动探讨》，《西南民族大学学报（人文社会科学版）》2010年第3期；许新国：《德令哈吐蕃墓出土丝绸与棺板画研究》，《青海藏族》2015年第2期。

③ 邵文实：《尚乞心儿事迹考》，《敦煌学辑刊》1993年第2期。

④ 罗世平：《天堂喜宴——青海海西州郭里木吐蕃棺板画笺证》，《文物》2006年第7期；李永宪：《略论吐蕃的“赭面”习俗》，《藏学学刊》第3辑，四川大学出版社，2007年；原文如下：denas bod kyichosrnying pa ma lags la. skublagsolba dang. choga mi mthun pas kunkyangma legs su dog ste. lalanisku la dmar yang dogs. La lanichabsrid gong giskyang dogs. lalani mi danphyungsnadbyunggiskyang dogs. la lani mugelangskyiskyang dogs so.更正译文：吐蕃之旧有宗教实为不善，众人始猜疑敬奉神灵（古拉）或仪轨之不符所致，其中有人忌讳身上着红或涂红，有人疑忌政治会动荡（此处具体意思有待推敲），有人疑虑人畜生病，亦有人担心招致灾荒饥馑等。

⑤ 西藏自治区文物保护研究所、中国藏学研究中心西藏文化博物馆：《西藏定结县恰姆石窟》，《考古》2012年第7期。

青海乌兰茶卡棺板画研究

辛 峰 马 冬

一、棺板画图像志研究

（一）彩棺残件的基本形态

地处柴达木盆地东北缘的乌兰县，是青海省海西州东部重要门户，也是中古时期丝绸之路“青海道”上自青海湖南至西域的必经之地[①]。2008 年 3 月，海西州民族博物馆在该县茶卡镇茶卡乡一座被盗掘的墓葬旁，采集到一批绘有大量古代人物形象的棺木残件。这批彩棺残件一共有 4 件，其基本形态描述如下：

彩棺盖板残件一件，前宽后窄、首厚尾薄，中部起脊，由整棵柏木削锛而成。棺盖前、中部基本完整，后部腐残，总长 205 厘米，前宽 46 厘米、后宽 35 厘米，首端起脊处厚 9.5 厘米、边沿厚 3 ～ 4 厘米。在这块棺盖上绘有大量装饰性图纹，并可观察到以中脊为对称轴布置的两组以人物为核心的图像。

彩棺侧板残件一件，亦由整块柏木削锛而成。从其形态观之，应是彩棺左侧板前端偏上的一部分。该残件长 139 厘米，前宽 18 厘米、后宽 4.5 厘米，前厚 4 厘米、后厚 3.5 厘米。其上由右至左尚可见大约分为两组的 18 个男女人物形象。

其他彩棺残件两件：其一为略呈梯形之柏木板，长约 42 厘米、宽约 16 厘米、厚约 3 厘米，从其尺寸和形状推测，应该是彩棺后挡板残部；其二是一截面略呈平行四边形的棍状柏木条，长 52 厘米、宽约 6 ～ 7 厘米、厚约 3 ～ 4 厘米，疑是盖板剥落的边条。在这两块棺木残件上已几乎看不到任何彩绘的痕迹，基本没有太多的研究价值（图一）。

图一　乌兰茶卡出土的彩棺残件（马冬摄）

---

① 周伟洲：《吐谷浑史》，广西师范大学出版社，2006年，第135～144页。

（二）棺板画图像志识别

1. 彩棺棺盖图像识别

乌兰茶卡棺盖前端，用红、绿、赭、黑等色彩对称绘制大量花卉、植物变形图纹，骑棺盖中脊线绘有一串心形和圆叶形图纹；棺盖两侧边沿用红、赭二色线条简略勾画出了一线连绵起伏的山丘；山丘与棺盖中脊图纹之间，对称绘制了两组以人物为核心的、生动的情景式图像（图二）。诸上构成棺盖彩画之主体[①]。

图二 乌兰茶卡棺盖彩画主体布局（马冬摄）

这种在棺盖脊线上绘制一串图纹以划分、框定棺盖整体画面，并对称分布以人物形象为主的主题图像，应该也是中古时期中原地区通行的一种做法。如 1981 年发掘的宁夏固原东郊乡雷祖庙村北魏漆棺墓出土的漆棺棺盖，就是类似的模式（图三）。还有一点值得注意，固原漆棺棺盖图像和乌兰茶卡彩棺棺盖主题图像的布置方向不同：前者两组人物图像顺着棺盖脊线平行、对称排列[②]，似乎照顾的是从上方俯看棺盖的视角；后者则是人物头顶向着棺盖脊线垂直、对称排列，应该是方便在彩棺两侧观看图像。乌兰茶卡彩棺由于棺盖和侧板人物图像方向一致，彩棺整体棺板画的系统联系则显得更加合乎视觉逻辑一些。这一点应该引起有关学者的注意。

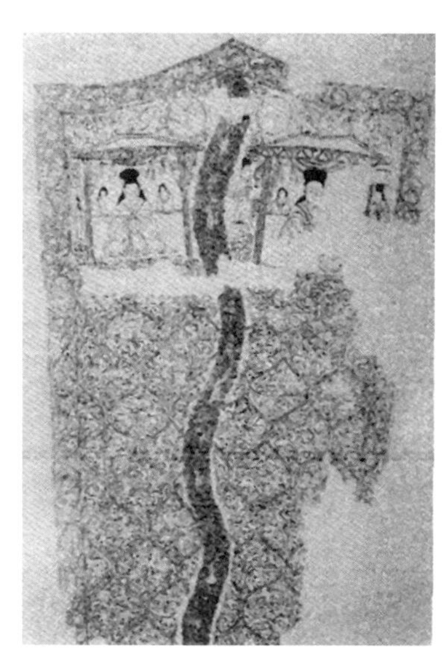

图三 固原北魏漆棺棺盖
（采自宁夏固原博物馆、中日原州联合考古队：《原州古墓集成》，文物出版社，1999 年，第 14 页）

乌兰茶卡彩棺棺盖主题图像一共有两组，以面对棺盖前高端视角沿中脊线左侧坡面，可见一位头戴红色“缠头”首服，身穿

① 棺盖后段两个坡面隐约可见若干彩绘痕迹，然因过于漫漶不清，已经完全无法识读出任何有意义的内容。

② 关于固原北魏漆棺棺盖人物图像的属性，学界存有争议，有的学者认为是墓主夫妇画像，有的学者认为是“东王父”“西王母”画像，参见孙机：《固原北魏漆棺板画》，孙机：《中国圣火》，辽宁教育出版社，1996年，第123～124页。

图四　乌兰茶卡棺板画《牵马鹞猎图》（马冬绘）

白色右衽翻领（交领?）窄袖袍衫的人物[①]。其右臂前伸，正在脱手放飞一只振翅前冲的浅红色鹞子[②]；左臂向后下方伸出，似乎正牵着一匹着红色鞍鞯的白马。由于棺盖在此面有一条极宽深的裂缝，故彩画中没有绘出人物和马匹腹下的部分，但这并不影响我们对图像整体结构与内容的识读。为方便观察，笔者尝试绘制出了这组人物图像的线图，据其内容暂名之《牵马鹞猎图》（图四）。

棺盖另外一侧坡面，绘有一位头戴红色“缠头”，上穿浅赭色交领（翻领?）左衽窄袖短袄、下着红裤的骑马武士，正张弓瞄准前面狂奔的一头牦牛。牦牛身体上有数道长长的血迹，显然已经身中数箭、命在旦夕。笔者将之暂名《骑射牦牛图》（图五）。鉴于乌兰茶卡彩棺棺盖图像整体布置模式与固原北魏漆棺棺盖图像的相似性，结合青海古代羌人行火葬之俗而无留棺木[③]而，茶卡盐池一带，中古时期是吐谷浑重要的活动区域之一，在这里曾经还筑有吐谷浑的“贺真城”[④]，故而我们认为，许新国先生对乌兰茶卡彩棺主人是吐谷浑人的判断是可以接受的[⑤]。另外，近些年青海，特别是海西州发现了不少吐谷浑—吐蕃彩棺，然多是棺具的前后挡板、侧板，棺盖几乎未见。因此，乌兰茶卡彩棺棺盖形制与彩画对于我们更全面地认识本地区中古时期的历史与文化，尤其是葬俗而言，无疑具有非常大的意义。

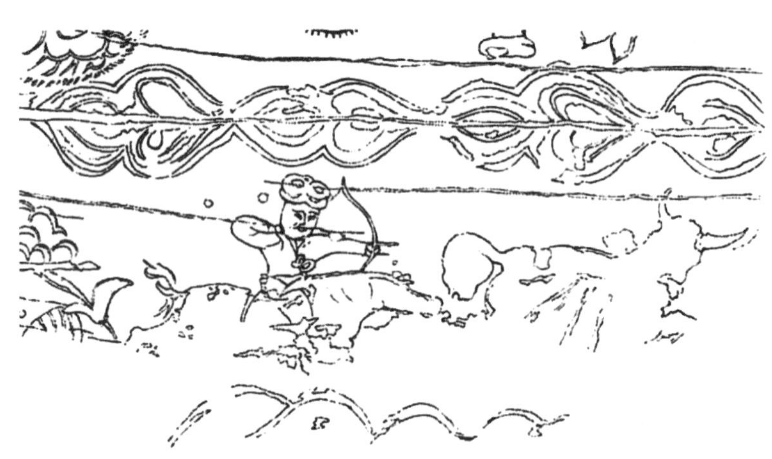
图五　乌兰茶卡棺板画《骑射牦牛图》（马冬绘）

① 笔者将该彩画放大观察，似乎隐约可见其左衽袍配有深色翻领。但由于画面漫漶、人物形象本身又绘制很小且极简略，故较难完全确定。

② 鹞子，即“雀鹰”，甘青地区均有较多分布。其形体高30～40厘米，是一种小型鹰类猛禽，人类利用其捕猎历史悠久。从棺板画来看其上绘制飞禽与人体大小比例，应该是以鹞子作为原型的可能性较大。另外，本文以“鹞猎”代换常用之“鹰猎”一词，也是有意将乌兰茶卡棺板画中出现此类图像题材的特殊性，给予适当标明。

③ 马长寿：《氐与羌》，广西师范大学出版社，2006年，第186～187页。

④ 周伟洲：《吐谷浑史》，广西师范大学出版社，2006年，第118页。

⑤ 许新国：《茶卡出土的彩绘木棺盖板》，《青海民族大学学报》2011年第1期。

2. 彩棺侧板图像识别

乌兰茶卡彩棺侧板残件上，由右至左大约可以识别出分为两组的18个男女人物形象[①]。

第一组为由右至左、并列一排的7男4女共11个立姿人物形象，其中7名男子或素面无须，或红面翘胡，或赤面虬髯，均头戴红、黑、赭等诸色圆顶“鲜卑小帽”[②]，身着束腰带的红、赭、白等色窄袍，腿足间隐约可见红色裤、靴（图六）；4名女子分着黑、红、赭色袍服，前三位均头戴黑色“羃䍦”、最后一位虽然头部漫漶难辨，但推测首服亦应是“羃䍦”之属（图七）。

图六　彩棺侧板第一组人物图像局部之一（笔者摄）

图七　彩棺侧板第一组人物图像局部之二（笔者摄）

乌兰茶卡彩棺侧板第一组人物向左，可见身形同比略有缩小的另外一组5男2女人物形象。这些人物形象乃围绕一宅院——或是与“围障”配套使用的“拂庐”[③]——展现，其中三位男子居于一座三开间屋（“拂庐”）下，中间一人红帽、红袍，首垂两条发辫，右手指向一着红帽红靴、黑袍的单膝下跪男子，其左手一侧则站立一位着红帽、红袍与黑靴的男子。宅院墙外（或“围障”外）右前侧立有两位头戴黑色“羃䍦”、身穿饰有白色交领的黑色袍衫的女子。院墙（或围障）外

① 实际上在这块彩棺侧板尾端尚可清楚看到一小片赭色，与右侧一些人物服饰色彩相同。但因画面破损，也是完全无法确认其属于何具体图像。

② 所谓“鲜卑小帽”形制，可参考山西大同下深井北魏墓出土彩俑形象，见大同市考古研究所：《山西大同下深井北魏墓发掘简报》，《文物》2006年第6期；西安草场坡北魏1号墓出土彩绘带弓箭男俑的形象，见周锡保：《中国古代服饰史》，中国戏剧出版社，1984年，第149页。

③ 关于青藏高原人们游牧活动中使用“拂庐”和“穹庐”（即方形和圆形帐篷）的形制、差别、起源等问题，可以参考四川大学吕红亮先生撰文《“穹庐”与“拂庐”——青海郭里木吐蕃墓棺板画毡帐图像试析》，《敦煌学辑刊》2011年第3期。

左边稍远处站立两位男子，右边一位头戴“鲜卑—吐谷浑”样式展檐尖顶红帽[①]、身着红袍；左立者形象模糊，仅约略可见似着上大下小的斗形首服、穿赭袍的人样（图八）。

图八　彩棺侧板第二组人物图像（马冬摄）

目前，海西州发现的中古时期——主要是吐蕃王朝时期——彩棺挡板已有不少，流失海外的亦有[②]。其中，以“穹庐”与居于其内人物——一般可以认定是整个彩棺侧板画面中地位最高的人物——为中心，两边围绕众多男女人物的图像场景最为常见，而这种场景往往也是整个彩棺侧板彩画的支撑性与主体性图像结构（图九）[③]。许新国先生研究认为：结合乌兰茶卡彩棺人物的服饰、发式以及图纹风格，将其时代定为6世纪初至6世纪末，笔者以为可能还要再早一些。即使定为6世纪，其至少也比目前海内外已经公布的这一地区发现的彩棺——例如夏塔图（郭里木）棺板画——要早1～2个世纪。显然，这一块小小的彩棺侧板残件，已经清楚地告诉我们，在柴达木盆地东缘的广大地域，以上图像结构或曰图像母题的传统在丧葬美术领域是多么的悠久[④]。

图九　海西州出土吐蕃王朝时期彩棺侧板彩画线图（仝涛绘）

① 这种展檐尖顶的首服形制，在海西州出土的大量吐蕃王朝时期的“吐谷浑”棺板画、墓葬壁画，以及内地出土的北魏棺板画中均可见到，参见霍巍：《青海出土吐蕃木棺板画人物服饰的初步研究》，《艺术史研究》第9辑，中山大学出版社，2007年，第257～276页；大同市考古研究所：《山西大同沙岭北魏壁画墓发掘简报》，《文物》2006年第10期。

② Amy Heller, Observations on Painted Coffin Panels of the Tibetan Empire, Tibet after Empire: Culture, Society and Religion between 850-1000. LIRI Seminar Proceedings Series, Vol.4, Nepal, 2013. p.117.

③ 可参见许新国、霍巍、罗世平、柳春诚、仝涛、Amy Heller等学者，在相关论著、论文中公布的此类图像资料。

④ 这种古代源于真实生活、后来逐渐成为格式的图像结构，早在汉代就已经以展现“观乐舞”“宴饮”等内容的方式出现，可参见徐光冀:《中国出土壁画全集》陕西卷（上），科学出版社，2012年，第22页。实际上这也是古代图像典型母题生成的一般性规律。

二、棺板画中的“河西”因素

从已经公布的青海柴达木盆地东缘中古时期各类棺板画图像材料来看，将“狩猎”题材置于棺盖核心部位，乌兰茶卡棺板画是目前唯一的标本。但是“狩猎”题材本身，却是所有本区域已知棺板画中都可以见到的图像母题。鉴于本区域历史时期绘画艺术发展的长期总体状况，我们认为，以上内容绘制过程中依赖外来粉本的情况应该是比较普遍的。

就乌兰茶卡棺板画“狩猎”图像本身而言，尽管《骑射牦牛图》中的“牦牛”和服饰因素强调了“本土化”特征，但其所表现的“射猎”内容却是一种相对“通俗”的世界性题材。对其粉本来源分析的直接性意义，由于以上原因而被一定程度地稀释了。《牵马鹞猎图》则是另外一番景象。从目前国内已知的资料来看，7、8 世纪之前关于使用鹰类猛禽捕猎的其他考古图像，按时间早晚序仅有以下几种：其一，四川广汉所出东汉永元八年（96 年）画像砖《鹰猎图》[①]；其二，甘肃“河西”地区嘉峪关、高台等地魏晋墓葬壁画中“鹰猎”题材图像；其三，吉林集安高句丽三室墓壁画中“鹰猎”题材图像。以上三者中广汉东汉画像砖图像、集安高句丽三室墓壁画图像或因时代久远，或因地域遥隔等客观原因，与本案构建图像粉本关系具有比较大的隔阂，而“河西”材料的关系比对条件则要好很多。下面我们将围绕图像结构关系、地域空间联系两个方面，对二者的联系进行初步地分析。

河西魏晋时期壁画墓中关于“鹰猎”的图像，主要见于嘉峪关新城 1 号墓、4 号墓、5 号墓、6 号墓、7 号墓、13 号墓，以及高台县骆驼城个别古墓的墓室壁画上。从其图像具体结构看，又可分为“猎人徒步放鹰”“猎人徒步擎鹰”“猎人骑马擎鹰”以及“猎鹰捕兔（鸟）”等四种类型。鉴于乌兰茶卡棺板画的情况，我们主要来观察和讨论第一种类型的图像[②]。第一，以嘉峪关新城 1 号墓前室西壁北侧编号为 27 的《鹰犬狩猎图》为观察对象，上有伸右臂放鹰、擎鹰各一人，放犬一人。三人皆圆帽短褐，应该是鲜卑人的形象（图一〇）；第二，以嘉峪关新城 4 号墓前室西壁编号为 40 的《鹰猎图》为观察对象，上有伸右臂放鹰、曲左臂执鹰架一人，后随做奔跑状一人。二人头顶发髻、穿“短衣大袑”——汉代军士多用的一种服饰形制[③]，推测皆是汉人军士形象（图一一）；第三，以嘉峪关新城 5 号墓前室西壁编号为 17 的《放鹰狩猎》为观察对象，上有一扬左臂放鹰、曲右臂执鹰架人物。其头戴尖帽、身着窄袖长袍和宽腿裤，疑为一位西域胡人形象（图一二）；第四，以嘉峪关新城 6 号墓前室东壁编号为 08 的《鹰猎图》为观察对象，上有伸右臂放鹰、展左臂执鹰架一人，其头戴巾帻、身着交领右衽“袴褶”，应为一匈奴或鲜卑人形象（图一三）。

① 闻宥：《四川汉代画像选集》（修订第一版），中国古典艺术出版社，1956年，第96图。

② 嘉峪关魏晋墓此类图像有的在一块整砖上绘制一幅独立图像，但也有的是在并排两块砖上绘制一个完整图像，参见张宝玺：《嘉峪关酒泉魏晋十六国墓壁画》，甘肃人民美术出版社，2001年，第26页、103页、124页、166页、302页。

③ 周锡保：《中国古代服饰史》，中国戏剧出版社，1991年，第77页。

图一〇　嘉峪关新城 1 号墓《鹰犬狩猎图》
（采自张宝玺：《嘉峪关酒泉魏晋十六国墓壁画》，甘肃人民美术出版社，2001 年，第 26 页）

图一一　嘉峪关新城 4 号墓《鹰猎图》
（采自张宝玺：《嘉峪关酒泉魏晋十六国墓壁画》，甘肃人民美术出版社，2001 年，第 103 页）

图一二　嘉峪关新城 5 号墓《放鹰狩猎》
（采自张宝玺：《嘉峪关酒泉魏晋十六国墓壁画》，甘肃人民美术出版社，2001 年，第 124 页）

图一三　嘉峪关新城 6 号墓《鹰猎图》
（采自张宝玺：《嘉峪关酒泉魏晋十六国墓壁画》，甘肃人民美术出版社 2001 年，第 166 页）

从以上诸例可以发现，乌兰茶卡棺板画之“鹞猎”图像与河西所谓“鹰猎”图像之间极其清晰的粉本关联性，特别是与“猎人徒步放鹰”图像结构之间的粉本同源关系。实际上，从图像布局的“对称”原则出发，乌兰茶卡“鹞猎”图像更应该采用“骑马‘鹞猎’”的图像形式，来呼应棺盖另一坡面的“骑马射猎”图像。从画面中刻意添加在放鹞子人物身后的那匹鞍鞯皆备的白马来看，乌兰茶卡棺板画的绘者或主顾在主观上，是明确表现出了那种对“对称”这种形式美法则的认可和追求的。目前的画面也许并不是形神合一的完美“对称”，但起码是一种图像构成要素齐全的、差强人意的内容性“对称”，其模式为：骑马的人——步行的人、弓箭——鹞子、奔跑的马——缓步而行的马、作为猎物的牦牛——鹞子捕猎的某种动物（因画面漫漶而不得见）。出现这种情况的原因可能有两种：其一，绘画者有意识地构建一种以不对称形式，来曲折追求一种复杂的、多层次感的、动态的内容性对称；其二，在追求图像“对称”的过程中，囿于“粉本”的局限性而采取的一种图像构成要素的简单加法的结果。笔者认为，从乌兰茶卡棺木总体较为粗糙的加工、绘画表现技法的相对稚拙等情况来看，以上第一种原因的可能性颇小，而棺板画绘制者掌握“鹰猎”或曰“鹞猎”图像粉本的局限性应该才是最主要的原因。换言之，乌兰茶卡棺板画“鹞猎”图像绘制，应该借助了来自河西的图像粉本，而且很有可能就是“步行‘鹰猎’”这种粉本。

发生这种情况并不奇怪，因为在河西墓葬壁画上的所谓“鹰猎”图像中，“骑马‘鹰猎’”的出现比例本来就要远远少于“步行‘鹰猎’”。这很可能也确实是河西地区在魏晋时期，运用多种“鹰猎”手段狩猎的实际情况之体现。但在柴达木盆地东缘一带，情况却并不一定是这样。从目前公布的各类考古图像资料来看，所谓“鹰猎”类图像——包括壁画与陶俑——在唐代，无论是中原、河西还是西域等沿丝绸之路一线地区都一直能够见到[①]，但在海西州近年发现的同时期棺板画、壁画中却几乎完全销声匿迹。这一现象至少给了我们两点暗示：第一，“鹰猎”或曰“鹞猎”在中古时期的柴达木盆地东缘一线，可能从来都不是一种常见的、重要的狩猎方式；第二，“鹞猎”图像在乌兰茶卡棺板画中的出现，很可能就是河西相关图像粉本流行、流播到当地的结果。鉴于这类模式相对固定的图像结构，在河西流行的时期仅仅也只是集中在魏晋这一历史时段，再结合吐谷浑到达青海西部的时间，我们推测乌兰茶卡棺板画的绘制，应该是在4～5世纪的某段时间。换言之，乌兰茶卡彩棺制作的时间，可能比许新国先生推测的至少要早一个世纪以上。

关于“河西”之“鹰猎”图像粉本流播青海柴达木盆地地区的地理路径问题，笔者认为应该格外注意唐代人所言之“五大贼路”的作用。所谓“五大贼路”乃是唐人眼中吐蕃从青海北部一线横切祁连山脉，入略河西走廊的主要道路总称。据学者研究，实际上有据可查的唐代此类“贼路”至少有九条[②]。这些人员、物资与文化信息频繁往来的道路自汉代就颇为畅达，其中唐人称作“玉门军道”“建康军道”和“张掖守捉道”的三条，乃是古代柴达木盆地东缘地区直通“河西”最集中多出“鹰猎”图像地域——诸如嘉峪关、高台等地——之捷径。它们自然非常有可能就是乌兰茶卡出现“鹰猎”或曰“鹞猎”棺板画图像的地理空间基础与条件。

三、棺板画人物服饰中的“缠头”和“羃䍦”

（一）棺板画中的“缠头”

乌兰茶卡彩棺棺盖棺板画中的骑射和鹞猎人物均头戴一种缠裹式首服（图一四），其形制非常类似于我国西南、西北地区少数民族，以及中亚、西亚诸民族多用的“缠头”。从考古图像来看，这种“缠头”在青海吐蕃时期的棺板画中出现最多。相关情况可以从本文图九中得到清晰反映。

从以上乌兰茶卡棺板画可以明确，生活在柴达木盆地东缘的、起源于北方慕容鲜卑的吐谷浑人，至少在6世纪、甚至可能早至4～5世纪，就开始使用“缠头”这种首服了。同时，他们也在使用着鲜卑传统的小圆帽。可以认为，吐谷浑使用“缠头”很大程度上可能是在到达青藏高原后，才出现的情况。那么，这种后世使用广泛、影响深远的“缠头”形制，是吐谷浑人原创，还是受到其他民族，甚至世界其他地区人们服饰传统影响的呢?

杨清凡女士所著《藏族服饰史》一书中所说，吐蕃王朝时期图像中的一种首服“发箍式‘绳圈冠’”，应该比较类似我们所说的“缠头”。她认为这种首服在形制起源上可以和殷商时期玉雕、石刻和陶制人物的“头箍”建立联系[③]。笔者认为此种认识比较牵强。因为，无论是从时间还是空

① 李重申、丛振：《丝绸之路魏晋古墓砖画的鹰猎图像小考》，中共高台县委等编：《高台魏晋墓与河西历史文化研究》，甘肃教育出版社，2012年，第89页。

② 李宗俊：《唐代河西走廊南通吐蕃道考》，《敦煌研究》2007年第3期。

③ 杨清凡：《藏族服饰史》，青海人民出版社，2003年，第54～55页。

图一四　乌兰茶卡彩棺棺盖人物的“缠头”（马冬摄）

间跨度来看，二者之间“头箍”式首服，明显来自不同文化背景与民族的品类有很多，例如所谓匈奴金冠、巴泽雷克金器上斯基泰人的发箍、萨珊波斯许多以“发箍”为基础的冠帽，以及中亚与国内各期发现的许许多多祆教／粟特背景的人物冠帽形制等等。

从目前已经公开的材料来分析，笔者认为这种在青藏高原上吐谷浑人使用的“缠头”，其最早出现或形制来源可能有以下三种情况。第一，这是原居于柴达木盆地东缘的土著，如白兰羌等民族的传统服饰。吐谷浑因循旧俗，取而用之；第二，这种“缠头”形制与外来文明存在某种联系；第三种推测，这种“缠头”就是慕容鲜卑进入青藏高原形成吐谷浑民族与国家过程中，新出现的一种“吐谷浑式”首服。我们知道，5 世纪 20 年代开始，随着北魏巩固了对河西走廊的控制，与其对立的居于漠北之柔然、立国高昌的北凉等，只能够通过吐谷浑人控制的丝绸之路“青海路”，与南朝开展政治、经济和文化交往[①]。另外，中亚、西亚的商队，也多从“青海道”通过与南朝进行政经往来，故而吐谷浑可以确认已经开始进行“大规模的国际贸易”[②]。同样，在东汉末至魏晋时期，河西与青海柴达木盆地东缘至河湟以西广大区域的诸羌，已经和河西地区，甚至中原腹地有频繁的政治、经济、文化和军事交往。

然而，从目前已知或发现的大量中亚、西亚和欧洲有关时期考古图像，以及我国汉晋南北朝的古代图像中，并没有见到这种“缠头”，甚至连在结构上有类似性的首服图像也没有发现。因此，以上推测中第三种的可能性应该更大一些，即这种“缠头”是吐谷浑人发明的一种新款首服。其通过丝绸之路、藏缅走廊，对中亚、西亚和我国西南、西北地区诸多民族的服饰文化产生了深远影响。

① 周伟洲：《吐谷浑史》，广西师范大学出版社，2006年，第139～140页。

② [日]松田寿男著，周伟洲译：《吐谷浑遣使考》下，《西北史地》1981年第3期。

（二）棺板画中的“羃䍦”

在乌兰茶卡棺板画人物图像中，女性占有重要地位。而她们服饰中最有特点的应该就是“羃䍦”。“羃䍦”者，当是源于东胡传统的一种女子首服，直至初唐时期在中原还颇为流行[①]。近代以来，古今学者对之形制争论甚多[②]，而笔者研究认为，其应该是宽檐笠帽之周沿悬垂细索状物的样式，如昭陵陪葬之燕妃墓壁画中一侍女手捧之物即是（图一五）。上述乌兰茶卡棺板画之“羃䍦”形象，应该是这种古代女子首服迄今发现的第二例考古图像，而其时间则远远早于唐初，故具有不可忽视的重要意义。

乌兰茶卡棺板画女子“羃䍦”形制，与燕妃墓壁画所绘者的差异在于悬垂细索的长短，这可能主要是时代与地域差异所致。另外，海西州都兰县博物馆藏有一件年代标注为“唐代”、名称为“灰土女宝花流苇银”的丝织物，其周沿缝有多根丝绸细条缀饰的结构特征，以及丝绸条长短恰如乌兰茶卡棺板画所见者等情况，使人颇疑其就是一件内中没有衬装斗笠的中古时期吐谷浑人的“羃䍦”（图一六）。如果笔者所识不谬，在同一地理空间、同期出土相近时期的“羃䍦”考古图像和实物，当是中国中古服饰研究史上令人颇感有趣与重要之事。

图一五　燕妃墓壁画之捧“羃䍦”侍女图
（采自徐光冀：《中国出土壁画全集 6》陕西卷（上），科学出版社，2012 年，225 页）

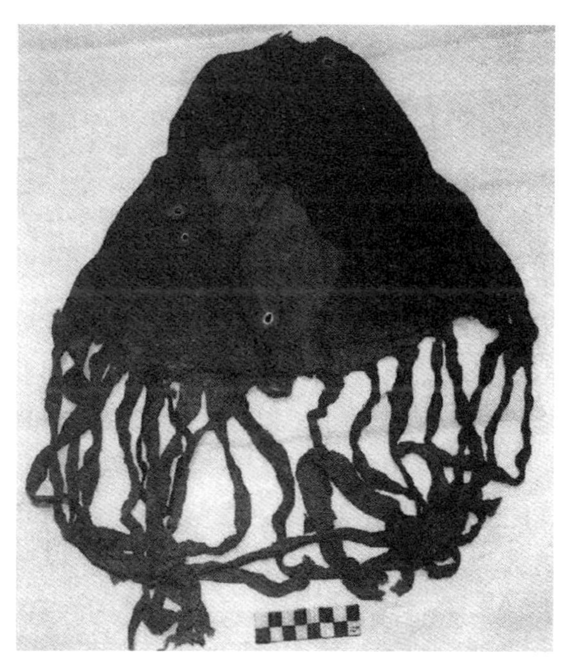

图一六　青海都兰县博物馆藏疑似“羃䍦”的丝织物
（辛峰提供）

① 《旧唐书》卷四十五《舆服志》，中华书局，1975年，第1957页。

② 如向达先生循马缟之释，认为“羃䍦”是一种可以被体的“大方巾”，参见向达：《唐代长安与西域文明》，河北教育出版社，2002年，第46～47页；孙机先生认为“羃䍦”周围所垂下的是“网子”，其上“还可以加施珠翠”，参见孙机：《中国古舆服论丛》，文物出版社，2001年，第230页；周锡保先生认为“羃䍦”形制似乎类似披风、斗篷之属，参见周锡保：《中国古代服饰史》，中国戏剧出版社，1984年。

乌兰茶卡棺板画所表现出的“河西”因素影响，直接而生动地揭示了中古前期，在民族迁徙的潮流中，祁连山两侧地区以图像为载体的文化艺术之传播与变化的模式和机理。同时，结合古已有之的河西走廊横切祁连山进入青海的所谓唐代之“五大贼路”，以及2世纪初纵横河西、中原十余年的羌人——其中包括大量长期生活在柴达木盆地东缘之“白兰羌”[①]——建立的“滇零王朝”的历史背景[②]，似乎可以引导我们将审视历史的视线，前移至东汉中后期“羌乱”时期之河西与隔祁连山相望之柴达木盆地东缘地区人们之间的关系。进而启发我们开始思考，是否存在重构这段历史时期柴达木盆地东缘民族与政治图景的可能性？这种冲动应该多少会有助于我们更加深入地了解吐谷浑早期历史，特别是其创建国家所必须依赖之柴达木盆地东缘地区原有的政治、经济、民族与文化等方面的基础性情况。

［原刊于《青海民族大学学报（社会科学版）》2017年第3期］

① 周伟洲、黄颢：《白兰考》，周伟洲：《西北民族史研究》，中州古籍出版社，1995年，第382～389页。
② 马长寿：《氐与羌》，广西师范大学出版社，2006年，第110～115页。

天堂喜宴

——青海海西州郭里木吐蕃棺板画笺证

罗世平

吐蕃绘画的庐山真面目，在尘封了千年之后于20世纪逐渐有所发覆，最先进入学界视野的是敦煌莫高窟的部分壁画和绢纸画，一些作品即画于吐蕃占领敦煌时期。20世纪80年代以来，文物考古部门在青海省都兰县血渭草场又发现了吐蕃墓葬群，出土了一批吐蕃时期的重要文物，其中的丝织品图案和木板画残片为观察吐蕃绘画增加了新内容[①]。2002年，青海省海西州郭里木乡再次发现吐蕃时期的墓葬，从中出土的彩绘棺板虽已难作组合拼对，但部分彩绘画面保存较好，内容有画在棺头挡上的朱雀、玄武和花鸟（图一～图六），画在棺侧板上的会盟图和葬礼图[②]。特别是其中两块侧板上的多情节画面，人物形象、题材内容和风格技法均具有鲜明的民族特色，一些情节可以与历史文献相互印证。本文拟题"天堂喜宴"，是因为两块棺板上画的拂庐宴饮不仅是画面的中心，而且还带有生活实录的特点。显然，它是这个民族社会生活和表达天国观念的特有方式。以下即是关于这两块棺板画主题内容的考识，与棺板画相关的其他问题容另文讨论。

A板画的图像与主题

郭里木棺板画A板是由多个叙事情节组成的主题画面，以拂庐宴饮为叙事的中心，相关的人物活动分别安排在两侧，现按画面的叙事顺序和情节标出5个图号，为每图配上题目，再参用文献逐图给予说明（图七～图一四）。

---

① 1982年，青海省文物考古研究所在都兰县热水乡血渭草场发现了大型的吐蕃墓葬群。1985年，青海省文物局考古工作队曾在热水沟北岸发掘了2座吐蕃墓，其中都兰一号大墓被评为1996年全国十大考古新发现。1999年北京大学考古文博院与青海省文物考古研究所联合在血渭草场热水沟南岸发掘了4座大、中型吐蕃墓。详情参见北京大学考古文博学院、青海省文物考古研究所编著：《都兰吐蕃墓》，科学出版社，2005年。

② 《中国国家地理》2006年第3期《青海专辑》下辑刊载了这批墓葬的棺板画照片和相关内容的介绍，本文即以此刊发表的图片为依据写成。

图一　挡板画局部之一（摹本）

图二　挡板画局部之二（摹本）

图三　挡板画局部之三（摹本）

图四　挡板画局部之四（摹本）

图五 挡板画局部之五（摹本）

图六 挡板画局部之六（摹本）

图七　青海海西州郭里木出土吐蕃棺板画 A 板

图八　青海海西州郭里木棺板画 A 板

1.A 板图①猎鹿驱牛

猎鹿驱牛图可以视作 A 板画的起首。在棺板左下画一人骑马引弓，马前画有三头奔鹿，其中一鹿中箭将扑，另二鹿急急逃窜。人马和奔鹿向左冲向板外。转上是追射牦牛的场面，画三位骑猎者追杀二头壮健的牦牛，其中一牛中箭仍负痛奔突。在牦牛的下方，一条猎犬追堵牦牛的逃路。在牦牛的头前另有两骑，近牛者的坐骑撒开四蹄，仍是追猎的姿势，最前的一骑贴近中心的大帐，画的是勒缰控马的姿势。从 A 板左下的猎鹿开始，到左上控马者为止，猎鹿射牛告一段落，画面开始由动转静。

这个以狩猎开场的画面是古代青藏高原游牧民族生活的真实写照。据史籍记载，在吐蕃占领这个地区之前的民族是吐谷浑，《旧唐书 · 吐谷浑传》记其地的物产和生活方式：

> 地数千里。有城郭而不居，随逐水草，庐帐为室，肉酪为粮……气候多寒，土宜大麦、蔓青，颇有菽粟。出良马、牦牛、铜、铁、朱砂之类。

图九　A 板左侧画面

图一〇　A 板右侧画面

7 世纪以后吐蕃逐渐强盛，成为这块土地的统领者。吐蕃人仍是以游牧为主。《旧唐书·吐蕃传》：

其地气候大寒……畜多牦牛猪犬羊马……其人或随畜牧而不常厥居，然颇有城郭……贵人处于大毡帐，名为拂庐。

《敦煌本吐蕃历史文书·赞普传记》曾收录有墀都松（器弩悉弄）赞普唱出的一段歌词，是对吐蕃游牧生活的描述：

> 青天上出了太阳，和煦阳光使大地温暖，羽翎安装得很精细，箭镞头非常锋利，一射就能射死麋鹿，射死了麋鹿，养活了人[①]。

无论是吐谷浑人还是吐蕃人，他们的生产生活方式仍处在骑猎游牧的阶段。在吐蕃人进入青海之后，吐蕃的生活习俗也随之进入青海地区。棺板上所画猎鹿和射牦牛的情景即是吐蕃时期青海地区民族的生活习俗之一。

2.A 板图②驼运赴盟

棺板左侧的中部画一支驼队，左起猎鹿的追骑，右止庐帐。中间一驼，满载货物，驼前三骑，驼后一骑，前后相继。人物缠头，着圆领或翻领长袍，束腰佩带箭囊。面向驼队有二位袖手躬腰的人物，他们立于帐前迎候这支驼队的到来。

图一一　A 板局部画面之一

① 王尧、陈践译注：《敦煌本吐蕃历史文书》，民族出版社，1980年，第169页。以下征引该书不再出注。

帐前迎候者起着叙事情节的转换作用，一方面将画面引入拂庐宴饮，一方面示意这支驼队是为会盟而来，驮运的货物也是专为会集而征调。

吐蕃是一个军事部落联盟的邦国，会盟是维系各部落联盟的重要手段，王室与小邦之间，部落与部落之间，勋臣与贵族之间，乃至于吐蕃与邻国之间，常以盟誓的方式结成盟友。《新唐书·吐蕃传》称：

> 赞普与其臣岁一小盟，用羊、犬、猴为牲；三岁一大盟，夜肴诸坛，用人、马、牛、闾为牲。

这是定期的会盟。吐蕃集会议盟形成制度，是在芒松芒赞五年（木虎年，654年），时由大相禄东赞召集盟会，将松赞干布时期实行的“桂”“庸”等级及财产义务，征发户丁，粮草劳役，召集部族首领商决军政事务等一系列做法以法律条文的形式规定了下来。从芒松芒赞晚年起，每三年举行集会议盟形成制度，此即《吐蕃传》所说的“三年一大盟”。如遇有战事或突发事件，盟会则改为每年的冬夏各召集一次或随事举行。比如吐蕃与唐朝在唐穆宗长庆二年（822年）的会盟，即是历史上著名的一次因事而盟，其事详见《新唐书·吐蕃传》，《唐蕃会盟碑》至今仍立在拉萨大昭寺门前的公主柳下。《敦煌本吐蕃历史文书·大事记年》中对这类临时性的会盟另有多条记载。

如29条：

> 及至虎年（高宗仪凤三年，戊寅，678年）赞普父王遵骸隐匿不报，厝于“巴拉木”。初冬，于“洛”之“玉阶”集会议盟。隆冬于“邓”集会议盟……是为一年。

又33条：

> 及至狗年（武则天垂拱二年，丙戌，686年）赞普驻于辗噶尔。大论钦陵声言领兵赴突厥，实延缓未行，夏，于“雄那”集会议盟。冬，于查玛塘集会议盟。定襄·蒙恰德田地之贡赋。是为一年。

会盟中有一项重要内容是征调赋税粮草和劳役兵丁，吐蕃称作“大料集”。《敦煌本吐蕃历史文书·大事记年》47条：

> 及至猴年（武则天万岁通天元年，丙申，696年）赞普驻于“悉立”河谷。大论钦陵于吐谷浑之西古井之倭高儿征吐谷浑大料集。冬，于“倭巴尔圆”由芒辗细赞集会议盟。赞蒙芒末支调集青壮兵丁多人。是为一年。

类似的记载在汉藏文史料中还有多处，不一一引录，会盟和料集反映了吐蕃军事部落联盟的基本特点。棺板上画出的驼运会盟虽不能完全反映吐蕃王室会盟料集的规模，但可从图中知悉吐蕃会盟料集的基本方式。

3.A 板图③拂庐宴饮

这是 A 板的主题画面，中心绘二顶帐篷，一前一后相连。前面的大帐门口，左右各立一人迎接客人。门帘卷起，可见帐内举杯对饮的夫妇。男子头戴虚帽，着翻领长袍，女子戴巾佩珠饰，穿翻领衣。帐外是摆开的酒席，饮酒者有坐有立，姿态各不相同。靠棺板的底边，见一醉酒者转身吐酒，一人仰面吹角。宴席中的男子着翻领长袍，头上的帽子有两种，一种包头缠巾，一种为高起的虚帽。宴席的右边站立一组长袍女子。画面因漫漶人物有残缺，但仍可看出是一次人物众多的大型集会，坐帐对饮的夫妇应是本次盟会的召集人。

图一二　A 板局部画面之二

画上的帐篷很有特点，顶部开有喇叭形的圆孔，吐蕃称作“拂庐”。按《新唐书 · 吐蕃传》：

吐蕃本西羌属，盖百有五十种，散处河、湟、江、岷间……有城郭庐舍不肯处，联毳帐以居，号大拂庐，容数百人。其卫候严，而牙甚隘。部人处小拂庐。

看来“拂庐”这种吐蕃人所用的帐篷不仅能遮风挡雨，而且形制大小还有贵贱等级的区别。画上的二座拂庐，前后相连，即可与《吐蕃传》“联毳帐以居”的说法相照应。举凡会盟料集，婚葬节庆等宴饮活动通常也以拂庐为中心。《新唐书·吐蕃传》中收录唐穆宗长庆二年唐蕃会盟使者刘元鼎所见吐蕃赞普大帐及宴饮的情状：

> 臧河之北川，赞普之夏牙也。周以枪累，率十步植百长槊，中剚大帜为三门，相距皆百余步。甲士持门……中有高台，环以宝楯，赞普坐帐中，以黄金饰以蛟螭虎豹，身披素褐，结朝霞冒首，佩金镂剑……唐使者始至，给事中论悉答热来议盟，大享于牙右，饭举酒行，与华制略等。

吐蕃赞普为唐蕃会盟而建牙帐，设宴会，礼客方式是吐蕃式的。拂庐宴饮的情节常见用于吐蕃的集会议盟、奖励功臣的活动中。如《敦煌本吐蕃历史文书·赞普传记》中讲述墀松赞赞普与韦·邦多日义策父兄子侄七人的盟会：

> （韦氏）乃于拉木、恰拉山中间之冲木地方，以半克青稞煮酒，敬献饮宴，并献上犀皮铠甲一套，自战场缴获之带鞘长剑两把，作为贽见之礼。赞普乃与之盟誓。

墀松赞与韦氏部族盟会，以酒盟誓，内容是保证在韦·义策死后，韦氏子孙永受金字告身，不会断绝。另有一例为表彰功臣的特殊设宴，是赤德松赞对创制吐蕃新体字的轨范师珠·云丹的奖赏。按《娘氏教法源流》的说法，在云丹书写范本时，要设开头宴；进行到中间时，设工间宴；书写完成后，设结束宴。月亮升起时，设月宴；洗发时，设水宴。还有举食宴、褒奖宴等名目繁多的宴会[①]。可见，吐蕃人在集会议盟，军政料集、论功行赏、婚丧嫁娶、降神祭祖的活动都有宴饮的安排，蕃人喜宴，这几乎成了维系吐蕃社会正常运转的基本方式。

4.A 板图④客射牦牛

在大帐的右边，棺板高帮的右上角绘有客射牦牛的情节，中心人物是一位张弓搭箭的男子，弓箭所对的牦牛被拴系于树干，伏卧于地。射牛者头戴虚帽，足踏一方小垫毯。其余5人半围着射牛者。他身后的人物一手持弓，一手取箭待射。上方有二人袖手观看，一人手捧杯盘，一人执酒壶侍奉。

客射牦牛是吐蕃接待宾客的一种特殊礼节，《新唐书·吐蕃传》称：

> 其宴大宾客，必驱牦牛，使客自射，乃敢馈。

---

① 娘·尼玛俄色《娘氏教法源流》：“此王之时，有位文字规范师名叫珠·云丹（vbri-yon-tan），他向赞普呈献新创的字体，形如露水的白鱼腹，贡伦们都说好。珠·云丹因此得到赞普的重赏和尊敬，赐开头宴、朝廷宴、塔顿宴、护食宴、月宴、洗发水宴、举食宴、褒奖宴。”

图一三　A 板局部画面之三

《吐蕃传》所描述的吐蕃人待客的这个习俗，包括了驱赶牦牛和客人自射的内容。前述图①骑射驱赶牦牛的情节和这幅客射牦牛的画面可以前后相续，文字记载并不如图画来得真实生动，一目了然。驱赶牦牛，使客自射在画上明确地表现为一种仪式，射牛者足下的方毯表明了他大宾客的身份。

5.A 板图⑤男女合欢

画面情节由 3 人组成，画在大帐的上方。一对青年男女正在做爱，其旁另画一缠头大须的男子双膝跪踞，手抚阳物。在青年男女的头边画出图案化的花草，表明是在野外。如此真实的描绘男女合欢的情节，在墓葬壁画和葬具图像中从未见到过，从两名男子一长一少的特征来看，或与吐蕃部落一妻多夫的婚姻习俗有关。

在以上 A 板图的画面中，人物有一个共同的特征，不论男女，面部都用赭色涂画，男子涂画较满，女子有的是对称画出的条纹，带有某种化妆的特点。与文献曾记载的吐蕃人的赭面习俗相符。所谓“赭面”，即是用赭红的颜色涂在脸上，有的涂成满面，有的画成对称的条纹，带有原始禁忌的遗痕。郭里木棺板画上的人物赭面，应是由吐蕃民族自远古传下来的特有习俗。据《旧唐书・吐蕃传》的记载，吐蕃赭面的习俗曾因文成公主进藏之初，“公主恶其人赭面，弄赞令其国中权且罢之”。这个习俗自此并没有消除，大概在文成公主安居其地后，赭面的禁令就被解除。到松赞干布的孙子赤松德赞主政时，吐蕃旧有的本教习俗禁咒，包括赭面在内，仍是吐蕃推行佛教的主要障碍。如赤松德赞发布的《兴佛盟书》（即第二盟书）中斥责的那样：

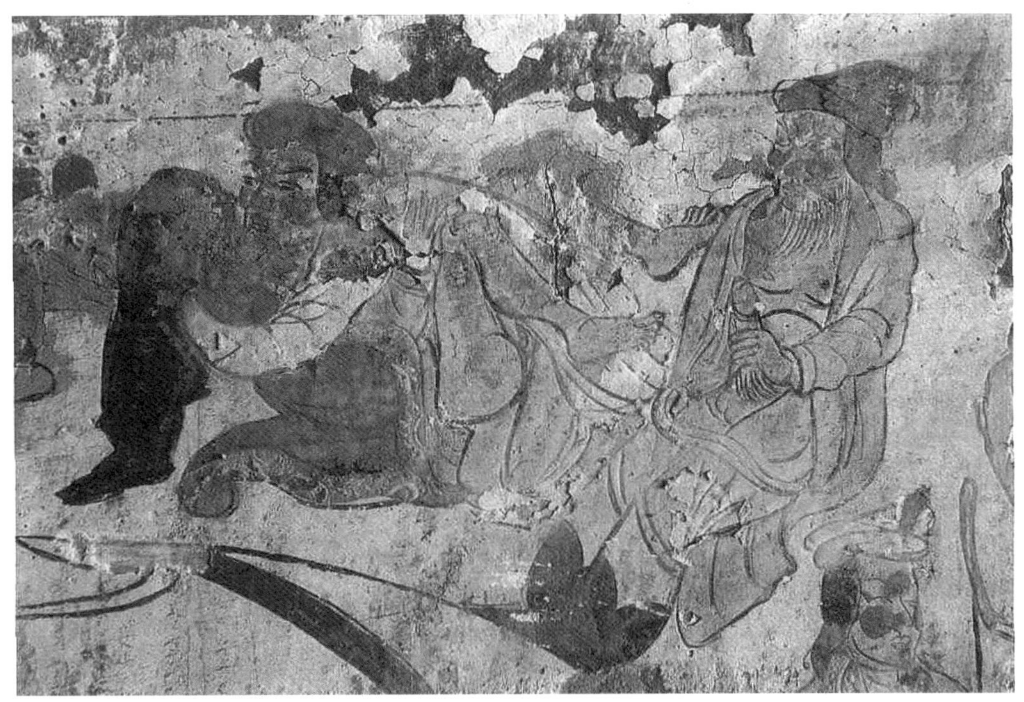

图一四 A 板局部画面之四

夫吐蕃之旧有宗教实为不善，敬奉神灵之方法与仪轨不符，故众人沉溺于不善，有人身涂红颜，有人存心有碍国政，有人癖好使人畜生病，有人醉心于招致灾荒饥馑[①]。

兴佛盟书中的“身涂红颜”指的即是赭面。当时四出征战的吐蕃军队因其赭面而被称作“红脸军”。那当版《甘珠尔》（Bkav-vgyur, fol.14a.7, sqq.）目录卷引录的莲花生（Padma-byung-gnas）文告中就曾提及，现予摘录：

突厥（Gru-gu）格萨尔，居住于北方一隅，后来因对命令不满，敌对的吐蕃护法神红脸军开始行动。在远至突厥国的温弩地方，吐蕃军队撑起了黑帐篷，护卫人民，那些人的国家被推翻，迁入“门（Mon）”的领土内[②]。

文中的“吐蕃红脸军”即是专指赭面的吐蕃军队。吐蕃的赭面习俗，在后来藏族的历史上还保存了很长一段时间。

A 板画虽是由多个情节组合成的画面，但各情节间有着密切的内在关联。从棺板左起，狩猎、驼运及人马行进均向宴饮汇集，客射牦牛亦属盟会宴饮不可分离的内容。根据以上对各情节画面的

① 巴卧·祖拉陈瓦著，黄颢、周润年译注：《贤者喜宴——吐蕃史译注》，中央民族大学出版社，2010年，第373～374页。本译文转引自恰白·次旦平措、诺章·吴坚、平措次仁著，陈庆英等译：《西藏通史·松石宝串》（上），西藏古籍出版社，2004年，第148页。

② 此处译文引自英国藏学家F.W.托玛斯编著，刘忠、杨铭译注：《敦煌西域古藏文社会历史文献》，民族出版社，2003年，第249页。

观察，棺板 A 除野合的情节稍显特殊外，其余的内容均与文献记载的吐蕃会盟这一主题相扣合。为便于今后的讨论，权将 A 板画定名为《会盟图》。

B 板画的图像与主题

郭里木棺板画 B 板的叙事结构与 A 板完全相同，画面以棺板的矮帮（右）为起首，渐向棺板的高帮（左）推进，到拂庐宴饮形成高潮。

现按 B 板的叙事结构，将情节分出 6 个图号，分别拟题给予说明（图一五～图二〇）。

1.B 板图①灵帐举哀

画在棺板的右下，人群分成两组。紧靠棺板的右边，画三人四马。马匹站成一排，头身皆披红黑图案的彩衣，类似虎皮。马前并排站立的人物，有二人戴黑地红纹的大沿礼帽，一人缠头，腰间佩刀，人物表情肃穆。与他们相对，画一躬身长袖的接待者。这组人物的前方，可见三位免

图一五　青海海西州郭里木出土吐蕃棺板画 B 板

图一六　青海海西州郭里木棺板画 B 板

图一七　B 板右侧画面

图一八　B 板左侧画面

冠的人物，跪在小帐门前。小帐略与人高，特用红黑基调的对圆连珠纹织品制成，与马衣的装饰相似。门帘开处，依稀可见类似棺木的彩画线条（因画面过于模糊，不能确认其形），这应是专为死者而设的灵帐。灵帐的上方画四位女子，领前的一位脸上有用墨线画出的泪痕，其余的女子表情悲苦。灵帐下方画三位背向的人物，从缠头戴帽的装束来看，应为男子。这两组夹侍灵帐的男女人物，是死者的亲属，他们为死者守灵，接受前来的吊唁者。隔灵帐稍远，还画有女侍、骆

图一九　B 板局部画面之一

驼和盛酒的大罐。

关于吐蕃的葬俗，《旧唐书 · 吐蕃传》的记载仅限于父母和赞普的丧事：

居父母丧，截发，青黛涂面，衣服皆黑，既葬即吉。其赞普死，以人殉葬，衣服珍玩及尝所乘马弓剑之类，皆悉埋之，仍于墓上起大室，立土堆，插杂木为祠祭之所。

现据新疆米兰古藏文简犊补充与灵帐举哀画面相关的记录。米兰 vii, 3 木简：

哀悼开始，直到被埋葬男方的所有妻子们悲痛到了极点（为疾患致死?），由水酒供者（?）带来，主人和仆人们开怀畅饮①。

按米兰木简，吐蕃葬俗有举哀哭灵的仪式是清楚的。在这个吊唁举哀的画面中，还有两个细节关系到吐蕃人的葬俗。其一，停灵的小帐用特别的图案来制作，与吐蕃墓上起屋彩画的做法相同。吐蕃彩画灵堂的葬俗见《新唐书 · 吐蕃传》：

其死，葬为冢，塈涂之。

① [英]F.W.托玛斯编著，刘忠、杨铭译注：《敦煌西域古藏文社会历史文献》，民族出版社，2003年，第336、337页。

所谓“塈涂之”，说的是彩画屋顶。赞普的陵墓和常人的墓所都有建筑，并是要加彩绘的。真实的情景另有曾参加过822年唐蕃会盟的使臣刘元鼎的亲见实录，《新唐书·吐蕃传》下：

河之西南，地如砥，原野秀沃，夹河多柽柳。山多柏，坡皆丘墓，旁作屋，赪涂之，绘白虎，皆虏贵人有战功者，生衣其皮，死以旌勇，徇死者瘗其旁。

刘元鼎的实录不仅证实了吐蕃人的墓上有灵堂，有彩绘，而且还说出了所画为白虎的细节。这也正是在B板图①中要留意的第二个细节，即彩马和灵帐的纹饰。这种红黑基调的半圆条纹虽不是写实的虎纹，但用来装饰彩马却有虎纹的效果。据《旧唐书·吐蕃传》的记载，吐蕃习俗“重兵死，恶病终，累代战没，以为甲门”，对战场立功者的奖励是按战功大小分为六种，称“六种勇饰”，即虎皮褂、虎皮裙、缎鞍垫、马镫缎垫、虎皮袍和豹皮袍[①]，虎皮勇饰的规格最高，其制与刘元鼎的说法吻合。《柱间遗训》曾记松赞干布死，大相噶尔·东赞域松负责办理丧事，以檀香水洗净遗体，穿上帛绢续衣，扶坐在虎皮座上，安葬在有五佛殿的陵墓中[②]。据此似可推断，图中灵帐和彩马的装饰表明死者应是有战功的吐蕃贵族。

2.B板图②多玛超荐

图像画于棺板右上角，画三人，板边彩马的上方画一扬头举袖作呼号状的人物，着蓝色衣，人物仅画出半身，头上戴有小冠，身后画一位红袍红帽的人物，与这二人相对，也有一位头戴小冠的男子，作跨步伸手的姿势，手上持有类似画笔的物件，手的前方是一件挂起的红衣，衣有长带垂下。在这个情节中，举袖呼号的蓝衣人和画衣人头上都戴有小冠，与棺板上其他人物缠头或戴虚帽均不相同，画衣者和呼号者应是在进行葬礼的一种仪式。

吐蕃的葬礼用本教旧仪，丧事由本教师主持。藏文抄本《巴协》曾详细记载了赤松德赞的葬礼：

马年孟春月（藏历正月），赤松德赞王薨逝，深·赞协勒索（mchim-btsan-bzher-legs-gzigs）等崇信本教的大臣……在札玛措姆古（brag-dmar-mtsho-mo-vgur）支起牛毛大帐，从马群中选出多匹体格强壮，善跑的马匹，修建了马场，缝制宽敞的帐篷，并召来彭域地区的阿辛（a-shen）、齐布（byi-spu）、蔡波（mtshe-pog），雅额（ya-ngal）等一百二十七位本教师，决定由他们为赞普赤松德赞超度[③]。

这是自悉补野聂赤赞普立国以来一直沿用的国王超荐仪式，规模盛大。本教师的穿戴最明显

① 恰白·次旦平措、诺章·吴坚、平措次仁著，陈庆英等译：《西藏通史·松石宝串》（上），西藏古籍出版社，2004年，第77页。

② 恰白·次旦平措、诺章·吴坚、平措次仁著，陈庆英等译：《西藏通史·松石宝串》（上），西藏古籍出版社，2004年，第108页。

③ 恰白·次旦平措、诺章·吴坚、平措次仁著，陈庆英等译：《西藏通史·松石宝串》（上），西藏古籍出版社，2004年，第163页。

的标志是头戴鸟冠，前引唐朝会盟使臣刘元鼎在吐蕃牙帐见到的本教师就是“鸟冠虎带”的打扮，《新唐书 · 吐蕃传》引刘元鼎说：“巫祝鸟冠虎带击鼓，凡入者搜索乃进。”他们在做超荐法事时，分别要承办制作死者亡灵替身的假人假物和祭神的供品等事宜，这些供品称作“多玛供”。如米兰 vi, 2a 藏文木简：

> ……按习俗做一对替身物——多玛供品。然后，献降神酒。午饭，连续献上迎宾青稞酒三瓢，置一盛酒大碗，顺序饮酒，苯教主讲述往昔历史①。

英国藏学家托马斯转写翻译这段简犊文字，将“替身物”翻译成假人假物，并识有本教师念诵超度咒语的内容。他的译文为：

> ……黄昏时上供，所备一份饮料，放入供神灵的假人假物，予以浸泡。接着就安排（或给与?）使用有灵气渗入的勺子……行进到有灌木丛的庭院处，在繁密的灌木丛中把它吊起，很快地发出咒骂的语言②。

米兰木简所记的超荐仪式是为普通人所设，用做替身的多玛供可能还有别的做法，如米兰 xxiv.0017 藏文简犊：

> 三份（三堆）多玛供（中祭三宝，左祭神，左祭鬼）各堆前置园饼、发面饼、煨桑树枝、旗杆、新麦……③

无论多玛供如何供设，其中有两个关键的内容，其一是制作假人假物作为替身，其二是仪式过程中有本教师念诵咒语。这两个情节都画在了棺板上，执笔画衣的人物表示是在制作假人，举袖向天的蓝衣人应是念诵咒语的动作。他们头额上的小冠，标明了他们本教师的身份。

3.B 板图③送鬼祈福

在棺板的上方有五骑组成的马队，前导三骑，领头者手擎红色长幡催马奔驰，长幡飘卷，在他身后二骑紧随。拖后二骑马疾如飞，一人侧身拉弓，一人俯身下射，箭指方向有一双角小兽奔窜跳起。这行举幡飞驰的马队，是专为送鬼祭神而派出的，属于葬礼的另一段内容，由图②接续而来。

---

① 王尧、陈践：《吐蕃简牍综录》，第421条，文物出版社，1986年，第72页。

② 此处译文引自英国藏学家F.W.托玛斯编著，刘忠、杨铭译注：《敦煌西域古藏文社会历史文献》，民族出版社，2003年，第338页。

③ 王尧、陈践：《吐蕃简牍综录》，第420条，文物出版社，1986年，第72页。

图二〇 B板局部画面之二

吐蕃本教旧俗既信天神，又信鬼怪精灵，人死即送鬼魂离家。这一禁忌在古藏文简犊上有记载。米兰 iv, 35 木简记的是卜问家中有无鬼魂事：

> 右肩胛骨，可卜问死者鬼魂是否仍强留家中？是否离去？有无鬼魂留下之迹象[①]？

因为有此禁忌，所以打彩幡送鬼魂离家也是吐蕃葬俗中必不可少的环节。情形又见 M.I.0018 藏文简牍：

> 派出为祭降生时命宫守护神和祈求保佑的男女值日福德正神之本教巫觋徒，助手悉若登、苯波雅堆，引神人期同温巴，小苯波赞粗慕阻，厨子梅贡，供养人卓赞，并带上祭降生男女命宫守护神、祈求福佑之各色彩幡，大虫皮勇士桑矫让，大虫皮勇士乞力，以及筑腊钵热[②]。

简牍中详细记录了派出祭神祈福的本教师徒、助手、着虎皮勇士的名字和求神佑的各色彩幡，

① 王尧、陈践：《吐蕃简牍综录》，第440条，文物出版社，1986年，第73页。
② 王尧、陈践：《吐蕃简牍综录》，第422条，文物出版社，1986年，第74页。

人数比棺板上画出的还要多，图中所绘打幡的马队与简牍所说派出祈福祭神的人众性质相符。

4.B 板图④牛马献祭

画在擎幡骑队的下方，右接灵帐举哀图，画上生动地画出四位持棍棒赶牛马的人物，其中三人骑马正将牛马拢集起来，另有一位红衣人站在灵帐后，扶棍躬身合手，正向守灵者禀告事宜。

这群被拢集的牛马紧接着灵帐，并画出拢集者禀告的情节，因此可以认为被拢集的牛马一定是葬礼之需。按吐蕃本教的葬俗，人死超荐需用牛马牲灵，亲朋会集，杀马动辄数十匹，多至百匹。通过献祭动物这种方式，死者的灵魂得享天国的喜宴。以下移录二则藏文资料：

《敦煌本吐蕃历史文书·赞普传记》录伦赞赞普与韦·义策盟誓誓词：

> 义策忠贞不二，你死后，我为尔营葬，杀马百匹以行粮，子孙后代无论何人，均赐以金字告身，不会断绝！

伦赞赞普誓词的两个承诺之一就是为义策死后营葬，杀马百匹献祭超荐。又，《贤者喜宴》转引赤松德赞赞普在素浦江俄园宫主持完佛本二教辩论后宣布决定：

> 以后不准信奉本教，不准为了超荐亡灵而宰杀牛马及牲灵，不得以血肉供祭，凡为赞普王室消祸禳灾之法事，如果需以本教法事祭祀妖魔者，除蔡弥（tshe-mi）和象雄两处外，不准在他处举行此等法事[①]。

赤松德赞在位时，极力推行佛教，但本教势力很强大，宰杀牛马，用血牲祭神有违于佛教的主张，赞普欲借佛教僧人寂护与本教师的辩论来推行佛教，他首先要破除的就是宰杀牛马的本教超荐陋习。

以上文献可证，B 板图④所画牛马群即是专为超荐死者而准备的血牲祭品。

5.B 板图⑤踞地拜谒

画主客二人拜见，情节相对简单。主人着蓝衣坐地，双手前伸还礼。与之相对，有一大须男子双手据地，匐身抬头面向蓝衣人，口半张。这样的谒见方式为吐蕃人拜见时的特有礼节。

《旧唐书·吐蕃传》专记其事：

> 拜必两手据地，作狗吠之声，以身再揖而止。

---

① 恰白·次旦平措、诺章·吴坚、平措次仁著，陈庆英等译：《西藏通史·松石宝串》（上），西藏古籍出版社，2004年，第148页。

对照画中据地的人物，即是伏地作狗叫的姿势，图中所画为吐蕃人的拜见礼。

6.B 板图⑥葬吉宴饮

这是 B 板上人物最多的画面，位于棺板的左侧高帮，占了几近棺板的一半。画面有一大帐，宴饮的酒席设在大帐之外，帐门外画一跪坐男子与人对酒，卷帘处有一女子手捧碗盏，他们可能是宴会的主人。画的前景处绘有坐地宴饮者，起立敬酒者以及侍宴者。宴饮场地的中央，画一躬身长袖面向帐门的人物，远处画席地围坐的女宾。大帐的左侧贴板边另画有人物，但因画面漫漶，不能清楚辨识。现能清楚指认的宴饮人物共有 28 位，宴饮的气氛较为轻松，是葬礼结束后的一次酒宴。

吐蕃人的葬俗相对简省，正是《吐蕃传》所说的“既葬即吉”。除吉即行酒宴，是参加葬礼的本教师、亲朋好友的聚会。棺板画上的这一习俗在古藏文简牍资料上也有反映，前节引录的米兰 vii, 3 木简译文中清楚的记着在葬礼结束后“主人和仆人们开怀畅饮。”以下再录二则以供参考：

米兰 , vii, 55 木简：

> 再次关照之事：苯教徒（bon–po）七人，苯教教长（bon–rej）二人，共计九人，伙食相同，一旦开始为夫人祭奠时，每天（晚上）每人要求喝饮料十勺子，上等酒的六个皮囊中，喝完三个皮囊[①]。

又，米兰 vii, 2 木简：

> ……二十七位，款待相同，给每位酒五勺，头遍酒计六个酒皮囊，二遍酒四个半酒皮囊。仆人一百另二… …每人（饭食外加）酒三勺，所喝为三遍酒，共喝十一个半皮囊[②]。

这两则木简的内容是讲招待本教师和雇工的用酒数量，所记之事或是超荐法事或是祭祀活动。

以上 B 板各画面描绘的是一次葬礼的几个典型情节，吐蕃画家用纪实的手法，再现了一位吐蕃贵族的葬礼。

郭里木棺板画出土之后，围绕 A、B 两板画中人物的族属已有“吐谷浑说”“吐蕃说”和“苏毗说”几种意见。引起不同看法的主要原因是因这两块棺板画有多处漫漶不清，需得仔细加以辨认，因此，弄清楚画面的图像和画的主题，是首要的任务。感谢《中国国家地理》杂志发表了高质量的棺板画图片，笔者遂能在此图片的基础上逐一辨认棺板的图像，勾描出参考线图，然后对照汉藏文献，作此笺证，以就教于识者。

（原刊于《文物》2006 年第 7 期）

① [英] F.W.托玛斯编著，刘忠、杨铭译注：《敦煌西域古藏文社会历史文献》，民族出版社，2003年，第337页。
② [英] F.W.托玛斯编著，刘忠、杨铭译注：《敦煌西域古藏文社会历史文献》，民族出版社，2003年，第337～338页。

青海都兰暨柴达木盆地东南沿墓葬主民族系属研究

周伟洲

自 1982 年以来，青海省及北京大学考古工作者在青海的海西蒙古族藏族自治州的都兰县及德令哈等地调查和发掘了一批古代墓葬群，出土一批丝织品、金银器、铜器、漆器、木器、彩绘木棺、古藏文简牍等珍贵文物，引起中外学术界的瞩目。从 1982 年至今，青海省考古工作者断断续续的发掘（包括抢救性的发掘清理）就达 40 多个月，近 1200 天；发掘、清理墓葬近百座[①]。截至目前，中外学者对这批墓葬群及出土文物的研究形成了一个热点，发表和出版的论著近百篇（部）。有关的发掘情况及学术研究史，前人多有详细论述，不赘[②]。

在发掘或清理的墓葬群中，有三处墓葬群有较为详确的发掘资料公布，或有较多或极为珍贵的文物出土：

1.1982 ～ 1985 年青海省文物考古研究所对都兰县察汗乌苏镇东南 10 公里的热水沟（热水乡扎马日村）察汗乌苏河北岸的血渭草原上墓葬群的发掘，主要发掘了血渭山脚下最大的一座墓，即编号为血渭 M1 号大墓及墓前的陪葬遗迹、陪葬小墓等。

2.1999 年北京大学考古文博学院、青海省文物考古研究所联合对都兰县热水沟察汗乌苏河南岸的墓葬群中的四座墓进行了科学的发掘。

3.2002 年青海省文物考古研究所对德令哈市郭里木乡夏塔图草场山根被盗掘过的两座墓葬进行清理和发掘。发现三具棺木，其中有两具木棺两面保存有彩绘的图画，以及一些零乱有彩画的棺端挡板。这批木棺板画一经公布，引起了中外学术界及社会各界的关注。

笔者不准备对上述三处墓葬群的布局、形制及出土的珍贵文物（包括棺板画）作全面的探讨，

---

① 柳春诚：《探寻深埋地下的高原古国——都兰古墓群的发现发掘与研究》，中共都兰县委宣传部编：《吐谷浑与丝绸南路文化研讨会文集》（内部刊物），2010年。

② 参见许新国：《中国青海省都兰吐蕃墓群的发现、发掘与研究》，原载北京大学文博学院、大阪经济法科大学：《7–8世纪东亚地区历史与考古国际学术讨论会论文集》，科学出版社，2001年；后收入许新国：《西陲之地与东西方文明》，北京燕山出版社，2006年，第132～141页。霍巍：《吐蕃时代考古新发现及其研究》，科学出版社，2012年，第51～55页。北京大学考古文博学院、青海省文物考古研究所编著：《都兰吐蕃墓》，科学出版社，2005年。许新国：《郭里木吐蕃墓葬棺板画研究》，《中国藏学》2005年第1期等。

仅首先对上述都兰、德令哈及其附近三处墓葬群的墓主人民族系属分别进行较为深入的研究，最后谈谈对整个都兰暨柴达木盆地东南沿墓葬群墓主民族系属总的认识。当然，在探讨、研究上述民族系属问题，也必然涉及墓葬形制及出土文物等方面的问题，但非专门的研究。所谓“民族系属”，简称“族属”，简言之，即这批墓葬群的墓主人是什么人？是古代什么民族？这是认识和研究这批墓葬群一个十分重要的问题。此前，几乎所有关于都兰暨柴达木盆地东南沿墓葬群研究论著，都涉及这个问题；然而，看法却不相同，争论激烈。

一、都兰热水血渭一号大墓主人的族属

血渭一号大墓的发掘，从1982年7月开始，至1985年11月止，共四年多。然而，十分遗憾的是，至今还未见有正式的发掘简报或报告发布。仅见有发掘者青海省文物考古研究所许新国所长发表的一批相关论文[①]，以及曾到热水血渭草原考察过的四川大学藏学研究所所长霍巍教授[②]、现已在北京中国社会科学院考古研究所工作的仝涛博士等发表的相关论著[③]。据主持发掘的许新国先生撰《中国青海省都兰吐蕃墓群的发现、发掘与研究》一文记：

> M1大墓为梯形双层封土。其北部与自然山岩相连，南部突出山外，南宽北窄，依山面水，坐北朝南。上层封土叠压在下层封土之上，为等腰梯形，南北长58米，南面宽65米，北面宽55米。封土由黄土、灰沙石、砾石、巨石等堆积而成，揭露出来的遗迹有穿木、混凝夯筑围墙、石砌围墙、围墙外房基、动物陪葬墓、十字形陪葬墓等组成。大墓南面平地上有殉马坑、殉牛坑、殉狗坑等组合陪葬遗迹……由27个陪葬坑及5条陪葬沟组成。距封土顶约30米。5条陪葬沟居中，东西向横列，南北顺序排列，其殉有完整的马87匹。葬圆坑置于殉马沟的东西两侧。各分两排排列，东面14个，西面13个。除4座空无一物外，共计殉牛头、牛蹄的13座，殉狗的8座，殉巨石的2座……[④]

上述许文还记：热水M1号大墓的墓室，是在封土堆顶部正中，在下深11.5米处。由封石、照壁、盖木、墓道、墓门、回廊、东室、西室、中室、南室等组成，平面呈“十”字形。各室面均用石块叠砌，石块之间及整个墓室上覆盖巨形柏木，均被火烧为炭。中室位于正中，四壁用整齐长方木叠砌而成，有火烧痕。其东、西、南各室均为长方形，以石块垒砌，边有条木，壁面排有穿木，有门，各室以回廊相接通。墓室平面东西宽21米，南北长18.5米；顶有盗洞，说明该墓已多次被

① 如许新国：《中国青海省都兰吐蕃墓群的发现、发掘与研究》，许新国：《西陲之地与东西方文明》，北京燕山出版社，2006年，第132～141页；许新国、赵丰：《都兰出土丝织品初探》，原载《中国历史博物馆馆刊》1991年第15、16期合刊；后收入许新国：《西陲之地与东西方文明》，北京燕山出版社，2006年，第176～198页等。

② 霍巍：《吐蕃时代考古新发现及其研究》，科学出版社，2012年，第51～62页。

③ 仝涛：《青海都兰热水一号大墓的形制、年代及墓主人身份探讨》，《考古学报》2012年第4期。

④ 许新国：《中国青海省都兰吐蕃墓群的发现、发掘与研究》，许新国：《西陲之地与东西方文明》，北京燕山出版社，2006年，第134页。

图一　都兰热水血渭一号大墓
（采自林梅村：《丝绸之路考古十五讲》，北京大学出版社，2006 年，第 265 页）

盗掘过。中室出土了大量丝织品残片；东室内置有大量牛、羊、马骨和木制食具；西室有残木件和大量小麦粒；南室则有木残牛。奇怪的是，所有“墓室”内，均未发现埋殡的人骨或与丧葬有关的棺椁之类葬具（图一）。

最初，许新国先生将上述都兰墓葬群（包括一号大墓）定为“都兰吐蕃墓葬”（见其文标题），但又说：“通过十几年的发掘和研究，较大的收获是确认墓群归属于吐蕃文化，是吐蕃统治下的吐谷浑邦国的遗存”，“作为吐蕃文化上的一个区域类型来对待”①。对一号大墓墓室，他引用《旧唐书・吐蕃传》记“其赞普死……乃于墓上起大室、立土堆，插杂木为祠祭之所”等史籍，及考古所见吐蕃的墓上建筑，认为是供祭用的“神殿”或“享堂”的墓上建筑。而真正的主墓在其下，并确定上墓室（享堂）下封堆系人工堆积层，也就是说，再往下发掘封堆，则可见主墓室②。

霍巍教授最初以为热水一号大墓可能属于吐蕃贵族墓葬③；稍后又作出了有几种可能性的推测（吐蕃立吐谷浑小王、吐蕃下嫁吐谷浑王的公主、归顺吐蕃的原吐谷浑王室残部、吐蕃支配下的吐谷浑军事首领）④；后来，他更为谨慎地用“吐蕃属文化”的概念，赞同将都兰墓葬均视为“吐蕃占领或统治下的吐谷浑人”的观点⑤。也有的学者，认为墓主人是吐蕃派驻吐谷浑地区的高级军官大论禄东赞⑥。

① 许新国：《中国青海省都兰吐蕃墓群的发现、发掘与研究》，许新国：《西陲之地与东西方文明》，北京燕山出版社，2006年，第136页。

② 许新国：《吐蕃墓的墓上祭祀建筑问题》，原载《青海文物》1995年第9期；后收入许新国：《西陲之地与东西方文明》，北京燕山出版社，2006年，第148～157页。

③ 霍巍：《西藏古代墓葬制度史》，四川人民出版社，1995年，第189页。

④ 霍巍：《论青海都兰吐蕃时期墓地考古发掘的文化史意义——兼评阿米海勒〈青海都兰的吐蕃时期墓葬〉》，《青海民族学院学报》2003年第3期。

⑤ 霍巍：《吐蕃时代考古新发现及其研究》，科学出版社，2012年，第63、65页。

⑥ Wang Tao, Tibetans or Tuyuhun: An Archaeological perspective on Dulan.15 November 2000, Speech presented at Room B204, Brunei Gallery, the School of Oriental and African Studies(SOAS), The University of London. 转引自仝涛：《青海都兰热水一号大墓的形制、年代及墓主人身份探讨》，《考古学报》2012年第4期。

最近，仝涛在《考古学报》2012 年第 4 期上发表了《青海都兰热水一号大墓的形制、年代及墓主人身份探讨》一文。这是迄今为止研究热水一号大墓最为深入、全面的论文。此文不仅将热水一号大墓的形制与规格与西藏地区吐蕃墓葬（包括藏王陵）进行比较研究；从一号大墓出土丝绸、金银器和木器，考证出大墓的年代是在 7 世纪末到 8 世纪之间。由此，他根据对汉藏文献，特别是对有关 663 年吐蕃征服青海吐谷浑后的藏文文书，如敦煌石室发现的吐蕃历史文书中的《大事纪年》《吐谷浑（阿柴）纪年》残卷的解读和引用；得出的结论是，墓主人很可能是吐蕃征服吐谷浑后册封的吐谷浑王，即敦煌吐蕃历史文书《大事纪年》所记卒于 694 年的吐谷浑王坌达延墀松。

以上诸学者从不同角度对热水一号大墓的研究，均有所贡献。其中，笔者以为，仝涛的研究及结论可能更接近于历史事实。但是，关于此大墓仍然有一些疑问和问题，尚需进一步探讨。

1. 由于都兰热水一号大墓及其陪葬墓的发掘简报或报告未发表，因此有一些很关键的问题，弄不清楚，或以讹传讹。这就给正确认识大墓主人的民族系属等问题造成了困难和混乱。比如，热水一号大墓是否出土有古藏文简牍？王尧先生在《西藏研究》1991 年第 3 期上发表的《青海吐蕃简牍考释》一文，说考释的 11 支古藏文简牍出土于热水 10 号墓内[①]；到 2005 年出版的《都兰吐蕃墓》附录一《青海都兰新出土吐蕃文汇释》中，又说上述 11 支简牍，是在“青海都兰一号大墓”发现的。2003 年奥地利学者阿米·海勒所撰《青海都兰的吐蕃时期墓葬》一文，也称热水一号大墓内，发现有刻满藏文的木片，是一份墓室里随葬物品的清单[②]。林梅村教授甚至说，血渭（热水）一号大墓众多的随葬品中，“有古代皮靴、古藏文木片（即吐蕃赞蒙与吐谷浑王通信的简牍）、古蒙古族文木牍，彩绘木片及金饰、木碟、木鸟兽、粮食和大量丝绸”[③]。上述 11 片古藏文简牍到底出于哪一个墓葬？除一号大墓外，还发掘了几座“陪葬小墓”？出土了什么重要文物？大墓还出土了什么文物，特别是有各种文字的文物？如果这一切都不清楚，真正科学的研究是谈不上的。又如许新国先生发表有关论述丝织品及金银器的论文中，除个别器物（如镀金舍利银器）外，每一件丝织品或金银器出土于哪个墓葬内的什么地方，均无记录。因此，保护好青海都兰等地古墓，杜绝、打击盗掘和买卖文物的同时，还应该科学地清理和发掘古墓葬和遗址，及时发布考古的简报或报告，这应是科学地研究古代各族历史文化的前提和基础。

2. 仝涛论文中，多次提到吐蕃统治河西、陇右及青海时，在各地曾设置行政机构，称为 Khrom，译作“节度衙”。青海地区设有青海节度衙（藏文作 Ma Khrom）、鄯州节度衙（藏文作 dbyar Mo thang Khrom），派遣节度使及节儿、千户、百户等各级官吏[④]。他认为，“自 7 世纪后半叶到 8 世纪初在吐蕃派驻吐谷浑的大论一级的最高军政将领似乎都无法与热水一号大墓相联系，即便其墓葬有迹可循，其规格也应低于吐谷浑王陵的级别”。即是说，仝涛是以吐蕃派驻吐谷浑的军

---

① 王尧、陈践：《青海吐蕃简牍考释》，《西藏研究》1991年第3期。

② [奥地利] 阿米·海勒撰，霍川译：《青海都兰的吐蕃时期墓葬》，《青海民族学院学报》2003年第3期。

③ 林梅村：《试论唐蕃古道》，《藏学学刊》第3辑，四川大学出版社，2007年，第137、138页。

④ 参见[匈牙利] G.乌瑞著，沈卫荣译：《释Khrom：七至九世纪吐蕃帝国的行政单位》，《国外藏学研究译文集》第1辑，西藏人民出版社，1986年。[日] 山口瑞凤：《吐蕃对敦煌的统治时期》，《敦煌历史》（讲座敦煌2），大东出版社，1980年，第203页；杨铭：《吐蕃统治敦煌与吐蕃文书研究》，中国藏学出版社，2008年，第15～28页。

事长官的级别不可能如热水一号大墓的规格，而排除此大墓为吐蕃贵族之墓葬。

笔者以为，此说也欠妥，至少是不够有说服力。因为663年吐蕃征服吐谷浑后，是把吐谷浑作为自己的附属邦国来对待的，故其与在河、陇，包括青海东部所派驻军政机构是不同的，不能混为一谈。正如敦煌发现的古藏文《吐谷浑（阿柴）纪年残卷》所记：吐蕃立有其主政吐谷浑领地的“莫贺吐浑可汗”，其为689年下嫁与吐谷浑王（可汗）的吐蕃赞蒙（公主）墀邦所生之子。在《吐谷浑（阿柴）纪年残卷》内，还不断提到吐蕃大臣到吐谷浑地：如残卷2～4行记马年（706年）时有吐蕃大臣蔡·牙咄奔达、属卢……等至羊山堡，向莫贺吐浑可汗致礼；19～20行记鸡年（709年）吐蕃赞普派遣韦·通热纳云等，“参加议会……制定六种职务之……再巡视并行户口大清查”；22～29行记狗年（710年）送唐朝mun sheng公主（应即金城公主）入藏，路过青海吐谷浑的吐蕃大臣尚赞咄热与没卢·尚墀桑喀切通等；32～33行记猪年（711年），又有吐蕃“朵”之大臣没卢·尚贪蔡牙咄来致礼；51～54行记虎年（714年），有命令吐蕃大臣“韦·达札恭禄、属卢·东热孔孙……”因文书残缺，不知何意，但与吐谷浑有关。以下有“外甥（vbongs）吐谷浑及民受到劫掠……又赴援吐谷浑国，途中……”①

又如吐蕃历史文书《大事纪年》记：早在669年，“吐谷浑诸部前来致礼，征其入贡赋税”。又，《大事纪年》共残存记115年大事（大致是650～763年，内有阙），内696、714、742年，均记有吐蕃大论在吐谷浑聚居的“西古井之倭高儿”“司古津之倭阔”“麴年蒙岗”等地，“征吐谷浑大料集”②。

上述两份珍贵的古藏文文献是研究吐蕃征服吐谷浑后，吐谷浑历史及吐谷浑长期居住、统治的都兰暨柴达木盆地东南沿墓葬群及出土文物的第一手的、最为真实的资料。根据上引的资料证明，吐蕃在其属邦吐谷浑并没有设置如同在河、陇等地的军事行政机构，长期派驻高级官员和驻守的军队。这一点对于认识和研究都兰暨柴达木盆地东南沿墓葬群主人的族属非常重要。那种认为都兰暨柴达木盆地东南沿墓葬群墓主人均系或有部分为驻守吐谷浑的吐蕃各级官吏或士卒的看法，至少是值得慎重考虑的。

3. 热水一号大墓虽然经过四年的发掘，但有一些关键的问题并没有解决。其中最大的问题是发掘的“十”字形多墓室，是否真是墓室？如真是墓室，为何未见尸骨或棺椁等有关丧葬的文物？或如许新国先生所说，仅是主墓室上的“神殿”“享堂”一类的建筑，主墓室在此之下？主墓室如在其下，用考古调查方法可大致了解，或先挖一探沟亦可解决。因此，颇疑此所谓一号大墓，并非墓葬；从其规制及高台前的大量的和高规格的殉牲来看，是否是吐谷浑王室祭天的祭坛，或与吐蕃“会盟”之地。这也不仅就是发掘主持者许新国先生所说“对于目前发掘出来的遗址，究竟是墓上建筑还是主墓的争议，贯串于墓葬发掘的始终”的问题，而是对此遗址是墓葬，或是祭坛和会盟处的疑问。这只是一个疑问，要真正解决疑问，还需进一步发掘和研究。

---

① 参见周伟洲、杨铭：《关于敦煌藏文写本〈吐谷浑（阿柴）纪年〉残卷的研究》，原载《中亚学刊》第3辑，中华书局，1990年；后收入周伟洲：《吐谷浑资料辑录》附录，青海人民出版社，1992年，第436～455页。

② 王尧、陈践译注：《敦煌本吐蕃历史文书》（增订本），民族出版社，1992年，第146、148、150、154页。

总之，从都兰热水一号大墓（目前仍视为墓葬）的形制、出土文物等分析，可大致确定其年代为7世纪末至8世纪初，仝涛的这一结论基本可信从。出土大量丝绸残片和金银器大部分是唐代内地所生产，少部分与中亚粟特器物和织品相同[①]。又从藏、汉文献记载分析，此时此地的一号大墓应为吐蕃统治下的吐谷浑国王（可汗）或王族一级的墓葬。至于墓主人是否如仝涛文所推测的是吐谷浑王坌达延墀松，只可备一说。因为敦煌藏文吐蕃《大事纪年》所记的689年娶吐蕃公主（赞蒙墀邦）的是“吐谷浑王”，是否是坌达延墀松？此坌达延墀松是否是吐谷浑王？坌达延赞松是否就是其子？文献并未明确记载。何况此大墓年代也是一个推测的约数。因此，说此墓主人系吐谷浑王族，似乎更为稳妥一些。至于霍巍、仝涛等认为大墓的形制、结构与殉葬情况许多地方与西藏地方吐蕃王陵、列山、吉堆等贵族墓葬有相同之处的看法；以及墓中或陪葬墓中有古藏文简牍（衣物疏）出土等等。这一切在吐蕃统治下吐谷浑国内的“吐蕃化”的进程中出现，是十分正常的。关于此，下面还将深入阐述。

二、都兰热水血渭察汗乌苏河南岸四座墓主人的族属

1999年7～9月间，北京大学考古文博学院、青海省文物考古研究所联合对都兰县热水察汗乌苏河南岸的墓葬群中的四座墓进行了发掘。2005年1月，正式由科学出版社出版了发掘报告《都兰吐蕃墓》（以下简称《报告》）。热水血渭南岸发掘的墓葬集中分布在一山谷两侧的山脚下，自西向东依次编号为四号墓（99DRNM4）、一号墓（99DRNM1）、三号墓（99DRNM3）和二号墓（99DRNM2）（图二）。《报告》分别详细记述每一墓发掘情况、墓葬形制、结构及出土文物；最后，在“相关的几个问题”（第六章）中，专门讨论了墓葬的“年代与族属”，结论是：“从出土物如丝织品的技法及纹样，陶器、古藏文的字体等方面来看，这两组墓葬的年代应当相仿，大约在8世纪中期”。《报告》还根据一号墓出土的、经著名藏学家王尧教授所释解的古藏文简牍（RB115.ki22）所记墓主人为“尚思结桑”名“甲贡”，认为一号墓主人的族属无疑是吐蕃外戚。又“从99DRNM1（一号墓）和99DRNM3（三号墓）的比较来看，似亦可断定99DRNM3墓主人的族属也应如此”。《报告》还引附录四《青海省都兰县唐代吐蕃墓葬人骨线粒体DNA研究》的结果，测定墓主人“属于现代藏族人种”[②]。即是说，从人种上看，墓葬主人的族属也是现代藏族的前身吐蕃贵族。

2012年青海藏族学者阿顿·华多太发表了一篇《论都兰古墓的民族属性》的长文[③]。文内用吐谷浑的封号变迁，否定了吐谷浑的领地在青海湖西柴达木盆地至新疆且末、若羌（古鄯善）；认为吐谷浑为吐蕃灭后，余部逃至唐境内，所谓吐蕃统治下的“吐谷浑邦国”是“虚构”的；否认敦煌藏文文书中吐蕃称吐谷浑为“阿柴”（阿夏，Ha-za，或“va-zha”）；否认有“吐谷浑文化”的存在；

① 参见许新国、赵丰：《都兰出土丝织品初探》，许新国：《西陲之地与东西方文明》，北京燕山出版社，2006年，第176～198页等；许新国：《都兰吐蕃墓中镀金银器属粟特系统的推定》，原载《中国藏学》1994年第4期；后收入许新国：《西陲之地与东西方文明》，北京燕山出版社，2006年，第246～259页。

② 参见北京大学考古文博学院、青海省文物考古研究所编著：《都兰吐蕃墓》，科学出版社，2005年，第127～128页。

③ 阿顿·华多太：《论都兰古墓的民族属性》，《中国藏学》2012年第4期。

图二　都兰热水南岸墓地全景

（采自北京大学考古文博学院、青海省文物考古研究所编著：《都兰吐蕃墓》，科学出版社，2005 年，图版二）

公布了都兰其他墓葬中出土的古藏文简牍，并对原简牍重新作了解读；对出土的丝织品、金银铜器及岩画等文物也作了重新解释。最后的结论是："都兰地区吐蕃墓，从其形制、随葬品、所处地域以及出现的大臣姓名等因素分析，笔者认为该地大墓应该为吐蕃王朝将相之墓"。

同年，兰州大学藏族学者宗喀·漾正冈布、英加布、刘铁程在《文物》2012 年第 9 期上发表了一篇题为《论赤偕微噶（Blon Khri She'u Ka）——都兰三号墓出土藏文碑刻考释》一文。文中对三号墓中出土杂乱放置（因墓被盗掘）的 12 块长方形石块中 4 块石条上，分别刻有的古藏文作了排列，并考释为"论"（Blon）、"赤"（Khri）、"偕微"（She'u）、"噶"（Ka），前两词为吐蕃王朝官号和尊号，表示显赫的社会地位。偕微，系出自敦煌古藏文文书 P.T.1286《小邦邦伯家臣及赞普世系》中"几若江恩之地以几杰芒保之王，其家臣为'谢乌'（she au）与'索'二氏"[①]；谢乌即偕微，为拉萨河流域吐蕃邦国几若江恩享有"论"地位的吐蕃贵族。吐蕃文书中共出现四次。噶，为用作人名的后缀字。热水河血渭草原之"血渭"即"偕微"之异译，现今该地藏族沿古代名称而来，即以"偕微"家族命名之草原。此家族"可能被派往今柴达木盆地的都兰担任官职，仍然延续了论（blon）的世袭地位"。

由北京大学考古学家组织的科学发掘，加上著名藏学家对出土古藏文简牍的解读，现代 DNA 科技的测定，以及一些藏族学者的论述；这四座墓的主人族属为吐蕃人，似已成定论[②]。因而发掘报告的题目就直书为《都兰吐蕃墓》，截至目前也未见有人提出异议。然而，如果仔细分析研究这一结论仍有疑问。

首先，从墓中出土古藏文简牍及墓石说起，一号墓出土一藏文简牍（99DRNM1：36），王尧释

① 译文引自王尧、陈践译注：《敦煌本吐蕃历史文书》（增订本），民族出版社，1992年，第173页。

② 阿顿·华多太：《论都兰古墓的民族属性》，《中国藏学》2012年第4期。

为 vdzong/zhang-skyes，似为墓主人的名字，“可译作‘为尚思结送养’”，“尚”是与吐蕃王室通婚的家族（图三）。又说，怀疑此人就是《敦煌本吐蕃历史文书》提到的“结桑”，按照古代发音，应读“思结桑”，名“甲贡”；并引《大事纪年》中 744、746、756、757（此年思结桑任副大相多年，薨）思结桑活动的记载[①]。问题是古藏文简牍所记“尚思结”，是否一定是与吐蕃王室通婚的吐蕃家族？并非如此，前引的敦煌发现的古藏文《吐谷浑（阿柴）纪年残卷》中，就多次提到吐蕃统治下的吐谷浑邦国内已经实行吐蕃的政治制度，莫贺吐浑可汗（Ma ga tho gon khagan）之下，也实行有“论”“尚”的制度。如《吐谷浑（阿柴）纪年》残卷第 25 行有“母后（墀邦）与可汗及侍从、吐谷浑大尚论……”会见入蕃的唐公主；第 34 行有“此年冬，吐谷浑尚论高官达热达弄益去世。其后……授予其家族玉石告身……”[②]又米兰出土的古藏文简牍（托马斯编号 1 ～ 20）记“……吐谷浑尚论亲理阿柴方面的事宜，如从前……”[③]

1

2

图三　都兰 DRNM1 : 36 号木简

1. 正面　2. 反面

（采自北京大学考古文博学院、青海省文物考古研究所编著：《都兰吐蕃墓》，科学出版社，2005 年，图版八之 1 ～ 2）

因此，早在 20 世纪 80 年代笔者就提出：“据残卷所记，役属于吐蕃的吐谷浑国莫贺吐浑可汗之下，还设置有大尚论、尚论等各级官吏，有与吐蕃王朝相同的‘告身’等位阶制度。国内也按‘千户’、‘万户’为行政单位”[④]。

其次，此尚思结是否就是《大事纪年》中的思结桑？可能性极小，因为姓名相同的人甚多。按匈牙利藏学家 G. 乌瑞的说法，当时吐蕃的人名，一般说来，由三部分组成，即族名（rus）、前名（mkhan）、后名（mying），如是官吏，通常又在族名之前加上“论”或“尚”这类称号（thabs）。考虑到人名的省略形式或不同时代会出现相同的人名等情况，只有当某两个人名的三个部分完全相同时，才能认为他们是同一人[⑤]。显然，尚思结与论（思）结桑不具备为同一人的条件，简牍中至

① 王尧：《青海都兰新出吐蕃文汇释》，北京大学考古文博学院、青海省文物考古研究所编著：《都兰吐蕃墓》附录一，科学出版社，2005年，第132～134页。

② 参见周伟洲、杨铭：《关于敦煌藏文写本〈吐谷浑（阿柴）纪年〉残卷的研究》，周伟洲：《吐谷浑资料辑录》附录，青海人民出版社，1992年，第436～455页。

③ F.W.Thomas, Tibetan Literary Texts and Documents Concerning Chinese Turkestan, I, Landon: Royal Asiatic Society, 1951, pp.32-33.

④ 周伟洲：《吐蕃与吐谷浑关系史述略》，《藏族史论文集》，四川民族出版社，1988年，第312页。

⑤ G. Uray, The Annals of the A-za Principality: The Problems of Chronology and Genre of the Stein Document, Dun huang, Vol.69, fol.84, Proceedings of the Csoma De körös memorial symposium, Budapest, 1978.

少无“甲贡”之名，且结桑的官号非“尚”，而是“论”。《大事纪年》还记，734年有“多思麻之集会议盟由论结桑东则布于‘悉布’召集之”，此又一“论结桑”，名“东则布”，而不名“甲贡”。其次，从《大事纪年》所记思结桑的情况，他甚至没有到过吐谷浑邦国去征大料集或会盟的记载，因而，他死后葬于吐谷浑邦国之地的可能性极小；即便他曾被派遣到过吐谷浑邦国，作为吐蕃大贵族卒后，通常情况下也会归葬故里，不会葬于异国。

又二号墓还出土古藏文木简1，三号墓出土古藏文木简3，以及刻有古藏文的4块石条[①]。上述宗喀·漾正冈布等《论赤偕微噶（Blon Khri She'u Ka）——都兰三号墓出土藏文碑刻考释》一文，对散乱的4块藏文石刻提出了可能有三种不同的排列，而最终选择了其中“论、赤、偕微、噶”的排列；但唯独没有笔者认为更为可能的两种排列，即论、赤、噶、偕微（暂用其译法）或赤、噶、论、偕微，意均为有“论”号的赤噶偕微氏族[②]（图四）。这两种排列较之宗喀·漾正冈布等的一种排列，至少避免了将“论”“赤”尊号并列及“噶”字为姓名后缀的勉强解释。据有的藏族学者考证，赤噶（khri ka），系地名，见于敦煌藏文文献P.T.2123及P.T.996。吐蕃时此地指今青海贵德、尖扎西北部地区；汉魏以来为羌族聚居地，后为吐谷浑所并，刘宋政权曾封吐谷浑阿犲为“浇河公”，浇河即今贵德地区[③]。该地羌族早已服属吐谷浑，并渐融入其中。因此，赤噶之偕微氏族，非拉萨河一带吐蕃小邦几若江恩之家臣，而是源于融入吐谷浑的羌族大家氏族。

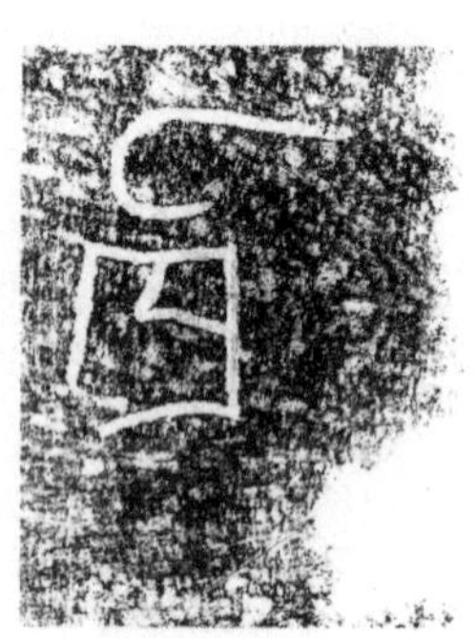

图四　都兰DRNM3号墓出土藏文刻石

（采自北京大学考古文博学院、青海省文物考古研究所编著：《都兰吐蕃墓》科学出版社，2005年，第109页）

上述宗喀·漾正冈布等撰文中，也说“偕微”意为“小鹿”，是以“鹿”命名的氏族；古藏文文献中，作为“东”（ldong）氏族之吐谷浑（阿柴、阿夏）[④]，以及党项羌（弥药、木雅，有“西吴王”，西吴应即偕微之异译）均为“鹿”命名的氏族。此亦可证赤噶之偕微氏族原为羌族，后融入吐谷浑；以后又驻守今都兰热水草原，遂有“血渭”（偕微）草原之称；或今血渭草原，是后世

① 北京大学考古文博学院、青海省文物考古研究所编著：《都兰吐蕃墓》，科学出版社，2005年，第127页。

② 2011年在西宁召开的首届全国都兰吐蕃文化学术研讨会上，藏族学者德吉错：《都兰吐蕃三号墓四方藏文石刻排序的研究》、恰嘎旦正：《青海都兰吐蕃三号墓碑刻探析》两文，又有一种排列，即“论血渭（即偕微，或偕）赤噶”，意为“臣相血渭之宝座”或“偕大臣的宝座”。

③ 叶拉太：《吐蕃地名研究》，人民出版社，2012年，第109～110页。

④ 宗喀·漾正冈布、英加布、刘铁程：《论赤偕微噶（Blon Khri She'u Ka）——都兰三号墓出土藏文碑刻考释》，《文物》2012年第9期。

藏族命名此有小鹿的草原，根本与血渭氏族无关。

至于“论”，原为吐蕃官号或尊号，但如前述在吐谷浑邦国内，同样有“论”“尚”等职官。因此，不能因为以上四个墓中出土有古藏文简牍及有“论”“尚”职官的墓主人，其族属就一定是吐蕃人。

从大量的汉藏文献来分析，此时此地的民族应是吐蕃统治下的吐谷浑邦国人（包括渐融入吐谷浑的羌人）①，他们已使用古藏文作为自己民族的文字，在文化习俗方面已有吐蕃化的倾向。这种情况在吐蕃征服的河陇地区及今新疆天山以南地区均是如此。敦煌发现的约千余件古藏文的文书、契约，以及新疆米兰、和田玛扎塔格发现的大量古藏文简牍，均可证明吐蕃占领的河陇地区、新疆天山以南地区无论官方或民间均通行古藏文。甘州、于阗国官方文书，甚至在9世纪40年代吐蕃王朝灭亡后很长时间仍使用藏文②。

图五　都兰 DRNM1 号出土墨书藏文丝绸
（采自北京大学考古文博学院、青海省文物考古研究所编著：《都兰吐蕃墓》科学出版社，2005 年，图版一〇之 5）

至于《报告》附录四有吉林大学边疆考古研究中心 DNA 实验室撰《青海省都兰县唐代吐蕃墓葬人骨线粒体 DNA 研究》一文，是据《报告》判定都兰一号墓（99DRNM1）、三号墓（99DRNM3）主人为吐蕃人而非吐谷浑人；其结论是都兰三个线—粒体 DNA 序列与现代藏族（未指明是卫藏或阿里、康、安多的藏族）人群比较接近③。青海的吐谷浑最后部分融入青海藏族，其 DNA 序列自然也是与现代藏族，特别是安多藏族接近的。因此，不能因为都兰墓葬人骨 DNA 序列与现代藏族相近，而否定或排除都兰墓葬主人系吐谷浑贵族。

最后，从四座墓葬的形制、结构及出土文物看，可能有一些与吐蕃及其信仰的苯教的仪轨有关，也出土有唯一的一件有墨书的古藏文的丝织物（99DRNM1：50，图五）。这可以说是当地吐谷浑人吐蕃化的必然结果。然而，大量的出土文物却很难与吐蕃联系起来。出土的大量丝织品残片均与内地唐代的丝绸相关，上有的墨书汉字，如三号墓出土黄色绢上有“黄州”（唐代黄州，治今湖北新洲）汉字，可能是指此绢的产地（图六）。当然，我们不能因此而断定三号墓主人是汉族。另有大

图六　都兰 DRNM3 号出土“黄州”丝绸摹本
（采自北京大学考古文博学院、青海省文物考古研究所编著：《都兰吐蕃墓》科学出版社，2005 年，第 77 页）

① 详细考证见周伟洲、杨铭：《关于敦煌藏文写本〈吐谷浑（阿柴）纪年〉残卷的研究》，周伟洲：《吐谷浑资料辑录》附录，青海人民出版社，1992年，第436～455页。

② [匈牙利] G.乌瑞著，耿昇译：《吐蕃统治结束后甘州和于阗官府中使用藏语的情况》，《敦煌译丛》第1辑，甘肃人民出版社，1985年。

③ 参见北京大学考古文博学院、青海省文物考古研究所编著：《都兰吐蕃墓》，科学出版社，2005年，第162页。

量的金银器和铜器残片，也主要来自内地，有小部分与中亚器物相似。须知在青海都兰等地建国三百多年的吐谷浑，于中西交通要道的青海与中西方贸易中一直占有十分重要的地位[①]。上述都兰墓葬出土文物还证明：就是在吐蕃征服其地后，吐谷浑仍在中西交通上发挥着中继者和向导的作用。

出土文物中有一四周有彩绘的类似木箱的器物（99DRNM3：140 ～ 152），木箱每一面彩绘有元宝形壶门，内绘有云纹（南侧面第一块木板，99DRNM3：140），张弓的狩猎者及兔、鹿（东侧面第一块木板，99DRNM3：144；西侧面第一块木板，99DRNM3：150），及一弹四弦曲项琵琶的乐伎，一吹奏笙的乐伎（北侧南第一块木板，99DRNM3：148）[②]（图七）。所绘狩猎者及乐伎的脸上

图七　都兰 DRNM3 号出土木箱彩图摹本

（采自北京大学考古文博学院、青海省文物考古研究所编著：《都兰吐蕃墓》科学出版社，2005 年，第 102 ～ 103 页）

① 参见周伟洲：《吐谷浑史》，宁夏人民出版社，1985年，第132～141页。

② 参见北京大学考古文博学院、青海省文物考古研究所编著：《都兰吐蕃墓》，科学出版社，2005年，第100～106页，图版三三、三四。

有明显的红彩，似为“赭面”的特征，故《报告》撰者推测为吐蕃人形象。在墓中，彩绘木箱作何用途不明，有学者将此彩绘木箱与2002年德令哈市夏塔图草场两座墓葬中的彩绘的木棺联系起来，认为虽无法确定木箱是否为装殓尸骨的棺木，但属于随葬用具则是无疑的[①]。如此，这种最早源于鲜卑族，后流行于北朝的木棺装饰传统，正是源于慕容鲜卑的吐谷浑的丧葬的特征之一[②]。而这种元宝形壶门内绘有或刻有乐伎的图像，也早见于内地甘肃天水出土6～7世纪的粟特人墓石棺床座上（图八）[③]。至于彩绘木板中有“赭面”的人物图像，并不能肯定为吐蕃人，吐蕃统治下的河陇、青海、西域的各族人（包括吐谷浑人），被迫或自然采用吐蕃的服制、风俗是很自然的事。“赭面”习俗，在唐元和年间妇女中也盛行一时[④]，当然不能称她们为吐蕃人。

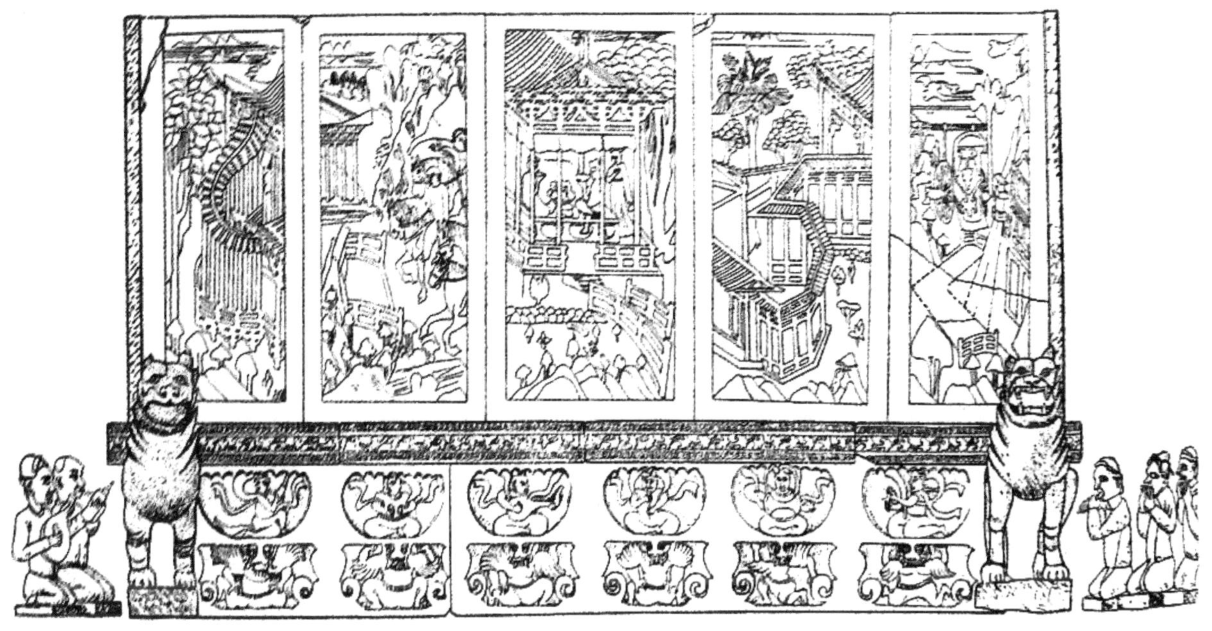

图八　天水市发现隋唐屏风石棺床图像摹本

（采自天水市博物馆：《天水市发现隋唐屏风石棺床墓》，《考古》1992年第1期）

特别是都兰三号墓出土了三件织物上墨书的“道符”，据中国社会科学院历史研究所王育成研究员的研究，其中编号99DRNM3∶16的道符，“是一道罕见的与市场商贸活动有密切关系的符物”；其聚集整合体文字可释为“上天太阳神恖光明，诸神佑护市场，大吉中来，急急如太上律令”。另一出土99DRNM3∶43，是与性爱有关的古代“媚道”的符书[⑤]（图九）。都兰三号墓系出土“论”字碑石的主人，《报告》肯定其为吐蕃贵族。有学者不能肯定地认为，这是吐蕃贵

① 参见霍巍：《吐蕃时代考古新发现及其研究》，科学出版社，2012年，第113～114页。

② 参见仝涛《木棺装饰传统——中世纪早期鲜卑文化的一个要素》，《藏学学刊》第3辑，四川大学出版社，2007年，第165～170页。

③ 参见天水市博物馆：《天水市发现隋唐屏风石棺床墓》，《考古》1992年第1期。

④ 白居易有《时世妆》诗，内云：“时世妆，时世妆，出身城中传四方……元和妆梳君记取，髻堆面赭非华风。”《全唐诗》卷四二七，中华书局，2003年，第4704页。

⑤ 王育成：《都兰三号墓织物墨书道符初释》，北京大学考古文博学院、青海省文物考古研究所编著：《都兰吐蕃墓》附录二，科学出版社，2005年，第135～142页。

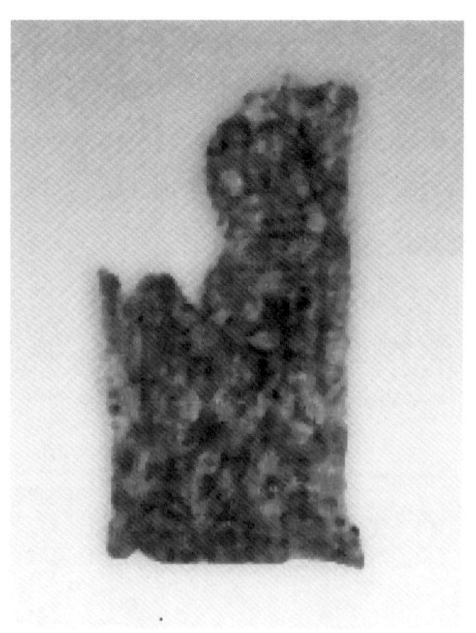

图九　都兰 DRNM3 号出土道符

（采自北京大学考古文博学院、青海省文物考古研究所编著：《都兰吐蕃墓》科学出版社，2005 年，图版二四）

族接受了道教[①]？但事实上还未见有例证及文献提及。如果是吐蕃贵族，其信仰是苯教或佛教，不会在死后有几件与道教有关的符箓陪葬墓中。当时从蜀地经过“河南道”（即“吐谷浑道”）传入青海的道教，只能是在当时据有青海、甘南及四川西北的吐谷浑人中传播。而吐谷浑的上层长期控制了经青海柴达木盆地入西域的“河南道”，为中西方贸易的中继者和向导。他们死后，以内地道教都较为罕见的与市场商贸活动有密切关系的符物放入墓中，以祈求贸易的昌盛，是顺理成章的事。

综上所述，《报告》将发掘的都兰热水血渭南岸四座墓主人族属定为吐蕃人是大有疑问的。笔者认为，四座墓主人的民族系属应为早已建国于青海三百余年、现为吐蕃统治下的属邦有“论”“尚”官号的吐谷浑贵族（包括渐融入吐谷浑的羌人）。据《报告》对南岸墓地的调查分析，“该墓地共有大小墓葬 20 座，与热水一号墓隔河相望，中、大型墓葬分布热水一号墓的右翼，小型墓葬分布在热水一号墓左翼……根据简牍释读的情况来看，这两个小区很可能是两大家族墓地”[②]。如果南岸两大家族墓地为吐蕃两大家族死后均葬于异邦的吐谷浑之地，这似乎不可能。如果此两大家族为已在此地生息四百多年的吐谷浑贵族，则应是合情合理的。

三、德令哈郭里木乡夏塔图两座彩绘木棺墓主人的族属

2002 年青海省文物考古研究所于德令哈郭里木乡夏塔图清理了两座墓葬。一座为夫妇合葬的木椁墓（XTT1），一座为土坑迁葬墓（XTT2）（图一〇、图一一）。两墓除出土一批丝织品残片、

① 参见霍巍：《吐蕃时代考古新发现及其研究》，科学出版社，2012年，第244～245页。

② 参见北京大学考古文博学院、青海省文物考古研究所编著：《都兰吐蕃墓》，科学出版社，2005年，第127页。

图一〇 夏塔图棺板彩绘墓地全景

（采自许新国、刘小何：《青海吐蕃墓葬发现木板彩绘》，《中国西藏》2002 年第 6 期）

图一一 夏塔图 XTT1 号墓发掘情况

（采自许新国、刘小何：《青海吐蕃墓葬发现木板彩绘》，《中国西藏》2002 年第 6 期）

木器（木鸟、木碗、木马鞍）等外，还发现三具棺木，其中有两具木棺两面保存有彩绘的图画，及一些零乱的棺端挡板上的彩画。2002 年主持发掘的许新国、刘小何在《中国西藏》（中文版）2002 年第 6 期上发表《青海吐蕃墓葬发现木板彩绘》一文，首先披露了这一发现。接着，在 2004 ~ 2005 年，许新国先生先后在《柴达木开发研究》上发表《郭里木吐蕃墓葬棺板画》（上）（下）[①]。又在《中国藏学》2005 年第 1 期上发表《郭里木吐蕃墓葬棺板画研究》一文，公布了三幅木棺挡板画及 XTT1 墓 A 板木棺画（分成三部分），此文发表影响较大。许新国先生在对上述木棺画研究后，"断定这两座墓属于吐蕃时期墓葬"；故定名为"郭里木吐蕃墓葬"，认为 XTT1 号墓木棺 A 板中有吐蕃赞普、赞蒙（王、王后）为中心的宴饮图和帐居图。

几乎同时，参加发掘并摹绘图像的柳春诚和青海当地学者程起骏于 2005 年先后发表了两篇论文，即《吐谷浑人绚丽多彩的生活画卷——德令哈市郭里木乡出土棺板画研读》[②]，《郭里木棺板画初展吐谷浑生活》[③]。显然，作者认为此两墓主人系吐谷浑人，与上述许新国的观点完全不同。

《中国国家地理》2006 年第 3 期《青海专辑》下刊载了较为完整的 XTT1 木棺 A、B 两板及一些挡板图像，发表了柳春诚《郭里木棺板彩画临摹记》、程起骏《棺板彩画：吐谷浑人的社会图景》，以及中央美术学院罗世平教授《棺板彩画：吐蕃人的生活画卷》、北京大学考古文博学院林梅村教授《棺板彩画：苏毗人的风俗图卷》的论文，提出两墓主人族属三种不同的意见：吐谷浑

① 许新国：《郭里木吐蕃墓葬棺板画》（上）（下），《柴达木开发研究》2004年第2期、2005年第1期。

② 柳春诚、程起骏：《吐谷浑人绚丽多彩的生活画卷——德令哈市郭里木乡出土棺板画研读》，《中国土族》2004年冬季号。

③ 柳春诚、程起骏：《郭里木棺板画初展吐谷浑生活》，《柴达木开发研究》2005年第2期。

说、吐蕃说和苏毗说。至此，青海木棺墓及彩画引起社会的关注。同年，罗世平教授发表了《天堂喜宴——青海海西州郭里木吐蕃棺板画笺证》一文[①]，应用汉藏文献对 XTT1 号墓木棺 A、B 板图像（文中首次完整公布 A、B 板图像）进行了深入的考释，并进一步论证墓主人为吐蕃贵族的结论（图一二）。

图一二　夏塔图 XTT1 号墓木棺 A（下）、B（上）板图像
（采自罗世平：《天堂喜宴——青海海西州郭里木吐蕃棺板画笺证》，《文物》2006 年第 7 期）

2007 年，仝涛发表了一篇题为《木棺装饰传统——中世纪早期鲜卑文化的一个要素》的重要论文，从大量的考古资料证明，北朝鲜卑族有彩绘木棺的传统，从而认为青海出土的木棺彩绘系源于鲜卑的青海吐谷浑人的墓葬；青海木棺画中有带“垂裙皂帽”的鲜卑人形象；赭面等吐蕃风俗及吐蕃服饰虽然在青海木棺板画的出现，“但应理解为在吐蕃统治时期所施加的文化影响，而吐谷浑其民族自身的东西也在吐蕃化中得以保存下来……”[②]

稍后，霍巍先生在青海实地考察的基础上，先后发表了《青海出土吐蕃木棺板画的初步观察与研究》[③]《青海出土吐蕃木棺板画人物服饰的初步研究》[④]两文，公布了夏塔图 XTT2 号墓木棺 A、

① 罗世平：《天堂喜宴——青海海西州郭里木吐蕃棺板画笺证》，《文物》2006年第7期。

② 仝涛：《木棺装饰传统——中世纪早期鲜卑文化的一个要素》，《藏学学刊》第3辑，四川大学出版社，2007年，第165～170页。

③ 霍巍：《青海出土吐蕃木棺板画的初步观察与研究》，《西藏研究》2007年第2期。

④ 霍巍：《青海出土吐蕃木棺板画人物服饰的初步研究》，《艺术史研究》第9辑，中山大学出版社，2007年，第257～276页。

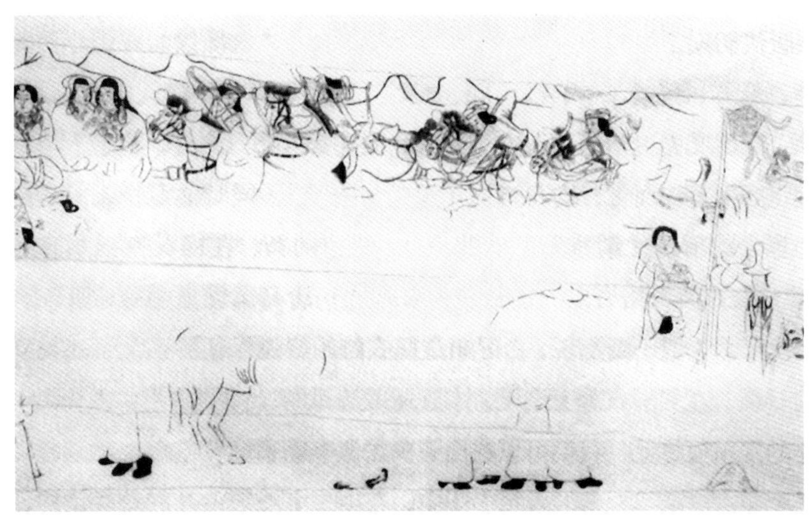

图一三　夏塔图 XTT2 号墓木棺 A 图像
（采自霍巍：《青海出土吐蕃木棺板画人物服饰的初步研究》，《艺术史研究》第 9 辑，中山大学出版社，2007 年，第 264 页）

B 两面的内容和 A 板图像（图一三）。两文对木棺板画及人物服饰作了深入研究，认为过去对木棺即彩画中的人物族属、板画墓主人，有吐谷浑说、吐蕃说、苏毗说和吐蕃占领下的吐谷浑说（实际上应为“吐谷浑说”）四种；他认为应从板画人物中分出主体民族（吐蕃）和其他民族（主要是吐谷浑）两类，后者在吐蕃人的引导下，“飞马前来参加一位吐蕃贵族的葬礼”；并引用有的考古学者提出的“吐蕃属文化”的概念[①]，以为吐蕃统治下的吐谷浑、苏毗、羊同等族最终融入吐蕃文化之中。这一观点在作者于《吐蕃时代考古新发现及其研究》一书中有所继承和发挥；提出“可以认为就其所反映的文化特征而言，显然应将其归属于吐蕃文化；就其族源而言，则可能属于鲜卑系统的吐谷浑人”[②]。

《考古》2008 年第 2 期，发表了王树芝、邵雪梅、许新国、肖永明等撰写的《跨度为 2332 年的考古树轮年表的建立与夏塔图墓葬定年》一文，应用树轮考古学理论，建立德令哈地区古代浮动树轮年表，与已建立的活树树轮年表衔接，转换此年表，再对夏塔图墓出土木材进行分析，得出墓葬较为精确的年代。其结论是夏塔图 XTT1 号墓年代为 756 年，XTT2 号墓年代为 757 年[③]。同年，肖永明发表了《树木年轮在青海西部地区吐谷浑与吐蕃墓葬研究中的应用》一文[④]，从更广阔的视野研究包括都兰、德令哈、茶卡等塔里木盆地东南沿一带众多墓葬，包括已清理、发掘而未公布的墓葬以树木年轮定年，以此提出都兰热水、德令哈等地的一批墓葬应似 663 年为准，分为吐谷浑时期和吐蕃时期，并据墓葬形制渊源及文献，认为封土堆中有无梯形石砌边框是区分海西地区外来吐蕃人与被征服的吐谷浑人墓葬的重要标志。从而推断都兰热水墓主人主体应是外来吐蕃人，德令哈一带吐蕃时期的墓主人属被征服的吐谷浑人。显然，肖永明提出以墓葬封土有无梯形石砌边框来区

① 侯石柱：《西藏考古大纲》，西藏人民出版社，1991年，第106～108页等。
② 霍巍：《吐蕃时代考古新发现及其研究》，科学出版社，2012年，第126页。
③ 原文夏塔图墓编号与本文编号正相反。
④ 肖永明：《树木年轮在青海西部地区吐谷浑与吐蕃墓葬研究中的应用》，《青海民族研究》2008年第7期。

分吐蕃人与吐谷浑人墓葬的说法，是缺乏足够的说服力的[①]。但他提出以更广阔的视野来审视、研究都兰、德令哈等地墓葬的族属等观点是有意义的。

2010年在四川大学藏学研究所作博士后的马冬，其博士后研究工作报告《青海夏塔图吐蕃王朝时期棺板画艺术研究》，对德令哈郭里木等地墓葬出土的棺板画作了全面系统的研究[②]。报告从夏塔图墓地的考古发现、清理发掘，材料公布情况，研究史的回顾与分析，棺板画的结构、配置与彩棺复原的尝试，以及涉及的吐蕃社会文化生活等方面，作了深入的论述。在其对棺板画墓主人的推测上，基本与其合作导师霍巍教授上述观点相同。

以上是夏塔图彩绘木棺墓发掘以来，学者们主要的研究论著，特别是关于墓主人族属的观点和论述。下面对学者们的观点，略作评述。

林梅村在上述《中国国家地理》青海专辑下发表的论文中，根据文献所记苏毗与木棺画面的风俗相似之处等，断定此墓主人是苏毗贵族；并进一步推测XTT1号合葬墓主为吐蕃驻守青海的权臣噶尔钦陵（论钦陵）与其合葬的苏毗王妃。这一观点在其后作者发表的《青藏高原考古新发现与吐蕃权臣噶尔家族》一文[③]，以及作者著作《丝绸之路考古十五讲》中[④]，有所继承和发挥。苏毗的居地在吐谷浑之南，正如《册府元龟》卷九七七《外臣部降附》所记："苏毗一蕃，最近河（黄河）北吐泽（浑）部落，数倍居人。盖是吐蕃举国强援，军粮马匹，半出其中。"[⑤]即是在今金沙江上游通天河以西，跨唐古拉山之地，西至今青海索曲北源上流。其北与吐谷浑相邻，河（黄河）北吐谷浑，河南即苏毗[⑥]。青藏高原的中古民族风俗因地理环境的影响，多有相合之处，因而在青海柴达木盆地东南一带立国的吐谷浑之地，埋葬苏毗贵族似无可能。至于推测墓主人为吐蕃权臣论钦陵及苏毗王后合葬，更是与上结论矛盾，且为无甚根据之推测。因此，苏毗说未见有赞同者。

罗世平教授发表的《天堂喜宴——青海海西州郭里木吐蕃棺板画笺证》一文，是吐蕃说的代表论著之一。文中引用汉、藏文献对夏塔图XTT1号墓A、B板图像作了详细的考释。如A板中彩绘人物的"赭面""猎鹿驱牛"[⑦]"驼运赴盟"[⑧]"客射牦牛"[⑨]；B版中"灵帐举哀""多玛超荐""送鬼祈福""牛马献祭"等，大量引用敦煌发现古藏文文书（如《敦煌本吐蕃历史文书》）、藏文早期著作《巴协》、米兰出土的古藏文简牍中关于苯教丧葬仪式等，加以阐释。后来学者对其对图像之命名及考释也多有不同意见，对用古藏文文书、简牍对图像的解读，也有牵强附会之处。但是，

① 参见霍巍：《吐蕃时代考古新发现及其研究》，科学出版社，2012年，第65～66页。

② 报告未正式发表，承蒙马冬博士寄赠，并准允引用。

③ 林梅村：《青藏高原考古新发现与吐蕃权臣噶尔家族》，亚洲新人文联网"中外文化与历史记忆学术研讨会"论文提要集，2006年。

④ 林梅村：《丝绸之路考古十五讲》，北京大学出版社，2006年，第268～275页。

⑤ 参见仝涛：《青海都兰热水一号大墓的形制、年代及墓主人身份探讨》，《考古学报》2012年4期，第484页注[5]引此段文，在"最近河北"处点断，误，意思全变。

⑥ 参见周伟洲：《苏毗与女国》，《大陆杂志》第92卷，1996年第4期。

⑦ 此为吐谷浑、吐蕃共有习俗。

⑧ 有学者认为是各方"诸侯列邦"参加丧葬仪式向死者亲属呈献供物的情节。参见霍巍：《吐蕃时代考古新发现及其研究》，科学出版社，2012年，第120页。

⑨ 《新唐书》卷二一六《吐蕃传》记"其宴大宾客，必驱牦牛，使客自射，乃敢馈"，中华书局，1975年，第6072页。

木棺板画中有一些吐蕃的风习影响是可以肯定的。正如前述，663 年吐蕃征服吐谷浑后一百余年，吐谷浑已有吐蕃化的趋势，上述木棺画墓彩图中出现吐蕃文化因素，特别是丧葬习俗是完全可能的。但是，作者却忽视了木棺彩绘的形制及图像中其他文化的影响，特别是忽视了当时当地吐谷浑的本源文化（详说见后）。

上述霍巍教授一系列论著中，基本肯定了夏塔图木棺画墓"就其族源而言，则可能属于鲜卑系统的吐谷浑人"。但是，又说："可以认为就其所反映的文化特征而言，显然应将其归属于吐蕃文化"。这一观点与上述许新国、马冬的观点基本相同。正因为这种将"文化"与"族属"分离的观点，在阐释木棺彩画及出土文物时，几乎都是从"吐蕃文化"的视角进行阐释。霍巍在其《青海出土吐蕃木棺板画的初步观察与研究》一文中，沿着上引罗志平等思路，补充了 XTT1 号墓 A、B 板图像中与吐蕃苯教色彩丧葬仪轨密切相关部分，如补充引用褚俊杰《吐蕃苯教丧葬仪轨研究——敦煌古藏文写卷 P.T.1042 解读》一文[①]，又在其《青海出土吐蕃木棺板画人物服饰的初步研究》一文，通过对图像人物服饰的解析，认为图像人物大部分为吐蕃服饰，即为主体民族；个别图像为吐谷浑（鲜卑人）服饰，即为其他民族，后者骑马参加"一位吐蕃贵族的葬礼"。此虽然是分析棺画，但正是暗示或反映此墓主人生前是"吐蕃贵族"，这与上述作者的结论又不相同。作者在以后发表的论著中，如《吐蕃系统金银器研究》[②]《吐蕃时代考古新发现及其研究》，将都兰及德令哈等地墓葬出土的金银器、丝织品等皆归入吐蕃文物之中加以探讨；尽管有时加上"吐蕃时代"或"吐蕃系统"的字样。

事实上，霍巍、许新国、马冬等学者对立国三百多年、一度为吐蕃所统治的吐谷浑在青海等地的存在和活动历史事实否定不了；因而采取名义上承认，而实质上否认的方式，即所谓墓葬族属的族源是吐谷浑，文化则是"吐蕃文化"；换句话说，是吐谷浑完全吐蕃化了，不存在什么"吐谷浑文化"。事实并非如此。下面仅就木棺形制及彩画主题、服饰等问题作进一步探讨。

第一，夏塔图木棺彩画的形制，溯其源是来自北魏早期鲜卑的习俗，上引仝涛《木棺装饰传统——中世纪早期鲜卑文化的一个要素》一文，例举宁夏固原、山西沙岭等出土北魏漆棺彩画，特别是山西大同智家堡北魏墓棺板画（也系前高后低、每面棺板画三重、描写内容多狩猎等内容），与夏塔图木棺彩画惊人的相似。吐谷浑原为辽东慕容鲜卑的一支，后迁青海等地，与当地羌、氐等民族融合后形成的[③]。其文化中带有原鲜卑习俗，反映在死葬木棺彩画上是一脉相承的。这一对彩绘木棺墓形制总的认识，应是确定墓主人族属十分重要的因素之一。

第二，夏塔图彩绘木棺墓还出土了六件有彩绘的木棺前后挡板，其中有两板上分别彩绘朱雀和玄武图像（图一四）。

众所周知，朱雀、玄武为隋唐以前就早已流行于中原内地的"四神"，隋唐时墓葬中多有此图像，往往代表东（青龙）、南（朱雀）、西（白虎）、北（玄武）四个方向，而且是南北、东西相

① 褚俊杰：《吐蕃本教丧葬仪轨研究———敦煌古藏文写卷P.T.1042 解读》，《中国藏学》1989年第3期。
② 霍巍：《吐蕃系统金银器研究》，《考古学报》2009年第1期。
③ 关于吐谷浑族的形成及成分，请参见周伟洲：《吐谷浑史》，宁夏人民出版社，1985年，第142～153页。

图一四　夏塔图木棺挡板彩绘摹本

（采自罗世平：《天堂喜宴——青海海西州郭里木吐蕃棺板画笺证》，《文物》2006 年第 7 期）

对应。学者们对此有详细的论述，他们找出北朝至隋唐墓葬中朱雀、玄武图与之相比较，只是在画法处理上有所区别[①]。这种内地传统的"四神"观念，在夏塔图彩棺挡头赫然出现，是从 7 世纪以来随着吐蕃与唐朝的交往，吐蕃"求星术"之后传入吐蕃，以至于采用苯教丧仪、驻守青海的吐蕃贵族使用于丧葬中呢？还是早在二三百年前不断与内地十六国、北朝、隋唐的文化交往中，特别是在唐贞观九年（635 年），唐朝征服吐谷浑后，"吐谷浑请颁历，奉行年号"[②]的吐谷浑贵族墓葬中才采用的呢？显然，后者更具说服力。此应是吐谷浑人吸取内地传统文化之后，融入自己本民族文化的一个例证。

第三，在夏塔图 XTT1 号墓 A、B 板图像中出现有三组狩猎图像（A 板两幅、B 板一幅）、两组在庐帐[③]内外宴饮图像（A、B 板各一，且为各板图像之中心），以及 A 板中的驼运图像，释为吐蕃人或吐谷浑人均可，两者均是青藏高原的民族游牧经济的补充和风习，驼运更可以说是吐谷浑人在中西交通的"河南道"上进行贸易的写照。

其中，夏塔图 XTT1 号墓 A 板左面上角庐帐外的"野合图"[④]（图一五），学者有吐谷浑人的巫术或对生殖器的崇拜行为[⑤]，或吐蕃佛教密宗双身的世俗化图像[⑥]，或与苏毗人、吐蕃部落一妻多

① 参见许新国：《郭里木吐蕃墓葬棺板画》（上）（下），《柴达木开发研究》2004年第2期、2005年第1期；马冬：《青海夏塔图吐蕃王朝时期棺板画艺术研究》报告，第84～89页等。

② 《册府元龟》卷九七七《外臣部·降附》，中华书局，1960年，第11480页。

③ 《旧唐书》卷一九八《吐谷浑传》云吐谷浑以"庐帐为室"，中华书局，1975年，第5297 页。

④ 有学者称为"男女双身图""男女合欢"图。参见许新国：《郭里木吐蕃墓葬棺板画研究》，《中国藏学》2005年第1期。

⑤ 参见程起骏：《棺板彩画：吐谷浑人的社会图景》，《中国国家地理》2006年3期《青海专辑》下辑。

⑥ 许新国：《郭里木乡吐蕃墓葬棺板画研究》，《中国藏学》2005年第1期。

图一五　夏塔图 XTT1 号墓 A 板“野合图”摹本
（采自《中国国家地理》2006 年第 3 期）

夫的习俗有关[①]等多种解释。笔者认为，马冬博士后报告的解析更为合理。他认为，夏塔图木棺中的“野合图”，“仅仅从其中两人交媾、旁有他人手握阳具陪观之极其独特的图像结构来看，起码在图像粉本来源层面，完全可能是受到了东汉末四川地域性‘天师道’，即所谓‘五斗米道’或‘新出正一盟威之道’的‘男女合气’类型图像之影响”。他引用四川新都出土的东汉末画像砖上的野合图来证明，这是很有说服力的（图一六）。据此，他结合都兰 99DRNM3 出土的有关“媚道”的道符，提出“是否应该考虑一下道教、特别是东汉末四川道教，对青海西部地区的影响问题。实际上，都兰吐蕃墓中就有‘道符’，甚至是关于男女之事的‘媚道’道符出现，证明该地吐蕃人对道教的接受”。此云“吐蕃人”似不妥，吐蕃人信仰苯教与佛教，接受、信仰道教，比较困难，至少需要长时间的与汉族交往。应如作者对四川道教传入青海的分析：“虽然，目前还没有四川‘天师道’进入青海的直接证据，但在以上考古发现基础上，结合青海吐谷浑与益州的密切联系，以及四川‘天师道’的自身特点，中古时期‘青海路’都兰到德令哈一线的人们，对四川‘天师道’及其让人感兴趣的具有某种‘有效性’的图像有所了解，并不是没有可能的”。也即是，夏塔图木棺画中的《野合图》表现的是吐谷浑人接受由四川传入道教的影响。

图一六　四川新都东汉末画像砖《野合图》
（采自高文、王锦生：《中国巴蜀汉代画像砖大全》，港澳出版社，2002 年，第 67、68 页）

第四，关于夏塔图木棺板画中人物服饰问题，是一个十分复杂而又难于弄清楚的问题。上揭霍巍所撰《青海出土吐蕃木棺板画人物服饰的初步研究》一文，引用敦煌石窟中吐蕃时代窟内壁画及

① 林梅村：《棺板彩画：苏毗人的风俗图卷》，《中国国家地理》2006年3期《青海专辑》下辑；罗世平：《天堂喜宴——青海海西州郭里木吐蕃棺板画笺证》，《文物》2006年第7期。

北朝、隋唐墓葬出土有关图像作了深入研究，多有贡献。但是，文中提出 XTT1 号墓 A 板彩绘图像（包括 XTT2 号墓 A 板图像）中，着“高筒状头巾”和“较为低平头巾”者（XTT1 号墓 B 板几乎全是着“较为低平头巾”者）都是吐蕃人，即主体民族，前者地位高于后者。马冬在《青海夏塔图吐蕃王朝时期棺板画艺术研究》报告中，提出异议，认为“较为低平头巾”者为“白兰人”或“吐谷浑人”。有关“白兰”的居地学术界有争议，姑且不论。其论证为吐谷浑人的根据似嫌不足。

事实上，笔者认为，图像中大量着“较为低平头巾”者，应为着“帷帽”的吐谷浑人。据史载，吐谷浑人头上所戴，有两种：男子“多以罗幂为冠，亦以缯为帽”①。“罗幂”，亦曰“幂䍦”，是加在帽上遮住脸面的幂面。《旧唐书·舆服志》云：“武德、贞观之时，宫人骑马者依齐、隋旧制，多著幂䍦。虽发自戎夷，而全身障蔽，不欲途路窥之。王公之家，亦同此制。永徽之后，皆用帷帽，拖裙到颈，渐为浅露……则天之后，帷帽大行，幂䍦渐息。”可见，武则天之后，内地流行戴帷帽，即用缯（丝绸）所做之帽，帽后裙较浅露。这正与图像中众多着“较为低平头巾”相似。

《北史》卷九六《吐谷浑传》还记：“丈夫衣服略同于华夏”。《隋书》卷八三《吐谷浑传》也说：“其器械、衣服略与中国同……妇人裙襦辫发，缀以珠贝。”所谓“华夏”“中国”，即指内地的汉族。此乃指南北朝时吐谷浑之服饰同于内地汉族情况。至唐贞观后，吐谷浑与唐朝关系更为密切，其服饰当亦与内地汉族相同。上述棺板画人物服饰，无论是众多着“三角形大、小翻领，直领交叉，圆领三种样式”的袍服；还是着开直襟长袍（“卡夫坦”，Caftan）、“半臂”、大袍与斗篷等等；均可在初唐至盛唐时京师长安、河西等地流行的“服饰”，即所谓“胡服”中，找到其相同的例证②。这也就是夏塔图棺板画人物服饰同于华夏（汉族），换言之，这些人物是吐谷浑人的写照。

此外，霍巍先生还论证了夏塔图 XTT1 号墓 B 板中上方“奔丧图”一戴鲜卑族“垂裙皂帽”人物（图一七），以及郭里木流散于民间的棺板画中戴“山形帽”的非主体民族（图一八），可能是与鲜卑系统有关的民族③。笔者以为，前者应为别部吐谷浑首领来奔丧。后者的“山形帽”及此图

图一七　夏塔图 XTT1 号墓 B 板中上方“奔丧图”
（采自霍巍:《青海出土吐蕃木棺板画人物服饰的初步研究》，《艺术史研究》第 9 辑，中山大学出版社，2007 年）

图一八　郭里木流散民间棺板画人物
（采自霍巍：《青海出土吐蕃木棺板画人物服饰的初步研究》，《艺术史研究》第 9 辑，中山大学出版社，2007 年）

① 《北史》卷九六《吐谷浑传》，中华书局，1974年，第3186页。
② 参见马冬：《青海夏塔图吐蕃王朝时期棺板画艺术研究》报告，第84～89页等。
③ 参见霍巍：《吐蕃时代考古新发现及其研究》，科学出版社，2012年，第138～142页。

前一着高冠方形帽人物[①]，最早均可溯源自魏晋时河西一带民族。酒泉丁家闸十六国五号墓壁画“墓主人出游图”中有着“山形帽”人[②]（图一九）；嘉峪关魏晋一分墓室壁画 M126 宴饮图左两人所戴即方形高顶帽[③]（图二〇）。从河西酒泉、嘉峪关魏晋十六国墓葬壁画、画像砖，以及敦煌石窟魏晋至唐代的壁画，似乎都暗示着青海都兰、德令哈等地吐谷浑墓葬的棺板画的绘画风格、粉本，甚至画工，都有一种前后承继的关系。

图一九 酒泉丁家闸十六国五号墓壁画
（采自张宝玺编：《嘉峪关酒泉魏晋十六国墓壁画》，甘肃人民美术出版社，2001 年，第 315 页）

总之，关于夏塔图木棺板画中人物服饰问题很复杂，可以说是仁者见仁，智者见智，每一个观点都有它一定的依据。但是，即便是棺板画上人物的服饰基本上全是吐蕃人的服饰，也不能说木棺墓主人的族属就是吐蕃人。须知吐蕃王朝在征服邻近各民族之后，往往采取强迫同化的政策，在语言文字、服饰等方面强迫被征服的民族“吐蕃化”。以吐蕃征服河陇地区的汉族为例，中国唐代史籍多有记载：吐蕃陷河陇后，“州人（此指沙州）皆胡服臣虏，每岁时祀父祖，衣中国之服，号恸而藏之”[④]。长庆二年唐使臣刘元鼎经过河陇至逻些与吐蕃会盟，至龙支城时，耋老千人

图二〇 嘉峪关魏晋一号宴饮图摹本
（采自张宝玺编：《嘉峪关酒泉魏晋十六国墓壁画》，甘肃人民美术出版社，2001 年，第 25 页）

① 马冬认为此为摩尼教徒，参见马冬：《青海夏塔图吐蕃王朝时期棺板画艺术研究》报告，第124～125页。
② 参见张宝玺编：《嘉峪关酒泉魏晋十六国墓壁画》，甘肃人民美术出版社，2001年，第315页。
③ 参见张宝玺编：《嘉峪关酒泉魏晋十六国墓壁画》，甘肃人民美术出版社，2001年，第14页。
④ 《新唐书》卷二一六下《吐蕃传》，中华书局，1975年，第6101页。

拜泣，说“顷从军没于此，今子孙未忍忘唐服，朝廷尚念之乎？”[①]唐代大诗人白居易《缚戎人》诗注中说：大历时没蕃的汉人，“有李如暹者，蓬子将军之子也。尝没蕃中，自云：蕃法，唯正岁一日，许唐人之没蕃者服唐衣冠。由是悲不自胜，遂密定归计也”[②]。这些事实说明，吐蕃统治河陇时，曾强迫汉人着吐蕃服，说蕃话，实行强迫同化政策。河陇汉人如此，更何况与吐蕃同处青藏高原、风习相近之吐谷浑，在吐蕃统治百余年后，普遍着吐蕃服饰也是很正常的。

以上从夏塔图木棺板彩画的形制渊源、挡板画“四神”图像、板棺画的主题及人物服饰等几个方面，论述木棺画墓主人的族属应为吐谷浑人，而非吐蕃人或已完全吐蕃化而自认为是吐蕃人。当然，也不排除个别派遣到吐谷浑邦国的吐蕃大臣和贵族，但必须要有充分的证据。尽管如此，这一结论并不否认木棺画墓及其出土的木棺彩画（包括其内反映的丧葬轨仪等）和其他文物中，吐蕃文化的巨大影响；即是已被吐蕃统治达一百多年的墓主人吐谷浑贵族“吐蕃化”的事实。因此，笔者认为，将这些墓葬定名为“吐蕃墓”欠妥，而应定为“吐谷浑墓”，或“吐蕃王朝统治下的吐谷浑墓”。因为“吐蕃墓”可以作两种理解，即“吐蕃人的墓葬”和“吐蕃王朝统治下的吐谷浑墓葬”，一般人多理解为前者，而忽视了墓葬主的真正族属是吐谷浑人而非吐蕃人。

吐蕃统治下的青海等地的吐谷浑邦国，直到842年吐蕃王朝瓦解后，仍然存在，且自立为一小国。这在唐代汉文文献中，有一些零星的记载。如敦煌遗书中有一份《张议潮变文》，内记大中十年（856年）左右，议潮曾率军向西南千里至退浑（吐谷浑）国内（今青海柴达木一带），击败退浑王，“退浑王怕急，突围便走，登涉高山，把险而住。其宰相三人，当时于阵面上生擒，祇向马前，按军令而过斩。生口细小等活捉三百余人，收夺得驼马牛羊二千头匹，然后唱《大阵乐》而归军幕”[③]。此虽变文（即俗讲文学作品），但从中可以反映一些吐谷浑国的情况，证明当时吐谷浑国仍然存在的事实。

又敦煌遗书中还有一份《张淮深修功德记》残卷（P.T.2762）的背面，有汉藏文对译的字书，内汉文“退浑王”对译“退浑”（吐谷浑）为藏文是“阿柴”（Va-zha）。张淮深系议潮兄议谭长子，咸通十三年（872年）议潮在长安死去，淮深为留后，到唐昭宗大顺元年（890年）淮深为议潮女婿索勋所杀。因此，此文书当书写于淮深任职时（872～890年）或以后。北宋咸平元年（998年），河西降附北宋的吐蕃首领折逋游龙钵来朝，献马二千余匹。“游龙钵自言：‘河西军东至故原州（今宁夏固原）一千五百里，南至雪山（今甘肃祁连山）、吐谷浑、兰州界三百五十里……’”[④]由此可知，吐谷浑国在10世纪90年代仍然存在。

至于青海的吐谷浑在10世纪以后的情况，笔者曾在《吐谷浑史》一书中，有一些推测[⑤]，因与本文主题关系不大，不赘述。

---

① 《新唐书》卷二一六下《吐蕃传》，中华书局，1975年，第6102页。

② 《全唐诗》卷四二六，中华书局，2003年，第4698页。

③ 向达等编：《敦煌变文集》，人民文学出版社，1957年，第114～115页。

④ 《续资治通鉴长编》卷四三，宋真宗咸平元年十一月丙辰朔条，中华书局，2004年，第920～921页。

⑤ 参见周伟洲：《吐谷浑史》，宁夏人民出版社，1985年，第201～210页。

四、有关青海都兰暨柴达木盆地东南沿墓葬群族属总的认识

青海都兰暨柴达木盆地东南沿一带，早在两千多年前就发现有青铜时代晚期的诺木洪文化遗址。以后，此地为西羌的居地。到4世起初，东北鲜卑辽东慕容吐谷浑率部由阴山，过陇山，迁徙至陇右枹罕（今甘肃临夏）；不久即征服甘南、青海及四川西北的众羌族。自吐谷浑孙叶延时（329～417年在位）正式建国，以祖父吐谷浑名为姓氏、国号和族名。吐谷浑立国300多年，其政治中心（都城），前期主要在青海湖东，至少在夸吕可汗时（535～591年在位），都伏俟城（今青海湖西十五里铁卜卡古城），其活动中心已移至青海湖西当时主要的交通青海路要冲——茶卡、都兰、巴隆、德令哈等柴达木盆地东南沿一带。

早在唐龙朔三年（663年）兴起于西藏的吐蕃征服吐谷浑之前，据古藏文文献记载，两者即有所交往[①]；只是在龙朔三年吐蕃征服吐谷浑以后，吐谷浑成为吐蕃王朝下的一个邦国。到842年吐蕃王朝瓦解后，吐谷浑就自立了。这一段历史，汉、藏文献里都有明确记载，是中外学界已经明确的问题。所以，从这个基本事实看来，大致确定在5～11世纪的都兰县，包括柴达木盆地东南沿一带这一时期的墓葬主人的族属，一般说来应该是吐谷浑族。

663年吐蕃征服青海吐谷浑时，已沦为唐朝属国的吐谷浑诺曷钵可汗及唐下嫁于他的弘化公主等逃入唐朝的凉州，后唐朝设安乐州（治今宁夏中宁鸣沙），以诺曷钵为刺史，并封之为“青海国王”等。此后，吐蕃统治下的吐谷浑又陆续迁入唐境，被安置于河西等地[②]。在唐朝境内居于各地的吐谷浑诸部，唐朝包括五代、宋初诸政权对他们采取的政策及活动情况，唐五代及宋时汉文文献记载较详，一直到北宋初年仍可见到他们活动的踪迹[③]。总之，远离其故乡青海等地入唐的吐谷浑王族及部众，分布于河陇、陕北、内蒙古、山西、河北等地，最后大都汉化，成为北方汉族的组成部分。此外，在今新疆地区也有吐谷浑部众活动其间[④]。

值得注意的是，迁入唐朝境内的吐谷浑王族慕容氏（在夸吕可汗卒后，“还以慕容为姓”[⑤]）死后均归葬于今甘肃武威南营祁连山麓的青嘴、喇嘛湾，这里成了吐谷浑王族之“先茔”，凡在唐代其他地方任职去世后的慕容氏大都最后迁葬于此（图二一）。20世纪30年代以来，先后于此地发现和发掘吐谷浑慕容氏及相关的十方墓志。正是有了这些墓志出土，才能准确地判断这些墓葬主人的族属是吐谷浑人。笔者于20世纪80年代两次到此地考察，墓葬分布在青嘴、喇嘛湾河边的一个个小山冈上，一般是以山冈为墓，墓道均南向，大有“望乡”的意味。如1978年发掘的大唐武氏墓（其夫即吐谷浑慕容曦皓），在青嘴湾北壁山冈上，北距弘化公主（西平大长公主）墓约1公

① 参见周伟洲、杨铭：《关于敦煌藏文写本〈吐谷浑（阿柴）纪年〉残卷的研究》，周伟洲：《吐谷浑资料辑录》附录，青海人民出版社，1992年，第436～455页。

② 参见周伟洲：《吐谷浑史》，宁夏人民出版社，1985年，第157～158页。

③ 参见周伟洲：《吐谷浑史》，宁夏人民出版社，1985年，第154～179、185～200页。

④ 周伟洲：《吐谷浑在西域的活动和定居》，《20世纪西域考察与研究》，中国社会科学出版社，1994年，第256～275页。

⑤ 《通典》卷一九〇《吐谷浑传》，中华书局，1984年，第1021页。

图二一　武威南营青嘴湾吐谷浑先茔
（采自周伟洲：《吐谷浑史》，宁夏人民出版社，1985 年，前图 3）

里，墓方形单室，砖石结构，每边长约 3.5 米。墓道南向，两边有壁画残迹[①]。

吐谷浑王族在唐后期有集中归葬的墓葬区（"先茔"），即今武威南营青嘴、喇嘛湾一带。那么，作为吐谷浑的原居地的青海都兰暨柴达木盆地东南沿一带的墓葬群，是否也应视为于此生活了数百年的吐谷浑的"先茔"，即其规模更为宏大，有小集中、大分散的分布特点，有一千余座大小的墓葬区呢？这的确是值得深思的问题。

663 年，吐蕃北上征服吐谷浑后，吐谷浑成为其统治下的属邦。这一"属邦"或"邦国"，与吐蕃王朝成立前后兼并的"羊同"（象雄）、"苏毗""工布"等小邦不完全相同。在敦煌发现的古藏文书 P.T.1268《小邦邦伯家臣及赞普世系》卷子中，所列 13 个小邦并无吐谷浑（阿柴）[②]。吐谷浑王的地位远在诸小邦之上，据巴卧·祖拉陈瓦著，黄颢、周润年译注《贤者喜宴——吐蕃史译注》记，墀德松赞（约 798 ~ 815 年）曾建多吉英寺，并发布崇佛诏令，令文后所署发誓人的次序是：王妃姐妹发誓者之后，即为"小邦发誓者"，下首署"外甥吐谷浑王堆吉布什桂波尔玛噶（应即"莫贺"——笔者）吐谷浑可汗"，以下才是各小邦，再后为各级大臣[③]。其地位当与服属于吐蕃的南诏地位相当，故吐谷浑有较多的自主权利（详说见上）。学者们所谓的"吐蕃属文化"，应是吐蕃王朝建立前后兼并的羊同、苏毗、工布等上述 13 个小邦国，不应包括后期征服的吐谷浑、南诏、于阗等邦国。但是，吐蕃对吐谷浑的统治亦十分严酷，使之走上了与入唐吐谷浑"汉化"不同的道路，即"吐蕃化"。

根据以上简述的吐谷浑历史发展进程，可以将青海都兰暨柴达木盆地东南沿一带的墓葬群划分为三个不同历史阶段的墓葬群，各个历史阶段有不同的历史文化面貌和内涵：

① 参见夏鼐：《武威唐代吐谷浑慕容氏墓志》，《考古学论文集》，科学出版社，1961年；宁笃学：《甘肃武威南营发现大唐武氏墓志》，《考古与文物》1981年第2期；周伟洲：《武威青嘴喇嘛湾出土大唐武氏墓志补考》，《丝路访古》，甘肃人民出版社，1983年，第200～208页。

② 王尧、陈践译注：《敦煌本吐蕃历史文书》（增订本），民族出版社，1992年，第173页。

③ 巴卧·祖拉陈瓦著，黄颢、周润年译注：《贤者喜宴——吐蕃史译注》，中央民族大学出版社，2010年，第244～245页。

第一阶段是663年吐蕃征服吐谷浑以前，从吐谷浑建立政权、发展兴盛，到逐渐衰弱这段时期，立国约300多年。吐谷浑原为鲜卑族，进入西北青海等地，与当地主要民族羌族融合，大约在隋初形成吐谷浑族。因此，吐谷浑本源文化应是由鲜卑文化与羌族文化为主，相互融合后形成的。不仅如此。吐谷浑立国时间之长，活动的时间之久和与国内外各个民族关系之深，在中国历史上也是罕见的。魏晋时期它与南凉、西秦、北凉政权都有关系，后与北朝、南朝诸政权、隋、唐王朝均有密切的关系，并逐渐汉化，所谓“其器械、衣服略与中国同”，“建官多效中国”[①]即是。又因吐谷浑地处中西交通要道之上，是中西贸易交往的中继者和向导，故又受西域，包括今中国新疆、中亚、西亚、南亚等地文化的影响。这一切又使它的本源文化发生了一些变化。

这一阶段又可以分为两个时期：以唐朝贞观九年（635年）为界限，此年唐朝征服吐谷浑后，吐谷浑就行唐朝的历法、年号，更是受到唐朝制度及文化的影响。

以上的历史阶段吐谷浑的墓葬，在都兰暨柴达木盆地东南沿一带的墓葬群中应该是很多的，只是发掘研究不够[②]。据马冬在都兰县茶卡巴音乡所见彩棺图像，除源于北朝彩棺的鲜卑传统外，图像人物及手法均与德令哈夏塔图彩棺图像异。其中一幅图像（图二二）中前两人所戴之帽，应即文献所记吐谷浑人所戴之“幂䍦”[③]，而人物图像多与北朝彩棺人物图像相似，说明这一地区墓葬主系北朝吐谷浑贵族。

图二二 都兰茶卡巴音乡出土彩棺图像之一（马冬摄）

第二阶段就是663年吐蕃征服吐谷浑以后，上述吐谷浑本源文化又发生了大的变化，即所谓“吐蕃化”，包括吐谷浑的语言文字、政治制度、风俗习惯（服饰、丧葬轨仪等）均有所变化。因此，上述都兰、德令哈等地吐蕃王朝统治吐谷浑时期墓葬反映出更多的吐蕃文化的影响。但是，上述受多种文化影响的吐谷浑本源文化仍然占主要地位，本文对上述发掘的都兰热水、德令哈夏塔图等墓的分析可作为例征。

---

① 《通典》卷一九〇《吐谷浑传》；卷一八九《西戎·序略》，中华书局，1984年，第1013页。

② 许新国：《茶卡吐谷浑国王陵浅谈》一文（《青海民族学院学报》2009年第4期），提到青海茶卡巴音乡乌兰哈达草原发现一座规模巨大的陵墓，推测系吐谷浑王陵。有的学者还推测海西州乌兰县茶卡镇巴音乡发现的彩棺墓为白兰或吐谷浑人早期墓葬。因未见考古发掘资料，难以确定（参见马冬：《青海夏塔图吐蕃王朝时期棺板画艺术研究》报告）。

③ 沈从文认为此帽为“帷帽”，参见沈从文等著：《中国服饰史》，陕西师范大学出版社，2004年，第94页 。笔者以为应为“幂䍦”。

第三个阶段是在842年吐蕃王朝灭亡后，青海吐谷浑自立；但是吐谷浑内部的吐蕃化继续进行，所以吐谷浑有部分最后融入藏族中，也是一种必然。因此，第二、第三这两个阶段的墓葬有时很难划分。

在分析、研究都兰及柴达木盆地东南沿一带的墓葬群及其出土文物时，应注意它所反映出的吐谷浑文化中的多种文化因素及其影响：一是原作为东北游牧民族的吐谷浑鲜卑族文化和青海当地的羌族文化融合以后形成的初期的吐谷浑本源文化。南北朝时，曾为吐谷浑统属的宕昌羌人，"其衣服、风俗与河南（南朝史籍对吐谷浑的称呼）略同"；与宕昌羌同俗的邓至羌人也如此①。吐谷浑本源文化内涵在中国的史籍中也多有记述。二是内地汉族文化，包括鲜卑族汉化后的北朝，以及南朝、隋唐文化的影响，其中包括内地汉族传统儒家文化、政治制度、风俗习惯和道教文化等因素的影响。这种影响持久而深远，有些已融入其本源文化之中。三是中亚、西亚的粟特、波斯文化及印度佛教文化因素的影响。在都兰墓葬中出土的金银器、丝绸及服饰中，有明显的中亚粟特、波斯等风格就是一例。关于此，上述许新国、霍巍、林梅村、马冬等学者的论著中均有精彩的论述。因为吐谷浑地处丝绸之路要道上，受西方文化影响是必然的。四是吐蕃文化，即藏族文化，对吐谷浑的影响也很大。特别是663年吐蕃统治青海吐谷浑后，影响是越来越大，而且是绵延不绝。上述都兰热水、德令哈等地吐蕃王朝统治吐谷浑时期墓葬及出土文物，包括古藏文简牍等，就充分地证明这一事实。因此我们决不能忽视吐蕃文化对吐谷浑族的影响。

怎样判断都兰暨柴达木盆地东南沿一带的墓葬群及出土文物是属于上述吐谷浑历史发展四个阶段中哪一阶段的墓葬呢？

笔者认为，首先，应用自然科学的各种测试方法，诸如上述的树轮考古学理论和方法、碳14测试年代等方法，找出墓葬的相对或绝对年代，对照上述吐谷浑的历史发展，即可以基本确定。但是，这种应用自然科学的方法断代的同时，还必须应用考古学、历史学的理论和方法对墓葬的形制、出土文物等进行科学的分析和研究。比如，一些有标志性的出土文物，像古藏文简牍之有无、简牍内容等，即可断定墓葬是在663年之前或以后历史阶段的墓葬。此外，对墓葬出土文物还要进行综合的分析研究，追溯出土的文物内涵的渊源、分合及演变。最后，可从墓葬的区域，即一个时期它埋葬相对集中在某一个地区等等进行分析和研究。但是，以上的一切都应有一个前提，即对墓葬的考古清理、发掘是否科学，否则难度很大。

青海都兰暨柴达木盆地东南沿一带的墓葬群的发现、发掘及研究工作，已进行了三十多年，取得了很大的成绩；但是，仍然留下了诸多的遗憾，还有许多工作等待我们去进行，也许需要几代人的努力，任重而道远。

（原刊于《史学集刊》2013年第6期）

① 《梁书》卷五四《宕昌、邓至传》，中华书局，1973年，第815～816页。

木棺装饰传统

——中世纪早期鲜卑文化的一个要素

仝　涛

棺椁的装饰在中国出现很早，西周时期曾经用绣有各种图案的纺织品“荒帷”套在棺椁上以作装饰[①]，而公元前5世纪前期湖北随县曾侯乙墓的内棺是现存最早的绘画木棺，其外表髹漆，上绘龙凤、神兽、怪鸟以及几何图案[②]。长沙马王堆汉墓的三具彩绘漆棺，画云气、神怪人物，一直成为研究西汉棺椁制度和丧葬文化的重要范例。而在有浓厚迷信色彩的东汉时期，以死后升仙为主题的画像石棺，在中国西南地区盛极一时。魏晋以后，中原地区由于薄葬的推行，很少见有棺画装饰，随后由于壁画墓的兴盛，棺画的装饰似无必要，也因而更见稀少了，大部分中世纪的中原墓葬流行素棺或者素漆棺。

然而在北方少数民族统治区域，棺椁的装饰传统得以继承，其装饰形式和内容虽然源于汉族的影响，但也吸收为本地丧葬习俗的一部分。尤其应该注意鲜卑族的木棺葬具，较早的例子是辽宁北票发现的慕容鲜卑贵族冯素弗墓[③]，用石材砌筑成长方形石椁，内放置柏木画棺一具，为前高宽、后窄低形制。棺的左右两帮以及前挡板各由七条木枋拼成，棺外涂朱漆，施彩画。从残存内容看，前挡板绘两行羽人，后挡板则画云气纹，左侧绘墓主人生活图像，其中心为一座白色屋脊的建筑，周围拱手而立许多人物都是“黑发髻，上衣黑圆领白袖口”。此墓还有壁画装饰，其壁画、棺画的内容和形式都受到汉族文化的影响。而木棺形制则具有鲜卑葬具的典型特征，在札赉诺尔墓群中便出现不少这种前宽后窄的桦木棺[④]，而棺画及壁画的装饰仅见于规格较高的墓葬。

随着北魏的建立和入主中原，带有浓厚的鲜卑文化色彩并融入了汉文化影响的丧葬习俗开始流行，壁画墓、画像石棺椁在经历了魏晋时期的衰落之后重新兴盛起来，并且出现了画像石棺床、石屏风等新的形式。山西大同出土的北魏司马金龙墓[⑤]漆画屏风，以柏木为板材，髹漆为地，其上描

---

① 纪敏烈等：《凤凰山一六七号墓所见汉初地主阶级丧葬礼俗》，《文物》1976年第10期；宋建忠等：《山西绛县横水发掘大型西周墓葬发现“倗伯”及夫人墓葬，首次面世古籍记载的“荒帷”》，《中国文物报》2005年12月7日。

② 随县擂鼓墩一号墓考古发掘队：《湖北随县曾侯乙墓发掘简报》，《文物》1979年第7期。

③ 黎瑶渤：《辽宁北票县西官营子北燕冯素弗墓》，《文物》1973年第3期。

④ 内蒙古文物工作队：《内蒙古扎赉诺尔古墓群发掘简报》，《考古》1961年第12期。

⑤ 山西大同市博物馆、山西省文物工作委员会：《山西大同石家寨北魏司马金龙墓》，《文物》1972年第3期。

绘烈女孝子、高人逸士等内容，继承了汉代画像石刻的传统题材。漆画屏风与同出的石棺床组合为一套葬具，这种形式在同时期的汉文化核心地区却不多见，它很有可能是后来北齐和北周石棺床和石屏风的早期形态。司马金龙死于太和八年（484 年），虽为汉人，但几代人都任北魏高官，墓中又出土不少鲜卑装的男女陶俑，鲜卑文化色彩相当浓厚。而宁夏固原的发现似乎更证实了这一现象的非偶然性。固原是北魏时期北方重镇，也是鲜卑族的重要聚居地，20 世纪 70 年代发现了一具彩绘漆棺[①]，为前高宽、后窄低形，棺盖顶端为三角状，上绘着鲜卑装的东王公和西王母，前挡绘墓主人形象，侧板上层绘孝子形象，中部绘男女胸像，连珠状龟背纹，其间填裸体舞人，下部绘狩猎图像。内容虽有传统汉代题材，而人物却是穿夹领小袖、戴垂裙皂帽的鲜卑人形象。狩猎图像尤其引人注意，山野间野兽纵横，野猪、鹿疾奔，骑马勇士张弓射虎，真实反映了鲜卑人的游猎生活。

与此漆棺形制和装饰手法接近的还有山西大同湖东北魏一号墓彩绘漆棺[②]，此墓为一棺一椁，棺下设棺床，松木质。棺椁前宽后窄，头高尾低，木板间采用凿榫、细腰合缝结合铁钉固定。棺椁及棺床外髹黑漆，彩绘缠枝忍冬纹、连珠圈纹和屋宇及人物图案。左侧板漆画连珠圈纹及姿态各异的伎乐童子，后挡板绘建筑门楼一座，门内一人头戴白色尖圆顶窄缘帽，圆领窄袖黑色衣，腰系带，探身翘首，门外两侧各一守门侍者，曲身胡跪，两侧绘连珠圈纹、童子。棺盖前沿呈圭面，也装饰有连珠圈纹、童子、花草等。

2005 年，山西大同沙岭发现的一座北魏壁画墓中[③]，出土了大量的彩绘漆片，胎质已朽。经过拼对发现残存的漆片上有彩色绘画和文字铭记。在漆画中可以清晰地看到男女主人端坐、庖厨、扬场三处精彩的生活场面。据漆片上的文字铭记推测，墓主人死于太延元年（435 年），鲜卑人，是侍中尚书主客平西大将军破多罗氏的母亲。根据以往的发现以及漆画的内容，可知原是彩绘漆棺。

上述资料大都是彩绘木质葬具，时代大都在北魏太和改制以前。在孝文帝迁洛后的北魏皇室陵区，彩绘木葬具不见，而代之以石棺，例如章武王元融石棺（永平二年），贞景王元谧石棺（正光五年），东莞太守秦洪石棺（孝昌二年），林虑哀王元文石棺（太昌元年），秦洛二州刺史王悦石棺（永熙二年），元华光瓦棺（孝昌元年）[④]，升仙石棺[⑤]，孝子石棺[⑥]等等。这些石棺多数周身雕刻有精美的花纹，其中以孝子烈女故事、墓主出行，以及乘龙升仙、龙虎神兽等内容较多，而狩猎内容稀见。在界于洛阳和平城之间的山西榆社县发现的一具北魏画像石棺[⑦]，右侧刻画墓主人生前享乐生活及死后乘龙升天场面，左挡板外侧中部刻墓主人出行和狩猎图，前半部刻有精美的杂技表演图，一大力士用杆顶着 5 人在表演，旁边有击鼓、踩高跷、弄丸等。一梯形挡板中央刻墓主人夫妇坐平台上宴食，两侧有仆人、朱雀，其下有伎乐、舞女。根据碑文可知，其时代在北魏神龟年间

① 韩孔乐、罗丰：《固原北魏墓漆棺的发现》，《美术研究》1984年第2期；王泷：《固原漆棺彩画》，《美术研究》1984年第2期。

② 山西省大同市考古研究所：《大同湖东北魏一号墓》，《文物》2004年第12期。

③ 刘俊喜：《山西大同沙岭发现北魏壁画墓》，《中国文物报》2006年2月24日。

④ 黄明兰：《北魏孝子棺线刻画》，人民美术出版社，1985年。

⑤ 洛阳博物馆：《洛阳北魏画像石棺》，《考古》1980年第3期。

⑥ 宫大中：《邙洛北魏孝子画像石棺考释》，《中原文物》1984年第2期。

⑦ 王太明、贾文亮：《山西榆社县发现北魏画像石棺》，《考古》1993年第8期。

（518 ～ 520 年），其内容与洛阳地区的画像石棺不同，而与固原的漆棺画内容类似，显示了两地交叉过渡的状态。

这些石棺也多为前宽后窄、前高后低形状，由棺盖、棺底、左右两帮、前后挡等六块石板安榫装配而成，与汉代整石雕凿的长方形石棺截然不同，明显是模仿了北魏迁洛以前木棺的形制，一些棺盖的三角状顶端也与固原彩绘漆棺和大同湖东北魏一号墓彩绘漆棺相似。由此可知，北魏在迁都洛阳后，上层统治阶层虽然盛行石质葬具，并且对装饰内容和艺术处理进行了一些改进，但仍然保留了原来木质葬具的形制，深深地打上了鲜卑葬俗的烙印。

如果仅仅根据以上这些发现，对鲜卑彩绘木棺或者仿木棺装饰的规律性认识还是比较有限的，那么将这些棺饰习俗与某一民族或文化联系起来似乎需要更多的证据。然而，最近的一些发现使我们不得不认真审视这一问题。其一是山西大同智家堡北魏墓棺板画[①]。这是在传统的鲜卑墓葬集中分布地带发现的三块色彩鲜艳的彩绘木棺，棺木形状为前高宽、后窄低形，木板之间以银锭形束腰榫卯。棺内髹漆，外施彩绘，左侧板以山水为界，左绘车马出行、舞乐杂技表演，右绘激烈的狩猎场面，仅存画面至少绘人物 35 人，通幰牛车 3 辆，马 9 匹，以及猪、兔、鸟、雁等动物。右侧板以帏幄为中心，左为排列整齐的男女侍仆及马匹车辆，右为庖厨奉食场面，共人物 37 人，通幰牛车 1 辆，马 2 匹。另一块残板应为右侧板之一部分，绘不同形式的车舆 8 辆、人物数个。木板上所绘人物皆头戴圆顶垂裙皂帽，交领窄袖上衣，男着裤，女着裙。从装饰题材上，我们不难看出其与固原漆棺画、山西榆社县画像石棺的相似性。而最为引人注意的是，在一些人物的面部，涂有红色斑块装饰。如左侧板出行图中黑牛侧有二驭手，额、两颊和下巴都涂朱色，其他较明显的还有牛车右后方的数名女随从，右侧板奉食图酒樽侧一侍者等。这里的面部涂朱的问题是一个很重要的发现，后文将稍加探讨。1988 年，大同南郊的一批北魏墓群中，有 4 具木棺的残板上发现了精美的彩绘，但报告中并未对此进行详细介绍[②]。在智家堡棺板画的简报中，作者也提到 1988 年大同市南郊北魏墓出土的几块残板上的棺板画，内容有身着鲜卑装的勇士骑马游猎，一只猛虎被矛刺中头部，旁边也有几只白羊被流箭射中。此件棺板画发表在日本的出版物上[③]，所言可能是同一批材料，反映的应该是鲜卑族生活场景。

在遥远的西部地区，更发现了与此极为类似的棺板画。2002 年，在青海省海西州德令哈市的郭里木发现了两座吐蕃时期的墓葬，所出土的三具棺椁都有精美的彩绘，其精美绝伦与内容之丰富令人叹为观止。笔者曾经在 2006 年 5 月慕名前往，对其进行了仔细观察和临摹。墓葬位于东距德令哈市 30 公里处的巴音河南岸，属于郭里木乡夏塔图草场山根，其中一座为木椁墓，为男女合葬；另一座为迁葬墓。其中合葬墓的棺和迁葬墓的棺椁共三口葬具，四面均有彩绘。合葬墓的木棺侧板以三块木板拼成，呈前高后低形。左侧板绘狩猎、帐居宴饮、野合、射牛等场景，共绘男女人物 40 余人，马 10 匹，鹿 3 只，牦牛 3 头，狗、骆驼各 1 头，毡帐 2 顶，内坐一对夫妇，应该是墓主人

① 刘俊喜、高峰：《大同智家堡北魏墓棺板画》，《文物》2004年第12期。
② 山西省考古研究所、大同市博物馆：《大同南郊北魏墓群发掘简报》，《文物》1992年第8期。
③ 日本高崎市教育委员会：《中国山西北魏文物展图录》，日本荒濑印刷株式会社，1990年，第32页。

形象。右侧板绘野合、帐居宴饮、出行狩猎、葬礼、迎宾等场景，共绘男女人物60余人，马10匹、牦牛3头、骆驼1头、毡帐1顶、毡帐形葬具1件。前后挡板分别绘朱雀和玄武①。

迁葬墓彩绘木棺形制、内容与合葬墓大致类似。所绘人物着装多为典型的吐蕃装束，男性有两种缠头装，女性则头覆披巾，多穿翻领左衽连珠纹长袍，腰束连珠纹带，足蹬黑靴。根据许新国的推测，其时代大致在8世纪末②。

乍一看此木板棺画与前所述棺板画时空相隔甚远，并无太多共性。但仔细分析可发现，两者间存在着惊人的联系。除了棺板为彩绘、呈前高后低的形制、描写内容多狩猎纹饰这些共同因素之外，更多的细节表现出了两者文化上直接的传承性。郭里木的合葬墓除了右侧板外，其他三块侧板上的人物大都面涂朱色圆团，男女皆是，所涂部位包括额、双颊和下巴。这种装饰在其他地区极为罕见，但上述智家堡棺板画上的鲜卑人面上便偶有出现，而且时代上要远远早于郭里木棺板画。在敦煌发现的8世纪初"劳度叉斗圣"绢画中，树下围观斗法的群众中计有四人着吐蕃服饰，其额、双颊、鼻和下巴均有涂朱，与棺板画上图像相同③。唐书中有一些关于吐蕃风俗的描写，其中便有"赭面"④。因此认为赭面为吐蕃民族的装饰习俗，似无异议，同时这对于棺板画的族属认定也是相当有力的佐证。但对于这一习俗之来源，以及如何在吐蕃地区形成，智家堡棺板画的发现能够提供更多的线索。多数研究者将郭里木棺板画的主人定为吐谷浑族，其主要根据是，该地域当时为吐谷浑的领地，但并没有提供进一步的有力证据来阐明这一论断，这也是其族属至今仍然存在纷争的原因。吐谷浑原属辽东慕容鲜卑，慕容部又可追溯到东汉漠北的鲜卑檀石槐，最早是东胡中的一支，后迁于今辽宁，吐谷浑也被称为"辽东鲜卑"，《隋书》卷八三《西域·吐谷浑传》云其"本辽西鲜卑徒何涉归子也"。晋太康四年（283年）从辽东迁出，西附阴山，大概在4世纪初期，西渡洮水，建国于群羌故地。吐谷浑既为鲜卑一支，自然保留了鲜卑的生活习俗。因此在拓跋鲜卑的居地和吐谷浑在青海的领地内同时发现绘有赭面人物的棺板画，而前者时代又远早于后者只能说明一个问题：这一习俗可能来自于鲜卑族。

郭里木棺板画内容与鲜卑人相关联的另外一个重要证据是其中有数名鲜卑人形象。如合葬墓右侧板中间上部的一位骑马者，头戴黑色垂裙皂帽，垂裙向后飘扬。右下方迎宾图中二跪拜者也戴同样的帽子，迁葬墓的右侧板右下方迎宾图中，残存的一位跪拜者形象也如此。这些装束与其他人物的缠头大不相同，而与北魏孝文帝改革前的鲜卑族装束一致。在前所述棺画中，不少人物为典型的鲜卑装。而其他壁画、石窟雕像、陶俑甚至丝织品中所见的类似形象更层出不穷。吕一飞根据文献记载对鲜卑服饰考证，认为《魏书·辛绍先传》中"垂裙皂帽"即《御览》卷九七五引《北齐书》

① 程起骏、罗世平、林梅村：《棺板上画的是什么人？》，《中国国家地理》2006年第3期《青海专辑》下辑，分别见彩色插页第91页和93页。

② 许新国：《郭里木吐蕃墓葬棺板画研究》，《中国藏学》2005年第1期。

③ Karmay, Heather. Tibetan Costume, Seventh to Eleventh Centuries, in Ariane Macdonald and Yoshiro Imaeda, eds. Essais sur l' art du Tibet. Paris: Jean Maisonneuve, 1977. pp.65–81. 译文见台建群：《7～11世纪吐蕃人的服饰》，《敦煌研究》1994年第4期。更完整图像参见沈以正：《敦煌艺术》，（台北）雄狮图书有限公司，1989年。

④ 《新唐书·吐蕃传》："部人处小拂庐……衣率氈韦，以赭涂面为好，妇人辫发而萦之"，"公主恶国人赭面，弄赞下令国中禁之"等。

所记之鲜卑帽[①]，其典型特征为垂裙、覆带、黑色。通过比较来看，郭里木棺板画上的鲜卑人形象应该是确信无疑的。

这两个发现的意义是相当大的，使我们对于郭里木棺板画的族属有更清晰的认识，虽然大部分人物着吐蕃服饰，但应该理解为在吐蕃统治时期所施加的文化影响，而吐谷浑其民族自身的东西也在吐蕃化中得以保存下来，而且某些文化因素如赭面等被吸收入吐蕃文化，成为其重要特征之一了。吐蕃服饰中翻领左衽、腰束带、脚蹬黑靴等重要特征，可能也有鲜卑服饰的影响。吐谷浑对于丝绸之路河南道的保障及其在东西方贸易上的重要地位，也为这些带有中亚特征（如连珠纹）的服饰在青藏高原的盛行提供了合理解释。这些不得不让我们重新审视吐蕃文化形成过程的复杂性以及鲜卑文化在吐蕃文化中所占的重要地位。同时，两处棺板画在内容和形式上的统一性，使得木棺装饰的地域性或民族性的特征更加突显出来。

从更晚期的考古发现我们可以看出这一民族习俗所表现出来的顽强的生命力。在内蒙古地区曾经发现不少辽代的木棺彩绘，如翁牛特旗广德公辽代早期木棺画[②]，内蒙古赤峰市发现的雕龙彩绘木棺[③]，内蒙古通辽吐尔基山辽墓的彩绘木棺[④]等。其中作为2003年十大考古发现之一的吐尔基山辽墓，发掘者称其墓葬形制、出土器物接近于晚唐和辽代早期的风格，应为辽代早期契丹贵族的墓葬。另外在内蒙古赤峰市辽耶律羽墓中的尸床上罩有柏木小帐，上面也有精美的彩绘[⑤]，墓中还发现的一方墓志，记载其先宗派出石槐，历汉魏隋唐，世为君长云云。石槐即为东汉鲜卑部落首领檀石槐，亦为吐谷浑先祖，“这是首次发现的有关契丹黄金家族与鲜卑承袭关系的详细记载”，也是我们将这些较晚期的彩绘木棺同早期的发现联系起来的一条线索。契丹原属于东胡族，是鲜卑的一支，947年建国号大辽。辽代是彩绘木葬具非常流行的时期，虽然所绘内容与汉地壁画内容相似，但在汉文化中心区却少有类似的形式。这些彩绘木葬具虽然表现为不同的形式，但可以看出其民族、地域对这一习俗的偏爱。

上述分析表明，北魏平城时代是彩绘木棺相当流行的时期，集中发现在山西大同附近；从彩绘木棺的使用者来看，大部分属于鲜卑族中级别很高的贵族和官吏，彩绘的内容也反映了这些上层统治者的生活场景。也许只有地位较高的阶层才有实力来美化其葬具。这种传统的形成固然有汉文化影响的成分，但其在鲜卑丧葬中的继承和流行，可能有更多的因素。

有研究者认为棺画的使用是因为在某些地区的墓葬中无条件营造出壁画所致，这一解释有一定的道理。彩绘木棺的流行可能受到自然环境或者制作技术的制约。在以游牧为主的草原地带，缺乏制作大型壁画和石刻棺椁的技术和传统。虽然冯素弗墓有壁画装饰，但墓室用石块砌成，表面不易整平，绘制壁画应该有一定难度，而且墓室规模也很有限。当贵族阶层需要对墓葬进行装饰来标志其等级时，使用精美的木棺并绘以墓主人的享乐生活图像，便是其有限的选择之一。而壁画墓、画

① 吕一飞：《胡族习俗与隋唐风韵——魏晋北朝北方少数民族社会习俗及其对隋唐的影响》，书目文献出版社，1994年。

② 昭乌达文物工作站（项春松）：《辽宁昭乌达地区发现的辽墓绘画资料》，《文物》1979年第6期。

③ 李富、赵宏：《内蒙古发现辽代雕龙彩绘木棺》，新浪网，2005年11月21日。

④ 塔拉等：《通辽吐尔基山辽代大贵族墓有惊人发现》，中国文物信息网，2003年7月2日。

⑤ 内蒙古文物考古研究所、赤峰市博物馆、阿鲁科尔沁旗文物管理所：《辽耶律羽墓发掘简报》，《文物》1996年第1期。

像砖石墓在中原地区却有着深远的历史渊源，北魏迁都洛阳后鲜卑贵族迅速采用了与彩绘木棺形制和装饰类似的石刻棺椁，似乎是对这一现象很好的解释。在装饰内容上也省略掉了狩猎图像，反映了北魏生活生产方式的巨大改变。之后中原地区壁画墓重新盛行，而彩绘木棺相当少见。然而在鲜卑族仍然活跃的游牧地带，其传统得以延续下来，直到唐代乃至辽代，仍可看到这一装饰风格的流行。这些彩绘木棺的流行，或许是深藏于鲜卑族文化内的遗传密码，在不同的时间、空间内，总是会以不同的形式、不同的面貌出现，并承载了反映不同历史文化背景的图像内容。

注：作者的青海之行得到了德国考古研究院欧亚研究所王睦博士（Dr. Mayke Wagner）以及青海省文物考古研究所许新国所长的热心帮助，特此致谢！

（原刊于《藏学学刊》第3辑，四川大学出版社，2007年）

西域风格与唐风染化

——中古时期吐蕃与粟特人的棺板装饰传统试析

霍　巍

近年来，在我国西北及北方地区连续出土了一系列入华粟特人的墓葬，它们分别是：宁夏固原南郊隋唐墓[①]、甘肃天水石马坪墓[②]、山西太原隋虞弘墓[③]、西安坑底寨北周安伽墓[④]、井上村北周史君墓[⑤]等。这批粟特人的墓葬当中，大多保存有较为完好的石棺椁、石屏风、石床等石质葬具，在部分石板上雕刻有内容丰富的画像，从而引起学术界强烈的关注。无独有偶，在近年来青藏高原吐蕃考古发现的一批墓葬资料中，也发现了一批彩绘在木棺板或木质随葬器物上的图像[⑥]。这两批考古材料的出土十分珍贵难得，为我们提供了观察中古时期活跃在我国西北“丝绸之路”沿线的粟特人和生活在青藏高原东部的吐蕃人社会生活的若干断面。由于两者都是在作为葬具的棺椁板材上绘制或雕刻画像，我们在广义上或可以将其统称之为“棺板装饰传统”，通过比较分析不难发现，这两者之间存在着若干共同因素。

一、棺板装饰传统中的中亚西域风格

上述入华粟特人的石椁浮雕与吐蕃棺板画除了材质的不同之外（前者使用石材，后者使用木材），都是由数块石板或木板组成，主要作用一方面可作为葬具上的装饰图案，但更重要的目的是

---

① 罗丰：《固原南郊隋唐墓地》，文物出版社，1996年。

② 天水市博物馆：《天水市发现隋唐屏风石棺床墓》，《考古》1992年第1期。

③ 山西省考古研究所等：《太原隋代虞弘墓清理简报》，《文物》2001年第1期。

④ 陕西省考古研究所：《西安北郊北周安伽墓发掘简报》，《考古与文物》2000年第6期；《西安发现的北周安伽墓》，《文物》2001年第1期。

⑤ 西安市文物考古研究所：《西安北周凉州萨保史君墓发掘简报》，《文物》2005年第3期。

⑥ 有关这批青海吐蕃墓葬的情况，可参见许新国：《郭里木吐蕃墓葬棺板画研究》，《中国藏学》2005年第1期；《中国国家地理》2006年第3期《青海专辑》下辑收录的一组文章介绍了青海吐蕃棺板画，即程起骏：《棺板彩画：吐谷浑人的社会图景》；罗世平：《棺板彩画：吐蕃人的生活画卷》；林梅村：《棺板彩画：苏毗人的风俗图卷》；林梅村：《青藏高原考古新发现与吐蕃权臣噶尔家族》，亚洲新人文联网“中外文化与历史记忆学术研究会”论文提要集，香港，2006年；罗世平：《天堂喜宴——青海海西州郭里木吐蕃棺板画笺证》，《文物》2006年第7期；北京大学考古文博学院、青海省文物考古研究所编著：《都兰吐蕃墓》，科学出版社，2005年。

要彰显死者在生前与死后所能享受到的若干殊荣优待。从画面的表现形式而论，粟特人石棺浮雕主要画面有骑射狩猎、商队出行、帐外乐舞宴饮、帐中主人宴饮、丧葬仪式等，虽然各个画面具有各自的独立性，同时彼此之间又有着紧密的联系，实际上都围绕着一个中心展开：即祈求死者亡灵顺利升入天国，并在天国享受到与生前同样的荣华富贵生活。青海出土的吐蕃棺板画的情况与之极为相似，在表现形式上也是由骑射狩猎、驼队出行、帐外宴饮乐舞、帐中主人宴饮和丧葬仪式等不同画面组成，笔者认为虽然其画面是取材于日常生活的若干场景，但其中心意义同样是反映出吐蕃具有浓厚苯教色彩的丧葬礼仪[①]。尽管两者在画面中出现的人物服饰、器皿、牲畜种类、舞蹈以及乐器等还有不尽相同之处，具有各自的民族与地域特点，但在图像中所反映出的某些共同的文化传统却是一致的，而这些传统在我国北方草原民族中流行甚广，源头许多应当是来自中亚与西域文明。

1. 骑射狩猎

安伽、虞弘、史君等入华粟特人的石刻画像中都出现了大量骑射狩猎的场面，动物被骑马的人物追杀射击，正在惊恐逃窜。同样的画面在青海发现的吐蕃棺板画上也有形象生动的描绘。只是前者图像中被射杀的主要是北方草原常见的羚羊、野鹿、野猪、兔子等动物，而在青海吐蕃棺板画被追杀的动物中还出现了野牦牛、长角鹿、藏羚羊等青藏高原常见的动物。

狩猎题材的画像在世界古代各民族中都有流行，我国战国、汉代陶器与青铜器上也出现过此类题材，有的还绘在墓葬的墙壁上。早年徐中舒先生曾撰有《古代狩猎图像考》一文[②]，对我国先秦时期铜器纹饰中的狩猎图像作过精深考订，并从东西交通的角度提出不少有价值的见解。但中古时期粟特人的狩猎图像应另有其来源，不属于传统的中国文化系统。从中亚伊朗考古学资料来看，这类图像题材在年代为5～7世纪的波斯萨珊银盘上十分常见，银盘上的人物往往头戴王冠、腰悬箭囊和短剑，正在执弓射杀动物，被狩猎的动物有山羊、鹿、猪、狮子、豹子[③]（图一）等。画面上骑马人物与被追杀动物的构图方式、骑射者手执弓箭猎杀动物的姿态与中土发现的粟特、吐蕃棺板画上的图像均有相似之处。

图一　美国大都会博物馆收藏的波斯银萨珊盘

如史君墓石堂西壁编号为W3的浮雕图像中，画面的上部正中为一骑马手执弯弓射箭的男子，头戴帽，身穿交领紧身窄袖衣，腰束带，腰间悬挂有箭囊，右手持弓、右臂抬起做射箭状，马前有5只动物，其中一只已中箭倒地，其余4只正在惊惶奔跑，种类依次是雄羊、羚羊、野猪和兔子。另有两

① 霍巍：《青海出土吐蕃木棺板画的初步观察与研究》，待刊稿。

② 徐中舒：《古代狩猎图像考》，初刊于历史语言研究所集刊外编：《蔡元培先生六十五岁纪念论文集》下册，后收入《徐中舒历史论文选集》，中华书局，1998年，第225～293页。

③ [日]深井晋司：《帝王狩猎图镀金银制皿——帝王狮子狩文の源流問題について》，《ペルシア古美术研究》第二卷，吉川弘文馆，1980年，第168～189页。

只猎犬在奔逃的动物两侧，协助主人射杀[①]（图二）。这与波斯萨珊银盘上的“帝王骑射图像”意匠完全相同。尤其是在虞弘墓中还刻有人物骑骆驼与野兽搏斗的场面，齐东方先生认为“人物骑骆驼与野兽搏斗显然不属于中国的图像系统，中亚西亚却有许多实例”[②]。青海吐蕃棺板画上往往也在起首位置绘有类似的骑射狩猎图。如郭里木一号棺板画 A 板的起首在棺板左下画一人骑马引弓，马前有三头奔鹿，其中一鹿已中箭流血即将倒地，另二鹿惊惶逃跑。其上为一射杀牦牛的场面，画中有三位骑手正在追杀两头牦牛，其中一头牦牛已中箭，但仍负痛奔走逃避，牦牛的下方，一条猎犬追堵着牦牛的逃路，表现出与粟特和波斯狩猎图像中相同的艺术意趣与图像风格[③]（图三）。

图二　史君墓石椁射猎与商队图

图三　郭里木一号棺板画狩猎图

2. 商队出行

饶有兴味的是，在入华粟特人墓葬石刻中，常常与骑射狩猎图像并行的还有商队出行图。如上举史君墓石堂西壁 W3 号石刻图像的下部，是一个由马、骆驼和驴组成的商队，商队的最前面是两个骑马的男子，其中一位腰上挂着箭囊，两匹马的后面是两头驮载着货物的骆驼，骆驼后面跟着一位头戴船形帽的男子，骑马行进，右臂弯曲上举，右手握望筒正在向远处张望，两头骆驼的右上方，有两匹马和一头驴驮带货物并行，其后面为一男子正持鞭驱赶其前行。与这幅图像相邻的石堂北面编号为 N1 的画像上部中心位置绘有一帐篷，帐内外有人相对而饮，而画面的下部出现了一个正在休息的商队，中间有两位男子正在交谈，一人肩上还背着货囊，有一人牵着载货的马匹，一人照料着两匹驮载着货物的骆驼卧地休息，后面还跟着两头驮着包裹的驴子[④]。与这类画面相似的场景，也出现在其他入华粟特人系统的墓葬石刻画像中，如日本 Miho 博物馆内的一幅石椁石刻（图四）。

---

① 西安市文物考古研究所：《西安北周凉州萨保史君墓发掘简报》，《文物》2005年第3期，图三十五。
② 齐东方：《虞弘墓人兽搏斗图像及其文化属性》，《文物》2006年第8期。
③ 罗世平：《天堂喜宴——青海海西州郭里木吐蕃棺板画笺证》，《文物》2006年第7期，图一。
④ 西安市文物考古研究所：《西安北周凉州萨保史君墓发掘简报》，《文物》2005年第3期，图三十七。

青海郭里木一号棺板画 A 板的情形与上述粟特人的商队十分相似，在狩猎图像的前方，画有一支骆队，中间为一驼，满载着货物，驼前三骑，驼后一骑，前后相继，驼后一人头上缠巾，腰束箭囊，似在武装押运着商队前行。此外，青海郭里木现已流失于民间的一具棺板画的起首也绘有射猎场面，身穿吐蕃服饰的骑手手持弓箭、腰系箭囊，从两个方向射杀牦牛，而在这个画面的上方绘着一匹驮载货物的骆驼，货物上覆盖着带有条纹的织物，骆驼后面跟随一骑马人，头上戴着似“山”字形的船形帽，似为押运货物的人员[①]。

图四 Miho 美术馆藏石屏商旅图

荣新江先生曾根据史君墓及其他粟特人系统石刻画像中的这类图像加以研究考证，认为这就是一个中古时期行进在丝绸之路上的粟特商队的写照（尽管这个商队中种族的构成除了粟特人之外可能还有其他民族）[②]。青海郭里木吐蕃墓葬墓主人的族属目前有吐蕃、苏毗、吐谷浑等不同意见[③]，我们暂且将这一争论搁置一边，因为如同有学者早已指出的那样，实际上在不断扩张与征服基础上形成的吐蕃王国，也是由许多民族共同体组成的，其中就包括了苏毗、吐谷浑人，党项等民族[④]。在吐谷浑当中，即有类似粟特人的商队。《周书・吐谷浑传》记载魏废帝二年（553 年）“是岁，夸吕又通使于齐氏，凉州刺史史宁觇知其还，率轻骑袭之于州西赤泉，获其仆射乞伏触扳、将军翟潘密、商胡二百四十人，骆骡六百头，杂彩丝绢以万计”。因此，一方面在吐蕃征服占领吐谷浑之后，吐蕃属下的吐谷浑人仍然有可能继续可以组成这样的商队进行丝路贸易活动；另一方面，以往的研究中，我们往往较多地注意到吐蕃人出入中亚地区的军事征服与领土扩张，而忽略其在丝路贸易中扮演的角色。联系到青海所出棺板上的画像内容来看，吐蕃人很可能也继承了中亚民族丝绸贸易的传统，同样有规模不等的商队活动在“高原丝绸之路”上。过去有学者曾经指出，吐蕃的军事扩张也具有鲜明的商业目的，其在西域和河西一带的军事扩张大多与控制国际商贸通道有关，同时也将丝绸等重要国际贸易物品作为自己掠夺的主要对象[⑤]，这与“善商贾”的粟特人虽然采取的方式各异，但却能收到同样的功效。

3. 帐外宴饮乐舞

入华粟特人的棺板装饰传统中还甚为流行帐外宴饮乐舞场面。如安伽墓后屏六幅图像中自左向右第 1 幅即为乐舞图，上半部为奏乐合唱图，下半部为舞蹈图，奏乐者演奏的乐器有琵琶、箜篌

---

① 此具木棺板画现流散民间，蒙青海省文物考古研究所所长许新国先生见示，谨表谢意。

② 荣新江：《北周史君墓石椁所见之粟特商队》，《文物》2005年第3期。

③ 程起骏：《棺板彩画：吐谷浑人的社会图景》；罗世平：《棺板彩画：吐蕃人的生活画卷》；林梅村：《棺板彩画：苏毗人的风俗图卷》，《中国国家地理》2006年第3期。

④ 张云：《吐蕃的起源及其与中原的文化联系》，《唐代吐蕃史与西北民族史研究》，中国藏学出版社，2004年，第147页。

⑤ 张云：《吐蕃丝路的贸易问题》，《唐代吐蕃史与西北民族史研究》，中国藏学出版社，2004年，第160页。

等，舞蹈者双手相握举过头顶，扭腰摆臀向后抬右脚，正在跳着“胡旋舞”[①]。与之相邻的第2幅图上方出现了主人形象，头戴虚帽，身穿圆领紧身袍，腰系带，足蹬靴，右手持角杯屈右腿而坐，其左前方方形的地毯上坐有三位乐人，分别演奏箜篌、竖笛和火不思。后屏的第6幅图也是一幅宴饮乐舞图，主人坐于一座汉式亭子当中，下方正中一人身着红色翻领紧身长袍正在跳着“胡旋舞”，左右各有数人为其击掌叫好[②]（图五）。类似的画面也见于此墓右侧石屏。

图五 安伽墓宴饮乐舞图

青海吐蕃木棺板画中也有不少帐外宴饮乐舞场面，如上面所列举的一具现已流散于民间的吐蕃棺板画上，在大帐外设有一四足胡床，主人身穿翻领长袍、头上缠高头巾，坐于胡床之上，其左侧有人侍立，面前一人正屈身弯腰向其敬礼。主人右后方站立有一排五位乐人，手中各执乐器正在演奏，面对主人的空地上一舞者头戴高冠，一只长袖高举过头正在起舞，左后方一排四人席地而坐，正在观看表演。在大帐后方绘有一树，树下拴有两匹虽然带有马鞍却已无人乘骑的马，神态安然悠闲。

这种在野外设帐歌舞宴饮的习俗，主要流行于北方游牧民族当中，而乐舞中的“胡旋舞”是中古时期流行于西域胡族继而传播到汉地的一种民族舞蹈。安伽墓中反映的多为中亚人的生活情景，而吐蕃棺板画中出现的乐舞场面从构图方式与表现手法上都体现出了与粟特人相同的特点，现存于西藏拉萨市大昭寺内的一个吐蕃时期银瓶上曾出现有身穿吐蕃胡装、正跳着“胡旋舞”的人物和饮酒大醉的场面[③]，和青海吐蕃棺板画上的画面十分近似。所以，我们认为这一传统主要也是受到中亚和西域文化的影响。

4. 帐中主人宴饮

与帐外歌舞宴饮图紧密联系在一起的，是帐中主人的宴饮图。这类图像在入华粟特人墓葬石刻中表达得非常充分，在青海吐蕃棺板画中也多处出现主人帐内宴饮的场面。这里，可以从不同的方面来观察分析两者的特点。

首先，是这种帐篷的形制。如在安伽墓左屏刻绘的三幅图像中，第3幅为“野宴图”，帐篷的形制为圆形虎皮帐篷，圆顶，门楣一周及左右竖框上涂有红彩加以装饰，帐中铺地毯，主人在帐内席地而坐。此墓后屏的六幅图像中，第4幅和第5幅图像中都有帐篷设立在会盟、宴饮等不同场合，但形制却各有差别。如其中第5幅“野宴商旅图”中出现的帐篷与左屏所刻第3幅画像相同，特点

① 陕西省考古研究所：《西安发现的北周安伽墓》，《文物》2001年第1期，图一九。

② 陕西省考古研究所：《西安发现的北周安伽墓》，《文物》2001年第1期，图二八。

③ 宿白：《西藏发现的两件有关古代中外文化交流的重要文物》，《10世纪之前的陆上丝绸之路与东西方文化交流》，新世纪出版社，1996年，第405～409页。

都是虎皮圆形帐篷，门两侧及顶部涂有红彩，门内及顶部设有帷幔，地面上铺设地毯。而在后屏的第 4 幅石刻中，下方设有一帐，帐顶正视为方形，帐顶似为织物，正中央镶嵌有日月形图案，带有檐、柱，形制显然不同于圆形的虎皮帐篷。由此看来，在入华粟特人的生活习俗中，只有设在郊外用于“野宴”的帐篷大概才是圆形。

青海吐蕃墓葬棺板画的最后也是最高潮部分往往都是围绕着中心大帐展开的宴饮场面，帐篷的形制均为圆形，前方设门，门帘可以收卷在帐门上方，门帘和门框的两侧有色彩艳丽的镶边，顶部开设有圆形的气孔，呈喇叭形向上翻卷。据《新唐书 · 吐蕃传》记载，这种圆形的帐篷也称为“拂庐”:“吐蕃本西羌属，盖百有五十种，散处河、湟、江、岷间……有城郭庐舍不肯处，联毳帐以居，号大拂庐，容数百人，其卫候严，而牙甚隘。部人处小拂庐”。既然是与“城郭”相对应的一种居住形式，看来这种“拂庐”大概也都是设在野外，与粟特人“野宴”所使用的帐篷形制大致相仿。

其次，是对出现在帐中主人形象的设计。仍以安伽墓为例，安伽墓左侧屏第 3 幅“野宴图”帐内坐有三人，门外有四人侍立于侧，可见帐内三人当系地位较高的首领人物。另在此墓后屏的第 1 ～ 6 块石板上，也都刻划出不同场合下出现的主人形象，在人物的布局设计上，居于帐中的主人一般都面朝帐门席地而坐，除了会见宾客之外，还有主人夫妻对坐或对饮的场景，主人的服饰特点往往也最能体现出本民族的特色。

在虞弘墓后壁居中部位的石板雕绘中也可见到类似的画面，画面中在大帐中间设有亭台，帐内坐着墓主人夫妇，作相对而饮状，在他们的身后，各有两名男女侍从两两相对，主人和侍者前面的场地上，有六名男子组成的乐队，中间有一男子正在跳“胡腾舞”①。

日本 Miho 博物馆藏石棺床画像石后屏 E 图当中，描绘了一幅在穹顶大帐之下的主人夫妇宴乐图，主人前面乐队正在奏乐，舞者正在起舞。郑岩对此评论说：“此画像石之此部分对于揭示与中亚的连接点非常重要。乐队与飞动的舞人，是 6 ～ 9 世纪从北齐到隋唐陶制扁壶上反复出现的图像。扁壶及此棺床浮雕舞人的舞蹈称胡旋舞。”②

荣新江在分析对比了这些男女人物形象之后认为，他们的身份应是粟特部落中的“萨保”:“从以上这些图像资料，我们可以看出，萨保居于中心位置，他所居住的建筑物，有中国式的歇山顶厅堂，也有游牧民族的毡帐，这是东来粟特人分别生活在汉地和游牧汗国当中的反映……这些图像表现了萨保在聚落中生活的场景和他作为首领的核心地位。”③

青海吐蕃棺板画上也绘有地位突出的人物出现在宴饮场面或帐篷当中，画面上人物的安排方式与粟特人也十分相似。如郭里木一号棺板画 A 板所绘的宴饮图上，大帐门前左右各立一人正在迎接客人，帐篷的门帘卷起，可见帐内有对坐的举杯对饮的一对男女，男子头上缠有高头巾，身着翻领长袍，女子头戴巾，也身穿同样的翻领长袍。帐外有众多男女参加的盛大的酒宴场面，围绕这座大帐展开（图六）。很显然，居于大帐之中的这对男女地位显赫，许新国将其比定为吐蕃的“赞普”

① 山西省考古研究所等：《太原隋代虞弘墓清理简报》，《文物》2001年第1期，图一九、二五。

② 郑岩：《墓主画像研究》，《刘敦愿先生纪念文集》，山东大学出版社，1988年，第455、459、465页。

③ 荣新江：《北朝隋唐粟特聚落的内部形态》，《中古中国与外来文明》，三联书店，2001年，第124页。

图六　郭里木一号棺板画宴饮图

与“赞蒙”（即王与王后）[①]，笔者认为至少他们也应当是当地部落中的权贵人物[②]。

分析比较粟特人与吐蕃人的宴饮场面，它们均是以大帐作为画面的中心，在大帐之内常常绘有主人夫妇对坐而饮的画面，大帐之外都有侍从服侍于左右，帐前均出现歌舞宴饮的人群，类似这样的画面在粟特人故乡撒马尔罕一带发现的考古遗存中屡有发现。姜伯勤先生曾指出，在巴拉雷克切佩北墙和片治肯特等地所绘粟特人的壁画上，便有这样的宴饮图出现；另在粟特出土的银酒器上，也有类似这样的男女对饮图[③]。此外，中亚一带突厥部落中也多流行帐中宴饮习俗，如《大慈恩寺三藏法师传》卷二记载：“可汗居一大帐，帐以金华装之，烂眩人目。……令使者坐。命陈酒设乐，可汗共诸臣、使人饮。”[④]因此，我们通过从不同的角度比较可以得出一个结论：粟特人与吐蕃人的帐中主人（常常是以男女夫妇对坐的形式出现）宴饮的题材，曾经主要流行于中亚粟特人当中，随着突厥部落的祆教化，在突厥人当中也有流行。但与之同时，这一习俗在青藏高原的吐蕃人当中也曾经同样流行，所以在棺板画中也采用了这些在意境上相似的画面。

5. 丧葬仪式

在粟特人的石板雕绘中，多有丧葬场面，并且出现了祆教师主持拜火祭祀，反映了祆教流行的葬礼仪节，对此前贤论之甚详，本文从略。可以相互比较的是，在青海吐蕃棺板画上，也绘有反映丧葬礼仪的若干场面。

① 许新国：《郭里木吐蕃墓葬棺板画研究》，《中国藏学》2005年第1期。

② 笔者认为从各方面情况分析，出现在这里的男女主人像并非墓主人像，结合整个棺板画的情况来看，很有可能应为出席丧葬仪式的当地吐蕃部落首领，参见拙作：《青海出土吐蕃木棺板画的初步观察与研究》，待刊稿。

③ 姜伯勤：《安阳北齐石棺床画像与入华粟特人的祆教美术——兼论北齐画风的巨变与粟特画派的关联》，《中国祆教艺术史研究》，三联书店，2004年，第48～51页。

④ 岑仲勉：《西突厥史料补阙及考证》，中华书局，1958年，第7页。

在郭里木一号棺板画的B棺板画面上，棺板的右下一个画面中设有一座灵帐，灵帐的式样与宴饮场面中的大帐篷别无二致，上面覆盖有连珠纹样的织物，顶部也留有气孔。帐前设门，门前有跪地奠拜的三人，与之相对位置上一人正屈身面向灵帐，双手似捧有供品向死者献祭（惜手部画面已残损而无法看清）。背对灵帐站立着头上缠有头巾的三人，正垂首默哀；而灵帐上方并列站有一排四位女子，领前一位脸上挂着下垂的巨大泪痕，表情极其悲伤，与之并列的其他三位女子也都面呈哀痛神情。罗世平先生认为“这两组夹侍灵帐的男女人物，是死者的亲属，他们为死者守灵，接受前来的吊唁者”。从画面上还可以观察到，灵帐的下摆随风飘动，露出帐内陈有长方形的物体，是否为盛敛死者遗体的棺具不得而知。罗世平还描述说：“门帘开处，依稀可见类似棺木的彩画线条（因画面过于模糊，不能确认其形）。”[①] 如果这一观察无误，灵帐内陈有死者棺具的可能性很大。

另一具流散于民间的吐蕃棺板画上，在木棺中部位置上设有一呈须弥座式的台子，台上置有一具黑色棺木，棺由棺盖与棺身构成，棺的一侧有三名守灵人，面呈悲色，棺台左前方在两根立木之间立有一裸体人像，一骑手正引弓向其射击，另一骑手反身作射箭状也指向裸体人形；在棺之上方，绘出前来奔丧的一队宾客，衣着冠饰各不相同，队中高树一华盖。棺前一人已下马站定，正面向棺木正拱手致哀。

有学者曾经以史君墓石椁为例分析过此墓石刻各画面之间的相互关联，认为“从石椁东壁的浮雕内容来看，画面即有各自的独立性，同时彼此之间又有紧密的联系。E1、E2、E3的底本实际上是一幅完整的画面，因石椁模仿木构的殿堂，而被立柱人为地分成3部分，但画面的内容从北到南紧密相连，展示了粟特人去世后亡灵升入天国的整个过程”[②]。青海吐蕃棺板画时各个画面虽然从表面上看也模仿了人间社会生活的若干场景，但笔者认为其核心内容也是围绕死者的丧葬仪式展开[③]。罗世平先生指出，郭里木一号棺板画上的B板“各画面描绘的是一次葬礼的几个典型情节，吐蕃画家用纪实的手法，再现了一位吐蕃赞普的葬礼”[④]。两者之间的不同之处只是在于，粟特人是依照祆教的丧葬仪轨举行死者的葬礼，而吐蕃人则是依照苯教的丧葬仪轨举行死者的葬礼，这在画面上显示出明显的区别，但两者希望表达死者亡灵在死后入升天国的祈愿则是相同的。

综上所述，近年来在中国本土出土的这批入华粟特人的棺椁装饰从形式上看已经改变了他们过去的某些丧葬习俗，逐渐开始接受中国汉文化的一些内容，但就其棺椁装饰图像所反映出的宗教信仰与文化传统而言，却仍然保留了浓厚的中亚文化色彩。而青海吐蕃出土的木棺板画，无论从表现形式还是题材内容上看，都与粟特人的棺板装饰传统之间具有若干共同之点，体现出吐蕃作为当时雄踞亚洲腹地的强大高原王国受到西域和中亚文化影响而打下的深刻历史烙印。

---

① 罗世平：《天堂喜宴——青海海西州郭里木吐蕃棺板画笺证》，《文物》2006年第7期。

② 杨军凯：《入华粟特聚落首领墓葬的新发现——北周凉州萨保史君墓石椁图像初释》，《从撒马尔干到长安——粟特人在中国的文化遗迹》，北京图书馆出版社，2004年，第22页。

③ 霍巍：《青海出土吐蕃木棺板画的初步观察与研究》，待刊稿。

④ 罗世平：《天堂喜宴——青海海西州郭里木吐蕃棺板画笺证》，《文物》2006年第7期。

二、胡汉杂糅的丧葬习俗

如上所述，虽然入华粟特人在其棺板画中还保留着大量中亚文化传统，尤其是通过石刻浮雕画面上反映出其丧葬仪式还保留着明显的祆教信仰。但随着粟特部落不断的东迁，他们也逐渐接受中原汉文化丧葬习俗的影响，不再使用其中亚故地一带所流行的粟特式盛骨瓮（Ossuary），而开始采用石棺床、石棺椁等具有中原文化色彩的葬具。有学者注意到，入华粟特人从其传统的盛骨瓮到石棺床之间，可能还存在着某些过渡的痕迹，如安伽墓的尸骨是放置在甬道中而不在石棺床上，墓葬在封闭之前还曾点火焚烧，墓室四壁和尸骨也均发现了用火熏过的痕迹，认为“这些现象既不是中国传统的做法，也不是粟特本土的形式，应当是入华粟特人糅和中原土洞墓、汉式石棺椁以及粟特浮雕盛骨瓮的结果”[①]。还有学者从北朝至隋唐从西域来华人士的墓葬形制、葬具、墓志或墓铭等各方面材料得出结论认为，其主流显示出他们力图融入中华大家庭的势头，“在墓葬形制、葬具规制、墓志设置等主体方面，都与中华文明保持一致。这也就是后来这些西域来华人士的后裔，迅速地完全融入多元一体的中华民族大家庭中的原因”[②]。

出土吐蕃棺板画的青海吐蕃墓葬在棺椁制度方面也与入华粟特人的情况存在着相似之处，体现出一方面具有独特的民族风格，但另一方面又深受华风影响点染的若干特点。

首先，从墓葬形制和丧葬风格上看，这批墓葬无疑具有我国北方草原民族的若干特点。据发现者许新国先生介绍，出土吐蕃棺板画之一的青海郭里木地点墓葬上方存有高约1.5米的封土，两座墓葬均为竖穴土坑形制，墓室均为长方形单室，长4米、宽2.5米左右，均有长方形斜坡式墓道。其中一座为木椁墓，另一座系竖穴土坑墓，但用柏木封顶。两座墓葬木棺均较完整。木椁墓为男女合葬，土坑墓为迁葬墓。迁葬墓形制较为特别，是先将零散的骨架装于一小棺内，然后将小棺整个放在大棺中。在两座墓葬中均见有殉牲习俗。合葬墓在木椁的两侧殉有完整的马和骆驼各1匹，迁葬墓在封顶的柏木上放有零散羊骨[③]。这种用柏木封顶、动物殉葬以及采用特殊的迁葬方式等埋藏习俗，都保留着浓厚的地域和民族特点。

其次，从绘有彩绘图案的木棺形制上看，它们均呈大头小尾状，棺体前挡高阔，足挡低窄，棺板之间用榫卯加以连接，在木棺板的外侧四个挡板上彩绘图案纹饰，有学者注意到在北魏鲜卑拓跋氏的木棺装饰传统中有类似的做法[④]，也有学者认为这一习俗很可能是来自塔里木盆地的绿洲文明[⑤]，但无论何者，我们都可以肯定这种风格与中原汉文化的木棺装饰传统具有不同的来源。

其三，如上所述，吐蕃木棺板画所绘的主要题材，仍然是取材于本民族所特有的社会生活内

① 杨军凯：《入华粟特聚落首领墓葬的新发现——北周凉州萨保史君墓石椁图像初释》，《从撒马尔干到长安——粟特人在中国的文化遗迹》，北京图书馆出版社，2004年，第23页。

② 杨泓：《北朝至隋唐从西域来华民族人士墓葬概说》，《华学》第8辑，紫禁城出版社，2006年，第218～232页。

③ 许新国：《郭里木吐蕃墓葬棺板画研究》，《中国藏学》2005年第1期。

④ 仝涛：《木棺装饰传统——中世纪早期鲜卑文化的一个要素》，即刊稿。

⑤ 林梅村：《丝绸之路考古十五讲》，北京大学出版社，2006年，第274页。

容，反映出青藏高原游牧文化的独特的气质和风格。

但是另一方面，与入华粟特人丧葬习俗变迁的情况相似之处在于，我们可以清楚地看到，青海吐蕃墓葬当中也保留有受到中原汉文化强烈影响的浓重痕迹。

第一，在青海郭里木出土的吐蕃棺板画当中，其棺板挡头绘有四神、花鸟等图案（图七）。有学者分析比较后提出："吐蕃棺板所绘四神，应直接取法自中原，即唐代壁画的做法，但又接受了西方文化的影响而有自己的风格。"[①]

图七　郭里木棺板画中的玄武

第二，在青海都兰热水吐蕃墓地中也曾发现在墓内的随葬器物上绘彩的做法，上面也有与郭里木同样的在人物面孔上"涂朱赭面"的习俗[②]，因此可以认为这两处墓地的民族属性是一致的。在都兰热水的随葬品当中，可以观察到几种宗教成分的糅合，其中主要是来自当地苯教的影响，其次还能看到来自中原道教的影响。如在热水南岸三号吐蕃墓葬当中，发现了三片书写在织物上的道教符箓，丝织品中绝大多数也为中原输入品[③]。尤其是这三片道教符箓，分别由汉字和各种符号组成，研究者推测其很可能为死者随身佩带的佩符，主要用于辟祸求吉[④]。这些习俗，显然都是受到唐代中原道教习俗影响的反映。

第三，青海都兰科肖图吐蕃墓地中还曾出土有一对石狮，据青海省文物考古工作者披露过去与这对石狮共存的还有一些石柱，可能系墓前建筑如门阙之类的遗物。而这些墓前建筑石刻在吐蕃墓葬中的出现更是深受唐代墓葬制度的影响[⑤]。

所以，通过上文的分析中我们可以得出，由于北朝隋唐以来丝绸之路的再开与拓展，活跃在丝绸之路沿线的粟特人和青藏高原的吐蕃人一方面保持着西域中亚文化的某些特点，但与之同时，他们越是向东发展，便越是被打上了越来越深的中原文化烙印，在其墓葬制度与丧葬习俗方面形成一种"胡汉杂糅"的多元文化面貌。

① 许新国：《郭里木吐蕃墓葬棺板画研究》，《中国藏学》2005年第1期。

② 北京大学考古文博学院、青海省文物考古研究所编著：《都兰吐蕃墓》，科学出版社，2005年，第103页，图六四：2、图版三三：2、图六六：1、图版三四：10。

③ 北京大学考古文博学院、青海省文物考古研究所编著：《都兰吐蕃墓》，科学出版社，2005年，第129～130页。

④ 王育成：《都兰三号墓织物墨书道符初释》，北京大学考古文博学院、青海省文物考古研究所编著：《都兰吐蕃墓》附录二，科学出版社，2005年，第137页。

⑤ 汤惠生：《略说青海都兰出土的吐蕃石狮》，《考古》2003年第12期。

三、粟特与吐蕃之间的文化交往

在比较考古发现的入华粟特人和青海吐蕃人在棺板装饰传统上的这些共同特点之后，自然会引发我们更为深入的思考，从而提出一些值得进一步研讨的问题：入华粟特人与青藏高原的吐蕃人之间是否有过直接的接触与交往隐藏；在两者棺板装饰传统背后是否还有更为深刻的历史背景可以帮助我们认识中古时期这两个民族之间的文化交流？

原本生活在中亚阿姆河和锡尔河之间的粟特人是一个独具特色的商业民族，中古时期，在中国和中亚、中国和印度等之间，粟特人往往充当着中间贸易的主要承担者[①]。由于经商和战争等原因，粟特人在汉唐之间沿着丝绸之路开始东迁入华，荣新江先生曾经从文献和考古两个方面详尽勾勒出其入华的路线与活动的主要区域，从塔里木盆地、蒙古高原直到北方地区都留下了粟特部落迁移流行的足迹[②]。在吐蕃占领西域期间，有证据表明西域一带的粟特人曾经与吐蕃人之间有过密切联系。如敦煌本吐蕃历史文书《大事记年》记载："及至马年（694年），赞普驻于墨竹潜塘，论芒辗细赞于苏浦之寻巴集会议盟。噶尔·达古为粟特人所擒。"[③]荣新江认为这里所提到的粟特人，很可能即为唐朝的势力被吐蕃取代之后，仍然居住在若羌（石城镇）一带的粟特人[④]。从入华粟特部落东迁的情况来看，曾经沿着丝绸之路抵达与青海最为接近的甘肃河西走廊东头的凉州武威一带，进而再向东通向北朝隋唐首都长安、洛阳[⑤]。那么，粟特人是否也在东迁和丝路贸易的过程中踏上过青藏高原呢？一些考古迹象表明，这种可能性是存在的。

林梅村先生曾经提到，在吐鲁番曾经发现过一件粟特语文书，记载了9～10世纪粟特人在欧亚大陆的经商路线，自西而东为拂林、波斯、安国、吐火罗、石国、粟特、石汗那、汉盘陀、佉沙、于阗、龟兹、焉耆、喀拉沙尔、高昌、萨毗、吐蕃、吐浑、弥药和薄骨律等地[⑥]。这当中提到的吐蕃、吐浑（吐谷浑）、弥药等都是地处青藏高原的古代民族。

从近年来青海都兰吐蕃墓地出土文物来看，其金银器、织锦有些可能来自粟特。许新国先生认为，都兰吐蕃墓中出土的镀金银器当中，有一些可能属于粟特系统[⑦]。此外，许新国、赵丰等人还分析研究了都兰出土织锦的情况，认为其中也有粟特锦和波斯锦流行[⑧]。姜伯勤先生进而论述"青海都兰墓中发现的粟特锦，就顺理成章地成为若干祆教图像传入中国西北地区的载体"[⑨]。换言之，

① 荣新江：《北朝隋唐粟特聚落的内部形态》，《中古中国与外来文明》，三联书店，2001年，第149页。

② 荣新江：《西域粟特移民聚落考》，《中古中国与外来文明》，三联书店，2001年，第19～36页；同氏：《北朝隋唐粟特人之迁徙及其聚落》，《中古中国与外来文明》，三联书店，2001年，第37～110页。

③ 王尧、陈践：《敦煌本吐蕃历史文书》大事纪年，民族出版社，1992年，第143页。

④ 荣新江：《西域粟特移民聚落考》，《中古中国与外来文明》，三联书店，2001年，第27～28页。

⑤ 荣新江：《北朝隋唐粟特人之迁徙及其聚落》，《中古中国与外来文明》，三联书店，2001年，第68～74页。

⑥ 林梅村：《粟特文买婢契与丝绸之路上的女奴贸易》，《文物》1992年第9期。

⑦ 许新国：《都兰吐蕃墓中镀金银器属粟特系统的推定》，《中国藏学》1994年第4期。

⑧ 许新国、赵丰：《都兰出土丝织物初探》，《中国历史博物馆馆刊》1991年第15～16期；许新国：《都兰吐蕃墓出土含绶鸟织锦研究》，《中国藏学》1996年第1期。

⑨ 姜伯勤：《河西陇右祆教与祆教图像的流传》，《中国祆教艺术史研究》，三联书店，2004年，第177～178页。

如果笔者的理解无误，那就是说这些粟特锦在青海地区的出现，便意味着粟特人及其所信奉的祆教也随之进入到了这一地区。

张云先生在论述吐蕃与粟特关系时也曾经列举过数条证据：如他指出康国（即粟特）人曾参加过吐蕃在南诏地区与唐朝的武力争锋，可见粟特人与吐蕃也有过战争接触；《汉藏史集》中记载刀剑在吐蕃的传播时提到了“索波剑”，所谓“索波”，是藏语对粟特的称呼“sog-po”，可见这种刀剑也是产自粟特地区，后传入到吐蕃[①]。

1959年，当时的中央文化部西藏文物调查工作组在藏调查期间，曾经调查到一件大型的银瓶，这件银瓶放置在拉萨大昭寺中心佛殿第二层西侧正中的松赞干布殿内，该件器物通高约70厘米，瓶口细长，瓶口上端开圆口，口缘部饰八曲，口外壁饰山岳状花瓣，其下饰一空心立体羊首，瓶口下接一圆形的瓶体，瓶身上饰有鎏金浮雕人物图案：其中一组是两名独舞者；另一组是三个醉态可掬的男子形象。这件器物分别引起了中外考古与艺术史研究者的注意，著名考古学家宿白先生认为，“多曲圆形口缘和其下作立体禽兽首状的细颈壶，为七至十世纪波斯和粟特地区流行的器物，颈上饰羊首的带柄细颈壶曾见于新疆吐鲁番回鹘时期的壁画中。西亚传统纹饰中四瓣球纹，尤为萨珊金银器所喜用。人物形象、服饰更具中亚、西亚一带特色。故可估计此银壶约是七至九世纪阿姆河流域南迄呼罗珊以西地区所制作。其传入拉萨，或经今新疆、青海区域；或由克什米尔，阿里一线”[②]。瑞士学者阿米·海勒在她近年来讨论这件银瓶的论文中，一方面引证瑞士藏学家冯·施罗德先生的意见，认为这件银瓶有可能是在中亚塔吉克斯坦制作，年代可能为8世纪；另一方面她也举出了其他几件可与大昭寺这件银瓶相比较的从西藏采集到的银器，认为它们都有着明显的7～8世纪粟特工艺的因素，只是拉萨大昭寺的这件吐蕃时期银瓶是一件“粟特式和中国汉地图案的变异类型”[③]。虽然对这件银瓶的产地、制造者，以及传入拉萨大昭寺的具体路线等若干问题的认识迄今为止并未形成一致意见，但中外研究者们都注意到了这件银器中所包含的粟特文化因素，并且也都提到其有从青海一线传入西藏的可能性。

从地理位置而言，吐蕃人对青海地区的控制与占领有着重要的意义。如同有学者指出的那样，在唐代吐蕃向外扩张发展的过程当中，青海扮演着重要角色。它使吐蕃无论向西域、向黄河中上游地区，或向川康滇边区的发展，都获得居高临下的优越位置及广阔的回旋空间，而且还获得了经济上、国防上的有利地位[④]。而东迁的粟特人也同样不可能忽视这一地区的重要战略与经济地位。因此，这两个民族通过不同的途径与方式在青藏高原发生交往与联系，应当说也是一种历史的必然。

不过，在此笔者需要强调的一点是，入华粟特人与青海吐蕃人反映在棺板装饰传统上的诸多共性，不排除其间有过相互影响、彼此借鉴的可能性，但这种共性的产生主要还是从广阔的西域与

① 张云：《丝路文化·吐蕃卷》，浙江人民出版社，1995年，第264～265页。

② 宿白：《西藏发现的两件有关古代中外文化交流的重要文物》，《10世纪之前的陆上丝绸之路与东西方文化交流》，新世纪出版社，1996年，第405～409页。

③ Amy Heller The Silver Jug of the Lhasa Jokhang: Some Observations on Silver Objects and Costumes from the Tibetan Empire（7th–9th century）, Asianart.com.

④ 林冠群：《唐代前期唐蕃竞逐青海地区之研究》，《唐代吐蕃史论集》，中国藏学出版社，2006年，第265页。

中亚历史文化背景中获取而来，不一定意味着两者之间存在着一种直线或单线的传承关系。虽然我们通过若干迹象可以观察到吐蕃与粟特人之间可能存在着千丝万缕的联系，但存在于两者棺板装饰传统当中的诸多文化因素，则并非仅仅只限于吐蕃和粟特，实际上在中古时期的突厥、鲜卑等民族当中同样也可见到，通过广阔的北方草原和丝绸之路传播广泛流传于欧亚民族之间（对此笔者将另文论及）。况且我们从两者图像造型来看，似乎也并没有形成彼此共遵的某种规范，而是各有其特点，由此可以说明两者并不一定是遵循某种共同的粉本来加以创作的。更大的可能性则是粟特和吐蕃的匠师们是在共同的文化背景之下，各自独立完成了自己的艺术创造，从而留给后世一幅幅富有民族特色的多姿多彩的图卷。

总结本文的要旨，笔者希望通过这一事例表明：处在丝绸之路沿线、河西走廊要冲之地的入华粟特人和吐蕃民族，基于其特有的地理区位关系和民族特点，不仅沟通了东西方之间物质文化的交流，同时也沟通了东西方精神文化的交流[①]。它们一方面承载着来自西域、中亚一带的文化习俗与传统，另一方面又承担着西域北方民族与中原汉文化之间过渡融合的角色，从而推动了北朝隋唐以来的民族大融合与文化交流互动新格局的形成。正是从这个意义上而言，入华粟特人和青海吐蕃人留给后世的这些考古图像，不但是文化传播史，也是民族融合史和迁移史上的生动图卷，值得我们作进一步深入的研究探讨。

（原刊于《敦煌学辑刊》2007 年第 1 期）

① 陈海涛：《唐代入华粟特人商业活动的历史意义》，《敦煌学辑刊》2002年第1期。

“穹庐”与“拂庐”

——青海郭里木吐蕃墓棺板画毡帐图像试析

吕红亮

引言

2002年，青海省海西州郭里木乡夏塔图草场发现一批吐蕃时期墓葬，其中两座墓出土的4块彩绘棺板（图一）。其完整而复杂的场景引起了考古、艺术史等领域学者的广泛讨论。多位学者结合文献记载，就族属、图像风格、棺板装饰传统、生活习俗等诸多议题发表了一系列见解，但仍有不少问题有待进一步讨论。如罗世平先生认为郭里木木板画图像“通常是围绕毡帐展开的宴饮图”，并参照两唐书吐蕃传等文献将棺板画图像命名为“拂庐宴饮”。而考之史料文献，并结合民族志，笔者认为汉文史料中的“穹庐”和“拂庐”并不相同，且流行地域不一；郭里木棺板画所描绘的几顶帐篷，无一例外都是史书中所载的“穹庐”，即典型的“蒙古包”，与青藏高原的游牧民传统的“黑帐篷”亦即唐宋文献中所载的“拂庐”显然有别[①]。

有关中国古代毡帐，吴玉贵[②]、葛承雍[③]两位先生有力作前后论述，尤其是葛先生结合大量考古实物资料对古代毡帐做了极为详细的梳理分析，为我们进一步研究中古毡帐提供了新颖思路。受上述研究启发，本文拟结合民族志及其他文献和考古材料，特别侧重两大帐篷类型之不同，对郭里木棺板画的帐篷略作考辨。

---

① 许新国：《郭里木吐蕃墓葬棺板画研究》，《中国藏学》2005年第1期；许新国：《试论夏塔图吐蕃棺板画的源流》，《青海民族学院学报》2007年第1期；霍巍：《青海出土吐蕃木棺板画的初步观察与研究》，《西藏研究》2007年第2期；霍巍：《西域风格与唐风染化——中古时期吐蕃与粟特人的棺板装饰传统试析》，《敦煌学辑刊》2007年第1期；程起骏：《棺板彩画：吐谷浑人的社会图景》，《中国国家地理》2006年第3期；罗世平：《棺板彩画：吐蕃人的生活画卷》，《中国国家地理》2006年第3期；罗世平：《天堂喜宴——青海海西州郭里木吐蕃棺板画笺证》，《文物》2006年第7期；林梅村：《棺板彩画：苏毗人的风俗图卷》，《中国国家地理》2006年第3期；李永宪：《略论吐蕃的“赭面”习俗》，《藏学学刊》第3辑，四川大学出版社，2007年；李永宪：《再论吐蕃的“赭面”习俗》，《政治大学民族学报》第25期，2006年；仝涛：《木棺装饰传统——中世纪早期鲜卑文化的一个要素》，《藏学学刊》第3辑，四川大学出版社，2007年；马冬：《考古发现所见吐蕃射猎运动——以郭里木吐蕃棺板画为对象》，《西安体育学院学报》2008年第26期。公布资料最齐全的研究参见仝涛的英文论文：Tong Tao and Patrick Wertmann, The Coffin Paintings of Tubo Period from the Northern Tibetan Plateau, in M.Wagner/W.Wang(ed.), Bridging Eurasia. Archaologie in China 1, Mainz: verlag Philipp von Zabem, 2010, pp.187–213.

② 吴玉贵：《白居易“毡帐诗”与唐朝社会的胡风》，《唐研究》第5卷，北京大学出版社，1999年，第401～420页。

③ 葛承雍：《丝路商队驼载“穹庐”“毡帐”辨析》，《中国历史文物》2009年第3期。

1

2

3

4

图一 郭里木吐蕃墓出土的四块棺板画

1.M1 之 A 板 2.M1 之 B 板 3.M2 之Ⅰ板 4.M2 之Ⅱ板

一、“蒙古包（Yurt）”与“黑帐篷（Black Tent）”：民族志所见的不同帐篷传统

由于游牧民移动生活的需要，轻便宜携、搭建简单的帐篷是世界范围内游牧民的重要发明和生活场所。作为人类历史上一种独特的建筑形式和居住模式，帐篷受到不少民族志学者的充分关注，产生了一批在世界范围内颇具有影响的研究成果[①]。虽则帐篷类型因具体游牧区的生态环境和历史传统而复杂多样[②]，但多数学者都同意，按照帐篷固定方式的差异，可大体将世界范围内游牧民帐篷分为两大类别：“蒙古包（Yurt）”和“黑帐篷（Black tent）”[③]（图二）。前者西起里海，沿南俄草原一直东至西伯利亚及蒙古的欧亚大陆；后者则西起北非以至中东的阿拉伯地区，东至伊朗、阿富汗和巴基斯坦、西藏高原，四川西北部的壤塘草原一带是其分布的东界[④]。中亚一带则是此两类帐篷的交错分布地带。就中国而言，现今内蒙古、新疆等地流行蒙古包，而西藏、青海、四川等地仍有不少牧民以黑帐篷为日常居所[⑤]。

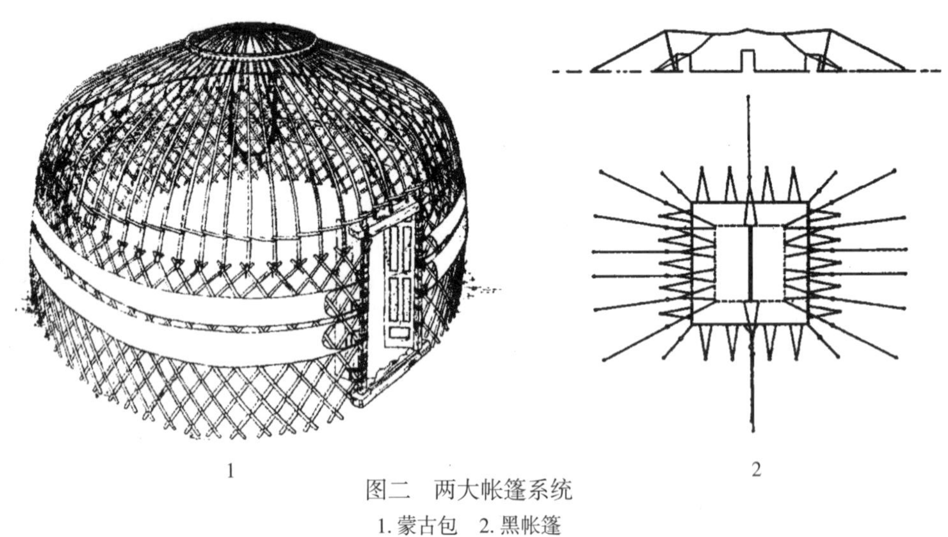

图二　两大帐篷系统

1. 蒙古包　2. 黑帐篷

上述两类帐篷类型在结构上存在较大区别。如蒙古包的框架和篷毡相互独立，没有篷毡，框架结构也足够稳定不致倒塌；而黑帐篷的支撑结构和篷毡则互为一体，去掉任何一个，帐篷都不能成

① T. Faegre, Tents: Architecture of the Nomads, New York: Anchor Books, 1979; P.A.Andrews, Nomad Tent Types in the Middle East (Tubinger Atlas des Vordeten Orients (TAVO)Beihet 74), Tubinger; Dr Ludwig Reichert Verlag, 1997.后者是目前所见有关帐篷民族志研究的最权威的著作，作者调查研究世界各地的帐篷多年。目前出版的第一、二卷专门处理中东地区的框架形帐篷，划分出了多达56个次级类型，第三、四卷将专门研究黑帐篷。

② T. Faegre, Tents: Architecture of the Nomads, New York: Anchor Books, 1979, pp.6-8.

③ Andrews最近提倡以“框架式（Framed Tent）”帐篷代替Yurt的类型，因为在他看来，从突厥语演变而来的Yurt实际并非指帐篷，而仅有“边界”之意。由于本文不涉及更广泛的分类，为简明起见，仍采用习惯的统称，即蒙古包（Yurt）和黑帐篷（Black Tent）。

④ A. Manderscheid, the Black Tent in its Easternmost Distribution: the Case of the Tibetan Plateau, Mountain Research and Development, Vol. 21: 2，2001.

⑤ 孙大章：《中国民居研究》，中国建筑工业出版社，2004年，第193～196页。

立。蒙古包一般具有如下特点：墙体由一系列活动的木构架交叉连接而成，将框架树立就构成了基本的内部圆形空间，在木构架上预留有门口，帐篷顶为车轮形，中间犹如车辐伸展而开，再以一系列弯曲木柱链接屋顶与墙架，后覆以毛毡，其适应的生态环境也多为多风、多雨和干冷的欧亚草原地带①。由于Yurt框架为木质，运输需要依靠畜力或车辆，因此其对应的游牧民族多蓄养马和骆驼。此类帐篷还可进一步被分为两种类型：蒙古、鞑靼、布里亚特游牧部落使用的尖顶“蒙古型”（或“卡尔梅克型”），以及吉尔吉斯、哈萨克、乌兹别克以及突厥人使用的其顶部为圆形的“突厥型”（或曰吉尔吉斯型）。

黑帐篷则有如下共同特点，其篷毡一般系黑山羊毛、骆驼或牦牛毛织成，采天然黑色，或经染色处理；篷毡本身具有一定张力，其上缝有用来拴系固定的毛绳绷带。帐篷固定主要依靠自身张力和毛带的拉力，其下撑杆相对独立。此类帐篷的分布范围很广，根据拴系方式不同，一般可分为两个次级类别：流行于东部的“波斯西藏”类型，以及流行于西部阿拉伯、伊拉克、叙利亚一带的拜都因（Bedouin，或阿拉伯）类型②，二者篷毡的拴系方式有所不同。这类帐篷透气性较好，但防雨性能较差，流行地域多为干旱或半干旱较炎热的沙漠地带，所以有学者对于西藏高寒环境中采用黑帐篷颇为难解。

现今游牧民族虽渐趋定居，文化融合也颇为繁盛，但两类帐篷的分布界限依然分明。如在中国，蒙古包主要流行于东北草原以及新疆北部，而黑牦牛帐篷则主要流行于西藏以及四川西部的牧区。除却生态地理的限制因素不论，作为一种物质文化，必有其植根的深远特殊历史传统。

二、“穹庐”与“拂庐”：汉文史料所见毡帐之不同系统

中国古代史料中，自《史记》以来不乏有关北方游牧民族的毡帐记载。“居无定所”的“毡帐”如同“披发左衽”的形象，被汉族史家用来描述非我异类的“他者”，成为华夏民族心目中北方蛮族的象征③。汉以来，中原人士对毡帐多有描绘，而其自身也不免大受此“胡风”浸染，毡帐逐渐融入中原人士的日常生活，成为婚丧嫁娶宴飨宾客的主要场所，并在有唐一代并成为社会风尚，如唐太子曾于皇宫内、诗人白居易在长安都曾自设“穹庐”，居住其中④。

但值得注意的是，文献中的“穹庐”和“拂庐”并非宽泛统称，其所指实大有分别，在史书中极少混淆。目前研究者多未注意到这一点，将“拂庐”和“穹庐”并用，这是需要修正的。以下依据相关史料，予以分别检讨。

史籍中涉及穹庐的记载非常广泛，涉及如匈奴⑤、乌孙、乌桓、鲜卑、柔然、突厥、契丹、吐

---

① 新疆土木建筑学会：《新疆民居》，中国建筑工业出版社，1995年，第185～189页。

② T. Faegre, Tents: Architecture of the Nomads, pp.13–15.

③ 王明珂：《游牧者的抉择：面对汉帝国的北亚游牧民族》，联经出版事业公司，2009年，第113页。

④ 吴玉贵：《白居易“毡帐诗”与唐朝社会的胡风》，《唐研究》第5卷，北京大学出版社，1999年，第401～420页。

⑤ 有关匈奴穹庐的讨论，参见[日]江上波夫：《匈奴の居住》《匈奴の社会生活》，《江上波夫社会文化史论集》第3册，株式会社山川出版社，1999年，第143～173页。江上波夫认为匈奴穹庐车帐一体，以牛牵引移动，此可能仅为其中之一种。

谷浑、高车等诸多北方少数民族。如匈奴以“广野为闾里，以穹庐为家室”[①]，匈奴“父子乃同穹庐而卧”[②]，乌桓“随水草放牧，居无常处。以穹庐为舍，东开向日”[③]，柔然“编发左衽……土气早寒，所居为穹庐毡帐”[④]；吐谷浑“虽有城郭而不居，恒处穹庐，随水草畜牧”[⑤]；高车“穹庐前丛坐，饮宴终日”[⑥]，突厥“被发左衽，穹庐毡帐，随水草迁徙，以畜牧射猎为务”[⑦]等等，不绝于书。上述记载虽然多流于一般性概括，但亦可见穹庐的几点特征：

第一，这种穹庐主要是木架构的，如“匈奴西边诸侯作穹庐及车，皆仰此山材木，且先父地，不敢失也”[⑧]；第二，其上一般覆以毛毡，如乌孙“穹庐为室兮旃为墙”[⑨]，契丹“穹庐连属如冈阜，四面亘以毛索，挂铃为警，纵犬往来”[⑩]；第三，此种穹庐有门，且多向东方开门（“东开向日”）；第四，其基本形状为圆形，《汉书》颜师古注解说得很清楚，“穹庐，旃帐也，其形穹隆，故曰穹庐”，又《南齐书·魏虏传》言鲜卑的毡帐“形制平圆”[⑪]；第五，穹庐不仅是北方少数民族的日常居住方式，亦是军营和宴饮集会主要场所（“穹庐前丛坐，饮宴终日”）。

汉唐以来，汉地史家对于北方游牧民族的帐篷颇为熟悉。大体在魏晋时期，毡帐也传入黄河流域的农耕民族中，并经一定的改造，如《南齐书》将“百子帐”描述为“以绳相交络，纽木枝枨，覆以青缯，形制平圆，下容百人坐，谓之为‘伞’”[⑫]，提示出中原地区汉人曾以青缯（即丝）代替了毛毡。除了模仿外，汉人大概亦可透过以下两个途径获得穹庐成品，一是“战利品”，如《后汉书》载“夔自击其左，令鲜卑攻其右，虏遂败走，追斩千余级，杀其名王六人，获穹庐”[⑬]；二是北方游牧民族向中原王朝的“贡品”，如后文述及吐蕃献拂庐的记载。

较之“穹庐”，史籍中的“拂庐”一词使用则并不普遍，最早似见于《通典》对吐蕃的描述：

> 其君长或在跋布川，或居逻娑川，有小城而不居。坐大毡帐，张大拂庐，其下可容数百人。兵卫极严，而衙府甚狭。俗养牛羊，取乳酪供食，兼取毛为褐而衣焉。不食驴马肉，以麦为麨[⑭]。

其后，新旧唐书有关吐蕃的描述也大体与此接近：

---

① 《盐铁论校注》卷七《备胡篇》，天津古籍出版社，1983年，第453页。
② 《史记》卷一一〇《匈奴列传》，中华书局，1982年，第2900页。
③ 《后汉书》卷九〇《乌桓鲜卑列传》，中华书局，1965年，第2979页。
④ 《南齐书》卷五九《芮芮虏》，中华书局，1972年，第1023页。
⑤ 《魏书》卷一〇一《吐谷浑传》，中华书局，1974年，第2240页。
⑥ 《魏书》卷一〇三《高车》，中华书局，1974年，第2307页。
⑦ 《周书》卷五〇《突厥》，中华书局，1971年，第909页。
⑧ 《汉书》卷九四《匈奴列传》，中华书局，1962年，第3810页。
⑨ 《汉书》卷九六下《乌孙国》，中华书局，1962年，第3903页。
⑩ 《新五代史》卷三三《张敬达》，中华书局，1974年，第361页。
⑪ 《南齐书》卷五七《魏虏》，中华书局，1974年，第991页。
⑫ 《南齐书》卷五七《魏虏》，中华书局，1974年，第991页。
⑬ 《后汉书》卷一九《耿弇传》，中华书局，1965年，第719页。
⑭ 《通典》卷一九〇《边防六·吐蕃》，中华书局，1988年，第5171页。

其人或随畜牧而不常厥居，然颇有城郭。其国都城号为逻些城。屋皆平头，高者至数十尺。贵人处于大毡帐，名为拂庐①。

其赞普居跋布川，或逻娑川，有城郭庐舍不肯处，取毳帐以居，号大拂庐，容数百人。其卫候严，而牙甚隘。部人处小拂庐，多老寿至百余岁者。衣率毡韦，以赭涂面为好②。

另，《旧唐书》还记载吐蕃向唐朝献拂庐一事：

辛未，吐蕃使人献马百匹及大拂庐可高五丈，广袤各二十七步③。

上述几条史料在关于郭里木棺板画的研究中，亦被学者广泛应用，但多数学者均认为此郭里木木板画中的帐篷就是两唐书所记载的“拂庐”，笔者认为这是错误的。

首先，如前文所述中国古代史籍中的“穹庐”是圆形的，但上述三条记载中，吐蕃“拂庐”显然是方形的，如《旧唐书·高宗纪上》为描述吐蕃进贡的“大拂庐”之大，用了“高五丈，广袤各二十七步”的定量描述，这显然描述的不是一种圆形帐篷，而更应该是一种方形帐篷。再者，如果以时代先后检索有关史料则会发现，史料中“拂庐”一词出现甚晚，大体在唐以前，仅有“穹庐”，而无“拂庐”之说，且拂庐甫一出现就专指吐蕃的毡帐。这是一个非常值得注意的变化。为何汉地史家弃沿袭几百年的“穹庐”而代之以“拂庐”呢？更值得注意的是即便在《新唐书》中，“穹庐”一词并未废止，而继续被用来描述突厥等北方少数民族的毡帐，这足以表明在当时史家心目中，“穹庐”和“拂庐”是有区别的。五代宋以降，史籍中有关“拂庐”的记载仍远不如“穹庐”普遍，即便有者，也为沿袭两唐书关于吐蕃的记载，或仅为文学性修辞，泛指毡帐。

笔者认为“拂庐”的出现，需要从语言学上加以考虑，实际上著名藏学家王尧先生早已注意到，“拂庐”就是唐人对于西藏“氆氇”的音译。为完整理解，兹引述如下：

牛毛也用来织成粗糙的料子，用以制帐篷住人，称为sbra，就是人们常说的黑色牦牛毛所织的帐篷。在公元823年立于拉萨的《唐蕃会盟碑》上就曾有“sbra”一词作为逻（拉萨）东郊的地名出现过。碑上的文字是sbra-stod-tshal，意思“是上部帐篷园”。用牛、羊毛混合，或专用羊毛织出来的料子叫做phru，汉语准确地译为“氆氇”。这一词又作为专门术语被引进西方主要语言。这种纺织品代表了当时吐蕃人的纺织技术水平。把整幅的氆氇联结起来，每一幅大约在三十到四十公分，做成毡帐。唐人称之为“拂庐”，实际上还是phru的音译④。

① 《旧唐书》卷一九六《吐蕃传上》，中华书局，1975年，第5220页。
② 《新唐书》卷二一六上《吐蕃传上》，中华书局，1975年，第6072页。
③ 《旧唐书》卷四《高宗纪上》，中华书局，1975年，第73页。
④ 王尧：《吐蕃饮馔服饰考》，《西藏文史考信集》，中国藏学出版社，1994年，第277～292页。

此外，有关古代毡帐，尚有“百子帐”的说法，如宋人蔡绦曾言“百子帐者，北之穹庐也，今俗谓之毡帐”[①]。吴玉贵先生在讨论白居易的毡帐诗的时候亦注意到宋人程大昌（1123 ～ 1195 年）认为唐人婚礼用的百子帐“本出塞外，特穹庐、拂庐之具体而微者”，并仔细地描述了其结构乃“柳为圈，以相连琐，可张可阖，为其圈之多也，故以百子总之，亦非真有百圈也。其施张既成，大抵如今尖顶圆亭子，而用青毡通冒四隅上下，便于移置耳”。很明显，程大昌此处描述的正是蒙古包形式的“穹庐”，亦非“拂庐”。

总结上述讨论可知，大体在隋唐以前，史书有关北方游牧的民族记载中，凡涉及帐篷者，大都使用了“穹庐”一词，以泛指以匈奴、突厥等为代表的北方民族使用的圆形帐篷（蒙古包）。从形制和技术特征而言，这种穹庐和前文述及的民族志中的蒙古包基本一致，可归入欧亚大陆的蒙古包传统。隋唐以来，随汉地与吐蕃联系渐深，汉文史料中普遍以“拂庐”一词专指吐蕃的毡帐，其结构和形制也基本接近民族志中的波斯西藏的黑帐篷类型。检视郭里木棺板画所绘的 3 顶帐篷图像，均为圆形，此无疑属于“穹庐”，而不应该是“拂庐”。引用吐蕃史料去解释棺板画并不恰当，这更多反映出研究者先入为主的“族属预设”和史料采择的“倾向性”。

三、考古资料所见的毡帐类型及主题

尽管旧石器时代已经有了某些类似帐篷的居住遗迹雏形，但不少学者认为从物质文化研究角度而言，最好将帐篷定义为“一种由可移动的覆盖物和制成结构组成的，可以随时组装为一种复合式建筑形式的装配式结构”[②]。按此界定，以考古学的方法研究帐篷面临诸多挑战，如柴尔德就曾经悲观指出，“游牧人群很难留下可供考古学家辨认的线索，他们使用皮质或竹木容器而不是陶器，居住在活动的帐篷中而不是那些可以通过发掘可以发现的木结构或砖石墙的居所里，竹编和皮质容器当然不会留下来，帐篷更可能连个柱印也留不下来”[③]。但随着考古学理论和方法的进展，中外考古学家已经逐渐建立起一套识别帐篷基址的营地遗址（Campsite）的调查和研究方法[④]，这对于从考古学角度研究游牧人历史增加了新的途径。概言之，从考古学角度研究古代帐篷不外有两个途径：地表或发掘出土的帐篷营地基址、考古出土物中的帐篷图像和实物模型。

目前世界考古学家有关帐篷的起源仍未取得一致意见。尽管现今中东的贝都因[⑤]、西藏游牧民

---

① 蔡绦撰，冯惠民、沈锡麟点校：《铁围山丛谈》卷2，中华书局，1997年，第30页。

② R Cribb, Nomads in Archaeology, Cambridge: Cambridge University Press, 1991.

③ V. G. Childe, Man Makes Himself, London: Watts and Co., 1941, p.81.

④ R Cribble, Nomads in Archaeology, Cambridge: Cambridge University Press, 1991; S. A. Rosen, Nomads in Archaeology: A Response to Finkelstein and Perevolotsky, Bulletin of the American Schools of Oriental Research, No.287, 1992, pp.75–85; S. A. Rosen, Notes on the Origins of Pastoral Nomadism: A Case Study from the Negev and Sinai, Current Anthropology, Vol. 29: 3，1988, pp.498–506; S. A. Rosen, A Roma Period Tent Camp in the Negev, Isare, Journal of Field Archaeology, VoL 20, 1993, pp.441–451.

⑤ B. A. Saidel, the Bedouin Tent: An Ethno-archaeological Portal to Antiquity or a Modem Construct? The Archaeology of Mobility: Old World and New World Nomadism, Los Angeles: Costen Institute of Archaeology, Los Angeles: University of California Press, 2008, pp.465–486.

都是黑帐篷的主要使用者，但关于其起源尚属未知[①]。有学者认为黑帐篷可能在公元前4000～3000年产生于美索不达米亚的早期畜牧部落中[②]，克瑞比（Cribb）等依据民族志材料对比和发现的地面石圈以及陶器，更认为近东Tepe Tula' s遗址暴露地表的长方形石圈乃是帐篷营地遗址，而其年代则可依据陶器类型断代在公元前6200年[③]，这堪称考古记录中最早的帐篷记录。有学者认为近东黎凡特地区的Giv' ot Reved遗址地表的长方形石圈为黑帐篷基址，年代在2～3世纪[④]。俄罗斯考古学家库兹敏那（Kuzmina）更提出大体在公元前1200～前900年间欧亚草原的青铜时代已经出现了轻型宜携的原始帐篷[⑤]。

在图像材料方面，目前所掌握的证据均为框架帐篷。最早的图像证据来自岩画，如在蒙古草原[⑥]以及中国境内的内蒙古桌子山召烧沟、巴丹吉林曼德拉山、蒙古阴山[⑦]都发现过帐篷形象的岩画。2004年美国考古学家斯特罗纳科（David Stronach）撰文介绍了目前考古记录中两则年代较早的帐篷图像材料[⑧]。一件为1983年在伊朗阿坦（Arjan）墓葬中出土的一件刻纹铜碗[⑨]，表现国王坐于帐前饮酒的场面（图三），其年代被定为公元前700～前600年，为表达帐篷内的场景，采取了只表达帐篷框架的做法。另外该作者还举出一幅断代在公元前1世纪萨马尔泰文化墓葬壁画中所绘帐篷图像[⑩]（图四）。上述两个较早的图像材料都准确无误地描绘出在早期的圆形框架帐篷。这是我们目前所能见到的最早的帐篷图像，足以表明在公元前第一千纪的欧亚畜牧部落中无疑有帐篷建筑。

图三 阿坦遗址刻纹铜碗

① 此一问题又牵涉西藏牦牛驯养的历史。目前整个青藏高原为数不多的考古材料中，仅有曲贡遗址的动物遗存识别出牦牛，青海诺木洪的塔里哈拉他遗址曾出土一件牦牛陶塑。牦牛与青藏高原早期人类活动历史的关系十分密切。参见：D. Rhode, Yaks, Yak Dung, and Prehistoric Human Habitation of the Tibetan Plateau, Late Quaternary Climate Change and Human Adaptation in Arid China, pp.205-224.以及傅罗文等：《甘青地区家养动物的来源》，《考古》2009年第8期。另，王明珂指出宁夏博物馆所藏一件铜牌饰为牦牛形象，参见氏著：《游牧者的抉择：面对汉帝国的北亚游牧民》，联经出版事业公司，2009年，第175～176页。

② T. Faegre, Tents: Architecture of the Nomads, p.9.

③ R. Cribb, Nomads in Archaeology, Cambridge: Cambridge University Press, 1991.

④ S. A. Rosen and G. A. Goodfriend, An Early Date for Caza Ware from Northern Negve, Palestine Exploration Quarterly, Vol. 25, 1993, pp.143-148.

⑤ E. E. Kuzmina, Prehistory of the Silk Road, Philadelphia: University of Pennsylvania Press, 2008, p.65; P. L Kohl, The Making of Bronze Age Eurasia, New York: Cambridge University Press, 2007, pp.164-166.

⑥ B. B.沃尔科夫：《蒙古鹿石》，中国人民大学出版社，2004年。

⑦ 盖山林：《阴山岩画》，文物出版社，1986年，第382页。

⑧ D. Stronach, On the Antiquity of the Yurt: Evidence from Arjan and Elsewhere, the Silk Road, Vol. 2:1, 2004.

⑨ J. Alvarez-Mon, Imago-Mundi: Cosmological and Ideological Aspects of the Arjan Bowl, Iranica Antigua, Vol. 39, 2004, pp.203-237.

⑩ M. Rostovtzeff, Iranians&Creeks in South Russia. Oxford: Clarendon Press, 1922. p.160, p.128: 1.

图四　萨马尔泰文化墓葬壁画

公元前第一千纪以来，随着游牧族群在欧亚历史舞台上愈发活跃，与中外文献中关于穹庐的记载相若，考古出土材料中有关穹庐图像及实物材料亦渐增。实物资料方面，以笔者所及，大体有三类：第一为魏晋南北朝时期墓葬中随葬的陶毡帐模型[①]；第二为丝路沿线发现的负载帐篷支架的骆驼俑[②]，颇值得注意的是，在郭里木M1棺板画图像中亦有一负载物品的骆驼形象，其驮载之团装物品应为篷毡，其下有两条栅格长条状物为帐篷的框架，这和隋唐时期常见的骆驼俑几乎别无二致；第三为中亚粟特的盛骨瓮（Ossuary）[③]。关于帐篷的图像资料方面，中国北方地区出土考古材料中为数不少，大体有如下几类：

第一，魏晋时期河西地区及北魏平城一带的壁画墓。

甘肃嘉峪关西晋壁画墓[④]M3绘有穹庐的画面有三处，一处绘并列穹庐二，左一人躺卧，右一人踞蹲正在煮食，皆赭衣髾发，报告认为当为河西鲜卑；同墓前室南壁M3：08绘有屯营场面，中央为一大帐，大帐周围绕以小帐三重，帐外戟盾林立；另外M3：025的画面上亦有两圆形帐篷，内各有一人，形制与上同。与之几乎相同的穹庐图像见于甘肃酒泉西沟村魏晋墓M7，M7前室南壁的墓砖亦绘有两个并列的穹庐，亦为圆顶弧形门口，帐内有炊器[⑤]。山西大同沙岭北魏墓南壁西部第四行以及第五行绘有圆形帐篷共5顶，与现今的蒙古包别无二致，顶部似还可开合，长方形的门框亦清晰可见[⑥]。

第二，北朝隋唐时期的粟特石棺屏风画像。

近年中国出土的有关粟特石棺屏风雕刻中，亦可见帐篷形象，帐篷的有无常被视为墓主“汉化程度”的标志[⑦]。如北周的安伽墓棺床共绘有圆形帐篷共3幅（左3上、正5下、右2上）[⑧]，均以

① 大同市考古研究所：《大同雁北师院北魏墓群》，文物出版社，2008年，第66～68、165页，认为此墓所出者为时代最早的帐房实物模型。

② 葛承雍：《丝路商队驼载“穹庐”“毡帐”辨析》，《中国历史文物》2009年3期。

③ 这类盛骨瓮在中亚河中地区有大量发现。形状有方形、圆形两类。一般认为，盛骨瓮之形状是模仿亡者住所之形状，因而方形盛骨瓮表示死者定居之家屋，椭圆形盛骨瓮则表示游牧民的毡帐。参见龚方震、晏可佳：《祆教史》，上海社会科学院出版社，1998年，第157页。

④ 甘肃省文物考古研究所：《嘉峪关壁画墓发掘报告》，文物出版社，1985年，第68页，图版76: 1，图版86: 1。

⑤ 甘肃省文物考古研究所：《甘肃酒泉西沟村魏晋墓发掘报告》，《文物》1996年第7期。

⑥ 大同市考古研究所：《山西大同沙岭北魏壁画墓发掘简报》，《文物》2006年第10期。

⑦ 陕西省文物考古研究所：《西安北周安伽墓》，文物出版社，2003年，第90～91页。

⑧ 陕西省文物考古研究所：《西安北周安伽墓》，文物出版社，2003年，第25页。报告将正面屏风第1幅、第4幅中的方形人字顶建筑称为帐篷，这是不妥的，其更可能为围帐。

黑彩绘出“虎皮纹”，门楣一周及门框涂彩，门内有帷幔，地面铺红色黑花地毯，帐篷内均有人踞坐2～3人，其中右侧屏风第2幅顶部装饰较前二者复杂。另外，日本Miho美术馆收藏北齐石棺床原编号E（荣新江重新排列的后屏1号板）、原编号C板上均有圆形帐篷图像，整体轮廓线条近直（荣新江将此称为“突厥式帐篷”）[①]，E板被认为是萨宝夫妇宴饮图，是Miho所藏石屏的中心画像，但实际上E板上穹庐与C板的穹庐差别较大，而与安伽墓所见穹庐相近。

第三，敦煌壁画。

如西千佛洞北魏第10窟、中唐第231窟、五代第61窟、盛唐第445窟、第148窟、晚唐第156窟，都为圆形穹顶，开方门，可见内壁交叉之骨架，第56窟还绘出了顶部的车辐[②]。

从形态而言，上述列举的帐篷图像无一例外都属于圆形的框架式帐篷类型，郭里木棺板画中所见的帐篷都也同属此一传统。但就图像具体细节而言，仍存在不容忽视的差别，这可能反映了同一帐篷类型下的次系统差别。如河西地区的几例帐篷图像都极为简略，帐篷较矮小，门口宽大，外部轮廓线呈弧形，且呈弓形，这很可能是“拱形框架”帐篷，即其支撑结构可能系以具有柔性的木条弯折汇聚搭建而成，与典型的交叉木条的蒙古包稍有差别。再如郭里木的帐篷顶部的喇叭状凸起较为特别，类似例子仅见于敦煌壁画。萧默先生认为敦煌壁画里的此类形象为草庵，但郭里木帐篷设有门帘，可以卷起收放，且饰连珠纹，这表明此类帐篷的篷毡显然是纺织品。大同地区的壁画墓中所见帐篷表现得较为精细，则已经具备典型的蒙古包样式，其中可见内部的交叉框架以及顶部的圆凸。

从帐篷表达的主题来看，也较为复杂，如河西地区涉及军事、劳作等生活场景，粟特棺床上的帐篷图像则多表现商旅宴饮场景。较之上述主题，郭里木的帐篷所表达的场景则相对复杂多，兹予以简单讨论。

郭里木木板画1号墓木棺AB两侧板各绘有4个帐篷图像；2号墓木棺两侧板亦各绘1个帐篷图像。这6个帐篷依据位置、形态、情节等可分为两大类：

第一类，居于棺板画末端的大帐篷，共有5个（即1号墓A板低帮处的2个、B板高帮处的1个、2号墓两个侧板的2个），形制基本相同，处于大部分画面叙事的“中心”部分，除了一个帐篷被前面的挡住外，其余两个的门口都可见帐内坐人，门口立有侍卫，帐篷的装饰也较为简单，除了描绘门框镶边外，基本留白，从画面所反映的内容来看都应为与葬仪有关的宴饮场面[③]。

第二类，居于B板低帮处的小帐篷（即罗世平所言的B板的第一组画面）[④]，据相关描述及线图，此帐篷式样与宴饮场面中的大帐篷基本一致。但不同的是，此帐周围的人物活动场面与哀悼死

① 荣新江：《Miho美术馆粟特石棺屏风的图像及组合》，《艺术史研究》第4辑，中山大学出版社，2002年，第199～221页。

② 萧默：《敦煌建筑研究》，中国建筑工业出版社，2003年，第202～207页。不过萧默先生认为前三例是“草庵”，后三例才是穹庐。

③ 霍巍：《青海出土吐蕃木棺板画的初步观察与研究》，《西藏研究》2007年第2期。

④ 此帐篷从《中国国家地理》发表的照片中极难辨认，本文仅据罗世平公布的线图。但程起骏则在同期《中国国家地理》杂志的文章描述，“在棺板右侧中心有一巨大灵柩，棺盖上饰连珠宝带，棺前挡板上绘有熊熊燃烧的火焰”。此可见在郭里木棺板画研究上，对原始资料的判读上可能依然存在较多问题。而随着罗世平文章中的清线描图公布以后，多数讨论均以此为据，但这个线图是否完全准确，实值得进一步观察。

者有关，且据罗世平先生观察，帐内陈有死者棺具的可能性很大，其主题为“灵帐举哀”。这在以往墓葬美术题材中较为罕见，使笔者不由联想到粟特的“哀悼死者”主题。

按照萨珊波斯的琐罗亚斯德教的教义，葬礼不允许哀悼仪式也不能遮盖死者身体[①]，但不少学者都注意到在中亚粟特人的葬仪风俗却多少与琐罗亚斯德教有违背之处，其中“哀悼死者（cult of lamentation）”即为突出一例[②]。此类哀悼题材在中亚地区的考古发现中常有发现，此仅以笔者所及，兹举三则。

1. 乌兹别克斯坦花剌子模托克卡拉（Tok-kala）曾出土一具帐篷形盛骨瓮。此件器物曾为研究粟特的学者广为引用[③]，其盖呈穹顶形，且在一侧绘出门口，应该是在表现毡帐，并有数人立于门外，单手或双手触头，其身份应为哭丧者。瓮身绘有置于长形棺床上的死者，以白布遮身，周围亦有数人做哀悼状，苏联考古学家将之命名为“默哀图”（Scene of Mourning）。

2. 著名的塔吉克斯坦片治肯特 2 号神庙壁画中的哀悼图。此壁画描绘了一大型穹顶建筑下，横置一带花冠的尸体，一侧有 3 人手及头顶做哀悼状，图像下方亦有多人割耳剺面的哀悼图像[④]。

3. 土库曼斯坦木鹿地区的 Giaur - Kala 遗址出土的一件陶瓶，上亦绘出了类似的哀悼图[⑤]。陶瓶器身有彩绘图案分为三个场景：夫妇对饮、马上射猎和哀悼死者，其中死者身体亦为白布遮盖，仅留头部，尸体一侧有 2 人扶尸做哀悼状。

上述三例图像材料与郭里木棺板画中 B 板中的“灵帐举哀”的相似性是颇值关注。饶有兴味的是，据罗世平先生观察，B 板小帐上面尚覆有“连珠纹”织物，如同霍巍先生业已指出，郭里木棺板画反映出了诸多中亚粟特艺术的影响[⑥]，如骑射狩猎、商队出行、帐外宴饮乐舞、帐内主人宴饮等主题，而棺板画中那匹负载着毡帐的骆驼也指示出明显的中亚传统。这一方面显示出郭里木棺板画题材的复杂性；另一方面亦可成为笔者将郭里木“灵帐举哀”与粟特的“哀悼死者”主题并置讨论的依据。或许，郭里木棺板画所表达葬仪尚不排除受到某些中亚祆教的影响。

四、结语

结合民族志资料与文献，笔者认为青海郭里木棺板画中的帐篷图像乃属于欧亚大陆最为普遍的圆形帐篷（Yurt），即汉文史料中的“穹庐”，而非“拂庐”。“拂庐”一词大体在唐代兴起，乃是对藏语的音译，且专指吐蕃毡帐，其构造基本类似流行于中东以及古代波斯南部的“黑帐篷”，

① 林悟殊：《火祆教的葬俗及其在古代中亚的遗痕》，《西北民族研究》1990年第1期。

② B.LMarshak and N. N. Negmatov, Sogdiana, in History of Civilizations of Central Asia, Volume Ⅲ(edited by B.A.Litvinsky, Zhang Cuang-da and R.Shabani Samghabadi), Paris: UNESCO, 1996, p.253; R. N. Frye, The Heritage of Central Asia: from Antiquity to the Turkish Exapansion, Princeton: Markus Wiener Pulishers, 1995, p.190.

③ G.Frumkin, Archaeology in Soviet Central Asia, Leiden: E. J Brill, 1970, p.101; B. I. Marshak and N. N. Negmatov, Sogdiana, History of Civilizations of Central Asia, Volume Ⅲ(edited by B. A. Litvinaky, Zhang Guang-da and R. Shabani Samghabadi), Paris: UNESCO, 1996, p.209, p.219, Fig. l, Fig, 14.

④ G.Frumkin, Archaeobgy in Soviet Central Asia, p.73.

⑤ G.Frumkin, Archaeology in Soviet Central Asia, p.149.

⑥ 霍巍：《西域风格与唐风染化——中古时期吐蕃与粟特人的棺板装饰传统试析》，《敦煌学辑刊》2007年第1期。

与“穹庐”区别较大。目前考古资料中累积的有关“穹庐”的材料十分丰富，郭里木棺板画中帐篷与之相若，属于一个大的传统。尽管黑帐篷亦流行广泛，也必有其深远传统，但限于材料，目前有关其起源尚不了解。

有关郭里木木板画的族属问题，既有研究者意见不同，大致可归纳为“吐谷浑说”“吐蕃说”“苏毗说”“吐蕃占领下的吐谷浑说”等几种不同的意见，根据树轮年代学建立的序列，郭里木乡夏塔图 4 座墓葬的年代范围大致在 757 ～ 785 年之间[①]，已在吐蕃占领吐谷浑之后（663 年）。所以一些学者所提倡将其归属于“吐蕃属”的概念之中最为恰当，棺板画主人的族源当是吐谷浑人（即受到吐蕃文化影响、受吐蕃管辖而保持吐谷浑特点）。从帐篷图像可见，虽然政治上受到吐蕃管辖，丧葬文化中也大受苯教仪轨的影响，但本地民族长久以来的居住传统并没有改变，而是与鲜卑一样使用的是在中国北方乃至欧亚草原已有很长历史传统的圆形蒙古包，而并非吐蕃本土流行的黑帐篷。并且，从与帐篷相关的“哀悼主题”，亦可见中亚一带的影响。笔者相信，随着资料的进一步详尽披露，郭里木棺板画的解释远未终结。

（原刊于《敦煌学辑刊》2011 年第 3 期）

① 肖永明：《树木年轮在青海西部地区吐谷浑与吐蕃墓葬研究中的应用》，《青海民族研究》2008年3期。

丝路商队驼载“穹庐”“毡帐”辨析

葛承雍

考古出土和文博界收藏了大量北朝隋唐骆驼载物俑，其中很多骆驼背上负载的物品，被人们广泛定名为“货架”“物架”“鞍架”“货板”“挡板”的多层木排条。笔者长期观察发现，其实就是“穹庐”“毡帐”支撑架子，也有人称为网状编壁，蒙古语叫“哈那”（图一），是丝绸之路上商队驼帮不可或缺的野外住宿必备物品。张设时从驼背卸下置于地面，移动时驾于驼背两边驮驮物品之下。从摆放位置与程序来看，主要是为了折叠张合节省负荷空间，与骆驼载重“货架”“物鞍”没有多大关系。

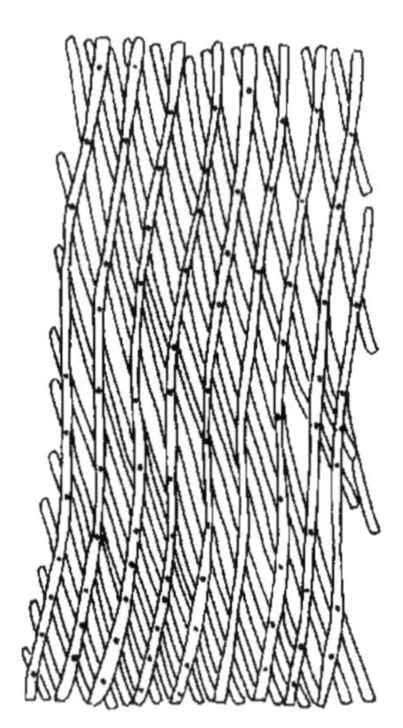
图一　穹庐围壁支架

一

中国社科院历史所吴玉贵先生曾在1999年发表过《白居易“毡帐诗”所见唐代胡风》大作[①]，从白居易描写的十余首“毡帐诗”入手，指出毡帐与汉唐北方草原游牧民族的关系，特别是详细讨论了“北朝穹庐之制”与突厥兴起前后“毡帐”在黄河流域及以南地区的使用，论述清晰，给人印象很深。其中白居易太和七年《青毡帐二十韵》一诗尤其受到后人瞩目，宋人程大昌做过考证[②]。

白居易原诗写道[③]：

合聚千羊毳，施张百子卷。骨盘边柳健，色染塞蓝鲜。北制因戎创，南移逐虏迁。汰风吹不动，御雨湿弥坚。有顶中央耸，无隅四向圆。旁通门豁尔，内密气温然。

---

① 吴玉贵：《白居易“毡帐诗”所见唐代胡风》，《唐研究》第五卷，北京大学出版社，1999年。此文惜未有文物配图，还是文字概念上描写的毡帐。

② 程大昌：《演繁录》卷十三“百子帐”条。程氏解释“百子帐”没有子孙众多之意，而是穹庐“棬柳为圈，以相连琐，可张可阖，为其圈之多也，故以百子总之，亦非真有百圈也”。吴玉贵认为“百子”是鲜卑人称呼毡帐的译音，而“穹庐”是源于匈奴人的译音，这种考释可能更接近原义。但将柳条木编制成一个个网状栅栏，相互联结可以伸缩，则是毡帐支架形制。

③ 白居易：《青毡帐二十韵》，《全唐诗》卷四五四，中华书局，1960年，第5141页。

远别关山外，初安庭户前。影孤明月夜，价重苦寒年。软暖围毡毯，枪摐束管弦。
最宜霜后地，偏称雪中天。侧置低歌座，平铺小舞筵。闲多揭帘入，醉便拥袍眠。
铁檠移灯背，银囊带火悬。深藏晓兰焰，暗贮宿香烟。兽炭休亲近，狐裘可弃捐。
砚温融冻墨，瓶暖变春泉。慧帐徒招隐，茅庵浪坐禅。贫僧应叹羡，寒士定留连。
宾客于中接，儿孙向后传。王家夸旧物，未及此青毡。

这首诗对毡帐的形制、用途和人们在毡帐中日常起居的情景做了描述，既有待客宴饮场地，又有保暖御寒作用。主要有几点可注意：

1.“合聚千羊毳”，“毳”为鸟兽的细毛绒，白居易《红线毯》诗云：“太原毯涩毳缕硬”。“毳帐”即为毡帐，《新唐书·吐蕃传上》：“有城郭庐舍不肯处，联毳帐以居。”而毡帐出自塞外游牧民族生活住宿必用之品，有时又称为“穹庐”“拂庐”。

2.“施张百子卷”中“百子卷”即“百子帐”，“卷”是圈弓的意思。构造以柳木条编弓为圈，互相连锁，可张可合，因为圈多，故叫百子卷，不一定真有百圈之多。“骨盘边柳健”，也就是说，毡帐支撑的“骨盘”是用柳木条编成的。这种骨盘用若干根柳木条和毛皮绳连接成方块形，用时将其拉展开便成为圆形围墙，搬迁时折叠在一起。

3.“色染塞蓝鲜”，表明毡帐外表颜色是被染成蓝色，从骆驼俑背上装载的“穹庐”、毡帐架子来看，有些是有颜色的，或蓝或绿。

4.“有顶中央耸，无隅四向圆”。毡帐顶耸周圆，周围覆盖以毛毡，它形似一个圆锥体，能防寒保暖，抵御风沙，较好地保持帐内温度；在大风雪中阻力小，帐顶不积雪，不存水，不仅适于游牧生活的需要，也适于商客贩运的需要。

5. 白居易《夜招晦叔》诗云“碧毡帐上正飘雪，红火炉前初炷灯”，指毡帐内一般要就地挖设火炉，帐篷若小则不设火炉，“银囊带火悬”即以“银囊”贮火取暖。

白居易《青毡帐二十韵》是他62岁在洛阳任太子宾客分司时描写的毡帐，这种毡帐可能与丝路商旅胡客或是草原牧民使用的穹庐、毡帐有所不同，但基本构造不会差别太大。

穹庐、毡帐多为移动式，构造既简单又科学，从后世留传的毡帐架子看，它由上下两部分构成，通常高约2.5米，直径约4米；由若干细木杆编制的网状圆形转壁与顶部，用厚羊毛毡覆盖，再用牛毛绳从四面绑缚；顶部有天窗，直径约1米，上面多雕刻美丽的花纹，能通烟气，采阳光。不过，除了官府运输驼队和军队所用毡帐，北朝隋唐以来草原丝路上商队骆驼所载的“穹庐”“毡帐”一般不会太大，因为一般双峰骆驼驮载为250公斤左右的东西，主要是运载商队货物，不会携带过于庞大的毡庐。仅从字面上看，“穹”指中间隆起四周下垂的空间，“庐”指搭建在原野上的棚舍，都是比较简陋的。

从骆驼携带的毡架来看，穹庐、毡帐具有制作简单、容易拆卸、便于搬运的优点。上路时，拆卸的毡帐多用牲畜驮运。而骆驼上的穹庐、毡帐很短时间就能搭盖起来，看起来外形很小，毡帐底座一般直径大约为2～3米不等，不会划地太大。但帐内使用面积却很大，冬暖夏凉，抵挡风吹雨打，很适合于经常放牧的游牧民居住和商道丝路上胡客携带使用。正如唐代诗人刘商《胡笳十八拍》中说的：“狐襟貉袖腥复膻，昼披行兮夜披卧；毡帐时移无定居，日月长兮不可过”[①]。

二

从近年来出土北朝隋唐的虞弘墓、安伽墓、史君墓壁画、浮雕看，都有“穹庐”“毡帐”出现在画面中。

在1999年发掘的虞弘墓中，椁壁浮雕第五幅中心区，呈现一大庐帐后半部，庐帐中间高，两面幔布呈低坡斜下拉开，通过剖面雕绘法表现了庐帐外形和帐内场地。这种帐庐是整个画面的中心，实际已被装饰成帐幔式活动大厅，有利于众多胡人跳舞演出和举行宴会[②]。

在2000年发掘的安伽墓中，围屏石榻图案里共雕刻了五例帐篷，其中三例为圆形穹庐，二例为方形庐帐。圆形穹庐周壁呈弧形，装饰虎皮纹，门宽大，顶部绘花叶并贴金，显然是毡包临时帷幔支撑状态，便于拆卸搬运。而方形庐帐顶部为坡度平缓的两面坡，白色织物围成的顶壁，也是依靠木柱支撑，安装简单[③]。值得注意的是，圆形穹庐内只铺有地毯，显得很小、局促；而方形庐帐内摆放有铺毯的榻，并有靠垫类的隐囊，这些家具或为藤条等材料编织，可折叠易于携带。从整个围屏画面来看，其中不仅表现了粟特人与突厥人相会酒宴娱乐的场景，而且正面屏风第五幅商旅图骆驼毛驴负物休息时，支撑穹庐顶虎皮毡帐野宴场景非常明确，毡帐内还有帷幔，地面铺有红黑花地毯（图二、图三），这应该是我们了解胡人商队骆驼背负穹庐毡帐的最好途径。

图二　安伽墓欢聚野宴图

图三　安伽墓商队相聚图

① 刘商：《胡笳十八拍》第五拍，《全唐诗》卷二三，中华书局，1960年，第301页。

② 山西省考古研究所：《太原隋虞弘墓》，文物出版社，2005年，第106～109页。

③ 陕西省考古研究所：《西安北周安伽墓》，文物出版社，2003年，第24页图二三、图二四，第33页图二九，第34页图三一。

在 2003 年发掘的史君墓中，石椁北壁反映的商队野外露宿和贸易场景中，中心位置为一穹庐毡帐，并有门帘上卷，毡帐内仅坐一盘腿商队首领，手握长杯，与帐外一位跪坐圆毯上头戴毡帽的长者相对饮酒，毡帐门前卧一回首犬。毡帐下方商队中有四个男子在交谈，其中一位肩上搭有货物，两匹驮载货物的骆驼正在卧跪休息[①]。

这些带有粟特风格的墓葬壁画浮雕在中原地区流行了很长时间，入华的画家、雕刻匠应该有着现实生活的“底本”，使他们在表现穹庐毡帐的场景上突出了毡帐的重要位置。日本滋贺县美秀美术馆（Miho Museum）藏北朝屏风画像石“粟特与突厥盟誓图”（G 板）大穹庐、“萨保夫妻宴饮图”（E 板）穹庐帷帐、突厥人野地休息图（C 板）小穹庐等，都表现了穹庐毡帐的核心位置，胡人与突厥人的骆驼载货出行活动正是与这些穹庐密切相关[②]。由于受石雕绘画面积的局限，穹庐毡帐的细部刻画不可能淋漓尽致，但一般来说，丝路商队胡客支撑穹庐毡帐应有严格的次序。

商队首先选择适宜宿营的地方，夏天多在水草肥美的地方搭建毡帐；冬天多在山坡避风处或其他低洼地搭建毡帐。为防止雨雪的浸泡，按照“春洼、夏岗、秋平、冬阳”的规律配装毡帐，就像白居易说的那样“汰风吹不动，御雨湿弥坚”。

其次，根据毡帐大小先画一个圈，然后沿着画好的圆圈铺好地盘上的圆毡毯，这种圆毯往往就是从骆驼背上取下的覆盖物，白日是骑驼人的坐毯，晚上成为铺底的睡垫，一举两用。白居易毡帐诗说“侧置低歌座，平铺小舞筵”，即大毡帐里可以铺设“小舞筵”这种圆毡毯，经常有胡人男女在毡毯上跳胡旋舞或胡腾舞。有时出土壁画受透视局限，不好在毡帐内表现跳舞场景，故画在帐外跳舞。

再次，确立毡帐进出口，保障“旁通门豁尔，内密气温然”；穹庐的门分毡帘和钻洞两种，依据毡帐的大小不等，决定高低。往往大的穹庐毡帐才用木门，而且有木杆围墙。

然后支撑张设支架，从骆驼背上取下柳木条交叉编结而成的支架，展开后用系带固定内围，安插椽子支撑木圆顶，如果铺衬内层毡最好。

同时将长约 3 米的柳条棍或椽木支撑顶部，与支架按圆形衔接在一起绑好，结成伞骨形顶架，搭盖顶篷套毡，若要有小口圆形天窗，则用以通烟、通气和透光，夜间或雨雪天用毛毡覆盖。

此外，冬天“软暖围毡毯”，将支架底部围毡保暖防止漏风，夏天则掀开通风凉快。

最后用毛索、鬃毛绳、皮索或麻绳围紧加固，系外围腰带，大功告成，便是一顶浑然一体的穹庐毡帐了。

穹庐毡帐的大小规格，是由每顶毡帐所用支架的数量多少决定的。通常分为从四、六到九、十或十二个支架的毡帐，就是同一个类型的毡帐按支架长短分大中小三个规格。如果是大型的毡帐就比小型的多十根柳木条。商队一般都喜欢住五六个支架的毡帐，否则大型毡帐会增加骆驼携带的负担。而大型毡帐过去草原上是罕见的，大业三年（607 年），隋炀帝北巡榆林，为震慑突厥人与其

---

① 《从撒马尔罕到长安——粟特人在中国的文化遗迹》，北京图书馆出版社，2004年，第61页。

② Miho Museum, South Wing/南馆图录，1997, pp.247–257. 中文版见《艺术史研究》第4辑，中山大学出版社，2002年，荣新江文后附图版。

他民族部落，命令宇文恺制造大帐，“其下坐数千人，帝大悦，赐物千段”[①]。这种千人毡帐与平时游牧人所用穹庐相比反差极大，在举办大会时的作用自然是夸耀戎狄，威吓北方异族。

毡帐的最大优点是拆装容易，搬迁简便。架设时将支架拉开便成圆形的围墙，拆卸时将支架折叠合回，体积便缩小，又能当牛、马车的车板。所以受到商队喜爱也是意中之事。

按照传统习惯，商道丝路上驼帮商队的作息时间，通常是根据从穹庐毡帐露天窗口射进来阳光的影子来判断确定。毡帐上支撑的几十根柳木椽子中，每两个椽子之间形成的角度为六度，恰好与现代钟表的时间刻度表完全符合。这不仅说明在生活实践中掌握了几何学原理的制毡手工业者的高超技艺，同时也说明这些能工巧匠已将天文学应用于生活实际中。

三

由于考古出土的骆驼载物俑上携带穹庐、毡帐围壁支架很多，笔者仅选几例典型代表作为说明。

1964年河北曲阳北魏韩贿妻高氏墓出土彩绘骆驼俑，其塑造的“木排”又宽又厚重，长度比例也超出一般穹庐支架（图四）。

1984年陕西咸阳胡家沟侯义墓出土西魏骆驼俑[②]，高20厘米。这个俑突出了木排位置，上面仅搭了一束丝，但是表现了毡帐支架的坚固结实（图五）。

图四　河北曲阳北魏墓出土骆驼载物俑

图五　陕西咸阳西魏墓出土骆驼载物俑

① 《隋书》卷六八《宇文恺传》，中华书局，1973年，第1588页。

② 《陕西古代文明》，陕西人民出版社，2008年，第92页。

奥地利维也纳 Zacke 博物馆收藏的唐代骆驼俑，长 83.5 厘米，其木排两头均为圆头，似乎更像是穹庐的围壁支架（图六）。

1959 年西安中堡村出土唐三彩载物骆驼俑，其细长支架被塑造成两头高高翘起的形象，与实物形象已相差甚远，塑造成了一个象征的符号而已[①]（图七）。

河南偃师山化乡关窑村出土的唐代骆驼俑，高 51.5 厘米，但木排比例较为短小，类似的造型较多，常常被人们误判为托底的驮架，称作“托板”[②]（图八）。

图六　奥地利维也纳 Zacke 博物馆收藏的唐代骆驼俑

图七　陕西西安中堡村出土唐三彩骆驼载物俑

图八　河南偃师关窑村出土唐三彩骆驼载物俑

① 《走向世界的唐代文明》，澳门临时市政局印制，2001年，第86、87页。
② 《偃师文物精粹》，北京图书馆出版社，2007年，第185页。

1971年陕西礼泉唐代郑仁泰墓出土彩陶骆驼俑，木排前后微翘呈弓形，也符合穹庐圆形支架需要[①]。原图录撰写者解释为“驮架”，即驮架上横置纹饰华丽的袋囊（图九）。

洛阳出土载丝骆驼俑[②]，高50厘米，编纂者解释在一束丝绢和驮囊下“垫有夹板”，即认为长木排的穹庐支架是两侧的“夹板”（图一〇）。

1998年香港文化博物馆《汉唐陶瓷艺术》展中[③]，将唐代骆驼峰背上“穹庐”解释为前后翘起的“鞍架”。实际上前后翘起说明穹庐毡帐支架是弯的，撑开时正好为圆形构架。

1948年长安裴氏小娘子墓出土，驼高37厘米，陕西历史博物馆藏。怪兽头囊袋下横放穹庐长支架，有人认为是横置的“搁板”[④]（图一一）。

图九　陕西礼泉唐代郑仁泰墓出土骆驼载物俑

图一〇　河南洛阳出土唐代绿釉骆驼载物俑

图一一　陕西西安唐代裴氏小娘子墓出土骆驼载物俑

① 香港艺术馆编：《丝路之都——长安瑰宝》，香港临时市政局出版，1993年，第191页。又见《咸阳文物精华》，文物出版社，2002年，第111页，1971年昭陵郑仁泰墓出土另一载物骆驼俑。

② 《洛阳文物精粹》，河南美术出版社，2001年，第171页。

③ 《汉唐陶瓷艺术——徐展堂博士捐赠中国文物粹选》，香港临时市政局编印，1998年，第105页。

④ 《長安の秘宝》，日本セゾン美术馆编集发行，1992年，第68页。

图一二　西安博物院藏唐载物骆驼俑局部

西安博物院展出南郊唐墓出土载物骆驼俑，高52厘米。这里只选其局部（图一二）。

类似的例子还有许多，不再一一举例。需要辨别指出的是：

1. 骆驼身上究竟有没有货架呢？我估计为装卸一些易碎物品时，也可能有固定的货架，敦煌第45窟南壁西侧盛唐壁画“胡人商队遇盗图”中有从驴背卸下带货架的物品[①]，晚唐“明皇入蜀图”中也有马背卸下的货架；但那样的货架是应该能搂住筐匣底部的，有衬托的固定木架，绝不是现在这样放在驼背两旁高高翘起的整齐木条排状。有的驼背上装一个圆筒形竖立囊架，便于内置货物，这可能是特殊的货架。盈鞍叠箧与穹庐支架并不相同。

2. 骆驼载物经常有香料、黑檀木、象牙抛棒等大件物品露出驼背外，但绝不是靠所谓的货架来支撑，即使丝绸绢帛皮毛等货物，也应有固定的包装。为什么水壶、干肉、野兔等等直接挂于驼背两旁，而不装进防风防沙的背囊呢？雕塑工匠大概为了显露出骆驼运载的状况，故意将纺织品等物品放在驼背两侧，但这已是艺术塑造而不是实际生活状况了。

3. 以前被人们解释为丝绸之路上运载的一股股“生丝”或一束束“束丝”，有的判断可能不完全准确。如果真是“生丝”那也应该装入皮囊布袋中，不会挂在外面任风吹日晒、雨淋霜打。有的骆驼背上可能是生丝，一般较粗；而摆放在外较细的可能是牛毛绳或鬃毛绳，用于固定“穹庐”帐篷四边。

山西考古所张庆捷先生曾利用考古资料分析胡商驮货有五种形式，他对出土陶骆驼上的驮载方式细节分析很有见地；遗憾的是，他仍然认为“在驼背两侧搭一个两排木条或窄木板组成的驮架，架上再装丝卷或者丝绸等货物，如东魏茹茹公主墓、太原北齐娄睿墓、张肃俗墓等出土陶骆驼，这是最普遍的一种载货形式”[②]。他也注意到有一种骆驼所载的用木条制成的驮架，在夜晚住宿时，

① 《中国石窟·敦煌莫高窟》三，文物出版社，1987年，第133图。

② 张庆捷：《北朝隋唐的胡商俑、胡商图与胡商文书》，《中外关系史：新史料与新问题》，科学出版社，2004年，第195、196页。

还可能被用来“搭撑毡帐”。不过，他后来又继续认为是骆驼货物架、驮架[①]，离破解此谜只有一步之遥。

笔者不妨再追溯一下北魏以来一直有名的“突厥帐”，这种称霸北方草原的游牧民族的起居之所，构成漠北独特的人文景观：“畜牧为事，随逐水草，不恒厥处，穹庐毡帐，被发左衽，食肉饮酪”[②]。蔡鸿生先生认为这是草原文明与农业文明大异其趣标志，充分反映出蕃、汉之间的差异[③]。笔者完全同意这种将穹庐毡罽与土木房屋分别作为游牧、农业不同文化类型的分界标准。

《太平广记》卷一七三引《谈薮》：礼部尚书范阳卢恺兼吏部，选达野客师为兰州总管。客师辞曰：“客师何罪，遣与突厥隔墙。”恺曰：“突厥何处得有墙？”客师曰：“肉为酪，冰为浆，穹庐为帐毡为墙。”“穹庐为帐毡为墙”一语中最难得的是“毡”。毡作为搭建帐篷的重要材料，是游牧民族用动物粗毛经湿热挤压缩成的块片状垫衬材料，是汉代以来匈奴、突厥等民族所掌握的手工工艺，因此毡帐往往是匈奴、突厥的代称。汉唐时期人们一直将放弃“毡墙毳幕”作为改变游牧生活方式最重要的标志。汉人、唐人都把穹庐毡帐看作是“鸟居”“行屋”，露宿野处不是固定居所，但是御寒挡风保温的穹庐毡帐确实有便于搬迁移动的特点，这就使得穹庐毡帐“胡居”外来风吹进中原，适合大型活动时使用。

当时“突厥帐”对唐朝影响颇深，唐太宗儿子李承乾为太子时曾在皇宫内张设穹庐，“（太子）好效突厥语及其服饰，选左右貌类突厥者五人为一落，辫发羊裘而牧羊，作五狼头纛及旗幡，设穹庐，太子自处其中”。麟德二年（665年）十月，唐高宗从东都洛阳出发赴东岳泰山封禅，“从驾文武兵士及仪仗、法物，相继数百里，列营置幕，弥亘郊原，突厥、于阗、波斯、天竺国、罽宾、乌苌、昆仑、倭国及新罗、百济、高丽等诸蕃酋长各率其属扈从，穹庐毡帐及牛羊驼马，填候道路”[④]。这说明帝王出行，其随从人员皆住宿“穹庐毡帐”。

《资治通鉴》卷二一六记载唐玄宗时期的著名蕃将哥舒翰“每遣使入奏，常乘白橐驼，日驰五百里”。由此曾建立过“明驼使”的传递组织。据明人杨慎《丹铅总录》卷十三的考证，“明驼使”就是用一种奋蹄快行的骆驼来担负传递公文书信的任务。《酉阳杂俎》说这种骆驼：“驼卧时，腹不帖地，屈足，漏明则行千里，故称明驼。”又《杨太真外传》卷下说此驼“腹下有毛，夜能明，日驰五百里”，故称做“明驼”。杨贵妃还曾私自用明驼使将交趾上贡的龙脑香传递给安禄山。这些记载是否属实，虽不可全辨，但骆驼运输分为官府传递和私人传递还是可信的。

由于骆驼分为官府和私人，所以饲养不同，携带穹庐、毡帐也有所不同，私人携带东西比较齐全，牵驼人一路风餐露宿，住帐篷过关口，翻大山宿野外，都离不开帐篷。骆驼商队一般应该结成驼帮，便于互相照顾，如果大的驼队还应有“知驼官”负责骆驼的生死医疗。驼队分有官府的和私营的，它们的骆驼来源是不一样的，据敦煌文书《唐天宝年代敦煌郡会计牒》反映，当时沙州官府

---

① 张庆捷：《北朝入华外商及其贸易活动》，张庆捷、李书吉、李钢主编：《4～6世纪的北中国与欧亚大陆》，科学出版社，2006年，第28、32页。

② 《隋书》卷八四《北狄传·突厥》，中华书局，1973年，第1864页。

③ 蔡鸿生：《唐代九姓胡与突厥文化》之“突厥帐”，中华书局，1998年，第192页。

④ 《册府元龟》卷三六《帝王部·封禅二》，中华书局，1960年，第393页。

养驼、用驼都有规定，骆驼与牛马一样不允许私自宰杀。大多数胡商有几座毡帐，一座住人，一座为仓库或做饭烧奶。唐人慧琳《一切经音义》卷八二解释穹庐时说：“戎蕃之人以毡为庐帐，其顶高圆，形如天象穹隆高大，故号穹庐。王及首领所居之者可容百人，诸余庶品即全家共处一庐，行即驜驰负去，毡帐也。”敦煌第148窟、360窟壁画上就有帐庐形象，白色的圆形穹顶内有交叉的骨架，庐帐顶上还有天窗，并加有毡盖，庐帐内铺有毡毯。

笔者注意到，唐代文献和吐鲁番文书都说明，客馆（驿站）是官办的机构，是用来接待公务在身往来客使的，胡商或是其他蕃汉客商等人员不在其接待范围内，没有资格享受官府的招待。所以胡商等必须自备帐篷住宿，或是寻找其他民房休整。尤其是他们进入唐境以后前往京城的旅途中，按照唐朝规定还不许随便与官民私自相接触，这就愈发迫使胡商只能自我安置，帐篷成了不可或缺的物品。

在那“胡天雨雪四时下，五月不曾芳草生”的情况下，“更闻出塞入塞声，穹庐毡帐难为情”[①]；正因为穹庐毡帐在汉晋隋唐时代普遍盛行，才成为雕塑工匠直接塑造的艺术对象，只不过在塑造时有些夸张以致有所变形。

四

穹庐、毡帐一直是我国古代北方游牧或者半游牧民族最常见的居住形式。至少从匈奴开始，简单的穹庐毡帐就被广泛使用。匈奴称毡帐为“穹庐”“穷庐”“穹闾”“弓闾”，《史记·匈奴列传》：“匈奴父子乃同穹庐而卧。”西汉桓宽《盐铁论·论功》中说匈奴穹庐“织柳为室，旃廧为盖”。汉武帝元封六年（公元前105年）江都王刘建女儿细君公主远嫁乌孙时，公主歌咏“穹庐为室兮旃为墙，以肉为食兮酪为浆”[②]。“旃”就是“毡”，可知乌孙也是以毡帐为室。三国魏晋时乌丸、鲜卑等东胡民族“居无常处，以穹庐为宅，皆东向”[③]。柔然、吐谷浑、高车等民族都是“所居为穹庐毡帐”。南朝南齐派使节到北魏，回到江南后描述拓跋鲜卑毡帐：“以绳相交络，纽木枝枨（支架），覆以青缯，形制平圆，下容百人坐，谓之‘繖’（伞），一云‘百子帐’也。”[④]

隋代薛道衡用“毛裘易罗绮，毡帐代帷屏”的乐府诗句感叹北方民族居住特点。实际上，当时有相当多的游牧民族都以毡帐为基本生存必备品。尤其是毡帐便于搭拆、易于移动、造型别致为其特色，适合游牧民族草场转移时轻骨架配装式快速分合。山东青州傅家画像石上第一石“商旅驼运图”中的骆驼背上刻画的平行线条就是表现行旅所用的毡帐“木骨”[⑤]。太原北齐娄睿墓墓道东西两壁壁画出行图中，胡人商队骆驼背上的平行圆木条更是清楚描绘为毡帐围壁支架（图一三、图

① 戎昱:《听杜山人弹胡笳》，《全唐诗》卷二七〇，中华书局，1960年，第3011页。
② 《汉书》卷九六下《西域传·乌孙国》，中华书局，1962年，第3903页。
③ 《三国志》卷三〇《魏书·乌丸鲜卑东夷传》注引《魏书》，中华书局，2000年，第832页。
④ 《南齐书》卷五七《魏虏传》，中华书局，1972年，第991页。
⑤ 《青州博物馆》，文物出版社，2003年，第177页，北齐线刻画像石。

图一三　娄睿墓道西壁驼队图

图一四　娄睿墓道东壁驼队图

一四）[①]。唐乾陵章怀太子墓狩猎壁画图中奔跑骆驼背上也有表现毡帐支架的弯翘平行线。穹庐、毡帐作为流动性强的居住处，制作毡帐所用的毛毡应是游牧民族生产的特色。史载“突厥事祆神，无祠庙，刻毡为形，盛于皮袋，行动之处，以脂苏涂之。或系之竿上，四时祀之”[②]。北齐尔朱荣属下刘灵助也曾“刻毡为人像，画桃木为符书，作诡道厌祝之法”[③]。“刻毡”本身就说明毡不仅是一种载体物质，而且可用于神像崇拜上。至于驮囊上出现的怪兽头型图案，被西方学者解释为“魔鬼面具”[④]，强调其精神作用则需要另行讨论。

西域一些半游牧半定居的民族中，毡帐也是一种重要的民居形式。城郭内外都有人居住穹庐毡帐。擅长经商的中亚粟特人在长途跋涉中，自然要利用可以折叠张合的毡帐，张设时就地安置，移动时畜驮车载均可（图一五）。例如以毡帐著称的吐火罗国“有屋宇，杂以穹庐”。“无城郭，

① 山西省考古研究所、太原市文物考古研究所:《北齐东安王娄睿墓》，文物出版社，2006年，第25页图一八，第31页图二三。孙机先生提示笔者仅这一个图示就可以认定为穹庐毡包的支撑架子。

② 《酉阳杂俎》卷四，中华书局，1981年，第45页。姜伯勤先生根据这条史料记述，认为突厥人接受了粟特人的祆教信仰，骆驼俑背上怪兽头面型驮囊就是“盛于皮袋”的祆神。见《中国祆教艺术史》，三联书店，2005年，第225～230页。但梁丰女士指出“刻毡为形，盛于皮袋”可以解释为把毡制的祆神放在皮袋里。随葬的骆驼载囊俑很多是汉人，而信奉祆教的粟特人未必都随葬这种俑。见《炎黄文化研究》第三辑，大象出版社，2006年。孙机先生也指出驼囊上兽面装饰与祆神无涉，见《丝路胡俑外来风——唐代胡俑展》，文物出版社，2008年，第9页。

③ 《魏书》卷九一《术艺传》，中华书局，1974年，第1959页。

④ Elfriede Regina Knauer, The Camel' s Load in Life and Death.Iconography and Ideology of Chinese Pottery Figurines From Han and Tang and Their Relevance to Trade along the Silk Routes.AKANTHVS.1998.

后稍为宫室，而人民犹以毡庐百子帐为行屋”[①]。据估计，西域各国和北方游牧民族已经有专门制造穹庐木架的部门或者工匠。林幹先生早就指出制造构建穹庐的木架是匈奴木器业部门的重要职能之一[②]，还有人认为“其制作有赖张掖郡的木材供给”[③]。其实突厥人也具有以木器或木车装配的手工业，专门掌握草原式庐帐木架的特殊工艺，作为辅助性的生产部门来为自己服务。

图一五　20世纪初中亚克尔齐孜人拉着背负毡包支架等物品的骆驼

具有移动特点的毡帐不仅与游牧民族有密切联系，也与商旅交通息息相关。同时，输送军用物资需要昼夜兼程，毡帐更是不可或缺的必备物品。一些武将或者蕃将的墓中出土的骆驼载物俑，很可能与军事辎重队运送物资有关。

据《黑鞑事略》记载元代蒙古游牧人的穹庐形式，对了解隋唐时期突厥帐也有参考价值：“穹庐有二样：燕京之制，用柳木为骨，正如南方罘罳，可以卷舒，面前开门，上如伞骨，顶开一窍，谓之天窗，皆以毡为衣，马上可载。草地之制，以柳木织成硬圈，径用毡挞定，不可卷舒，车上载行，水草尽则移，初无定日。”这是南宋人对两种不同的毡帐清楚的描述，一种可以折叠（卷舒）用牲畜驮载；另一种毡帐用车载行不能卷舒。由此可上溯推知，突厥人实行“草地之制”也是所谓“马载穹庐”与“突厥毡车”并重，这种流动性宿营用具，是北方草原民族都有的“辎重”之一。

10世纪以后《蒙古秘史》中称蒙古包为“斡鲁格台儿”或称“失勒帖速台格儿”，意思是有天窗的房子和有编壁的房子。在现代蒙古语中，编壁“失勒贴速”为“哈那”一词所取代，“格尔”这个词泛指一切房屋；“斡鲁格”一词则专指蒙古包天窗的毡帘。

元代是蒙古包制作发展的顶峰时代，蒙古贵族所用的大型“宫帐”又称“斡儿朵”“斡鲁朵”，亦做“窝裹陀”。这种大型毡帐与普通蒙古包相比有三个特点：

其一，容积很大。普通蒙古包高约2米，宽4.5米，元代的斡儿朵则高大得多。据西方传教士鲁布鲁克记叙：“他们把这些帐幕造得很大，有时宽为三十英尺。我有一次亲自测量一辆车的轮距为二十英尺，当把帐幕放在车上时，它在轮的每侧至少伸出五英尺。估算一下，每辆车用廿二匹牛拉一座帐幕……”[④]这种用22匹犍牛所拉的蒙古包犹如一座巨型“行宫”。

其二，富丽堂皇。《黑鞑事略》徐霆注云：“霆至草地时，立金帐……其制即是草地中大毡帐，上下层用毡为衣，中间用柳编为窗眼透明，用千余条索拽住门阈与柱，皆以金裹，故名。”《蒙古

① 《册府元龟》卷九六一《外臣部·土风二》，中华书局，1972年，第11305页。
② 林幹:《匈奴通史》，人民出版社，1986年，第144页。
③ 《蒙古民族毡庐文化》，文物出版社，2008年，第6页。
④ 何高济译：《鲁布鲁克东行纪》，中华书局，1985年，第210页。

秘史》云："王汗毫不介意地立起了金撒帐"。撒帐即细毛布，此处为细毛布做成的金碧辉煌的巨帐。这种经过装饰以后的宫帐也叫"金殿"。蒙古可汗的大帐为召集贵族、宗室的重要场所，能容纳几百人或上千人，所以内部悬挂绣有金丝图案的垂幕，帐内立柱和门槛都用黄金包裹，因此又称为"金帐"。

其三，造型各异。宫帐的架子，是在顶部上插入顶杆（乌尼）并竖起哈那（编壁）制成的，外形像人的脖子一样，鲁不鲁乞称蒙哥汗的宫殿为"有颈发屋"。宫帐上面呈葫芦形，象征福禄祯祥；下面呈桃儿形，桃儿形模仿天宫。现在成吉思汗陵寝地还保存有这种宫帐的造型，表现了蒙古民族特有的建筑艺术。

但是一般牧民蒙古包形制还是为可迁移式，用木架和毛毡搭成的下圆柱形、上圆锥形结构，包内直径 4 ～ 6 米，总高约 3 米。他们常用骆驼皮将木条连成易于开拉的菱形格，构成圆形底壁的骨架"哈拉"，形成辐射状木杆构成的圆锥形顶部结构；并由弓形十字连接成突起的蒙古包"套脑"，构成供采光通风的天窗。在整个框架外面围上毛毡，用毛绳扎紧，便组成可防风阻雨、保暖采光的完整的蒙古包。因此，蒙古包是宜于拆卸和组装的毡帐，适合牧民在"春洼、夏岗、秋平、冬阳"各地之间来回搬迁（图一六），从而为明清时代的草原牧民承袭下来。

图一六　卸下的蒙古毡包（清人绘《草原的一天》局部）

蒙古包的形成经过一个漫长的历史阶段，其来源无疑深受匈奴、突厥等穹庐、毡帐影响。各民族之间的交流也是频繁的，例如鲜卑人使用穹庐毡帐选择朝东方向张设，奚人常用车辆载毡帐，吐谷浑"庐帐为屋"多为方形而不用圆形穹庐，吐蕃人"其国都城号为逻些城，屋皆平头，高者至数十尺。贵人处于大毡帐，名为拂庐，寝处汗秽，绝不栉沐"①。不同民族有着不同的毡帐类型，大体与游牧生活发展阶段相适应，与当地制作材料相适应，但是在便于流动性方面则是一致的。当然

① 《旧唐书》卷一九六《吐蕃传》，中华书局，1975年，第5220页。

在搬运装载穹庐毡帐上分为畜驮、车载几种方式，北朝隋唐骆驼背上负载穹庐毡帐可说是一个时代的典型代表。

总之，不管是骆驼陶俑，或是壁画、画像石中出现驼背上负载的多层密集排列木条，都不是以前所说的载物货架。穹庐毡帐从写实到写意有一个抽象的变化，我们应该注意穹庐毡帐的写实性和象征性之间的区别，注意早期工匠的体察入微到后来创作的随心所欲，注意艺术夸张造型背后当是丝路商旅与骆驼背负帐庐的真实生活记录。各类图录著述之所以普遍皆说是驼载货架、物架，均为不做深入辨认的误判，长期以讹传讹，没有得到纠正，近来有不少文物图录继续人云亦云沿袭此类说法，本文专门辨析盖源于此。

（原刊于《中国历史文物》2009年第3期）

“拂庐”考辨

刘铁程

汉文史料中，“拂庐”指吐蕃人的一种居住形式，《册府元龟·外臣部》中写作“佛庐”，《旧唐书·高宗纪》的各原版本中写作“拂驴”[①]。《旧唐书·吐蕃传》说“贵人处于大毡帐，名为拂庐”[②]，似乎可理解为贵人所居的帐房才称为“拂庐”。《新唐书·吐蕃传》又载：“其赞普居跋布川，或逻些川，有城郭庐舍不肯处，联毳帐以居，号大拂庐，容数百人。……部人处小拂庐，多老寿至百余岁者。”[③]此段记载对《旧唐书》有所修正，即赞普、贵人和普通部人所居的帐房都可称为“拂庐”。现就“拂庐”的藏语对称做一考证。

一、有关“拂庐”一词的对音及释名

治吐蕃史的研究者们均认为“拂庐”一词为吐蕃语（藏语）译音，劳弗尔（Berthold Laufer）、伯希和（Paul Pelliot）、佐藤长、王尧等给出了几种对音，可见关于此词的译音来源尚无一致意见。

其一，宋代高承在《事物纪原》中认为拂庐因“拂于穹庐”而得名。该书“拂庐”条载：“吐蕃处于大毡帐名拂庐，高宗永徽五年献之，高五丈，广袤各二十七步，其后豪贵稍以青绢布为之，其始以拂于穹庐为号也。”[④]

其二，“拂庐”一词即藏语中的 sbra。此说首倡于劳弗尔的论文《吐蕃的鸟卜：敦煌伯希和3530号写卷注释兼论九世纪的藏语语音》。劳弗尔在该文的一条注释中毫不怀疑地指出拂庐（fu-lu, bu-ro）显然指的是藏语中的 sbra。他根据藏汉对音规律，认为 sbra 的发音为 bra，汉语音节中的 fu 即藏文的 ba，音节 lu 即藏文中单独发音的下加字 ra。同时，他也敏锐地指出，汉字译音的习惯是所选汉字即近似于外语发音，同时也能够指代外文词汇的意义。拂庐的庐即是这样的汉字[⑤]。1984年出版的《汉语外来词词典》也认可这一说法，认为拂庐为“唐代吐蕃人居住的帐房”，源于

---

① 《旧唐书》校勘记七，中华书局，1975年，第88页。

② 《旧唐书》，中华书局，1975年，第5220页。

③ 《新唐书》，中华书局，1975年，第6072页。

④ （宋）高承：《事物纪原》，中华书局，1989年，第407页。

⑤ See Berthold Laufe: Bird Divination among The Tibatans Notes on Document Pelliot No. 3530, With A Study of Tibetan Phonology of The Ninth Century, T' oung pao 15(1914), p.92.

藏文 sbra[①]。

其三，“拂庐”为藏语的“phru”一词。伯希和 1915 年发表了《汉语音译吐蕃名称考》一文，认为劳弗尔的对音在“在语音角度难以接受”，他认为拂在藏文中需要与一个 ph 音来对应，进而给出了“‘phru”的对音[②]。此词在藏语中为“顶子”之意。

其四，“拂庐”与藏语“颇章”（pho brang）的译音相关。此说见于佐藤长教授的《古代西藏史研究》。他将“拂庐”与在《大事纪年》中出现多次的“颇章”（pho brang; po brang）进行对比，认为 pho 可能是从 pho（动、移动）演变而来，brang 现做“胸”“住所”等解，而原意为“圆的东西”，故而 pho brang 的原意可能为“移动的住所”，为赞普所住的特别的帐篷[③]。“颇章”一词在王尧、陈践译注的《敦煌本吐蕃历史文书》中译为“牙帐”。

其五，“拂庐”即氆氇。此说见于王尧先生的《吐蕃饮馔服饰考》。他说：“把整幅氆氇联结起来，每一幅大约在三十到四十公分，做成毡帐。唐人称之为‘拂庐’，实际上还是 phrug 的音译。”[④]此说在国内学者中影响很大。

二、扎（sbra）与香格尔（phying gur）

为了讨论方便以及下文区分青海郭里木棺板画帐篷住居的需要，须先将藏式牛毛帐篷与北方草原游牧民族的“蒙古包”做一区别。

藏式的黑牛毛帐篷（黑帐），一般称为“扎”（sbra）或“扎那”（sbra nag），sbra 在安多藏语中读若“巴”（[pa]），近于矩形，其主要材质是用黑牦牛毛织成的粗布（sbra nag ）。关于其形制，从早期传教士古伯察到后来的柔克义、埃克瓦尔等藏学家、人类学家都在作品中加以注意。如柔克义在《西藏民族学笔记》中说：“牧民所住的藏式帐篷由牦牛毛制成，是平顶矩形的。其大小一般不会超过 3 ～ 3.6 米，但我也见过约 15 米长，9 米宽的帐篷。帐顶中部开有一个约 0.6 米宽的空隙，以使光线射进，烟雾散出，其下面是一根横梁，两端有立柱支撑，仅有这些梁柱来支撑帐篷。在帐顶外面有细绳系于边角，通过钉在帐外一定距离处的短杆将帐顶拉伸开来。帐篷的底边被铁钎或藏羚角牵制住。”[⑤]埃克瓦尔也通过在安多地区的观察说：“作为一个精巧的有独创性的系统，外面的撑杆高于整个帐篷，系于其上的绳子延展开来，将帐篷布从顶部和四角挂起。帐篷最中间只有两根柱杆……”[⑥]简而言之，黑牛毛帐篷的结构由梁、柱、撑杆、牵引绳等几部分组成，梁柱外覆黑牛毛粗布，四周的绳子选择合适的角度，与撑杆相连，保持力的平衡，帐顶周边的牛毛绳

---

① 刘正埮等：《汉语外来词词典》，上海辞书出版社，1984年，第106页。

② See Paul Pelliot: Quelques Transcriptions Chinoises de Noms Tibetains T' oung pao 16(1915), p.22.

③ [日]佐藤长著，邓锐龄译：《古代西藏史研究》总论，《西藏民族学院学报》2007年第2期。

④ 王尧：《西藏文史考信集》，中国藏学出版社，1994年，第86页。

⑤ William Woodville Rockhill: Notes on the Ethnology of Tibet Based on the Collections in the United States National Museum, Washington: Government Printing Office, 1895, pp.701–702.

⑥ [美]罗伯特·埃克瓦尔著，宗喀·漾正冈布，刘铁程译注：《戎哇与卓巴：甘肃汉藏边界的藏人定居者与游牧民》，《中国民族学》第1辑，甘肃民族出版社，2009年，第104页。

子系在铁钎或橛子上钉入地下。这是藏式帐房的原生形式和主要形制。在古藏文文献中，《唐蕃会盟碑》曾提到一处称为“sbra-stod-tsha1”（上部帐篷园）的地名，位于拉萨东郊[①]。

除此之外，藏族还有白帐、黑顶、花帐、布帐篷等样式。白帐（sbra dkar）用羊毛缝制，有时用于机动游牧；黑顶（klad nag）或花帐（gur khra）用质地厚的白布缝制，常用于节日野游，携带方便；布帐篷（ras gur）用于集会等大型活动，在帐篷顶上还搭有布顶，可遮阳挡雨，帐篷门顶和两面绣有图案。

藏地也存在一种称为香格尔（phying gur）的帐篷，一般指蒙古包（sog gur）式的圆顶型帐篷。Phying一词在藏语中意为毡子（phying pa），顾名思义，这是一种毛毡制成的帐篷。蒙古语亦称此种毡帐为ger；藏语、蒙古语关于毡帐的称呼或有同源关系。这种帐篷是欧亚草原游牧民族普遍使用的住居方式，汉文献早有记载并熟知这种帐篷的形制，称为穹庐、毡帐、帐幕等。如《盐铁论》卷三八《备胡篇》说：“以广野为闾里，以穹庐为家室。”[②]其有载于车上的，有固定于地面的；又分可折叠及不可折叠的，但其主要形制是基本一致的[③]。徐霆在补注《黑鞑事略》时简要记述了这种毡帐的形制：“穹庐有二样。燕京之制用柳木为骨，止如南方罘罳，可以卷舒，面前开门，上如伞骨，顶开一窍，谓之天窗，皆以毡为衣，马上可载。草地之制用柳木织成硬圈，径用毡挽定，不可卷舒，车上载行，水草尽则移。”[④]这一记述与今天的民族志资料是相符合的。概而言之，蒙古包（ger）的结构由顶杆（蒙古语称为乌尼，下同）、围壁（哈那）、天窗（陶脑）、门、包内立柱等几部分组成，外覆羊毛擀压成的毛毡，以绳相缚[⑤]。上部顶杆有如辐条般排列，连接天窗与围壁，下部的围壁用皮条将柳木条匝成交叉式的“围墙”。

一般来说，这种蒙古包（ger，格尔）与藏式牛毛帐篷（sbra，扎）在形制上的区别有以下几点：一是帐幕的材质不同。格尔主要用羊毛擀压成的毡；扎主要用牛毛织成的粗布。二是支撑帐篷的方式不同。扎有立于帐外的撑杆和牵引绳子，内有横梁、立柱，故其形制不统一，多呈矩形；格尔主要依靠顶杆、围壁、立柱支撑，其外部不用撑杆，上为圆锥体，下为圆柱体。简言之，藏式牛毛帐篷既依靠内部梁柱的支撑力，也依靠外部撑杆的拉力；而蒙古包的支撑力只来自内部。三是天窗形制不同。扎的天窗是帐篷布自然空出的缝隙，一般为方形；而格尔的天窗是独立的木质构件，是帐篷中稍稍突起的部分，一般为圆形（车轮形）。

三、对上述诸说的辨析

正如《事物纪原》所载，唐人对“拂庐”一词的认知来自于吐蕃。汉语中本有专指帐篷的词汇可用，如《事物纪原》“舟车帷幄部”所提及的帷幄、毡、帐幕等等。拂庐作帐篷的代称也仅始于

① 王尧：《吐蕃金石录》，文物出版社，1982年，第37页。

② （汉）桓宽，王利器校注：《盐铁论校注》（增订本），天津古籍出版社，1983年，第453页。

③ [日]江上波夫著，王子今译：《匈奴的住所》，《西北史地》1991年第3期。

④ （宋）彭大雅，徐霆疏证：《黑鞑事略》，中华书局，1985年，第3页。

⑤ 关于蒙古包构造方式的介绍，已有专书详述，参见张彤编著：《蒙古民族毡庐文化》，文物出版社，2008年。此外，柏朗嘉宾、鲁布鲁克等旅行者以及《多桑蒙古史》等书对欧亚草原的这种帐篷形制也有比较详细的记载。

唐代，并出现了"佛庐""拂驴"等多种写法，显见是外来词。大型宴会所搭的帐篷独用前代文献中未见的"拂庐"，就不能不提吐蕃的影响。可见用"拂于穹庐"解释未免牵强。

联系第二部分关于帐篷材质的介绍，认为拂庐即氆氇也不符合藏地帐房住居的普遍实践。氆氇是一种手工织成的毛织品，其主要用途是用作衣物和床毯的材质，也可作礼品奉送，织氆氇的原料多用羊毛。氆氇面料较贵，并不是制作帐房的合适材料。从汉文文献来看，拂庐明显是帐篷的一种专称，而氆氇在词义上并不具备指代帐篷的功能。故而，将拂庐对音为氆氇（phrug）也不合适。

至于"拂庐"与"颇章"（pho brang）的对应关系，只能解释《旧唐书·吐蕃传》的相关叙述。而《新唐书·吐蕃传》明确指出了贵人和平民均有处于拂庐者，为大拂庐和小拂庐，可见拂庐只是一般对这种住居的所指，并不特别指赞普之所居。

劳弗尔、伯希和、王尧的对音均注意到了基字 ba 或 pha 与下加字 ra 分读的现象，即声母复辅音的读音和汉字译音问题。至于伯希和给出的' phru 一词，在对音上考虑了古藏文的汉字译音规律，但是这个词与帐篷式的住居没有实质性关系。

由此看来，劳弗尔最早提出的扎（sbra）应是拂庐一词的藏语原型。这个词是三合复辅音，现今拉萨语和通用书面语如"若扎"，安多藏语若"巴"。从语音的角度来看，李方桂先生在《藏语复辅音的汉语音译法》中已涉及这一现象："复辅音的第一个辅音略而不译，只音译第二个辅音"[①]。他以 spu 一词为例，在汉文史料中有译为"拂"或"弗"，其辅音一般为 [ph]。以 spu rgyal 一词为例，除译为窣勃野外，《新唐书·吐蕃传》在记述松赞干布（弃宗弄赞）时也写做"弗夜"[②]。援引上面的汉语音译，帐篷"扎"（Sbra）一词，第一个辅音可以略而不译，即剩下基字"ba"与下加字"ra"发音。[pa]（基字 ba）与 [pha] 音乃是双唇音在送气上的区别。拂字中古音敷勿切，与芳、敷、抚等字同属一个声类，钱大昕曾指出"古无轻唇音"，"其实直到《切韵》时代，重纯音尚未分化为轻唇"[③]，拂庐一词产生的时间与此相距较近，可知"拂"彼时应读重纯音（双唇音）。这一声类字有些现在已发轻唇音（唇齿音）[f]，可见 [ph][p] 与 [f] 可以通转。如现代汉语中的番、潘、播三字的读音也属于这种现象。再以藏文为例，汉地粉条类食品的"粉"字藏语即音译为 phing 这也是 [f] 与 [ph] 音通转的例证。

下加字"ra"与基字分别发音并用汉字音译的现象在汉文史料中较常见。如赤祖德赞（khri gsug lde btsan）译为可黎可足（khri gtsug），khri 译为"可黎"；再如 8 世纪吐蕃的一位大臣名为乞力徐（khri gzu），khri 译为"乞力"。

这样看来，劳弗尔的解释在对音上是可以接受的。关于 sbra 即拂庐的更有力的证据来自于民族志资料。其一，根据新旧《唐书》的记载，"拂庐"为"大毡帐""毳帐"，可知'拂庐"是帐房。其二，赞普及贵族与平民居住的帐房都称为拂庐，只有大小的区分，可知拂庐是这一类住居的通称。藏文 sbra 一词，是藏地牛毛帐房的基本词汇。既指称牛毛帐房，又意指这种帐房的材料——

① 李方桂著，谭克让译，瞿霭堂校：《藏语复辅音的汉语音译法》，《历史语言研究所集刊》第二分册，1979年。

② 《新唐书·吐蕃传上》，中华书局，1975年。

③ 王力：《汉语音韵》，中华书局，2003年，第80页；王力：《汉语语音史》，中国社会科学出版社，1985年，第536页。

牦牛毛。在藏语中与这种住居和生活方式相关的词汇均与 sbra 相关。如 sbra pa 指牧民，sbra ra 指牧帐围墙，sbra shing 指牧帐杆（撑杆），sbra thag 指帐房的牵引绳，sbra sa 指牧帐驻地……由此可知，sbra 是藏语中有关牛毛帐房这一住居的通称，也是意指游牧生活方式的一个核心词汇。

可见“拂庐”即指扎（sbra）——牛毛帐篷。

四、汉文史料的相关记载

从唐代开始，汉文文献中拂庐一词频繁出现，可以看作是一种吐蕃样式的“胡风”在汉地的体现。唐高宗永徽五年（654 年），“吐蕃使人献马百匹及大拂庐可高五丈，广袤各二十七步”[①]。《册府元龟》写作“吐蕃使人献野马百匹及大佛庐，高五尺，广袤各三十七步”[②]。吐蕃所献的这一“大拂庐”，以《旧唐书》提供的数字按唐代大尺换算，高在 18 米，长宽逾 41 米[③]。这一数字在高度上有些夸张，估算其使用面积，这顶帐篷在今天也堪称巨形。

《新唐书·吐蕃传》根据唐廷使节刘元鼎出使吐蕃的奏议记述了赞普牙帐的某些特点：“臧河之北川，赞普之夏牙也。周以枪累，率十步植百长槊，中剚大帜为三门，相距皆百步。甲士持门，巫祝鸟冠虎带击鼓……中有高台，环以宝楯，赞普坐牙帐中……”[④]法国学者戴密微先生在解读这段史料时认为赞普牙帐“四周环绕以互相连接在一起的木桩篱笆，每十步远就在木桩中夹杂 108 根长矛（这就可以推算出其周长为一千步）”[⑤]。戴密微先生此句的意思应为，每隔十步植一长槊，共 100 根，故其周长约在一千步。《册府元龟》写为“赞普建衙帐于野，以栅枪为垒，每十步攒长槊百枝”[⑥]，此处的理解则是每隔十步就丛集有百根长槊。根据唐使的奏议原文，我们倾向于赞同戴密微先生的看法，“率十步植百长槊”一句前讲的是帐篷周遭的状况，故而这句意思也应为每隔十步共植百根长槊，以与“周以枪垒”相对。“枪垒”古时指尖竹木所筑之壁垒，可以理解为帐篷周围栅栏式的“围墙”，而在这些“栅栏”中每隔十步（约 15 米）就植有一根不同于“枪垒”的槊。槊是古代兵器之一，由槊头和槊柄组成。唐朝使者之所以详细描述赞普牙帐外的这些木杆，可以表明它们是牙帐的重要特点之一。我们认为“长槊”就是藏式牛毛帐篷外牵引用的撑杆。帐内高台周围的宝楯应是梁柱。从描述来看，唐廷使节所见的赞普牙帐，其形制已具备了藏地牛毛帐篷的基本特征。

在藏地，牧区的行政机构、寺院传统上多有这种巨型牛毛帐篷。如西藏东北部的巴青县（sbra chen），意为大牛毛帐篷，霍尔三十九族首领在此地设大帐为府邸。这顶大帐有“赤堆东雄”（khri ‘du stong shong’ 意为聚万容千）之称，后来巴青成为宗和县的名称。青海海北的阿柔大

① 《旧唐书》，中华书局，1975年，第73页。
② 《册府元龟》，中华书局，1960年，第11401页。
③ 按唐代小尺，一丈（一丈十尺）约3米，按大尺，一丈约3.6米。唐代步的五分之一为一尺，据研究一步约为1.514米。
④ 《新唐书》，中华书局，1975年，第6103页。
⑤ 参见法国戴密微著，耿昇译：《吐蕃僧诤记》，西藏人民出版社，2001年，第254页。此处译本似有误，108根应为100根。
⑥ 《册府元龟》，中华书局，1960年，第11532页。

寺传统上是一座帐房寺院，其经堂帐就是一顶巨型牛毛帐篷。据报道，藏北那曲镇近来搭建的大牛毛帐篷共用撑杆 260 根，内部有效面积约 666 平方米；而青海祁连大寺最近的经堂帐也使用了 78 根撑杆，内部面积达 300 平方米[①]。由此看来，汉文史料中关于百根长槊（撑杆）的记载是合理的。

唐代诗人在使用“拂庐”一词时均与吐蕃相关的地域相联系。杜甫在《送杨六判官使西蕃》中有“草轻蕃马健，雪重拂庐干”一句。本诗创作于至德二年秋（757 年）[②]，时安史之乱已发，长安尚未收复，至德元年、二年吐蕃均遣使和亲，表达愿“助国讨贼”的意思，唐政府遂派遣给事中南巨川回访吐蕃，杨六判官盖为随行人员。故而本诗除涉及拂庐外，还提到了“青海湖”（海）、“赞普”“蕃马”等有吐蕃特色的名称。岑参在《过梁州奉赠张尚书大夫公》中亦有“锦席绣拂庐，玉盘金屈卮”的描写。本诗为唐代宗大历元年（766 年）春岑参入蜀滞留梁州（今陕西汉中）时所作[③]。张尚书大夫公为张献诚，时任检校工部尚书，兼梁州刺史，充山南西道观察使。安史之乱后，吐蕃正值赤松德赞在位时，趁唐朝国力衰退期间，联合党项、吐谷浑等部落大举东侵，占据河西、陇右等地，763 年还一度洗劫长安，时汉中地区已接近防御吐蕃、党项的边地。故而该诗在前面就提到“羌虏昔未平，华阳积僵尸”等句，历数战争给当地带来的劫难，并赞扬张德诚任职后的“德政”。后面“锦席绣拂庐”，虽指张献诚宴客的锦帐，并非一定为拂庐的形制，特用拂庐一词与唐蕃战争的情境相连接，以突显边地风情。

从文献记载来看，尽管唐朝使者在奏议中对赞普牙帐有一定的描述，但大多汉文史料对“拂庐”与阿尔泰式样的“穹庐”在形制上认识模糊，这与汉地人长期受北方游牧民族影响、对北方游牧生活较为熟悉相关。在拂庐一词使用前，汉地就有“穹庐”“百子帐”“行屋”“毡帐”等指称北方游牧民族的帐篷。宋人程大昌在《演繁录》中说：“唐人昏礼多用百子帐，特贵其名与昏宜，而其制度则非有子孙众多之意，盖其制本出塞外，特穹庐、拂庐之具体而微者耳。”在形容这种帐篷的形制时说：“棬柳为圈，以相连锁”，“大抵如今尖顶圆亭子，而用青毡通冒四隅上下”[④]。程大昌所形容的毡帐形制明显是阿尔泰样式的，而又说其是“穹庐”‘拂庐”的形制，表明汉族人对这两种截然不同的帐篷形制没有区分，故而汉地所设的“拂庐”并不是牛毛帐幕。宋代的《事物纪原》说：“豪贵稍以青绢布为之……宋朝每大宴犒，亦设于殿庭，曰拂庐亭。”[⑤]可见“拂庐”仅仅是一个指称“帐篷”的外来词，不具备形制上的特殊意义。至蒙元时期，《长春真人西游记》中亦提到“至蒙古营，宿拂庐”，“甚寒，易骑于拂庐”[⑥]，其指称一般帐篷的意思就更加明显了。

---

① 姜辰荣、骆晓飞：《青海：祁连山下搭建世界最大的牛毛帐篷寺院》，西藏旅游商务网。

② （唐）杜甫，（清）仇兆鳌注：《杜诗详注》第一册，中华书局，1979年，第376页。

③ （唐）岑参，廖立笺注：《岑嘉州诗笺注》上册，中华书局，2004年，第124页。

④ （宋）程大昌：《演繁录》，影印文渊阁四库全书，（台北）商务印书馆，1985年，第13～14页。

⑤ （宋）高承，（明）李果订、金圆、许沛藻点校：《事物纪原》，中华书局，1989年，第407页。

⑥ （元）李志常：《长春真人西游记》，中华书局，1985年，第8、24页。

五、青海郭里木棺板画中的宴饮帐非拂庐

2002年8月，青海省文物考古研究所与海西州文物部门合作对德令哈市郭里木乡的两座墓葬进行清理和挖掘，两座墓葬3具木棺的四面均有彩绘，特别是棺侧板上有狩猎图、宴饮图、帐居图等多情节绘画，具有生活实录的特点[①]。2006年，《中国国家地理》公布了青海省文物考古研究所柳春诚的临摹图和部分照片资料[②]。

关于棺板画情节的族属问题引起了学者们的探讨。如许新国、罗世平先生认为棺板画描绘是吐蕃人的生活画卷；程起骏先生认为属于吐谷浑人的社会图景；林梅村先生认为属于苏毗人的风俗图卷；霍巍先生则在相关文章中指出棺板画在文化特征上归属吐蕃，“就其族源而言，则可能属于鲜卑系统的吐谷浑人”[③]。棺板画中的两顶帐篷，多被赞成吐蕃说的学者们认为是唐代的“拂庐”，成为棺板画归属吐蕃文化特征的重要佐证。本部分拟就此问题做相关讨论。

图一　帐篷A

在郭里木棺板画的系列研究文章中，许新国先生大概受到王尧先生“拂庐即氆氇”的观点影响，认为棺板画中的帐房即“拂庐”，是由牛羊毛混合或专用羊毛织出的氆氇制成[④]。罗世平先生引用《新唐书》的相关记载，说“画上的帐篷很有特点，顶部开有喇叭形的圆孔，吐蕃称作拂庐”，并以前文所引长庆二年唐蕃会盟使者刘元鼎所见赞普大帐为据，将棺板画中的帐居宴饮情节定名为“拂庐宴饮”[⑤]。霍巍先生也说：“据《新唐书·吐蕃传》的记载，这种圆形的帐篷也称为‘拂庐’”，并认为这种帐篷与安伽墓“粟特人‘宴饮’所用的帐篷形制大致相仿。”[⑥]为了论证的方便，我们现将棺板画中有关帐篷的两幅画截取出来[⑦]（图一、图二）：

图二　帐篷B

图中帐篷的形制为圆顶形，正如上述研究者所注意到的，顶端有一喇叭形的圆孔。这顶帐篷的支撑力来自

① 许新国：《郭里木吐蕃墓葬棺板画研究》《中国藏学》2005年第1期；罗世平：《天堂喜宴——青海海西州郭里木吐蕃棺板画笺证》，《文物》2006年第7期。

② 参见《中国国家地理》2006年第3期《青海专辑》的相关报道，文中亦收录了程起骏、罗世平、林梅村观点各异的三组文章。

③ 霍巍：《青海出土吐蕃木棺板画的初步观察与研究》，《西藏研究》2007年第2期。

④ 许新国：《郭里木吐蕃墓葬棺板画研究》，《中国藏学》2005年第1期。

⑤ 罗世平：《天堂喜宴——青海海西州郭里木吐蕃棺板画笺证》，《文物》2006年第7期。

⑥ 霍巍：《西域风格与唐风染化——中古时期吐蕃与粟特人的棺板装饰传统试析》，《敦煌学辑刊》2007年第1期。

⑦ 两幅图根据罗世平教授在《文物》杂志上公布的摹本截取。

内部，从形制上来看并不是汉文史料中所提到的吐蕃"拂庐"，而是欧亚草原上的典型的阿尔泰式帐篷，即藏语称为香格尔的毡帐。

至于所提到的"喇叭形圆孔"，乃是毡帐的天窗，藏式牛毛帐篷的天窗没有突出的部分。据研究，古代蒙古包"围壁高架，顶部稍陡"，内蒙古阴山支脉狼山乌拉特布尔很哈达山顶部石壁上，发现有一幅凿制的毡帐图，被认为是唐代或晚于唐代的作品，其天窗的画法就较为突起[①]，与郭里木棺板画上的毡帐形似，正符合图中的形制。图中"喇叭形的圆孔"，一般指古代顶部呈瓶颈样式的蒙古包。据说随着元朝的衰落，贵族们为节省开支，逐渐将瓶颈式的"陶脑"（天窗）改为车轮式[②]。

由此可见，将棺板画上的帐篷作为棺板画归属吐蕃文化的证据是不能成立的。

六、结语

学者们在讨论"拂庐"的藏语对应词时，一要考虑对音上的准确性；二要注意是否符合藏地的生活实践和文化特色。从这两个角度分析，劳弗尔给出的"sbra"一词，既符合汉藏对音规律，又符合汉文记载以及藏地的普遍实践。

"拂庐"一词从唐代开始进入汉文史料和文学作品。在初期使用中，该词均与吐蕃地域和文化相联系，在后来的使用中，"拂庐"的吐蕃特色逐渐淡化，与指称北方游牧民族住居的"穹庐"等词一样，成为帐篷特别是"蒙古包"式帐篷的代名词，失去了原语境中指称黑牦牛帐篷的特别含义。青海都兰郭里木棺板画引起了考古学者和艺术史学者的极大兴趣。在引用文献解读棺板画中的"帐居宴饮图"时，存在史料的过度使用问题。从"拂庐"特指"藏式黑牦牛帐篷"这个意义上考虑，棺板画中的帐篷并非拂庐，而是阿尔泰式的"蒙古包"。

（原刊于《西藏研究》2011年第1期）

① 张彤：《蒙古民族毡庐文化》，文物出版社，2008年，第16、40页。
② 扎格尔：《草原物质文化研究》，内蒙古教育出版社，2007年，第82、87页。

略论吐蕃的“赭面”习俗

李永宪

据《唐书》等史籍记载，西藏吐蕃时期曾流行一种称为“赭面”的面饰习俗，但其具体样式却未见有记述。近年来，青海都兰、德令哈两处吐蕃墓葬材料的刊布，使我们首次通过考古材料对这一面饰习俗有了最直观的认识与了解，墓中出土的木板彩画上绘有数十名“赭面”人物，再现了吐蕃时期这种面饰习俗的具体样式。本文拟以两处墓葬的考古材料为实物依据，结合相关文献资料，针对吐蕃时期“赭面”的形式、特征、源流等问题，试作一点研究分析。

一、历史文献中“赭面”一词的分析

事实上，在有关西藏历史的汉、藏文文献中，均有“赭面”一词，但关于史籍中该词的含义以及研究者对该词的理解与使用，却有着不同的两种指向。一种认为“赭面”一词，应指西藏古代人种之特征，即所谓西藏远古“食肉赤面者”之“赤面”。“例如，《五部遗教》记载，‘此后由神与岩魔女统治，西藏遂称神魔之域（原附藏文略，下同——笔者注），并出现了‘食肉赤面者’（见《王者遗教》18页上）。其间之‘食肉赤面者’一词，在后来的藏籍中即视为是西藏人的代称，继而用‘红面域’或‘赤面域’代称西藏……在《唐书·吐蕃传》中所谓吐蕃人喜‘赭面’，当即藏文所指（赤面或赭面），所谓‘赤面域’或‘赤面国’盖源于此。”[①]又如，“在吐蕃，有三大处地面……最初被称为有雪吐蕃之国。中间一段时期被神魔统治，被称为赭面之区，后来被称为悉补野吐蕃之国……”[②]而“赤面”的源称，本教史《法源》则解释为因最初“直接吞食侵袭众人类，饮食人畜血肉面变赤”所致[③]。显而易见，这里出现的“赭面”一词，其字面含义应是指肤色等人种特征，所以研究者对它的理解与使用，都是与“赤面”“红面”等词相等同，是对远古西藏先民人种特征的描述或指代，并且还认为《唐书》所指“赭面”也是这个意思。此外，《拔协》《五部遗教·王者噶塘》《释迦牟尼如来像法灭尽之记》《尊胜佛母续》中均有类此用法，此不罗列。在

---

① 参见巴卧·祖拉陈哇著，黄颢译注：《〈贤者喜宴〉摘译》注[5]，《西藏民族学院学报》1980年第4期。

② 达仓宗巴·班觉桑布著，陈庆英译：《汉藏史集》，西藏人民出版社，1986年，第14页。

③ 转引自恰白·次旦平措、诺章·吴坚、平措次仁著，陈庆英等译：《西藏通史·松石宝串》，西藏古籍出版社，1996年，第11页。

汉文文献中，有近人《艽野尘梦》谓“……沿途所见，皆赭面左衽之藏民”，则是近代对上述词义的沿用[①]。

对“赭面”一词的另一种理解与使用，是指“用赭色涂面”，即指在面部涂抹红彩的化妆形式。关于这一指义，最具代表性者当举《旧唐书·吐蕃传》中一段：“贞观十五年，太宗以文成公主妻之……公主恶其人赭面，弄赞令国中权且罢之。”这里出现的“赭面”，就是指面部涂红色的妆式，而且从前言后语间的关联性可以读出，这是当时吐蕃地方普遍流行的习俗，故才有“令国中权且罢之”之说。历来学者称吐蕃人有“赭面”习俗，大都引此为据，故对此处“赭面”一词的理解和使用，学界没有歧义。

细察藏、汉文献中有关“赭面”一词的含义与用法，明显有所不同，凡称“赭面”等类似词语为面部妆饰者，皆出自汉文文献；而在藏文中出现“赭面”或相类词语者，皆指西藏“赤面”人种特征，未见有指“赭面”为面部妆式。

二、墓葬材料所见吐蕃“赭面”的例证

有关吐蕃“赭面”的实物例证，见于近年来公布的两处墓葬材料。两处墓葬均发现于青海省境内，一是1999年发掘的都兰吐蕃三号墓[②]，二是2002年清理的德令哈市郭里木的两座吐蕃墓[③]。两处墓葬中皆出土绘有“赭面”人物的木板彩画，兹举要如下：

都兰吐蕃三号墓位于都兰县热水乡血渭草场的热水沟南岸，地处海拔3400多米，1999年由北京大学考古文博学院、青海省文物考古研究所共同发掘清理，编号为99DRNM3，是一座椭圆形封土的石砌多室墓，其时代约为8世纪中期[④]。该墓墓道中出有一件“彩绘木箱”，木箱的东、北、西三面侧板上绘有四位人物，其中两人着窄袖左衽紧身服、短发，手执弓箭；另两人亦着窄袖紧身衣，手执笙、瑟琶等乐器，四人均为“赭面”[⑤]。

观察都兰三号墓木箱彩绘人物的“赭面”样式，均是在额、鼻、下巴、两颊等面部高凸的部位涂以红彩，但涂彩的形状和部位又有所区别，具体说来可分为三种样式：一是将双眼以下的面颊与鼻梁联为一片通涂红彩，如东侧箱板与西侧箱板的两名射手；二是在两颊、鼻、下巴等处分别涂以圆点状红彩，如北侧木板所绘怀抱琵琶的人物；三是将两颊部位的红彩涂成三道弧形条状，如北侧箱板所绘执笙人物。观察实物发现，虽然人物形象部分已很模糊，但“赭面”涂彩的印痕却很清楚，说明绘画所用的红彩应是朱砂等矿物质颜料（图一）。

德令哈郭里木吐蕃墓群地处市区以东30公里巴音河南岸的夏塔图草场，2002年8月由青海省文

① 陈渠珍著，任乃强校注：《艽野尘梦》，西藏人民出版社，1999年，第12页。

② 北京大学考古文博学院、青海省文物考古研究所编著：《都兰吐蕃墓》，科学出版社，2005年。

③ 许新国等：《唐代绘画新标本——吐蕃棺板画》，《文物天地》2004年第3期。

④ 北京大学考古文博学院、青海省文物考古研究所编著：《都兰吐蕃墓》，第127～128页。

⑤ 北京大学考古文博学院、青海省文物考古研究所编著：《都兰吐蕃墓》，第100～104页，图六四、六五，图版三三、三四。

图一　都兰吐蕃三号墓彩绘木箱的“赭面”人物

物考古研究所与海西州民族博物馆共同清理了两座已被盗掘的墓葬，其中一座为单人“武士”墓，另一座为异性合葬墓，墓葬时代为 8 世纪末[①]。两座墓中共有三具木棺，木棺四面棺板均有彩绘，三具木棺共有挡头棺板（端板）六块，绘“四神”、花鸟等内容；侧板多块，所绘内容丰富多样，其中一具木棺的侧板绘有以赞普、赞蒙（王、王后）为中心人物的狩猎、行商、宴乐、迎宾、祭祀、合欢等六组画面，整块木板构成一幅大画面，其多位人物有“赭面”红妆。

从发表的该棺板的彩画摹本中，共有可统计的人物 42 人，从画面上看，其身份包括有王及王后（赞普、赞蒙）、侍者、商人、射手、平民等身份不同的各类人物，其服装姿态亦各不相同。画面上可观察到面部涂有红彩的“赭面”人物共 34 人（背面人物和头部缺失人物除外），其“赭面”形式也都是在额、鼻、下巴、两颊等面部高凸部位涂以点状、条状、块状的红彩，依其涂点的数量可分为“十三点”“九点”“七点”“五点”等。除额、鼻、下巴三点外，两面颊的涂点均在数量、部位上呈对称状。其中比较特别的有两种样式：一是将两颊与鼻梁涂点联为一片，通涂红彩，如画面中王后（赞蒙）、一位骑马商人、赞普身后的一位侍者、一位站立的射手共 4 人；另一种样式是在对称的两颊或眼尾、眉梢、腮部等处涂斜向的条形红彩，各类人物中均有此种样式（图二）。郭里木墓中棺板彩画中的“赫面”样式，从人物身份、性别上看不出特定的区别或标志性规律，说明当时面涂红彩可能是一种普遍的社会习俗。与都兰热水三号墓彩绘木箱的“赭面”样式相比较，其形式和涂点部位

图二　德令哈郭里木吐蕃墓棺板彩画“赭面”人物

① 许新国等：《唐代绘画新标本——吐蕃棺板画》，《文物天地》2004年第3期。

也是相同的，反映出8世纪左右，这种面饰习俗在吐蕃文化中的一致性。

三、“赭面”是吐蕃文化的标志

上举两处墓木板彩画中“赭面”人物的实例，第一次形象而直接地证实了《唐书》等汉文史籍所载吐蕃“国中”通行“赭面”是毋庸置疑的史实。而该两处墓地均地处祁连山南侧柴达木盆地的东缘及北缘草原地带，历史上曾是吐谷浑部的疆域，因此两处墓地的文化特征也很引人关注。就墓葬材料本身而言，其丰富的文化信息尚需深入分析研究，不少学者亦观察到其中具有的吐蕃、汉地（唐朝）乃至中亚等不同文化的因子。仅就德令哈郭里木墓葬墓主族属及身份而论，就有不尽相同的几种观点，如程起骏先生认为郭里木墓中的“棺板彩画是草原王国吐谷浑的遗物……描绘的是吐谷浑一位王者绚丽多彩的生活画卷，也是那个民族那个时代的社会图景”[①]。林梅村先生则认为郭里木“两墓既不是‘吐蕃赞普墓’，亦非某些学者认为的‘吐谷浑王墓’，它极可能是苏毗贵族墓”。而且其中的合葬墓更可能是吐蕃大臣禄东赞之子噶尔钦陵与其苏毗王妃之墓[②]。

其实，无论郭里木两墓墓主身份如何，棺板彩画中所表现的“赭面”习俗都应是源自吐蕃。《旧唐书》所载“公主恶其人赭面，弄赞令国中权且罢之”一段说的是贞观十五年（641年）的事，可见至少在7世纪中叶，“赭面”之俗已在吐蕃本土十分流行，才会使初来拉萨的文成公主第一次目睹这样的奇异之俗感到难以接受。所以吐蕃本土流行“赭面”的这个时期，显然早于青海郭里木墓葬和都兰热水三号墓的年代。可以推测的是，《旧唐书》所说的7世纪中期松赞干布对流行“赭面”之俗的禁令，并未真正得到执行，甚至在某些地区可能从未被禁止过，因此，作为吐蕃传统文化的一个标志，在吐蕃兼并了吐谷浑、占领河西走廊等广大地区之后，“赭面”之俗流传的地区更大。故有研究者指出，郭里木墓棺板彩画内容中“明显可以指为吐蕃民族习俗的是赭面……它是古代吐蕃民族长期形成的特有风俗”[③]。

如果说青海两处墓葬中的“赭面”实证可视为吐蕃本土习俗在“大蕃”邦国的传播和延伸，那么“安史之乱”后吐蕃对河西地区所推行的“风俗同化”，则是一种带有强制性质的统治手段。吐蕃占领敦煌初期，尚乞心儿让沙州人民改易穿着、学说蕃语、赭面文身。《张淮深碑》载“河洛沸腾……并南蕃之化……由是形遵辫发，体美织皮，左衽束身，垂肱跪膝”，及《阴处士修功德记》载“熊罴爱子，拆褫褓以文身；鸳鸯夫妻，解鬟钿而辫发”等之语，皆可说明“赭面”之俗在敦煌等河西地区的出现，是伴随吐蕃对该地区推行“蕃化”统治的一种族别文化标志[④]。

吐蕃的“赭面”作为一种习俗在青海、河西地区的出现，无论是一种主动的摹仿或是被动的接受，对非吐蕃文化而言，都是一种异文化的移植。而且这种习俗的影响之远，其时已达数千里之外

① 程起骏：《棺板彩画——吐谷浑人的社会图景》，《中国国家地理》2006年第3期《青海专辑》下辑。
② 林梅村：《棺板彩画——苏毗人的风俗图卷》，《中国国家地理》2006年第3期《青海专辑》下辑。
③ 罗世平：《棺板彩画——吐蕃人的生活画卷》，《中国国家地理》2006年第3期《青海专辑》下辑。
④ 有关吐蕃对河西地区的“蕃化”统治，可参见陈国灿：《唐朝吐蕃陷落沙州城的时间问题》，《敦煌学辑刊》1985年第1期。

唐长安城，在白居易诗《时世妆》中，作者对此有十分形象的描写："……圆鬟无鬓堆（椎）髻样，斜红不晕赭面状。昔闻被发伊川中，辛有见之知有戎。元和妆梳君记取，髻堆面赭非华风。"① 诗人不仅指出流行于长安城内外的这种"椎髻赭面"妆式并非汉地之俗而是一种异文化的传播，而且还在诗中详细地描绘了"斜红不晕"的样式，这恰与吐蕃"赭面"中面颊两侧涂抹对称的斜条形红彩几乎完全相同。由此可见，正是在唐蕃争战交好之间，"赭面"妆式在无形之中得以传入汉地，作为一种异文化的标志在其他地区被接受。

四、"赭面"习俗的起源与延续

"赭面"何以能在吐蕃时期成为西藏本土文化的一个标志或特征，其源起或早期形态如何，藏文历史文献中从未见有记述，但在汉文史籍中却可找到一些相关的记载。例如，《隋书·西域传》之"女国"条下记载："女国，在葱岭之南……王姓苏毗，字末羯，在位二十年……男女皆以彩色涂面，一日之中，或数度变改之……气候多寒，以射猎为业。出鍮石、朱砂、麝香、牦牛、骏马、蜀马。尤多盐，恒将盐向天竺兴贩……开皇六年，遣使朝贡，其后遂绝。"② 此处所载"女国"的有关内容，对于考察吐蕃"赭面"习俗的由来，应是有些帮助的。

首先，《隋书》所载"女国"与《唐书》之"东女国"是完全不同的，其地在"葱岭之南"，生态环境具有"气候多寒，以射猎为业……尤多盐"等特征，其所处应是猎牧经济为主、盐业经济为辅，泊湖密布、气候严寒的藏西、藏北的广袤高原区。因此，多数学者认为《隋书》之"女国"应是指吐蕃王朝建立之前就已活动于藏西北地区的"羊同"（象雄）或"苏毗"等部落联盟区。其次，"女国"存在的"男女皆以彩色涂面，一日之中，或数度变改之"的情形，不仅说明当时当地的面部涂彩是不分性别、身份的一种普遍习俗，而且表明流行这种习俗的地区，应具有彩色颜料充足易得的自然资源条件，这与其地出产"朱砂"应是密不可分的。朱砂是从"赤铁矿"（赭石）中提取的矿物质红色颜料，而赤铁矿红色颜料在西藏出现较早，距今三四千年前拉萨曲贡遗址曾出土有研磨和盛装红色颜料的石磨盘和小陶瓶，经鉴定颜料性质为赤铁矿粉末③。只是当时用量不大。赤铁矿颜料较大量的使用，是出现在阿里、那曲地区的古代涂绘岩画中，且岩画的时代早于吐蕃时期④，因此，藏西北地区所具有的矿物质红色颜料（赤铁矿 / 赭石）资源不仅是当地岩画的主要原料，而且也可能成为"女国"时期"以彩色涂面"的颜料来源。再次，《隋书》所载的"女国"曾于隋文帝开皇六年（586 年）遣使赴汉地朝贡，只是"其后遂绝"，可见早在吐蕃王朝建立之前，当时的"女国"已具有相当的实力，能代表西域高原一方与汉地交好，而其时当地已是"男女皆以彩色涂面"。因此，至文成公主进藏时的 641 年前后所见吐蕃国中流行的"赭面"，并非西藏最早

① 引自范学宗、吴逢箴、王纯洁编：《全唐文全唐诗吐蕃史料》，西藏人民出版社，1988年，第454～455页。

② 《隋书》卷八十三《列传第四十八·女国》，中华书局，1973年，第1850～1851页。

③ 黄素英：《曲贡遗址研色盘表面红颜色鉴定报告》，中国社会科学院考古研究所、西藏自治区文物局编著：《拉萨曲贡》，中国大百科全书出版社，1999年，第255页。

④ 参见李永宪、霍巍：《西藏岩画艺术》，四川人民出版社，1994年。

的面饰形式，而应是百年前就已在“女国”猎牧部落中流行的“彩面”在吐蕃腹心地区延续发展的一种形式。可以推测，吐蕃“赭面”习俗之先河，当为藏西北猎牧部落所开创，其起源应是西藏高寒地区部落的一种习俗。

关于“女国”曾流行的“彩面”习俗，考古材料中亦有一些线索或可佐证。例如在噶尔县门士乡境内的“琼隆银城”遗址，曾发现大量研磨红色颜料的砺石、磨棒、磨盘、石臼等遗物，其上多遗有红色痕迹，根据这些工具的形制与数量分析，其研磨颜料的量应不是很大，但使用者人数却不少，其用途极有可能是研磨涂饰面部的红颜料。该遗址的年代为5～7世纪（碳14测定）[①]，与《隋书》所载“女国”的所处时代十分接近。

我们可以做一种推测，“以彩涂面”的习俗是在“女国”“象雄”“苏毗”等高原猎牧部落文化区起源的，至吐蕃时期已成为古代西藏的一种普遍习俗即“赭面”，其中可能隐含着一个文化与政治势力的兼并融合的背景，那就是吐蕃王朝建立后形成的高原政治法权的统一以及佛教的逐渐兴盛，包括本教、“彩面”等源于藏西北地区的一系列文化因素在吐蕃本土腹心地区迅速融人“吐蕃文化”这个整体，而“赭面”作为“吐蕃文化”的一个标志，随着吐蕃的势力扩张而出现在吐谷浑部以及河西地区乃至波及长安。

然而，又是什么原因使这一可以远传长安的妆式习俗并未在吐蕃本土的腹心地区延续下来呢?除了“赭面”的功利性因素（如护肤、防晒等）可能具有的环境差异以外，“彩面”习俗的衰落可能与当时吐蕃王室兴佛运动背景有关。如在《贤者喜宴》中有一段记述颇有意味：吐蕃赞普赤松德赞兴佛盟书（第二盟书）指责“夫吐蕃之旧有宗教实为不善，敬奉神灵之方法与仪轨不符，故众人沉溺于不善，有人身涂红颜，有人存心有碍国政，有人癖好使人畜生病，有人醉心于招致灾荒饥馑”[②]。此处所言吐蕃旧有之“不善”宗教，显然是当时赞普极力反对的非佛教因素，而在身体或面部“涂红颜”被视为“沉溺于不善”的另类表现。正是因为它们代表的是旧有宗教，而与当时王室兴佛意识是相悖的。要发展佛教，必须革除吐蕃旧有之不善宗教，正是在这样的背景下，此前松赞干布“令国中权且罢之”都未能实现的禁令，却在9世纪以匡正佛教教义的名义，置“赭面”于不善之例，使其不再是流行于吐蕃本土。这个推测虽只是一种假说，但细察西藏历代各类藏文史籍，似乎皆未见有记载“彩面”或“赭面”这个曾在吐蕃国中流行的习俗传统，恐怕不应只是一种巧合。

然而，即使在吐蕃王朝灭亡之后，西藏的“赭面”习俗并未真正消失，而是回到了它的原生环境和原生功能状态——在藏西、藏北及其他以游牧为生的部落中，作为一种面部化妆、护肤的形式保留下来并沿袭至今。如清抄本《西藏见闻录》载：“阿里噶尔妥之妇女……少艾每以糖脂或儿

① 参见李永宪、霍巍：《西藏阿里噶尔县“琼隆银城”遗址》，《中国重要考古发现》（2004），文物出版社，2005年。

② 关于《贤者喜宴》中此段的汉译转达引自罗世平：《棺板彩画——吐蕃人的生活画卷》，《中国国家地理》2006年第3期《青海专辑》下辑；查黄颢译者注本《贤者喜宴》汉译则为“吐蕃之古老佛法不完善，祭神与仪规不相符合，因此，众人疑（佛法）不佳：有人疑虑不利于身，有人担忧政权衰落，有人顾虑发生人疫畜病，有人怀疑会降下天灾。”引自《〈贤者喜宴〉摘译（九）》，《西藏民族学院学报》1982年第4期。

茶[①]涂脸，以作□□之态，与优人中所涂焦赞之面相似，犹传面以粉□意也。”[②]或如清《西藏新志》称：“妇女见喇嘛时，必以红糖或乳茶涂于腮，否恐呈妍露媚，迷惑僧人而致罚。然现今此俗，不独见喇嘛为然，家居时亦为之。”[③]此外，“男子亦有以兽脂涂其面者，大概极寒之地，此等习惯最多云”[④]。至近现代，西藏古时的“赭面”已演化为一种妇女的面饰习俗，虽男子亦有涂面者，但在真正保留有“彩面”习俗的乃是游牧民中妇女的专利[⑤]。

综观“赭面”习俗在西藏的源起、流行、衰落与延续，其中有两个富有意味的现象或许还可深入分析研究，一是它最早产生于猎牧部落并最后留存于游牧部落之中，这是一个文化回归的现象还是一种与宗教相关的结果？二是藏文史籍中始终不见对吐蕃之“赭面”习俗的记述，而所有关于西藏“赭面”“涂面”等风俗的记述，均出自汉文史籍，两者间的这个区别究竟有何意义，亦是值得关注的一点。

（原刊于《藏学学刊》第3辑，四川大学出版社，2007年）

① “儿茶：一种落叶小乔木，产于云南和印度等地，木质坚硬呈红色，熬出的汁干后呈棕色块……有止血镇痛效果，古代西藏用来擦脸。……”见赵宗福选注：《历代咏藏诗选》，西藏人民出版社，1987年，第177页，注[4]。

② 《西藏见闻录》二卷，清抄本、刻本，1978年中央民族学院图书馆油印本，丁世良、赵放主编：《中国地方志民俗资料汇编》西南卷（下），北京图书馆出版社，1997年，第875页。

③ 《西藏新志》三卷，清宣统三年上海自治编辑社铅印本，丁世良、赵放主编：《中国地方志民俗资料汇编》西南卷（下），北京图书馆出版社，1997年，第906页。

④ 《西藏》第十六章，民国铅印本，丁世良、赵放主编：《中国地方志民俗资料汇编》西南卷（下），北京图书馆出版社，1997年，第921页。

⑤ 参见Melvyn C. Goldstein and Cynthia, Nomads of Western Tibet: The Survival of a Way of Life, University of California Press, 1990, Los Angeles.

考古发现所见吐蕃射猎运动

——以郭里木吐蕃棺板画为对象

马　冬

2002 年 8 月，在青海德令哈郭里木乡两座被盗掘的吐蕃时期墓葬中，发现了三具彩绘木棺。棺板上的图像题材涉及吐蕃社会生活，特别是贵族生活的诸多方面，成为目前所见研究吐蕃社会形态、丧葬观念与文物制度珍贵的最新考古图像史料。其中编号为第 1 号墓棺板画的两个侧板上丰富的射猎活动内容，自然也就成为今天研究吐蕃时期相关体育运动情况的绝佳材料。进而也为深入考察与分析藏族传统体育文化的发展形态与历程，提供了一个难得的旁证。

一、郭里木棺板画所反映的吐蕃射猎运动类型

1. 吐蕃的骑射运动

骑射运动的图像在郭里木第 1 号墓棺板画的两个侧板上均有出现，为方便行文，循例将左侧高于右侧的棺板简称为 A 板，对应之右侧高于左侧者简称为 B 板，以下分别述之。

A 板上端右部绘有向左边呈奔驰状的骑射者二人，前一人已超越猎物，故引满弦扭身瞄准后下方；后一人尾随猎物，亦引满弦俯身瞄准前下方。图像中骑士扭俯身躯幅度非常大，显示二人控弦时极力在将箭头接近目标。箭射轨迹交叉点有一形象漫漶不清的似兔似犬动物，显然它已经在劫难逃（图一）。

图一　郭里木棺板画 A 板射猎图

B 板的骑射图像集中分布在棺板左半部分，内容分为上下两组。上组为向右驰骋的前一后三夹击两头受惊狂奔的牦牛的四名骑士。其中，在牦牛前面骑士扭身回射，后面三骑上部二人满弦瞄准牦牛，下面一骑因画面受损不见骑者，但结合整体画面，可以肯定原也为一名射牦牛的猎手。另外，牦牛前侧并排还有一只飞奔的猎犬回首朝向牦牛。下组是一位向左追射三只体大似驴的长角大野鹿的骑士，其背向外引满弦向前略偏下方瞄准猎物（图二）。

图二　郭里木棺板画 B 板射猎图

通过图像分析，可以发现吐蕃的骑射运动在技战术方面有如下一些特征：第一，射猎采用前引后追的动态围歼战术。从棺板画反映的情况看，吐蕃射猎对象多为生活在高原地区的大体型动物，由于古代弓箭杀伤力有限，故其在受惊或受伤狂奔的时候恐怕马匹亦不能直面，因此，运用这种战术可以最大限度与较长时间将猎物控制在有效射程范围之内。第二，吐蕃骑射必在距猎物极近距离方才放箭，讲究的是一箭中的的刺激与把握，而不是追求百步穿杨的神奇效果。这一特点在 A 板的射猎图像中表现极为典型。同时，图像也展现出吐蕃骑射的关键技术要领乃是：无论身体如何俯仰扭动，满弦时必须保证曲右臂挟弦在右耳、并与直伸握弓的左臂形成一条水平线。第三，从狂奔猎物均已经中矢流血与骑士均满弦猎杀的情况看，吐蕃弓箭射速一定不低。他们似乎不是用一箭击中要害的方法射杀猎物，而是长时间纠缠猎物、快速向猎物身体不停射箭，以使猎物在流血过多与疲惫奔跑中倒地。

显然，棺板画上这种吐蕃射猎运动并不特别追求个体精湛的骑射技术，而是注重运动中各成员之间的协调、配合与默契。因此，其群体的运动娱乐性也大大地增加了。同时，这种技战术不仅在射猎中有效，在人与人的战斗中亦完全会发挥出可怕效能。此点也许多少有助于理解，为什么吐蕃在与李唐近一百五十年的军事对峙中，几乎始终居于战术优势地位的部分原因。

2. 吐蕃的“射牛”

在郭里木吐蕃棺板画 B 板右端中上部，有一组“射牛”图像。画面右侧有一头被缚倒的黑斑白牦牛，左近身处有一头戴“虚帽”，或曰“赞夏”（btsan-zhwa）、衣着华美之吐蕃贵族模样的人，立于一块虎纹边饰小方垫毯上拉弓满弦瞄准，箭头基本抵住了牛腹。此人身后立一戴“绳圈冠”人，右手持弓、左手握箭，似在等候如前者般“射牛”。画面上部另立有戴“绳圈冠”者四人，左两人一垂手、一袖手；右二人一执胡瓶、一捧盛三只高脚杯的托盘（图三）。

图三　郭里木棺板画 B 板射牛图

罗世平先生根据《新唐书·吐蕃传》记载“其宴大宾客，必驱牦牛，使客自射，乃敢馈”，认为“射牛”乃是吐蕃接待宾客的一种特殊礼仪。结合画面中其他陪衬人物形态分析，罗氏的观点有一定见地。而且，这种待客礼仪当是一系列仪式组成，应该还包括饮“进门酒”的环节。加之射击距离非常近，活动的娱乐意象颇浓。这里看不到上述“骑射”活动的激烈与刺激，轻松成为画面主调。不过，从射牛者的华丽服饰、特别是脚下的虎纹边饰垫毯来看，能够享用“射牛”待遇者，必是具有相当高的社会地位与身份的宾客。吐蕃俗重虎皮纹，《贤者喜宴》记载所谓“六标志”中一项为“勇者的标志为虎皮袍”；“六勇饰”乃用虎豹皮大小区别勇士等级，即虎皮裤、虎皮上衣、虎皮小披肩、虎皮大披肩、整块虎皮所制外套、整块豹皮所制外套。可以想见，能站在虎纹边饰垫毯上“射牛”是多么荣耀的事情。另外，“射牛”使用非常少见的白色牦牛，笔者认为其中或许还包含着一定成分的传统宗教意象。时至今日，嘉戎藏族还保留着“白石崇拜”信仰、与之习俗极为相似的汶川羌人语言还将善良之神称作“白神”等等，似乎都暗示了“白色”在早期藏族先民信仰中的特殊含义。

综上，郭里木棺板画中吐蕃的“射牛”，乃是一种接待贵宾的“射礼”，其具有固定的仪式内容与宗教意象痕迹。由于礼仪本身以射箭运动为承载主体，并包含了一定的娱乐性与活动程序性，故也具有了体育运动的部分属性。

二、吐蕃射猎运动用具、服饰与相关图像特征

1. 吐蕃的射猎用具与服饰

射猎运动的主体物质构件就是射击活动所需的弓矢等用具，以及与活动相配套的服饰品。郭里木吐蕃棺板画对之都有非常丰富与明确的图像表现。这些无疑成为今天研究藏族早期射箭运动历史的珍贵资料。

棺板画中射猎运动所用弓的图像有如下一些外形特点：双股土红色材质的内曲弓身约占弓全长

三分之一，中部弓弣（握手处）为白色材质；外曲弓臂（也叫“渊”）为绿色材质；弓身与弓臂之间对称装有白色短结。虽然无法了解这种弓的详准结构与制作材料，但通过以上相关图像内容，已经基本可以确定其应该是一种构造比较复杂的双曲复合弓。中原复合弓的弓身很短，一般仅略比弓弣长一点点，不似这种弓身占弓全长三分之一的形制。另外，参照使用者与这种弓的尺寸比例关系，还可了解此弓形体不大，应是一种很利于骑射的高机动性速射武器。笔者认为，这种弓有可能就是《吐蕃简牍综录》130号记载的所谓“于阗轻弓”。棺板画中骑士所挂盛装箭矢的用具为箭箙，其与唐章怀太子墓《仪卫图》中卫士所配完全一样，而同样形制在北周安伽墓棺床正面屏风第2幅乐舞宴饮狩猎图中粟特骑士身上也能够看到。很明显，吐蕃人使用的盛矢具是6～7世纪这一历史时期的国际“流行”样式。

郭里木吐蕃棺板画射猎人物服饰最大特点就是“连珠纹”的大量使用，特别是“射牛”场景中后立待射人物与执胡瓶人物前臂所用“射韝”——一种射箭时专用的袖套——也满地装饰着这种纹样。“连珠纹”是最先起源于古代波斯的一种装饰图案，其产生与琐罗亚斯德教对光明的崇拜有一定关系，乃是一种典型的波斯风格纺织品团窠图纹形式。这种图纹在南北朝时期由中亚粟特人传入中原，到唐初仍在流行。估计其传入青藏高原的时间在吐蕃王朝建立之前，应该也是由粟特人通过丝绸之路“青海道”携来。近年来，青海都兰吐蕃墓出土了很多此类图纹纺织品残片（图四），也从实物层面印证了郭里木棺板画表现出的“连珠纹”盛行吐蕃的情况。

图四　青海都兰出土的连珠纹锦

2. 郭里木棺板画吐蕃射猎图像造型特征

虽然“射猎图”是古代、特别是中古时期丧葬艺术的常见题材，但郭里木吐蕃棺板画射猎图像却有自身独特的造型语言与鲜明的风格特征。

对比近年来一些粟特丧葬艺术重大考古发现中的同类题材，如1997年山西太原隋代虞弘墓、2000年陕西西安北周安伽墓等出现的狩猎图像，可以发现郭里木棺板画射猎图在图形造型上与它们有“粉本”共用的情况。具体而言，郭里木棺板画中所有奔跑马匹前两腿水平直伸的典型形态，与北周安伽墓棺床正面屏风第2幅中的奔马造型完全相同（图五）；骑士扭身回射的动态，与隋虞弘墓石椁内正壁左右两幅石刻画骑射人物造型颇似（图六）。而上文所述“连珠纹”的大量使用，也表明西方祆教艺术的清晰影响。但是，通过对“赞夏”“绳圈冠”等吐蕃典型服饰，以及青藏高原特产的牦牛、大角鹿等狩猎动物的真实描绘，又使画面呈现浓郁的本土风貌。这种风貌当是吐蕃文化广泛接受周边不同文明成果而滋生的一种清新的个性气质。

尽管同为表现古代丧葬观念的美术题材之一，但郭里木吐蕃棺板画射猎图的场面营造却颇具特

图五　北周安伽墓棺床正面屏风第2幅狩猎图

图六　隋虞弘墓石椁正壁第3幅狩猎图

色。首先，其在所占画面空间总量的大比例方面，从目前各地出土的类似丧葬美术作品的情况来看是无出其右的。其次，射猎图像与棺板画中其他情节图像的融合度与协调性，以及在与整体画面动静、疏密等关系处理的水平方面，均表现出历史同期的最高水平。第三，其打破了粟特丧葬艺术在石棺床、石椁、石刻围屏中，以独立的情节性小画面表现狩猎情景的格局，而流露出与中原墓道壁画那种开阔空间感异曲同工的张力与韵味。这一点在目前国内发现的中古时期的彩绘棺上均未见他例。以上这些看似多元与综合性的艺术造型形式，实际上正是一种典型吐蕃本土风格的外在表现。

三、结语

作为古代重要体育运动形式的射猎活动，由于具有军事训练与群体娱乐的二重属性，故一直为统治阶级重视与喜爱。加之古人“事死如事生”观念的广泛流行，使得相关题材的丧葬美术作品在今天考古工作中时有发现。郭里木吐蕃棺板画射猎图便是近年来之中要宗。其以直观与生动的视觉形象，清晰展现了吐蕃射猎运动的形式种类、技战术要点、用具与服饰形制等构成要素，对于研究藏族早期体育运动历史具有弥足珍贵的价值。同时，郭里木吐蕃棺板画射猎图像造型特征，还进一步体现了吐蕃文化对外来文明的高度吸收、消化能力，也间接反映出新兴的王朝在国家精神塑造方面所具有的活力与潜能。

参考文献

[1]　许新国：《郭里木吐蕃墓葬棺板画研究》，《中国藏学》2005年第1期。
[2]　霍巍：《青海出土吐蕃木棺板画的初步观察与研究》，《西藏研究》2007年第2期。
[3]　林冠群：《唐代吐蕃史论集》，中国藏学出版社，2006年。
[4]　杨清凡：《藏族服饰史》，青海人民出版社，2003年。

[5] 《新唐书》，中华书局，1962年。

[6] 罗世平：《天堂喜宴—青海海西州郭里木吐蕃棺板画笺证》，《文物》2006年第7期。

[7] 格勒：《藏族早期历史与文化》，商务印书馆，2006年。

[8] 王尧、陈践：《吐蕃简牍综录》，文物出版社，1985年。

[9] 张鸿修：《中国唐墓壁画集》，岭南美术出版社，1995年。

[10] 陕西省考古研究所：《西安北周安伽墓》，文物出版社，2003年。

[11] 韩香：《隋唐长安与中亚文明》，中国社会科学出版社，2006年。

[12] 赵丰：《纺织品考古新发现》，（香港）艺纱堂/服饰工作队，2002年。

[13] 姜伯勤：《中国祆教艺术史研究》，生活·读书·新知三联书店，2004年。

（原刊于《西安体育学院学报》2008 年第 6 期）

试论海西出土吐蕃棺板画的艺术特征

岳　燕　余小洪

2016 年 10 月，海西州民族博物馆公开展出了数件棺板画（编号：HXZBWG0315-1、2、3、4），此次展出的棺板画系首次公开展出。这几件棺板画已绘有彩图，经笔者仔细辨认，与棺板上所绘原图略有差异。2017 年 3 月，笔者再次赴海西州民族博物馆考察，并重新进行了绘图。

海西州是青海境内吐蕃遗存的主要分布区域，先后发现数批吐蕃美术遗存，如在海西郭里木夏塔图古墓曾发现 2 具棺板画（郭 M1、郭 M2），在乌兰县茶卡被盗古墓旁采集一块彩绘木棺盖板[①]，乌兰县泉沟还发现有吐蕃时期的壁画墓[②]。霍巍[③]、仝涛[④]还详细披露了海西州境内采集的两具棺板画（采 M1、采 M2），故海西州民族博物馆新展出的这具棺板画可编号为采 M3。

吐蕃绘画作品在敦煌已有少量发现，均以宗教题材为主题，有壁画[⑤]、绢画[⑥]两种形式。反映葬仪的棺板绘画作品目前仅在海西州有所发现，这批棺板画吸引了各界的热烈关注，许新国[⑦]、罗世平[⑧]、林梅村[⑨]、程起骏[⑩]、霍巍[⑪]、仝涛[⑫]、吕红亮[⑬]、宋耀春[⑭]等从各角度已有深入研究，学者们普遍认为这些棺板画反映的是青藏高原北部吐蕃统治时期的文化面貌，而对于其具体族属则意见不一，有苏毗说[⑮]、吐蕃说[⑯]和吐谷浑说[⑰]等意见。

---

① 许新国：《茶卡出土的彩绘木棺盖板》，《青海民族大学学报（社会科学版）》2011年第1期。

② 许新国：《乌兰县泉沟吐蕃时期的壁画墓》，青海藏族研究会：《都兰吐蕃文化全国学术论坛论文集》，文物出版社，2017年，第205～210页。

③ 霍巍：《西域风格与唐风染化——中古时期吐蕃与粟特人的棺板装饰传统试析》，《敦煌学辑刊》2007年第1期。

④ 仝涛：《青海郭里木吐蕃棺板画所见丧礼图考释》，《考古》2012年第11期。

⑤ 沙武田：《吐蕃统治时期敦煌石窟供养人画像考察》，《中国藏学》2003年第2期。

⑥ 谢继胜：《莫高窟吐蕃样式壁画与绢画的初步分析》，《西北民族大学学报（哲学社会科学版）》2010年第4期。

⑦ 许新国：《郭里木乡吐蕃墓葬棺板画研究》，《中国藏学》2005年第1期。

⑧ 罗世平：《天堂喜宴——青海海西州郭里木吐蕃棺板画笺证》，《文物》2006年第7期。

⑨ 林梅村：《棺板彩画：苏毗人的风俗图卷》，《中国国家地理》2006年第3期。

⑩ 程起骏：《棺板彩画：吐谷浑人的社会图景》，《中国国家地理》2006年第3期。

⑪ 霍巍：《青海出土吐蕃木棺板画的初步观察与研究》，《西藏研究》2007年第2期。

⑫ Tong Tao and Patrick Wertmann. The Coffin Painting of the Tubo Period from the Northern Tibetan Plateau, Archaeologie in China, Band 1, Bridging Eurasia, Mainz: Verlag Philipp von Zabern, 2010,pp.187-213.

⑬ 吕红亮：《“穹庐”与“拂庐”——青海郭里木吐蕃墓棺板画毡帐图像试析》，《敦煌学辑刊》2011年第3期。

⑭ 宋耀春：《青海郭里木出土棺板画数据统计与分析》，《藏学学刊》第9辑，中国藏学出版社，2014年，第58～69、314页。

⑮ 林梅村：《棺板彩画：苏毗人的风俗图卷》，《中国国家地理》2006年第3期。

⑯ 罗世平：《棺板彩画：吐蕃人的生活画卷》，《中国国家地理》2006年第3期。

⑰ 程起骏：《棺板彩画：吐谷浑人的社会图景》，《中国国家地理》2006年第3期。

一、新见棺板画的构图与图画内容

新见展出的海西采 M3 棺板画共 4 块，HXZBWG0315-1、2 拼成一面侧板，HXZBWG0315-3、4 拼成另一面侧板，不见前后挡板。采 M3 棺板表面未经仔细打磨，厚约 3 厘米；棺板长约 175 厘米，棺板低帮宽约 40 厘米、高帮宽约 45 厘米，前高后低。参考郭里木夏塔图棺板画的内容，将 HXZBWG0315-1、2 拼成的侧板称为 A 面棺板（图一），HXZBWG0315-3、4 拼成的侧板称为 B 面棺板（图二）。棺板画首先以黑线勾勒图像轮廓，再用绿、蓝、灰、红、赭等色彩绘而成。

图一　A 面棺板：HXZBWG0315-1、2 拼成的侧板

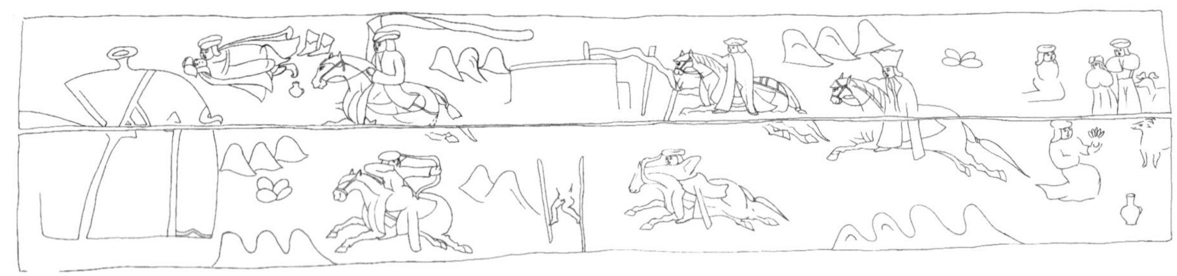

图二　B 面棺板：HXZBWG0315-3、4 拼成的侧板

A、B 两面棺板画的画面构图一般可分为上、中、下三层。上、下层都为一窄行画面，绘有起伏的山丘、花草以及奔跑中回首的鹿，以表现自然景观。中层占据了画面的绝大部分，绘制画面的主要内容。下文详细介绍棺板画面的主要内容：

A 面，从左至右（即从低帮至高帮）可分为两组画面。

第一组：绘一骑士（一号人物），其后牵一匹黄色乘骑。骑士五官轮廓清晰，头缠橘黄色头巾，披发微卷，着淡绿色对襟长袍，下身着白色裤子，脚穿黑色翘尖短靴，其青色乘骑配红色鞍垫，乘骑前蹄上举呈奔走状。骑士手中还牵有一匹黄马，黄马配有绿色鞍垫。

第二组：圆形帐篷前斜坐一戴“塔形”高帽者（二号人物），其后侧似也斜坐一妇人（三号人物），“塔形”高帽者前立有一幼童（四号人物）及一带耳陶罐，幼童斜后侧有一站立的着红色对襟长袍的宾客（五号人物）。

圆形帐篷上部有一喇叭形采光孔，帐篷上绘有红色线条，可能是表示帐篷的支架、门；二号人物“塔形”高帽者五官轮廓已不甚清晰，高帽顶端装饰有红色饰物，着深青色对襟长袍，斜坐于四脚高椅之上，三号人物“塔形”高帽者后侧斜坐的妇人，五官轮廓十分清晰，缠红色头巾，头巾批至肩部，妇人着黄色对襟长袍，腰间系一浅蓝色腰带；“塔形”高帽者前方站立的幼童，五官轮廓已模糊不清，缠黄色头巾，上身着蓝色对襟短衣，下身着黄色袍服，侍童前立一带耳陶罐，可能为水器或酒器；幼童斜后侧站立的宾客，头饰黄色饰物，饰物披至肩部，腰间系淡蓝色腰带，脚穿黑色翘尖短靴，其后侧有一匹红色小马，马具齐全。

B 面，从右至左（即从低帮至高帮）可分为四组画面。

第一组：绘有4个人物（六至九号人物）、两只羊和一件陶罐，四个人物分别着红、橘黄、绿、黄色长袍，红色长袍人物头缠黄色头巾，其余三人皆缠红色头巾；黄色长袍人物手持一红色植物，疑为花卉。

第二组：位于棺板的中上部，其中心为一“灵台”式建筑，“灵台”前方为一持长幡的骑士（十号人物），“灵台”右侧为一着黄色对襟长袍的骑士（十一号人物），黄色对襟长袍骑士后侧为一戴“喇叭”状高帽的骑士（十二号人物）。

“灵台”式建筑通体呈黄色，两侧似有门和台阶，其外侧竖有一排栅栏；“灵台”式建筑前方持长幡的骑士，五官轮廓较为清晰，头缠红色头巾，身着淡绿色对襟长袍，手持飘扬的红色长幡，跨一匹呈奔跑状的青色骏马，马笼头勾画得十分清晰，马尾飘扬；“灵台”右侧的骑士，五官轮廓较为清晰，头缠青色头巾，着黄色对襟长袍，跨一匹呈奔跑状的红马，马匹的鬃毛刻画得十分生动，马背上铺有一层延续至马尾的装饰物；着黄色对襟长袍骑士后侧为一戴“喇叭”状高帽的骑士，着淡绿色三角翻领长袍，跨一匹呈奔跑状的黄马。

第三组：位于棺板中部下方，“灵台”式建筑的正下方，画面中间处为一呈绑缚状的裸体男性（十三号人物），两侧各有一拉弓射箭的骑手（十四、十五号人物）。裸体男性被绑缚在两根立木之间，五官轮廓已不清晰，但其男根较为清晰；右侧的骑手正引弓向裸体男性射击，左侧的骑手反身作射箭状也指向裸体男性；右侧骑手头缠红色头巾，内穿黄色袍服，淡绿色外衣系于腰间，跨一匹红马；左侧骑手头缠红色头巾，内穿白色袍服，蓝色外衣系于腰间，跨一匹红马。

第四组：位于棺板左侧，圆形帐篷外有一对“野合”的男女（十六、十七号人物）。圆形帐篷顶部亦有一喇叭形采光孔；“野合”的男女，其上为男性，头缠红色头巾，披发微卷，肩披黄色披风，其下为女性，肩披绿色披风，两人旁放有一双黑色翘尖短靴和一只陶壶。

二、棺板画内容考释

郭里木夏塔图出土的两具棺板画，乌兰茶卡采集的一具棺盖板画以及海西境内采集的两具棺板画，为海西采 M3 的内容考释提供重要的参考。

A 面画面较为简单，应为“迎宾图”。第一组应为“奔丧”环节，骑士还牵有一匹黄马，黄马较为少见，显得较为特殊，可能属献祭的“宝马”。第二组为“迎宾”环节，主人夫妇斜坐于帐篷外，接待前来致祭的宾客。郭 M1、郭 M2 也描绘了衣着华丽的客人携带装饰肃穆华丽的骏马到帐篷处献祭的画面，与海西采 M3 的 A 面棺板表达的意思相近。敦煌古藏文文献 P.T.1042 提及“亲人所供养料”“诸侯列邦所供之财物”[①] 等语，可能反映了此场景。

B 面画面较为复杂，应为“丧礼图”。

第一组应为“动物献祭”环节，四个着长袍者携带两只山羊、植物，做献祭的准备。

第二组为“墓地献祭”环节，墓地中央为一“灵台式”建筑，持飘扬长幡的骑士在前引领，其后跟随两名骑士，在“灵台式”建筑的栅栏外环绕。持飘扬长幡的图像在郭 M1、郭 M2、采 M1 均有出现：郭 M1 持长幡的骑士后跟随数骑；郭 M2 的幡为五边形，挂数条彩带，旁立有一人；采 M1 持飘扬长幡的骑士身后亦跟随数骑。

敦煌古藏文文献 P.T.1042 第 40 ～ 47 行记载了围绕墓地骑马列队祭祀举行“尸魂相合”的场景：“小供献本波将尸体、尸像（ring-gur）和供食搬到墓室门口……此后尸主留于此地，魂主向左转着走来，一共转三圈，在这期间每转一圈都要致礼，并供上一瓢酒。备马官也从左右两边走过来，转三圈，转完后，从（死者）的脸部开始，向（死者）折倒三次长矛，对死者致礼。侍者和死者亲朋们哭丧。”[②] 棺板画上此画面，具体是何意，尚无法确知。

第三组为“骑射祭祀”环节，其位于“灵台”式建筑正下方。还可以在郭 M1、采 M1、采 M2 棺板上找到相似的图像。仝涛披露：“郭 M1 中的‘骑射祭祀’场景位于灵帐哭丧场面的正上方，可见两骑马者一前一后共射一怪物。怪物全身赤裸，作跪状，反剪双臂束缚在一立柱上，两眼惊恐，脑后两个发束也缚于立柱上，吻部突出，嘴巴宽大，肩部已中一箭，箭羽露出在外。”采 M1 的骑射图位于灵帐图下方，可见两位骑马者一前一后骑马疾驰，拉弓射向中间一裸体怪物。怪物呈人形，须毛男根尽显，神态惊恐万状，双臂捆缚于两侧的立柱上，其腰间中一箭 [③]。

海西地区发现的另一块棺板画（采 M2）也描绘有类似的图像[④]。在一块木棺头端挡板上，画着一骑马者向右飞奔，拉满弓射向左侧一个高大深色的裸体人物，该人双手朝下，双脚朝上倒立，腰部中一箭，穿透了他的身体，倒立的形象可能是其中箭仆地情形的表现。

郭 M2 表现为四个骑马人两前两后共同瞄准中间一物，可惜其形象已经严重腐蚀，不可细辨。

此类图像可能与敦煌古藏文文献 P.T.1042 第 79 ～ 80 行的记载“此后御用辛献上交叉柱。要在每个冬季月份（dgung<dgun）供上一次胎血（？）”[⑤] 有关。

藏文文献中还有相关记载：“被献祭的奴隶被绑在木架上，被本教师分割尸体献祭，作为替身为一个小邦王子治病”[⑥]。

关于该组图像的含义，仝涛已有较为深入的论述，本文基本赞同。

第四组为“野合”环节，此类图像还见于郭 M1、郭 M2。关于此类图像的寓意目前有三种看

---

① 褚俊杰：《吐蕃本教丧葬仪轨研究——敦煌古藏文写卷P.T.1042解读》，《中国藏学》1989年第3期。
② 褚俊杰：《吐蕃本教丧葬仪轨研究——敦煌古藏文写卷P.T.1042解读》，《中国藏学》1989年第3期。
③ 仝涛：《青海郭里木吐蕃棺板画所见丧礼图考释》，《考古》2012年第11期。
④ 仝涛：《青海郭里木吐蕃棺板画所见丧礼图考释》，《考古》2012年第11期。
⑤ 褚俊杰：《吐蕃本教丧葬仪轨研究——敦煌古藏文写卷P.T.1042解读》，《中国藏学》1989年第3期。
⑥ [挪威] 帕·克瓦尔耐著，褚俊杰译：《西藏本教徒的丧葬仪式》，《国外藏学研究译文集》第五辑，西藏人民出版社，1989年。

法：或认为是“一夫多妻”婚姻习俗的反映[①]；或认为是受到藏传佛教当中密教金刚乘性力派的影响[②]；或认为“本教丧葬仪轨中某种具有神秘色彩的巫术，在葬礼过程中的某种特定场合施行这种巫术，含有祈愿死者在阴阳之间再生、轮回的寓意”[③]。鉴于“野合图”一般出现在丧葬祭祀的画面中，当非一般意义上的寻欢作乐。故以上三种观点，霍巍的推测似更为可能。

通过上文的考释，A、B 画面表达的大意为：亲朋好友携带“宝马”等献祭物前往“奔丧”，主人在帐篷前“迎宾”；之后到墓地准备献祭的动物（羊）、植物（花朵），持长幡者骑乘“宝马”前往墓地举行祭祀仪式，祭祀仪式内容可能有“骑射”“野合”等环节。

三、相关问题讨论

海西馆藏棺板画（采 M3）是难得一见的绘画作品，对其族属与年代问题的认识，是进一步讨论相关问题的关键。

1. 族属与年代

由于海西采 M3 棺板画属采集品，我们无法获知其墓葬本体的详细情况，故仅根据棺板的形制、画面的构图、人物服饰、器具等内容与郭里木棺板画进行比较，以此推测墓主的身份。

海西采 M3 棺板由两块木板拼成，郭里木棺板由 3 块木板拼成，前高后低，故两者棺板形制相似。但郭里木棺板较海西采 M3 更长、更宽，这是两者的不同之处。

海西采 M3 棺板画的构图与郭里木棺板画的画面构图完全相同，画面分为上、中、下三层。上、下层都为一窄行画面，绘有起伏的山丘、花草、动物，中间表现丧礼过程。

海西采 M3 与郭里木棺板画人物的装束总体来说较为相似：均佩戴头饰、身着长袍、脚蹬黑色翘尖皮靴。也存在一定的差异。

从头饰来看，郭里木主体民族男性头饰包括细高筒状、束结为低平筒状两类，女性头饰包括披巾、不披巾两类。其他民族有方形帽、“垂裙皂帽”——中原汉地、鲜卑系统；“山”字船形帽——北朝时期鲜卑系统“鸡冠”帽[④]。海西采 M3 的 A 面帐篷外的男主人戴细高筒状帽、女主人佩戴披巾，B 面仅一头戴“喇叭”状高帽者，其余人物均戴一种“将头巾缠绕二至三圈后盘结于头顶”的低平状头巾，周伟洲认为这种头巾是吐谷浑人的“帏帽”[⑤]。

从袍服来看，郭里木主体民族男性有大、小三角翻领，直领交叉，圆领三种样式；女性有三角形大翻领，直襟式无领两种。袍服袖口、领口等部位流行纹锦装饰。其中三角翻领长袍一般认为是吐蕃贵族身份的标识。海西采 M3 的 A 面女主人着圆领长袍，A 面男主人长袍领部特征因画面模糊不清，

① 林梅村：《棺板彩画：苏毗人的风俗图卷》，《中国国家地理》2006年第3期。

② 许新国：《郭里木吐蕃墓葬棺板画研究》，《中国藏学》2005年第1期。

③ 霍巍：《青海出土吐蕃木棺板画的初步观察与研究》，《西藏研究》2007年第2期。

④ 霍巍：《青海出土吐蕃木棺板画人物服饰的初步研究》，《艺术史研究》第9辑，中山大学出版社，2007年，第257～276页。

⑤ 周伟洲：《青海都兰暨柴达木盆地东南沿墓葬主民族系属研究》，《史学集刊》2013年第6期。

无法识别；B 面头戴“喇叭”状高帽者着小三角翻领长袍；其余人员多为圆领或直领交叉袍服。袍服多为单一的深绿色、黄色等，袍服上均无纹锦装饰，多系彩色腰带。海西采 M3 仅 B 面“巫师”1 人穿戴小三角翻领长袍，郭里木棺板画人物服饰多饰纹锦，海西采 M3 人物服饰均不装饰纹锦。

海西郭里木棺板画所反映的墓主族属，虽有苏毗、吐谷浑、吐蕃等多种说法。目前来看，属吐蕃人或吐蕃时期的吐谷浑人逐渐成为共识。通过上文的比较，海西采 M3 的族属、年代与郭里木相似。

值得注意的是，王树芝等人根据树轮测年将郭里木夏塔图 M1 的年代定为 756 年，M2 的年代定为 757 年[①]；肖永明认为都兰、德令哈这一批墓的年代应为 663 年，分为吐谷浑时期和吐蕃时期，根据封土堆中有无梯形石砌边框来区分海西地区外来吐蕃人和被征服的吐谷浑人，进而推断都兰热水墓主为外来吐蕃人，德令哈一带为被征服的吐谷浑人[②]。

由于海西境内经过科学、全面发掘的墓葬较少，这一批棺板画的具体年代目前尚无法精确到绝对年代，大致处于吐蕃统治海西时期。

此外，海西吐蕃棺板画棺板形制大小、画面内容繁简等方面的差异，可能体现了墓主身份上的差异。海西采 M3 棺板形制明显较郭里木棺板形制小，画面内容更为简略，人物服饰多为素面、几无装饰。郭里木棺板 A 面人物多有“赭面”，而海西采 M3 所有人物均不饰“赭面”，这一差异，可能不仅仅是身份地位、场景差异的表现，或许也暗含墓主族属的差异。

2.“喇叭”状高帽骑士的身份

海西采 M3 棺板的 B 面有一戴“喇叭”状高帽的骑士（十二号人物），身着淡绿色小三角翻领长袍，其前方依次为着黄色对襟长袍骑士、持幡的骑士，三人围绕“灵台”式建筑向前奔跑。

郭里木也有类似画面，M1 的 B 板上方“奔丧图”中持幡骑士后跟随戴“方形高帽”“垂裙皂帽”两人。M2 的 A 板五边形经幡旁有一戴“山字形”帽的人物，采 M1 右侧持幡骑士后有“塔形”帽、“山字形”帽。

“垂裙皂帽”一般认为属鲜卑人吐谷浑的服饰，“方形高帽”“山字形帽”在河西地区有所发现，周伟洲认为这些人物属吐谷浑人[③]。在乌兰茶卡巴音乡曾发现过北朝吐谷浑贵族的棺板画[④]，这可能指明了海西吐蕃棺板画的来源。

“喇叭”状高帽骑士图像属首次发现，其身着的翻领长袍，是两幅棺板画中唯一着翻领长袍的人物，显得较为特殊。其着装与郭里木棺板画上前来致悼的鲜卑系统吐谷浑人差异也是较为明显的。“喇叭”状高帽骑士的形象与敦煌、玉树等地的唐代吐蕃时期的佛、道人物形象，与中亚粟特等民族的形象差异也是较大的。敦煌古藏文文献 P.T.1042 记载了到大王墓地参加丧礼的人物，除了

---

① 王树芝、邵雪梅、许新国、肖永明：《跨度为2332年的考古树轮年表的建立与夏塔图墓葬定年》，《考古》2008年第2期。
② 肖永明：《树木年轮在青海西部地区吐谷浑与吐蕃墓葬研究中的应用》，《青海民族研究》2008年第7期。
③ 周伟洲：《青海都兰暨柴达木盆地东南沿墓葬主民族系属研究》，《史学集刊》2013年第6期。
④ 辛峰、马冬：《青海乌兰茶卡棺板画研究》，《青海民族大学学报（社会科学版）》2017年第3期。

前来致悼的臣属、亲朋、侍从、骑士之外，还有主持葬礼的本教法师等。

据记载，在各个环节参与大王葬礼的“本教法师”有殡葬本波、供献本波、窦辛、御用辛、大剖解者、小供献者、断火巫师、大力巫师、低等鞠本波、预言御用辛、治病本波、讲故事本波、赖本波、处理尸体者、医药本波、本波大经师、厌胜术士、大剖尸者、降魂师、占卜师等二十余人，其中以本波大经师地位最为尊贵[①]。本教法师在葬礼中十分重要，据藏文文献记载：“止贡赞普时期，曾从大食（吐蕃西部某个地方）和阿夏（阿豺，即吐谷浑）请来本波主持丧葬仪式。”[②]敦煌、米兰[③]，古藏文文献也记载了吐蕃军队中有本波随军的情况。

据此，我们推测“喇叭”状高帽骑士的身份可能为参与葬礼的“本教法师”。若我们这一推测无误的话，这属首次识别出吐蕃时期“本波”的图像。

敦煌古藏文 P.T.1042 记载不能将“黑色和暗色的马、花色马、黑色和褐色牦牛、褐色和虎纹花色（stag-re-ru-yur）的犏牛、白色和灰色的牦牛”献到坟场；“不能献到坟场的还有猛兽以及变得像猛兽一样的各种野兽。在灵柩周围不能放置水生动物（khar-ba-chuvi-rigs）”[④]。

海西棺板画上的马匹均为黄色、枣红色等鲜艳的纯色马，棺板画上也不见猛兽、水生动物等不能献祭之物。海西棺板画图像与敦煌古藏文文献能互证，进一步说明了敦煌古藏文记载的可信。

3. 吐蕃棺板画的艺术特征

海西发现的数件棺板画，是吐蕃时期难得一见的绘画作品，尤为珍贵。其绘制流程大致如下：画师先将木板涂白做底，再以墨线勾勒图像轮廓，最后上彩成图。是否有粉本，目前尚无实物证据。

从艺术源流来看，在汉晋时期的河西走廊地区，已流行彩绘棺板画，并流传至西域等地；而海西乌兰茶卡发现的北朝吐谷浑棺板画[⑤]，进一步揭示了海西吐蕃棺板画的艺术源头，是来自本地早期的彩绘棺板画传统，其源头还可追溯至汉晋时期河西走廊地区的彩绘棺板传统。仝涛[⑥]早年曾有专门讨论这一问题，本文不再赘述。

从题材来看，A 面棺板常见狩猎、帐居、宴饮、野合、射牛等场景，B 面棺板常见迎宾、哭丧、墓地献祭、宴饮、野合等场景。既有开怀痛饮的热烈场景，也有灵帐举哀的悲凄肃穆场景，反映丧葬仪式的整个过程。总的来说，题材丰富多样，从侧面生动地反映了海西地区吐蕃统治下居民的生活场景。

从布局来看，流行三段式。上下绘山川、花草以为陪衬，中部绘主要情节以突出重点。重点突出，布局合理。

---

① 褚俊杰：《吐蕃本教丧葬仪轨研究——敦煌古藏文写卷P.T.1042解读》，《中国藏学》1989年第3期。

② Helmut Hoffmann, Quellen zur Geschichte der Tibetischen Bon-Religion, Wiesbaden:Akademie der Wissenschaften and der Literatur in Mainz, Franz Steiner Verlag,1950,pp.211-246.

③ 杨铭、贡保扎西、索南才让：《英国收藏新疆出土古藏文文书选译》，新疆人民出版社，2014年，第1～12页。

④ 褚俊杰：《吐蕃本教丧葬仪轨研究——敦煌古藏文写卷P.T.1042解读》，《中国藏学》1989年第3期。

⑤ 辛峰、马冬：《青海乌兰茶卡棺板画研究》，《青海民族大学学报（社会科学版）》2017年第3期。

⑥ 仝涛：《木棺装饰传统——中世纪早期鲜卑文化的一个要素》，《藏学学刊》第3辑，四川大学出版社，2007年，第165～170页。

从色彩来看，棺板画主要使用红、黄、绿、墨（黑）等色，赋彩热烈、明快。在表达狩猎、宴饮等欢快场景时，多用红、黄、绿等亮丽色彩，在表达哭丧、墓地献祭等悲凄肃穆场景时，多用黑色。色彩使用和场景需要十分到位，说明画师技艺高超。

从技法来看，采用唐代流行的先白描，后敷彩的方式，此类技法，是唐代石窟壁画、墓葬壁画常用之技法。一般来说，还有白描之粉本。海西棺板画人物传神、服饰精美、场景宏大，非一人所能完成，反映了吐蕃画师高超的绘画技艺。

从艺术风格来看，海西棺板画以现实主义绘画风格为主。通过加强神态、动势及细节特征的描写、使得造型鲜活、真实而生动。尤其是对马匹、鹿等动物的描画，十分传神；相对而言，人物神态的描绘则稍逊一筹。这可能反映了画师久居牧地，与马匹等动物朝夕相伴，故而对其神态把握得十分准确，而宏大的人物山川场景，日常接触较少，故而对人物神态的把握稍逊。

总之，海西棺板画的艺术水平高，艺术特征鲜明，在唐代绘画艺术中独树一帜。其中的精品——郭里木棺板画甚至可媲美敦煌的吐蕃壁画。

四、结语

青海海西州民族博物馆新展出的吐蕃棺板画（采 M3），是继郭里木夏塔图棺板画发现之后的又一重要发现。经过仔细释读，其 A 面为“迎宾图”，B 面为“丧礼图”。通过与周边地区的棺板画进行比较后，认为棺板画墓主的族属同郭里木夏塔图棺板画相似，为吐蕃人或吐蕃统治下的吐谷浑人。棺板形制大小、画面繁简等方面的差异，可能体现了墓主身份高低的差异。

海西采 M3 棺板画 B 面戴“喇叭”状高帽的骑士（十二号人物），以往不曾发现过此形象的人物，通过类比，推测其为本教“法师”。海西吐蕃棺板画中献祭的鲜艳纯色动物，与敦煌古藏文文献 P.T.1042 中有关丧葬献祭之物的要求相符，再次说明敦煌古藏文文献的可信[①]。

汉晋时期河西走廊流行彩绘棺板画，并已影响至海西乌兰等地，故海西吐蕃棺板画的艺术源头应追溯至汉晋时期的河西走廊地区。海西吐蕃棺板画是继敦煌石窟发现的吐蕃壁画、绢画之后，发现的一种全新载体吐蕃绘画，十分珍贵。其绘制精美、艺术特征鲜明，可与敦煌吐蕃壁画的艺术精品相媲美，也是唐代绘画的代表之一。

［原刊于《西藏民族大学学报（哲学社会科学版）2018 年第 3 期］

① 褚俊杰：《吐蕃本教丧葬仪轨研究（续）——敦煌古藏文写卷P.T.1042解读》，《中国藏学》1989年第4期。

试论唐蕃古道

林梅村

一、藏族的形成及其与外界的交往

唐蕃古道的“蕃”指吐蕃，也就是分布于青藏高原的藏族。现代藏族由中国西南四大部族——吐蕃、苏毗、羊同和吐谷浑相互融合而成。

吐蕃人以逻些（Lha-sa，今拉萨）为中心，这里是吐蕃文明发源地和政治文化中心。2 世纪，古罗马推罗城作家马林诺斯《地理学导论》提到中国西部有 bauta（或 bhautai）人，挪威印度学家拉森认为其名就是印度梵语 bhota[①]，唐礼言《梵语杂名》作“吐蕃”。吐蕃之名在犍陀罗语书中写作 bhoti，可知吐蕃人与塔里木盆地的古代居民很早就开始交往。犍陀罗语文书两次提到吐蕃：其一见斯坦因收集品第 69 号文书，写作 bhoti nagara（吐蕃城）；其二见斯坦因收集品第 84 号文书，写作 bhotici manu ? a（吐蕃人），也即马林诺斯《地理学导论》提到的 bhautai 人[②]。这是目前所知有关藏族人最早的文字记录之一。

苏毗人本在藏北与新疆昆仑山和阿尔金山之间游牧，骁勇善战，吐蕃军队主要从苏毗人当中招募。新疆出土犍陀罗语文书和于阗塞语文书多次提到 Supiya 人[③]。这是一个强悍的游牧部落，经常从昆仑山南下塔里木盆地，与于阗、鄯善等绿洲王国的古代居民不断发生冲突[④]。这个族名起初被误释为“鲜卑”。英国藏学家托马斯（F. W. Thomas）根据法国东方学家伯希和（P. Pelliot）的研究指出，Supiya 当释“苏毗人”[⑤]。苏毗人在史籍出现较晚，始见于《隋书·西域传》。文中说：“女国在葱岭之南，其国代以女为王，王姓苏毗，字末羯，在位二十年，女王之夫号曰‘金聚’，不知政事。国内丈夫唯以征伐为务。”金聚译自梵语 suvara gotra，后一成分 gotra 有“家族”之意。所以《大唐西域记》卷四译作“金氏”，并说：“此国境北大雪山中，有苏伐剌拏瞿呾罗国（本注：唐言金氏）。出上黄金，故以名焉。东西长，南北狭，即东女国也。世以女为王，因以女称国。夫

---

① G. Lassen, Indische Altertumskunde, vol. Ⅲ, Bonn, 1861, p.132.

② 林梅村：《公元100年罗马商团的中国之行》，《中国社会科学》1991年第4期。后收入林梅村：《西域文明》，东方出版社，1995年，第11～32页。

③ H. W. Bailey, Khotanese Texts. vol. Ⅶ, Cambridge, 1985, pp.79–81.

④ 林梅村：《沙海古卷——中国所出佉卢文书初集》，文物出版社，1988年，第637页。

⑤ 伯希和著，冯承均译：《苏毗考》，《西域南海史地考证译丛》第1辑，商务印书馆，1962年；F.W.Thomas, AO, vol. Ⅻ54; P. Pelliot, Notes on Marco Polo, vol. Ⅱ, 1963, pp.704–706.

亦为王，不知政事。丈夫唯征伐田种而已。土宜宿麦，多畜羊马。气候寒列，人性躁暴。东接吐蕃国，北接于阗国，西接三波诃国。”

苏毗人在鼎盛时领有西藏高原中部和西北部，7世纪被吐蕃赞普（国王）朗日论赞兼并。吐蕃名臣禄东赞就是苏毗人。吐蕃赞普松赞干布于贞观八年（634年）派出第一批使臣出访长安，受到唐太宗的隆重招待，并于同年遣唐使回访。宫廷画师阎立本为这个吐蕃使团画了一幅《职贡图》，也即传世书画中的《步辇图》。画中描绘了吐蕃使团首领禄东赞，身穿连珠对鸟纹织锦长袍，为松赞干布向唐太宗请婚的盛大场景（图一）。

图一　阎立本《步辇图》

羊同人（或称“象雄”）在今天西藏西南吉隆、阿里和克什米尔的拉达克之间繁衍生息，这个地方从古至今都是宗教圣地，吐蕃人原始宗教——本教就起源于象雄地区。

3世纪末至4世纪初，单于涉归庶长子吐谷浑率所部从慕容鲜卑中分离出来，西迁至今内蒙古阴山。西晋永嘉末，又从阴山南下，至陇西（今甘肃临夏）西北，然后子孙相继向南、北、西三面开拓疆域，统治今甘肃南部、四川西北和青海等地的氐、羌等民族。吐谷浑孙叶延时，仿效汉族帝王传统，以其祖之名为氏，亦为“国号”，并初步形成了一套简单的管理国家的政治机构。从此，吐谷浑亦由人名而发展为姓氏、族名乃至国名。今天青海、甘肃的藏族，绝大部分是吐谷浑人后裔，从辽东迁入青海的慕容鲜卑人的后裔，或称“安多人”，当今达赖喇嘛实际上是青海安多人。此外，青海还是青藏高原著名产粮区，素有“吐蕃粮仓”之称。

吐谷浑西与于阗交界，楼兰鄯善王国灭亡后，吐谷浑人进入塔里木盆地东部，而楼兰古文明则被吐谷浑人传承。新疆米兰吐蕃古戍堡本来是吐谷浑戍堡，从敦煌阳关出发，西南行可达米兰。这条丝绸古道便是中国俗语所说的“阳关大道”。

米兰古戍堡位于今天甘肃新疆公路要道，呈不规则正方形，南北宽约56米，东西长约70米。城垣用夯土筑造，夯土层中夹有红柳枝，夯土层上用土坯砌成，西墙有两段宽达5～6米的缺口，估计是戍堡城门。北部为一阶梯形大土坡，自低凹处至戍堡北墙依坡盖屋，屋为平顶，不见门洞，其构造形式类似西藏布达拉宫。堡东部为一大型房屋，南部为一高近13米的土台，土台上立有杆，似为烽火台（图二）。

米兰古堡东西两侧，排列众多佛塔和规模宏大的寺院遗址，俗称东、西两大寺。西大寺属于鄯善王国时期，年代在2～3世纪，寺内壁画带有犍陀罗艺术风格；东大寺则进入吐谷浑时代，所以《梁书·西北诸戎传》说吐谷浑，“国中有佛法”。东大寺现存建筑高约6米，分上下两层，外面

图二　米兰吐蕃戍堡

围以较高的院墙，寺内建有一个巨大的佛龛（12米×0.6米×2.4米），佛教塑像带有印度笈多艺术风格。佛龛内尚存半浮塑的菩萨和天王像，下面四周还存有罗马式柱头浮塑。佛殿废墟东侧建筑物之下，尚存大型坐佛塑像和大佛头。其中一件佛头被英国考古学家斯坦因（M. A. Stein）带回英国，现藏大英博物馆。

目前所知最早的古藏语文献，都是在吐谷浑人分布区发现的。斯坦因在米兰吐蕃戍堡收集了大批古藏文木简、残纸，而青海都兰唐代吐蕃大墓发现许多吐蕃文碑铭和简牍。这些古藏文材料以及敦煌藏经洞发现古藏文佛经，大都用藏语安多方言书写。唐景龙四年（710年），金城公主进藏，与吐蕃赞普弃隶缩赞完婚。她入藏后资助于阗等地佛教僧人入藏建寺译经，并向唐朝求得《毛诗》《礼记》《左传》《文选》等汉文典籍。所以有学者认为，古藏文很可能是根据古代于阗文创建的。总之，唐蕃古道的研究主要围绕吐蕃上述四大部族与外界的交往展开的（图三）。

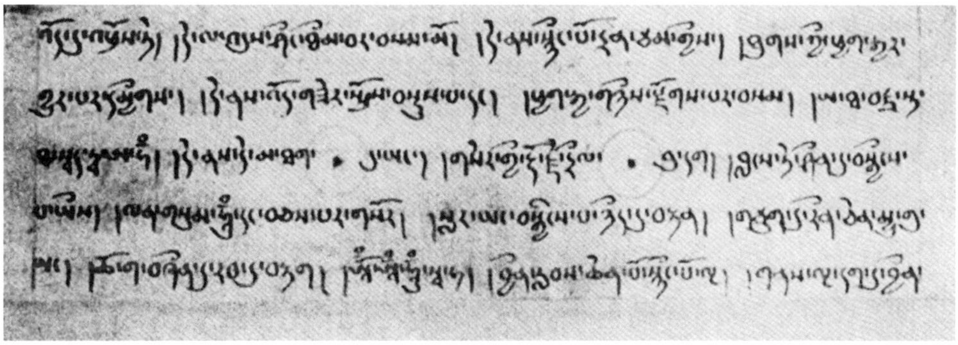

图三　敦煌藏经洞的古藏语文书

二、唐蕃古道的开辟

从长安，经甘肃、青海、西藏到印度之路可能很早就存在。西汉使臣张骞从大夏返回长安“并南山，欲自羌中归”，经过这条丝绸古道的东段。北凉僧人昙无竭、刘宋僧人法献、北魏僧人宋云、惠生途经此路东段到塔里木盆地南缘鄯善和于阗王国，然后再去中亚和印度。吐蕃赞普松赞干布于贞观八年（634 年）派出第一批使臣出访长安，受到唐太宗的隆重招待。639 年，尼泊尔的赤负公主（白利古蒂）下嫁松赞干布；贞观十五年（641 年）文成公主入藏，与松赞干布成婚。景龙四年（710 年）金城公主进藏，与弃隶缩赞完婚；显庆二年至龙朔元年（657 ～ 661 年）唐朝使臣王玄策先后四次出使吐蕃和北印度。唐贞观年间，玄照、道生等僧人从西藏去印度取经，遂使这条丝绸之路古道空前繁荣起来。有唐一代，唐蕃双方使者往来多达 200 余次，所以这条中外交通古路又被称作“唐蕃古道”。

尽管自古以来从青海或塔里木盆地入藏之路就被开辟，但是从逻些到长安或从长安取道西藏去印度之路最早见于唐代文献。据《释迦方志·遗迹篇》记载：“自汉至唐往印度者，其道众多，未可言尽，如后所纪，且依大唐往年使者，则有三道。依道所经，且睹遗迹，即而序之。”

《释迦方志》把长安通往印度之路分为东道、中道和北道。前人对中道和北道均有记述，唯有东道，即从吐蕃，经尼婆罗到印度之路不见前人著作，甚至不见《大唐西域记》《旧唐书》和《新唐书》等同时代著作。虽然义净《大唐求法高僧传》介绍玄照等六僧人从吐蕃到印度，但是该书没有这条路的具体行程，所以《释迦方志·遗迹篇》对这条古道的记录十分重要。文中说：“其东道者，从河州西北度大河，上漫天岭，减四百里至鄯州。又西减百里至鄯城镇，古州地也。又西南减百里至故承风戍，是隋互市地也。又西减二百里至清海，海中有小山，海周七百余里。海西南至吐谷浑衙帐。又西南至国界，名白兰羌，北界至积鱼城，西北至多弥国。又西南至苏毗国，又西南至敢国。又南少东至吐蕃国，又西南至小羊同国。又西南度呾仓法关，吐蕃南界也。又东少南度末上加三鼻关，东南入谷，经十三飞梯、十九栈道。又东南或西南，缘葛攀藤，野行四十余日，至北印度尼波罗国（此国去吐蕃约为九千里）。”

《释迦方志》为唐代僧人道宣所撰，成书于 650 年，那么唐蕃古道的开辟大约在 7 世纪中叶。道宣的记述失于简略，而且夹杂许多陌生的藏汉古地名，仅凭这段文字仍然无法确切知道唐蕃古道的具体旅程。今天，我们能知道这条古道的具体路线，归功于现代考古学的兴起。

据《新唐书·地理志》鄯州鄯城县下注，长安与逻些间的唐蕃古道具体行程是：东起长安（陕西西安），历秦州（甘肃天水）、狄道（甘肃临洮）、河州（甘肃临夏）进入今青海境内，经龙支（青海民和）、鄯州（青海乐都）、鄯城（青海西宁）、赤岭（日月山）等地，至悉诺罗驿，出今青海境，过阁川驿（藏北那曲），农歌驿（藏北羊八井北），然后到逻些（西藏拉萨），全长 3000 公里。

唐玄宗开元十八年（730 年）至开元十九年（731 年），吐蕃使臣名悉腊和唐使者皇甫惟明、崔琳等在长安和逻些进行外交活动，为开元二十二年（734 年）赤岭（青海日月山）划界树碑和设市贸易铺平了道路。1963 年，北大教授阎文儒带研究生在甘肃炳灵寺实习，他们在第 148 窟发现开元十九年和蕃副使魏季随出使吐蕃时所刻《灵岩寺记》。自和蕃大使御史大夫崔琳以下题名者凡七十一人，皆各部、台、寺与内侍省官员及诸道将吏。灵岩寺是唐人对炳灵寺的称谓。后来，吐蕃僧人入居此寺，故更名为“炳灵寺”。其名源于古藏语 bum Rgyal-ba（亿万佛）[①]。

① ［日］榊亮三郎：《梵藏汉和四译对照翻译名义大集》，京都大学，大正五年，第514～825页。

炳灵寺所在地唐代属于河州，也即《释迦方志》所说唐蕃古道第一站“河州”。凡从长安去吐蕃都要在这里渡黄河，有渡口晋称“风林津”，唐称“风林关”。炳灵寺石窟相对的黄河南岸桥滩有筑桥遗址，河边巨石上刻有“天下第一桥”五个大字，现在被刘家峡水库所淹没，或以为风林津便在此地①。

唐蕃古道甘青路段的另一重要考古发现在青海境内。1983年，青海文物普查队在青海湖东岸日月山大牙豁的草丛中发现一块唐碑，因久经风雨侵蚀和人为破坏，碑文剥落无存，但是碑额、碑座皆为唐代石碑形制。日月山即《释迦方志》所说唐蕃古道上的赤岭。《旧唐书·李暠传》记载：开元二十一年（733年），“金城公主上言，请以九月一日树碑于赤岭，定蕃汉界。树碑之日，诏张守珪、李行祎与吐蕃莽布支同往观焉”。另据《新唐书·吐蕃传》记载，入蕃会盟的唐使臣刘元鼎于长庆二年（822年）使蕃经赤岭时，见到“信安王祎、张守珪所定封石皆仆，独虏所立石犹存”。在日月山发现的这块唐碑当即开元中所立唐蕃分界碑②（图四）。

图四　青海日月山的唐蕃分界碑

三、唐蕃会盟碑与《大唐天竺使出铭》

唐穆宗长庆元年（821年），吐蕃使臣纳罗和唐使刘元鼎分别在长安同宰相崔植以及在逻些和赞普赤热巴巾会盟，重申“甥舅之好”并发展唐蕃“同为一家”的友好关系。长庆三年（823年）又在逻些大昭寺前立碑，记述唐穆宗与吐蕃赞普可黎可足有舅甥之谊，“汉蕃商议社稷如一，结立大和盟约”，“患难相恤”等。故此碑被学界称为“唐蕃会盟碑”或“长庆舅甥会盟碑”。藏族同胞称其为“祖拉康多仁”，意为“大昭寺前之碑”（图五）。

图五　唐蕃会盟碑

唐蕃会盟碑一共3块。一块立于拉萨大昭寺前，碑高4.78米，宽0.95米，厚0.50米，上有盝顶石盖。碑身四面刻字。正面刻汉藏文双语对照盟约。汉文在右，正书6行，现存464字；藏文在左，横书77行。盟约规定彼此不为敌仇，不兵戎相见。不相侵封疆，不相掠人口。碑两

① 陈小平：《唐蕃古道》，三秦出版社，1989年，第50～51页。

② 陈小平：《唐蕃古道》，三秦出版社，1989年，第66～68页。

侧为唐朝和吐蕃参加此次会盟的官员的名单。唐官在碑左侧，共 18 人；蕃官 17 人，在碑右侧，亦汉藏双语对照。此碑背面刻藏文 78 行，内容叙述唐蕃舅甥二主结约会盟之始末。唐蕃会盟碑对研究汉藏古音、唐代中原与吐蕃关系提供了重要资料，历来为中外学者所重视。英国藏学家黎吉生（H. E. Richardson）、日本藏学家佐藤长、我国学者陈寅恪都对唐蕃会盟碑的研究做出重要贡献。目前研究唐蕃会盟碑的力作，首推美籍华裔学者李方桂与美国学者柯布林（W. South Coblin）合著的力作——《古代吐蕃碑铭研究》，1987 年在台北出版发行[①]。

1990 年，西藏文管会文物普查队在靠近尼泊尔边境一个山口发现摩崖碑刻——《大唐天竺使出铭》（图六）。此碑系唐显庆三年（658 年）所刻，碑文记载了唐代使节王玄策率随从刘嘉宾、贺守一等人历尽艰难险阻，出使天竺，经小杨童（同）等，路过吉隆，于此地勒石纪功的情形。吉隆在吐蕃时代称 Mang-yul（茫域），清代文献作“济咙”。1994 年，霍巍在日本《东方学报》和《中国藏学》发表了更为详细的研究报告[②]。碑刻所在位置北面为宗喀山口，系昔日进入吉隆盆地的古道入口，东西两侧为群山环抱，南面为通往县城的现代公路。

图六　西藏吉隆县的《大唐天竺使出铭》

《大唐天竺使出铭》刻在山嘴一个西北至东南走向的崖壁上，铭文上方有突出的崖檐可遮风挡雨，下方有一小溪，此地海拔 4130 米。碑铭宽 81.5 厘米，残高 53 厘米，其下端已损毁残缺。碑额篆刻阳文一行七字“大唐天竺使出铭”；碑文阴刻楷书 24 行，满行原来估计约 30 ～ 40 字。现残存共约 222 字。碑文相当一部分字迹漫漶，行、字之间阴刻 4 厘米 × 365 厘米细线方格。每字约 2 厘米见方。这通唐碑首次以考古实物补证了吐蕃—尼婆罗道南段走向、出山口位置、王玄策使团的组成等若干史实，是研究吐蕃王朝时期唐蕃交通的重要石刻文字材料[③]。

王玄策的目的地是印度佛教圣地那兰托寺，玄奘西行印度就在这所寺院学习梵语和佛学。敦煌壁画中就有许多表现玄奘和王玄策在印度求法的壁画。王玄策还从西域带回一幅佛足迹图像。敦煌壁画中有些佛足迹壁画，就是模仿王玄策从印度带回的范本绘制的。王玄策不仅对印度和中亚诸国颇具影响，对日本佛学也产生影响。奈良药师寺至今宝藏一块唐代佛足迹石。上面有天平胜宝五年（753 年）铭文，记载此佛迹是根据日本遣唐使从中国带回的王玄策摹本而造（图七）。

王玄策不仅对他出使过的印度和中亚诸国颇具影响，还对日本佛学产生了影响。《全唐文·拾遗》卷七二缺名《佛迹石台刻字二首》载：“大唐使人王玄策，向中天竺丘兹国中转法轮，□回见

① Fang Kuei Li and W. South Coblin, A Study of the Old Tibetan Inscriptions, Taipei, 1987.

② 霍巍：《〈大唐天竺使出铭〉及其相关问题研究》，《东方学报》第66册，1994年；霍巍：《从考古材料看吐蕃与中亚和西亚的古代交通》，《中国藏学》1995年第4期。

③ 西藏自治区文管会文物普查队：《西藏吉隆发现唐显庆三年大唐天竺使出铭》，《考古》1994年第7期。

迹。得转写搭，是第一本。□日本使人黄文本实向大唐国，于普光寺得转写搭，是第二本。日本在右京四行坊禅陀，向禅院坛披见神迹，敬转写搭，是第三本……”此为日本奈良药师寺佛足迹石及石旁的铭文，《全唐文》录文多有错误。

图七 敦煌壁画上的佛足迹图

奈良佛足迹石东面铭文为：“释迦牟尼足迹图。案《西域记》云：今摩揭陀国者，阿育王方精舍中，有一大石，有佛足迹。今丘兹国城北四十里寺佛堂中至石之上，亦有佛足迹，斋日放光。道俗至时，同往庆修。”其旁有天平胜宝五年（753年）铭文记载此佛迹据日本遣唐使从中国带回的王玄策摹本而造，即《全唐文》那段录文。其铭曰：“大唐使人王玄策，向中天竺鹿野苑中转法轮处因见迹，得转写，搭是第一本。日本使人黄文本实向大唐国于普光寺得转写，搭是第二本，此本在吾京四条一坊禅院，向禅院坛披见神迹，敬转写，搭是第三本”云云[①]。据此王玄策从中天竺鹿野苑摹回佛足迹。日本遣唐使黄文本实又根据王玄策摹本摹写回日本，再经智努王根据黄文本实的摹本转写、刻画到奈良药师寺。这个工程于唐天宝五（746年）年间由药师寺的画师、书写者、石刻手多人完成[②]（图八）。

图八 日本奈良药师寺

① 柳诒徵先生最先在国内引用此材料，参见所著：《王玄策事迹》，《学衡》1925年第39期。《全唐文·拾遗》卷七二亦收入此碑铭录文，题为《佛迹石台刻字二首》，但是录文多有错误。本文所用录文据孙修身先生新近从奈良抄回的录文，见所著：《唐朝杰出外交活动家王玄策史迹研究》，《敦煌研究》1994年第3期。

② 陆庆夫：《关于王玄策史迹研究的几点商榷》，《敦煌研究》1995年第4期。

四、吐谷浑与青海都兰吐蕃大墓

《洛阳伽蓝记》记述北魏僧人宋云、惠生在吐谷浑王伏连筹时代（518 年）去西域取经，取道吐谷浑，他们描述当时吐谷浑语言文字同于北魏，流行汉语，但“风俗政治，多为夷法”。1960 年和 1981 年青海考古工作者曾两次对位于今青海湖西岸的吐谷浑晚期都城伏俟城进行了调查研究，探明伏俟城由内城和郭城组成。郭城呈长方形，东西宽 1400 米，北垣被切吉河冲毁，长度不明，城垣有砾石垒砌（图九）。

图九　青海湖畔的伏俟城

内城在郭城西部，方形，边长约 200 米。墙无雉堞，仅东墙正中开门。宫殿遗址可能建在位于城内偏西北处发现的边长为 70 米方形台基处。城门和宫殿皆东向，可能是沿袭鲜卑“以穹庐为舍，东开向日”的旧俗。地面遗迹稀少，反映了吐谷浑后期仍然过着游牧为主的生活[①]。

7 世纪，吐谷浑被吐蕃王国兼并。吐蕃人强盛之时，一度统治西域乃至中亚。吐蕃人采用以夷制夷的方法，继续让吐谷浑王公贵族实施统治，并与吐谷浑王互为婚嫁。在青海都兰一座吐蕃大墓中发现了吐蕃赞蒙（皇后）与吐谷浑王的通信的简牍，今称血渭一号大墓（图一〇）。

血渭一号大墓位于青海海西蒙古族藏族自治州都兰县察汗乌苏镇东南约 10 公里的热水乡，属唐代早期吐蕃墓葬，也是我国首次发现的吐蕃墓葬，从中发掘出波斯织锦、粟特系统镀金银器、波斯、拜占庭织锦以及阿拉伯世界出产的大食锦等珍贵文物，生动反映了唐蕃古道国际贸易的盛况[②]。这座墓坐北向南，高 33 米，东西长 55 米，南北宽 37 米的大墓，从正面看像一个“金”字，

① 黄盛璋、方永：《吐谷浑故都伏俟城发现记》，《考古》1962年第8期；青海省文物考古队：《青海湖环湖考古调查》，《考古》1984年第3期。

② 许新国：《都兰吐蕃墓中镀金银器属粟特系统的推定》，《中国藏学》1994年第4期；许新国：《都兰吐蕃出土含绶鸟织锦研究》，《中国藏学》1996年第1期。

图一〇　血渭一号大墓

故有“东方金字塔”之美称。大墓背后的两条山脉从东西绵延过来，如同两条巨龙，大墓则像一颗宝珠，构成“二龙戏珠”之势。墓堆下有3层用泥石混合夯成的石砌围墙。墓冢从上而下，每隔1米左右，便有一层排列整齐横穿冢丘的穿木，共有9层之多，一律为粗细一般的柏木，当地农牧民群众因此也称它为“九层妖楼”。据推算，营造这样的大墓需一万人修建一年以上。目前血渭一号大墓仅发掘了墓葬一、二层，出土了大量陪葬物品和陪葬的马、牛、羊等动物遗骸700余具。在众多的随葬品中，有古代皮靴、古藏文木片、古蒙古族文木牍、彩绘木片及金饰、木碟、木鸟兽、粮食和大量丝绸。考古人员还在墓葬前发现了5条葬马沟和13个环形牛、狗等动物陪葬坑，出土了87匹马的完整骨架及大量其他动物骨骸。此外，大墓周围还分布有数十座小型墓葬（图一一）。

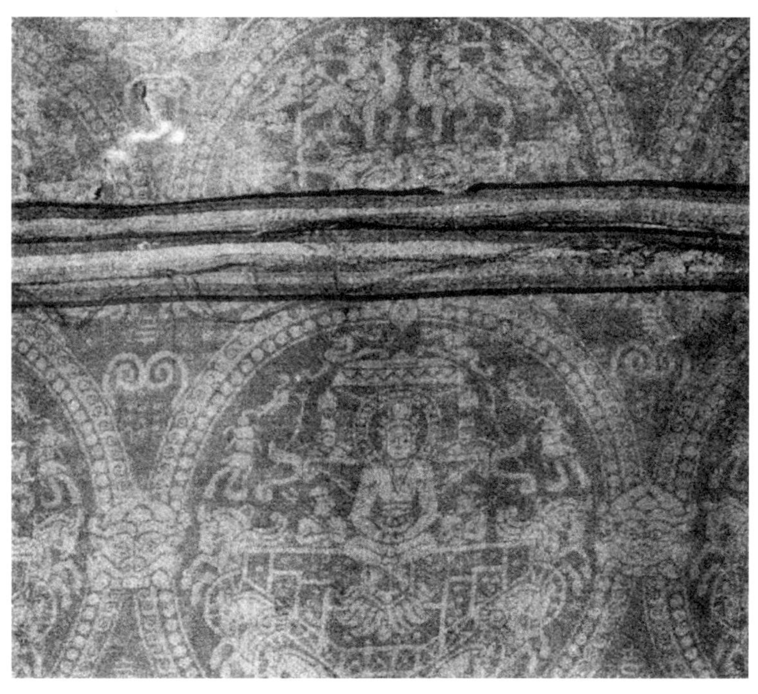

图一一　拜占庭织锦

7世纪，萨珊波斯王朝覆亡。许多波斯王室成员流亡唐朝，血渭一号大墓出土波斯织锦，写有波斯王的名字，本为波斯王室所有[①]。这件波斯王室用品之所以流入中国，显然与这些流寓中国的波斯难民相关（图一二）。

图一二　织有婆罗钵文的波斯织锦

7世纪，随着阿拉伯帝国的崛起，伊斯兰文明迅速取代拜占庭、波斯和粟特文明，成为美索不达米亚和中亚的主流文化。阿拉伯人本为游牧人，长期生活在贫瘠的荒漠地带，文明程度不高。因此，伊斯兰文化兴起之初，不得不依赖于阿拉伯帝国各地被统治民族的文化艺术。例如，白衣大食——麦叶王朝定都大马士革，颇受拜占庭文化影响；黑衣大食——阿拔斯王朝定都巴格达，得益于古老的波斯文化。萨曼王朝定都布哈拉，实际上传承了具有千年文明史的粟特文化。在青海都兰吐蕃墓中发现了具有伊斯兰艺术风格的大食锦[②]（图一三）。

图一三　青海都兰出土伊斯兰织锦（右）

① 这件织有婆罗钵文的波斯织锦的另一半现在流散海外，上面有波斯王的名字，可知这个织锦的年代在7世纪。承蒙纽约大都会艺术博物馆取志仁先生告知此事，谨致谢忱。

② 林梅村：《青海都兰出土伊斯兰织锦及其相关问题》，《中国历史文物》2003年第6期。

青海都兰唐代吐蕃墓葬群发现后，盗墓贼不断来此大肆盗掘，许多珍贵文物流散到欧洲和美国。例如，美国克利夫兰艺术博物馆收藏的一件粟特丝绸上衣，就是来自都兰唐代吐蕃墓。美国新泽西州纽瓦克博物馆收藏的一件粟特丝绸马甲以及敦煌博物院和甘肃省博物馆收藏的唐代丝绸残片，皆出自青海都兰吐蕃墓葬群（图一四）。

图一四　美国克利夫兰艺术博物馆 / 新泽西州纽瓦克博物馆藏品

为了抢救青海都兰吐蕃墓群的珍贵文物，1999 年夏，北京大学与青海省文物考古研究所联合考古队发掘都兰热水沟南岸吐蕃大墓。工作重点在都兰县热水乡血渭草场，以前曾译作“斜外草场”，音近而译法不同。他们在热水沟南岸一共发掘了四座大型和中型吐蕃时期的墓葬，从中发现大批织物、木器、金银器、彩绘木板画和古藏文碑铭、木简等珍贵文物（图一五）。

图一五　都兰吐蕃墓出土彩绘木鸡

这次发掘在墓中发现了一块吐蕃大相（blon）墓石，字迹十分清晰，从残留的金箔痕迹看，阴刻文字内原来贴有金箔。所谓 blon，汉字译为“论”。《新唐书 · 吐蕃传》云：“其官有大相曰论茝，副相曰论茝扈莽。各一人，亦号为大论、小论……总号曰尚论掣逋空瞿。”吐蕃官吏“论”，相当于部长一级的长官，可译为“相”；“论茝”就是“大论”，也就是大相、首相。吐蕃职官还设有内大相、外大相、小相等。所谓“总号曰尚论掣逋空瞿”，意思是“所有大尚论”。“尚”是与王室通婚的外戚家族，出任官员称为“尚论”，更握有一定实权。这方墓石标明墓主人的身份是 blon（论），属于政府高级官员无疑，否则也不可能有如此豪华的陪葬品，更不可能有此墓石的树立（图一六）。

图一六　吐蕃大相（blon）墓石

这次发掘出土木简中，还有一简编号为 RB115. Ki22（99DRNM1：36），今称 “尚思结木简”。简文写有 vdzong/zhang-skyes 一词，似乎这就是墓主人的名字，可译作“为尚思结送葬”。前文说过，“尚”是与王室通婚的家族。在吐蕃时期，和王室通婚的有四大家族：一是 vbro 氏，汉文译作“没庐氏”；二是 sna-nam 氏，汉文译作“南东氏”；三是 mtshims 氏，汉文译作“綝氏”；四是 tshe-spom 氏，汉文译作“蔡邦氏”。这四大家族成员往往以后党身份，由外戚入主大政，专任“尚论”一职，左右吐蕃政教事务。值得注意的是，墓主人名曰“尚思结”。中央民族大学的王尧教授怀疑，此人就是《敦煌本吐蕃历史文书》提到的“结桑”，按照古代发音，应读作“思结桑”。这位尚论思结桑，名叫“甲贡”，一直参与并主持会盟重典，权力很大，在 757 年死于任上。这个发现提示我们，是否因为那时吐蕃已经攻陷一系列青海、河西一带城池，军事攻略的军帐就设在吐谷浑旧地，而都兰一带属于吐蕃后方，故葬于此地[①]。

2002 年 8 月，青海省文物考古所与海西州民族学博物馆联合考古队对德令哈市郭里木乡的两座古墓进行发掘，从中发现三具唐代彩绘木棺，上面有四神图案和莺歌燕舞图等，十分精美，发掘者认为属于唐代吐蕃墓[②]（图一七）。

在棺木外绘制彩色图案，是东汉以来河西走廊西部和罗布泊一带兴起的葬俗。例如甘肃酒泉出土东汉魏晋时代的彩棺；新疆尉犁县营盘墓地出土东汉至魏晋彩棺以及新疆若羌县北境 LE 古城附近魏晋壁画墓出土彩绘木棺。这个文化传统在塔里木盆地一直传承到晚唐五代时期。在新疆和田发现了晚唐五代时期的彩绘木棺，上面绘有四神图案，与香日德唐代彩绘木棺如出一辙[③]。吐谷浑西与于阗（今新疆和田）接壤，于阗四神彩绘木棺很可能肇源于吐谷浑文化（图一八）。

① 北京大学考古文博院、青海省文物考古研究所编著：《都兰吐蕃墓》，科学出版社，2005年。

② 许新国：《郭里木吐蕃墓葬棺板画研究》，《中国藏学》2005年第1期。

③ 新疆文物局主编：《新疆文物古迹大观》，新疆文物摄影出版社，1999年，第98～99页。

图一七　郭里木吐蕃墓彩棺的玄武和朱雀

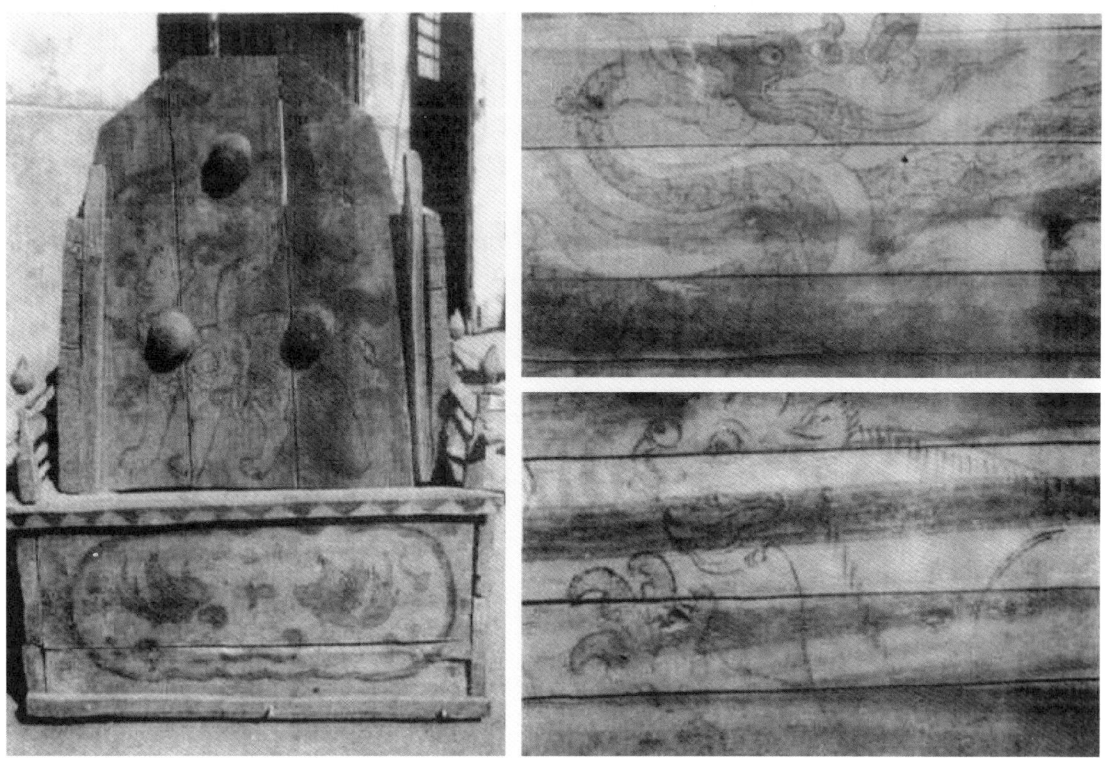

图一八　于阗王公贵族墓四神彩棺的青龙和白虎

图一九　郭里木吐蕃彩棺的帐居及宴饮图

图二〇　郭里木吐蕃彩棺的狩猎及商旅图

吐谷浑是个游牧民族，西迁青海后，一直保留着这个古老的文化传统。在郭里木吐蕃彩棺上绘制的狩猎图相当有趣，其中一幅是狩猎青海地方特产牦牛的场景（图一九、图二〇）。

（原刊于《藏学学刊》第 3 辑，四川大学出版社，2007 年）

青藏高原考古新发现与吐蕃权臣噶尔家族

林梅村

2002年8月，青海省文物考古研究所与海西州民族博物馆联合考古队对德令哈市郭里木乡的两座古墓进行发掘，从中发现三具唐代彩绘木棺，上有四神图案和莺歌燕舞图等，十分精美，发掘者认为属于唐代吐蕃墓[①]。

在棺木外绘制彩色图案，是东汉以来河西走廊西部和罗布泊一带兴起的葬俗。例如，甘肃酒泉出土东汉魏晋时代的彩棺；新疆尉犁县营盘墓地出土东汉至魏晋彩棺以及新疆若羌县北境LE城附近魏晋壁画墓出土彩绘木棺。这个文化传统在塔里木盆地一直传承到晚唐五代时期。

在新疆和田发现了晚唐五代时期的彩绘木棺，上面绘有四神图案，与郭里木唐代彩绘木棺如出一辙[②]。

在郭里木吐蕃彩棺上绘制的狩猎图相当有趣，其中一幅是狩猎青海地方特产牦牛的场景。目前学术界对这两座古墓的族属存在争议，有吐谷浑、吐蕃和苏毗三说。我们主张苏毗说。

7世纪，雅鲁藏布江中游雅隆河谷的吐蕃人迅速崛起，建立了南至新疆塔里木盆地，西至中亚，东至甘肃、青海、四川、云南的庞大王国。吐蕃军队主要由苏毗人组成，随着吐蕃王国的扩张，苏毗人不断向东迁徙。据《新唐书·女国传》记载，一部分苏毗人从西藏昌都迁入四川西北，建立了"东女国"。另一部分苏毗人则在青海东部定居，与吐谷浑为邻。因此，唐朝陇右节度使哥舒翰在天宝十四年（755年）写给唐玄宗的书信中说："苏毗一蕃，最近河（指黄河上游）北吐泽（"吐浑"之误，指吐谷浑）部落，数倍居人。盖是吐蕃举国强授，军粮马匹，半出其中。"[③]今天青海互助哈拉直沟乡有"苏毗村"，而贵德县东与黄南尖扎县交界有"苏毗峡"，皆为唐代东迁青海的苏毗人不甘磨灭的历史遗迹[④]。这些东迁青海的苏毗人主要由禄东赞所出噶尔家族统领，而新发现的吐蕃棺板画正是在噶尔家族所统苏毗人活动区域内发现的。

早在2001年下半年，出土棺板画的吐蕃墓地就被盗墓贼发现。2005年8月，青海考古工作者对其中两座墓进行抢救性发掘，结果发现了彩绘棺板画。关于这两座墓的年代，发掘者认为随葬丝

---

① 许新国：《郭里木吐蕃墓葬棺板画研究》，《中国藏学》2005年第1期。

② 新疆文物局主编：《新疆文物古迹大观》，新疆文物摄影出版社，1999年，第98～99页。

③ 《册府元龟》卷九七七《外臣部·降附》，中华书局，1960年。

④ 张云：《丝路文化·吐蕃卷》，浙江人民出版社，1995年，第66～67页。

织品中有盛唐时代流行的卷草宝花、印花、双连珠对龙等纹样，故将两墓年代定在盛唐，也就是700 ～ 750 年之间。发掘者还披露：“出土木结构上书写有墨书古藏文，也证明墓葬属于吐蕃统治下的吐谷浑邦国贵族的墓葬。”

这两座墓在发掘前，业已遭到盗墓贼严重破坏；否则不知要出多少金银艺术品。就在两墓惨遭盗掘的同时，西宁文物市场上突然出现一批古代动物形银器。数量之多，造型之精美，令人震惊。据报道，“2001 年下半年和 2002 年上半年，青海省文物考古研究所在西宁征集到一批都兰吐蕃墓葬的盗掘文物，共 35 件。其中动物造型的银器有 20 件。这批动物造型的银器分容器和俑两类，有鸟、马、牛、鹿、狗、羊、虎等种属”[①]。就目前所知，这批银器中的卧鹿以前在新疆米兰发现过，但是误当作匈奴艺术品。看来，这类动物形银器的年代应在吐蕃统治青藏高原时期。这批银器中的立鹿，与土耳其考古队近年在蒙古高原发现的突厥毗伽可汗宝藏中的银立鹿如出一辙，属于国王一级的皇家艺术品[②]。青海考古工作者发掘郭里木吐蕃大墓的时间在 2002 年 8 月，而这批银器在西宁文物市场上出现的时间在“2001 年下半年和 2002 年上半年”，显然不是偶然的巧合。因此，这批具有皇家艺术风格的动物形银器不一定出自都兰吐蕃大墓，更可能出自郭里木发现的吐蕃大墓。

我们之所以认为这批棺板画大墓属于苏毗贵族墓，有以下几条证据：

其一，据《隋书 · 女国传》记载，苏毗“贵人死，剥取皮，以金屑和骨肉置于瓶内而埋之。经一年，又以其皮内（纳）于铁器埋之”。郭里木吐蕃墓中有一座属于迁葬墓。此墓先将人骨架装在小棺内，再将小棺置于大棺内。大棺用柏木封顶，柏木上放置殉牲羊骨架。墓内随葬木鞍、木鸟、箭囊等随葬品。由于受到盗墓贼破坏，无法了解这座迁葬墓的具体细节，但是二次迁葬则与苏毗人丧葬习俗完全吻合。

其二，发掘者注意到棺板画上的一个细节，“吐蕃墓棺板画中有两处出现树纹，这在中国传统狩猎图中是没有的，因此，很容易令人想起西亚、中亚艺术中的‘生命树’”。其实，这两处发现“生命树”的画面应该是苏毗人崇祀的神树的场景。据《隋书 · 女国传》记载，苏毗人“俗事阿修罗神，又有树神。岁初以人祭，或用猕猴”。郭里木棺板画所绘神树上有绳索，也许是苏毗人举行人牲祭祀时使用的绳索。

其三，苏毗人保留了许多母系氏族社会的残余，重女轻男，实行一妻多夫制。《隋书 · 女国传》说：“其俗贵妇人，轻丈夫，而性不妒忌”，故称“女国”。更为不可思议的是，苏毗国实行一妻多夫制。《唐会要》记载：“女子贵者，则多有侍男。男子贵不得有侍女。虽贱庶之女，尽为家长，尤有数夫焉，生子皆从母姓。”郭里木棺板画上有一幅男女合欢图，对苏毗人“一妻多夫”的习俗作了生动描述，并非时下所言藏传佛教密宗法术或吐谷浑巫师作法。

第一，这幅男女合欢图上的青衣女子居上位，而男子居下位，并且跪在地上，充分反映了苏毗人“女尊男卑”的意识形态。

---

① 许新国：《都兰吐蕃墓出土的动物形银器》，藏学研究网。

② 林梅村：《毗伽可汗宝藏与中世纪草原艺术》，《上海文博》2005年第1期。

第二，《旧唐书·东女国传》记载：苏毗女王夏季“服青毛绫裙，下领衫，上披青袍，其袖委地。冬则羔裘，饰以纹锦。为小鬟髻，饰之以金。耳垂珰，足履鞣䩞”。吐蕃棺板画中正在合欢的女子身穿青色长袍，正是史书描述的苏毗女王的形象。

第三，两唐书《东女国传》称，苏毗人“俗重妇人而轻丈夫”。《唐会要》《通典》进一步描述说：苏毗“妇人为吏职，男子为军士。女子贵者，则有多侍男。男子不得有侍女。虽贱庶之女，尽为家长，有数夫焉。生子皆从母姓”。《隋书·女国传》又载：苏毗“女国，在葱岭之南，其国代以女为王。王姓苏毗，字末羯，在位二十年。女王之夫，号曰金聚，不知政事。国内丈夫，唯以征伐为务”。据英国藏学家托马斯（F.W. Thomas）考证，汉语“金聚”一词，来自藏语 khyim-tsun，意为“家人”[①]。我们以为，金聚当即《唐会要》所谓苏毗女王的“侍男”。郭里木棺板画上与青衣女子合欢的男子以及正准备与青衣女子合欢的男子，表现的正是苏毗女王的“侍男”或“金聚”。

在棺木外绘制彩色图案，是东汉以来河西走廊西部和罗布泊一带流行的葬俗。例如，甘肃酒泉、新疆尉犁县营盘墓地以及楼兰 LE 城魏晋壁画墓皆发现过东汉至魏晋时代的彩绘木棺。这个文化传统在塔里木盆地绿洲王国一直传承到晚唐五代。在新疆和田发现了晚唐五代时期的彩绘木棺，上面绘有四神图案，与郭里木的彩绘木棺如出一辙，早在 3 世纪，苏毗人就开始和于阗、鄯善两个沙漠绿洲王国频繁发生接触。6 ～ 8 世纪的于阗语文书屡次提到苏毗人，那么苏毗人采用彩绘木棺的习俗很可能来自塔里木盆地的绿洲文明。

既然郭里木棺板画墓是苏毗贵族大墓，那么它们的主人又是什么人呢？吐蕃大相禄东赞死后，其子钦陵、赞婆、悉多于、勃论兄弟四人，继续职掌吐蕃军政大权。然而，就在棺板画墓主人下葬前夕，吐蕃统治阶层爆发了一场血雨腥风的权力之争，不可一世的噶尔家族以失败告终，惨遭灭族之灾。

据《新唐书·吐蕃传上》记载，禄东赞死后，其子噶尔“钦陵专国久，常居中制事，诸弟皆领方面兵，而赞婆专东境几三十年，为边患。兄弟皆才略沉雄，众惮之。器弩悉弄既长，欲自得国，渐不平，乃与大臣论岩等图去之。钦陵方提兵居外，赞普托言猎，即勒兵执其亲党二千余人杀之。发使者召钦陵、赞婆，钦陵不受命，赞普自讨之。未战，钦陵兵溃，乃自杀，左右殉而死者百余人。赞婆以所部及兄子莽布支等款塞……”可知禄东赞之子噶尔钦陵因反叛吐蕃赞普而在吐蕃东境（今青海）自杀身亡。史书还提到吐蕃本土的噶尔家族被杀者达两千余人，钦陵自然无法归葬故土，只能在青海就地掩埋。

关于噶尔家族最后的命运，《新唐书·论弓仁传》又载：“论弓仁，本吐蕃族也。父钦陵，世相其国。圣历二年（699 年），弓仁以所统吐浑七千帐自归。授左玉钤卫将军，封酒泉郡公。”论弓仁是钦陵的长子，既然他从吐谷浑率七千帐投奔唐朝，其父钦陵显然葬在了吐谷浑。发现吐蕃棺板画的郭里木之南，就是吐谷浑王的夏宫和王陵所在地。

1999 年夏，在美国企业家罗杰伟（Roger E. Covey）唐研究基金会的资助下，我曾率领北京大

① [英] F.W. 托马斯著，李有义、王青山译：《东北藏古代民间文学》，四川人民出版社，1988年，第8页。

学考古队到青藏高原工作了三个月，在青海都兰县热水乡发掘了四座吐蕃大墓，最近出版了《都兰吐蕃墓》一书，这也是青藏高原吐蕃考古第一个科学发掘报告。我们在都兰发掘的四座大墓皆为木椁墓，墓中随葬灰陶罐、灰陶杯、漆木碗、彩绘木鸡、木马鞍、各种动物和人物形小木俑、彩绘木器物、皮靴、金银饰件、铜铁饰件、珍珠、绿松石、藏文木简以及各类丝织品残片。从墓中出土吐蕃碑铭和木简看，一号墓（99DRNMI）为吐蕃尚论（宰相）思结桑墓。据中央民族大学王尧教授考证，此人就是《敦煌本吐蕃历史文书》提到的“论（思）结桑甲贡，任副大相多年”，死于鸡年（唐肃宗至德二年，757 年）。郭里木吐蕃大墓的规格相当高，绝不亚于我们在都兰发掘的吐蕃大论思结桑墓。因此，两墓之中必有一座是吐蕃大相噶尔钦陵之墓。钦陵自杀时，左右殉死者百余人，因此，郭里木吐蕃大墓中的合葬墓更可能是噶尔钦陵之墓，与他合葬的女性墓主人也许是为他殉死的一位苏毗王妃[①]。

（原刊于《丝绸之路考古十五讲》，北京大学出版社，2006 年）

---

① 林梅村：《棺板彩画：苏毗人的风俗图卷》，《中国国家地理》2006年第3期。

时代掠影

——青海海西州郭里木棺板画图像中的文化交融现象探析

李晋尘

对于郭里木棺板画，其墓葬主人的说法主要有苏毗说、吐蕃说和吐谷浑说。诚然这三种说法至今都难以确定，但学者们普遍认为郭里木棺板画所呈现的应是青藏高原北部吐蕃统治时期的生活画卷。学者霍巍认为其墓葬主人的族源应为北方鲜卑系统的吐谷浑人，但其反映了青海吐蕃文化的多元因素[①]。学者罗世平认为1号墓的A、B板分别表现的是吐蕃民族的会盟和丧葬场景且传达出一种天国观念[②]。学者许新国支持吐蕃说且认为这一时期的吐蕃绘画融合了中原、中亚和西亚的风格[③]。学者林梅村主张苏毗说，在《丝绸之路考古十五讲》一书中有详细的论述[④]。学者程起骏、柳春诚认为郭里木棺板画属吐谷浑所有[⑤]。虽然对于画面所表现的族属及内涵等问题仍存在争议，但这些新发现都对吐蕃统治时期的社会风俗、政治经济和历史文化研究有着重要意义。下面通过对人物风貌和生活场景两方面展开分析，尝试探寻A板情节中折射出的文化交融现象。

一、人物风貌

（一）面妆与发饰的交流

如图一所示，画面中人物肤色均偏深，较为圆滑流畅的线条勾画削弱了人物面部的立体感。但仔细观察会发现大多数人的鼻骨还是比较高的。长相与族源之间有着密切的联系，藏族应该是在原有土著居民的基础上，融合了西羌等民族而逐渐形成的[⑥]。当时的物质条件、气候问题以及各国混

---

① 霍巍：《青海出土吐蕃木棺板画的初步观察与研究》，《西藏研究》2007年第2期。

② 罗世平：《天堂喜宴——青海海西州郭里木吐蕃棺板画笺证》，《文物》2006年第7期。

③ 许新国：《郭里木吐蕃墓葬棺板画研究》，《中国藏学》2005年第1期。

④ 林梅村：《丝绸之路考古十五讲》，北京大学出版社，2006年。

⑤ 程起骏、柳春诚：《一位吐谷浑可汗的盛大葬礼——青海省德令哈市郭里木乡出土彩绘棺板画B板研读》，《群文天地》2012年第1期。

⑥ 雷小虎：《吐蕃王朝的服饰》，西北大学硕士学位论文，2015年。

图一　郭里木乡吐蕃墓室棺板画
（采自《中国国家地理》2006 年第 3 期）

血等诸多因素都与其外貌有关。值得关注的是，吐蕃人根据自身的外貌特征及所处环境的特殊需要设计出适合自身的面妆。也许是为了修饰脸部线条，也许是为了应对雪域高原高强的紫外线，也许是出于某种图腾崇拜，画面中出现的四十余人不分身份、性别和年龄均有赭面习俗的体现。这种红色以对称形式出现在人物的两颊、鼻子、额头和下巴处，只是在位置及形状的点、线、面变化上做了不同的组合。吐蕃把赭面习俗作为一种特有的文化符号向西域和唐朝输出。回鹘女性的涂面妆和唐代女性的时世妆都借鉴了赭面妆的元素。通过唐朝诗人白居易在《时世妆》一诗中对当时流行的赭面、黑眉、红唇妆这种颇具英气的妆面描述可以看出吐蕃与唐之间文化符号的交融。除赭面外，画面中大多数人为辫发，发间饰有圆形几何符号且白色居多。以此推测人们大多会用白色的贝壳或珍珠等白色质地的物件作为点缀。据《册府元龟》记载：吐蕃属国白兰国"妇人以金花为首饰，辫发萦后，缀以珠贝。""俗重汉缯，而贵瑟瑟"。这里的瑟瑟应是一种出自波斯国的绿色宝石，吐蕃人非常看重丝绸之路的贸易品瑟瑟。由此推测画面右下方身着斗篷的女性头发上出现的极有可能是这种来自波斯的绿宝石，她的身份也许是贵族或吐蕃王室。在敦煌莫高窟和克孜尔石窟中的壁画、绢画、石刻等很多图像资料中都能找到与吐蕃人相关的印记，其形象与郭里木棺板画中的人物整体的感觉十分相似。这无疑证明了吐蕃时代积极进行文化交流的态度，正是这种精神为民族发展提供了契机。

（二）服饰文化的传播与交融

不同的时代、地域、民族以及文化积淀都会酝酿出形制各异并能彰显其民族特色的服饰。画面中人物衣服的色彩以红、绿、蓝色为主，并无过多纯度和明度的变化，衣服色彩搭配也较为单一。学者张云认为，吐蕃人的服饰色彩体现了他们对色彩的审美要求，注重艳丽与红黄蓝（青）诸原色是其特征[①]。艺术源于自然且高于自然，吐蕃人服饰中的色彩凝聚着天空的蓝、草甸的绿、土地的黄、雪山的白和太阳的红。除色彩外画面中呈现的变化多样的帽子和袍服形制也颇具特色，接下来结合图中出现的人物进行分析。

---

① 张云：《丝路文化·吐蕃卷》，浙江人民出版社，1995年。

1. 变化多样的帽子

参照郭里木棺板画的线描图和局部彩图不难发现，作为服装搭配物之一的帽子变化较为多样。下面我们将着眼点放在帽子上进行吐蕃穿衣文化的探析。画面中比较典型的帽子主要有帐中男人和射牛人所带的高顶帽、一些侍从、骑士和平民所带的缠在头上像小船一样的帽子、露出头顶发髻的帽子、有一条带子垂下来的帽子和女性的大檐帽。学者王婧怡结合实地考察和学者们前期的研究将现存吐蕃人的冠帽分为朝霞冠、赞夏帽、塔式缠头、红抹额和绳圈冠[①]。这种分类方式与图像中人物帽式的对应度很高。其中塔式缠头与吐谷浑人的螺旋帽较为相似，只是其高度较高且颜色更加多样。由此可见，帐中男子族属为吐蕃的可能性较大且其身份很可能是赞普。根敦琼培的《白史》中推测吐蕃赞普缠头的习俗来自波斯一带。吐蕃人的帽子兼具了美观性和功能性，且在使用场合以及身份上都进行了区分。其别致的帽子也成为唐朝人效仿的时尚搭配。唐朝诗人刘言史在《王忠丞宅夜观胡腾舞》中云："织成蕃帽虚顶尖，细氎胡衫双袖小。"虚顶高帽和窄袖是典型的吐蕃人装束。由此可见，帽子作为一种文化符号在悄悄拉近民族间的距离。

2. 形制各异的长袍

画面中无论男女都身着长至脚踝的袍子。除对襟全敞的样式外，还包括三角形翻领、交叉直领、圆领三种样式。杨清凡女士认为："吐蕃时期流行的一种圆领直襟三角形翻领对襟长袍，其直接影响应是来自粟特服饰，不过后来可能掺入本土及中原因素，有所变动。例如出现了斜襟左衽的三角形翻领长袍，衣袖也趋于宽大，长及委地。"[②]如图一和图二所示，除领口的变化外，左衽确实是其吐蕃服饰形制的重要特点之一。明代诗人曾棨在《敦煌曲·吐蕃健儿面如赭》一诗中云："当时左衽从胡俗，至今藏得唐衣服。"由此可见唐、吐蕃、粟特服饰的形制有着千丝万缕的联系。画面中策马弯弓的骑士、侍从、押运货物的武士等不同身份的人均身着大翻领长袍。立于拂庐两侧迎宾的侍从是直领交叉式长袍。类似这种袍制的还有在帐外射杀牦牛的大宾客，此人的服饰比迎宾的人更具层次感。由此推测这种衣服的材质应不仅是传统的动物皮革和毛纺织物，长袍外的小衫从花色和形制上看都有丝织品的感觉。从此人所穿衣服的形制上看，在唐昭陵、克孜尔第199窟、品治肯特遗址英雄史壁画中出现的人物形象中都出现过类似的半臂装，由此可见丝绸之路沿线民族服饰文化之间的传播性与交融性。第三种圆领翻领袍的穿着者中最典型的是帐中塔式缠头的男子，但是拿弓箭的侍从与其服饰极为相似。以此推测，从服饰的形制看无法区分等级。学者谢静认为，赞普与侍从的衣服从衣料质地的优劣、粗细有所不同，以此来区别身份。还有一些人的袍服在衣领、衣袖、衣襟等处有连珠纹饰。这种波斯萨珊风格的几何纹样在党项、吐谷浑、回鹘、粟特等民族的服装中都有出现过，从侧面说明了青藏高原丝绸之路的存在。吐蕃人的服饰结合了唐朝和西域的材质、纹样及仿造技术，与此同时以追求御寒、防晒、方便骑射等功能性为目的进行了改良。比如说

---

① 王婧怡：《敦煌莫高窟壁画中吐蕃赞普冠帽及辫发考》，《浙江纺织服装职业技术学院学报》2010年，第1期。

② 杨清凡：《藏族服饰史》，青海人民出版社，2003年。

将丝织品与吐蕃传统材质的融合就兼具了美观性和功能性。服饰文化间是互相影响的，在唐朝的一些图像及文字资料中也反映出了对于胡服元素的借鉴。《新唐书·车服志》中记载："奴婢服襕衫，而士女衣胡服。"虽然中原汉族有尊右卑左的礼俗文化，但是依然将着胡服作为一种时尚。唐朝时胡服元素盛行的现象反映出其文化上极大的包容性。唐朝的材料和纺织技术也为吐蕃服饰的发展注入了新鲜血液，吐蕃的"告身制度"应该也是受到了唐朝仪制的影响。

二、生活场景

如图二所示，罗世平教授所绘线描图从构图来看与北宋张择端所绘的《清明上河图》中体现的散点透视似有异曲同工之妙。以两顶前后相连的大帐为视觉和心理中心，将分散于四周的狩猎、客射牦牛、男女野合、宴饮宾客、驼队出行等看似不相关的场景完成了故事性的聚拢。有序的视觉流、画面整体的对比与协调和各场景间故事的归一性等诸多元素使场景多而不杂。除显示出精妙的艺术表现手法外，还将吐蕃统治时期的民风民俗和文化交融的痕迹融于宏大的场景中。下面，对画面中出现的几个主要场景进行分析。

（一）射杀场景中的"神性"与"人性"

无论在中国古代还是西方都十分盛行狩猎。画面中马蹄张开的弧度和骑射者弯弓的弧度渲染出吐蕃作为马背民族的风姿。牦牛、猎狗、鹿等猎物或拼命奔跑或扭头回望的动作也增添了紧张感。接下来把着眼点放在猎犬上进行探析，因为除了它之外奔跑的牦牛和倒下的鹿均有流血的现象。画面中的猎犬似乎与牦牛后面的骑射者有眼神对接，以此推测猎犬可能不在猎物的范围内。这里的犬很可能是受到西域祆教的影响后被神格化的犬。在波斯古经《阿维斯陀》中有过犬在午夜到凌晨之间用"犬视"和"撕噬"两种方式擒杀恶生物的论述。粟特人也有养狗食尸的习俗，在入华粟特人的墓葬中就出现过类似"犬视"的图像。此外，一些文献资料表明黑牦牛在藏人眼中是恶魔的象征。以此推测这里的黑牦牛或许与神秘的祆教有关，画面中被神格化的猎犬与骑射者们一同围

图二　青海海西州郭里木棺板画 A 板（罗世平绘）

追堵截某种邪恶的存在。犬除了被赋予神性之外还有可能作为助猎动物存在，在章怀太子墓中出土的《狩猎出行图》中犬便以“助兴猎物”的角色出现。同时，《新唐书·百官志》中也有唐朝设立狗坊的记载，可见在唐人心中犬的特殊存在。在唐人的一些墓葬壁画、金银器、陶俑等文物中均有与胡人和猎犬相关的形象出现。这些文物中出现的犬与郭里木棺板画A板中出现的犬相似度极高。由此推断，画面中的犬很有可能是经过丝绸之路传播的波斯犬。在《唐会要》卷一百中有和波斯犬相关的记载。上述种种都表明了画面中的犬不是猎物。当然，也无法排除犬是猎物的说法。吐蕃宴请大宾客时，喜欢让客人自己射杀或骑马刺杀驱赶野马、牦牛，这是吐蕃特有的一种娱乐方式[①]。这样的活动松赞干布也曾亲自参加过，据《册府元龟》记载："唐賓王吐蕃赞府，姓不夜，名器宗弄赞……每月异国宾客驱野马犁牛于前，弄赞驰以剑斩之，首坠于前侧，用以为欢。”在《旧唐书·吐蕃传》记载：赞普与臣下“三年一大盟，夜于坛……杀犬马、牛、驴为牲。”直到《十善法》中有关戒杀理念的出现人们才接受佛教祭祀活动中的替身“多玛”仪式，用动物模型来代替真动物。还有一处具有仪式感的射杀场景是大帐旁的大宾客正在拉弓射杀一头被绳索捆绑在木桩上的牦牛，周围人都在饶有兴致地围观。由此可见，佛教所说的“不杀生”虽已传入吐蕃但在此时还没有完全地渗透人们的日常生活。从“客射牦牛”以点带面，能够感受到当时人们的杀生观。

（二）丝绸之路中的商旅风情

商旅场景与猎杀场景之间形成一种视觉和心理上的对比，更加凸显了丝绸之路上不可或缺的灵魂使者骆驼在人们心里的地位。吐蕃人过着以游牧为主的生活，饲养牦牛、马、猪和独峰骆驼等动物。《新唐书·吐蕃传上》记载："其兽……独峰驼日驰千里。”李时珍《本草纲目·兽一·驼》记载："土番有独峰驼。”从郭里木棺板画A板中货物在驼峰处出现的弧度以及绳子捆扎的形式来看应为吐蕃的独峰骆驼。其前后均有骑马并佩带箭囊的押送货物的武士。学者许新国认为，这种口窄底宽的筒形箭囊是唐人所说的“胡禄”，中原和吐蕃地区流行的“胡禄”是受到了西域的影响。前方的马头以及人物的朝向是大帐旁两个拂袖行礼的人，两人身侧是两个相连的帐篷。以此推测，帐里的人可能是画面的主角，他们宴请宾客进行了此次集会，驼队有人护送想必其押运之物应是与此次集会有关且重要之物。学者罗世平认为此驼队应为会盟而来，以此知悉吐蕃会盟其中的一种方式。不过也有可能只是单纯地表现坐落于神奇的柴达木盆地的丝路明珠德令哈的盛景。在西安的北周史君墓石撑西壁画第三幅的图像中也出现了将驼队和狩猎组合在一起的形式，不同之处是粟特人将骡子也作为运输工具。在北壁第一幅中也有把宴饮与商队放在一起的场景。学者荣新江认为这就是一个中古时期行进在丝绸之路上的粟特商队的写照[②]。类似这样把宴饮、商队、狩猎等放在一处的场景在安伽墓的墓门额、围屏石榻的几处屏风中都可找到：大到宴饮、狩猎、会盟等主题的相同，小到画面中出现的类似碗状的酒器、植物的纹样以及人物衣服上的连珠纹等细节的重合。商旅图虽出现在此画面中的作用尚

① 才让：《吐蕃史稿》，人民出版社，2010年。
② 荣新江：《北国史君墓石椁所见之粟特商队》，《文物》2005年第3期。

不明确，但可以肯定的是能让受众感受到了民族间文化的融合和特有的商旅风情。

（三）宴饮场景中的器具

在野外搭建围帐歌舞宴饮的习俗主要流行于北方的游牧民族。吐蕃人用牦牛毛和羊毛分别织出了黑帐和白帐，让其成为灵魂的归宿。这种在不同材质的骨架上覆盖遮蔽物的膜结构成为人类早期文明的保护伞并沿用至今。继续将视线回到画面中门帘卷起的大帐。帐内有一对对坐而饮的男女，帐外数人姿态各异。有人在举杯畅饮，有人在呕吐，有人在迎接宾客，有人在吹奏乐器。值得关注的是，一侍从拿着具有侈口、溜肩、鼓腹和喇叭形瓶口的酒壶，这种器物是由西方人传入中国的，但由于胡人使用较多所以被叫作胡瓶。唐李震墓壁画中的“托盘执胡瓶女侍图”中的胡瓶从形制上看与画面中侍从手中的胡瓶极为相似，从侧面证明了唐朝与吐蕃之间的交流。《旧唐书・吐蕃列传》有记载，开元十七年（729 年）吐蕃赞普向唐廷上表的物件中就有金胡瓶。虽然从画面上显示的胡瓶色彩与花纹上看更偏向陶制品，但从史书中也可判断出胡瓶在吐蕃的重要位置。此外，胡瓶在唐诗中也经常出现。比如说唐代诗人王昌龄在《从军行七首》一诗中云：“胡瓶落膊紫薄汗，碎叶城西秋月团。”唐代诗人卢纶在《送张郎中还蜀歌》一诗中云：“垂杨不动雨纷纷，锦帐胡瓶争送君。”显然，在唐代的军旅生活或日常生活中胡瓶都成为不可或缺的存在。一般认为胡瓶形制主要分为高圈足的萨珊式和低圈足的粟特式，以此推断出画面中出现的胡瓶更加偏向萨珊式风格。胡瓶的制作与使用地是波斯、粟特及东罗马帝国，随着外国使节和商人传入东方。与此同时，画面中出现的另一酒器高足杯也可能受到了拜占庭器物形制的影响。宴饮场景中出现的酒器从图像上成为证明吐蕃、唐以及西方文化通过丝绸之路这一纽带相互交流的存在。

（四）野合场景中的性文化

以性为象征的神灵崇拜传统在印度源远流长，在雅利安人进入印度之前就已经存在。庐山岩画以及巴蜀地区出土的汉代画像砖中都曾出现过野合的场景。如图二所示，画面的右上角也出现了一对正在交媾的男女，旁边有一位留着胡须且手握男根的老者将目光投向二人。《后汉书・鲜卑传》中记载：“以季春月大会于饶乐水上，饮宴毕，然后配合。”有学者认为这里所说的大会可能是一种特定的可以婚配的日子。以此推测北方游牧民族也可能有在规定的日子会出现野合场景。野合观念从侧面反映出一些神秘的宗教或文化观念对人们的影响。学者许新国认为这可能是一种宗教现象。这让人联想到位于西藏林芝的巴松措景区中的错宗工巴寺门前石阶两侧的木质男女生殖器装置，据说与西藏的苯教有关，出现在藏传佛教寺庙之中其实是为了辟邪。画面中的老者用自己的男根作为法器进行着某种神秘的仪式，也有可能这种场景的存在是为了表明当时吐蕃王朝的一妻多夫婚俗[①]。此外，这个场景出现在会盟主题中，除手握男根的老者外在宏大的场景中无一人与之有眼

---

① 张云：《上古西藏与波斯文明》，中国藏学出版社，2016年。

神交汇。由此可推测野合这种行为在那个时候的社会生活中应属于一种惯常现象。虽然上述观点都只是推测，但是也可以看出人们对于性的多重认知。

三、结语

青海郭里木棺板画中既有中原文化的影子，又有中亚、西亚文化的痕迹。丝绸之路给吐蕃民族带来的文化滋养远大于物质给予。它作为纽带实现了吐蕃与世界的互通。没有交流就会丧失本民族发展的生机和动力，吐蕃民族无论是意识形态还是行为举止都充满了活力，对文化更是展现出强烈的包容性。总之，棺板画不仅寄托了某种夙愿，还是一个时代的掠影，是当时社会风俗、日常生活和意识形态的写照。吐蕃民族以郭里木棺板画为媒介向我们展示了其独有的魅力。

（原刊于《美与时代》2022 年第 3 期）

粟特人在西南地区的活动追踪

李瑞哲

魏晋南北朝时期，由于中国南北处于分裂的局面，西域、中亚诸国与东晋、南朝的往来主要走青海道。中亚的粟特人经过吐谷浑控制的今青海一带，途经松潘南下四川，再顺长江南下。近年来在青藏高原吐蕃考古中发现的一批墓葬资料中，有一批彩绘在木棺板或木质随葬器物上的图像[①]。在表现形式上也是由骑射狩猎、商队出行、宴饮、乐舞、丧葬仪式等不同画面组成，虽然具有吐蕃当地的特点，但图像中反映出的某些中亚因素与北方地区近年来出土的入华粟特人的墓葬存在着一些相似的因素，应当与粟特人和吐蕃人在这一地区互动有关，也是北朝隋唐时期通过“吐谷浑道”在西南地区进行的文化交流的结果。都兰吐蕃墓出土的丝绸中有一种含绶鸟织锦，在属西方系统的织锦中数量最多、比例最大。另外，在青海海西州都兰县的热水乡、夏日哈乡发掘的一批唐代吐蕃墓葬中，其中一部分器物较特别，具有浓厚的中亚地区粟特银器的风格，反映了东西方文化交流的一些特点。

一、中古时期活跃在西南地区的粟特人

早在汉晋时期，已经有迹象表明，胡人可能已经循青海道南下抵达成都平原。作为非统治中心的四川地区，胡人入蜀的原因之一可能与商业利益的驱动有关[②]。《史记·大宛列传》张骞向汉武帝汇报说：“臣在大夏时，见邛竹杖、蜀布。问曰：‘安得此？’大夏国人曰：‘吾贾人往市之身毒……’今身毒国又居大夏东南数千里，有蜀物，此其去蜀不远矣。”[③]可见早在张骞出使西域之前，大夏与蜀地之间已经有了民间的贸易往来，虽然当时是否已有大夏商人曾经来蜀，还无直接的证据，具体的

---

① 许新国：《郭里木吐蕃墓葬棺板画研究》，《中国藏学》2005年第1期；罗世平：《天堂喜宴——青海海西州郭里木吐蕃棺板画笺证》，《文物》2006年第7期；霍巍：《青海出土吐蕃木棺板画的初步观察与研究》，《西藏研究》2007年第2期；霍巍：《西域风格与唐风染化——中古时期吐蕃与粟特人的棺板装饰传统试析》，《敦煌学辑刊》2007年第1期；仝涛：《青海郭里木吐蕃棺板画所见丧礼图考释》，《考古》2012年第11期；马冬:《考古发现所见吐蕃射猎运动——以郭里木吐蕃棺板画为对象》，《西安体育学院学报》第2008年第6期；Tong Tao, Patrick Wertmann, The Coffin paintings of Tubo Period from the Northern Tibetan Plateau, Archaeologie in China, band 1, bridging Eurasia, Verlag Philipp von Zabem, 2010: 187–213.

② 霍巍：《粟特人与青海道》，《四川大学学报》2005年第2期；北京大学考古文博学院、青海省文物考古研究所编著：《都兰吐蕃墓》，科学出版社，2005年，第137、139页。

③ 《史记》，中华书局，1959年，第3166页。

路线更无法做进一步的推测，但这种胡人商贸在张骞开通西域之前便已经存在可能是历史事实。不排除当中许多路线是通过中转贸易来实现的，这些善于经商的“胡人”为3世纪以后中亚一带的粟特人凿通了来华路径并非没有可能，这应在今后从文献与考古资料两方面进一步加以注意[①]。

汉代以来，由河西走廊出玉门、阳关以入西域，是内地和西北边区间乃至中外间的交通要道。但这并非唯一的通路，根据史籍记载，我们看到，从益州到西域有一条几乎与河西走廊并行的道路。这条道路的通行历史悠久，张骞在大夏见到来自身毒的邛竹杖与蜀布是人所共知的事，以后虽然不那么显赫，但南北朝时对南朝来说却是通向西域的主要道路，它联结了南朝与西域间的政治、经济和文化，曾经起到了颇大的作用。例如，三国时期诸葛亮于蜀后主刘禅建兴五年举兵北伐时，《三国志·蜀书·后主传》裴松之注引《诸葛亮集》记载：“凉州诸国王各遣月支、康居胡侯支富、康植等二十余人诣受节度。”马雍先生认为《三国志》中所提到的“凉州诸国王”当指西域鄯善、于阗等国王；“月支、康居胡侯支富、康植等二十余人”很可能就是当时侨居于阗、鄯善的中亚移民[②]；“凉州诸国王”很有可能是凉州、张掖、酒泉乃至敦煌一带居住的月氏、康居等胡人聚落的首领，推测这些人中间已经有不少昭武九姓的粟特人。《隋书·何妥传》载：“（何妥）西城（域）人也，父细胡，通商入蜀，遂家郫县。事梁武陵王纪，主知金帛，因致巨富，号为西州大贾。”[③]《隋书·何稠传》记载：“何稠，字桂林，国子祭酒妥之兄子也。父通，善斫玉。稠性绝巧，有智思，用意精微。……波斯尝献金绵锦袍，组织殊丽，上命稠为之。稠锦既成，逾所献者，上甚悦。时中国久绝琉璃之作，匠人无敢厝意，稠以绿瓷为之，与真不异。”[④]何妥的侄子何稠，自幼受家庭熏陶，少年时就随何妥进入长安。他先在朝中获得了职位，后来负责王室的御辇工作。隋朝建立，他供职于太府监，掌管皇室的器物营造。由于他具有专业知识，曾经在宫廷作坊制造出“波斯国尝贡、以金钱与厢珠圆饰做成的金绵锦袍”，受到皇帝的赏识。6世纪90年代，何稠因再度发现代替琉璃的化学制法而名动一时。何稠的祖父就是来自西域何国的粟特商胡，他很可能是通过当时的河南道由西域进入益州的[⑤]。何稠家族定居的郫县可能存在粟特聚落[⑥]。西南地区还出现了祆教痕迹，如祆教赛神曲《穆护歌》的流行与灌口祆神庙的存在。因灌口祆神庙与郫县相邻，故而郫县可能存在粟特聚落[⑦]。西南地区的粟特人在保持本民族传统文化的同时，也经历了汉化的过程，何氏家族因为掌握了西方的工艺技术而发家致富，获取官职，但以儒学为官，史书将之列为《儒林传》暗示了何氏家族的汉化程度。

《续高僧传》卷二五《释道仙传》记载：“一名僧仙，本康居国人，以游贾为业。梁、周之

---

① 霍巍：《粟特人与青海道》，《四川大学学报》2005年第2期。

② 马雍：《东汉后期中亚人来华考》，《西域史地文物丛考》，文物出版社，1990年，第57页。

③ 《隋书》，中华书局，1973年，第1709页；《北史》卷八二，中华书局，1974年，第2753～2759页。

④ 《隋书》卷六八，中华书局，1973年，第1596页；（北宋）司马光编著，（元）胡三省音注：《资治通鉴》卷一七八～一八一，中华书局，1956年，第5623页；（南宋）郑樵：《通志》卷一七四《儒林传第三·何妥传》，《文渊阁四库全书》（第380册），上海古籍出版社，2003年，第329页。

⑤ 唐长孺：《魏晋南北朝史论拾遗》，中华书局，1983年，第194、195页。

⑥ 荣新江：《中古中国与粟特文明》，生活·读书·新知三联书店，2014年，第48页。

⑦ 饶宗颐：《穆护歌考》，《选堂集林·史林》，中华书局，1982年，第472～475、483页。

际，往来吴蜀，江海上下，集积珠宝。故其所获赀货，乃满两船，时或计者，云值钱数十万贯。”[①]这位名为“僧仙”的僧人原籍系胡商，本康居国人，即为昭武九姓胡人，善经商为其特点，往来于吴、蜀之间，江海上下，大约便主要是利用了“青海—岷蜀道”这条路线[②]。推测粟特商人以蜀锦等丝绸这类珍贵的商品进行中转贸易。

《续高僧传》卷二十九《蜀部沙门释明达传》：“释明达，姓康氏，其先康居人也，童稚出家，严持斋素……以梁天监初来自西戎，至于益部。时巴峡蛮夷，鼓行抄劫，州郡征兵，克期诛讨。达愍其将苦，志存拯拔，独行诣贼，登其堡垒，慰喻招引，未狎其情。……达乃教具千灯，祈诚三宝。……以天监十五年，隋始兴王还荆州。”[③]释明达这样的康氏僧人同僧仙一样，其先祖也来自康居，虽然他不同于僧仙以经商为业，而是在益州、巴峡一带传授佛法，但可知其当系粟特系统的胡僧，所谓“来自西戎”，应当理解为沿丝绸之路自西域而达益都，这条路线大约也应当是走的青海至岷蜀一线。粟特人主要是经过河南道进入四川盆地，当然，吐谷浑境内也有不少粟特人。从今四川松潘进入“青海路”可以到达西域，也可从川南进入陕西再走丝绸之路绿洲路主干道。巴蜀自古就是重要的丝绸产地，更是商业繁荣昌盛之地，商旅往来十分频繁。因此，南北朝以来，巴蜀即为西域胡人行贾之地。但是，长安、洛阳两地的粟特人应该是从金牛道或米仓道进入四川盆地的，南朝时期益州与建康关系密切，一部分粟特人也有可能通过长江水路来往于益州与建康两地。

《南史》卷五三《武陵王传》称：“在蜀十七年，南开宁州、越嶲，西通资陵、吐谷浑，内修耕桑盐铁之功，外通商贾远方之利，故能殖其财用，器甲殷积。”[④]由此可见，武陵王发展经济的措施之一是利用巴蜀的有利条件，与西域国家进行频繁的贸易往来。这些商人活动于岷蜀一线，主要经营何种贸易史无明载，但从汉晋三国时代成都已成为中国西南最为发达的蜀锦产地这一点推测，大约与粟特商人在丝绸之路的传统习俗一样，其可能仍以蜀锦之类的丝绸中转贸易为大宗。南北朝时期，在吐鲁番境内的阿斯塔那、哈拉和卓古墓群中出土了一批蜀地生产的丝织品[⑤]。有学者认为，它们有可能便是通过丝绸之路河南道由蜀地运往高昌的[⑥]，粟特人成为中间的转手贸易者这种可能性很大。

四川的粟特商人可能未经甘肃通道，而是从其他途径进入中国的。其中一条为从于阗到达柴达木盆地，绕经河西走廊，向南穿过吐蕃地界，到达青海湖（Kokonor Lake），再到兰州，之后要么到中原，要么直达四川。

斯坦因（Marc Aurel Stein）在敦煌烽燧发现的粟特文第5号古信札提到某商队从敦煌进入阿尔金山（Altun Shan），城镇和柴达木由此被一分为二。另外，藏语中的“医生”一词很可能源自粟特语（bitsi源自粟特文βyč，它本源于印度语），将医学研究传入吐蕃的人中就有几个粟特人[⑦]。

① 《大正藏》第五十册，第651页。
② 霍巍：《粟特人与青海道》，《四川大学学报》2005年第2期。
③ 《大正藏》第五十册，第691页。
④ 《南史》，中华书局，1975年，第1332页。
⑤ 武敏：《吐鲁番出土蜀锦研究》，《文物》1984年第6期。
⑥ 陈良伟：《丝绸之路河南道》，中国社会科学出版社，2002年，第248页。
⑦ [法]魏义天著，王睿译：《粟特商人史》，广西师范大学出版社，2012年，第91、92页。

《敦煌吐蕃历史文书》中"大事记年"694年条下载："噶尔·丹古为粟特人俘去。"[①]《汉藏史集》中记载刀剑在吐蕃的传播时提到了"索波剑"[②]，所谓"索波"，是藏语对粟特的称呼"sog-po"，这种刀剑应该产自粟特地区，后传入吐蕃。吐蕃王朝时期曾一度攻陷并控制了"丝绸之路"，在新疆发现的古藏文木简中多次出现了"Sog"一词，学术界倾向于其指的是粟特人，这说明丝绸之路上的粟特人与新的占领者吐蕃人之间有着密切的联系。

中国丝绸之外输并非自汉唐开始，它的起源，见诸经史所传者，一直可以上溯到战国和秦汉。因为从文献史料看，《山海经》所记的朝鲜、身毒、大夏、月支以及《穆天子传》所记的"旷野之原"大多不在中国，说明自古即有中西交通，绝非从汉唐伊始，而蜀锦之外输，其年代也颇为久远。汉武帝建元三年（公元前138年），博望侯张骞第一次出使西域时，曾在大夏见到蜀布，说明蜀地到西域的商道在张骞之前即已开通。以成都为中心，蜀陇道和蜀身毒道纵贯全川，北接秦陇，南通缅印，不但成为四川境内丝路的主干道，而且更是我国陆上丝路中的一条极为重要的国际干道。这一干道就是中国著名的南方陆上丝绸之路[③]。

在印度河河谷，主要是吉尔吉特下游的荒凉地区，发现了一系列岩刻题记，这些题记中以粟特文最多，超过650处。其中，以夏提欧（Shatial，约550处）、达丹达斯（55处）、欧希伯特（Oshibat，26处）、索尔（Thor，19处）、塔班（Thalpan，8处）、罕萨—海德奇石（Hunza-Haldeikish，6处）、坎巴里（Khanbari，1处）和坎普塞（Campsite，1处）为代表。夏提欧是沿印度河顺流而下发现岩刻和铭文的所有地点中最远的一个。夏提欧是粟特商人的最终目的地，他们在此地和印度商人交易商品。这条道路的南北两端分别联系着新疆与西藏西部，北可通向中亚，南可抵达印度，古代曾是一条重要的交通路线，同时也为商业民族——粟特人往来于这条路线提供了有力的证据。从伊朗语研究的角度来看，这也是最重要的一个地点，有90%的粟特语铭文是在此地发现的。巴基斯坦北部印度河上游夏提欧发现的粟特文题记为："（我），纳里萨夫（Narisaf）之（子）娜娜盘陁（Nanai-vandak）于十（年（？））至（此），并请圣地K'rt之魂予以恩赐，让我快些顺利到达渴盘陀（xrβntn），去看望（我）健康愉快之兄长。"[④]这些题记应该是商人所刻，由此可以看出3世纪粟特人在印度的重要性，其中的一些粟特文题铭比在甘肃发现的粟特文古信札的年代要早。

季羡林先生曾从经济关系、来源关系、意识形态、共同的历史使命等方面详细论述了佛教和商业在印度发挥的重要作用，说到："商人们积极出钱出物，供应僧伽。结果是佛教徒得到衣食之资，商人得到精神上的慰藉，甚至物质上的好处，皆大欢喜，各得其所。"[⑤]玄奘特别提到了商人在佛教信徒中占了大多数，商贾往来者，天神现征祥，示祟变，求福德[⑥]。8～9世纪的一份吐蕃文书《于阗国教法史》（Li-yul chos-kyi lo-rgyus），讲述了500粟特（Sog-dag）商人前往印度，途中

① 王尧、陈践译注：《敦煌本吐蕃历史文书》大事纪年，民族出版社，1992年，第143页。

② 达仓宗巴·班觉桑布著，陈庆英译：《汉藏史集》，西藏人民出版社，1986年，第139页。

③ 余涛：《丝绸文化与文化丝绸》，《浙江丝绸工学院学报》1993年第3期。

④ N Sima-Williams, The Sogdian Inscriptions of the Upper Indus: A Preliminary Repor, Antiquities of Northern Pakistan. Reports and Studies, I:Rock Inscriptions in the Indus Valley, ed., K. Jettmar, Mainz, 1989: 131-137.

⑤ 季羡林：《商人与佛教》，《季羡林学术著作自选集》，北京师范大学出版社，1991年，第496页。

⑥ （唐）玄奘、辩机著，季羡林等校注：《大唐西域记校注》，中华书局，1985年，第129页。

在大山迷失的故事。当新罗僧人慧超726年穿过犍陀罗时，就在《往五天竺国行纪》的文字中提到了当时的粟特——汉地的兴胡。在与西藏西部相毗邻的印度河上游一带除了发现了汉文“大魏”使者的题记外，还发现了粟特人的崖刻题记，这条道路的南北两端分别联系着新疆与西藏西部，北可通向中亚，南可抵达印度，证明其在古代曾是一条重要的交通路线。

二、青海郭里木出土的棺板画反映的吐蕃与粟特的关系

近年来青藏高原吐蕃考古发现的一批墓葬资料中有一批彩绘在木棺板或木质随葬器物上的图像[①]。画面有骑射狩猎、商队出行、帐中主人宴饮、帐外乐舞宴饮、丧葬仪式等场面，青海出土的吐蕃棺板画的情况与粟特石棺床的画面十分相似，粟特人石棺浮雕各个画面具有各自的独立性，同时彼此之间又有着紧密的联系，实际上都围绕着一个中心展开，即祈求死者亡灵顺利升入天国，并在天国享受到与生前同样的荣华富贵生活。尽管两者在画面中出现的人物服饰、器皿、牲畜种类、舞蹈及乐器等还有不尽相同之处，具有各自的民族与地域特点，但图像所反映出的某些共同的文化传统却是一致的，而这些传统在我国北方草原民族中流行甚广，源头应当是来自中亚与西域文明[②]。青海出土的吐蕃棺板画的画面表现与近年来发现的入华粟特人的石棺床上的图像非常相似，入华粟特人的石质葬具上的图像在表现形式上也由狩猎、商队出行、宴饮乐舞和丧葬仪式等画面组成，学者认为虽然其画面是取材于日常生活的若干场景，但其中心意义同样反映出吐蕃具有浓厚本教色彩的丧葬礼仪[③]。

青海吐蕃棺板画上绘有骑射狩猎图[④]，齐东方先生认为：“人物骑骆驼与野兽搏斗在中亚西亚却有许多实例，而不属于中国的图像系统。”[⑤]史君墓石堂西壁编号为W3的浮雕图像中也有狩猎场面[⑥]；虞弘石椁狩猎图像共7幅，均处于比较次要的位置，即一石椁底座上[⑦]；Miho美术馆收藏了流失海外的石棺床，第9幅（编号A）石板为狩猎图[⑧]；西安北周安伽墓石棺床第2幅图有粟特人与突厥人一起狩猎的场面[⑨]。狩猎图像在入华粟特人石质葬具中出现频率较高，狩猎者有粟特人与突厥人形象，反映了粟特文化与北方游牧文化的交流与融合。

郭里木棺板画中有反映商队出行的场面，走在前面的是四个骑在马上的人物，均头戴幞头，为

---

① 许新国：《郭里木乡吐蕃墓葬棺板画研究》，《中国藏学》2005年第1期；罗世平：《天堂喜宴——青海海西州郭里木吐蕃棺板画笺证》，《文物》2006年第7期。

② 霍巍：《西域风格与唐风染化——中古时期吐蕃与粟特人的棺板装饰传统试析》，《敦煌学辑刊》2007年第1期。

③ 霍巍：《青海出土吐蕃木棺板画的初步观察和研究》，《西藏研究》2007年第2期。

④ 罗世平：《天堂喜宴——青海海西州郭里木吐蕃棺板画笺证》，《文物》2006年第7期，图一。

⑤ 齐东方：《虞弘墓人兽搏斗图像及其文化属性》，《文物》2006年第8期。

⑥ 西安市文物考古研究所：《西安北周凉州萨保史君墓发掘简报》，《文物》2005年第3期，图三十五。

⑦ 山西省考古研究所、太原市考古研究所、太原晋源区文物旅游局：《太原隋虞弘墓》，文物出版社，2005年，第133～135、148、149页。

⑧ 荣新江：《Miho美术馆石棺屏风的图像及其组合》，《中古中国与粟特文明》，生活·读书·新知三联书店，2014年，第353页，图7a。

⑨ 陕西省考古研究所：《西安发现的北周安伽墓》，《文物》2001年第1期，图一六。

身穿圆领或翻领的窄袖长袍的武士，四人均带胡禄（箭囊）；走在后面的两人除一人不清楚外，另一人头缠巾，身穿圆领窄袖长袍，腰系带，腿侧亦带胡禄，为一武士形象；行走在中间的是一满载货物的骆驼，从显露处可见平放着的一层层成匹的丝绸，看来丝绸之路上的商旅是以武力来护送商队的[①]。吐蕃墓棺板画中的商旅图为青海丝绸之路提供了直接证据，充分说明了这条路线的重要性，德令哈正是这条要道上的一个重要的中间站，商旅图生动地反映了这个中间站的繁盛情形[②]。

在中国祆教画像石中出现的大量骆驼图像正是对活跃的丝路贸易的一种具体反映。粟特商人的图像资料以前在内地的墓葬中也有发现，太原娄叡墓墓道两壁上部壁画各绘一幅载货驼队[③]。山东益都石棺床出现商旅驼运图和商谈图[④]。流失到日本Miho美术馆的一组反映北齐中亚人生活的石棺床上也雕刻了胡商的场面[⑤]。近年来，陕西西安安伽墓[⑥]、史君墓的石棺屏风上[⑦]、青海郭里木吐蕃墓的板棺上[⑧]、洛阳出土的安备墓石棺床上都发现了商旅图。在山西太原南郊的唐代墓葬的壁画中发现了胡商图[⑨]。这些反映商队图像的墓葬的发现为研究入华胡商的活动情况提供了直接的图像资料。

西安史君墓石堂西壁W3号石刻图像的下部是一个由马、骆驼和驴组成的商队，在商队的最前面是两个骑马的男子，其中一个腰上悬挂着箭袋。两匹马后面是两头驮载货物的骆驼，骆驼后面有一头戴船形帽骑在马上的男子，右臂弯曲上举，右手握“千里眼”正在瞭望，应该是商队中的护卫。两头骆驼右上方有两匹马和一头驴驮载货物并行，驴位于两匹马中间，后面有一个右手持鞭的男子正在驱赶其前行[⑩]。图像反映出商队在丝绸之路沿线行走时的情况以及可能存在的危险。

近年在洛阳出土的隋代安备墓石棺床上也有商队在行进中的画面，《安备墓志》记载墓主人：“善于白圭之术，蕴而不为，玄高之业，弃而不慕。”白圭是战国时代东周洛阳著名的商人，《史记·货殖列传》记载，白圭以善于掌握经商时机而有谋术，以提出贸易经商致富理论闻名天下。玄高即弦高，是春秋时代郑国的商人，曾以献牛犒军智退秦军，被誉为有名的爱国商人[⑪]。两人都以经营商业而闻名，墓志撰写者用这两个出身于洛阳地域的商人的历史典故来形容安备，表明安备有商业经营的才能。

---

① 许新国：《郭里木吐蕃墓葬棺板画研究》，《中国藏学》2005年第5期；收入许新国：《西陲之地与东西方文明》，北京燕山出版社，2006年，第303页，图版十五，1、2。

② 许新国：《郭里木吐蕃墓葬棺板画研究》，《中国藏学》2005年第1期。

③ 山西省考古研究所：《太原市北齐娄叡墓发掘简报》，《文物》1983年第10期，图版一。

④ 夏名采：《益都北齐石室墓线刻画像》，《文物》1985年第10期，图一。

⑤ 郑岩：《青州北齐画像石与入华粟特人美术——虞弘墓等考古新发现的启示》，《汉唐之间文化艺术的互动与交融》，文物出版社，2001年，第95页，图32。

⑥ 陕西省考古研究所：《西安发现的北周安伽墓》，《文物》2001年第1期，图27；陕西省考古研究所：《西安北周安伽墓》，文物出版社，2003年，第32页，图29，图版57。

⑦ 西安市文物保护考古所：《西安北周凉州萨保史君墓发掘简报》，《文物》2005年第3期，图版37。

⑧ 许新国：《郭里木吐蕃墓葬棺板画研究》，《中国藏学》2005年第1期，图四（中）。

⑨ 山西省文物管理委员会：《太原南郊金胜村唐墓》，《考古》1959年第9期；山西省考古所：《太原市南郊唐代壁画墓清理简报》，《文物》1988年第12期，另见彩色插页二。

⑩ 陕西省西安市文物保护考古所：《西安北周凉州萨保史君墓发掘简报》，《文物》2005年第3期，图二七（右）；荣新江：《北周史君墓石椁所见之粟特商队》，《文物》2005年第3期。

⑪ 葛承雍：《祆教圣火艺术的新发现——隋代安备墓文物初探》，《美术研究》2009年第3期；毛阳光：《洛阳新出土隋〈安备墓志〉考释》，《考古与文物》2011年第5期。

青海吐蕃木棺板画中也有帐外宴饮乐舞场面，宴饮图位于墓棺侧板的中部，显示了宴饮场面的重要性。《新唐书 · 吐蕃传》记载："吐蕃本西羌属，盖百有五十种，散处河、湟、江、岷间……有城郭庐舍不肯处，联毳帐以居，号大拂庐，容数百人。其卫候严，而牙甚隘。部人处小拂庐。"吐蕃人重要活动后都有宴饮的安排，如宴饮活动等一些重大事件通常以拂庐为中心举行。北方地区发现的入华粟特人的石质葬具画像中均有墓主夫妇对饮图。安阳北齐石棺床画像石正面第 3、4 幅都是墓主夫妇对饮的场面[①]。日本 Miho 博物馆秀明藏品北朝石棺床 E 图为墓主夫妇宴饮图。男女主人坐在穹隆顶帐篷中对饮，前面有一人在跳胡旋舞，两边为乐队[②]。天水石马坪出土石棺床编号为屏风 6 的画像石高 87 厘米、宽 46 厘米。石床正面第三合以一对夫妇宴饮为主要内容。厅堂陈设形同连榻，下部饰莲瓣形壶门。榻中间置一低案，其上盛放杯盘食品。床榻中央盘腿坐一肥胖男人，床边垂足坐一女子，似为夫妇，两人捧杯对饮。另一女子右手提一酒壶站在床边，似为侍女。此画像石通体饰红彩，贴金，色彩保护完好[③]。西安北周安国萨保安伽墓画像石，中间屏风右首第 4 幅为墓主人夫妇二人对饮图[④]。太原隋代虞弘墓石椁上的画像石，正面正中为墓主夫妇在天国对饮图[⑤]。康业墓围屏自左而右第 5 幅画面为宴饮；顶部为垂柳，仅表现出树冠部分；下为一歇山顶屋，建于高台之上，台四周设围栏，屋顶上刻板瓦、筒瓦；屋脊上立 5 只长尾鸟，檐下线刻枋木与斗拱，门两侧有挽起的帷帐，屋内后壁有 4 或 5 幅山水画。主人坐于屋内矮榻上，头戴屋顶形冠，面部端庄，一侧不清，长须髯，身着圆领窄袖长衣，外披宽衣，左手端一叵罗，右手似握物，门两侧各立两胡人侍从……下部 4 人均为胡人，身着圆领窄袖长衣，或披发，或剪发，或头戴圆帽，呈坐状，手执尖角酒杯，或捧叵罗，或执细颈瓶[⑥]。需要指出的是，入华粟特人葬具上的宴饮图应该是一系列图像情节中的最重要场面。

山东益都北齐画像石第 7 石为墓主人在野外饮食图[⑦]。2006 年发现的安备墓的对饮图，在华丽的伞盖下，两个秃顶秃发、上身袒裸的胡商首领在床榻上对饮，他们均脖戴大连珠项链，左右手腕各戴有手镯，甚至脚踝骨上也套有镯子，下身围系红色披帛。右边一个首领手抓"来通"牛角杯高高举起，杯腔下插一根流管直接放入口中，他仰天半躺斜靠在长形皮制圆枕上，似乎已经酩酊大醉。左边另一个首领则盘腿坐在床上，一手扶着右腿，一手捧精美萨珊式长杯。微微低头饮酒，也似乎醉意浓浓[⑧]。巴黎吉美博物馆石榻第五块石板表现了一个较为典型的宴饮场面[⑨]。从德令哈市郭里木墓棺板画的内容及技法上看，这一时期吐蕃绘画风格深受中原地区与中亚、西亚的影响。郭里

① 姜伯勤：《安阳北齐石棺床画像石的图像考察与入华粟特人祆教美术——兼论北齐画风的巨变及其与粟特画派的关系》，《艺术史研究》第1辑，中山大学出版社，1999年，第163、164页。

② 荣新江：《中古中国与粟特文明》，生活 · 读书 · 新知三联书店，2004年，第340页。

③ 天水市博物馆：《天水市发现隋唐屏风石棺床墓》，《考古》1992年第1期。

④ 陕西省文物研究所：《西安发现的北周安伽墓》，《文物》2001年第1期，图十八，图二四。

⑤ 山西省考古研究所、太原市考古研究所、太原市晋源区文物旅游局：《太原隋代虞弘墓清理简报》，《文物》2001年第1期，图一九，图二五。

⑥ 西安市文物保护考古所：《西安北周康业墓发掘简报》，《文物》2008年第6期。

⑦ 郑岩：《魏晋南北朝壁画墓研究》，文物出版社，第242页，图170。

⑧ 葛承雍：《隋安备墓新出石刻图像的粟特艺术》，《艺术史研究》第12辑，中山大学出版社，2010年，第7页。

⑨ 德凯林（Catherine Delacour）、黎北岚（Pénélope Riboud）著，施纯琳译：《巴黎吉美博物馆展围屏石榻上刻绘的宴饮和宗教题材》，张庆捷、李书吉、李钢主编：《4～6世纪的北中国与欧亚大陆》，科学出版社，2006年，第117页。

木棺板画A板是由多个叙事情节组成的主题画面，以拂庐宴饮为叙事的中心，相关的人物活动分别安排在两侧，画面的叙事顺序和情节完整[①]。都兰以及海西地区吐蕃墓葬中的棺板上的绘画是吐蕃时期珍贵的绘画资料。从德令哈市郭里木墓棺板画的内容及技法上看，这一时期吐蕃绘画风格深受中原地区与中亚、西亚的影响，并在此基础上形成了自己独特的民族风格[②]。中亚片治肯特的壁画以及粟特出土的银酒器上也有相似的男女对饮图[③]。男女主人对坐宴饮题材在中亚一度盛行，这种习俗在吐蕃人的墓葬棺板画中出现，说明这种习俗也在古代吐蕃人当中流行。另外，青海出土的棺板画上，在图案的边框上使用大量连珠纹样作为装饰，这种样式显然是受到了中亚因素的影响。

三、吐蕃墓出土的丝织品、器物等所反映的中亚因素

都兰吐蕃墓出土的含绶鸟纹织锦分别出自热水M1、M9、M10、M20、M26，夏日哈第M8、M11等墓葬中。可分为两类：第一类是棕榈座形式，第二类为连珠板形式。第一类为粟特锦，第二类是波斯锦。含绶鸟纹织锦的系统在制造方法上属于西方系统，在织锦图案上属于“萨珊”系统[④]。都兰出土的含绶鸟纹锦普遍存在着连珠纹饰，只是有时在各种锦的图案上，有时在表现形式上略有差异。连珠纹是萨珊波斯人比较喜欢的纹饰，南北朝时期，随着中亚、西亚人的东来，这种文化艺术沿着丝绸之路传入我国，安阳北齐墓出土的黄釉乐舞扁壶上即饰连珠纹，还有隋代李静训出土的扁瓷壶，以及都兰吐蕃墓出土的含绶鸟锦，都说明中亚的粟特锦和波斯锦是吐蕃人喜爱的丝织品，同时证明了胡商在丝绸之路上扮演着重要角色。

都兰吐蕃墓还出土一件织有两行巴列维文字的织锦，经释读，其内容为“王中之王”以及“伟大的，光荣的”[⑤]。“王中之王”在中亚钱币的铭文上经常出现，是国王的称呼，中亚的工匠也将这样的称呼织在织锦上，推测其为豪华奢侈品，肯定为商人贩运到这一地区的。都兰吐蕃墓坐落于都善一条穿越柴达木盆地的商道上，里面发现了萨珊王朝的丝绸残片——tirāz，上刻婆罗钵名字，内容是丝绸直接出自皇家作坊。

吐鲁番境内的阿斯塔那—哈拉和卓古墓群中出土了一批蜀地生产的丝织品，南北朝时期的藏青地禽兽纹锦，唐代窦师纶在益州检校修造“创瑞锦”、宫绫，又称“绫阳公样”。另外，阿斯塔那出土的有唐“景云元年双流县折绸绫灿线一匹”题记。汉唐时期，有相当部分丝织品作为商品远销国内兄弟民族地区及国外。吐鲁番出土的丝织品大都是作为商品从四川辗转贩运到吐鲁番地区的[⑥]。它们有可能便是通过丝绸之路河南道由蜀地运往高昌的[⑦]。粟特人是中古时期东西方贸易的担

① 罗世平：《天堂喜宴——青海海西州郭里木吐蕃棺板画笺证》，《考古》2006年第7期。

② 许新国：《郭里木吐蕃墓葬棺板画研究》，《中国藏学》2005年第1期。

③ 姜伯勤：《安阳北齐石棺床画像与入华粟特人的祆教美术——兼论北齐画风的巨变与粟特画派的关联》，《中国祆教艺术史研究》，生活·读书·新知三联书店，2004年，第48～51页。

④ 许新国：《都兰吐蕃墓出土含绶鸟织锦研究》，《中国藏学》1996年第1期。

⑤ 许新国：《都兰吐蕃墓出土含绶鸟织锦研究》，《中国藏学》1996年第1期；后收入许新国：《西陲之地与东西方文明》，北京燕山出版社，2006年，第218页，图十二。

⑥ 武敏:《吐鲁番出土蜀锦研究》，《文物》1984年第6期。

⑦ 陈良伟：《丝绸之路河南道》，中国社会科学出版社，2002年，第248页。

当者，他们成为中间的转手贸易者这种可能性很大。

青海都兰吐蕃墓出土了太阳神织锦，其中太阳神图像在中国敦煌石窟、新疆龟兹石窟，阿富汗巴米扬石窟壁画上都有出现，许新国先生按图案的不同，将其分为A、B、C三型，经过考证，最后得出结论：C型织锦与东罗马关系密切，A、B型织锦在制作技法上属于中国传统的平纹经锦织造方法[①]。都兰所出对波牵驼狮象锦无论从题材、造型、组织、风格等来说均与吐鲁番所出牵驼胡王锦相似，仅骨架小有区别，可知对波亦为较早之骨架形式，应为同一时间之物。后者伴出延昌二十九年（589年）墓志，故可定为北朝晚期至隋初之物[②]。

都兰吐蕃墓中发现粟特、波斯两种类型的含绶鸟纹锦，敦煌吐鲁番文书中记载了"胡锦""番锦""毛锦"等来自中亚生产的织锦。敦煌所出P.4975号《辛末年三月八日沈家纳赠历》中有"胡锦一匹"；S.4215号《杂物帐》中又有"小胡锦褥子"。番锦，P.3432《吐蕃管辖时期（9世纪初）沙州龙兴寺卿赵石老脚下佛像供养具经等目录》中有："阿难裙，杂锦绣并杂绢补方，并贴金花庄严，番锦缘，及锦绢沥水，长肆箭，阔两箭，贰。"毛锦，P.2613《唐咸通十四年（873年）正月四日沙州某寺徒众常物交割历》有"绯地花鸟毛锦壹，壹拾叁窠上有蠹孔壹佰玖拾叁。绯地毛锦壹，捌窠，破碎。贰拾窠鹿花毛锦壹，破"[③]。关于毛锦的产地，《册府元龟》卷九七一记载：开元五年（717年）三月，安国"遣使献方物，康国王遣使献毛锦青黛。"可知这些"胡锦""番锦""毛锦"应该产自康国，即粟特地区。

唐阎立本《步辇图》绘贞观十五年（641年）前往唐都长安迎娶文成公主入藏的吐蕃使者禄东赞，其身上穿着的即是红地连珠图案含绶鸟锦袍[④]。据此还可知，至迟到唐贞观年间，居住在青藏高原的吐蕃人已输入了这类粟特锦或波斯锦。

1965年，在青海西宁城隍庙街出土的一个陶罐中有76枚波斯萨珊王朝银币，为卑路斯（457～483年）银币。2000年，青海乌兰县城20千米以外考古发掘的大南湾遗址中，发现墓葬、祭祀遗址和房基遗址等，并从房基当中发现了金币1枚、银币6枚，这枚金币为东罗马查士丁尼一世（527～565年）在位时期所铸，而银币可能属于波斯萨珊王朝的不同时期[⑤]。可能与粟特人的商贸活动有着密切的联系[⑥]。这些物品绝大多数应是吐蕃与中原、中亚、西亚进行贸易的结果。出土文物证明，七八世纪中，青海丝绸之路一直是畅通的，吐蕃与东西方大规模的贸易是存在的。在这种贸易活动中，起着最为重要的中间作用的，应该是这些在巨大利益驱动下不畏艰险的粟特商人。波斯银币在当时中亚地区具有国际货币的地位，广泛流通，粟特商人将银币作为商品等价物带到这里。姜伯勤先生认为，在汉式铜钱流行于粟特地区之前，主要是粟特商人将萨珊银币带入中国西北

① 许新国：《青海都兰吐蕃墓出土太阳神图案织锦考》，《中国藏学》1997年第3期；后收入许新国：《西陲之地与东西方文明》，北京燕山出版社，2006年，第233～259页。

② 许新国、赵丰：《都兰出土丝织品初探》，《中国国家博物馆馆刊》1991年第15、16期。

③ 转引自姜伯勤：《敦煌吐鲁番文书与丝绸之路》，文物出版社，1994年，第207～210页。

④ 沈从文：《中国古代服饰研究》，世纪出版集团、上海书店出版社，2005年，第184页。

⑤ 青海省文物考古研究所：《青海乌兰县大南湾遗址试掘简报》，《考古》2002年第12期。

⑥ 霍巍：《粟特人与青海道》，《四川大学学报》2005年第2期。

地区的[①]。中国境内出土萨珊银币的窖藏还出土了粟特器物以及粟特铭文，透露出这些窖藏与粟特商人有着密切联系。

考古学证据也显示，唐代的青海境内仍然是中西文化交流的热点之一。1982～1985年，青海省考古工作者在海西州都兰县的热水乡和夏日哈乡发掘了一批唐代的吐蕃墓葬，出土了大量丝织品、陶器、木器、金银器、铁器、铜器、珠饰、皮革制品和木简牍等。许新国先生对出土文物中粟特系统金银器、波斯风格丝织物进行了深入的研究[②]。可以肯定地说，外来文化特别是中亚地区各民族的文化，对青海境内的吐蕃或吐蕃统治下的吐谷浑等民族存在着很大的影响，也直接证明了丝路青海道的持续繁荣。

1999年7～9月，青海都兰三号墓发现了两件写有墨迹的织物，编号99DRNM3∶16、99DRNM3∶43，其中前者是一道罕见的与市场商贸活动有密切关系的道符。王育成先生认为："99DRNM3∶16的楷书市字，即是表示商业买卖市场的符文，似乎该字可能是指中原与吐蕃之间茶马皮货贸易的'交市''互市'之市。这个字的字体写得比较大，贯穿符腹，且居于中央位置，两侧各有三个曰形护持，系诸符文中最为醒目者，明显地体现出其为诸神的佑护对象。"[③]这一发现非常引人瞩目，古代人们知道商业贸易这种活动带有一定风险，因此往往求助于宗教的力量，即将希望寄托在精神方面，以求平安。这有力地证明了丝绸之路青海道在古代的贸易繁荣景象。

吐鲁番古墓葬中出土的蜀锦或来自蜀地，或在高昌本地仿造。联系蜀锦产地益州的中间人应该主要是高昌的粟特商人，高昌的粟特商人也有可能通过河南道进入益州，从事商业活动。《魏书·高车传》记载永平元年（508年）世宗诏："蠕蠕、嚈哒、吐谷浑所以交通者，皆路由高昌，掎角相接。"[④]

姜伯勤先生在《敦煌吐鲁番文书与丝绸之路》一书中对吐蕃占领敦煌以后的粟特人动向进行了详细研究，认为在吐蕃管辖时期，若干粟特裔民仍具有丝路商人的色彩[⑤]。对青海吐蕃墓棺板画中具有中亚特征的人物服饰和日用器物，以及都兰地区大量发现的来自中亚的丝绸，霍巍先生指出："这不一定意味着两地之间存在着一种直线或单线的传承关系，因为诸多文化因素可能不仅仅只限于吐蕃和粟特，在邻近的游牧民族中同样也可见到。"[⑥]

20世纪初，新疆吐鲁番阿斯塔那—哈拉和卓古墓群出土了大量南北朝到唐代的绫、锦等丝织物，夏鼐先生认为，连珠纹锦受到波斯萨珊文化的影响[⑦]。薄小莹对这批连珠纹丝织物进行了系统的研究，将其划分为受萨珊王朝影响的粟特"中亚锦"和受西亚装饰图案影响的"汉式锦"两大

---

① 姜伯勤：《敦煌吐鲁番文书与丝绸之路》，文物出版社，1994年，第199、202页。

② 许新国：《都兰吐蕃墓中镀金银器属粟特系统的推定》，《中国藏学》1994年第4期；许新国：《都兰吐蕃墓出土含绶鸟织锦研究》，《中国藏学》1996年第1期；许新国：《青海都兰吐蕃墓出土太阳神图案织锦考》，《中国藏学》1997年第3期。

③ 王育成：《都兰三号墓织物墨书道符初释》，《都兰吐蕃墓》，科学出版社，2005年，第139页，图3。

④ 《魏书》卷一〇三《高车传》，中华书局，1974年，第2311页。

⑤ 姜伯勤：《敦煌吐鲁番文书与丝绸之路》，文物出版社，1994年，第196页。

⑥ 霍巍：《西域风格与唐风染化——中古时期吐蕃与粟特人的棺板装饰传统试析》，《敦煌学辑刊》2007年第1期。

⑦ 夏鼐：《新疆新发现的古代丝织品——绮、锦和刺绣》，《考古学报》1963年第1期。

类，这两类织锦与波斯萨珊王朝连珠纹锦是既有联系又有区别的三个织锦系统[①]。20 世纪年代以来，青海省都兰县吐蕃墓葬中出土了几批珍贵的丝织物，其中的西方系统织锦主要为受波斯萨珊王朝影响的中亚粟特织锦，即所谓“赞丹尼奇”锦[②]，其中有大量仿照西域织锦设计的连珠团窠纹蜀锦，是通过青海道被输送到西域的。

吐鲁番古墓葬中出土的蜀锦或来自蜀地，或在高昌本地仿造。青海都兰吐蕃墓葬出土的金银器中包含粟特文化因素，联系蜀锦产地益州的中间人应该主要是高昌的粟特商人，高昌的粟特商人也有可能通过青海道进入益州进行商业贸易活动。

四、丝绸之路吐谷浑道的繁荣

吐谷浑道是指由关陇南道入青海，或去西域南道，或去吐蕃，由吐蕃去南亚印度、尼泊尔的道路。吐谷浑作为东西交通与贸易的媒介或中转站，对 5 ～ 7 世纪的东亚国际关系起到了非常巨大的影响，青海地区连接中亚、中原、西藏与蒙古地区，可以称得上是古代中亚的交叉路口，是古代文化交流非常重要的地区。《北史》卷九六《吐谷浑传》记载西魏凉州刺史史宁觇在凉州的西面俘获的吐谷浑使者一行，包括仆射、将军等级别的吐谷浑重臣。还有至少 240 人的商胡，能运送上万匹规模的丝绸[③]，体现出吐谷浑在东西陆路贸易上所起的作用，240 人的商胡应该是依靠吐谷浑的指引前往北齐进行贸易的西域胡商，丝绸则是这支商队从北齐带回来的主要商品。这里的胡商应该是粟特人，由此可以看出粟特人进入青海地区，承担了吐谷浑的东西交通与交易。粟特商人由中亚进入吐谷浑，可以从《洛阳伽蓝记》卷五北魏神龟元年（518 年）受胡太后所命，寻求佛教经典，前往乌苌（Udyanā）、犍陀罗（Gandhāra）的宋云和惠生的记载看出[④]，他们是通过祁连山脉以南的青海地区，即吐谷浑的领地前往的，他们的路线是从西宁地区经过青海的南部达到柴达木盆地，再从罗布诺尔（Lop Nor）地区的鄯善到达塔克拉玛干沙漠南面的丝绸之路的西域南道，这条线路也被称为“青海道”[⑤]。张骞回国时“并南山，欲从羌中归，复为匈奴所得”，更加证明这条交通路线当时就已存在。

吐谷浑民族形成于十六国时期，西晋初年，辽西鲜卑慕容涉归之庶长子吐谷浑因牧场狭小而率部远徙至阴山一带，后“属永嘉之乱，始度陇而西，其后子孙据有西零以西甘松之界，极乎白兰数千里”。西零在西平郡，即今青海西宁一带，白兰则远在青海湖西南。吐谷浑据有这样广大的范围，在此建立政权，“因姓吐谷浑，亦为国号”。吐谷浑国以青海为基地，“秣马厉兵”，图谋“争

① 薄小莹：《吐鲁番地区发现的连珠纹织物》，《纪念北京大学考古专业三十周年论文集》，文物出版社，1990年，第311～322页。

② 许新国：《都兰吐蕃墓出土含绶鸟织锦研究》，《中国藏学》1996年第1期。

③ 《北史》卷九六《吐谷浑传》，中华书局，1974年，第3187页；《周书》卷五〇《异域传·下·吐谷浑传》，中华书局，1971年，第913页。

④ （北魏）杨衒之撰，周祖谟校释：《洛阳伽蓝记校释》，中华书局，1963年，第182～185页。

⑤ [日] 福岛惠：《丝绸之路青海道上的粟特人——从〈康令恽墓志〉看鄯州西平康氏一族》，《粟特人在中国：考古发现与出土文献的新印证》，科学出版社，2016年，第116～131页。

衡中国”。南凉亡于西秦，吐谷浑趁机发展势力，从南边攻掠南凉在湟水流域的旧属地，“兼并羌氏，地方数千里，号为强国”，“其地则张掖之南，陇西之西”，因统治的地区在黄河之南，许多史书又称吐谷浑为河南国。而吐谷浑由河陇而南，只是想在南边建立一个军事基地，从而开通西域，吞并河陇[①]。

从宋云等至印度以前到唐太宗时期，吐谷浑一直统治着鄯善、且末等地。可以肯定，由中亚经过西域南道的商队和货物不是经过鄯善而到达敦煌的，而是进入吐谷浑境内，从而到达中原。另外，唐朝遣文成公主、金城公主等到吐蕃和亲，都经由青海路。

粟特人通过青海道然后经过益州、荆州与南朝进行往来，陈寅恪先生认为：“……六朝、隋唐时期蜀汉为西胡行贾区域，其地之有西胡人种往来侨寓，自无足怪也。”[②]“蜀汉之地当梁时为西域胡人通商及居留之区域。”[③]柔然国的商人除与北魏从事贸易活动之外，同样经丝绸之路河南道与南朝贸易。建康是柔然商人首选的贸易地点，其次是到益州进行贸易，故文献载：“芮芮（柔然）常由河南道而抵益州。”[④]说明益州也是粟特商人贸易活动的重要地区。

青海路具备了贸易线路的特征，文献多有关于青海路上的贸易活动的记载。

> 慕利延遂入于阗国，杀其王，死者数万人。南征罽宾。遣使通刘义隆求援，献乌丸帽、女国金酒器、胡王金钏等物，义隆赐以牵车[⑤]。
>
> （伏连筹）终世宗世至于正光，犛牛蜀马及西南之珍无岁不至[⑥]。
>
> 吐谷浑尝得波斯草马，放入海，因生骢驹，能日行千里，世传青海骢者是也[⑦]。
>
> 梁兴……天监十三年，遣使献金装马脑钟二口，又表于益州立九层佛寺……十五年，又遣使献赤舞龙驹及方物。其使或岁再三至，或再岁一至。其地与益州邻，常通商贾，民慕其利，多往从之[⑧]。
>
> 滑国（嚈哒）……与旁国通，则使旁国胡为胡书，……其言语待河南人（吐谷浑）译然后通[⑨]。

嚈哒原是小国，属柔然，后稍强大，曾一度控制丝绸之路，使用邻国的语言，需要吐谷浑国之人的帮助翻译才能明白。

徐苹芳先生指出：“西宁波斯银币的埋藏虽已晚至唐代以后，仍可说明 4 ~ 6 世纪河西走廊

① 李明伟：《丝绸之路贸易史》，甘肃人民出版社，1997年，第128页。

② 陈寅恪：《李太白氏族之疑问》，《金明馆丛稿初编》，上海古籍出版社，1980年，第279页。

③ 陈寅恪：《隋唐制度渊源略论稿》，上海古籍出版社，1982年，第80页；《梁书·诸夷·河南国传》记载：“其地与益州邻，常通商贾，民慕其利，多往从之，教其书记，为之辞译，稍桀黠矣”，中华书局，1973年，第810、811页。

④ 《南齐书》卷五九《芮芮传》，中华书局，1972年，第1025页。

⑤ 《魏书》卷一〇一《吐谷浑传》，中华书局，1974年，第2237页。

⑥ 《魏书》卷一〇一《吐谷浑传》，中华书局，1974年，第2240页。

⑦ 《魏书》卷一〇一《吐谷浑传》，中华书局，1974年，第2240、2241页。

⑧ 《梁书》卷五四《河南传》，中华书局，1973年，第810页。

⑨ 《梁书》卷五四《诸夷列传》，中华书局，1973年，第812页。

被地方政权割据之后，从兰州（金城）经乐都（鄯州）、西宁（鄯城）、大通、北至张掖，或西过青海湖吐谷浑国都伏俟城至敦煌或若羌的这条'青海道'路线，它是通西域的丝绸之路上的重要路线。"[①] 吐鲁番发现了一件粟特语文书，记载了 9 ～ 10 世纪粟特人在丝绸之路上经商路线：拂林、波斯、安国、吐火罗、石国、粟特、石汗那、竭盘陀、怯沙、于阗、龟兹、焉耆、喀拉沙尔、高昌、萨毗、吐蕃、吐浑、弥药和薄骨律[②]，其中的吐蕃、吐浑、弥药等都位于西南地区，说明粟特人的经商活动也到过这一地区。

魏晋南北朝时期丝绸之路的变化主要表现在吐谷浑道、新北道和草原丝绸之路上。这一时期与河西走廊平行的还有一条道路，即吐谷浑道或河南道。吐谷浑还占据了西域的若羌、且末等地，由此开辟了一条不经过河西走廊而是直接由青海往西直达西域的通道。其走向为由临夏过黄河，向西北方向行至乐都，再沿湟水西行至西宁，由西宁继续西行，沿日月山经青海湖北面向西进入柴达木盆地，至阿尔金噶斯山口进入若羌。这条通道的形成、发展使得吐谷浑在十六国南北朝时期成了西域和西方诸国同中原各朝进行经济联系的重要枢纽[③]。陆路丝绸之路也称绿洲路，是丝绸之路的主干线，也就是狭义上的丝绸之路。在绿洲路的北边还有一条横贯欧亚大陆北方草原地带的草原丝绸之路，活跃在草原丝绸之路上的北方游牧民族主要有匈奴、鲜卑、柔然、哌哒、突厥、回鹘等，他们在丝路贸易、东西方文化交流方面起了重要作用。

东晋南北朝时期，由于中国大致以汉水和淮河为界分为南北两个政权，又因北方政权实际上控制了河西走廊，不欲西域和漠北政权使用和经行河西走廊丝道前往南朝，故而在 4 ～ 6 世纪，北方、西域、漠北及南朝间的政治经济往来主要借助于丝绸之路河南道[④]。出于同样的目的，为了能够与南朝、东魏、北齐建立良好关系，吐谷浑也需要借助丝绸之路河南道。

五、结语

西南地区所处的地理位置使这一地区成为中古时期粟特人的主要活动和聚居区域。西南地区的粟特人大部分是经丝绸之路河南道进入的，除了来自中亚本土的粟特人之外，还有楼兰、高昌、于阗及河西走廊地区的粟特人。根据文献资料，在蜀汉时期，这一地区已有粟特人活动，而到了南朝梁时期，粟特人的活动则最为活跃。活动在这一地区的粟特人主要是商人和佛教僧侣，它们的首要目的是经商，其次是传播佛教，这一地区的粟特人以信仰佛教为主，当然也有部分信仰袄教。

青海近年来在青藏高原吐蕃考古发现的一批墓葬资料中，有一批彩绘在木棺板上的图像，与北方地区发现的入华粟特人石质葬具上的图像有相似之处，图像粉本应该有共同的来源，受到中亚文

① 徐苹芳：《考古学上所见中国境内的丝绸之路》，《燕京学报》1995年新1期；联合国教科文组织、中国社会科学院考古研究所编：《十世纪前的丝绸之路和东西文化交流——沙漠路线考察乌鲁木齐国际讨论会（1990年8月19—21日）》，新世界出版社，1996年，第249页。

② 林梅村：《粟特文买婢契与丝绸之路上的女奴贸易》，《文物》1992年第9期。

③ 李明伟：《丝绸之路贸易史》，甘肃人民出版社，1997年，第129页。

④ 陈良伟：《丝绸之路河南道》，中国社会科学出版社，2002年，第252页。

化影响可能性很大。

青海都兰吐蕃墓中出土的丝织品与高昌墓葬中出土的丝织品在图案上非常相似，西南地区是中国古代重要的丝绸产区，丝织品驰名中外，远销西域、中亚，这一地区粟特人的贸易主要是以蜀地生产的丝绸为大宗，青海都兰墓葬发现的丝织品有很大一部分带有西域、中亚的风格，由此可以反映出粟特商人在古代西南地区与西域、中亚一带贸易交往中的重要作用。而吐蕃墓中发现的器物中也带有粟特文化的特点，青海墓葬中发现的银币与粟特商人在这一地区的活动有很大关系。

西南地区丝绸之路贸易的繁荣，与青海道的开通有很大关系。汉唐时代粟特人一直活动在青藏高原地区，主要是通过青海道进入中国西南地区的。在南北朝这一段时期，青海道处于西域、波斯与中原交通的干线上，发挥了商路的重要作用。到 7 世纪，吐蕃占领吐谷浑，吐蕃与唐朝的交往主要线路也是经过关陇地区通往青海这条道路。

（原刊于《西部考古》第 17 辑，科学出版社，2019 年）

唐风蕃韵：乌兰泉沟一号墓前室壁画初探

朱建军

泉沟墓地位于青海省海西蒙古族藏族自治州乌兰县希里沟镇河东村东（图一）。2018 ～ 2019 年中国社会科学院考古研究所、海西蒙古族藏族自治州民族博物馆和乌兰县文体旅游广电局联合对青海省海西蒙古族藏族自治州乌兰县泉沟一号墓进行了发掘和迁移保护工作。根据《青海乌兰县泉沟一号墓发掘简报》（以下简称《简报》）可以得知，墓葬由墓道前室、后室和两侧室组成（图二），前室是砖室构造，后室及两侧室是木椁结构（图三），顶部用柏木封顶（图四），主室分为三层。墓顶上堆积 1 米厚大石和 0.5 米厚的石子封护。前室地面铺土坯，后室铺砖。泉沟一号墓前、后室四壁均绘制壁画[①]，为青藏高原首次发现的吐蕃时期壁画墓[②]，壁画风格呈“唐制蕃韵”，实为罕见。后室西壁外侧的墓坑壁上设置一处暗格。暗格内置的长方形木箱内（图五）发现一件龙凤狮纹鎏金银王冠（图六），其品相较为完整、图案纹饰清晰可见，为考古学、历史学、民族学等诸多学科研究提供了最新的文物材料。本文仅就乌兰泉沟一号墓前室壁画进行解读，浅析丝路视域下多元文化的交流与交融。

图一　墓葬所在位置及周边环境

（采自仝涛、孟柯、毛玉林、陶建国、石晶：《青海乌兰县泉沟一号墓发掘简报》，《考古》2020 年第 8 期，图三）

图二　墓葬全景图

（采自仝涛、孟柯、毛玉林、陶建国、石晶：《青海乌兰县泉沟一号墓发掘简报》，《考古》2020 年第 8 期，图四）

① 仝涛、孟柯、毛玉林、陶建国、石晶：《青海乌兰县泉沟一号墓发掘简报》，《考古》2020年第8期。

② 仝涛、孟柯、毛玉林、陶建国、石晶：《青海乌兰县泉沟一号墓发掘简报》，《考古》2020年第8期。

图三 墓室俯拍图
（采自仝涛等：《十大考古候选项目 | 青藏高原首次发现吐蕃时期壁画墓》，文博中国公众号，2019 年 12 月 22 日）

图四 墓室顶部柏木
（采自仝涛等：《十大考古候选项目 | 青藏高原首次发现吐蕃时期壁画墓》，文博中国公众号，2019 年 12 月 22 日）

图五 放置鎏金银王冠的暗格与木箱
（采自仝涛、孟柯、毛玉林、陶建国、石晶：《青海乌兰县泉沟一号墓发掘简报》，《考古》2020 年第 8 期，图二二）

图六 出土暗格木箱内的鎏金银王冠和金杯
（采自仝涛、孟柯、毛玉林、陶建国、石晶：《青海乌兰县泉沟一号墓发掘简报》，《考古》2020 年第 8 期，图二三）

一、前室东壁："面部涂赭"仪卫之"虎韔豹韬"

墓葬前室东壁南侧绘"仪卫图"，最前之人右手执一长方形红色边框的旌旗，旌旗后飘扬4～6根黑白条带（旒）（图七）。《简报》对于壁画中这一重要形象有十分细致的描述[①]。

图七　前室东壁牵马迎宾图

（采自仝涛、孟柯、毛玉林、陶建国、石晶：《青海乌兰县泉沟一号墓发掘简报》，《考古》2020年第8期，图一一）

笔者发现下排第一人之后还有一人一马，因壁画脱落严重，需要仔细查找，而《简报》对这一人一马并未说明。也就说，这一铺壁画所见应有五人四马。倘若按《简报》所描述，其实将这组人物身份定位为"仪卫人马"更为准确。而《简报》对其细节描述为"牵马迎宾武士"，尚有待探讨。

前室东壁中牵马侍卫等一系列图像与唐墓中形象十分相似，如果没有"面部涂赭"这一明显吐蕃特征，很容易做出这是唐墓壁画的判断。而《简报》亦指出与唐章怀太子墓和懿德太子墓壁画所绘仪卫图一致[②]。

仪卫在唐墓壁画中是一个出现频率比较高的图像群体，其职能主要是：皇帝的警卫人员，如禁军等；在宫禁中值宿，担任警卫；皇族的保卫、守护等。据《新唐书·仪卫志上》载：

> 唐制，天子居曰"衙"，行曰"驾"，皆有卫有严。羽葆、华盖、旌旗、罕毕、车马

① 仝涛、孟柯、毛玉林、陶建国、石晶：《青海乌兰县泉沟一号墓发掘简报》，《考古》2020年第8期。

② 仝涛、孟柯、毛玉林、陶建国、石晶：《青海乌兰县泉沟一号墓发掘简报》，《考古》2020年第8期。

之众盛矣，皆安徐而不哗。其人君举动必以扇，出入则撞钟，庭设乐宫，道路有卤簿、鼓吹。礼官百司必备物而后动，盖所以为慎重也。故慎重则尊严，尊严则肃恭。夫仪卫所以尊君而肃臣，其声容文采，虽非三代之制，至其盛也，有足取焉[①]。

唐墓壁画中的《骑马出行图》《步行仪仗图》表现的是外出的仪仗，而其他仪卫图表现的应该是居所仪卫。仪卫在唐墓壁画中出现的频率比较高，几乎壁画墓中都有，如唐章怀太子墓《仪卫图》、唐懿德太子墓《仪仗图》。

唐章怀太子墓《仪卫图》（图八）中有九名仪卫，三三一组，呈三角形排列，三组中的靠后一人手执大旗。仪卫皆着戎装，头裹幞头，身穿圆领白袍，腰系黑带，足蹬黑靴，右腰挎胡禄，左身挂“虎韔豹韬”，不同于泉沟一号墓仪卫的是，这些武士幞头之上均系有红色抹额。抹额是唐代武士仪卫的首服，它是一种三角形的巾子，一般为红色[②]。而《唐懿德太子墓发掘报告》对其东西两壁仪卫有更加详尽的描述，对东壁仪卫（图九），《报告》指出：“旗手举长方形兽旗，旗子杆头飘垂深色璎，黑色或褐色的旗面上绘狮、虎等各种动物纹，旗面后缀 4 ～ 6 黑白或褐白条纹相间的旒，或以为是雉尾旒。现多数兽旗已经难以辨认。”[③]

图八　唐章怀太子墓《仪卫图》
（采自李怡：《西安地区唐墓壁画中卫士常服考辨》，《文博》2003 年第 3 期）

图九　唐懿德太子墓墓道东壁戴胡禄侍卫图
（采自陕西省考古研究院、乾陵博物馆编著：《唐懿德太子墓发掘报告》，科学出版社，2016 年，第 116 页）

这些“步卫仪仗队员”都身着标准唐仪卫装备，腰间左侧佩长剑和弓韬，右侧佩胡禄。但因身体遮挡，大部仅可见右腰之胡禄，极个别两者都可见。多一手摁长剑剑柄、一手弯举于胸前。根据《新唐书·仪卫志》的记载，判断唐代仪卫武士最主要的标准是随身的弓、箭、横刀[④]，故泉沟

① 《新唐书》卷二三上《仪卫志上》，中华书局，1975年，第481页。

② 程旭：《唐韵胡风：唐墓壁画中的外来文化因素及其反映的民族关系》，文物出版社，2016年，第41～42、146～147、146～147页。

③ 陕西省考古研究院、乾陵博物馆编著：《唐懿德太子墓发掘报告》，科学出版社，2016年，第116、121～147页。

④ 《新唐书》卷二三上《仪卫志上》，中华书局，1975年，第482页。

一号墓仪卫与唐章怀太子墓、唐懿德太子墓这些仪仗队成员的装束相同，皆黑色幞头，圆领开衩长袍，腰系黑色带，足蹬黑色靴，并且都佩戴“虎韔豹韬”，只不过，泉沟一号墓的仪卫和队伍规模与两个唐太子墓相比差距较大。

图一〇　唐懿德太子墓墓道第一天井列戟图
（采自陕西省考古研究院、乾陵博物馆编著：《唐懿德太子墓发掘报告》，科学出版社，2016 年，第 116 页）

对于仪卫形象中的其他装饰，学界基本有了清晰的认识，而关于弯形器“虎韔豹韬”，有学者指出是弓[①]，后来有学者指出：更确切地说它是藏弓于内的韬或张，即装有弓的弓袋，那么“虎韔豹韬”也就是《唐懿德太子墓发掘报告》中所指的“弓韬”[②]。懿德太子墓仪卫图（图一〇）中的卫士所挎的弯月形器的顶端口部描绘出弓梢，弓梢上的挂弦之驱也非常清楚。

从上述壁画上观察，这种弯月形的弓韬大致有两类。一类将弓完全藏于韬内，另一类则不能将弓完全纳于韬内，且第二类弯韬中装的弓都没有弦。此外，章怀太子墓墓道东壁所绘狩猎出行图（图一一）中有一些骑士，所带之韬应是第二类弯韬。

图一一　章怀太子墓狩猎出行图
（采自陕西历史博物馆官网）

① 陕西省博物馆、乾县文教局唐墓发掘组：《唐懿德太子墓发掘简报》，《文物》1972年第7期。

② 陕西省考古研究院、乾陵博物馆编著：《唐懿德太子墓发掘报告》科学出版社，2016年，第116页。

有关“虎韔”“豹韬”的记载，《诗·秦风·小戎》曰：“虎韔镂膺，交韔二弓，竹闭绲縢。”《毛传》曰：“虎，虎皮也；韔，弓室也。”[①]“将军枥上汗血马，猛士腰间虎文韔。”[②]《南海韦尚书启》载：“俾以佩豹韬而直下，建龙节以遐征。”[③]当然，虎皮或豹皮弓袋的形制多有变化，大多已无从考稽，如果说章怀、懿德两太子墓为我们保留了两种唐代虎豹皮弓袋的形象，那么，泉沟墓壁画“虎韔豹韬”仪卫又为历史学和美术学等学科增添了新的形象，因为这是目前所见唯一一位涂有赭面的“虎韔豹韬”仪卫。

章怀太子墓《仪卫图》也证明了弓袋“虎韔豹韬”、横刀、胡禄在仪卫左右佩戴的标准配备，按此要求，泉沟一号墓壁画上左腰佩挂“虎韔豹韬”的仪卫，右胯之上应该必有胡禄、横刀，不可能只配弓不带箭，但由于壁画损毁严重，画有胡禄部分的壁画已经脱落。为探究一二，笔者在《乌兰县泉沟墓壁画》中了解到，在河东村泉沟山坡沙窝地区发现一座被盗的古墓，该墓为一座砖木混建的墓葬，双室，其中外室墙壁用砖砌筑，内室墙壁和隔墙用方木垒砌，方木棚顶。墓室四壁皆先抹一层极薄的白灰，然后在上面彩绘作画，画面多已剥落。文中将残存的壁画作了简要介绍。

壁画画面 2 幅，可见 5 人，其中 3 人较为完整，皆赭色涂面，左起第一人冠式较为特殊，顶成覆钵状，帽檐较宽，身穿圆领小袖袍，左侧腰间所持器物，仅余下半部，带弧度的器物应该就是上文中提到的带虎皮刀鞘的弯刀。其身后二人除冠式外，服饰与前者相同，双手执细绳抱于胸前，身后马背上的泥障隐约的可见表饰的七瓣团花。其余二人画面残缺不全，众人服饰皆为典型的吐蕃装束。同一铺壁画十年前后相比较，基本信息是相吻合的，壁画中共有 5 人，其中 3 人皆“赭面”，但“盔形帽”成为“覆钵状”，虽都着圆领、交领长袍，可前文所述大唐气息全无，画风立马转向“皆为典型吐蕃装束”，而有着标准唐代仪卫所佩戴的兵器“虎韔豹韬”也变成了“带虎皮刀鞘的弯刀”。那么这个关键人物所佩戴的究竟是“虎韔豹韬”还是“弯刀”？

20 世纪 50 年代末，在西安城郊发现唐杨思勖墓出土的两件编号为 4 号和 8 号的石刻武士俑所佩的弯形兵器（图一二），同样也被认为是“弯刀”[④]。泉沟一号墓仪卫装饰以及所佩戴弯形兵器与 8 号石俑佩器（图一三）十分相似，两者服饰皆为“圆领宽袖长衣”“束带着靴”，而左侧所挂弯形之物也基本相同。8 号石俑的弯月形物上有以墨绘出的花纹，似近虎皮纹，其尾端贴金并刻鳞形纹。泉沟一号墓仪卫弯形物上的虎豹花纹非常明显，其尾端只能辨别出是黑色，看不出具体纹饰。此外，二者身右侧皆佩挂垂有缨饰的胡禄，身左侧均戴一横刀。与 8 号俑弯刀形物尾端贴金装饰有所不同的是，章怀太子墓仪卫弯形物尾端用其他材料装饰。新疆吐鲁番阿斯塔那出土的泥塑彩绘执旗骑士俑，其左侧腰间所佩弯月形物，饰虎皮纹，上半截保存完好，形状与前述唐墓壁画中的第一型弓韬相同，而根本不是弯刀。

我们将泉沟一号墓仪卫、章怀太子墓仪卫、8 号石俑所佩弯形物兵器放在一起比较，发现三者

① （清）王先谦撰，吴格点校：《诗三家义集疏》，中华书局，1987年，第446页。
② 北京大学古文献研究所：《全宋诗》，北京大学出版社，1995年，第24332页。
③ （清）董诰等编，孙映逵等点校：《全唐文》，山西教育出版社，2002年，第5107页。
④ 陕西考古所唐墓工作组：《西安东郊唐苏思勗墓清理简报》，《考古》1960年第1期。

相同之处是全是虎豹皮纹，前两者兵器尾端均为黑色，后者兵器尾端贴金并刻鳞形纹。

图一二　唐杨思勖墓石刻武士俑

（采自《中国博物馆丛书》第5卷《中国历史博物馆》，文物出版社、讲谈社，1984年，图版一四八）

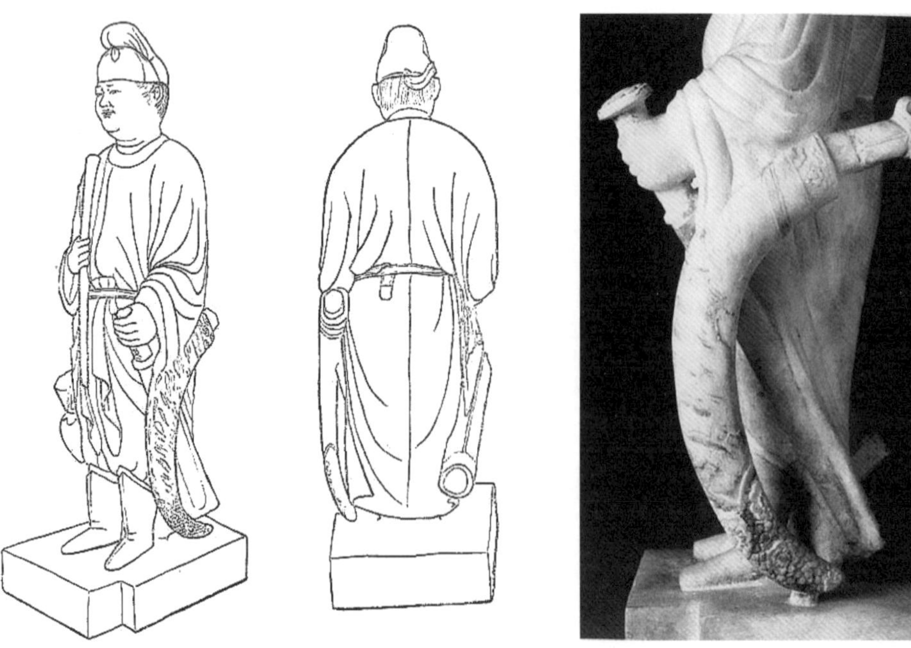

图一三　唐杨思勖墓8号石俑

（采自中国社会科学院考古研究所：《唐长安城郊隋唐墓》，文物出版社，1980年，第77页，图版四八）

唐懿德太子墓壁画中有多幅左侧视的仪卫图，将此弯月形之物描绘得非常完整①。这些仪卫皆戴幞头，服饰与8号石刻武士俑更接近。所以，有学者认为石俑所表现的是与壁画仪卫图题材相近的唐代侍从武士形象，而杨思勖墓石刻俑的弯月形佩器与两太子墓仪卫图上的弯月形佩器是同一物，不应是弯刀，应为古文献中所记载的“虎韔豹韬”，即弓袋。综合其他专家已有研究成果，再结合出土于同时期的吐蕃棺板画，笔者认为泉沟一号墓仪卫所佩挂的“带虎皮刀鞘的弯刀”并非刀，从袋内外露出的也不是刀把，而是一节弓杆，弓杆没有完全被纳入弓韬内，章怀太子墓仪卫图左起第四人所带与此相同。所以弯形兵器并非“弯刀”而是“虎韔豹韬”，即装纳弓的弓袋。

青海古道博物馆藏有一块彩绘木棺板画相当清晰地展示出武士左右两侧所佩戴的兵器（图一四）。其中有一块棺木挡板，应是某挡板的一部分，已残缺不全，长69厘米、宽26厘米②。画面表现的是射鬼祭祀的场景，画面中两名骑马武士张弓搭箭回身射向一双乳下垂、生殖器外露赤身裸体的男子，裸体男子红唇白齿，大口圆张，神情惊恐，腰部中箭，鲜血直流。两名骑马武士正好相对回首骑射，右侧武士露出他挂于右胯的胡禄，而左侧武士将他挂在左腰上的带有虎豹纹的弯形器物也完全暴露出来，可见这就是装纳弓的“虎韔豹韬”。相同的材料还出现在出土于海西州德令哈郭里木乡夏塔图1号墓的彩绘木棺板画A侧板上（图一五），A侧板左下角画一骑者，赭色涂面，头戴红色绳圈冠，正引弓射杀飞奔的鹿，而他左胯亦佩挂一弯形器物，当然，这也无疑是“虎韔豹韬”，因为画面上与他相反方向自左至右而来的骑射、行进人物，右胯均挂有胡禄。但是笔者发现，所有棺板画中未能见到有任何一个人手持弯刀。由此推断，无论是同唐懿德太子墓《仪仗图》、唐章怀太子墓《仪卫图》、杨思勖墓8号石俑，还是与吐蕃时期出土的棺板画相比较，笔者

图一四　青海古道博物馆藏弓韬棺板画临摹图
（采自青海省博物馆:《尘封千年的岁月记忆——丝绸之路“青海道”沿线古代彩绘木棺板画》，文物出版社，2019年，第148页）

① 陕西省考古研究院、乾陵博物馆编著：《唐懿德太子墓发掘报告》科学出版社，2016年，第121～147页。

② 青海省博物馆编：《尘封千年的岁月记忆——丝绸之路“青海道”沿线古代彩绘木棺板画》，文物出版社，2019年，第31、148页。

图一五　海西州德令哈郭里木乡夏塔图 1 号墓的彩绘木棺板画
（采自许新国：《郭里木吐蕃墓葬棺板画研究》，《中国藏学》2005 年第 1 期）

认为泉沟一号墓前室东壁壁画中唯一佩戴兵器的仪卫所佩戴之物就是“虎韔豹韬”，非“带虎皮刀鞘的弯刀”。

通观唐墓壁画、泉沟一号墓壁画、吐蕃棺板画仪卫武士形象，其相同之处是兵器配制均为唐墓壁画常见仪卫之“虎韔豹韬”“胡禄”等，但是三者又有差异，泉沟墓壁画、棺板画人物非常明显的特征就是“赭面”。据《新唐书 · 吐蕃传上》记载吐蕃“衣率毡韦，以赭涂面为好”[①]。《旧唐书 · 吐蕃传》等记载文成公主对吐蕃人赭面很不以为然，松赞干布于是下令禁止人民赭面。“公主恶其人赭面，弄赞令国中权且罢之，自亦释毡裘，袭纨绮，渐慕华风。仍遣酋豪子弟，请入国学以习《诗》《书》。又请中国识文之人典其表疏”[②]。不过作为一种风俗很难短期就能废除，泉沟一号墓、棺板画中的人物均为赭面就是最好说明。吐蕃赭面的习俗还传到唐朝，白居易诗云：“元和妆梳君记取，髻堆面赭非华风。”[③]除“赭面”相同，泉沟墓、棺板画人物的不同之处在于服饰，棺板画人物“大翻领”“连珠纹式袖口领襟”，而泉沟一号墓壁画人物“圆领白袍，腰系黑带，足蹬黑靴”，而泉沟一号墓壁画人物这又与唐墓壁画仪卫人物服饰相似。这就足见当时唐、吐蕃，以及吐蕃统治下的青海其他民族间文化的互相渗透、互相借鉴、交融与共。

虽然泉沟一号墓仪卫与棺板画骑士都是“赭面”、均佩戴“虎韔豹韬”与胡禄，但是同一时期柴达木盆地、德令哈等地吐蕃时期棺板画，还未出现过类似于泉沟一号墓仪卫图像样式，而泉沟一号墓壁画中是否有棺板画之相同内容尚不得而知，因现在还未发现相同壁画。但是，泉沟一号墓“面部涂赭”、身佩“虎韔豹韬”、头戴“盔形帽”的仪卫形象的确是“天下无双”，堪称唐墓（吐蕃）时期“第一人”，至于是否会有来者，还需继续进行考古探索。

---

① 《新唐书》卷二一六上《吐蕃传上》，中华书局，1975年，第6072页。
② 《旧唐书》卷一九六上《吐蕃传上》，中华书局，1975年，第5222页。
③ （唐）白居易，顾学颉点校：《白居易集》，中华书局，1979年，第82页。

泉沟一号墓所在地青海省海西蒙古族藏族自治州乌兰县在8世纪正属吐蕃统治区域，其墓葬中出现种种吐蕃风格更是情理之中。同时这里也是丝绸之路民族交融、文明碰撞、文化互鉴的黄金通道和必经之路，所以在墓葬中体现出多元文化共存的印迹也是必然的。同样一铺壁画，唐风蕃韵共存，就看不同时期不同专家学者如何解读。故十年前我们发现的仅仅是单一信息，十年后发现其中蕴含着多元文化。从泉沟一号墓可看出墓主人与唐王朝的交往非常密切，该墓中“暗格”内出土的一件龙凤狮纹鎏金银王冠正好佐证了这一事实。《简报》对该王冠与唐朝皇帝的礼冠做了对比①。从该王冠可看出墓主人深受唐文化的影响。该金冠将另行探讨，不在此赘述。

二、前室东壁：牵一匹枣红骏马空鞍以待宾客

《简报》中将前室东壁牵马迎客的一位侍者，称其“牵一匹枣红骏马空鞍以待宾客”②（图一六）。如果最前手持旌旗、左胯“虎韔豹韬”的“盔形帽”人物就是如唐墓《仪卫图》上的仪卫的话，那么“牵一匹枣红骏马”的牵马之人是什么身份，“空鞍以待宾客”之马“空鞍”又等待的是谁？是墓主的随从、仆人、侍卫，还是来“奔丧”的宾客？

图一六　前室东壁牵马迎宾图局部——牵马侍卫

（采自仝涛等：《十大考古候选项目 | 青藏高原首次发现吐蕃时期壁画墓》，文博中国公众号，2019年12月22日）

笔者发现，“空鞍之马”的图像并非仅此一例。山西太原北齐徐显秀墓墓室右壁壁画亦有一匹空鞍之马，在马夫之前有六位侍卫，其中三位手执旌旗，一位侍从手执华丽伞盖高高举起为空鞍之马挡风遮阳。比较而言，泉沟墓壁画侍从人数少、场面小。相同的空鞍之马还出现在日本美秀美术

① 仝涛、孟柯、毛玉林、陶建国、石晶：《青海乌兰县泉沟一号墓发掘简报》，《考古》2020年第8期。

② 仝涛、孟柯、毛玉林、陶建国、石晶：《青海乌兰县泉沟一号墓发掘简报》，《考古》2020年第8期。

馆藏粟特石棺床屏风（图一七）第三板块（从右至左）F 图和 B 图上。而妇女后的这三匹马均为空鞍。同一石棺床的 B 图中部有一大伞，一匹骏马，下面有一跪着祈祷者，其下有鱼游于水中。2001 年 5 月 22 日马尔夏克先生在北京大学演讲中指出，据此鱼游于水的图像，可知此骏马是献给得悉神（Tishtrya 神，即 Tyr 神）的。此神亦即星辰雨水之神，而撒马尔罕大使厅北墙壁画上有唐代上林苑里出现马下水沐浴的场景，康马泰也认为唐朝天马出水文化与中亚的马和水神相关一样，下水

1

2

3

图一七　日本美秀美术馆藏粟特石棺床屏风

1. 全图　2.F 图空鞍之马　3.B 图空鞍之马

（采自美秀博物馆官网）

之马有祭祀之用。

在《唐风吹拂撒马尔罕》第 90 页有一幅插图，画面表现的是一个人牵着一匹马，马上方是四只行走的鹅（图一八）。书中对插图的说明是："大使厅南墙：壁画用于马祭的空鞍马，前面是个戴口罩的祭司。马的上方有四只鹅，也是用于宰杀献祭的。"[①] 笔者认为此处标点有误，应该是："大使厅南墙壁画：用于马祭的空鞍马……"康马泰认为大使厅的南墙有许多马加入到粟特王波斯新年的出行队伍中，粟特王正去往供奉祖先的拜火教神庙，还带着四只鹅和空鞍的马去宰杀献祭。分析马尔夏克、康马泰等中亚考古专家的意见，他们均认为"空鞍之马"就是祭马。康马泰认为，尽管马祭源于印度文化，但是在大使厅壁画创作的时代，波斯人是了解马祭仪式的。康马泰对一件来自早期希腊化大夏吐哈特—伊—沙金遗址出土的牛角圆柱体印章进行了研究，他认为值得关注的是，"这里（笔者注：印章）是一个人物站立在一匹空了鞍的马肚子前面。这个与大使厅壁画上人物与空鞍马的位置是一样的，想必是追随着某一固定的图像程序。"同时，康马泰就一件来自于 7 世纪欧洲古董市场的萨珊波斯的纺织品分析研究，纺织品上面织着三行九匹马的图案，马与马之间是牵着马的人物，穿着大翻领窄袖的胡服锦袍，一手拿着剑，一手拿着马鞭子。

图一八　大使厅壁画空鞍之马
（采自康马泰著，毛铭译:《唐风吹拂撒马尔罕》，漓江出版社，2016 年，第 90 页）

康马泰得出结论：这些骑手牵着马而不骑的姿势，暗示了这些马将用于宰杀献祭。对此，康马泰提出，虽然这件萨珊纺织品与哈毗摩崖石刻年代相隔千年，画面却遥相呼应，和大夏牛角印章的关系也是如此。萨珊马祭图像纺织品提供了印度艺术的良好参照。据此来看，粟特人从印度人那里了解了以马献祭的风俗仪式[②]。

同样是"空鞍之马"，郑岩先生指出"几匹马所载应为丧葬所用物品"[③]，并研究认为，北魏晚期洛阳一带墓葬中流行鞍马与牛车画像，并为北齐墓葬壁画所继承。墓葬中的这类图像，马配有鞍具，但多无骑者，牛车中也不见乘者，显然是为死者所预备的出行工具[④]。山西大同沙岭北魏墓

① [意] 康马泰著，毛铭译：《唐风吹拂撒马尔罕：粟特艺术与中国、波斯、印度、拜占庭》，漓江出版社，2016年，第90页。

② [意] 康马泰著，毛铭译：《唐风吹拂撒马尔罕：粟特艺术与中国、波斯、印度、拜占庭》，漓江出版社，2016年，第90～93页。

③ 郑岩：《魏晋南北朝壁画墓研究》，文物出版社，2016年，第290页。

④ 郑岩：《魏晋南北朝壁画墓研究》，文物出版社，2016年，第172～173页。

正壁墓主夫人像与北侧树木之间有一组鞍马与牛车，它们与墓主像并列在同一个平面上，“这是为墓主夫妇出行安排的骑乘”，此外当鞍马和牛车相并列的时候，可以判定鞍马属于男主人，牛车属于女主人[①]。

笔者发现，被马尔夏克、康马泰等专家认为是“祭马”的“空鞍之马”集中出现在与粟特人有关的石棺床围屏、撒马尔罕大使厅壁画等，这就不得不与祆教联系到一起。如前文所述，山西太原北齐徐显秀墓、日本美秀美术馆所藏的粟特石棺床等。而“空鞍之马”如果是“出行工具”，那相配套的必有“牛车”，并且时间要远远早于“祭马”时代。如早年山东临淄出土的北魏正光六年（525 年）曹望憘造像座的左右两侧的图像（图一九）。

图一九　北魏曹望憘造像座

（采自李阳洪：《北魏曹望憘造像题记》，重庆出版社，2009 年）

鞍马与牛车作为一种程式化的固定搭配出现，实际上是卤簿的简化形式。《隋书・经籍志》《历代名画记》等传世文献都记载有《卤簿图》，数量极多。如《宋书・宗室传》载：

（刘韫）在湘州及雍州，使善画者图其出行卤簿羽仪，常自披玩。尝以此图示征西将军蔡兴宗，兴宗戏之，阳若不解画者，指韫形像问曰：“此何人而在舆上？”韫：“此正是我。”其庸鄙如此[②]。

① 郑岩：《魏晋南北朝壁画墓研究》，文物出版社，2016年，第204页。

② 《宋书》卷五一《宗室传》，中华书局，1974年，第1466页。

周一良认为“绘制出行卤簿之图画，以自炫耀南北朝以后成为风气，盖不止庸鄙之刘韫而已”[①]。由于这种风气存在，其粉本必然流传极多[②]。

唐墓壁画中马的图像比较多，主要集中于《骑马出行图》《狩猎出行图》《马球图》等和永泰公主墓《胡人备马图》中。李寿墓中的《骑马出行图》（图二〇），长约 14 米，高 1.2 ～ 1.7 米，由 42 匹马和 48 人组成，所骑骏马分别为青、灰、白、红、褐色。马膘肥体壮，四肢健劲有力，骑士互相顾盼，表情不一，整个画面充满生机，表现的应该是郡王的外出卤簿。宁夏固原羊坊村梁元珍墓（唐圣历二年，699 年），在天井和甬道绘有连续的牵马画面（图二一），这些马与关中壁画墓墓道和靠近墓道的过洞、天井东西两壁的出行仪仗场面中的马不同，并不是用来表现墓主人官品的。据墓志文所言，梁元珍终身不仕，而他的两位夫人皆为望族，他本人自有不同凡响之处。此外，原州为当时著名的良马产地，拥有众多的良马自然也是富裕和地位的表现。因此，此墓中连续的牵马图应该是墓主人生前财富和身份的一种象征[③]。

图二〇　唐李寿墓骑马出行图
（采自陕西历史博物馆：《中国古代壁画·唐代·陕西历史博物馆馆藏》，广西美术出版社，2017 年）

笔者在吐蕃棺板画上未找到类似与泉沟一号墓壁画的“空鞍之马”。可是近年来，考古发现青海都兰吐蕃时期墓葬中殉牲习俗特别流行。热水大墓陪葬沟位于遗迹正中。其西面与东面为陪葬坑，其正北面面对 1 号大墓南面的最底层。其上为一层厚 0.3 ～ 0.5 米的黄土所覆盖，黄土之上为

1

2

图二一　唐梁元珍墓牵马画
1. 第三天井西壁　2. 第三天井东壁
（采自武瑛：《宁夏固原博物馆藏北朝隋唐墓葬壁画赏析》，《文物天地》2017 年第 9 期）

① 周一良：《魏晋南北朝史札记》，中华书局，1985年，第165页。
② 郑岩：《魏晋南北朝壁画墓研究》，文物出版社，2016年，第241页。
③ 李星明：《唐代墓室壁画研究》，陕西人民美术出版社，2004年，第115页。

地表土，表土之中依陪葬沟的形状，共有 5 条，5 条沟中共殉有马 87 匹。

2020 年底，国家文物局在公布《考古中国》重大项目进展时，公布了由中国社会科学院考古研究所和青海省文物考古研究所组成联合考古队对“2018 血渭一号墓”进行抢救性发掘的成果。该墓由墓道和墓圹组成。墓道位于墓圹的东侧，台阶状墓道，墓道内发现有殉马坑，呈南北长条状，南北长 6.6 米，东西宽 1 ～ 1.13 米。坑内殉有六匹公马。

关于动物殉葬，汉藏文史料中均有不少的例证。《通典 · 边防 · 西戎二》“吐蕃条”载：“人死，杀牛马以殉，取牛马头积累于墓上。”[①]《隋书 · 西域传》“附国”条曰：“死后十年而大葬，其葬必集亲宾，杀马动至数十匹。立其祖父神而事之。”[②]《历代赞普传记》记载赞普赤德松赞与韦义策等七人盟誓，赞普的誓词为：“义策忠贞不二，你死后，我为尔营葬，杀马百匹以行粮。子孙后代中一人，赐以金字告身，不会断绝！”[③]P.T.1040 第 24 ～ 27 行：“现在死了要为穆汤没凌隆重举葬在高处建□，杀许多马驹和牛。”[④]在 P.T.1040 整个卷子中献祭动物——牛马羊的段落也很多。仪式达到高潮时，要刺杀乘骑并剖刺放血，还要剖解绵羊、列于坟场上。其他地区的考古材料也证实了吐蕃时代有动物殉葬制度。1984 年 7 月，西藏文物管理委员会普查队在山南地区乃东县温区切龙则木山东侧山脚，发现并清理了两座吐蕃时期墓葬的殉马坑，离殉马坑不远，有一座墓葬，被认为是座中型墓葬。有两座条形的殉马沟，一座殉有马骨 5 具，另一座至少有马骨 4 具。但“清理中未见有马挣扎的迹象，应是处死后埋入的（以原坑深度而论，亦当是先处死后埋入）”[⑤]。地位不是很高的墓主人死后也至少有九匹马殉葬，可见在吐蕃时期确实存在着动物殉葬制度。霍巍先生认为，从新发现的考古材料来看，早在西藏史前时代的墓葬中，便已经蕴含着古老的丧葬习俗和程序，这应当才是西藏本土苯教丧葬仪轨最直接的源头[⑥]。

此外，马在苯教丧葬仪轨中也有着重要的地位，大体上可以起到三种作用和功能：其一，在死者前往地下“安乐地界”的途中，可以作为他死后的坐骑，为其引路；其二，这些马还可以作为给害人精灵的赎品；其三，为死者提供来世的牲畜。在敦煌古藏文写卷中，不仅论述了马匹在丧葬仪轨中的作用[⑦]，在 P.T.1042 中所述的吐蕃苯教丧葬仪轨中，也有殉祭“大宝马”“小宝马”“香马”等记载[⑧]。

根据出土遗物和壁画的内容、风格，专家推测泉沟一号墓年代应为吐蕃时期[⑨]。而对 2018 血渭一号墓的年代，专家也认定在 8 世纪中期左右（树木年轮测定 744 年）。同是青海海西柴达木盆地出土的 8 世纪中期左右的吐蕃时期墓葬，2018 血渭一号墓发现有殉马，泉沟一号墓没有殉马，却

---

① （唐）杜佑：《通典》卷一九〇《边防》，中华书局，2003年，第5171页。

② 《隋书》卷八三《西域传》，中华书局，1982年，第1858页。

③ 王尧：《王尧藏学文集（卷一）——敦煌本吐蕃历史文书 · 吐蕃制度文化研究》，中国藏学出版社，2012年，第226页。

④ 褚俊杰：《吐蕃本教丧葬仪轨研究(续)——敦煌古藏文写卷P.T.1042解读》，《中国藏学》1989年第4期。

⑤ 褚俊杰：《吐蕃本教丧葬仪轨研究(续)——敦煌古藏文写卷P.T.1042解读》，《中国藏学》1989年第4期。

⑥ 霍巍：《青藏高原考古研究》，北京师范大学出版社，2016年，第141页。

⑦ [法] 石泰安著，岳岩译：《敦煌吐蕃文书中有关苯教仪轨的故事》，王尧主编：《国外藏学研究译文集》第4辑，西藏人民出版社，1988年，第202～218页。

⑧ 褚俊杰：《吐蕃本教丧葬仪轨研究——敦煌古藏文写卷P.T.1042解读》，《中国藏学》1989年第3期。

⑨ 仝涛、孟柯、毛玉林、陶建国、石晶：《青海乌兰县泉沟一号墓发掘简报》，《考古》2020年第8期。

有殉人。《简报》也指出：泉沟一号墓中殉牲现象并不突出[①]。泉沟墓没有殉马及明显的殉牲现象，这个问题又该如何解释?

赤德松赞时期（755 ~ 797 年在位）开始改造苯教（种种非佛教信仰）占统治地位时期的社会意识形态，包括原有苯教丧葬仪轨的佛教化运动，其结果则是吐蕃苯教丧葬仪轨大体上佛教化[②]。霍巍先生认为，到 9 世纪后半期，以杀牲献祭为特点的苯教丧葬仪轨走向衰落，深受佛教影响的苯教开始进入一个以供奉食物代替杀牲举行“超荐”仪轨的新阶段[③]。泉沟墓没有殉马及明显的殉牲现象与当时的历史背景密切相关。

三、南壁乐舞图：唐韵中辨析赭面蕃人的流行风

由于泉沟一号墓多年前就遭受过盗掘和破坏，所以墓室前室南壁壁画几乎荡然无存，考古人员根据被盗后现场所留照片认为这面壁面主要描绘的是“乐舞图”（图二二、图二三）。对此，《简报》对南壁的乐舞图进行了细致的描述[④]。

图二二　泉沟一号墓前室南壁舞乐图
（采自仝涛、孟柯、毛玉林、陶建国、石晶：《青海乌兰县泉沟一号墓发掘简报》，《考古》2020 年第 8 期，图一二）

图二三　泉沟一号墓前室南壁乐舞线描图（汪雪绘）

乐舞图在唐、五代时期墓葬壁画中十分常见，主要集中于关中京畿地区，目前计有李寿墓等。李星明先生认为，绘有乐舞图像的壁画墓虽然在已发掘的唐代壁画墓中并不占多数，但是这种图像出现的频率在不同时期没有多大的变化，因此乐舞图像是唐代皇室成员和高官壁画墓中一种较为恒常的备选图像[⑤]。墓葬壁画中的乐舞图是对古代生活场景的模拟，唐、五代时期长安地区墓葬壁画中的乐舞场景往往构成一个相对独立的表演场域，并形成了两类图像模式，一类是乐伎集中于一侧，舞伎在乐队前方舞蹈；另一类是舞伎居中舞蹈，乐伎分列两侧奏乐。前者以韩休墓、苏思勖

① 仝涛、孟柯、毛玉林、陶建国、石晶：《青海乌兰县泉沟一号墓发掘简报》，《考古》2020年第8期。
② 褚俊杰：《论苯教丧葬仪轨的佛教化》，《西藏研究》1990年第1期。
③ 霍巍：《青藏高原考古研究》，北京师范大学出版社，2016年，第129页。
④ 仝涛、孟柯、毛玉林、陶建国、石晶：《青海乌兰县泉沟一号墓发掘简报》，《考古》2020年第8期。
⑤ 李星明：《唐代墓室壁画研究》，陕西人民美术出版社，2004年，第167页。

墓、陕棉十厂墓为代表，后者以李宪墓为代表。乐舞图中乐队有坐奏、立奏或坐立结合三种类型，坐奏的乐队一般都位于方形的坐毯之上。

泉沟一号墓壁画中乐舞图的图像模式与唐代长安地区相仿。专注于敦煌乐舞研究的兰州大学敦煌学研究所博士汪雪女士对此残存的乐舞图像做了认真分析，她认为最上方乐伎的右侧可见坐毯的边缘，说明上方再没有乐伎，最下方乐伎的左侧是站立的人像，应该也再无乐伎，因此右侧乐队应是完整的。联系同期壁画墓中的乐舞图式，乐队编制极少见仅有一侧共三人的，可以推知这个乐队可能是呈左右对称的布局，是一个由六名乐伎组成的乐队。而同属于吐蕃时期青海海西德令哈出土的棺板画乐舞图，其图式不同于泉沟一号墓，乐队并非六人，而是五人。泉沟一号墓乐舞图左侧残毁，中央舞伎仅残存上半身，右侧残留的乐队坐于矩形毯上奏乐，分别演奏拍板、琵琶和筚篥。这三种乐器中，琵琶与筚篥均产自西域，经由丝绸之路传入中原。关于拍板的起源学术界尚存争议，有“魏晋年间敦煌人宋纤始制”“春牍的遗制”及“胡乐西来”等观点[①]。汪雪认为，壁画上拍板与筚篥的形制难以辨别，琵琶也难以确定是直项还是曲项，搊弹或拨弹，但从琵琶的音箱形状、捍拨面的纹饰及抱持方式来看，与唐代长安墓葬壁画及敦煌壁画中的琵琶极为相似。

拍板、琵琶和筚篥广泛运用于唐代宴飨乐队中。陕西富平朱家道村唐墓、苏思勖墓中的乐舞图与泉沟墓壁画采用了类似的图像模式，乐队中也均有这三种乐器[②]。此外，包含这三种乐器的乐队集中出现于敦煌唐代壁画中，尤其是在莫高窟中唐时期（781 ～ 847 年）的经变画中[③]，众多的六人乐队中包含这三件乐器，如第 200、238、358、468 窟《观无量寿经变》，第 359、369 窟《药师经变》，第 158 窟《金光明经变》，第 231 窟《报恩经变》，第 361 窟《阿弥陀经变》等，其中第 158、369 窟包含与泉沟墓完全一致的单侧乐队组合[④]。值得注意的是，敦煌唐代壁画在乐队排列中，拍板演奏者的座次大都与泉沟墓乐舞图相同，位于乐队右上方第一身，具有乐队指挥的意义。在敦煌石窟分期中，中唐时期为吐蕃占领时期，这一乐队组合在这一时期的莫高窟壁画中大量出现，是否与吐蕃统治时期的乐舞风尚有关？

泉沟一号墓虽无法与同一地域同一时代的其他墓葬壁画做一一比对，但同一时期墓葬所发现的木棺板画内容可作为佐证，探究吐蕃壁画墓中的乐舞与敦煌乐舞之间的密切联系。霍巍先生对一具现已流散于民间的吐蕃时期棺板画上的乐舞图（图二四）做过研究[⑤]。而对同一棺板画，许新国先生在北京中国藏学研究中心和四川大学联合举办的“西藏考古与艺术国际学术讨论会”上曾披露，这块侧板出自都兰县，实物早已流散民间，现有的图片仅是其中的一部分。许新国先生对馆板画内容作了介绍：“这块彩绘木棺板画残存的画面大体可分上、中、下三层，上层和中层画面表现的场景之间应是彼此有联系的，起伏的山丘将下层画面与上述画面隔开，形成一个相对独立的空间，大体可分为左侧的乐舞画面和右侧的穹庐毡帐。正对观者左侧上半部分绘并排站立的五人，皆头戴绳

① 岳瑞玲：《敦煌乐舞壁画所见乐器——拍板的形式与意义》，西安音乐学院硕士学位论文，2020年。

② 孙伟刚、梁勉：《大音希声——陕西古代音乐文物》，陕西人民出版社，2016年，第197页。

③ 史苇湘：《关于莫高窟的时代》，敦煌研究院编：《敦煌石窟内容总录》，文物出版社，1996年，第227页。

④ 高德祥：《敦煌乐舞——经变乐舞》，上海音乐出版社，2016年。

⑤ 霍巍：《西域风格与唐风染化——中古时期吐蕃与粟特人的棺板装饰传统试析》，《敦煌学辑刊》2007年第1期。

圈冠，身穿翻领窄袖长袍，袍服两侧开衩，最右侧一人怀抱琵琶正在弹奏，其余四人皆双手放在胸前，但因画面模糊不清，不能确定是否也持有乐器。众人中间则是一翩翩起舞的舞者，服饰与众人相同，唯衣袖明显较众人的长，此外舞者头上戴的柱形高冠也比较特殊。乐舞画面右侧绘有一端坐着的男子，头戴红色绳圈冠，长发垂于身后，服饰模糊不清。”

图二四　流散民间的棺板画线描图（汪雪绘）

据笔者观察，该棺板画中乐队右起第一身乐伎演奏四弦直项琵琶，第三身双手举于胸前，所持乐器的形态似拍板，其余不清。在众多的敦煌壁画乐舞图中，唐代以前的琵琶形制主要为四弦曲项或五弦直项。初唐以降，四弦直项琵琶广泛运用于乐队之中。此外，棺板画中舞者的舞服与莫高窟中唐第 144 窟舞伎的服制相统一，均为翻领、长袖，第 144 窟长袖舞的左侧绘有一身迦陵频伽演奏拍板（另一侧残毁），舞蹈上方绘有一组六身乐伎组成的乐队，乐器中同样包含与泉沟墓相同的琵琶、筚篥、拍板，其中琵琶为直项。棺板画中四弦直项琵琶、拍板的乐队组合及翻领长袖舞服的出现凸显了唐代这一地区与敦煌乐舞之间的交流与互动。

有关唐墓壁画乐舞图中的外来文化元素，程旭先生认为，“从乐器的组合来看，多以胡地乐器为主或胡汉相间，以至于官僚贵族死后还要带入九泉之下享用”①。此外，乐舞图在北朝及隋代入华粟特人石棺床上也是非常流行。出土于山西太原市南郊的隋代虞弘墓石椁上，已出现与泉沟墓相类似的乐舞图式，中央为舞伎，两侧为六身乐伎，坐于方形毯上奏乐，乐器包含直项琵琶、筚篥、排箫、箜篌、细腰鼓等（图二五）。该乐队中同样包含了直项琵琶与筚篥，隋代之前，乐舞图像中极少出现拍板。综合来看，虞弘墓石椁与泉沟一号墓壁画中乐舞图的图像模式及用乐类型具有密切联系。霍巍先生提出，吐蕃棺板画中出现的乐舞场面从构图方式与表现手法上都体现出了与粟特人相同的特点②。

---

① 程旭：《唐韵胡风：唐墓壁画中的外来文化因素及其反映的民族关系》，文物出版社，2016年，第146～147页。

② 霍巍：《西域风格与唐风染化——中古时期吐蕃与粟特人的棺板装饰传统试析》，《敦煌学辑刊》2007年第1期。

图二五　隋代虞弘墓乐舞图

（采自山西省文物考古研究所：《太原隋虞弘墓》，文物出版社，2005 年）

泉沟一号墓壁画乐舞图因为残缺难以与棺板画乐舞图、虞弘墓、唐墓壁画做全面充分的对比，但又能在蛛丝马迹中寻找到彼此的异同之处（详见表一）。笔者将许新国、霍巍两位先生所研究的已流散民间棺板画的留存照片做了仔细比对研究，发现一个值得注意的细节，霍巍先生认为是吐蕃棺板画的棺板人物形象，却明显缺少吐蕃形象最为重要的特征——“赭面”。同是棺板画，青海德令哈郭里木乡出土的三具棺板画其中临摹出的一幅上，其人物全部为“赭面”，其画面内容仝涛先生分析为“灵帐哭丧”“骑射祭祀”“迎宾献马”“动物献祭”等[①]，但并没有乐舞内容。那么泉沟一号墓壁画与棺板画乐舞图最大的区别就在“赭面”，其次是乐舞形式上。笔者认为棺板画墓主人在世年代要早于泉沟一号墓主人，其生活年代也许还是吐谷浑王国时代，其没有吐蕃“赭面”习俗，但有乐舞风尚，而泉沟墓主人虽是吐蕃高贵身份，依旧保留吐蕃“赭面”习俗，而其文化已深受唐朝汉文化浸染影响。

表一　泉沟一号墓、棺板画、唐墓壁画乐舞图异同对比表

名称	年代	绘制位置	壁画人物有无赭面
泉沟一号墓乐舞图	吐蕃时期	墓室内	有
棺板画乐舞图	吐蕃时期	棺板画上	无
唐墓壁画乐舞图	唐	墓室内	无

① 仝涛：《青海郭里木吐蕃棺板画所见丧礼图考释》，《考古》2012年第11期。

再将棺板画、虞弘墓以及唐墓壁画的乐舞图相比较，虽然都是皇亲国戚达官贵人将生前美好生活又带到去世后的表现形式，可笔者认为，前两者更多体现的是墓主人在世时享乐人生、歌舞升平的现实写照，共同之处还在于都要突出墓主人的中心位置，且乐舞形式也一致，载歌载舞均众星捧月般为主人服务，而唐代壁画墓中绘乐舞图像虽然是对宫廷、贵族那种歌舞声色生活情景的模拟，但乐舞图像侧重的是墓主人身份地位的体现，居于乐舞中心的是舞者，乐者围之，乐舞并非取悦墓主人，壁画更多强调的是日常生活的场景再现，这就是大唐气势，乐舞图体现的是仪式感，而笔者认为泉沟一号墓壁画乐舞图其意义与唐墓壁画相同。

程旭先生认为，唐代的乐舞是在中外各民族乐舞基础之上形成的，是外来乐舞的升华[①]。与此同时，通过泉沟一号墓壁画我们发现，兼收并蓄各种文化元素最终形成中国特色后的乐舞文化，又自东向西影响青藏高原、河西走廊、中亚、西亚等地区的诸多民族，这也是中华文明多元一体的最直接印证。

四、前室北壁局部豹身：抑或来自撒马尔罕的文化符号

泉沟一号墓北壁壁画在考古发掘时基本上没有留下多少内容，在靠近墓门处有些零零星星的残存，《简报》中称“可见一豹身的局部”，根据当地村民的口述，该壁面似为狩猎图像[②]。狩猎图像在唐墓壁画、吐蕃时期棺板画、入华粟特人石棺床上都有出现。

章怀太子墓东壁的青龙图像之后绘有庞大的狩猎出行画面（图二六），有 40 多个骑者向南奔驰在连绵起伏的山丘之下，前面有一身穿深蓝灰色长袍、骑高大白马的人领队，右边有一骑者手执

图二六　章怀太子墓东壁狩猎出行图
（采自陕西省博物馆官网）

① 程旭：《唐韵胡风：唐墓壁画中的外来文化因素及其反映的民族关系》，文物出版社，2016年，第146～147页。
② 仝涛、孟柯、毛玉林、陶建国、石晶：《青海乌兰县泉沟一号墓发掘简报》，《考古》2020年第8期。

四旒猴旗，与其并行。后面跟随数十骑扈从，或持旒旗，或抱狗，或架鹰，或鞍后驮猎豹。青海海西州德令哈郭里木乡夏塔图1号墓木棺A侧板的画面以左边狩猎场面为起首，左上角四骑飞奔而来，三人在后一人在前，张弓搭箭，策马飞奔，狩猎者之间是两头狂奔的黑色牦牛，其中一头牦牛已被射中鲜血直流。狩猎人物均赭色涂面，头戴绳圈冠，腰挂箭囊，一人身穿窄袖翻领长袍，领饰连珠纹，一人身穿窄袖直领左衽长袍。左下角画一骑正引弓射杀飞奔的鹿，骑者赭色涂面，头戴红色绳圈冠[①]。史君墓等入华粟特人的石棺床画像中也出现了大量骑射狩猎的场面（图二七）[②]。

图二七　史君墓石堂西壁浮雕图像

（采自西安市文物保护考古研究院：《北周史君墓》，文物出版社，2014年）

因为泉沟一号墓狩猎图基本无存，而仅剩残余的豹身局部画面也很难判断：这只豹子到底是如章怀太子墓壁画中助猎的豹子，还是作为被墓主人猎杀的对象？作为被狩猎对象的豹子，目前国内考古中还未有所见。但是在最有名的粟特壁画撒马尔罕古城大使厅壁画中有所呈现。大使厅壁画来自现乌兹别克斯坦撒马尔罕古城，阿弗拉西阿卜遗址。法国考古学家葛乐耐认为，大使厅壁画北墙完全由中国的人物占据，平均分为两个部分。右面是唐朝骑士在猎豹。这群骑士由一个描画得比例夸张的人物率领，这个人物的尺寸之大，只有南墙上的撒马尔罕国王可比，所以他无疑是当时的大唐皇帝高宗[③]。康马泰教授也则认为这幅画面是唐高宗在上林苑猎豹[④]。而宿白教授认为骑马射豹的是大唐使节[⑤]。

笔者在《驶向撒马尔罕的金色旅程》一书中的《大使厅北墙壁画线描图：唐朝端午节庆典（局部）》[⑥]发现，该图右侧共有六身骑马猎豹人物形象以及六只被猎杀的花豹。其中一身人物无论是马匹还是自身形象均比其他形象高大威猛。只见此形象左手紧握长矛后端，右手紧紧攥住长矛中

① 仝涛、孟柯、毛玉林、陶建国、石晶：《青海乌兰县泉沟一号墓发掘简报》，《考古》2020年第8期。

② 青海省博物馆编：《尘封千年的岁月记忆——丝绸之路“青海道”沿线古代彩绘木棺板画》，文物出版社，2019年。

③ 西安市文物考古研究所：《西安北周凉州萨保史君墓发掘简报》，《文物》2005年第3期。

④ [法]葛乐耐著，毛铭译：《驶向撒马尔罕的金色旅程》，漓江出版社，2016年，第9页。

⑤ 宿白：《西安地区唐墓壁画的布局和内容》，《考古学报》1982年第2期。

⑥ [法]葛乐耐著，毛铭译：《驶向撒马尔罕的金色旅程》，漓江出版社，2016年，第9页。

间，两手合力将长矛深深刺入花豹颈部。慌乱中逃跑的花豹前蹄腾空，后蹄着地，豹尾四下摇摆，因受伤惊吓，豹头回转紧张对视狩猎人，但头部正好与骏马前额相触，骏马微微缩首。狩猎场上的紧张刺激而又血腥不免流露于壁画之上。被康马泰等教授认为是唐高宗形像的狩猎人右胯挂一胡禄，左侧的“虎韔豹韬”露出上端，其胯下骏马也是前蹄腾空跃起，后蹄下是一只躺着的花豹。整个画面中两名骑马武士张弓射豹，两名骑马武士持矛刺豹，其人物身上的胡禄与“虎韔豹韬”非常显眼。但是粟特画匠也许没见过真正的“虎韔豹韬”，因为人物身上本应是弯形的“虎韔豹韬”全部被画作了直形。同样，在中亚布哈拉古城瓦拉赫沙红厅有一幅被学者命名为《骑象猎豹》的壁画（图二八）。骑象猎豹人物，可能是骑大象的拜火教大神阿克巴，或者“四国四天子”传说中的南方印度天子大象王，有学者将其判定是骑象普贤菩萨，并且受唐朝艺术风格影响。

图二八　骑象猎豹

（采自［俄］马尔夏克著，毛铭译：《突厥人、粟特人与娜娜女神》，漓江出版社，2016 年）

图二九　懿德太子墓壁画牵豹图

（采自陕西省考古研究院、乾陵博物馆编著：《唐懿德太子墓发掘报告》，科学出版社，2016 年，第 121 页）

张同胜先生认为波斯人喜欢在封闭之地围猎，因此，是他们想象唐高宗在上林苑猎豹（图二九）[①]。毛铭博士指出，波斯文化圈里面，帝王要表达他的文治武功的时候，就要出现他们狩猎野猪、狩猎狮子、狩猎豹子的场景。所以，她认为这（唐高宗猎豹）是波斯文化圈一个图像的语言[②]。大使厅北墙右侧的场景主要人物不管是在上林苑猎豹的唐高宗，还是大唐使节，笔者都赞同康马泰先生的观点，即此处采用了萨珊波斯的两个艺术元素[③]。

对于青海吐蕃棺板画骑射狩猎图的内容，霍巍先生认为这与波斯萨珊银盘上的“帝王骑射图像”意象完全相同[④]，罗世平先生认为“表现出与粟特、与波斯狩猎图像中相同的艺术意趣与图像风格”[⑤]。而对于虞弘墓中刻有人物骑骆驼与野兽搏斗的场面，齐东方先生也认为：“人物骑骆驼与野兽搏斗显然不属于中国的图像系统，中亚西亚却有许多实例”[⑥]。

---

① 张同胜：《撒马尔罕古城壁画中的李唐帝后——考古中的国》，考古网。

② 毛铭：《唐高宗猎豹与武则天龙舟——解读撒马尔罕大使厅壁画》，周天游编：《第三届曲江壁画论坛论文集》，文物出版社，2020年，第187～197页。

③ [意]康马泰著，毛铭译：《唐风吹拂撒马尔罕：粟特艺术与中国、波斯、印度、拜占庭》，漓江出版社，2016年，第12页。

④ 霍巍：《西域风格与唐风染化——中古时期吐蕃与粟特人的棺板装饰传统试析》，《敦煌学辑刊》2007年第1期。

⑤ 罗世平：《天堂喜宴——青海海西州郭里木吐蕃棺板画笺证》，《文物》2006年第7期。

⑥ 齐东方：《虞弘墓人兽搏斗图像及其文化属性》，《文物》2006年第8期。

笔者发现有狩猎图的唐壁画墓均属于唐代前期，正如李星明先生观点“狩猎图当与初唐时期开疆拓土、创建帝国过程中培养起来的尚武精神有关”[①]。《资治通鉴·唐纪》载：“上封事者皆言朕游猎太频；今天下无事，武备不可忘，朕时与左右猎于后苑，无一事烦民，夫亦何伤！”[②]李星明先生认为，从中可见狩猎对皇室和贵族来讲不仅是一种游乐，还具有战备演习的性质，是尚武精神的表现，在墓中绘这种图像自然也是一种皇室贵戚身份的标志。盛唐以后的壁画墓中不再有狩猎图之类的图像，这与社会风尚的变化相关[③]。

通过对现有壁画材料的研究，我们不难发现，在已知唐墓壁画中的猎豹是作为“捕猎助手”出现的，而在中亚壁画中猎豹是作为“被猎杀对象”出现的。综合泉沟墓壁画整体风格，笔者认为，其壁画中的豹子作为“助猎”形象出现的可能性更大些，因为从壁画风格来讲，泉沟一号墓壁画以唐墓壁画为粉本参照系的反映更为强烈，所以泉沟一号墓壁画中的狩猎图，不管猎豹的角色是什么，其图像是墓主人显贵身份的表达。当然，其艺术意趣与图像风格还是在中亚波斯文化的影响之中。在看到外来文化与我们交流互融的同时，我们又从撒马尔罕大使厅壁画、布哈拉古城瓦拉赫沙红厅看到了中华文明在中亚传播的模样与影子。

五、结论

综上所述，通过对泉沟一号墓前室东壁、南壁和北壁内容的分析，笔者认为，前室东壁上“面部涂赭”、身佩“虎韔豹韬”之仪卫和“牵一匹枣红骏马空鞍以待宾客”的人物以及其他三位人物和三匹“空鞍之马”这铺壁画，《简报》所指的“仪卫人马”更加确切地说应该是“仪仗人马”，只有最前之人右手旌旗的人物符合侍卫的装备要求，而其他人物也许是侍从等服务人员，而他们手牵的“空鞍之马”在此并非是“祭马”，壁画中所见的五人四马，当然壁画脱落，也许还有其他人马。这铺壁画画面组成了墓主人的“送葬仪仗队”，而非迎宾，在他们的仪仗相送下墓主人由前室进入了后室。这诚如唐懿德太子墓壁画中墓道东西两壁的各近上百人的“骑马仪仗队”和“步卫仪仗队”，他们也是在送主人最后一程。即便泉沟一号墓“送葬仪仗队”规模和人数与唐墓太子墓“仪仗队”阵势与排场差之十万八千里，但其影响和价值丝毫不亚于唐墓壁画的发现。在8世纪吐蕃统治的青海地区能出现完全借鉴唐制丧俗，以唐太子墓葬仪卫图为粉本的吐蕃墓壁画仪卫图是目前唯一所见，这说明墓主人对唐文化的高度认同，更说明唐文化在当时的交流之广、影响之大。当然，这更是8世纪中后期佛教已经逐渐在吐蕃占据主导地位，这是佛教、李唐文化在雪域高原、吐蕃时期渗透、影响、交融最为明显的时代印记。这一时期正是佛教势力在吐蕃迅速发展的时期，吐蕃原有的苯教丧葬仪轨也开始了其佛教化的进程。前室南壁的乐舞图是墓主人生前生活娱乐场景的模拟，图像模式与唐代长安地区相仿，具有与唐墓壁画中乐舞图像一样的意义，显示兼收并蓄各种

---

① 李星明：《唐代墓室壁画研究》，陕西人民美术出版社，2004年，第144页。

② （宋）司马光编著：《资治通鉴》，中华书局，1956年，第6244页。

③ 李星明：《唐代墓室壁画研究》，陕西人民美术出版社，2004年，第144页。

文化元素最终形成中国特色后的乐舞文化，又自东向西影响青藏高原、河西走廊、中亚、西亚等地区诸多民族，这也是中华文明多元一体的最直接印证。

前室北壁根据残存的图像判断所画内容应为狩猎图，其中壁画中的残存的豹子应与唐墓中的豹子一样起了“助猎”的作用，显示了墓主人身份的高贵，而它的艺术意趣与图像风格我们看到是在中亚波斯文化的影响之中。泉沟一号墓虽然是一座吐蕃墓葬，但是其壁画内容显示这座墓葬既有唐风的吹拂，又有中亚的影响。

笔者认为，乌兰泉沟一号墓壁画可以说是丝绸之路“青海道”繁盛的缩影，从中清晰地看到唐、吐蕃、粟特等多种文明在以都兰、乌兰为中心的柴达木盆地东南沿岸你来我往、频繁互动的印迹，更能实证“青海道”广纳百川，连通东西。这是中外文化交流的中转站和集散地，更是中华文明多元一体的联系纽带。生活在这里的部族们始终与其他族群血缘相融、文化共融、难以分割，推动了多元文化在此地的交流与互通，将青藏高原纳入到中外文化交流的整体体系之中，在突出与中原文化趋同性、相融性、同质性的同时，更是呈现出巨大的包容力，展现出中华文明多元一体的宏大格局与建构历程。

（原刊于《青海民族大学学报》2022 年第 1 期）

青海出土吐蕃木棺板画人物服饰的初步研究

霍　巍

中古时期吐蕃王国的绘画资料能够留传至今的为数甚少，过去学术界研究吐蕃民族的服饰情况，除了从汉藏文献记载中寻找线索之外，直接的实物史料主要依靠敦煌莫高窟吐蕃时期的部分石窟壁画以及部分出土于“藏经洞”内的绢纸画上有限的人物形象[①]。近年来，在青海柴达木盆地边缘的都兰热水、德令哈郭里木一带吐蕃时期的墓葬中出土了一批彩绘木棺板画（包括彩绘的木制随葬器物）[②]，引起学术界的高度关注。由于这批木棺板画上用矿物质颜料绘制有众多身穿各色服饰的民族人物形象，是有关吐蕃时期人物服饰场面最为集中、内容最为丰富的一次考古发现，对于我们重新认识吐蕃时代的服饰文化提供了极其宝贵的资料。

一、木棺板画上主体民族的服饰

据调查，目前在青海发现的吐蕃棺板画共有三具棺木上的五块侧板（有的侧板系用几块木板合成拼缀为一块）和数块头挡板[③]。从这些木棺板画上所绘人物形象来看，可以明显看出当中居于主体地位的民族，他们在画面中人数最为众多，服饰特点也十分一致，在不同的场合中都明显以主人身份出现，所以这部分人物的服饰特点应当代表着棺板画上所绘出的主体民族，其基本特点可以从下述几个方面来加以分析：

---

① 近年来关于吐蕃服饰研究的主要论著可参见：海瑟・噶美尔著，台建群译：《7–11世纪吐蕃人的服饰》，《敦煌研究》1994年第4期；同文胡文和译文刊于《西藏研究》1985年第3期；王尧：《西藏文史考信集》第十九“吐蕃饮馔服饰考”，中国藏学出版社，1994年；杨清凡：《藏族服饰史》之二“图像资料中的吐蕃王朝人物服饰”，青海人民出版社，2003年，第49～100页。

② 有关这批青海吐蕃墓葬的情况，可参见下列论著：许新国：《郭里木吐蕃墓葬棺板画研究》，《中国藏学》2005年第1期；《中国国家地理》2006年第3期《青海专辑》下辑收录的一组文章也介绍了青海吐蕃棺板画，即程起骏：《棺板彩画：吐谷浑人的社会图景》；罗世平：《棺板彩画：吐蕃人的生活画卷》；林梅村：《棺板彩画：苏毗人的风俗图卷》；林梅村：《青藏高原考古新发现与吐蕃权臣噶尔家族》，亚洲新人文联网“中外文化与历史记忆学术研讨会”论文提要集，香港，2006年；罗世平：《天堂喜宴——青海海西州郭里木吐蕃棺板画笺证》，《文物》2006年第7期；北京大学考古文博学院、青海省文物考古研究所编著：《都兰吐蕃墓》，科学出版社，2005年。

③ 许新国：《郭里木乡吐蕃墓葬棺板画研究》，《中国藏学》2005年第1期；霍巍：《青海出土吐蕃木棺板画的初步观察与研究》，《西藏研究》2007年第2期。

1. 头饰

男子头上都缠有头巾，是棺板画上主体民族的显著特点之一。头巾的束结方式可分为束结为细高筒状和较为低平的两种样式。如在郭里木一号棺板画A板左侧画面上绘有两座前后相连接的圆形毡帐，在前面一座大帐之内有男女二人对坐而饮，其中男子头上缠有高筒状的白色头巾[①]（图一）。

图一　一号棺板画A板所绘大帐内人物（原图局部）

这种束结头巾呈高筒状的做法，在吐蕃时期的一些石刻造像中可以见到，如在笔者调查发现的西藏东部昌都地区芒康县境内发现的扎果西沟吐蕃造像中，有多尊造像的头部都缠有呈高筒状的头巾，因此当地藏族群众至今仍然将这些造像认定为吐蕃赞普松赞干布、唐文成公主以及尼婆罗赤尊公主（虽然事实上这一比定可能并非妥当，有学者认为此处造像应为身着俗装的大日如来像及其侍从[②]）。此外在与之相邻的邦达乡让堆村境内的“朗巴朗则（大日如来佛殿）”造像群中的八大菩萨像，头上也缠绕着这类高筒状的头巾[③]。另据许新国先生介绍，在青海玉树州勒巴沟石刻“赞普礼佛图”当中，在释迦牟尼佛像右侧刻有四个礼佛的人物形象，其中第二位人物头上即缠有高筒状的头巾，许新国认为其身份应是吐蕃王松赞干布，因为“他头上的塔式缠头和对襟翻领胡服是吐蕃早期的典型服饰”[④]。现已流散国外的敦煌8世纪绢画《舍利弗与劳度叉斗圣变》中，绘有数位吐蕃人的形象，其中一位吐蕃人头巾的式样亦为这种筒状的高头巾[⑤]。此外，在莫高窟年代稍晚的吐蕃占领敦煌时期的第158、159窟当中，也绘出吐蕃赞普及其王族贵妇的形象，其头巾式样也呈高筒状（图二、图三）[⑥]。

上述这种吐蕃式样的头饰在卫藏地区佛教“后弘期”初期的壁画供养人形象中也有发现。宿白

① 罗世平：《天堂喜宴——青海海西州郭里木吐蕃棺板画笺证》，《文物》2006年第7期，图一三。

② 如藏族学者熊文彬便持这一意见，并在2006年10月于北京举行的“第二届西藏考古与艺术国际学术讨论会”上发表过这一观点。

③ 霍巍：《试析西藏东部新发现的两处早期石刻造像》，《敦煌研究》2003年第5期。

④ 许新国：《郭里木吐蕃墓葬棺板画研究》，《中国藏学》2005年第1期。

⑤ 杨清凡：《藏族服饰史》，青海人民出版社，2003年，图11。

⑥ 周峰：《中国古代服装参考资料·隋唐五代部分》，北京燕山出版社，1987年，图42（1）。

图二　敦煌第 159 窟所绘吐蕃贵族男子形象

图三　敦煌第 159 窟所绘吐蕃贵族女子形象

先生在考察山南札囊县札塘寺大殿壁画时观察到，“多数供养人在三角冠饰之后用头巾缠裹发髻成高筒状”，他认为这种结束头巾的式样一方面继承了吐蕃占领敦煌时期绘画中吐蕃人物形象的传统式样，同时也有新的变化：“此种高筒状冠饰，虽与敦煌莫高窟吐蕃占领时期壁画中绘出的吐蕃贵族供养像相似，但冠饰前所列之三角形件却在后弘期藏传佛像、菩萨所习见。”①同时他还指出：“值得注意的是在日喀则地区夏鲁寺大殿门楼底层壁画所绘此类供养人的形象亦着有此高筒状冠饰者。”②谢继胜先生对于此种人物形象的绘画传承则径直认为：“这种吐蕃头饰或许代表了一种札塘艺术家的怀念吐蕃诸王的情绪。”③

唐代使节刘元鼎使吐蕃，见“赞普坐帐中，以黄金饰蛟螭虎豹，身被素褐，结朝霞冒首，佩金缕剑”④，所谓“朝霞冒首”，结合上述情况来看，很可能即指这种结束成高筒状的头巾式样。

青海郭里木棺板画上这种头巾式样束结为高筒状的人物，有的坐在毡帐之内，帐外有两位侍从站立于帐门之外加以护守，其身份地位明显不同于毡帐之外的其他人物形象，故许新国先生将其比定为“吐蕃赞普”及其王后“赞蒙”。但笔者注意到，实际上在同一棺板画上，出现在毡帐之外的人群当中也能看到其他几位头巾式样束结为细高筒状的人物，由此可以说明并非所有结筒状高头巾者地位均为“赞普”或“赞蒙”，笔者推测这类人物当中有一些可能应为当地藏族部落首领级别的人物，而不一定都是赞普或赞蒙。顺带说明，过去曾有学者将这类高筒状头巾比定为“虚帽”⑤，这一定名似乎不确。所谓“虚帽”，应当为带有宽边翻沿的一种三角形帽子，主要流行在西亚和中亚一带的游牧民族当中，在斯基泰人、粟特人的服饰中均可见到，但与吐蕃流行的高筒状头巾完全不同。所以，应当依据考古材料加以重新比定。

① 宿白：《藏传佛教寺院考古》，文物出版社，1996年，第69～70页。
② 宿白：《藏传佛教寺院考古》，文物出版社，1996年，第70页。
③ 谢继胜：《西夏藏传佛画：黑水城出土西夏唐卡研究》，河北教育出版社，2002年，第243页。
④ 《新唐书·吐蕃传》，中华书局，1975年，第6103页。
⑤ 如罗世平描述郭里木一号棺板画A板上帐内对坐的男女二人“男子头戴虚帽，着翻领长袍”，实际上男子头上所缠即为本文所述的“高筒状头巾”，参见罗世平：《天堂喜宴——青海海西州郭里木吐蕃棺板画笺证》，《文物》2006年第7期，图一三。

此外，在棺板画上绘出的主体民族人物形象中，男子头饰更为多见的是一种头巾束结得较低平的式样，这种缠巾方式是将头巾缠绕二至三圈后盘结于头顶，顶部低平。从画面场景当中来看，这类人物的身份多为侍从、武士之类，身份明显要低于束结高筒状头巾的人物。由此似乎也可以表明男子普遍束结头巾是棺板画上主体民族具有代表性的装束特征之一，但头巾束结式样的不同有可能与其身份地位的不同相关。

棺板画上女子的头饰不同于男子，大体上有披巾与不披巾两种方式，头发都束成绺或编成辫子，然后向上盘为发髻或发环，垂于颈后，高度齐肩，额前与发际常佩戴饰物（类似文献记载中所说的“金花”一类），披巾者只是在头顶上再平披以一层头巾，两者在发式上与《新唐书·吐蕃传》所载吐蕃“妇人辫发而萦之”的情形基本相同。

2. 袍服

木棺板画上主体民族无论男女都身着垂至脚踝的长袍，袍服式样主要的区别在衣领，大体上可以分为三角形大、小翻领、直领交叉、圆领三种样式。

三角形大翻领长袍在吐蕃时期十分流行。前述发现于青海和藏东一带吐蕃时期石刻造像当中的人物形象，除头上束结高筒状头巾之外，身上也多穿着带有三角形大翻领的长袍，腰间束带①。敦煌绢画《舍利弗与劳度叉斗圣变》中所绘的吐蕃人当中有三人身穿三角形大翻领长袍，据国外学者卡尔梅的研究，其服饰特点为“衣袍的长袖盖住双手，翻领在后面形成三角形的翻边，或者延伸到胸前的翻边。衣领是在领角上用圆形装饰物或者钮扣固定住的。衣领、袖口、长袍的镶边则用色彩鲜明的料子。窄腰带，修长的衣袍，头巾，以及齐肩的发卷，令人回想起禄东赞的形象”②。此外，在年代稍后的吐蕃占领敦煌时期开凿的第158、159两窟中，绘有吐蕃赞普及王族的形象。其中，第158窟《佛涅槃变》壁画表现了一位由两个侍从扶持着的吐蕃赞普和众王子面对佛涅槃号啕痛哭的场面，赞普头上罩着王室的宝盖，头戴用三瓣宝冠箍住的有凹槽装饰的无沿帽，尤其值得注意的是研究者对其长袍式样的细致观察：“他的富丽堂皇的长袍，衣领翻在前后边形成三角形的翻边，并展示出长袍裹面的一两层内衣，两袖长得笼住双手。赞普右边的侍者身着类似的长领开袍，头戴平顶的无沿帽，或似经过折叠的头巾，末端伸在一边，并可见到他左肩上的发卷。”③第159窟共有包括吐蕃赞普在内的八个人物，赞普的头部上方有华盖，其服色为白色，袖口有深色的镶边，头戴红色的无沿帽，衣领翻在领口的两边呈三角形。其他的藏人形象也都是穿着宽领的长袍，“这些宽领几乎都从肩上翻至后背，又延伸到胸部下面，在靠髋部处塞进腰带中”④。上述资料的年代由于吐蕃占领敦煌与其在敦煌日趋式微这一特殊历史背景的限定，所以均不会晚于9世纪，其年代标志是比较准确的。

除了三角形大翻领之外，在棺板画中还出现一种三角形小翻领长袍，领子的宽度较小，衣领向

---

① 霍巍：《试析西藏东部新发现的两处早期石刻造像》，《敦煌研究》2003年第5期。

② [匈牙利]西瑟尔·卡尔梅著，胡文和译：《七世纪至十一世纪西藏服装》，《西藏研究》1985年第3期。

③ [匈牙利]西瑟尔·卡尔梅著，胡文和译：《七世纪至十一世纪西藏服装》，《西藏研究》1985年第3期。

④ [匈牙利]西瑟尔·卡尔梅著，胡文和译：《七世纪至十一世纪西藏服装》，《西藏研究》1985年第3期。

图四　一号棺板画 A 板所绘射杀牦牛图（临摹图）

图五　一号棺板画 A 板所绘射杀牦牛图中的人物形象（原图局部）

领口两侧略翻开呈小三角形，与翻卷至肩部的大三角形翻领长袍明显有别。

上述这两种长袍的式样在郭里木出土棺板画上出现最多，总体上可以归纳为一种式样，即以三角形翻领式样为特征的袍服。联系到上述敦煌出土图像资料来看，这种服饰可能是吐蕃人最为流行的一种式样。直到吐蕃王朝灭亡之后，其后裔远逃西藏西部阿里地区建立起偏安一隅的古格王朝，其早期王室贵族的服饰都还沿袭了这种基本式样，发现在古格境内 11 ～ 13 世纪前后的一批石窟壁画中，其供养人的服饰仍然是这种在衣袖和衣领带有镶边的三角形大翻领长袍[①]。

直领交叉式长袍最典型的例子可举郭里木一号棺板画 A 板毡帐宴饮图中帐门外两侍从的服饰，帐门右侧一人身穿浅蓝色长袍，袖口镶白色宽边，衣领为绛红色，直领相交垂至腹前掖入束带之内，透过衣襟可以看到长袍内所着白色内衣；帐门左侧一人的袍服式样与之相同，惟服色为浅绿色。类似这样的袍服在帐外射杀牦牛图中也可见到。在大帐的右边棺板高帮的右上角上绘制的这幅图案当中，中央一人正张开强弩对准被拴系在树桩上的一头牦牛，其服饰为头结高筒状头巾，身穿直领交叉式长袍，直领掖于腰间，双领饰有红底蓝花。在他的身后站立有四人，两人手持“胡瓶”和高脚杯侍酒于侧，两人袖手观望，当中左侧一人身穿深红色直领交叉长袍，衣领在腹前束于腰带之中，头上缠盘低平的头巾，与其他人物身穿三角形翻领长袍的式样有所不同（图四、图五）[②]。

棺板画上出现的第三种长袍式样为圆领式的长袍。这也在前述郭里木一号棺板画 A 板上有清晰的反映，在两座前后相接的毡帐之外，后面一座毡帐门外侍立两人，靠近门侧的一人便身穿这种圆领长袍，其衣领围绕于颈周一圈，在胸前形成直下式的衣襟[③]。这种长袍的式样很容易使人联想到旧题阎立本所绘《步辇图》中吐蕃使臣禄东赞（藏文史书中也称其为噶尔·东赞）所着袍服。《步辇图》中左起第二人即为禄东赞，他的头上束结一窄头巾，在颈后半露出一个发髻，身着小袖圆领直襟长袍，长袍的袖口和衣襟缀有团窠花纹织锦，袍长过膝，露出半截宽松带褶的裤腿，腰间系一黑色腰带，带下悬缀帛

① 霍巍：《西藏西部佛教石窟壁画中供养人像服饰的初步研究》，《四川大学考古专业创建四十周年暨冯汉骥教授百年诞辰纪念文集》，四川大学出版社，2001年。

② 罗世平：《天堂喜宴——青海海西州郭里木吐蕃棺板画笺证》，《文物》2006年第7期，图一一。另可参见《中国国家地理》2006年第3期《青海专辑》下辑，第85页，图2、4、5。

③ 可参见《中国国家地理》2006年第3期《青海专辑》下辑，第86页，彩色插图。

囊和一算袋式佩饰，可见此类长袍也是吐蕃人的袍服式样之一。这种式样的袍服与唐人汉装颇为接近，如《步辇图》上禄东赞前后两人分别为礼赞官与译员，前者身穿红色圆领长袍，后者身穿白色圆领长袍，各秉小笏旁立，腰系帛鱼，与文献记载的初唐时期侍从装束相吻合[①]，而禄东赞的衣着装束除使用的衣料与其不同之外，式样上是很接近的（图六）。此外，在西安发现的唐章怀太子墓壁画“客使图”中，其西客使图中第五人有意见认为其亦为吐蕃使节[②]。此人身穿圆领黑色长袍，腰束带，脚穿黑长靴，发束于脑后，在其额部、面颊、鼻梁和下颚处均涂有朱色，似与吐蕃“赭面”习俗有关（图七）。王维坤先生从其身穿黑色长袍分析，认为此种服饰应似为吐蕃丧服，与《旧唐书·吐蕃传》所载“居父母丧，截发，青黛涂面，衣服皆黑”相吻合[③]。禄东赞与唐章怀太子墓西客使图上的吐蕃人像其身份均为出使唐王朝的吐蕃使节，因此，他们身穿的这种圆领式长袍与特殊的背景和环境相关，是否有可能受到汉地服饰的影响值得注意。王尧先生在论述禄东赞所着服饰时曾指出：“图（引者按：指《步辇图》）中似乎强调吐蕃使者觐见唐太宗大皇帝时所要表现的敬谨诚挚的情态，在服装上也一反吐蕃宽袍大袖的常态，与礼佛图中的赞普那种安详仪态形成鲜明的对照。可见吐蕃人在选择服饰时是讲究礼节的。”[④]换言之，这种服饰有可能是在特殊场合下穿着的一种礼服。

棺板画中所有女性也均身着长袍，长袍的式样有三角形大翻领和直襟式无领两类，具有代表性的例子可举出郭里木一号棺板画A板射杀牦牛图的下方，站有一排数位吐蕃妇女，正中两人均着直襟式无领长袍，头上发髻正中结一大花珠状饰物，其两侧站立的妇女则着三角形大翻领长袍，此类长袍与男子所着的同类长袍别无二致。敦煌第159窟所绘吐蕃贵妇形象当中，其所着长袍的也有三角形大翻领和直襟无领两种，与棺板画上所绘女性袍服具有相似性[⑤]。

图六　阎立本《步辇图》

图七　西安唐章怀太子墓壁画“客使图”局部

① 沈从文：《中国古代服饰研究》，上海世纪出版集团，2002年，第299～301页，图一一八。
② 王仁波、何修龄等：《陕西唐代壁画之研究》（上），《文博》1984年创刊号。
③ 王维坤：《唐章怀太子墓壁画“客使图”辨析》，《考古》1996年第1期。
④ 王尧：《吐蕃饮馔服饰考》，收入王尧：《西藏文史考信集》，中国藏学出版社，1994年，第288页。
⑤ 周峰：《中国古代服装参考资料·隋唐五代部分》，北京燕山出版社，1987年，图42（2）。

3. 靴子

棺板画上所绘主体民族人物形象几无例外地都穿着一种黑色长筒皮靴，靴尖上翘，高及膝部以下。

4. 衣饰纹锦

棺板画上的男女人物服饰还有一个很引人注意的特点，就是在袍服的某些部位如衣领、衣袖、衣襟等处用纹锦加以装饰，所用纹锦的纹样多为连珠纹饰。这个现象对于我们认识北朝隋唐以来西北及青藏地区织物纹锦流行的情况有一些新的启示。

西北及青藏高原诸部在服饰上采用织物纹锦加以装饰的做法较为常见，如《旧唐书·东女国传》记载，苏毗部落女王夏季“服青毛绫裙，下领衫，上披青袍，其袖委地。冬则羔裘，饰以纹锦”。不仅如此，在唐代冠服制度中甚至也可以见到这种深受北方胡族习俗影响的风习。如《新唐书·车服志》记载：“诸卫大将军、中郎将以下给袍者，皆易其绣文，千牛卫以瑞牛、左右卫以瑞马，骁卫以虎，武卫以鹰，威卫以豹，领军卫以白泽，金吾卫以辟邪。”[①] 看来这种赐给各军事将领瑞兽绣文织锦的制度在唐代仪制中也有反映。

图八　西安石刻唐《凌烟阁功臣图上》所刻图像

但是，无论是胡族的“饰以纹锦”，还是唐人的“易其绣文”，这种具有瑞兽纹样的织物纹锦究竟是如何装饰在衣袍之上的过去并不是十分清楚。沈从文先生曾注意到西安石刻唐《凌烟阁功臣图上》所刻的李勣图像，在其两个衣袖的下方各缀有一连珠纹样的织物，他指出这可能与唐代初期常见的某种连珠纹大团窠锦有关，“这种锦类据近年西北出土实物分析，有野猪、飞马、灵鹫、羊、板角鹿、骆驼、猎狮子等等兽物图案”。只是囿于当时出土材料有限，沈从文先生认为“绣文装饰究竟放在衣上哪一部分，画塑上尚难确定，是否即指衣袖间这类附着物而言，均有待进一步探索研究”。同时他还指出，李勣的衣着宜为射箭使用，专名或称为“射褠”，即射箭时所加的袖套。在妇女衣袖头应名篇“锦臂褠”，杜甫诗当有中“真珠络臂褠”语，这一习俗在初唐高昌壁画中有所反映，下延至五代敦煌贵族妇女形象中还不断出现，“可知这种衣饰始终还保留于西北，成为当地贵族妇女习惯衣着之一种。在男子衣着上出现，本图还近于孤例”（图八）[②]。

从此次青海出土的木棺板画上，我们可以找出不少类似李勣画像有袍服上缀以连珠纹织物的例子。如上述郭里木一号棺板画射杀牦牛图中，在射牛者身后站立的侍从当中，其中一男子为主人手

① 《新唐书》卷二十四《志第十四》，中华书局，1975年，第530页。

② 沈从文：《中国古代服饰研究》，上海世纪出版集团，2002年，第289页。

持弓箭，另一男子手持胡瓶，两人的三角形大翻领及袖口部位都缀有红底蓝色连珠纹样的织锦。此图下方为站立的一排贵族妇女，其中可以辨识出的左起第一、二、五号人物，在袖口和衣领上也都缀有同样花色的纹锦，由此可见这种习俗传统无论在吐蕃男女当中都很流行。

若再作进一步的细致观察，我们还可以发现这种在袖口部位缀以纹锦的具体方式可有三种：第一种是如同唐《凌烟阁功臣图》上所绘李勣像的类型，在衣袖底部手肘部位衬以一块纹锦，如上述妇女图像当中的左起第一、二号人物形象。第二种是如同今天的袖套一般，将整个纹锦笼罩在衣袖袖口上，如上述射杀牦牛图中主人身后站立的两位侍从以及其下方妇女图中的左起第五号人物。第三种如同臂章式样，将纹锦罩在衣袖的上臂部位，这种方式仅见于郭里木二号棺板画上的A板，系一骑马射猎图上一男子手臂上所佩戴之物（图九）。这三种方式当中，前两者男女都有使用，只有第三种唯见男子使用，所以笔者认为这类装饰在袖子上的纹锦其实际的功能可能前两种主要是作为一种服装上的装饰品来使用；第三种除了具有装饰意义之外，可能还起到某种标识身份的作用。

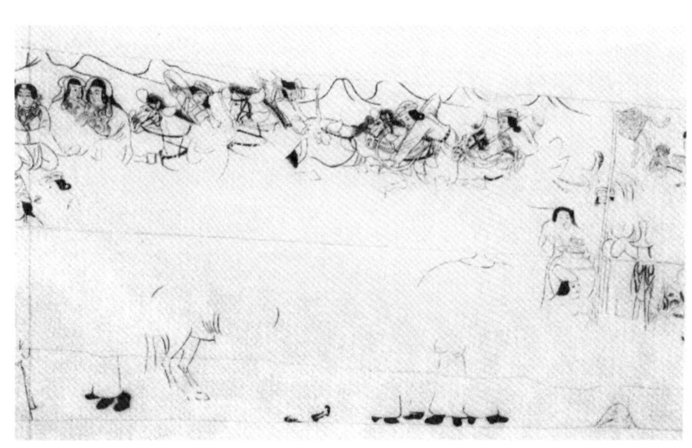

图九　二号棺板画A板所绘骑马射猎图上的人物形象

出现在棺板画上人物衣饰上的这类纹锦图案多为连珠纹样，但由于图案较小，所以画匠只能略示其大意，而不能在当中描绘出如同沈从文先生所说的流行于西北地区的各种“瑞兽图案”来。但是，联系到近年来青海吐蕃墓葬群中出土丝织品的情况来看，实际在服饰上使用的带有连珠纹样的织物多半都带有这类瑞兽图案。据许新国研究，都兰吐蕃墓葬中的连珠纹锦主要来源于西方的中亚一带，采用较多的图案是在团窠中安置含绶鸟、对牛、对马、灵鹫等主题纹样，这类西方织锦的特点是其配色对比强烈、鲜明，染色的色牢度极佳，质地也相对较为厚重[①]，所以若作为缀缝在衣物上的装饰物是非常适宜的。另一方面，从青海吐蕃墓葬中出土丝织品的尺幅上看，大多在50厘米以下，也很适合用作衣服上的镶边。在都兰热水第10号吐蕃墓葬中，曾出土有一批吐蕃时期的古藏文木牍，木简文字内容经王尧、陈践先生考证为墓主随葬衣物疏[②]，其中三支木牍所记尤其值得注意：

M10：4-1：黄河大帐产之普兴缎面，绿绸里夹衣及悉诺涅（sta-nig）缎红镶边衣，黑漆长筒靴共三件。

① 许新国、赵丰：《都兰出土丝织品初探》，《中国历史博物馆馆刊》1991年第15、16期合刊。
② 王尧、陈践：《青海吐蕃简牍考释》，《西藏研究》1991年第3期。

M10：4-8: 黄河大帐产之普兴缎面，绿绸里，衣袖镶悉诺涅缎，价值一头母牦牛之缎夹衣一件。

M10：4-10: 衣袖为红镶边，衣领为悉诺涅锦缎之羔皮衣一件。

文中所涉及问题有两点与本文所论有关：第一，以锦缎作为衣服的镶边（衣袖或衣领）的习俗流行于青海吐蕃民族当中，与木棺板画所绘主体民族形象所反映的情形相一致；第二，用以镶边的锦缎中有特殊质地者，如文中所称的“悉诺涅（sta-nig）缎”。至于悉诺涅缎究竟为一种什么样的锦缎，目前还没有定论。杨清凡先生根据古藏文读音认为“悉诺涅”确切的对音当为“斯达尼克”，并且提出其可能与粟特的“赞丹尼奇（Zandan-niji）”锦有关[①]，这是很有意义的一种推测。

所谓“赞丹尼奇”锦这一概念最初是由姜伯勤先生在其《敦煌吐鲁番文书与丝绸之路》一书中首先介绍给中国学术界的。据姜伯勤先生的叙述，1959 年柏林出版了舍菲尔德和著名伊朗学者亨宁合著的《赞丹尼奇考》一文，文章研究了比利时于伊（Huy）圣母大教堂内收藏的一件连珠纹对羊纹锦，锦上有大的连珠圆饰四排又半排，每排有三个大的圆环，环内有对羊。在这件纹锦的背面，有一行用印度墨水书写的题记，可能为一个买主或商人所作的标记，经亨宁教授确认为 7 世纪的粟特文，其内容为“长六十一拃，赞丹尼奇”。亨宁考证了“赞丹尼奇”一词的来源，确认其即著名的粟特安国（布哈拉）一种织物的名称，至 10 世纪末，这种被称为“赞丹尼奇（Zandanniji）”的衣料已著称于世，后因阿拉伯人入侵而走向衰落[②]。简而言之，赞丹尼奇锦是一种生产于粟特的著名织锦，其特点是以连珠纹对兽纹样为其主要题材。

虽然青海吐蕃墓葬木牍中记载的“悉诺涅”锦是否即为“赞丹尼奇”锦目前还难以最终确定，但粟特系统的织锦曾经流行于这一地区看来不成问题。许新国先生考证认为，在青海都兰吐蕃墓葬中出土的织锦当中，数量最大的一类含绶鸟织锦可能即为粟特系统的织锦[③]。姜伯勤先生也根据青海都兰热水墓地中出土有粟特文字的织锦以及登录随葬品的吐蕃文木简等出土材料断定：“由此说明粟特锦在吐蕃的流传”[④]。因此，青海吐蕃人在其衣饰上使用以大圆圈连珠纹加上对兽纹为鲜明特色的粟特系统的织锦作为装饰，是完全可能的。出现在木棺板画上的连珠纹衣饰，应当即为此种风俗的一个真实写照。

二、其他民族形象及其服饰特点

除了主体民族之外，从木棺板画上我们还可以观察到其他一些民族的人物形象及其服饰特点。

首先，可以分析比较郭里木一号棺板画 B 板出现的画面。一号棺板画的 B 板首次披露于《中国

① 杨清凡：《藏族服饰史》，青海人民出版社，2003年，第66～67页。
② 姜伯勤：《敦煌吐鲁番文书与丝绸之路》，文物出版社，1994年，第211～213页。
③ 许新国：《都兰吐蕃墓出土含绶鸟织锦研究》，《中国藏学》1996年第1期。
④ 姜伯勤：《敦煌吐鲁番文书与丝绸之路》，文物出版社，1994年，第208～209页。

国家地理》杂志，其后罗世平先生根据该刊发表的照片对其加以了线描临摹[①]。据此我们可在B板右侧画面上看到绘有一组飞马奔丧的场面，上面绘有三人骑乘快马正在朝着大帐的方向飞奔而来，头前一人的服饰特点与上述主体民族相同，头上缠有低平的头巾，身着袍，足穿靴，手举一五边形的牌子，似正在开道导引；他的身后紧随着两人，第一人由于画面剥落已不甚清楚，仅可观察到其头上戴着方形的帽子，身披长披风，第二人的衣饰特点为身穿袍服，衣领及袖口上均镶有连珠纹样的织物，头上冠以典型的“垂裙皂帽”。这支队伍很显然是表现一支赶来奔丧的外邦宾客，前面举牌引路者从装束打扮来看应与死者属于同一民族，而在其身后出现的两位骑者则是其他民族的代表。画面保存较清晰的是头上冠有“垂裙皂帽”的人物形象，有人将他说成是“一位来自中原汉地的客人”[②]，笔者则认为他很有可能为一位与鲜卑系统民族有关的人物形象（图一〇、图一一）。

图一〇　一号棺板B板所绘“奔丧图”上的人物形象

图一一　一号棺板B板“奔丧图”中头戴“垂裙皂帽”的人物形象

类似棺板画上的这种“垂裙皂帽”，曾是北魏鲜卑族的装束特点。1973年，在宁夏固原雷祖庙曾经发现一座北魏墓葬，从中出土有描金绘彩漆棺，从经过拼接的残漆皮上复原了其大部分画面[③]。据孙机先生研究认为，漆棺上的人物皆着鲜卑服饰，“故整个漆棺上笼罩着浓厚的鲜卑色彩”[④]。固原漆棺上的鲜卑服饰主要的特点体现在两点，一是其服装为交叉的无领长袍，二是头上均冠以“垂裙皂帽”，孙机先生则将其“垂裙皂帽”的人物形象直接称之为“鲜卑帽”。

1997年，山西大同市区南智家堡村发现一座北魏墓葬，从中出土了三块色泽鲜艳的松木彩绘棺板，其上彩绘有人物、动物、山水、树木、花草等内容。人物形象均为鲜卑族，发掘者描述称其“头戴垂裙皂帽，着交领衣，额头、脸颊及唇部涂红色”，“男女均戴鲜卑垂裙皂帽，与雁北师院宋绍祖墓陶俑、石家寨司马金龙夫妇墓陶俑、智家堡石椁壁画、大同南郊北魏墓群棺板画、迎宾大道壁画、宁夏固原漆棺画和云冈石窟6、9、10、11、16、17窟雕刻的供养人的服饰相似，代表了

① 罗世平：《天堂喜宴——青海海西州郭里木吐蕃棺板画笺证》，《文物》2006年第7期，图二；《中国国家地理》2006年第3期《青海专辑》下辑。

② 《中国国家地理》2006年第3期《青海专辑》下辑，第95页，图版文字说明。

③ 固原文物工作站：《宁夏固原北魏墓清理简报》，《文物》1984年第6期。

④ 孙机：《固原北魏漆棺画研究》，《文物》1989年第9期。

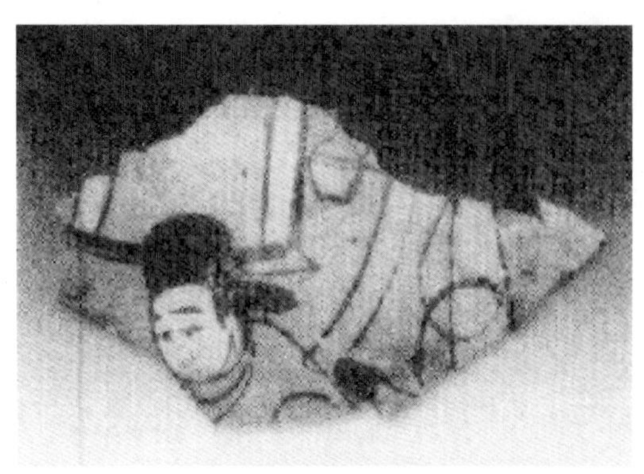

图一二　山西大同沙岭北魏砖石壁画墓中彩绘漆皮上的北魏鲜卑人形象

图一三　一号棺板B板上头戴“垂裙皂帽”的人物形象

当时鲜卑人形貌，说明北魏在迁都洛阳前，当地仍然保持着本民族原来的装饰”[①]。

大同南郊北魏墓群近年来已正式出版考古报告，据考古报告披露，其中M185、M107、M229、M238、M239、M253等多座墓葬中均发现木棺板画的遗存。以其中M229号墓为例，其下层棺画内容为狩猎图，人物所着服饰均为“垂裙皂帽”，垂裙飞扬，身着圆领长袍，窄袖，腰束带，下着裤褶，黑靴，或身背箭囊弯弓射箭，或手执长枪，飞马追赶猎物，报告整理撰写者认为：“人物装束应是典型的拓跋鲜卑装束。”[②]

此外，新近发现的山西大同沙岭北魏砖石壁画墓内出土的彩绘漆皮以及壁画上，也绘有不少北魏鲜卑人的形象，据发掘整理者研究，“漆画和壁画中的人物服饰，主要是男性上衣下裤，女性上衣下裙两种。男子大多冠以垂裙皂帽，个别人物的发饰显露出来。这说明在北魏早期，拓跋鲜卑是以本民族服饰为主，同时也吸收了汉族服饰的一些特点”（图一二）[③]。

文献记载鲜卑族的帽子的确是有其特点的。如《太平御览》卷九七五引《北齐书》：“后主武平中，特进、侍中崔季舒宅中池内莲茎皆作胡人面，仍着鲜卑帽。俄而季舒见杀。”也有文献将这种帽子称之为“垂裙皂帽”，语出《魏书·辛绍先传》：“辛绍先，陇西狄道人也……丁父忧，三年口不甘味，头不栉沐，发遂尽落，故常着垂裙皂帽。”文中所言及的辛绍先虽为汉人，但在魏太武帝平凉州后，被徙于晋阳，后因忧郁成疾而头发尽落，为了掩饰其秃发，所以也常常戴着鲜卑人的帽子，这种帽子的特点便被称之为“垂裙皂帽”。所谓“裙”，是指器物的下脚加有垂下的边沿，故吕一飞先生由此名称推测：“鲜卑帽的特点是帽的两侧及后背皆垂裙至肩。”[④]这个特点，不仅符合上述北魏时期出土的鲜卑墓葬上人物帽饰的特点，与上述青海吐蕃郭里木一号棺板画B板所绘奔丧图上人物形象的头冠式样形制也是完全一致的（图一三）。

其次，我们可以再分析比较青海郭里木出土的另一块木棺板画的内容。这块木棺板画现已流散于民间，承蒙许新国先生见示其所拍摄照片（图一四）[⑤]，从上可见，该木棺板画可能系一块棺侧

① 刘俊喜、高峰：《大同智家堡北魏墓棺板画》，《文物》2004年第12期。

② 山西大学历史文化学院、山西省考古研究所、大同市博物馆：《大同南郊北魏墓群》，科学出版社，2005年，第518页。

③ 大同市考古研究所：《山西大同沙岭北魏壁画墓发掘简报》，《文物》2006年第10期。

④ 吕一飞：《胡族习俗与隋唐风韵——魏晋北朝北方少数民族社会风俗及其对隋唐的影响》，书目文献出版社，1994年，第6页。

⑤ 这块木棺板画许新国先生曾在北京中国藏学研究中心和四川大学等联合举办的“西藏考古与艺术国际学术讨论会”上加以披露，蒙许新国先生美意，慨允利用其照片，在此谨致谢意。

图一四　青海郭里木流散于民间的吐蕃棺板画上的人物形象

板，它是由三块木板拼接而成，也分为低帮与高帮两端，在上面分别彩绘着射猎、击鼓、殡丧、毡帐乐舞、奔丧、商队等场景。其中一个场景可能反映的是殡丧及奔丧时的情景，这个场景绘在棺板的下部，画面的中央放置着一个呈须弥座式的高台，上面安放一具黑色的棺木，高台和棺木上部都被一座圆形顶部带有气孔的灵帐所遮盖，棺木后立有两位守灵人，仅露出头部，可见到其头上均缠头巾。棺木的下方有两骑士正引弓射向一呈裸体状的人形，右方绘有一人击鼓，骑者与击鼓者的服饰特点均与上文所述主体民族无异，均头上缠巾，身穿三角形翻领或圆领的长袍。击鼓者的身边有两头牦牛和一匹正在卧地休息的骆驼，骆驼身上还驮着货物。击鼓人的后面有一人站立，面向灵帐致丧，其装束为头戴“山”字形的船形帽，身着黑色长袍，其衣饰特点尤其是头上的冠饰与击鼓者和骑射武士明显不同。在灵帐的上方，有一队骑马人一字排开，前后共计六骑，头前两人头缠巾，身着三角形大翻领长袍，衣饰特征当系本文所述主体民族，紧随其后的四位骑马人则衣饰特点各异：其中两人头上戴有“山”字形的船形帽，衣饰特点与上述站立于灵帐前面致丧者相同；一人头戴呈圆筒形的高帽，身穿三角形翻领长袍；还有一人头上似戴有三角形的浑脱帽。这支队伍所表现的，很可能是前来奔丧的宾客，前面两人为吐蕃引导者，后面四人则为其他不同民族的使节。

在上述棺板画中，最富有特点的是头戴“山”字形船形帽的人物，这类形制特点极为特殊的帽子式样，也曾经见于北朝鲜卑族的壁画当中。2005 年，山西大同市沙岭发现一处北魏时期的墓群，其中编号为 M7 的墓葬是其中唯一一座保存有纪年文字漆画和壁画的砖石墓，漆画和壁画中绝大部分人物形象都着有上文所述的鲜卑装束，头戴有“垂裙皂帽”。在其北壁壁画中，绘有骑士形象，原简报称其为“头戴鸡冠帽的骑士”[①]，这种所谓的“鸡冠帽”，和青海吐蕃棺板画上的“山”字形船形帽形制完全一致。由此我们可以认为，这种帽子也是流行于北魏鲜卑人当中的一种帽饰（图一五）。

① 大同市考古研究所：《山西大同沙岭北魏壁画墓发掘简报》，《文物》2006年第10期，图三九。

图一五　山西大同市沙岭北魏 M7 壁画中头戴“山”字形船形帽的骑士形象

文献资料表明，在后来吐谷浑人及其他一些受到鲜卑影响的北方民族的服饰当中，似乎也沿袭了鲜卑人的这些服饰特点。如《梁书 · 诸夷 · 河南王传》：“河南王者，其先出自鲜卑慕容氏……着小袖袍，小口裤，大头长裙帽。”又《隋书 · 礼仪志》七：“后周之时，咸着突骑帽，如今胡帽，垂裙覆带，盖索发之遗像也。又文帝项有瘤疾，不欲人见，每常着焉。相魏之时，着而谒帝，故后周一代，将为雅服，小朝公宴，咸许戴之。”吕一飞先生对这两条史料有过论述：

> 河南国，乃是源出于鲜卑系统的吐谷浑。所以，该族服饰基本上是鲜卑服，而“大头长裙帽”，也就应当是鲜卑帽。又，拓跋部辫发，史书称之为“索发”，故后周流行的“垂裙覆带”的突骑帽，亦是鲜卑帽无疑……鲜卑帽之所以垂裙，正如王融所说，是为了在野外骑行时，障蔽雨雪风沙。鲜卑帽既有障蔽的功能，无怪乎宇文泰也借用它来遮丑，不愿众人看见他脖子上的瘤疾[①]。

由此可见，在青海吐蕃木棺板画上出现的前来奔丧的其他民族人物形象当中，其戴“垂裙皂帽”者和戴“山”字形船形帽者，在服饰上的特点与北魏鲜卑族有着共同之处，这应当不会是一种偶然的巧合，笔者推测他们有可能系与鲜卑系统有关的民族。

三、关于棺板画人物形象的族属问题

如上所述，北魏鲜卑族不仅与青海吐蕃墓葬具有同样以高低帮为其形制特点的木棺和在木棺外板上彩绘图案的习俗，而且出现在北魏木棺板画上的人物形象也与青海吐蕃木棺板画上的人物形象有着共通之处，这就使我们不能不考虑两者之间是否存在着某种内在的联系。

目前关于青海出土木棺板画的吐蕃墓葬的族属问题上，学术界有着不同的意见，有人主张为吐蕃，有人主张为苏毗，也有人主张为吐谷浑[②]。从本文对青海木棺板画上所绘人物形象与服饰特点

① 吕一飞：《胡族习俗与隋唐风韵——魏晋北朝北方少数民族社会风俗及其隋唐的影响》，书目文献出版社，1994年，第6页。

② 《中国国家地理》2006年第3期《青海专辑》下辑收录的一组文章便反映了对青海吐蕃棺板画族属问题的不同看法：程起骏：《棺板彩画：吐谷浑人的社会图景》；罗世平：《棺板彩画：吐蕃人的生活画卷》；林梅村：《棺板彩画：苏毗人的风俗图卷》。

的分析比较来看，笔者认为可以从中分为主体民族和其他民族两类，其中主体民族的形象与服饰特点和吐蕃时期敦煌、藏东以及“后弘期”卫藏、阿里等地的考古材料可作比较，所以基本上可以判断其应当属于吐蕃人的形象。出现在棺板画上的其他民族的形象虽然不多，但其中可以确认有一些可能与鲜卑系统的民族有关，而这当中最有可能出现的是吐谷浑人的形象。

青海是吐谷浑人的主要根据地，而吐谷浑人正是鲜卑系统民族的后裔。从北朝至隋唐时期，以鲜卑为主体同时融合周边其他民族形成的吐谷浑人曾在青海建都。吐谷浑人在风俗、服饰、语言等方面，较多地保留有鲜卑特征。如在丧葬习俗上，《宋书·吐谷浑传》记载吐延临终前留下遗嘱：“吾气绝，棺敛讫，便远去保白兰。”《魏书·吐谷浑传》记载其葬俗云：“死者亦皆埋殡，其服制，葬讫则除之。”这与鲜卑族流行木棺葬法的风俗是一脉相承的。

有唐一代，吐谷浑和唐、吐蕃的关系都十分密切，并且最终为兴起于青藏高原的吐蕃所灭，成为吐蕃王国的属地之一[①]。在《敦煌本吐蕃历史文书》以及西域出土古藏文文书等文献典籍中，对于成为吐蕃属地之后的吐谷浑人的情况多有记载，吐蕃多称吐谷浑为“吐浑”“退浑”“坌”或“坌阿豺（柴）国”等[②]，有迹象表明，吐蕃统属之下的吐谷浑一方面接受吐蕃文化的影响，在文化上开始走向“吐蕃化”，而另一方面在其王统、部落、居地以及同吐蕃王室的婚姻关系等方面还仍然保持有相当的独立性。一些吐谷浑贵族在吐蕃王朝中担任很高的职务，吐谷浑也经常参加由吐蕃举行的重要的盟誓活动。与之同时，吐蕃也派出重要大臣统兵驻扎于青海，保证其对于吐谷浑的宗主统治。继东赞、赞婆之后，吐蕃大论乞力徐等相继作为吐蕃派驻青海的军事将领，直接控制吐谷浑军队及其城堡要塞[③]。这种吐蕃与吐谷浑人在青海一带交相融合的情况，也反映在考古资料当中。

青海都兰热水墓地是青海境内发现的一处重要的吐蕃时期墓群，1999 年由北京大学考古文博学院和青海省文物考古研究所联合发掘的都兰热水河南岸吐蕃墓地中，曾经发现过与青海郭里木吐蕃墓地风格相近的木板彩绘图案，上面的人物形象多有“赭面”习俗[④]，说明都兰和郭里木两地的吐蕃墓葬在丧葬习俗和传统上具有一致性，应当属于同一民族的考古遗存。在都兰热水墓地 1999 年的发掘当中，出土有古藏文“blon”（汉字译为“论”）的墓石，其字迹十分清楚，上面还残存有金箔的痕迹。据王尧先生考订，所谓“blon”（论）正是《新唐书·吐蕃传》当中所记载的吐蕃官制当中的“大相”，相当于吐蕃部长一级的官吏，王尧先生认为：“这方墓石标明墓主人的身份是 blon（论），当属于政府高级官员无疑，否则也不可能有如此豪华的陪葬品，更不可能有此墓石的树立”。此外，在此次发掘出土的古藏文木简中，有一编号为 RB115.Ki22（99Drnml:36）的木简简文书写有古藏文 vdzong/zhang-shyes 一词，王尧先生将其译为“为尚思结送葬”，而“尚”在吐蕃时期是与王室通婚的家族，结合《敦煌本吐蕃历史文书》中有“论（思）结桑”的记载来看，王尧先生推测很可能即为其人，此人名叫“甲贡”，一直参与并主持会盟重典，权力很大，在 757 年

① 胡小鹏：《吐谷浑与唐、吐蕃的关系》，《西北民族文献与历史研究》，甘肃人民出版社，2004年，第42～58页。

② [英]F.W.托玛斯编著，刘忠、杨铭译注：《敦煌西域古藏文社会历史文献》第一章“阿柴（吐谷浑）”，民族出版社，2003年。

③ 胡小鹏：《吐谷浑与唐、吐蕃的关系》，《西北民族文献与历史研究》，甘肃人民出版社，2004年，第50～54页。

④ 北京大学考古文博学院、青海省文物考古研究所编著：《都兰吐蕃墓》，科学出版社，2005年，第100～104页。

死于任上。王尧先生还由此进一步指出："这个发现提示我们，是否因为那时吐蕃已经攻陷一系列青海、河西一带城池，军事攻略的军帐就设在吐谷浑旧地，而都兰一带属于吐蕃后方，故葬于此地。"[①] 许新国从出土有木棺板画的郭里木吐蕃墓葬中同时还伴出有漆矢箙这一情况判断"该墓墓主应系成年男性武士"[②]，这从另一个侧面似乎也支持着这一观点。

因此，综合各方面的因素来看，青海出土的棺板画上所绘出的人物形象，最有可能出现的便是吐蕃和吐谷浑人。如果我们认定本文所论的主体民族为吐蕃的话，那么在其他民族形象当中出现的头戴"垂裙皂帽"和"山"字形船形帽的人物，则极有可能是吐蕃统属之下的吐谷浑人，他们在吐蕃人的引导之下，飞马前来参加一位吐蕃贵族的葬礼，并在死者的灵帐前致以哀悼，从而为我们留下来一幅多民族交流往来与和谐共处的生动历史图卷。

（原刊于《艺术史研究》第 9 辑，中山大学出版社，2007 年）

① 王尧：《青海都兰新出吐蕃文汇释》，北京大学考古文博学院、青海省文物考古研究所编著：《都兰吐蕃墓》附录一，科学出版社，2005年，第132～134页。

② 许新国：《郭里木吐蕃墓葬棺板画研究》，《中国藏学》2005年第1期。

图版编

图版一　郭里木 M1 左侧板临摹图

（采自青海省博物馆编著：《尘封千年的岁月记忆——丝绸之路“青海道”沿线古代彩绘木棺板画》，文物出版社，2019 年，第 150 页）

图版二　郭里木 M1 左侧板线描图（罗世平绘）

图版三　郭里木 M1 左侧板线描图（热水联合考古队绘）

图版四　郭里木 M1 右侧板临摹图

（采自青海省博物馆编著：《尘封千年的岁月记忆——丝绸之路“青海道”沿线古代彩绘木棺板画》，文物出版社，2019 年，第 156 页）

图版五　郭里木 M1 右侧板线描图（罗世平绘）

图版六　郭里木 M1 右侧板线描图（仝涛绘）
（采自仝涛著：《青藏高原丝绸之路的考古学研究》上，文物出版社，2021 年，第 269 页）

图版七　郭里木 M1 右侧板线描图局部（热水联合考古队绘）

图版八　郭里木 M2 左侧板线描图（仝涛绘）

（采自仝涛著：《青藏高原丝绸之路的考古学研究》上，文物出版社，2021 年，第 272 页）

图版九　郭里木 M2 右侧板线描图（仝涛绘）

（采自仝涛著：《青藏高原丝绸之路的考古学研究》上，文物出版社，2021 年，第 272 页）

图版一〇　郭里木 M1 挡板 1 临摹图

（采自青海省博物馆编著：《尘封千年的岁月记忆——丝绸之路“青海道”沿线古代彩绘木棺板画》，文物出版社，2019 年，第 162 页）

图版一一　郭里木 M1 挡板 1 线描图（热水联合考古队绘）

图版一二　郭里木 M1 挡板 2 临摹图

（采自青海省博物馆编著：《尘封千年的岁月记忆——丝绸之路“青海道”沿线古代彩绘木棺板画》，文物出版社，2019 年，第 164 页）

图版一三　郭里木 M1 挡板 2 线描图（热水联合考古队绘）

图版一四　郭里木 M2 挡板 1 临摹图

（采自青海省博物馆编著：《尘封千年的岁月记忆——丝绸之路“青海道”沿线古代彩绘木棺板画》，文物出版社，2019 年，第 164 页）

图版一五　郭里木 M2 挡板 1 线描图（热水联合考古队绘）

图版一六　郭里木 M2 挡板 2 临摹图
（采自仝涛著：《青藏高原丝绸之路的考古学研究》上，文物出版社，2021 年，第 274 页）

图版一七　郭里木 M2 挡板 2 线描图（热水联合考古队绘）

图版一八　郭里木 M2 挡板 3 临摹图
（采自仝涛著：《青藏高原丝绸之路的考古学研究》上，文物出版社，2021 年，第 273 页）

图版二〇　郭里木 M2 挡板 4 临摹图
（采自青海省博物馆编著：《尘封千年的岁月记忆——丝绸之路“青海道”沿线古代彩绘木棺板画》，文物出版社，2019 年，第 163 页）

图版一九　郭里木 M2 挡板 3 线描图
（热水联合考古队绘）

图版二一　郭里木 M2 挡板 4 线描图
（热水联合考古队绘）

图版二二　郭里木采 M1 左侧板临摹图

（采自仝涛著：《青藏高原丝绸之路的考古学研究》上，文物出版社，2021 年，第 276 页）

图版二三　郭里木采 M1 左侧板线描图（热水联合考古队绘）

图版二四　郭里木采 M1 右侧板临摹图
（采自仝涛著：《青藏高原丝绸之路的考古学研究》上，文物出版社，2021 年，第 276 页）

图版二五　郭里木采 M1 右侧板线描图（热水联合考古队绘）

图版二六　郭里木采 M1 挡板 1 临摹图

（采自仝涛著：《青藏高原丝绸之路的考古学研究》上，文物出版社，2021 年，第 277 页）

图版二七　郭里木采 M1 挡板 1 线描图（热水联合考古队绘）

图版二八　郭里木采 M1 挡板 2 临摹图

（采自仝涛著：《青藏高原丝绸之路的考古学研究》上，文物出版社，2021 年，第 277 页）

图版二九　郭里木采 M1 挡板 2 线描图（热水联合考古队绘）

图版三〇　郭里木采 M2 左侧板局部（霍巍摄）

（采自仝涛著：《青藏高原丝绸之路的考古学研究》上，文物出版社，2021 年，第 278 页）

图版三一　郭里木采 M2 左侧板局部线描图（热水联合考古队绘）

图版三二　郭里木采 M2 右侧板局部（霍巍摄）

（采自仝涛著：《青藏高原丝绸之路的考古学研究》上，文物出版社，2021 年，第 279 页）

图版三三　郭里木采 M2 右侧板局部线描图（热水联合考古队绘）

图版三四　海西州民族博物馆藏侧板 1 临摹图

（采自青海省博物馆编著：《尘封千年的岁月记忆——丝绸之路“青海道”沿线古代彩绘木棺板画》，文物出版社，2019 年，第 166 页）

图版三五　海西州民族博物馆藏侧板 1 线描图（热水联合考古队绘）

图版三六　海西州民族博物馆藏侧板 2 临摹图

（采自青海省博物馆编著：《尘封千年的岁月记忆——丝绸之路“青海道”沿线古代彩绘木棺板画》，文物出版社，2019 年，第 170 页）

图版三七　海西州民族博物馆藏侧板 2 线描图（热水联合考古队绘）

图版三八　海西州民族博物馆藏侧板 2“马队出行”

（采自青海省博物馆编著：《尘封千年的岁月记忆——丝绸之路“青海道”沿线古代彩绘木棺板画》，文物出版社，2019 年，第 202 页）

图版三九　海西州民族博物馆藏侧板 2“马队出行”线描图（热水联合考古队绘）

图版四〇　海西州民族博物馆藏挡板 5 线描图

（采自青海省博物馆编著：《尘封千年的岁月记忆——丝绸之路“青海道”沿线古代彩绘木棺板画》，文物出版社，2019 年，第 165 页）

图版四一　海西州民族博物馆藏挡板 5 线描图（热水联合考古队绘）

图版四二　海西州出土侧板（霍巍摄）

（采自仝涛著：《青藏高原丝绸之路的考古学研究》上，文物出版社，2021 年，第 281 页）

图版四三　海西州出土侧板线描图（热水联合考古队绘）

图版四四　海西州出土挡板（霍巍摄）

（采自仝涛著：《青藏高原丝绸之路的考古学研究》上，文物出版社，2021年，第281页）

图版四五　海西州出土挡板线描图（热水联合考古队绘）

图版四六 湟源古道博物馆藏侧板 1 临摹图

（采自青海省博物馆编著：《尘封千年的岁月记忆——丝绸之路“青海道”沿线古代彩绘木棺板画》，文物出版社，2019 年，第 109 页）

图版四七 湟源古道博物馆藏侧板 1 线描图（热水联合考古队绘）

图版四八　湟源古道博物馆藏侧板 2 临摹图

（采自青海省博物馆编著：《尘封千年的岁月记忆——丝绸之路“青海道”沿线古代彩绘木棺板画》，文物出版社，2019 年，第 114 页）

图版四九　湟源古道博物馆藏侧板 2 线描图（热水联合考古队绘）

图版五〇　湟源古道博物馆藏侧板 3 临摹图

（采自青海省博物馆编著：《尘封千年的岁月记忆——丝绸之路“青海道”沿线古代彩绘木棺板画》，文物出版社，2019 年，第 118 页）

图版五一　湟源古道博物馆藏侧板 3 线描图（热水联合考古队绘）

图版五二　湟源古道博物馆藏侧板 4 临摹图

（采自青海省博物馆编著：《尘封千年的岁月记忆——丝绸之路“青海道”沿线古代彩绘木棺板画》，文物出版社，2019 年，第 124 页）

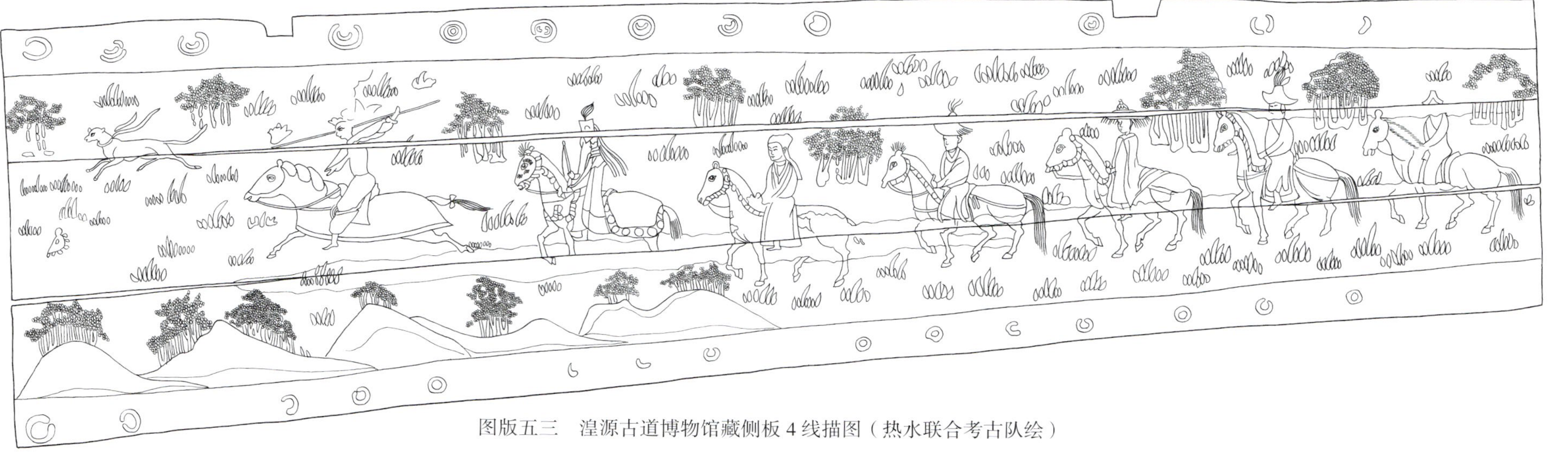

图版五三　湟源古道博物馆藏侧板 4 线描图（热水联合考古队绘）

图版五四　都兰县博物馆藏侧板 1

（采自青海省博物馆编著：《尘封千年的岁月记忆——丝绸之路“青海道”沿线古代彩绘木棺板画》，文物出版社，2019 年，第 176 页）

图版五五　都兰县博物馆藏侧板 1 临摹图

（采自青海省博物馆编著：《尘封千年的岁月记忆——丝绸之路“青海道”沿线古代彩绘木棺板画》，文物出版社，2019 年，第 176 页）

图版五六　都兰县博物馆藏侧板 1 线描图（热水联合考古队绘）

后记

2002年8月，青海省海西蒙古族藏族自治州德令哈市郭里木乡的夏塔图的两座古墓进行了清理和发掘。墓葬位于东距德令哈市30公里处的巴音河南岸，属郭里木乡夏塔图草场山根。墓葬上方存有高约1.5米的封土，两座墓葬均为竖穴土坑形制，墓室均为长方形单室，长4米、宽2.5米左右，均有长方形斜坡式墓道。其中一座为木椁墓，另一座系竖穴土坑墓，但用柏木封顶。两座墓葬的木板均较完整。木椁墓为男女合葬，土坑墓为迁葬墓。迁葬墓形制较为特别，是先将零散的骨架装于一小棺内，然后将小棺整个放置在大棺中。其中墓葬中出土的彩绘棺板，虽然已经不能组合拼对，但部分彩绘画面保存较好， 画面内容有骑射狩猎、商队出行、帐中主人宴饮、帐外乐舞宴饮、丧葬仪式等，画面中的人物服饰、器皿、牲畜、舞蹈及乐器等都具有鲜明的民族特色。当年，青海省文物考古研究所许新国在北京召开的“西藏考古与艺术国际学术讨论会”上首次公布了这批棺板的部分资料，引起学术界的高度关注，这是海西棺板画首次走进学者的视野，也揭开了海西棺板画研究的序幕。

自2002年郭里木彩绘木棺板画发现以来，相同风格的彩绘棺板画在以德令哈、都兰为中心的丝绸之路“青海道”沿线不断被发现。乌兰县茶卡镇茶卡乡被盗墓葬的彩绘棺板，德令哈市水泥厂北墓葬出土彩绘梯形木棺。流散民间被不同机构和个人收藏的海西棺板画资料不断被披露。青海省藏医药文化博物馆收藏的棺板画材料披露的有两批资料，这两批彩绘棺板都无确切的出土位置，据说都来自青海省海西州；海西州民族博物馆收藏有2块木棺的侧板，据称这2块彩绘侧棺板采集自海西州都兰县；湟源县古道博物馆收藏7件侧板和部分档板；美国大都会博物馆收藏有1具挡板和1件木构件；美国普利兹克家族收藏有1具完整的棺板等。

海西棺板画被认为是学术史上吐蕃时期美术考古遗存的重要考古发现。关于海西彩绘棺板画，许新国、罗世平、仝涛、霍巍、周伟洲、辛峰等学者都做过很多研究。

海西棺板画作为重要的考古图像，生动再现了民族融合与文化传播的历史图景，成为历史学、美术史、服饰史等不同学科关注的对象，发挥图像证史的作用，为丝绸之路青海道的研究奠定了良好的学术基础。依托丝绸之路青海道重要中转站——热水墓群国家考古研究基地建设，国家文物局、青海省人民政府和中国社会科学院签署框架协议，积极推进热水墓群国家考古研究基地建设，着力将其打造为集考古、研究、文物保护和科研培训等职能为一体的国家级科研中心和国际化、开放式的学术研究平台。根据国家文物局的要求，系统梳理丝绸之路青海道相关发掘与研究资料。我们在《热水考古四十年》出版之后，着眼于海西棺板画资料的收集，于是就有了《青海海西棺板画研究文集》一书的编辑出版。

海西棺板画的内容和艺术风格是解读丝绸之路青海道多民族交流融合的珍贵图像资料，棺板画资料的考古发现，是海西地区吐谷浑、吐蕃时期的历史和社会生活的生动图卷，加强资料的系统整理和综合研究，对中华民族多元到一体的形成研究具有重要的现实意义。

《青海海西棺板画研究文集》一书的整理和编辑是在编委会的指导下完成。文集共分三部分：考古编收录了有关青海海西州发现棺板画的考古简报、消息等 7 篇；研究编收录了有关海西棺板画发现的考古学、历史学、文献学研究的代表性论文 27 篇，所收录的各文章，尽管其观点不尽相同甚或相反，但除个别字词、标点的校正外，均实录不更。因与海西棺板画相关文章散见于各类期刊，虽尽力搜集，但仍难免遗珠之憾；图版编是本书最大的亮点，不仅收录了同一棺板因作者认识不同而产生的不同线图，同时对收集到的棺板画进行线图重描。在本书编辑过程中，除少数多方查找仍无法联系到的作者外，我们得到了其他作者的大力支持，以及文物出版社张晓曦编辑的积极协助。在本书即将出版之际，谨向各位作者和给予编辑出版工作关心、支持的领导和专家表示衷心感谢。借此文集，向在海西地区考古调查、勘探与发掘、保护中作出卓越贡献的许新国、辛峰、肖永明、张杲光等先生表示深深谢意，也向长期以来在海西棺板画考古与保护中默默贡献的不知名的人们表示诚挚的感谢。

韩建华

2023 年 6 月 27 日